政府与社会资本合作 (PPP) 模式

主　　编　马海顺　梁　舰

执行主编　丁仁芳

副 主 编　朱广侠　马　洪　刘爱国

中国建材工业出版社

图书在版编目（CIP）数据

政府与社会资本合作（PPP）模式/马海顺，梁舰主编．—北京：中国建材工业出版社，2018.4（重印）
ISBN 978-7-5160-1753-1

Ⅰ．①政… Ⅱ．①马… ②梁… Ⅲ．①政府投资-合作-社会资本-研究-中国 Ⅳ．①F832.48 ②F124.7

中国版本图书馆 CIP 数据核字（2016）第 313773 号

内 容 简 介

本书以政府与社会资本合作（PPP）模式为主线，全面系统地介绍了关于 PPP 模式的基础知识、政策法规、特许经营、物有所值与财政承受能力评价、招商采购、合同管理、融资投资、运作管理、财税分析处理、全生命周期管理、咨询服务与审计、经验借鉴与推行建议等有关业务知识与操作技能，同时对目前我国推行 PPP 模式存在的问题与风险防范及法律文本要点与范本索引进行了分析和讲解。针对行业的特点和现状选取国内外各行业采用 PPP 模式的案例进行分享，采取循序渐进的编写思路，深入浅出、图文并茂、文字表达通俗易懂。书中编制和收录了反映 PPP 模式的大量图片和图表，力求通过图片和图表讲清相关的概念、原理、方法，使学生和有关人员尽快掌握 PPP 模式的基础知识和实操技能，为教师的培训和相关业务的开展提供最大方便。

本书内容丰富、实用性强，可作为大中专院校、社会培训机构的培训教材，也可供政府部门（发展改革、财政、物价、建设、市政、水利、水务、医疗卫生、能源、交通、环保、工信、农业、政府采购和招标、开发区、高新区管委会等部门）和地方政府投融资平台（城投公司、建设开发公司、投资公司、国有资产运营公司、国有资本经营中心、交通投资公司、控股集团、基础设施开发公司等）领导及业务骨干工作参考；是专业服务机构（银行、证券、信托、保险、担保、基金公司、工程施工、工程设计、咨询单位、律师事务所等）和相关行业（城市基础建设、城市供水、供暖、供气、污水和垃圾处理、保障性安居工程、地下综合管廊、轨道交通、文体卫生和养老服务设施等企事业单位）负责人与专业人员学习参考及有志于从事政府与社会资本合作（PPP）模式人员快速入门的良师益友。

政府与社会资本合作（PPP）模式

主　　编　马海顺　梁　舰
执行主编　丁仁芳
副 主 编　朱广侠　马　洪　刘爱国

出版发行：中国建材工业出版社
地　　址：北京市海淀区三里河路 1 号
邮　　编：100044
经　　销：全国各地新华书店、建筑书店
印　　刷：北京中科印刷有限公司
开　　本：787mm×1092mm　1/16
印　　张：31
字　　数：760 千字
版　　次：2017 年 1 月第 1 版
印　　次：2018 年 4 月第 3 次
定　　价：128.00 元

本社网址：www.jccbs.com　　微信公众号：zgjcgycbs
本书如出现印装质量问题，由我社市场营销部负责调换。联系电话：(010)88386906

编委会

主　　编　马海顺　梁　舰

主　　审　中建政研专家委员会

执行主编　丁仁芳

副 主 编　朱广侠　马　洪　刘爱国

编委成员　（按姓氏笔画排序）

　　　　　　马　钊　马少斌　马海军　王　涛
　　　　　　王　超　王海臣　王靖玲　左　敏
　　　　　　申垚玮　田明亮　史凯悦　吕世超
　　　　　　刘　波　刘福勇　孙　冰　孙晓伟
　　　　　　杨明钢　吴素梅　张恩辰　张瑞瑶
　　　　　　周素勤　庞红军　居　帅　赵　剑
　　　　　　赵　婧　胡晓华　高　敬　高宝军

顾　　问　（按姓氏笔画排序）

　　　　　　马　楠　马江河　马松林　马国宾
　　　　　　王培安　邓少颖　申鹤文　朱广侠
　　　　　　刘太平　刘文庆　刘百贤　刘运国
　　　　　　杜　峰　李景鹏　吴维艳　汪绍华
　　　　　　张　宇　张凤良　张文玲　陈晓霞
　　　　　　邵国宏　苗章合　罗卫国　季经伟
　　　　　　赵满堂　姜忠武　阎　利　阎运虎

序

政府和社会资本合作模式（Public Private Partnership，以下简称PPP模式）是政府将城市基础设施建设和公共公用产品服务的部分义务转移给社会资本，并相应地将部分收入也由社会资本所享。在减少政府资金支出的同时，加快基础设施的建设和公共产品的服务，提高政府资金和社会资本的使用效率。这种模式在合理利用政府和社会资本各自优势的情况下，实现了资源的合理配置，提高了社会总体效益。对政府部门而言，缓解了政府的融资压力和债务负担，对社会资本而言，扩宽了其资金的使用空间，并获得合理的回报。

2014年12月4日，国家发改委、财政部连发三份关于PPP模式的重磅文件。国家发改委公布了《关于开展政府和社会资本合作的指导意见》以及《政府和社会资本合作项目通用合同指南（2014年版）》并要求各地发改委2015年1月起按月报送PPP项目，建立发改委的PPP项目库。当日，财政部也发布了《政府和社会资本合作模式操作指南（试行）》，从项目识别、项目准备、项目采购、项目执行、项目移交5个方面、19个步骤的相关实务操作给出了具体指导意见。2015年5月13日，国务院总理李克强主持召开常务会议，部署推广PPP模式，汇聚社会力量增加公共产品和服务供给。会议强调"在交通、环保、医疗、养老等领域，推广政府和社会资本合作模式"。目前中央力推、地方热捧的PPP模式是突破融资瓶颈、实现产业转型升级大发展的重要抓手。

政策密集出台以及政府和社会资本合作中心的成立加速了PPP模式在我国的发展。但我国PPP模式发展中也存在政策法规混乱不成体系的问题。第一，我国当前缺乏一套完整的针对PPP的法律政策体系，现有法律政策效力不高。第二，财政部与发改委本位博弈，缺乏统一监管机制。两部门均有意统筹规划PPP项目，对于PPP的理解大致相同，但在不少细节上却有出入，一定程度上让参与者无所适从，对于法律与政策把握不清，不利于PPP项目的开展与推进。出版一部对相关政策法规进行解读的专业书籍，对目前混乱的PPP政策加以梳理，是我国PPP模式实践的需求。

本书既有系统的理论方法，又有丰富的实践案例。从理论、实操、流程、模板、案例等多个层面对PPP模式进行了概括与解析，具有内容系统全面，结构严谨合理，切合实际，指导性强。为PPP项目的投资者、建设者、管理者等参与方提供了系统、深入、全面、准确理解PPP模式的机会。

目前，PPP模式已经被广泛应用到基础设施建设和公共产品服务的提供当中，但人们对其认识一般仍然停留在融资层面。我们希望并相信，经过编写者和律师们的共同努力，可以建立起PPP模式的政策法规体系，并对于PPP操作实践中经常出现的问题和风险加以说明，提出相应的解决办法，帮助读者解决PPP模式之难题。相信本书能够对于新时期下我国PPP模式的发展起到应有的作用。

在新的时代背景下，PPP模式在我国的发展将是大势所趋，是我国解决地方政府性债务、吸纳民间资本、推进体制改革的重要举措，从中央到地方都在积极颁布和推行与PPP相关之法规和政策。PPP模式的目的是在社会基础设施的设计、建造和运营中，引进资源、改善服务和创新经济模型，发挥资源和资金的最大价值，提供完善的服务设施和创造优良的社会效益。PPP模式，不仅是一种项目融资方式，它更是一种提高政府对整个社会资源管理效率的方式，其核心是合同管理，是基于相对完备的PPP合同上的社会契约精神，要求政府与社会资本方作为平等的合同双方，分配风险、分担责任和分享利益。

中国国家发展和改革委员会中国投资协会民营投资专业委员会政府与社会资本合作（PPP）中心主任 卫振寻

前　言

随着政府财政在公共基础设施建设和公共公用领域服务中地位的下降，社会资本在公共基础设施建设和公共公用领域服务中开始发挥越来越重要的作用。随着财政部、国家发改委关于 PPP 政策的密集颁布和各省市 PPP 项目的不断推出，我国应用 PPP 模式项目正式进入到全面铺开的推进阶段，由此带来了城市开发、公共服务、基础设施建设、节能环保、旅游文化、养老医疗领域的政府治理、财政管理、商业模式、开发机制、投资机制、金融机制的全面创新。随着 PPP 合作模式的不断推进和深化发展，对从业人员的理论水平、实际操作能力和综合素质要求越来越高。

我国很多基础设施和公共产品一直以来都是由政府财政支持投资建设，由事业单位或国有企业经营管理。这种基础设施和公共产品管理的模型不仅越来越不能满足日益发展的社会经济的需要，而且政府资金在提供这些公共产品和服务中存在着浪费严重、效率低下、风险巨大等诸多弊病，并成为中国市场经济向纵深发展的一个制约因素。政府财政提供基础设施建设和公共产品服务的方式正在向市场化方向改革，政府在一些基础设施建设和公共产品服务中的直接投资、直接经营、直接监管职能将要分离。在这种背景下，在我国基础设施建设和公共产品服务的提供中运用 PPP 模式，积极利用社会资本进行基础设施建设和公共产品服务，将其按市场化模式运作，既能有效地减轻政府财政支出的压力，又可以改善基础设施建设和公共产品服务提供的质量与数量，同时又清晰了产权隶属与监管职能。因此，PPP 模式在我国有着很大的应用潜力和广阔的发展前景。

政府和社会资本方及参与项目的其他各方，如何参与到 PPP 运作模式当中，如何进行项目的优劣识别，如何申请项目，如何进行融资，如何进行风险识别和管控，如何进行利润的分配，如何进行模式设计，如何进行建设、运营、维护和移交等，都需要专业理论和实操技能及管理知识，只有成为一个专业的人士，才能把控好项目的建设和运作，才能使项目成功，才能为项目带来利润。

为使各级管理者及参与者能更好地学习和掌握 PPP 相关专业知识、操作技能及管理方法，提高政府与社会资本合作（PPP）模式项目实施的成功率，推动社会资本参与基础设施建设和公用产品服务，加大建设投资和运营服务力度，完善城镇化健康发展机制，实现财政资金在基础设施、公用事业和公共服务提供过程中的重要作用，盛达集团监事会副主席兼预算部总经理、中建政研 PPP 专家委员会委员兼讲师团成员马海顺与中建政研集团董事长、国家发改委中国经济体制改革研究会产业改革与企业发展委员会副秘书长兼 PPP 咨询与研究中心主任梁舰特组织人员编写此书。本书理论与实践相结合，主要围绕 PPP 项目实施与运营特点，针对 PPP 模式的核心问题，通过法规政策传导、实践经验分享、典型案例解读等，让读者了解 PPP 项目的法律法规、项目筛选、申报、实施、合同拟定、招商采购、融资模式、产品定价、风险管控、运营管理、项目收益分享、契约签订等系列知识，提升读者PPP模式理论水平、操作技能与运营管理能力。

目前，PPP模式已经被广泛应用到各种公共产品和服务的提供当中，但人们对其认识一般仍然停留在融资层面。我们希望并相信，经过大家的共同努力，可以建立起PPP模式的政策法规体系，并对于PPP操作实践中经常出现的问题与风险加以分析和识别，提出相应的解决办法和防范措施，帮助解决PPP模式实操中的难题。

政府和社会资本合作模式是政府将基础设施建设与公共产品服务的部分义务转移给社会资本方，并相应地将部分收益与社会资本方所享。在减少资金支出的同时，加快公共设施的建设，提高政府资金和社会资本的使用效率。这种模式在合理利用政府和社会资本各自优势的情况下，实现了资源的合理配置，提高了社会总体效益。对政府部门而言，缓解了政府的融资压力和债务负担，对社会资本而言，扩宽了其资金的使用空间，并获得合理的回报。

PPP应用于基础设施（公路、铁路、地铁、隧道、桥梁、机场、港口、通信、供电/水厂、污水/垃圾处理厂等）的建设和自然资源（采矿/油/气、处理/冶炼厂、输送管等）的开发，对公共服务产品/机构（如邮局、医院、学校、剧院、体育馆、监狱、警察局等）的服务等，更强调政府在项目中的参与（如占股份），更强调政府与社会资本方的长期合作与发挥各自优势，共享收益、分担风险和社会责任。

从中央到地方，规定、规范、指引、通知频繁出台让我们应接不暇。规范性文件的不断出台，虽让正在进行的PPP项目有了一定的章法可循，但我们也看到中国PPP制度框架与法规体系尚待完善，我们必须在不断摸索中前进。目前中央力推、地方热捧的PPP模式是突破融资瓶颈、实现产业转型升级大发展的重要抓手。但我国PPP模式发展中也存在政策法规混乱不成体系的问题。第一，我国当前缺乏一套完整的针对PPP的法律政策体系，现有法律政策效力不高。第二，财政部与发改委本位博弈，缺乏统一监管机制。两部门均有意统筹规划PPP项目，对于PPP的理解大致相同，但在不少细节上却有出入，一定程度上让参与者无所适从，对于法律与政策把握不清，不利于PPP项目的开展与推进。出版一部对相关政策法规进行解读的专业书籍，对目前混乱的PPP政策加以梳理，是我国PPP模式实践的需求。

我们希望能帮助读者在庞杂的规定中梳理出一定的脉络，对PPP有更清晰的认识和理解。

PPP模式是当前我国发展混合所有制经济、深化国有企业改革的重要手段，大力推广政府和社会资本合作模式对于经济新常态下降低政府成本、提升政府治理能力具有重要意义。全书系统全面地对政府与社会资本合作（PPP）模式进行了深入、透彻的分析，使其成为相关领域研究者和实践者的必读书。

当前，我国正在积极推进PPP模式，不仅需要借鉴国外相关经验，还需要总结我国PPP实践的经验与教训，更需要PPP相关的理论思考。本书尝试梳理世界范围内PPP实践的历史演进，总结我国PPP实践探索，分析PPP实践中存在的不足，提出促进PPP模式发展的政策建议，同时从理论上对PPP模式做些探索性研究。

本书对政府与社会资本合作（PPP）模式理论知识和实操技能介绍系统全面，图文并茂，条理清晰，深入浅出，一目了然，是社会资本方、咨询（研究）单位、政府职能部门等准确、全面、迅速了解（PPP）模式行业发展动向、制定发展战略不可或缺的专业性书籍；能帮助读者全面系统了解PPP模式的设计与运作，同时可以从国内外成功案例中吸取经验教训，获得分析问题、解决问题的方法和思路；可以快速、系统、全面地熟悉PPP模式的基础知识、政策体系、发展经验、操作实践、法律框架、实施流程和相关案例等。本书可供从事PPP工作的政府部门、社会资本、金融机构、咨询机构、研究机构、专家顾问等参考。各位读者在阅读本书中如遇疑问或有好的建议，欢迎您发邮件至邮箱：majifei2005@126.com或加入交流平台：政府与社会资本合作（PPP）模式（QQ群：165285135）。

本书在资料收集、访谈和编写等过程中得到许多国内外专家、学者、领导、朋友的帮助与指导，以及书中案例所涉及公司有关人员的大力支持和帮助；参考并引用了国内外有关部门、单位的优秀资料；参考了许多学术论著和经典文章总结的相关国家政策、法律法规和项目实施案例，同时借鉴了国内外在PPP行业积累的理论和实际经验；参考了许多作者的相关优秀文献资料及国家图书馆、北京大学图书馆、清华大学图书馆、人民大学图书馆、同济大学图书馆、复旦大学图书馆、兰州大学图书馆、香港大学图书馆等馆藏的论文和论著；部分内容获得了政府有关领导的指点和教诲。为了方便读者更好地理解和应用PPP模式知识，本书还收录了相关的政府文件和有关媒体对第一作者的采访文章；特别是在本书计划编写之初，中国建材工业出版社的李杰老师和杨娜老师就邀请行业内的专家、领导对本书的编写大纲进行了讨论研究，并对本书初稿进行了反复阅读，给出了具体修改意见。李杰老师和杨娜老师多次对本书的编写进行指导，并帮助作者解决编写过程中遇到的难题。在本书通读稿阶段，田学峰、刘太平、申鹤文、马国宾、马江河、邵国宏、王培安、刘百贤、刘大利、崔照新、滕汉荣、马占祥、孙建华、章凡、信金龙、车雨帆、张子君、张志权、梁贵仓、武来祥、罗小强、杨浩年、党中卿、申士嘉、常文胶、于燕萍、杨丹等领导和专家及同事提出了宝贵的具体意见和建议，在此表示感谢！后继将推出《政府与社会资本合作（PPP）模式基础知识系列丛书》《行业PPP模式项目操作实务系列丛书》《区域PPP模式项目操作实务系列丛书》《PPP模式项目案例系列丛书》《PPP模式项目发展报告系列丛书》，敬请各位读者关注。

现阶段，我国的政府与社会资本合作（PPP）模式正处于发展时期，新政策、新观点、新问题会不断出现，限于我们的水平和经验有限，书中不妥和谬误之处在所难免，敬请广大读者批评指正。

2017年5月

新 书 荐 语

推广PPP模式，要义在合作，内涵是改革。我国从20世纪80年代起即通过特许经营方式开展PPP实践，发展到现在，"特许"不再单纯强调许可与管制，而是演变为政府和社会资本协商谈判的过程；"经营"的重点也不再是向使用者收费，而是更加强调"运营"这个内涵。在制度建设方面，从20世纪90年代开始，截至目前以特许经营命名的中央和地方法律制度文件达60余件。《政府与社会资本合作（PPP）模式》是一本指导实践的工具书，诠释了当前以PPP命名的政策适用范围、调整对象、基本原则、主要目的和内容，可以帮助解决目前PPP领域一定程度上存在的制度政策不一致、不衔接甚至相互冲突等问题，从而为PPP实践提供清晰、有效的智力支持。

——著名经济学家，住房城乡建设部政策研究中心研究员、原主任

契合国家治理现代化的需要，国家在大力推广PPP模式的过程中非常注重契约精神、市场观念，强调公平参与、平等协商、绩效评估和结果导向。运用PPP模式，其必要条件是政府和企业关系平等，项目信息公开透明，这恰恰是现代国家治理关注的重点和要点。从这个角度看，学习PPP模式的深刻内涵和各项制度要求，对规范相关各方行为至关重要。《政府与社会资本合作（PPP）模式》一书对现行与PPP相关的制度进行了全面梳理和解读，并对今后完善PPP法律制度体系提出了意见和建议，这对推动PPP领域的法治建设具有重要意义，可为全体从业人员提供指导，是业内人士的良师益友。

——国家发展和改革委员会投资研究所副所长、研究员，
中国社会科学院研究生院投资系博士生导师

三年来，我国PPP相关政策不断完善，已经具备了比较完善的政策构架，为推广PPP模式夯实了政策基础。但从实际情况看，仍然需要一个更高层面的法律来保障社会资本的合法性与完全性，让社会资本方吃一颗定心丸，特别是对民营资本和私人资本。当前，由国务

院法制办公室牵头的 PPP 立法工作正在加快步伐，相信会有更为实际意义的法规文件促进 PPP 的法制化进程。《政府与社会资本合作（PPP）模式》一书内容全面、观点独到，为 PPP 立法提供了很多建设性意见，值得深入学习和认真领会，并在实践中落实。

——中国财政科学研究院研究员、中国财政学会
公私合作（PPP）研究专业委员会秘书长

《政府与社会资本合作（PPP）模式》一书结合目前我国 PPP 政策与实务、内容全面、实操性强，对提升读者的 PPP 理论水平、实操技能与管理水平具有很好的指导和借鉴作用。

——清华大学 PPP 研究中心教授

《政府与社会资本合作（PPP）模式》是一本关于 PPP 创新模式的专著，全面梳理了有关的政策和法律依据，对于政府与社会资本的合作有重要指导价值。金融机构作为 PPP 合作模式的重要参与方，近年来也在积极探讨参与 PPP 项目的有效方式，创新各类 PPP 项目的金融安排，对于推动 PPP 项目的健康发展具有重要意义。

——平安银行北京分行现代农业金融部总经理

PPP 模式是建立政府与企业"利益共享、风险分担、全程合作"的模式，在现有政策环境下形成"政府监管、企业运作"的良性互动格局。出版行业应加强规范体系建设，为未来发展趋势提供业务指导。

——甘肃科学技术出版社社长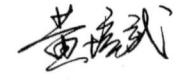

《政府与社会资本合作（PPP）模式》为城镇基础设施建设和公共产品服务的投资、建设、管理提供了系统、全面、完善的理论基础和实操技能，在深度和广度上总结与探索的理论与方法值得参考与借鉴。

——中国二冶集团有限公司总经理

推进基础设施建设和公共产品服务，解决地方债务和吸纳社会资本，《政府与社会资本合作（PPP）模式》对政府机关、社会资本方、金融部门、咨询机构、律师事务等参与PPP项目单位具有重要的借鉴和参考价值。

——盛达集团总裁 马均

在新时代背景下，PPP模式在我国的发展将是大势所趋，是我国解决地方政府债务、吸纳社会资本、推进体制改革的重要举措。《政府与社会资本合作（PPP）模式》将为PPP模式在中国的实践提供指南，具有现实的借鉴意义。

——华北科技学院教授 马楠

PPP模式正在广泛应用于城市基础设施项目中的路桥管网、污水处理、水务、棚户区改造、保障房、安置房项目、交通、固废处理等行业，并且逐步扩展至医疗、卫生、教育、养老、生态环境建设、信息基础设施等行业，未来将会应用到更多行业。

——盛达集团监事会副主席兼预算部总经理 邓海顺

PPP模式的广泛应用推动了城市基础设施建设，也为混凝土行业提供了广阔的市场。但如果转换思维，将混凝土作为社会资本投入到公共产品服务建设中去，将艰难的催收应收账款变为长期收取稳定收入，一定会给混凝土行业带来巨大的变化。《政府与社会资本合作（PPP）模式》值得混凝土界同仁认真研读，从中找出适合我们的发展思路。

——中国混凝土与水泥制品协会预拌混凝土分会秘书长 师海霞

新形势下政府与社会资本合作，工作内容新、专业性强、复杂程度高，对政府管理能力提出了更高要求，这就需要有关各方进一步深化认识、凝聚共识，正确把握好速度与质量、整体与局部、国有与民营、建设与运营等诸多方面的关系。《政府与社会资本合作（PPP）模式》一书的出版，为加快政府PPP智库建设、拓宽智力合作和人才交流渠道、推行专业人才培养计划、增强干部队伍业务能力提供了有力的智力支持。

——安阳工学院土木与建筑工程学院院长 阎利

在我国大力推进政府项目与社会资本相结合（PPP）模式的进程中，该书的出版实为及时。通览全书，作者将PPP模式在运作中涉及的业务实操性知识给与全面系统的介绍，清晰地阐述了PPP项目在全生命周期中，政府和社会资本投资方应承担的责任范围及其法律依据。因此，该书对参与PPP项目的工作人员起到了良师益友的作用。

——南开大学房地产金融系法律研究中心主任 徐保满

在可预期的一个时期内，综合管廊采用PPP模式建设运营将是大概率事件。除了污水处理、垃圾处理要强制推行PPP外，对综合管廊项目，我们要强制实施PPP模式识别论证，鼓励运用PPP模式。《政府与社会资本合作（PPP）模式》一书全面地、系统地阐述了PPP的理论精髓，为在具体项目中进行PPP模式识别论证提供了良好的工具，对推动项目采用PPP模式具有重要作用。

——国家级课题《PPP模式在城市综合管廊工程中的应用研究》课题组组长 宋志宏

基础设施和公共服务领域政府和社会资本合作条例再次被列入国务院2018年立法工作计划，传递出一个积极信号，意味着PPP仍然是政府的政策选项。咨询机构作为政府和社会资本的智库、顾问角色，伴随着PPP项目整个生命周期，为协助地方政府贯彻国家大力推广PPP模式的精神和指示，完善地方基础设施建设和公共服务，必须做好自律并提供高质量的专业服务。

——甘肃省工程咨询协会副会长兼秘书长 李景鹏

政府和社会资本的合作、利益共享、风险分担，使基础设施建设和公共产品服务的供给更为高效，社会资本先进技术水平和创新能力的注入必将在公共产业领域掀起新变革。《政府与社会资本合作（PPP）模式》一书，图文并茂，深入浅出，理论与实际结合，内容与时俱进，具有专业性、实用性、前沿性等特点，对社会资本方投资决策、风险防范有重要的借鉴和指导意义。

——九鼎投资执行总裁

目 录

第一章　PPP 模式基础知识 ………………………………………………… 1
　　第一节　PPP 模式发展与优势 ……………………………………………… 3
　　第二节　PPP 模式类型与分类 ……………………………………………… 7
　　第三节　PPP 模式特征与政商关系 ………………………………………… 20
　　第四节　PPP 模式目的与原则 ……………………………………………… 23
　　第五节　PPP 模式实施机构 ………………………………………………… 26
　　第六节　PPP 模式内涵与优缺点 …………………………………………… 29

第二章　PPP 模式政策法规 ………………………………………………… 34
　　第一节　PPP 模式政策法规体系 …………………………………………… 34
　　第二节　PPP 模式相关法律 ………………………………………………… 46

第三章　PPP 模式与特许经营 ……………………………………………… 64
　　第一节　特许经营的特征与分类 …………………………………………… 64
　　第二节　PPP 项目特许经营期的设计 ……………………………………… 68
　　第三节　特许经营协议订立与履行 ………………………………………… 73
　　第四节　监督管理和公共利益保障 ………………………………………… 77
　　第五节　争议解决与法律责任 ……………………………………………… 78

第四章　PPP 模式物有所值评价与财政承受能力论证 …………………… 79
　　第一节　PPP 模式物有所值评价 …………………………………………… 79
　　第二节　PPP 模式财政承受能力论证 ……………………………………… 85
　　附件一　物有所值定性分析 ………………………………………………… 90
　　附件二　物有所值定量分析 ………………………………………………… 99

第五章　PPP 模式招标(商)采购 …………………………………………… 103
　　第一节　PPP 项目招商方式法律架构 ……………………………………… 103
　　第二节　PPP 项目政府购买服务基本流程与采购方式 …………………… 105
　　第三节　PPP 项目政府购买服务采购方式比较 …………………………… 125
　　第四节　PPP 项目参与主体与准入条件 …………………………………… 137

第六章　PPP 模式合同管理 ………………………………………………… 140
　　第一节　PPP 合同管理基础知识 …………………………………………… 140
　　第二节　PPP 模式中合同性质与主要问题 ………………………………… 149
　　第三节　PPP 项目合同设计 ………………………………………………… 150
　　第四节　PPP 项目合同司法审查与纠纷解决 ……………………………… 161

第七章　PPP 模式融资投资 ………………………………………………… 168
　　第一节　现代金融体系与流程 ……………………………………………… 168
　　第二节　政府融资平台模式 ………………………………………………… 170

第三节	政府融资模式的特征与阶段划分	174
第四节	政府融资的流程与策略	175
第五节	金融机构参与PPP项目的方式与操作要点	178
附件一	投资机构对PPP的理解	186

第八章 PPP模式运作管理 … 188

第一节	PPP模式运作条件与发展方式	188
第二节	PPP项目操作流程与总体要求	190
第三节	PPP项目盈利模式结构与盈利模式	199
第四节	PPP模式的运作管理	207

第九章 PPP模式财税分析处理 … 219

第一节	PPP项目会计核算	219
第二节	财政补贴	221
第三节	财务分析与账务处理	223
第四节	税务筹划与处理	247

第十章 PPP模式项目全生命周期管理 … 272

第一节	项目生命周期的内容与描述	272
第二节	PPP项目全生命周期管理	275
第三节	PPP项目全生命周期监管	279
第四节	全生命周期体系项目绩效评价	297

第十一章 PPP项目咨询服务与项目审计 … 300

第一节	PPP项目咨询服务	300
第二节	PPP模式公共项目审计	305
第三节	PPP模式公共项目审计重点与理论研究	318

第十二章 PPP模式存在问题 … 321

第一节	常见问题	321
第二节	关键问题	325
第三节	热点问题	327
第四节	难点问题	333
第五节	PPP项目公司解散（破产）风险解析	355

第十三章 PPP模式风险防范 … 358

第一节	风险管理与分类	358
第二节	PPP项目风险分类解析	372
第三节	风险分配与风险分担	381
第四节	风险防范	388
第五节	加强PPP风险的研究	392

第十四章 PPP模式经验借鉴与推行建议 … 401

第一节	国外经验借鉴	401
第二节	PPP模式推行建议	407
第三节	PPP模式运用的关键事项与重要工作	422

第四节　PPP制度框架设想 ··· 426
　第五节　我国PPP项目三级管理机构的主要职能 ························· 430
第十五章　PPP模式法律文本要点与范本索引 ····························· 432
　第一节　实施方案 ··· 432
　第二节　物有所值评价报告 ·· 433
　第三节　财政承受能力论证报告 ·· 435
　第四节　资格审查法律文本要点 ·· 437
　第五节　招标法律文本要点 ·· 439
　第六节　投标法律文本要点 ·· 443
　第七节　评审文件法律文本要点 ·· 445
　第八节　谈判法律文本要点 ·· 447
　第九节　项目合同法律文本要点 ·· 449
附录一　PPP专业词汇中英文对照表 ··· 460
附录二　省（区、市）PPP示范项目申报表 ·································· 464
附录三　企业融资模式174种 ·· 465
附录四　政府融资模式50种 ·· 470
参考文献与资源 ··· 472

系列丛书组稿函

由马海顺老师牵头，与中国建材工业出版社共同筹划的《政府与社会资本合作（PPP）模式系列丛书》将陆续与广大读者朋友们见面，敬请关注：

◎ 政府与社会资本合作（PPP）模式基础知识系列丛书
- 政府与社会资本合作（PPP）模式（已出版）
- PPP 核心业务操作指南（已出版）
- PPP 模式项目产业基金运作
- PPP 模式项目资产证券化

◎ 行业 PPP 模式项目操作实务系列丛书（以行业为单位编写）

◎ 区域 PPP 模式项目操作实务系列丛书（以省级区域为单位编写）

◎ PPP 模式项目案例系列丛书
- 行业 PPP 模式项目案例系列丛书（以行业为单位编写）
- 区域 PPP 模式项目案例系列丛书（以省级区域为单位编写）

◎ PPP 模式项目发展报告系列丛书
- 行业 PPP 模式项目发展报告系列丛书（以行业为单位编写）
- 区域 PPP 模式项目发展报告系列丛书（以省级区域为单位编写）
- 年度 PPP 模式项目发展报告系列丛书（以年度为单位编写）

现诚邀从事 PPP 相关业务的专家学者、机构领导与业界同仁广泛参与指导与编写工作，同时欢迎高校师生参与 PPP 方面的课题研发，愿与大家携手，群策群力，共同做好 PPP 业务的理论研究与实操合作。

第一章　PPP 模式基础知识

　　PPP 是 Public-Private-Partnership 的首字母缩写，常译为"公共-私营-合作机制"，该词最早由英国政府于 1982 年提出，是指政府为了建设基础设施项目，为提供某种公共物品和服务，与私人组织（社会力量）签订长期协议，授权私人组织（社会力量）代替政府建设、运营或管理公共基础设施，并向公众提供公共服务。政府按照一定的程序和方式，与私人组织（社会力量）以政府购买服务合同、特许经营协议为基础，明确双方的权利和义务，发挥双方优势，形成一种伙伴式的合作关系，并通过签署合同来明确双方的权利和义务，以确保合作的顺利完成，由社会力量向公众提供市政公用产品与服务的方式，提高质量和供给效率，最终实现使合作各方达到比预期单独行动更为有利的结果。世界各行业及国家部门 PPP 定义比较表，见表 1-1。

表 1-1　世界各行业及国家部门 PPP 定义比较表

定义部门	定义内容	备　注
中国财政部	PPP 是指基础设施及公共服务领域建立的一种长期合作关系。通常模式是社会资本承担设计、建设、运营、维护基础设施的大部分工作，并通过"使用者付费"及必要的"政府付费"获得合理投资回报。政府部门负责基础设施及公共服务的价格和质量监管，以保证公共利益最大化	—
中国发改委	政府和社会资本合作（PPP）模式是指政府为增强公共产品和服务供给能力、提高供给效率，通过特许经营、购买服务、股权合作等方式，与社会资本建立的利益共享、风险分担及长期合作关系	—
世界银行	PPP 是政府部门与社会资本之间就公共产品或公共服务的提供而签订的长期合同。在此合同下，社会资本承担一定的风险和管理职能，其报酬与业绩挂钩	—
亚洲开发银行	PPP 是指为开发基础设施建设和提供其他服务，在政府部门和社会资本实体之间建立的一系列合作伙伴关系	—
英国财政部	PPP 是一种以政府部门和社会资本相互合作为主要特征的安排。从最广义的层面看，PPP 可以包括从政府部门独立运作到社会资本独立运作之间的各种合作执行政策、提供服务和建造基础设施的方式。当公共服务的提供及社会资本对基础设施投资时，PPP 最常见的形式就是私人融资计划	—
加拿大 PPP 委员会	PPP 是指公司部门之间基于各自的专长而建立的风险合作关系。他通过资源、风险和收益的适当分配，更好地满足事先界定好的公共需求	—
欧盟委员会	PPP 是指政府部门与社会资本之间的一种伙伴关系，旨在合作建造传统上应由政府部门建造的项目或提供传统上应有政府部门提供的服务。他承认双方都有某种优势，通过使双方各自从事最擅长的工作，公共服务和基础设施便得以最有效的方式提供	—

续表

定义部门	定义内容	备注
穆迪	PPP是指政府部门与私人开发者之间基于合同的伙伴关系。目的是设计、建造意向基础设施并提供融资，社会资本在一定时期内负责设施的运营、维护，合同到期后，资产移交给政府来运营、维护。政府通常在整个合同期间保留对设施的所有权	穆迪公司于1900年成立于美国曼哈顿，该公司是著名的债券评级机构
德勤	PPP是指政府机构与社会资本实体之间签署的协议，使得社会资本可以在公共基础设施的建设中发挥更大的作用	德勤会计师事务所（Deloitte & Touche）是世界四大会计事务所之一
Yescombe（2007）	PPP具有如下几大要素：这是政府部门与私人之间的长期合同；目的是由社会资本设计、建造、运营公共基础设施并负责融资；社会资本获得的回报分布在整个合同周期内，由政府部门支付或由社会公众作为使用者来支付；设施的所有权归政府部门，或者在合同结束时移交政府部门	—
Alshawi（2009）	PPP的主要原则包括：一是购买服务而非资产；二是对政府部门要物有所值；三是项目风险由政府部门和社会资本分担；四是充分发挥社会资本的专业技能和经验；五是在基础设施建设中通盘考虑整个项目周期的成本	—
联合国开发署（UNDP）	PPP是指政府、盈利性企业和非盈利性企业基于某个项目而形成的项目合作关系，通过这种合作关系，合作各方可以达到比预期单独行动更有利的结果。合作各方参与某个项目时，政府不是把项目的责任全部转移给社会资本，而是由参与合作的各方共同承担责任和融资风险	—
联合国培训研究院	PPP涵盖了不同社会体系倡导者之间的所有制度化合作方式，目的是解决当地或区域内某些复杂问题。其包含两层含义：其一是为满足公共产品需要而建立的公共和私人倡导者之间的各种合作关系；其二是为满足公共产品需要，政府部门和社会资本建立伙伴关系进行的大型公共项目的实施	—

  PPP模式即公私合作制，在国内也叫"政企合作制"，或政府与社会资本合作（PPP）模式，是政府和企业（包含国有企业和私营企业等）之间为提供公共产品和服务、基于具体项目的合作融资模式。

  PPP模式本质上是政府与社会资本合作，为提供公共产品或服务而建立的全过程合作关系，以授予特许经营权等为基础，以利益共享和风险分担为特征，通过引入市场竞争和激励约束机制，发挥双方优势，提供公共产品或服务的质量和供给效率。即建立政府与企业"利益分享、风险分担、全程合作"的模式，形成"政府监管、企业运营、社会评价"的良性互动格局。PPP模式典型结构如图1-1所示。

  PPP模式是一种优化的项目融资与实施模式，以各参与方的"双赢"或"多赢"作为合作的基本理念，其典型的结构为：政府部门或地方政府通过政府采购的形式与中标单位组建的特殊目的公司签定特许合同（特殊目的公司一般是由中标的建筑公司、服务经营公司或

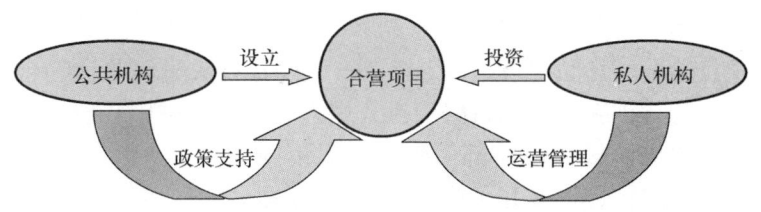

图 1-1 PPP 模式典型结构图

对项目进行投资的第三方组成的股份有限公司），由特殊目的公司负责筹资、建设及经营。政府通常与提供贷款的金融机构达成一个直接协议，这个协议不是对项目进行担保的协议，而是一个向借贷机构承诺将按与特殊目的公司签定的合同支付有关费用的协定，这个协议使特殊目的公司能比较顺利地获得金融机构的贷款。采用这种融资形式的实质是：政府通过给予社会资本方长期的特许经营权和收益权来加快基础设施建设与公共公用服务的有效运营。

第一节 PPP 模式发展与优势

一、PPP 模式的发展

（一）PPP 模式在国外的发展

为适应现代经济飞速发展，世界各国愈加重视公共基础设施建设，但是仅靠政府财政资金已不能满足需求。随着政府财政在公共基础设施建设和公共服务中地位的下降，私营企业在公共基础设施的建设中开始发挥越来越重要的作用。

自 20 世纪 90 年代以来，英国便积极推进其向公众提供公共服务模式的改革，最早提出了 PPP 的概念。目前，英国被公认是最先进的 PPP 模式使用者，它不仅已经将 PPP 模式成功运用于公用事业、社区建设中，而且在医疗、监狱及地方政府部门事业的建设应用中也同样取得了进展和成效。

英国对 PPP 模式的推广已经形成了较为规范的体系，有多家机构共同参与，设立相应的管制机构，颁布了相应的管制法规，以防止垄断经营的产生。根据英国的经验，英国 75%的政府管理者认为 PPP 模式下的工程达到和超过预期的要求，并可以帮助政府节省 5%～20%的费用，但是所提供的公共服务的质量却显著上升，和传统的项目运作方式相比，PPP 模式在节省时间和资金，提高项目质量方面具有相当大的优势。

PPP 模式虽然发展时间较短，但在国际上已经得到了广泛应用。目前英国、澳大利亚、加拿大等国的财政部门都专门设立了 PPP 管理机构，负责推动 PPP 模式发展，履行研究设计、项目储备、融资支持、招投标管理、争议协调等职责。

（二）PPP 模式在中国的发展

目前，PPP 模式在我国发展大致经历了五个阶段和三波高潮。

第一阶段：探索阶段（1984 年至 1993 年——"初期尝试阶段"）：改革开放以来，外资大规模进入中国，一部分外资尝试进入公用事业和基础设施领域。地方政府开始与投资者签订协议，合作进行基础设施建设，本质上就是 PPP。但当时尚未引起国家层面的关注，无相应政策和规章，地方政府与投资者都是在探索中前进。这一阶段代表性的项目有深圳沙角 B 电厂 BOT 项目、广州白天鹅饭店和北京国际饭店等，其中深圳沙角 B 电厂 BOT 项目被认为我国真正意义上的第一个 BOT 项目。

第二阶段：试点阶段（1994年至2002年——"摸着石头过河阶段"）：这一阶段，PPP模式被世行及亚行作为一种新兴的项目融资方式引入中国，与中国政府当时对外商投资的急切需求不谋而合。与探索阶段无政府部门牵头状况不同的是，该阶段试点工作由国家计委（现"发改委"）有组织地推进，掀起了第一波 PPP 高潮。国家计委选取了5个 BOT 试点项目：合肥王小郢污水 TOT 项目、兰州自来水股权转让项目、北京地铁四号线项目、北京亦庄燃气 BOT 项目、北京房山长阳新城项目，其中来宾 B 电厂项目也被认为是我国第一个PPP试点项目。从1995年开始，在国家计委的主导之下，广西来宾 B 电厂、成都自来水六厂及长沙电厂等几个 BOT 试点项目相继开展。在该阶段后期，建设部及各地建设行政主管部门开始在市政公用事业领域试水特许经营模式，合肥市王小郢项目的运作过程当中，项目相关各方，包括中介咨询机构，对中国式 PPP 的规范化、专业化及本土化进行了非常有益的尝试，形成了相对成熟的项目结构及协议文本，为中国式 PPP 进入下一个发展阶段奠定了良好的基础。

第三阶段：推广阶段（2003年至2008年——"黑猫白猫阶段"）：2003年十六届三中全会提出让社会资本进入公共领域，2004年建设部（现"住建部"）出台《市政公用事业特许经营管理办法》，为 PPP 项目开展确立法律法规依据。在政策东风下，各地推出大批 PPP试点项目，掀起了 PPP 第二波高潮。该阶段外企、民企、国企等社会资本均积极参与，污水处理项目较多，也有自来水、地铁、新城、开发区、燃气、路桥项目。第一个被官方广泛推广的 PPP 项目——北京地铁四号线项目也于这一阶段诞生。

社会资本、外国资本以多种形式参与市政公用设施建设。计划发展部门不再是 PPP 模式应用的唯一牵头方或主导方，包括建设、交通、环保、国资等行业主管部门，以及地方政府在内的各路人马纷纷披挂上阵。无论黑猫白猫，只要能够顺利捕获"社会资本"似乎就是好猫。公私双方之间，前者甩包袱，后者占市场的心态在很多项目里都表现得十分明显。中国式 PPP 的发展在这一阶段的中后期遭遇反复，大量低价或非理性竞标，乃至于国（资）退民（资）进的现象层出不穷。

从现实角度出发，考虑到中国地方政府的施政偏好，以及不同性质的社会资本各自特有的利益诉求，发生上述情况是可以理解的。无非是"黑猫白猫"的理念在 PPP 领域内的现实反映，亦在相当程度上揭示了 PPP 模式在中国的异化趋势。即搁置顶层设计，一切以短线的实用价值优先。具体到微观层面，中国式 PPP 则仍以筹集社会资金为导向，把政府缺钱的、做不好的公共产品或服务推向一个并不成熟的市场。至于项目中长期的发展、社会效益和经济收益如何，则常常不是现任政府主管部门，甚至于投资人现任总经理的关注焦点。在此情形之下，即便有外部的财务及法律顾问参与其中，他们提出的专业意见通常也不为项目方所完全理解并接纳。不可避免的，大量潜在风险在看似红火的发展热潮中逐步累积。时至今日，各地 PPP 项目当中已经陆续出现政府方或投资人怠于履约甚至违约的情况，并以前者居多。

"黑猫白猫阶段"是 PPP 模式在中国发展壮大的一个重要过程。供水及污水处理行业的成功经验，经过复制与改良，被用于更加综合、开放和复杂的项目系统，而不再限于一个独立的运作单元，项目参与主体和影响项目实施的因素也趋多元。这方面的经典案例有北京地铁四号线和国家体育场两个 PPP 项目。而广泛、多元的项目实践，反过来也促进了 PPP 理论体系的深化和发展。实践与理论共识初步成型,政策法规框架、项目结构与合同范式在这个阶段得到基本确立。

第四阶段:调整阶段(2009年至2013年"短暂停滞阶段"):随着四万亿经济刺激政策的推出,地方政府基础设施建设投资高速增长,城镇化程度大幅提高,但PPP模式在此阶段却停滞不前,主要原因在于地方政府融资平台发展壮大,平台贷款、城投债等规模激增为地方政府提供了充足的资金,PPP发展进入短暂的停滞阶段。在全球金融危机和中央政府推行积极财政政策和刺激经济增长的背景影响下,政府利用所属融资平台进行投融资,主要方式有政府委托代建和BT(建设—移交)等。

第五阶段:普及阶段(2014年开始"快速增长阶段"):为中共十八大确定的落实"允许社会资本通过特许经营等方式参与城市基础设施投资和运营",中国财政部从2013年底展开对PPP模式推广工作的全面部署。2014年3月,财政部副部长王保安在政府和社会资本合作(PPP)培训班上发表讲话,对推广PPP模式的原因、任务和方式予以系统阐述,并提出要从组织、立法和项目试点等三个层面大力推广PPP模式。2014年5月,财政部政府和社会资本合作(PPP)工作领导小组正式设立。相比于财政部的令箭频发,国家发改委在2014年推出了80个鼓励社会资本参与建设营运的示范项目,范围涉及传统基础设施、信息基础设施、清洁能源、油气、煤化工、石化产业,且项目模式不局限于特许经营。PPP模式的制度化建设正式提上议事日程。2014年被不少业内人士视为PPP模式在中国的发展元年。中央到地方均推出大量PPP项目,PPP进入了发展的新阶段,并掀起第三波高潮。

PPP立法有望很快推出,制度配套上也更为完善,将很快进入成熟发展的"规范化管理阶段"。

二、PPP的特点

(1) 实现为超过项目投资者自身筹资能力的大型项目和盈利性差的公益性项目提供融资,通过公私合作实现与项目所在地政府分担风险。

(2) 减轻政府的预算压力和债务负担,政府是以项目扶持者的身份来组织融资,避免政府直接举债,解决公共项目的资金短缺问题。

(3) 通过社会资本的介入,政府部门和社会资本共同参与公共基础设施的建设和运营,双方可以形成互利的长期目标,可以大大提高项目的运营效率和服务质量并降低运营成本,更好地为社会和公众提供服务。

(4) 有意向参与公共基础设施项目的社会资本,可以尽早和项目(所在地)政府或有关机构接触,可以节约投标费用,节省准备时间,从而降低最后的投标价格。

(5) 项目的参与各方重新整合,组成战略联盟,对协调各方不同的目标起到关键性作用。

(6) 以项目为主体,用项目本身融资或担保,与传统融资方式相比,可以获得较高的贷款比例,通常可以达到60%~75%的资本需求量。

(7) 有限追索贷款,项目出现任何问题,贷款人均不能追索到项目借款人除该项目资产、现金流量及政府所承诺的义务之外的任何形式的财产。

(8) 表外融资,对负债一般不在资产负债表中反映,多是以某种说明的形式反映在公司负债表的注释中,避免公司资产负债比例失衡和影响公司等措新的资金。

(9) 风险分担合理,将项目的各种风险分担于借款人、政府、贷款人及其他与项目开发有直接或间接关系的参与方中。

（10）信用结构灵活，将贷款的信用支持分配到与项目有关的各个方面，提高项目的债务承受能力。

（11）成本高，项目前期花费时间长，前期费用较大，利息成本一般高于同等条件贷款的 0.3%～1.5%。

三、PPP模式的优势

对于基础设施项目而言，PPP模式的引入显现有以下优势。

1. 实现资金的最佳价值

PPP模式可以实现财政资金的最佳价值，具体体现在以下几个方面：

（1）通过社会资本方的竞争性选择来加强垄断领域的竞争，为项目从设计、建设到运营整个生命周期提供一个持续的激励；

（2）利用社会投资人的专业资源和创新能力，提供质量更高、更有效率、更有创造性的服务，带来更富创新性收入来源的机会；

（3）将部分风险转移给能够更好地控制风险的社会投资人；

（4）使政府投资方和社会资本方对各自的风险和成本进行全面、长期的考虑，以最低的长期经济成本在项目期限中持续提供优质服务。

2. 弥补政府财政资金的不足

基础设施项目投资大、周期长，政府没有能力提供充足的资金。为解决公共需求与资金之间的矛盾，政府需在部分工程建设上引入多元化社会投资，以加快基础设施项目建设，满足公共需求。PPP模式下社会资本方的投资和融资，缓解了政府在建设期投入的资金压力。

3. 提升基础设施服务的水平

在PPP模式框架下，为保持持续提供公共服务，实现投资的最大收益，提高自身商誉，社会资本方必须具有满足用户需要、提升其服务水平的内在动力。社会资本方所具有的商业头脑和管理经验、专有技术和专业人员、类似项目的经历和经验，为服务水平的提升提供了客观支持。

4. 降低项目建设运营的成本

激励社会资本方通过制定最佳方案、适用规模经济、创新性技术、更加灵活地采购与缔约方式，降低一般管理费用，以提高效率和降低成本。

5. 提高公共产品生产效率

采用PPP模式能够提高公共物品生产的效率，本质在于引导社会资本的进入，将政府部门的"花别人的钱办别人的事"转变为社会资本的"花自己的钱办自己的事"。因此，PPP模式意味着在公共物品和服务的提供中生产供给效率的提高。

6. 政府和社会资本可以取长补短

PPP模式把政府机构的社会责任、远景规划、协调能力与社会资本的企业家精神、资金支持、技术手段和管理效率结合到一起。政府和社会资本可以形成互利的长期目标，以最有效的成本为公众提供高质量的服务。

7. 合理分配风险

PPP模式在项目初期就可以合理调节社会资本和政府资金所占比例，解决项目整个生命周期中的风险分配。由于政府分担一部分风险，使风险分配更合理，减少了社会资本风险，从而降低了融资难度，提高了项目融资成功的可能性。政府在分担风险的同时也拥有一定的控制权。

第二节 PPP 模式类型与分类

一、类型

PPP 项目实践中，常见的实施类型有服务社会经济型、项目运作方式型和获得受益方式型三种。

（一）服务社会经济型

按照服务于社会经济发展的不同方面，PPP 项目大致可分为经济、社会和政府三类。经济类包括交通运输、市政公用事业、园区开发、节能环保等领域；社会类包括保障性住房、教育、文化、卫生等领域；政府类主要服务于司法执法、行政、防务等领域。

（二）项目运作方式型

项目运作方式型主要包括特许经营、设立合资企业、服务外包、运营和维护的外包或租赁、管理者收购、管理合同、国有企业的股权转让或对社会资本开发项目提供政府补贴，以及这些方式的组合等。其中几乎包含了介于完全由政府直接供给与完全由社会资本供给公共产品之间的所有公共服务供给模式。PPP 模式的结构形式非常灵活广泛，不同形式下社会资本的参与程度与承担的风险程度也各不相同。具体运作方式的选择主要由 PPP 项目行业类型、融资需求、改扩建需求、收费定价机制、投资收益水平、风险分配基本框架和期满处置等因素决定。

（三）获得收益方式型

按照社会资本、特许经营者和项目公司获得收入的方式，PPP 项目可分为使用者付费方式、政府付费方式和可行性缺口补助方式。PPP 项目获得收益方式（付费机制）如图 1-2 所示。

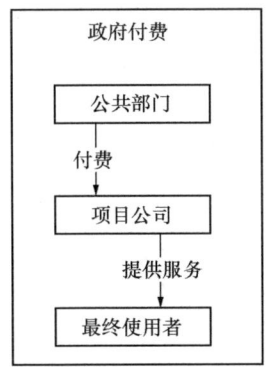
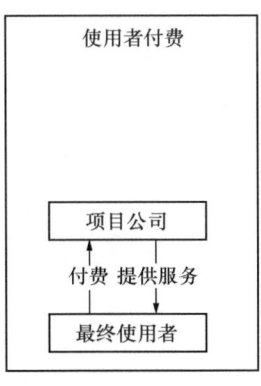
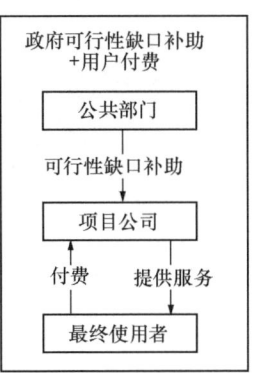

图 1-2 PPP 项目获得收益方式（付费机制）

1. 政府付费

政府付费是指政府直接付费购买公共产品和服务。在政府付费机制下，政府可以依据项目设施的可用性、产品或服务的使用量以及质量向项目公司付费。政府付费是公用设施类和公共服务类项目中较为常用的付费机制。根据付费依据不同又可分为可用性付费、使用量付费和绩效付费。通常适用于不直接向最终使用者提供服务的基础设施项目，如污水处理厂、垃圾焚烧发电厂或非经营性的基础设施项目，如无收费权的市政道路、河道治理等。

2. 使用者付费

使用者付费是指由公共设施或服务的最终使用者直接付费购买公共产品和服务。项目公司直接从最终用户处收取费用，以回收项目的建设和运营成本并获得合理收益。这种方式通常用于经营性较高、财务效益良好、直接向最终使用者提供服务的基础设施项目，如高速公路、桥梁、地铁等公共交通项目以及供水、供热、燃气、收费公路等公用设施项目，通常可以采用使用者付费机制。

3. 可行性缺口补助

可行性缺口补助是指使用者付费不足以满足社会资本或项目公司回收成本及获得合理回报的要求，而由政府以财政补贴、股本投入、优惠贷款或其他优惠政策的形式，给予社会资本或项目公司的经济补助，以弥补使用者付费之外的缺口部分。可行性缺口补助是在政府付费机制与使用者付费机制之外的一种折衷选择。在我国实践中，可行性缺口补助的形式多种多样，包括土地划拨、投资入股、投资补助、优惠贷款、贷款贴息、放弃分红权、授予项目相关开发收益权等其中的一种或多种。这种方式通常用于经营性较低、财务效益不良、直接向最终使用者提供服务，但收取的服务费用无法覆盖投资和运营成本的基础设施项目，如医院、学校、文化及体育场馆、保障房、价格调整之后或需求不足的网络型市政公用项目、交通流量不足的收费公路等。

二、分类

从各国和国际组织对 PPP 的理解来看，PPP 有广义和狭义之分。广义的 PPP 泛指政府部门与社会资本为提供公共产品或服务而建立的各种合作关系，以授予社会资本特许经营权为特征，包括 BOT 等多种形式。而狭义的 PPP 可以理解为一系列项目融资模式的总称，包含 BOT、TOT、DBFO 等多种模式。狭义的 PPP 更加强调合作过程中的风险分担机制和项目的衡工量值原则①。是政府与社会资本组成特殊目的机构（SPV），引入社会资本，共同设计开发，合理分担风险，全过程合作，期满后再移交给政府的公共服务开发运营方式。如图 1-3 所示。

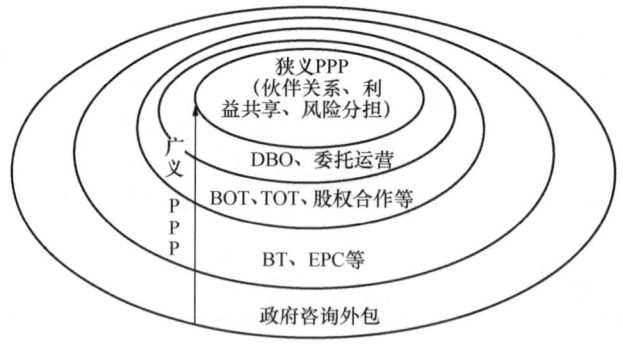

图 1-3　广义 PPP 模式与狭义 PPP 模式关系示意图

（一）广义 PPP 的分类

PPP 模式是一个极其广泛的概念，PPP 包含的实现形式多达数十种之多。PPP 模式分

---

① 衡工量值：指合乎经济原则，合乎经济效益，物有所值。按国内财经用词，是指成本与效益的均衡。

类形式如图1-4所示。世界银行、欧盟等多个国际机构均对PPP模式有具体的分类和研究，结合我国国情，可将PPP模式分为合同承包、特许经营和私有化三大类。其中合同承包类一般由政府投资，社会资本承包整个项目中的一项或几项，通过政府付费实现收益；特许经营类需要社会资本参与部分或全部投资，并通过一定的合作机制与政府部门分担项目风险、共享项目收益，政府根据项目实际收益向特许经营公司收取一定的特许经营费或给予一定的补偿，项目的资产最终由政府保留；私有化类则一般由社会资本负责项目的全部投资，建设项目的所有权归社会资本方，在政府的监管下通过向用户收费收回投资实现利润。各类PPP形式的特点见表1-2。PPP基本形式主要特征见表1-3。

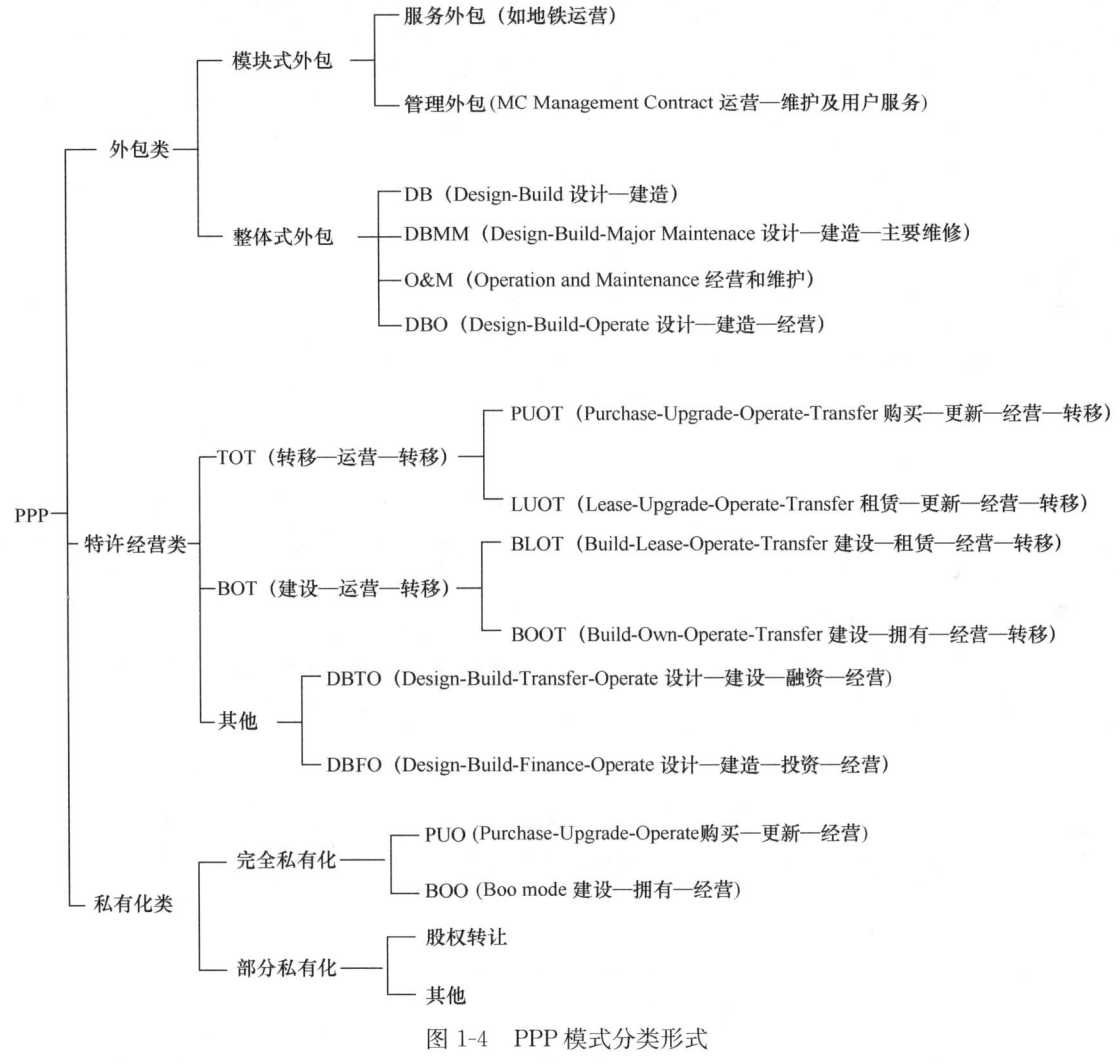

图1-4 PPP模式分类形式

表1-2 各类PPP形式的特点

PPP形式	产权	运营	投资	商业风险	合同期限
外包类	政府	政府	政府	政府	短期
特许经营类	政府	社会资本	社会资本	共同分担	中长期
私有化类	社会资本	社会资本	社会资本	社会资本	永久

表 1-3 PPP 基本形式主要特征

基本形式 主要特征	服务合同	管理合同	租赁合同	特许权	BOT
范围	各种支持服务的多种合同，如计数读数、计费等	管理整个或主要项目	管理、运营和续签责任	所有运营责任，以及投资、融资和执行	主要部分投资和运营，如污水处理厂
资产所有权	政府	政府	政府	政府/社会资本	政府/社会资本
持续时间	1~3年	2~5年	10~15年	25~30年	各异
职责	政府	社会资本	社会资本	社会资本	社会资本
资本投资	政府	政府	政府	社会资本	社会资本
商业风险	政府	政府	分担	社会资本	社会资本
社会资本假设的整体风险水平	最小化	最小化/适中	适中	高	高
补偿条款	单价	固定费用，最好有绩效激励	资费收入部分	全部或部分资费收入	大部分固定，部分产生参数变量
竞争	激烈和持续	仅一次，合同通常不续签	仅初期合同，后期合同通常协商	仅初期合同，后期合同通常协商	仅一次，通常协商无直接竞争
特殊特征	作为提高公共公司效率战略，非常有用，促进当地社会资本方发展	在准备更深度社会资本方参与时期，短期解决方案	提高运营和商业效率，发展本地员工	提高运营和商业效率，调动投资资金，发展本地员工	调动投资资金，发展本地员工
问题和挑战	需要管理多种合同的能力，强大具有执行力的合同法	管理层可能无法充分控制核心要素，如预算资源、员工政策等	潜在公共机构间的冲突，这些公共机构负责投资和社会资本方运营商	在合同最后5~10年，确定如何补偿投资，确保良好维护	无需改善持续运营效率，可能需要担保

1. 外包类

外包类 PPP 项目一般是由政府投资，社会资本只承担项目的建设、维护等过程中的一项或几项职能，政府为其提供的产品或服务付费。例如只负责工程建设，或者受政府之托代为管理维护设施或提供部分公共服务，并通过政府付费实现收益。在外包类 PPP 项目中，社会资本承担的风险相对较小。在这类合作中，社会资本对政府提供的服务就是比较单纯的商业价值交换行为，既不涉及项目运营，也不参与对项目收益的分享，项目投资和经营的风险完全由政府承担。外包类 PPP 模式的主要特征见表 1-4。

表 1-4 外包类 PPP 模式的主要特征

类型	主 要 特 征	合同期限
服务外包	政府以一定费用委托社会资本方代为提供某项公共服务，例如设备维修，卫生打扫等	1～3 年
管理外包	政府以一定费用委托社会资本方代为管理某公共设施或服务，例如轨道交通运营	3～5 年
DB	社会资本方按照公共部门规定的性能指标，以事先约定好的固定价格设计并建造基础设施，并承担工程延期和费用超支的风险。因此社会资本方必须通过提高其管理水平和专业技能来满足规定的性能指标要求	不确定
DBMM	公共部门承担 DB 模式中提供的基础设施的经营责任，但主要的维修功能交给社会资本方	不确定
O&M	社会资本方与公共部门签订协议，代为经营和维护公共部门拥有的基础设施，政府向社会资本方支付一定费用。例如城市自来水供应、垃圾处理等	5～8 年
DBO	社会资本方除承担 DB 和 DBMM 中的所有职能外，还负责经营该基础设施，但整个过程中资产的所有权仍由公共部门保留	8～15 年

通常，外包类 PPP 项目包含模块式外包和整体式外包两种主要类型。其中模块式外包又划分为服务外包和管理外包两种形式；整体式外包分为设计—建设（DB）、设计—建设—主要维护（DBMM）、经营与维护（O&M）、设计—建设—经营（DBO，俗称交钥匙）等多种形式。

2. 特许经营类

项目以向社会资本授予特许经营权为特征，社会资本参与的项目环节要明显多于外包类，一般都涉及项目的投资或运营，在此过程中政府和社会资本需要分担风险。参与项目的相关政府机构需要协调社会资本的收益性和项目整体的公益性之间的关系，既要让社会资本能够获得合理的收入，又要保证社会公众的公共权益。另外，特许经营类 PPP 项目的项目资产一般在特许经营期结束之后移交回政府。

特许经营类项目需要社会资本参与部分或全部投资，并通过一定的合作机制与政府部门分担项目风险、共享项目收益。作为一种风险分担、利益共享的模式，政府能控制准公益项目的所有权，又能提高服务水平。

特许经营类 PPP 主要有 TOT 及 BOT 两种实现形式，主要特征见表 1-5。另外，与 DB 模式相结合，特许经营类 PPP 还包括 DBTO、DBFO 等几种类型。根据不同的实现途径，在 TOT 模式中，还可以分为 PUOT 和 LUOT 两种类型；在 BOT 模式中，可以分为 BLOT 和 BOOT 两种类型，两者的区别是在建设完成后是通过租赁还是通过拥有的方式获取项目经营权。

表 1-5 特许经营类 PPP 模式的主要特征

类型		主 要 特 征	合同期限
BOT	BLOT（建设—租赁—经营—转让）	社会资本方先与公共部门签订长期租赁合同，由社会资本方在公共土地上投资、建设基础设施，并在租赁期内经营该设施，通过向用户收费而收回投资实现利润。合同结束后将该设施交还给公共部门	25～30 年
	BOOT（建设—拥有—经营—转让）	社会资本方在获得公共部门授予的特许权后，投资、建设基础设施，并通过向用户收费而收回投资实现利润。在特许期内社会资本方具有该设施的所有权，特许期结束后交还给公共部门	25～30 年

续表

类型		主 要 特 征	合同期限
TOT	LUOT（租赁—更新—经营—转让）	社会资本方租赁已有的公共基础设施，经过一定程度的更新、扩建后经营该设施，租赁期结束后移交给公共部门	8～15年
	PUOT（购买—更新—经营—转让）	社会资本方购买已有的公共基础设施，经过一定程度的更新、扩建后经营该设施。在经营期间社会资本方拥有该设施的所有权，合同结束后将该设施的使用权和所有权移交给公共部门	8～15年
DBTO	设计—建造—转让—经营	社会资本方先垫资建设基础设施，完工后以约定好的价格移交给公共部门。公共部门再将该设施以一定的费用回租给社会资本方，由社会资本方经营该设施。社会资本方这样做的目的是为了避免由于拥有资产的所有权而带来的各种责任或其他复杂问题	20～25年
DBFO	设计—建造—投资—经营	DBFO是英国最常采用的模式，在该模式中，社会资本方投资建设公共设施，通常也具有该设施的所有权。公共部门根据合同约定，向社会资本方支付一定费用并使用该设施，同时提供与该设施相关的核心服务，而社会资本方只提供该设施的辅助性服务。例如，社会资本方投资建设轨道交通的各种建筑物，公共部门向社会资本方支付一定费用使用建设好的交通设施，并提供运营等主要公共服务，而社会资本负责提供维修、清洁等保证该设施正常运转的辅助性服务	20～25年

3. 私有化类

私有化类PPP是政府部门与社会资本通过一定的契约关系，使公共项目按照一定的方式最终转化为社会资本的一种PPP模式。私有化类PPP项目需要社会资本负责项目的全部投资也承担全部的风险，在政府的监管下，社会资本在项目定价和服务质量等方面需要接受政府的监管，以保证公共利益不受损害，通过向用户收费收回投资实现利润。

在私有化类PPP模式中，根据私有化程度不同可以分为完全私有化和部分私有化两种。根据实现途径的不同，完全私有化可以通过PUO和BOO两种实现途径；部分私有化则可通过股权转让等方式显示私有化程序。

（二）狭义PPP的分类

政府与社会资本合作（PPP）模式按项目的运作模式一般分为融资性质、非融资性质、股权产权转让和合资合作等四类。

1. 融资性质

政府与社会资本合作（PPP）模式按项目融资性质运作模式包括以下几种。

（1）建造、运营、移交（BOT）：社会资本的合作伙伴被授权在特定的时间内融资、设计、建造和运营基础设施组件（和向用户收费），在期满后，转交给政府部门的合作伙伴。

（2）民间主动融资（PFI）：PFI是对BOT项目融资的优化，指政府部门根据社会对基础设施的需求，提出需要建设的项目，通过招投标，由获得特许权的社会资本进行公共基础设施项目的建设与运营，并在特许期（通常为30年左右）结束时将所经营的项目完好地、无债务地归还政府，而社会资本则从政府部门或接受服务方收取费用以回收成本的项目融资方式。

（3）建造、拥有、运营、移交（BOOT）：社会资本为设施项目进行融资并负责建设、拥有和经营这些设施，待期限届满，社会资本将该设施及其所有权移交给政府方。

（4）建造、移交（BT）：社会资本与政府方签约，设立项目公司以阶段性业主身份负责某项基础设施的融资、建设，并在完工后即交付给政府。

(5) 建设、移交、运营（BTO）：社会资本为设施融资并负责其建设，完工后即将设施所有权移交给政府方；随后政府方再授予其经营该设施的长期合同。

(6) 重构、运营、移交（ROT）：社会资本负责既有设施的运营管理以及扩（改）建项目的资金筹措、建设及其运营管理，期满将全部设施无偿移交给政府部门。

(7) 设计、建造（DB）：社会资本的合作伙伴设计和制造基础设施，以满足政府部门合作伙伴的规范，往往是固定价格。社会资本合作伙伴承担所有风险。

(8) 设计、建造、融资及经营（DB-FO）：社会资本的合作伙伴设计、融资和构造一个新的基础设施组成部分，以长期租赁的形式，运行和维护它。当租约到期时，社会资本的合作伙伴将基础设施部件转交给政府部门的合作伙伴。

(9) 建造、拥有、运营（BOO）：社会资本以合作伙伴的方式融资、建立、拥有并永久的经营基础设施部件。政府部门对合作伙伴的限制，在协议上已声明，并持续的监管。

(10) 购买、建造及营运（BBO）：一段时间内，公有资产在法律上转移给社会资本的合作伙伴。建造、租赁、营运及移交（BLOT）。

(11) 只投资：社会资本的合作伙伴，通常是一个金融服务公司，投资建立基础设施，并向政府部门收取使用这些资金的利息。

2. 非融资性质

(1) 作业外包：政府或政府性公司通过签定外包合同方式，将某些作业性、辅助性工作委托给外部企业或个人承担和完成，以期达到集中资源和注意力于自己的核心事务的目的。一般由政府方给作业承担方付费。

(2) 运营与维护合同（O&M）：社会资本的合作伙伴，根据合同，在特定的时间内，运营公有资产。公共合作伙伴保留资产的所有权。

(3) 移交、运营、移交（TOT）：政府部门将拥有的设施移交给社会资本运营，通常社会资本需要支付一笔转让款，期满后再将设施无偿移交给政府方。

3. 股权（产权）转让

政府将国有独资或国有控股企业的部分股权（产权）转让给社会资本，建立和形成多元投资和有效公司治理结构，同时政府授予新合资公司特许权，许可其在一定范围和期限内经营特定业务。

4. 合资合作

政府方以企业的资产与社会资本（通常以现金方式出资）共同组建合资公司，负责原国有独资企业的经营。同样，政府将授予新合资公司特许权，许可其在一定范围和期限内经营特定业务。

（三）按收费方式分类

根据收费方式，PPP可以分为使用者付费和政府付费两种基本模式。

(1) 使用者付费模式又称为特许经营权模式，其特点是完全通过向用户收费来回收成本、支付运营费用，并实现合理的利润，一般用于公路、桥梁、地铁等领域。在这种模式下，市场需求的风险完全转移给社会资本，后者提供的产品和服务要接受市场检验。

(2) 政府付费是指社会资本开发建设的基础设施只要达到了政府事先设定的服务供应标准，政府就会按约定每年支付一个固定的费用，无论实际的需求和利用情况如何。在某些领域，市场需求的风险不能或者不适合转移给社会资本（例如医院和学校），这就需要政府根据其提供服务的潜在能力、质量等是否达标来支付固定的费用，在这种模式下，市场需求的风险完全由政府承担。而社会资本不面临市场风险，通过创新改进质量的动力也就相对较弱。英国和加拿大的PPP主要采用的即是政府付费模式。

（四）按招标方式分类

根据招标方式，PPP可以分为应标模式和非应标建议模式。

（1）应标模式。由政府发起，也即政府根据需求发布招标公告，随后由社会资本投标响应。

（2）非应标建议模式。不需要政府发布公告，社会资本在发现机会后，可以主动向政府部门提议协商签订合同（但在这种情况下应该引入竞争程序，以在帮助政府部门获得更好条件的同时避免腐败）。

（五）按合作关系分类

根据政府部门与社会资本之间的合作关系，可以将PPP分为横向合作关系和纵向合作关系两类。

（1）横向合作关系（PPP）是指国营部门与社会资本方共同出资，成立合作项目公司，以项目公司为主体，分包有关合同。国营部门和社会资本利益共享，风险分担。（一般为国营部门指定国资投资公司与社会资本方共同持股项目公司）

（2）纵向合作关系（BT、BOT、TOT等）是指国营部门与社会资本方签订特许权协议，将项目的权利授予社会资本方，以纯私营项目公司为主体，分包有关合同。项目的利益由社会资本方享有，风险由社会资本方承担。

（六）世界银行对PPP的分类

世界银行对PPP进行了如下四大分类。

1. 管理与租赁合同

一个私人组织机构获得在一定期限内对一个国有企业的管理权，同时国家仍拥有投资决策权。具体有两种形式：

（1）管理合同。指政府支付给私人运营方费用，用于管理特定公共设施，此模式的运营风险在政府一方；

（2）租赁合同。政府将资产有偿租赁给私人运营方。此模式下运营风险在私人运营机构一方。

2. 特许经营合同

世行将特许经营定义为以社会资本支出为主的管理与运营合同，指一家社会资本从国有企业获得一定期限内的经营管理权。该模式主要针对已存在或部分存在的设施。具体模式包括：修复—运营—移交（ROT）、修复—租赁—移交（RLT）、建设—修复—运营—移交（BROT）。

3. 未开发项目

一家社会资本或公私合营机构，在特定合同期限内建设、运营一个新的设施。该设施的所有权应在合同期满后移交给政府部门。具体模式包括：建设—租赁—移交（BLT）、建设—运营—移交（BOT）、建设—所有—运营（BOO）、市场化、租用等5类。

4. 资产剥离

社会资本通过参与资产拍卖、公开发行或规模私有化项目等方式，获得国有机构的资产。具体模式包括：

（1）全部资产剥离：政府将该项资产所属在国有公司的全部100%部分转移给社会资本（运营机构、机构投资者等）；

（2）部分资产剥离：政府将该项资产所属在国有公司的一部分转移给社会资本（运营机构、机构投资者等）。购买此项资产的社会资本不一定拥有资产的管理权。

从以上分类及其定义可以看出，首先，PPP是政府为了提供公共产品而引入社会资本参与的一种合作机制，合作的具体模式取决于项目的条件、风险和目标；其次，特许经营是PPP的一个子分类，不等同于PPP，主要适用于自身有固定收入流的"使用者付费"且已存在的项目。

三、PPP模式模型

1. PPP模式设施类型与适用模型

在PPP模式下，公共基础设施的建设与公共服务的提供可以采用多种模型。表1-6介绍PPP模式下设施类型与适用模型。

表1-6 PPP模式下的典型模型

设施类型	适用的模型
新建设施	建设—运营—转移（BOT），建设—运营—拥有—转移（BOOT）
	建设—转移—运营（BTO）
	建设—拥有—运营（BOO）
对已有设施的扩建	租赁—建设—运营（LBO）
	购买—建设—运营（BBO）
	扩建后经营整体工程并转移（Warp-around Addition）
已有设施	服务协议（Service Contract）
	运营和维护协议（Operate&Maintenante Contract）
公共服务	合同承包

2. PPP模式模型结构

（1）PPP模式基本结构如图1-5所示。

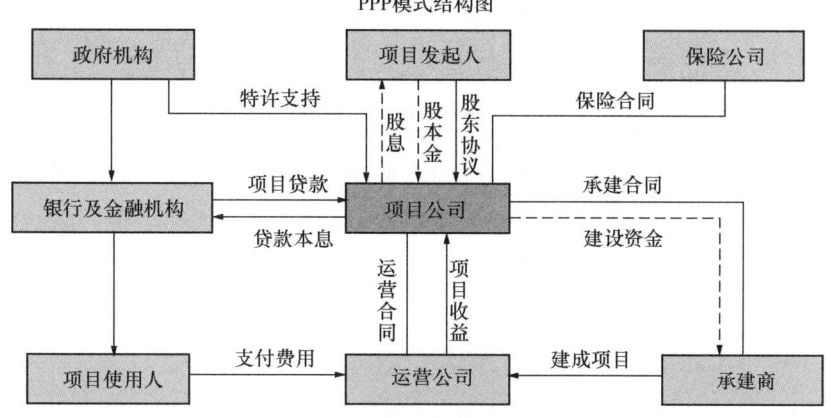

图1-5 PPP模式基本结构

（2）PPP 模式典型结构如图 1-6 所示。

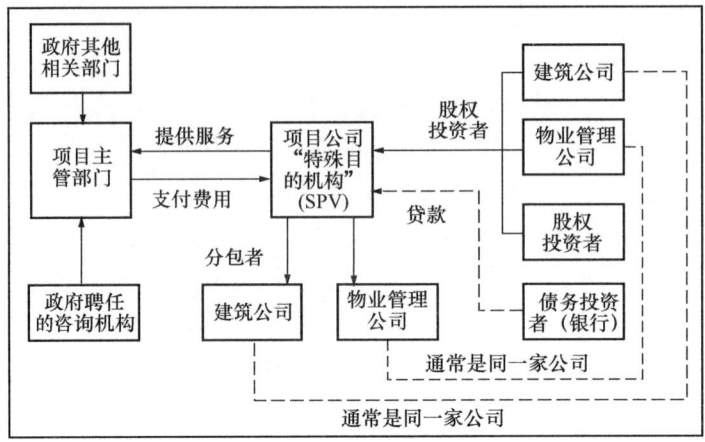

图 1-6　PPP 模式典型结构

（3）经营类项目基本结构如图 1-7 所示。

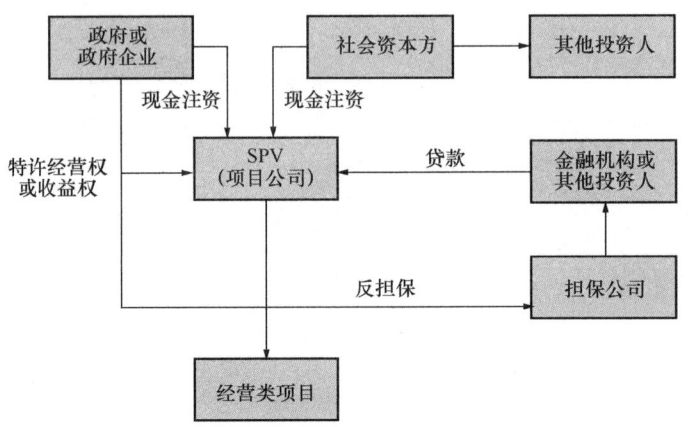

图 1-7　经营类项目基本结构

（4）准经营类项目基本结构如图 1-8 所示。

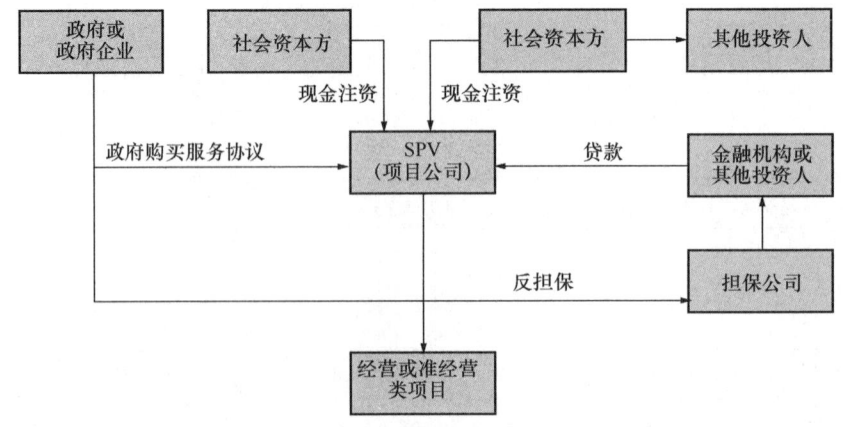

图 1-8　准经营类项目基本结构

3. PPP各种模式优缺点对比

PPP模式类型优缺点见表1-7。

表1-7　PPP模式类型优缺点对比表

PPP类型	主要特征	适用范围	优　点	缺　点
服务协议	民营方提供专业技术服务 政府拥有项目资产所有权 政府负责为项目融资 政府需承担所有风险 期限几个月至5年	公用事业的一些特殊服务项目，如公路收费、抄表、垃圾收集、清洁等服务项目	政府获益于民营方的专业服务 潜在的节约成本 提高服务的质量 政府拥有所有权	政府仍承担投资、运营等大部分责任 服务分割进行外包，也可能增加成本
运营和维护协议	民营方运营和维护公共设施 政府拥有项目资产所有权 将运营风险转移给民营方 政府需承担融资、建设风险、商业风险	政府的许多服务，如水厂、污水处理；垃圾处理；道路的维护；公园的维护；景观的维护；停车场等，都可以采用这种方式	潜在的服务质量与运营效率提高 节约成本 提高服务的质量 政府拥有所有权	公众不同意外包 一旦社会资本毁约，政府再进入服务的成本则很大 存在着削弱所有者控制的可能及降低了对公众需求变化的反应力的可能
设计—建设	根据协议，将公共设施的设计建造交给社会资本 政府拥有项目资产所有权 政府负责为项目融资 政府负责设施的运营和管理 该模式主要目的在于转移项目设计及建造方面的风险	适用于运营过程比较简单的资本项目 适用于政府主管部门必须发挥运营作用的资本项目 大多数公共基础设施和建设项目，包括道路、高速公路、水和污水处理厂、排水和灌溉系统以及其他政府设施都可以运用这种形式	转移了项目的设计及建造风险 能够利用社会资本的经验 有利于加快项目建造的进度 存在着创新和降低成本的可能	降低所有者的控制权 有可能与规划及环境的要求相冲突 可能增大项目运作过程的风险 激励作用有限，难以保证商务及时采用项目全生命周期的成本计算方法 较高的运营和维持成本可能抵消较低的资本成本
承包经营	民营合作设计、建设，并且在一段时期内负责项目的运营 政府拥有项目资产所有权 该模式除转移了设计及建造风险之外，同时也转移项目的运营风险	适用于运营过程重要，运营责任重大的项目。因此政府希望拥有所有权，但是又希望从私人的建设和运营中获取利益 这种形式也适用于大多数公共设施的建设和运营。大多数公共基础设施和建设项目，包括水和污水处理厂、垃圾处理、体育场馆等已经其他政府设施都可以运用这种形式	转移了项目的设计、建造及运营风险 有利于加快项目的建造进度 运营的责任可以强化建设的质量 风险的转移使得全生命周期成本计算方法得到应用 推动适应机构创新以提高资金的价值及收益 项目运营及维护的质量得到提高 得以从整体角度全盘考虑协议条款，建立协议体系 政府部门得以专注于政府的核心职责	政府对设施运营的控制权降低 政府可能面临融资的风险 有可能与规划及环境的要求相冲突 合同结构较为复杂，合同的达成需要较长时间 要求建立合同管理及项目运营监管体系 如运营者运营不利，政府部门需重新介入项目运营，增加了成本 无法吸引足够的私人资金，需要政府部门进行长期融资

续表

PPP 类型	主要特征	适用范围	优　点	缺　点
租赁	政府保留对公共基础设施的所有权和适当的控制全权 民营方租赁市政设施，地方政府获得稳定的现金流 转移了运营和商业风险 民营方还要承担项目改扩建的融资风险 期限 5～15 年	适用于政府设施有独立的现金流，如交通项目、服务项目，政府所具有服务的要求，而无力投资和提供服务的情形	改善运营的效率 租赁的支出可能低于债务的成本 具有形成"依照绩效付费"的租赁 以较低的成本向公民提供服务 双方都有得到和增加收入的机会	减少政府对服务或者基础设施控制的可能 在租赁交易过程中，资产评估难度大 减税的作用 租赁合同难以将未来的设施更新包括进去 可能带来设施的修理维护不当，尤其是接近于项目租赁期满
扩充后经营整体工程并转移	民营方特许期完成对已有设施的扩建、运营 政府拥有项目资产所有权 民营合作者负责为项目融资 转移了运营风险 民营方要承担改扩建的融资风险	大多数公共设施和公共娱乐设施都可以采用这种形式	政府不用为公共设施的扩建和更新提供资金上的投入 融资风险由私人合作者承担 能够利用社会资本的经验 政府采购的弹性化 建设速度和效率的提高	由于以后设施的更新不包括在契约中，这便为以后设施的建设和运营带来困难 变更契约可能增进成本和费用 政府需要比较复杂的契约管理程序
转让—经营—转让	某一现存的公共设施的所有权转移到改善和扩建此设施的私人合作者的手中 设施的所有权和经营权在一段时间内归私人合作者，直到其收回投资并得到合理的回报 在特许经营期满后，所有权转让给政府，转移了运营风险 民营方还要承担项目改扩建的融资风险	适用于大部分基础设施和其他公共设施	如果与私人合作者的契约得到良好的履行的话，政府能够对标准和绩效进行一定的控制，而且不承担所有和经营的成本 资产的转移能够降低政府经营的成本 社会资本能够保证设施建设和经营的效率 能够利用社会资本进行公告设施的建设和经营	在私人合作者破产或者经营绩效不佳的情况下，要替代其存在着困难 在将来，存在着政府重新成为一项公告设施提供者的可能 政府部门的工作人员也可能因为暂时的民营化而失业，在民营化的过程中也可能出现其他劳动问题
建设—转让—经营	民营合作者投资兴建设施和运营 政府拥有项目资产所有权 政府将设施租赁给民营合作者 民营合作者负责为项目融资 转移建设风险、融资风险、运营风险	大部分的公共设施都适用于这种模式	政府能够从社会资本建设的专业经验中得到益处 政府部门能够从私人的经验中得到益处并且节约成本 政府部门能够保持对服务水准和绩效的标准，政府可以终止契约 政府还可以控制建设、设计和运营的成本 与建设-经营-转让模式相比，这种模式可以避免法律、管制和民事责任问题	如果出现破产和绩效的欺诈问题，要替代私人合作者或者终止协议，会遇到一些困难和麻烦 由于社会资本的逐利性较强，政府的购买成本也相对较高，因此，对于解决财政困难多发挥的作用也是有限的

续表

PPP 类型	主要特征	适用范围	优 点	缺 点
建设—运营—或建设—所有—经营—转让	社会资本负责公共设施的设计、建造、运营及融资 民营方在特许期内拥有资产所有权，并通过政府提供的补贴收回成本 在特许经营期满后，所有权转让给政府 民营合作者负责为项目融资 该模式的主要目的在引入、利用社会资本，并转移项目的设计、建造及运营风险 根据不同的权限划分及组合有多重不同的形式	适用于运营过程重要，运营责任重大的项目 尤其适用于道路、污水及垃圾处理项目	具有 BOT 模式的一般优点 对社会资本有较大吸引力 较易进行债务融资 项目成本相对稳定，更易预见 极有可能加快项目建设的进程 更多的风险转移大大刺激了社会资本采用全项目生命周期的成本计算方法	有可能与规划及环境的要求相冲突 设施可能在经营和管理的成本上涨时，转让给政府 政府可能丧失对资本建设和运营控制权 与以上模式相比，合同结构更为复杂，合同的达成需要更多时间 要求建立合同管理及项目运营监管体系 如运营者运营不利，政府部门需重新介入项目运营，增加了成本 可能要求资金担保 需要灵活可变的管理体系
特许权经营（运营）	与一般特许模式基本相同，唯一不同的是从政府部门得到排他性的特许权，通过向使用者收费收回成本	适用于可对使用者进行收费的项目 尤其适用于高速公路、污水及燃气项目	具备一般特许模式的一般优点 采用了使用者付费原则 能够最大限度地使用社会资本的财务资源	具备一般模式的缺点 部分项目可能不符合政治上的要求 社会资本有权决定收费上的标准，而政府则无权，除非政府愿意补助
特许权经营（回收）	项目主要目的在于根据使用者付费原则，应用社会资本，并转移项目的设计、建造、运营风险 在特许经营期满后，所有权转让给政府	—	所有项目启动时所遇到的问题都由社会资本来解决 增大了需求风险转移的程度，并且提高了第三方的收益	由于社会资本决定使用者付费的水平，因此使用者付的费用可能高于政府控制时的费用 要求提供几种选择的经营方案并进行高效管理，如不同的运输路线，不同的垃圾处理方法
合资新建	政府和民营合作者共同出资 投资者通过持股拥有设施，通过选举任命董事会成员对设施的运作进行管理 政府一般处于控股地位 政府与民营方共同承担各种风险	适用于地方发展有重要作用的战略性项目、对公共利益有重要影响的项目，水管网建设、通信网、轨道交通网等	能够利用社会资本的技术 政府能够从私人的建设和经营中得到经验 能够利用社会资本进行公告设施的建设和经营 经营的风险由双方共同部门承担	政府需要付出一定的资金 政府控股有可能影响经营效率

续表

PPP 类型	主要特征	适用范围	优 点	缺 点
股权转让	政府将现有设施的一部分所有权转让给民营合作者持有 政府一般处于控股地位 政府与民营共同承担各种风险	适用于政府需要保持一定控制的项目	能够利用社会资本的技术 政府能够从私人的建设和经营中得到经营 能够利用社会资本进行公共设施的建设和经营 经营的风险由双方共同部门承担	政府控制有可能影响经营效率
购买—扩建—运营	私人合作者购买现有设施 社会资本拥有资产所有权 民营方承担项目的所有风险	大多数能产生一定现金流量的公共基础设施，如电力、燃气、污水处理、机场、停车场、体育场馆等	政府能够得到资金 政府不用为设施的更新投资 双方都有得到和增加收入的机会 对于使用者而言，设施的更新能够使服务的质量得到改善 设施建设和经营的效率也能够得到提高	政府可能事实上丧失设施的实际控制权 存在着评估资产价值的困难 即使设施已经出售给私人合作者，失败的风险依然是存在的，政府仍然可能是服务或者设施的提供者 此外，由于设施未来更新的成本没有写在契约中，这便对以后的工作带来麻烦和困难
建设—所有—经营	与民营合作者建设、融资、拥有和经营新的设施 民营合作者一般要承担的责任 社会资本拥有资产所有权 民营方承担项目的所有风险	通常是运营成本相对较大、项目规模相对较小、对公共利益影响也不大的项目 多数未来能产生一定现金流量的公共基础设施，如电力、燃气、污水处理、机场、停车场	政府部门不介入公共设施的建设或者经营 政府部门能多对社会资本提供服务以及垄断服务的利益的方式提供服务 政府部门不需要进行融资和投资 政府通过征收所得税和财产税，增加收入 鼓励社会资本方投资和经营其他重大的公共项目	社会资本可能不愿建设或者经营具有公共利益性质的设施或者服务 政府部门缺乏有效的管制服务价格的机制 由于缺乏竞争，所以有必要对经营活动制定必要的法规和规则

第三节 PPP 模式特征与政商关系

一、特征

政府与社会资本合作（PPP）模式具有公共属性、伙伴关系、利益共享和风险分担四大特征。

（一）公共属性

PPP 项目一定是公共产品，具有公共属性，是政府部门需要提供的产品。

（二）伙伴关系

PPP 项目实施中，交易双方须是政府和社会资本。政府部门之所以和社会资本合作并形成伙伴关系，核心问题是存在一个共同的目标：在某个具体项目上，以最少的资源，实现最多最好的产品或服务的供给。社会资本是以此目标实现自身利益的追求，而政府部门则是以此目标实现公共福利和利益的追求。

（三）利益共享

政府部门与社会资本并不是简单分享利润，还需要控制社会资本可能有的高额利润，即不允许社会资本在项目执行过程中形成超额利润。共享利益除了指共享 PPP 的社会成果，还包括使作为参与者的社会资本或机构取得相对平和、长期稳定的投资回报。

（四）风险分担

伙伴关系作为与市场经济规则兼容的 PPP 机制，利益与风险有对应性，风险分担是利益共享之外伙伴关系的另一个基础。如果没有风险分担，不可能形成健康而可持续的伙伴关系。

政府与社会资本（PPP）合作模式中，政府部门尽可能大地承担自己有优势方面的伴生风险，而让对方承担的风险尽可能小。一个明显的例子是，在隧道、桥梁、干道建设项目的运营中，如果因一般时间内车流量不够而导致社会资本达不到基本的预期收益，政府部门可以对其提供现金流量补贴，这种做法可以在"分担"框架下，有效控制社会资本因车流量不足而引起的经营风险。

二、采用 PPP 模式项目应具备的基本特征

（1）需求长期稳定。公共产品（含公共服务）具备长期、持续、连贯的大量需求是 PPP 应用的基本前提，项目若非有长期稳定需求（如政府为履行其自身职能需要购买某专业设备），则此类项目不适合采用 PPP 模式。

（2）参与方至少有一方应为公共机构。PPP 模式适用于"公共所有"的泛基础设施领域，提供的须为公共产品和公共服务，PPP 模式的参与各方必须至少有一方应为公共机构（**注**：公共机构为"县级以上人民政府或其指定的有关职能部门或事业单位"。除了公共机构，其他市场主体各方之间的合作项目为市场行为，不是 PPP 模式项目，如商品房的买卖、商品交易等）。

（3）参与各方应建立长期合作关系，合作关系应是持久且有关联的。PPP 模式的本质是社会资本向政府提供一项服务，而非一项资产。以交通工程建设项目而言，政府需要社会资本为其提供满足老百姓需求的出行服务，而非交通工程本身，故需要政府与社会资本建立长期稳定的合作伙伴关系，各尽其责、利益共享、风险分担，社会资本承担起设计、融资、建设、运营等全生命周期的责任，特别是运营环节，合作期限往往持续数十年，单纯的交通资产建设交付的项目并不适合采用 PPP 模式。

（4）项目对所提供的服务有一定的专业性要求。能发挥社会资本的技术、融资、管理等方面的优势，且鼓励社会资本在项目全生命周期的合作过程中，更加注重服务或解决方案创新的项目比较适合采用 PPP 模式，简单、标准化、专业度低的普通服务外包不适合采用 PPP 模式。

（5）投资额具有一定规模（一般要求至少达到 1 亿人民币以上，因而最好是基于规模性基础设施建设、运营类项目）。根据国际惯例，PPP 模式的应用对项目规模有一定要求，一

般涉及大额资本投资,因为PPP项目一般有较高的交易成本,如果投资额过小,交易成本占比过高,则很难实现项目的物有所值。

(6) 风险能够合理分担给社会资本。项目风险能否得到合理转移,也是判断项目是否采用PPP模式的重要考量因素,如果项目大部分风险并不适合转移给社会资本方(或者即便可以转移给社会资本方,成本也相当高),则项目并不适合采用PPP模式,而是由政府方来实施更物有所值。

三、PPP的核心属性

世界银行的研究表明,国际上对PPP核心属性存在共识,各国在此基础上决定了PPP的识别、法律基础、业务框架和监管框架等一系列重要的顶层设计。PPP的核心属性主要包括如下几项。

(1) 政府部门与社会资本通过长期合同,由社会资本负责提供某项公共服务;

(2) 社会资本能够通过合同获取收入流,收入来源可能是使用者付费或政府预算分配,也可能是两种收入来源的组合。同时根据合同,有关服务获得和需求方面的风险,从政府部门转移至社会资本;

(3) 社会资本必须投资建立相关公司以进行资本运营;

(4) 根据情况,除了预算分配,政府部门还可能需要提供必要的资本支出,包括土地、现存资产、债务或资本融资;并有可能提供多种形式的担保,以实现与社会资本有效的风险分担;

(5) 合同结束时,相关资产应按照合同约定转移其所有权至政府部门一方。

四、PPP模式中政商关系的特点

PPP项目涉及的政商关系与通常竞争性领域政商关系既有相似性,又有特殊性。一方面,政府部门负责PPP项目的识别、准备、采购、执行和移交等活动,在法律规范不到位的情况下所拥有的选择权会招致项目招投标与实施中的官商交易,而缺乏制度规范同样会使得政府官员担心触犯党纪法律,无推动PPP项目的动力。另一方面,PPP模式适用于有较稳定现金流的公用事业项目,运作周期一般长达10年以上,不仅面临商业风险更会出现政策风险,这些都决定了PPP项目的政商关系具有以下特点:

1. 紧密合作型关系

PPP项目能够结合政府和社会资本各自的优点,一方面政府部门对市政工程和公用事业需求更了解,能够遴选和发起潜在项目;另一方面社会资本方作为合作伙伴,在专业技术、项目管理和融资投资上具有优势,能够更好满足公共产品需求。合作的前提是双方目标一致,通过公共项目建设运营为社会提供公共物品,满足公共需求。由于项目本身相对复杂、持续期长、风险因素多,项目的成功需要政府方和社会资本方构建紧密合作型关系,在项目进行中通过互信谈判协调利益化解风险。

2. 持续期较长

PPP项目建设运营周期长,在项目运作期间政府和商人之间的协商、谈判、调整等都属于长期关系,要求项目各方建立全过程、全周期的伙伴式关系。

3. 政府深度参与

政府在PPP模式推广中,扮演着监督者与合作者的角色,承担着发展战略制定、社会管理、市场监管、绩效考核等职责。PPP项目离不开政府全程的深度参与,要求政府宏观上间接引导做好沟通协调,确保社会资本方的商业利益得到维护,同时确保公众利益的最大化。

4. 监管与被监管关系

项目招投标阶段,政府可以在众多投标者中优中选优。进入实施阶段,双方关系变成一对一的关系,既有合作又伴随着监管,政府一方通常作为监管者对项目质量及运营考核进行评价,对社会资本方在项目运营中追求利润最大化的同时是否损害公共利益进行监管,防止监管缺位。

第四节 PPP模式目的与原则

一、PPP模式的目的与作用

(一)采用PPP模式的目的

(1)使政府所支付的资金,获得最高价值的公共服务。

(2)促进利用民间技术及创新,在项目建设与经营的全寿命周期缩减经营成本,提供廉价而优质的服务。

(3)促进政府投融资制度改革,完善政府部门与社会资本的职责,更有效地分配资源;提高项目建设与运营效率。

(4)利于各方实现"双赢",并保证公共服务高质量。

(二)PPP模式的作用

(1)调动社会资本,提供更多的公共资产。为发展和维持日益增长的人口所需的基础设施。推进城镇化、修缮老旧设施、满足新进入城镇的居民的公共需求,完善公共服务缺失或供给不足地区的基础设施等。

大多数政府的财力有限、融资压力巨大,成为调动社会资本参与基础设施建设的主要原因。若PPP模式设计合理,则可调动此前闲置且正在寻求投资机遇的本地、地区或国际范围内的社会资本。

社会资本进入PPP项目是为了利用其管理能力和经验(特别是公用事业)获利。参与PPP项目的社会资本通过提供服务获得政府补偿或经营利润,从而获取适当的投资回报。

(2)PPP模式是提高效率的工具。

社会资本进行投资或取得业务机会的目标即实现利润最大化,利润主要通过提高投资和运营效率来获得。提高服务质量和运营效率,通过合理的收费使得公共服务供给在经济上可持续。

PPP允许政府将运营职能转移给高效的社会资本方,同时保留和完善监管及监督等政府部门的核心职能。可减少政府的现金支出,并能向消费者提供质优价廉的服务。即使政府承担部分投资或运营成本,也能实现控制成本支出、提升服务质量的目标。

(3)降低公共项目的全生命周期成本。在透明、合理的成本核算机制、定价机制和价格调整机制下,社会资本有动力通过改进管理、优化创新降低项目建设和运营维护成本,以提高自身收益水平,克服政府提供方式下预算体制缺陷造成的成本管理问题,进而降低政府和(或)社会公众为同等质量公共资产或公共服务所付出的成本。

(4)通过风险分配提升项目价值。在受制于法律约束和公共利益考虑的前提下,PPP

模式将风险分配给能够以最小成本、最有效管理的一方承担。与政府承担全部风险的政府提供方式相比,可以降低项目总体风险管控成本,实现项目价值提升。

(5) 提升公共服务的质量。通过对社会资本技术经验的整合、服务创新激励以及项目协议约束,实现项目投资和管理层面的规模经济,在同等成本水平下提供更优质的公共服务。

(6) 提升公共管理能力。政府可以专注于公共资产和公共服务的交付绩效监管与总体规划管理,获得更多、更有效的市场基准信息,在公共监管过程中实现公共管理能力的提升。

(7) PPP模式是在更大范围内推动改革的催化剂。政府有时会将PPP模式当作启动行业改革议程讨论和做出改革承诺的催化剂,PPP模式只是其中的一个组成部分。改革的关键是行业重组和明确职能。重新定位行业的职能,特定PPP模式项目的实施通常会推动改革取得实质性进展,如通过某项法律和成立独立监管机构。这对一个PPP模式项目的成功至关重要。

二、PPP模式适用原则

PPP模式的适用原则主要体现在政府主导、社会参与、市场运作、平等协商、风险分担、互利共赢。其中风险分担上,项目设计、建设、财务、运营维护等商业风险原则上由社会资本承担,政策、法律和最低需求风险等由政府承担。

三、运用PPP模式需遵循原则

PPP模式的合作,是政府与社会资本之间的一种长期合约关系,政府与社会资本通过合同结成稳定的契约关系。运用PPP模式需遵循主要原则如下。

(1) 公共性原则,选定具有公共性的项目及业务。

(2) 调动民间资源的原则,发挥其经营能力及技术能力。

(3) 效率性原则,尊重社会资本自主性及创新精神,提高实施效率。

(4) 公平性原则,保证公平选定所实施的特定项目及社会投资者,合同各方应是平等主体,以市场机制为基础建立互惠合作关系,通过合同条款约定并保障各方的权利义务。

(5) 客观性原则,项目各阶段的评价具有客观性。

(7) 独立性原则,保证经营企业独立的法人地位或经营主体在经营核算上的独立性。

(8) 风险最优分配原则。在政府和社会资本之间实现最优的风险分配,在受制于法律约束和社会公共利益的前提下,将风险分配给对能够以最小成本、最有效管理它的一方承担,并给予风险承担方选择如何处理和最小化该类风险的权利。

(9) 产出导向原则。在项目建设完成后,项目资产需要达到一定标准或要求的各项物理、技术、经济指标和各项服务的交付范围、绩效水平。

(10) 切实履约原则。项目目标的实现,建立在各利益相关方对PPP相关协议的切实履行的基础上,包括实际履行、全面履行和善意履行。

(11) 公开透明原则。保证所确定项目从策划到实施全过程透明性;针对项目采购、建设和运营的关键环节,明确政府的监管职责,发挥专业机构作用,提高信息公开程度,确保项目的阳光运行。

(12) 合理回报原则。鼓励社会资本在确保公共利益的前提下,降低项目运营成本,提高资源配置效率,获取合理的投资回报。

(13) 强调质量和效率原则。政府通过引入社会资本和市场机制,促进重点领域和公共服务领域的有效供给和服务质量,提高公共资源的配置和运行效率。

(14) 合法合规合约原则。PPP项目合同及项目经营等文件和程序，要与相关的法律法规和政策、技术规范和标准相匹配，确保合规合法、内容全面、结构合理和具有可操作性。

(15) 强调国际经验与国内实践相结合原则。在PPP项目中，要广泛借鉴国外先进经验，及时总结国内各类实践，促进各类项目的健康、有效发展，促进社会公共服务。

(16) 鼓励创新原则。PPP模式并不是一个具体、确定的投融资模式，要把握PPP项目的实质内容，积极探索、务实创新，适应当前深化投融资体制改革的现实需要。

四、基础设施项目分类及应用PPP模式的方式

（一）城市基础设施分类

财政部将PPP项目分为19个行业，分别包括能源、交通运输、水利建设、生态建设和环境保护、市政工程、片区开发、农业、林业、科技、保障性安居工程、旅游、医疗卫生、养老、教育、文化、体育、社会保障、政府基础设施和其他。根据城市基础设施的行业性质及用途，分为以下七类。

(1) 涉水项目：包括城镇供水、排水、雨水收集利用、中水回用、污水处理厂和管网以及水环境治理工程等。

(2) 燃气和能源项目：包括管道燃气、CNG燃气、LNG燃气、加气站、加油站及管网等。

(3) 环卫环保项目：包括垃圾收运系统及生活垃圾焚烧、卫生填埋工程，餐厨垃圾焚烧处理，建筑垃圾综合利用等。

(4) 城市道路交通及园林绿化项目：包括轨道交通、公共交通、道路桥梁、园林绿化等。

(5) 综合管廊项目：包括城市共同沟、综合管廊等。

(6) 供热项目：包括热源厂、供热管网、换热站等。

(7) 市政公用设施管养项目：包括道路清扫保洁、公厕管理、市政照明、道路桥梁维护、园林绿化管理养护等。

（二）应用PPP模式的方式

按照上述七类项目的经营特性及向使用者收费的可行性，实施不同的PPP模式。

(1) 采用合资合作和特许经营方式。

此类项目收费或价格形成机制较为健全，可以通过"使用者付费"实现投资回报的项目。如涉水项目中的城镇供水，城市煤气、天然气、液化石油气、管道燃气、CNG燃气、LNG燃气、加气站等项目，城市供热等项目。

(2) 采用政府购买服务、特许经营组合方式。

此类项目虽然可以回收部分投资、保本或微利经营，但建设周期长、投资多、风险大、回收期长或者垄断性等特点，单靠市场机制难以达到供求平衡，需要政府参与投资经营，并且应以控股和参股等方式进行。准经营性项目实施特许经营和政府购买服务相结合。如综合管廊、轨道交通（城际交通）、公共交通项目，涉水项目中的污水处理、中水回用等厂网一体化项目，环卫环保项目中的垃圾收运系统及生活垃圾处理焚烧、卫生填埋、填埋气利用工程，餐厨垃圾处理工程、建筑垃圾综合利用等收运处理一体化项目。

(3) 采用政府购买服务方式。

此类项目经济上的显著特点是为社会提供的服务，以非营利为目的，使用功能不收取费用或只收取少量费用。如涉水项目中的城镇排水、雨水收集利用、排水管网、水环境治理项目，市政公用中的道路清扫保洁、公厕管理、市政照明、道路桥梁维护、园林绿化管养项目等。

（三）PPP 模式主要推广应用范围

目前，我国政府与社会资本合作（PPP）模式主要推广的行业范围是城市基础设施及公共服务领域，如城市供水、供暖、供气、污水和垃圾处理、保障性安居工程、地下综合管廊、公共交通、医疗和养老服务设施等行业，优先选择收费定价机制透明、有稳定现金流的项目。

各个国家对政府和社会资本合作范围具有各自不同的规定领域、重点领域，个别国家甚至将合作范围扩大到监狱管理、警察训练、军队后勤、军事训练服务和国家军事行动，但是PPP 模式合作主要集中在有一定收益的公益性事业领域内。联合国发展署（UNDP）对PPP 模式项目是按照下列范围进行分类：①供水与水处理；②固体废物处理；③能源；④市政工程；⑤公园与娱乐设施；⑥公共交通；⑦桥梁与道路；⑧地区经济开发；⑨公共房屋建筑；⑩通信服务；⑪医疗保健；⑫教育服务；⑬其他市政服务。

第五节　PPP 模式实施机构

PPP 模式的组织形式包括营利性企业、私人非营利性组织、公共非营利性组织（如政府）。合作各方之间不可避免会产生不同层次、类型的利益和责任的分歧。只有政府与社会资本形成相互合作的机制，才能使得合作各方的分歧模糊化，在求同存异的前提下，完成项目的目标。

一、合作伙伴的分类

我国目前 PPP 模式的运用中，主要社会资本方可分为国有企业、外资企业以及民营企业三类。

（1）国有企业。由于我国社会主义国家的社会体制，国有企业是我国国民经济的支柱。对于整个社会，无论是经济发展方面，还是社会责任方面，影响都非常大。由于与政府有天然的"血缘"关系，国有企业参与政府特许经营一定的业务领域，成为参与该行业领域法规的制订者，具有较高的信誉和稳固性。

国有企业拥有特殊的融资渠道，包括财政拨款、国家银行贷款、国家向国际金融市场进行主权性融资等，为建设项目的融资提供了可靠的经济保障；同时，由于 PPP 模式多应用于社会公共设施建设，经济利益虽不可观但却有保证。国有企业自身的性质决定了其可以超越单纯的商业利益目标，优势明显。

（2）外资企业。改革开放以来，为了扩大对外经济合作和技术交流，促进国民经济发展，政府出台各种政策鼓励引进外资，并给予外资企业一定的优惠条件，如"两免三减半"，即对于经营期超过 10 年的外资生产型企业，投产开始盈利后，两年内免征企业所得税，第三年到第五年减半征收企业所得税。尽管自 2001 年中国加入世贸组织（WTO）以来，相应的优惠政策已经有所减少，但总体来看，竞争优势依然明显。

外资企业在某些项目的初始设计、方案选择以及后期的运营方面，由于技术上的领先，比国内的企业拥有更多的专业知识和经验，加上政府给与的融资以及税收方面的优惠政策，在项目招投标阶段占据一定优势。但由于基础设施具有基础性和社会性。其控制权必须掌握在政府或国有经济手中,尽管近年来我国基础设施领域利用外资的绝对额一直在增加,但外资在基础设施领域一直处于被限制状态,比例从未超过15%。

(3) 民营企业。随着我国市场经济的进一步深化,民营企业发展的脚步也随之加快,尤其 2000 年以来,我国民营企业已占国民经济总量的四分之一,对 GDP 总量的贡献已占到 50% 以上,成为推动国民经济发展,构造市场经济体制,促进社会稳定的重要力量。基于追求资本最大化的经营目标,民营企业的经营活动完全以市场为导向,具有很强的市场竞争性以及灵活性。

民营企业独有的创业精神,决定了其善于抓住机遇,敢于挑战的特性,但由于无法得到像国企那样的优惠政策扶植,以及基础设施项目初期投资巨大、投资回收期长、合同关系复杂的限制,决定了民营企业对基础设施项目风险必须持非常谨慎的态度。

二、主要参与者

(1) 项目发起人。发起人一般是(所在地)政府、政府机构或指定的公司,在法律上不拥有也不经营项目,通过给予项目特许权或一定的项目资本金或贷款担保作为对项目的支持。

(2) 项目经营者。通常是一个专门组织的项目公司,从(所在地)政府取得特许权后,组织项目的建设和生产经营,安排融资、承担风险并获取利润。

(3) 投资人。主要是金融组织,商业银行,信托机构等。

(4) 其他参与者。如租赁公司、最终用户(产品或服务购买者)及工程承包公司、设备、能源和原材料供应者、政府机构、融资、法律、税务和咨询顾问等。

三、PPP 项目参与各方的职责

PPP 项目模式运作中,利益主体包括政府、社会资本、项目公司、金融机构、咨询公司、承包商及供应商等。为了平衡政府部门、社会资本、项目公司、金融机构等利益主体的不同利益和要求,首先应明确各利益主体的职能。

1. 政府

政府(或政府指定的机构)通常是 PPP 项目的主要发起人,在法律上既不拥有项目,也不经营项目,而是通过给予某些特许经营权或给予一些政策扶持措施作为项目建设、开发、融资安排的支持,以吸引大量的社会资本并促进项目成功。

政府从公共服务的提供者、生产者、监督者三者合一的主体转变为公共服务的提供者和监督者两位一体。

(1) 公共服务的提供者。政府通常会将公共服务的运行交由公共服务的生产商或其他社会资本来运营。这些服务都是公共服务,具有一定的公益性,因此,如何运营包括如何定价、如何收费、运行时间、政府与运行商在运行过程中的权责划分等,主要由政府来决定,不是由社会资本完全自主决定。

(2) 公共服务生产和经营的监督者。公共服务的供给成效一定优于政府的直接生产,要想使公众在 PPP 模式中享受到性价比最高的公共服务,政府还必须承担起对生产和经营的监督责任。

在 PPP 项目中,政府往往充当着多重角色,包括特许权授予、担保、资金提供、投资、产品或服务购买、原料供应、水电等供应、土地提供、其他基础设施提供、直接立法、宏观经济调控以及其他支持,如外汇或利率担保和税收优惠等。政府的主要职责和分类见表 1-8。

表1-8 政府在PPP项目中的职责分类及描述

政府职责	形　式	概　　述
法律规制与政策支持	制订适合PPP项目发展的宏观政策	政府为吸引投资，应制订基础设施长期规划，并以法律的形式加以确定，保证政策的连续性和稳定性，确保PPP项目的持续发展
	规范PPP项目的操作程序；推进特许权协议规范化，并明确政府的义务，培养PPP专业人员	由于PPP项目资金大部分来源于贷款，项目前期、建设期的延长会大大增加项目的成本，因此政府应该规范PPP项目的操作程序，适当简化行政审批手续和项目的前期工作，可以采取"一站式服务"、"现场办公"等办法，保证项目及时实施，实施业务的专业人员，可委托专业的咨询机构对从事PPP项目的行政人员进行培训，也可以雇用专业的咨询人员，以增强政府从事PPP项目的能力
环境保障与资金支持	创造良好的投融资环境和健全的经济体制；保护投资者的合法权益	项目所在地政府应努力营造一个稳定的政治环境，保证政策的连续性，设立公正、明确的资本市场
	建立良好的国内资本市场；提供规范而有竞争性的投标环境	强大的国内资本市场使投资者很便利的从金融机构借到资金而进行有限追索的项目融资，并且可使项目最终在资本市场上为实现PPP项目的最佳效果且便于选择社会资本，政府应采用比较合理的招投标制度与协议，使PPP项目的实施在一个透明的环境中进行，以确保公平竞争，避免在投资者选择上的徇私舞弊行为
	创造稳定的政治环境	稳定的政治环境和良好的政府信誉是PPP项目成功实施的前提。政府即使不直接参与PPP项目，也应该起到应有的监督作用
	项目投资的后勤保证	项目投资的后勤保证是指政府对项目建设所需的土地、能源、原材料等必要物品提供充足的供给，并对与项目实施有关的技术及管理人员的入境、实施项目所需物资和器材的入境给予一定的保证
政府保证与政府信用	禁止同一地区同类项目竞争	PPP项目投资人一般是以该项目的现金流量及其增长率来计算项目收益的，在项目建成之后，如果又有其他投资者在同一地区进行同类项目的建设，则前一项目的投资收益率将受到极大的影响，最终可能导致该项目投资人的目的无法实现。因此，政府有必要做出禁止同一地区同类项目竞争的一定保证
	投资回报率的适当保证	投资回报率属于商业风险，但由于项目往往投资巨大，政府不对投资者进行一定的投资回报保证可能会大大降低投资者的投资信心，所以，对急需通过PPP方式进行基础设施建设的政府可以对项目的投资回报率提供适当的保证
	利率和汇率担保	政府对超过一定范围的利率和汇率风险提供一定的资金给予补偿

2. 社会资本

社会资本也是 PPP 项目的发起人之一，与代表政府的股权投资机构合作成立 PPP 项目公司，投入的股本形成公司的权益资本。通常政府通过公开招标的方式选择合适的社会资本。

3. PPP 项目公司

PPP 项目公司是 PPP 项目的具体实施者，由政府和社会资本联合组成，负责项目从融资、设计、建设、运营到项目最后的移交等全过程的运作。项目公司的权益资本主要由社会资本组成，政府的股权投资机构也可以入股，但所占股份通常较小。

4. 金融机构

由于基础设施项目投资规模巨大，在 PPP 项目的资金中，来自社会资本和政府的直接投资所占的比例通常较小，大部分的资金来自于金融机构，且贷款期限较长，因此金融机构为 PPP 项目的顺利实施提供了资金支持和信用担保。向 PPP 项目提供贷款的金融机构主要是国际金融机构、商业银行、信托投资机构等。

5. 工程承包商

承包商是项目建设过程的主角，一般由项目公司通过公开招标确定。承包商必须有较强的建设队伍和先进的技术，按照协议规定的期限保质保量地完成建设任务。

6. 运营商

运营商负责项目建成后的运营管理，具有丰富的运营、维护管理经验和管理水平。在项目运营过程中，项目公司每年都应对项目的运营成本进行预算，列出成本计划，对于成本超支或效益提高，有相应的奖罚措施。

7. 咨询公司

由于 PPP 项目运作参与合作者众多、资金结构复杂、项目开发期较长、风险较大，因此在项目的全寿命期内都需要咨询公司的介入，指导项目的运作。为项目提供政策咨询、协助对项目进行可行性分析、协助确定融资方案和风险分配方案等。

8. 其他参与方

其他参与方还包括设计单位、保险公司、金融机构、担保公司、运营公司、建设单位、材料（设备）供应商等相关机构，也都在 PPP 模式运作过程中发挥着重要的作用，他们与 PPP 项目公司和各合作方的协调和密切配合是项目成功的重要因素。

四、监管架构

监管架构主要包括授权关系和监管方式。授权关系主要是政府对项目实施机构的授权，以及政府直接或通过项目实施机构对社会资本的授权；监管方式主要包括履约管理、行政监管和公众监督等。

第六节 PPP 模式内涵与优缺点

PPP 模式实质是以项目为主体，基于特许经营权协议之上的，通过各类合同约束形成的一种公私合营模式，通过这种模式以达到风险分担、利益共享、合作共赢。对于企业来说，可以获得利润，对于政府来说，更多的是降低投资、减少负债，提高公共产品和服务的质量与效率。

一、主要内涵

（1）PPP模式是一种新型的项目融资模式。PPP项目融资是以项目为主体的融资活动，是项目融资的一种实现形式，主要根据项目的预期收益、资产以及政府扶持措施的力度而不是项目投资人或发起人的资信来安排融资。项目经营的直接收益和通过政府扶持所转化的效益是偿还贷款的资金来源，项目公司的资产和政府给予的有限承诺是贷款的安全保障。

（2）PPP模式可以使社会资本更多地参与到项目中，以提高效率，降低风险。政府部门与社会资本以特许权协议为基础进行全程的合作，双方共同对项目运行的整个周期负责。PPP模式的操作规则使社会资本参与到项目的确认、设计和可行性研究等前期工作中来，降低了社会资本的投资风险，将社会资本在投资建设中更有效率的管理方法与技术引入项目中来，有效地实现对项目建设与运行的控制，有利于降低项目建设投资的风险，较好地保障国家与社会资本各方的利益。

（3）PPP模式在一定程度上保证社会资本"有利可图"。社会资本的投资目标是寻求既能够还贷又有投资回报的项目，无利可图的基础设施项目是吸引不到社会资本的投入的。采取PPP模式，政府可以给予社会资本相应的政策扶持作为补偿，如税收优惠、贷款担保、给予社会资本沿线土地优先开发权等。

（4）PPP模式在减轻政府初期建设投资负担和风险的前提下，提高服务质量。在PPP模式下，政府部门和社会资本共同参与项目的建设和运营，由社会资本负责项目融资，有可能增加项目的资本金数量，进而降低较高的资产负债率，而且不但能节省政府的投资，还可以将项目的一部分风险转移给社会资本，从而减轻政府的风险。同时双方可以形成互利的长期目标，更好地为社会和公众提供服务。

二、主要优缺点

（一）主要优点

（1）提高效率。比传统的由政府单独建设、运营的模式更为高效，使政府部门的工作克服了诸如效率低下等方面的弊病。

（2）节约时间。缩短建设期，加快了为公众服务的速度，公众能更加快捷和便利的享受公共设施所提供的服务。

（3）避免超支。政府部门和社会资本在项目初始阶段共同参与项目的识别、可行性研究、设施和融资等项目建设过程，保证了项目在技术和经济上的可行性，缩短前期工作周期，使项目费用降低。在财政预算方面减轻政府压力，弥补政府部门资金不足。PPP模式只有当项目已经完成并得到政府批准使用后，社会资本才能开始获得收益，有利于提高效率和降低工程造价，能够消除项目完工风险和资金风险。节约了管理成本和资金成本。社会资本会更加积极地参与到基础设施建设中来，既降低了政府部门的管理成本和压力，也减少了政府部门的资金成本。

（4）有利于转换政府职能，减轻财政负担。政府可以从繁重的事务中脱身出来，从过去的基础设施公共服务的提供者变成一个监管的角色。

（5）促进了投资主体的多元化。利用社会资本来提供资产和服务为政府部门提供更多的资金和技能，促进了投融资体制改革。社会资本参与项目，推动在项目设计、施工、设施管理过程等方面的革新，传播最佳管理理念和经验。

（6）政府部门和社会资本主体可以取长补短，发挥政府公共机构和社会资本各自的优势,弥补对方身上的不足。政府部门和社会资本共同参与项目建设和运营,充分利用有限资源,并通过建立长期互利的合作目标来实现共赢,以最有效的成本为公众提供高质量的服务。

(7) 使项目参与各方整合组成战略联盟,对协调各方不同的利益目标起关键作用。

(8) 风险分配合理。PPP项目在初期就可以实现风险分配,同时由于政府分担一部分风险,使风险分配更合理,减少了承建商与投资商风险,从而降低了融资难度,提高了项目融资成功的可能性。政府在分担风险的同时也拥有一定的控制权。

(9) 应用范围广泛。可适用于城市各类市政公用事业及道路、铁路、机场、医院、学校等。

(10) 有助于提升基础设施建设和服务水平。由于政府在公共基础设施建设中的角色得到了转换,在项目运作过程中政府有了新的合作伙伴,这样也使得政府部门工作得到了更多的监督和约束,社会资本基于利益驱动和回收成本的需要,也会更加努力地提高基础设施的建设和服务水平,从而获得更多的投资回报。

(二) 主要缺点

我国从20世纪80年代开始,社会资本开始参与基础设施、公共公用建筑的建设,缓解了基础设施建设资金短缺的困境。但由于PPP模式在实践过程中有许多不足,阻碍了PPP模式的推广。导致PPP项目失败的有以下几个主要原因。

(1) 法律保障体系不健全。由于法律法规的修订、颁布等,导致原有项目合法性、合同有效性发生变化,给PPP项目的建设和运营带来不利影响,甚至直接导致项目失败和终止。我国缺少相关法律对原先签订的PPP项目进行保护。如江苏某污水处理厂采取BOT模式融资建设,在合同签订后颁布了《国务院办公厅关于妥善处理现有保证外方投资固定回收项目有关问题的通知》,外方投资者被迫与政府重新协商投资回报率。

(2) 审批决策周期长。政府决策程序不规范、官僚作风等因素,造成PPP项目审批程序过于复杂,决策周期长,成本高。项目批准后,难以根据市场的变化对项目的性质和规模进行调整。如青岛威立雅污水处理项目,政府对市场价格的了解和PPP模式的认识有限,频繁转变对项目的态度导致合同经长时间谈判才签署。

(3) 政治影响因素大。PPP项目通常与群众生活相关,关系到公众利益。在项目运营过程中,可能会因各种因素导致价格变动,遭受公众的反对。如北京第十水厂由于成本上升需要涨价,但遭到来自公众的阻力,政府为维持安定也表示反对涨价。

(4) 政府信用风险高。地方政府为加快当地基础设施建设,有时会与合作方签订一些脱离实际的合同以吸引社会资本投资。项目建成后,政府难以履行合同义务,直接危害合作方的利益。如廉江中法供水项目,政府与合作方签订的《合作经营廉江中法供水有限公司合同》中,政府承诺廉江自来水公司在水厂投产的第一年每日购水量不少于6万立方米,但当年该市自来水日消耗量仅为2万立方米,合同难以执行。

(5) 风险识别难,风险分担机制要求高。风险的识别需要大量的数据和资料,并对大量的信息资料进行系统的分析和研究;而收集的资料是有限的。此外,如果一个PPP项目面临的风险不能事先识别出来的话,那么某些风险就可能在日后对项目的运作产生实质性的影响,甚至可能会影响到项目目标的最终达成。如果没有一个好的、平衡的风险分担机制,日后会导致项目成本的提高,会使合作的一方或各方都难以继续并发挥他们各自的潜力。

（6）配套设施不完善。一些PPP项目，通常需要相应的配套基础设施才能运营，如污水处理厂需要配套的管线才能生产。在实际中，有些PPP项目配套设施不完善，使生产经营陷入困境。

（7）合作分歧协调难。由于PPP模式的组织形式非常复杂，合作各方之间不可避免地会产生不同层次、类型的利益和责任上的分歧，如果这些分歧得不到有效化解，那么导致一些合作项目的夭折与失败将在所难免。

（8）没有标准应用程序参照。由于目前PPP模式还没有形成一种固定的模式，使得新上马的PPP项目在实践操作过程中难免会走一些弯路，并且，从已运行项目来看，有些操作程序较乱，操作不规范的情况也屡有发生。

（9）易产生纠纷问题。PPP模式还没有完整的法律配套体系，还缺乏足够的法律、法规支持，使得运作中许多依据无章可循；在利益分配、风险承担方面也容易产生很多纠纷问题，参与PPP项目社会资本得不到有效约束，容易在项目设计、融资、运营、管理和维护等各阶段产生问题，发生公共产权纠纷。

（10）投资人选择难度大。投资人的选择本身就是一件复杂、充满很大不确定性的工作，由于政府对投资人招商不熟悉，缺乏有效的投资人选择机制和经验，再加上政府普遍缺乏聘请顾问的意识，在引进投资人的过程中，往往对投资人的诚信、实力、资质、经验等方面考察不充分。如果政府一旦选择了不良投资商，事后违约的风险在所难免。

（11）项目收益无保障。一些PPP项目建成后，政府或其他投资人在项目的附近新建、改建其他项目，与该项目形成实质性竞争，损害其利益。如杭州湾跨海大桥建设未满两年时，相隔仅50公里左右的绍兴杭州湾大桥已准备开工，与杭州湾跨海大桥形成直接商业竞争。此外，政府对一些PPP项目承诺特定原因造成的亏损进行补贴，但补贴额度与方法无具体规定。

在这些缺点当中，政府信用风险是最主要的风险。主要源于某些地方政府官员为了提升政绩，在短期利益的驱使下，通过过高的固定投资回报率，过高的收费标准，过长的特许经营期以吸引社会资本，但最终又因公共机构缺乏承受能力，产生信用风险。

三、运用PPP模式注意事项

运用PPP模式有可能导致一些潜在问题的发生，需要特别的注意：

（1）政府债务问题。PPP项目通常包含政府对社会资本的长期付费承诺或因分担项目风险而产生的显性或隐性担保责任，PPP项目可能突破财政承受能力进而导致政府债务风险。

（2）项目选择问题。PPP项目通常由政府发起，其对于PPP融资功能的依赖容易导致对项目前景过于乐观的估测，在政府承担部分市场风险的项目中，社会资本无足够动力对项目进行严谨的分析，可能导致错误的项目选择。此外，PPP项目的规划和筛选还有可能受到腐败或政治利益考虑的影响。

（3）有效竞争问题。公共资产和公共服务的提供通常具有排他性，在一些行业领域甚至存在自然垄断的属性。PPP项目的竞争压力通常来自社会资本准入阶段，即政府在选择社会资本合作方时通常采用公开竞争的方式进行。对于PPP项目这类具有多样性、复杂性和长期性特征的标的而言，不同社会资本提供的价值、承担的风险以及要求的回报难以进行直接比较，政府无法通过现有政府采购程序有效甄选出最具竞争力的社会资本。

（4）履约管理问题。当政府选定社会资本并签署PPP项目协议后，双方即进入项目履约阶段。一方面，由于履约阶段缺少竞争压力，政府在缺少相称资源和技能的情况下，很难对社会资本的履约情况进行有效的监管；另一方面，由于缺乏有效的争议解决机制，在政府履约情况不佳时，社会资本亦难采取实际措施保护自身权益。

第二章 PPP 模式政策法规

第一节 PPP 模式政策法规体系

一、我国 PPP 相关法规的发展历程

依据我国 PPP 的发展历程和相关法规的演变情况，一般将我国 PPP 法规的发展概括为五个阶段：

第一阶段：1994 年至 2001 年，为 PPP 法规的探索阶段。 1994 年，国家计委选择了包括广西来宾 B 电厂在内的五个 BOT 项目进行试点。1995 年，对外经济贸易部颁布了《关于以 BOT 方式吸收外商投资有关问题的通知》。同年，国家计委，电力部和交通部联合颁布了《关于试办外商投资特许权项目审批管理有关问题的通知》。这些法规内容多属于原则框架上的规定，管理对象主要为国外资本。

第二阶段：2001 年至 2008 年，为 PPP 法规的普及阶段。 2001 年 12 月，国家计委发布了《关于促进和引导民间投资的若干意见》，提出了"鼓励和引导民间投资参与供水、污水和垃圾处理、道路、桥梁等城市基础设施建设"。2002 年，建设部出台了《关于加快市政公用行业市场化进程的意见》，提出要在"供水、供气、供热、污水处理、垃圾处理等经营性市政公用设施"的建设中吸引社会资本和外国资本的参与。2004 年 7 月，国务院颁布《关于投资体制改革的决定》，决定"转变政府管理职能，确立企业的投资主体地位"。同年，建设部颁布了《市政公用事业特许经营管理办法》，并逐步发布了一系列不同领域的特许经营协议示范文本。随后，各地方政府也相继出台了当地的公用事业特许经营实施办法。2005 年 2 月，国务院下发了《关于鼓励支持和引导个人私营等非公有制经济发展的若干意见》（"旧 36 条"）。2006 年，原铁道部发布了《关于鼓励支持和引导非公有制经济参与铁路建设经营的实施意见》，将铁路建设、运输、装备制造、多元化经营四大领域向非公有资本全面开放。

这一阶段的 PPP 应用拓展到了自来水、燃气、地铁、路桥等领域。项目的参与者包括了外企、民企和国企。特许经营领域的法规逐步健全，但在 PPP 的合同设计、利益分配、风险分担和外部监督等方面仍然不够细化，如缺乏合理的定价和调价机制、公私部门风险分担不合理、特许经营合同性质不清、社会公众参与不足、难以实现对企业的外部监管等。

第三阶段：2008 年至 2010 年，为 PPP 法规的徘徊阶段。 2008 年，地方政府从 4 万亿财政刺激计划中获得了充裕的信贷支持，对 PPP 的兴趣不高，社会资本参与基础设施建设的规模有所萎缩。随着地方债务危机的凸显，政府开始再次重视社会投资。

第四阶段：2010 年至 2012 年，为 PPP 法规的纠结阶段。 国务院先后出台"新 36 条"及其实施细则，但因法制和地方政府信用不足，以及金融体系"嫌贫爱富"，对民间资本的吸引效果欠佳。2012 年 12 月，四部委联合下发了《关于制止地方政府违法违规融资行为的通知》("463号文"),试图制止地方政府及其融资平台公司的各类违法违规融资行为。

第五阶段:2013年至今,为PPP法规的完善成熟阶段,十八届三中全会提出了"让社会资本进入公共服务基础设施建设和运营",发改委、财政部等相关部门随后颁布了系列改革举措。9月30日,国务院办公厅发布《关于政府向社会力量购买服务的指导意见》。同年10月,《基础设施和公用事业特许经营法》正式列入十二届全国人大常委会立法规划。2014年4月30日,发改委发布了《关于2014年深化经济体制改革重点任务意见的通知》,指出将"推动非国有资本参与中央企业投资和进入特许经营领域。"5月,发改委推出了首批80个鼓励民资参与示范项目。9月23日,财政部发布《关于推广运用政府和社会资本合作模式有关问题的通知》,要求进一步推广运用PPP模式,并在全国范围内开展项目示范,随着"政府与社会资本合作模式操作指南"、《物有所值(Value for Money,VfM)评价指南》和示范合同模板等更多操作性文件的颁发,我国的PPP法规建设会逐步走向完善和成熟。

政府与社会资本合作(PPP)模式政策法规体系,如图2-1所示。

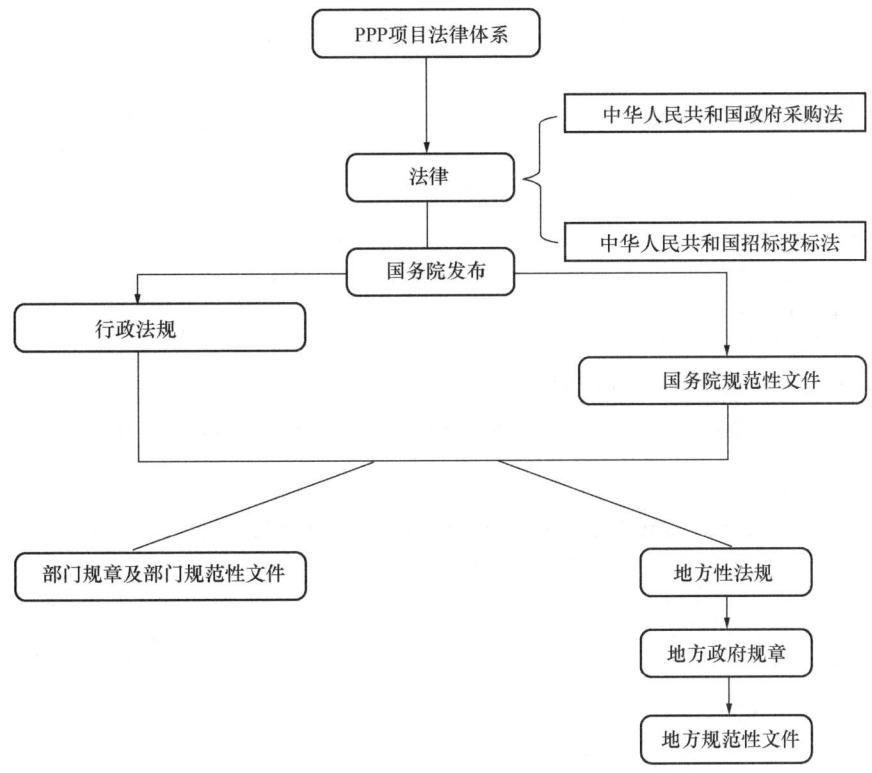

图2-1 政府与社会资本合作(PPP)模式政策法规体系

二、政策法规体系

(一)国家法律文件体系(统筹规划)

目前,我国政府与社会资本合作(PPP)模式主要相关法律文件,见表2-1,有的法律文件根据我国发展形势的需要已进行了修改。

表 2-1 政府与社会资本合作（PPP）模式主要相关法律文件

序号	文件名称	发文单位
1	中华人民共和国行政许可法	全国人民代表大会常务委员会
2	中华人民共和国合同法	全国人民代表大会常务委员会
3	中华人民共和国公司法	全国人民代表大会常务委员会
4	中华人民共和国物权法	全国人民代表大会常务委员会
5	中华人民共和国担保法	全国人民代表大会常务委员会
6	中华人民共和国预算法	全国人民代表大会常务委员会
7	中华人民共和国招标投标法	全国人民代表大会常务委员会
8	中华人民共和国政府采购法	全国人民代表大会常务委员会
9	中华人民共和国公路法	全国人民代表大会常务委员会
10	中华人民共和国环境保护法	全国人民代表大会常务委员会
11	中华人民共和国企业国有资产法	全国人民代表大会常务委员会
12	中华人民共和国价格法	全国人民代表大会常务委员会
13	中华人民共和国城市房地产管理法	全国人民代表大会常务委员会
14	中华人民共和国土地管理法	全国人民代表大会常务委员会
15	中华人民共和国城乡规划法	全国人民代表大会常务委员会
16	中华人民共和国建筑法	全国人民代表大会常务委员会
17	中华人民共和国港口法	全国人民代表大会常务委员会
18	中华人民共和国商业银行法	全国人民代表大会常务委员会
19	中华人民共和国保险法	全国人民代表大会常务委员会
20	中华人民共和国证券投资基金法	全国人民代表大会常务委员会

（二）中央政策文件体系（顶层设计）

目前，我国政府与社会资本合作（PPP）模式主要相关中央政策体系行政法规文件，见表 2-2。

表 2-2 政府与社会资本合作（PPP）模式主要相关中央政策体系（行政法规）文件

序号	文件名称	发文单位	颁发（或修改）日期
1	转发财政部、发展改革委、人民银行关于在公共服务领域推广政府和社会资本合作模式指导意见的通知	国务院办公厅	2015 年 5 月 19 日
3	转发财政部、人民银行、银监会关于妥善解决地方政府融资平台公司在建项目后续融资问题意见的通知	国务院办公厅	2015 年 5 月 11 日
4	关于城市公立医院综合改革试点的指导意见	国务院办公厅	2015 年 5 月 6 日
5	转发文化部等部门关于做好政府向社会力量购买公共文化服务工作意见的通知	国务院办公厅	2015 年 5 月 5 日
6	中华人民共和国政府采购法实施条例	国务院	2015 年 1 月 30 日
7	关于进一步做好盘活财政存量资金工作的通知	国务院办公厅	2014 年 12 月 30 日
8	关于创新重点领域投融资机制鼓励社会投资的指导意见	国务院	2014 年 11 月 26 日

第二章 PPP模式政策法规

续表

序号	文件名称	发文单位	颁发（或修改）日期
9	关于发布政府核准的投资项目目录（2014年本）的通知	国务院	2014年10月31日
10	关于深化预算管理制度改革的决定	国务院	2014年9月26日
11	关于加强地方政府性债务管理的意见	国务院	2014年9月21日
12	中华人民共和国收费公路管理条例	国务院	2004年9月13日
13	关于支持铁路建设实施土地综合开发的意见	国务院办公厅	2014年7月29日
14	中共中央关于全面深化改革若干重大问题的决定	国务院	2013年11月15日
15	关于政府向社会力量购买服务的指导意见	国务院办公厅	2013年9月26日
16	关于加强城市基础设施建设的意见	国务院	2013年9月6日
17	关于加快发展养老服务业的若干意见	国务院	2013年9月6日
18	关于加快棚户区改造工作的意见	国务院	2013年7月4日
19	中华人民共和国招标投标法实施条例	国务院	2011年12月20日

（三）部委政策体系（操作指导）

目前，我国政府与社会资本合作（PPP）模式主要相关部委政策体系部门规章文件，见表2-3。

表2-3　政府与社会资本合作（PPP）模式主要相关部委政策体系规章文件

序号	文件名称	发文单位	颁发日期
1	关于推广运用政府和社会资本合作模式有关问题的通知	财政部	2014年9月23日
2	关于政府和社会资本合作示范项目实施有关问题的通知	财政部	2014年11月30日
3	关于印发政府和社会资本合作模式操作指南（试行）的通知	财政部	2014年11月29日
4	关于印发《地方政府存量债务纳入预算管理清理甄别办法》的通知	财政部	2014年10月23日
5	关于规范政府和社会资本合作合同管理工作的通知	财政部	2014年12月30日
6	关于印发《政府和社会资本合作项目政府采购管理办法》的通知	财政部	2014年12月31日
7	关于印发《政府采购竞争性磋商采购方式管理暂行办法》的通知	财政部	2014年12月31日
8	关于开展政府和社会资本合作的指导意见	发展改革委	2014年12月2日
9	关于推进开发性金融支持政府和社会资本合作有关工作的通知	发展改革委、国家开发银行	2015年3月10日
10	关于运用政府和社会资本合作模式推进公共租赁住房投资建设和运营管理的通知	财政部、国土资源部、住建部、中国人民银行、国家税务总局、银监会	2015年4月21日
11	关于在收费公路领域推广运用政府和社会资本合作模式的实施意见	财政部、交通运输部	2015年4月20日

续表

序号	文件名称	发文单位	颁发日期
12	关于印发《2015年地方政府一般债券预算管理办法》的通知	财政部	2015年4月10日
13	关于印发《政府和社会资本合作项目财政承受能力论证指引》的通知	财政部	2015年4月7日
14	关于印发《地方政府专项债券发行管理暂行办法》的通知	财政部	2015年4月2日
15	关于印发《2015年地方政府专项债券预算管理办法》的通知	财政部	2015年3月18日
16	关于印发《地方政府一般债券发行管理暂行办法》的通知	财政部	2015年3月12日
17	关于印发《城镇保障性安居工程财政资金绩效评价暂行办法》的通知	财政部、住建部	2015年2月25日
18	关于推进地方盘活财政存量资金有关事项的通知	财政部	2015年2月17日
19	关于印发2015年政府采购工作要点的通知	财政部	2015年2月15日
20	关于市政公用领域开展政府和社会资本合作项目推介工作的通知	财政部、住建部	2015年2月13日
21	关于切实做好《基础设施和公用事业特许经营管理办法》贯彻实施工作的通知	发展改革委	2015年7月2日
22	基础设施和公用事业特许经营法（征求意见稿）	发展改革委	2014年11月27日
23	关于印发《政府采购竞争性磋商采购方式管理暂行办法》的通知	财政部	2014年12月31日
24	关于印发《政府和社会资本合作项目政府采购管理办法》的通知	财政部	2014年12月31日
25	关于印发《污水处理费征收使用管理办法》的通知	财政部、发展改革委、住建部	2014年12月31日
26	关于开展中央财政支持海绵城市建设试点工作的通知	财政部	2014年12月31日
27	关于规范政府和社会资本合作合同管理工作的通知	财政部	2014年12月30日
28	关于开展中央财政支持地下综合管廊试点工作的通知	财政部	2014年12月26日
29	关于印发《政府购买服务管理办法（暂行）》的通知	财政部、民政部、工商总局	2014年12月15日
30	关于新能源汽车充电设施建设奖励的通知	财政部、科技部、工业和信息化部、发展改革委	2014年11月18日
31	关于印发政府和社会资本合作示范项目实施有关问题的通知	财政部	2014年11月30日
32	关于印发《政府和社会资本合作模式操作指南（试行）》的通知	财政部	2014年11月29日

第二章 PPP模式政策法规

续表

序号	文件名称	发文单位	颁发日期
33	关于印发《江河湖泊生态环境保护项目资金绩效评价暂行办法》的通知	财政部、环境保护部	2014年11月14日
34	关于印发《地方政府存量债务纳入预算管理清理甄别办法》的通知	财政部	2014年10月23日
35	关于推广运用政府和社会资本合作模式有关问题的通知	财政部	2014年9月23日
36	关于印发《国家级经济技术开发区、国家级边境经济合作区基础设施项目贷款中央财政贴息资金管理办法》的通知	财政部	2014年4月28日
37	政府采购非招标采购方式管理办法	财政部	2013年12月19日
38	政府采购货物和服务招标投标管理办法	财政部	2004年8月11日
39	基础设施和公用事业特许经营管理办法	发展改革委、财政部、住建部、交通运输部、水利部、中国人民银行	2015年4月25日
40	关于充分发挥企业债券融资功能支持重点项目建设促进经济平稳较快发展的通知	发展改革委办公厅	2015年5月25日
41	关于当前更好发挥交通运输支撑引领经济社会发展作用的意见	发展改革委	2015年5月7日
42	关于印发《养老产业专项债券发行指引》的通知	发展改革委办公厅	2015年4月7日
43	关于印发《城市地下综合管廊建设专项债券发行指引》的通知	发展改革委办公厅	2015年3月31日
44	关于鼓励和引导社会资本参与重大水利工程建设运营的实施意见	国家发改委、财政部、水利部	2015年3月17日
45	关于推进开发性金融支持政府和社会资本合作有关工作的通知	发展改革委、国家开发银行	2015年3月10日
46	关于开展政府和社会资本合作的指导意见	发展改革委	2014年12月2日
47	关于开发性金融支持社会养老服务体系建设的实施意见	民政部、国家开发银行	2015年4月14日
48	关于鼓励民间资本参与养老服务业发展的实施意见	民政部、发展改革委、教育部、财政部、人力资源社会保障部、国土资源部、住建部、国家卫生计生委、银监会、保监会	2015日2月3日
49	国家能源局关于鼓励社会资本投资水电站的指导意见		2015年1月12日
50	关于印发《养老服务设施用地指导意见》的通知	国土资源部办公厅	2014年4月17日
51	关于印发全面深化交通运输改革试点方案的通知	交通运输部	2015年2月18日
52	收费公路权益转让办法	交通运输部、发展改革委员、财政部	2008年8月20日
53	市政公用事业特许经营管理办法	建设部	2004年3月19日

(四)地方政策体系(执行实施)

1. 地方性法规

目前,我国政府与社会资本合作(PPP)模式主要相关地方政策体系的地方性法规,见表 2-4。

表 2-4　政府与社会资本合作(PPP)模式主要相关地方政策体系的地方性法规

序号	文件名称	行政区划	颁发日期
1	青海省市政公用事业特许经营管理条例	青海省	2009 年 7 月 31 日
2	湖南省市政公用事业特许经营条例	湖南省	2008 年 11 月 28 日(修正)
3	山西省市政公用事业特许经营管理条例	山西省	2007 年 12 月 20 日
4	贵州省市政公用事业特许经营管理条例	贵州省	2007 年 11 月 23 日
5	杭州市市政公用事业特许经营条例	杭州市	2007 年 3 月 29 日
6	淮南市公用事业特许经营条例	淮南市	2006 年 10 月 21 日
7	深圳市公用事业特许经营条例	深圳市	2005 年 12 月 29 日
8	北京市城市基础设施特许经营条例	北京市	2005 年 12 月 1 日
9	新疆维吾尔自治区市政公用事业特许经营条例	新疆维吾尔自治区	2005 年 1 月 7 日

2. 地方政府规章

目前,我国政府与社会资本合作(PPP)模式主要相关地方政策体系的地方政府规章见表 2-5。

表 2-5　PPP 模式主要相关地方政策体系的地方政府规章

序号	文件名称	行政区划	颁发日期
1	上海市城市基础设施特许经营管理办法	上海市	2010 年 12 月 20 日
2	长春市供热特许经营管理办法	长春市	2010 年 9 月 25 日
3	成都市人民政府特许经营权管理办法	成都市	2009 年 11 月 3 日
4	昆明市特许经营权管理办法	昆明市	2010 年 9 月 7 日
5	沈阳市城市轨道交通运营特许经营管理办法	沈阳市	2008 年 11 月 25 日
6	吉林市市政公用事业特许经营办法	吉林市	2007 年 8 月 28 日
7	北京市人力客运三轮车胡同游特许经营若干规定	北京市	2007 年 8 月 26 日
8	乌鲁木齐市城市公共汽车客运特许经营管理办法	乌鲁木齐市	2006 年 9 月 20 日
9	吉林省城市污水处理特许经营管理办法	吉林省	2006 年 7 月 24 日
10	武汉市市政公用事业特许经营管理办法	武汉市	2006 年 6 月 26 日
11	合肥市市政公用事业特许经营实施办法	合肥市	2006 年 4 月 29 日
12	天津市市政公用事业特许经营管理办法	天津市	2005 年 7 月 15 日
13	青岛市市政公用基础设施特许经营管理暂行规定	青岛市	2005 年 8 月 18 日
14	邯郸市市政公用事业特许经营管理办法	邯郸市	2004 年 8 月 9 日
15	深圳市公用事业特许经营办法	深圳市	2003 年 3 月 21 日

3. 地方规范性文件

目前,我国政府与社会资本合作(PPP)模式主要相关地方政策体系的地方规范性文件，见表2-6。

表 2-6 PPP 模式主要相关地方政策体系的地方规范性文件

序号	文件名称	颁发日期
1	北京市人民政府关于创新重点领域投融资机制鼓励社会投资的实施意见	2015年3月20日
2	北京市关于印发鼓励社会资本参与机动车停车设施建设意见的通知	2014年12月5日
3	北京市关于政府向社会力量购买服务的实施意见	2014年6月6日
4	北京市城六区占道停车特许经营办法	2013年12月23日
5	上海市人民政府办公厅关于进一步深化本市政府采购改革创新实施意见的通知	2015年1月31日
6	重庆市渝北区人民政府关于探索推进PPP投融资模式加快临空都市区建设的实施意见	2014年10月21日
7	重庆市PPP投融资模式改革实施方案	2014年8月7日
8	重庆市主城区城市公共汽车客运线路特许经营权招标投标管理办法	2007年5月11日
9	福建省人民政府办公厅关于推广政府和社会资本合作（PPP）试点扶持政策的意见	2015年5月11日
10	福建省人民政府关于推广政府和社会资本合作（PPP）试点的指导意见	2014年9月6日
11	福建省城市污水、垃圾处理特许经营项目业主招标投标办法（试行）	2007年7月20日
12	厦门市人民政府关于印发《厦门市推广运用政府和社会资本合作（PPP）模式实施方案》的通知	2015年3月18日
13	三明市人民政府关于鼓励和引导社会资本参与基础设施等领域建设的实施意见	2015年1月24日
14	河北省人民政府关于推广政府和社会资本合作（PPP）模式的实施意见	2014年12月17日
15	河北省市政公用事业特许经营管理办法	2003年8月21日
16	河南省人民政府关于进一步加快推进铁路建设的意见	2015年2月15日
17	河南省人民政府办公厅关于促进政府投融资公司改革创新转型发展的指导意见	2015年1月28日
18	河南省人民政府关于推广运用政府和社会资本合作模式的指导意见	2014年11月27日
19	河南省住房和城乡建设厅关于进一步规范全省城镇管道燃气特许经营管理的通知	2014年3月13日
20	河南省市政公用行业特许经营管理实施办法	2004年11月11日
21	山东省人民政府关于贯彻国发［2014］43号文件加强政府性债务管理的实施意见	2014年12月10日
22	山东省住房和城乡建设厅、财政厅关于做好城镇基础设施建设PPP试点项目推荐工作的通知	2014年12月4日
23	山东省人民政府关于贯彻落实国发［2013］36号文件进一步加强城市基础设施建设的实施意见	2014年6月25日
24	山东省城市市政公用事业经营许可管理办法	2006年5月30日
25	青岛市发改委关于鼓励和引导社会资本参与投资基础设施等领域项目的实施方案	2014年12月27日
26	德州市市区公用事业特许经营管理暂行办法	2006年11月29日

续表

序号	文件名称	颁发日期
27	潍坊市市政公用事业特许经营管理办法	2004年6月14日
28	济南市市政公用行业特许经营试行办法	2004年1月30日
29	江西省人民政府关于鼓励社会资本进入社会事业领域的意见	2014年11月23日
30	南昌市人民政府关于《南昌市推广政府与社会资本合作（PPP）模式的实施意见（试行）》的通知	2015年1月29日
31	江苏省财政厅关于报送2015年度政府和社会资本合作（PPP）项目的通知	2015年4月10日
32	江苏省财政厅关于政府和社会资本合作（PPP）示范项目实施有关问题的通知	2015年1月11日
33	江苏省财政厅关于推进政府与社会资本合作（PPP）模式有关问题的通知	2014年12月12日
34	江苏省城市市政公用事业特许经营招标投标制度	2007年10月18日
35	江苏省城市市政公用事业公益董事或监督员制度	2007年10月18日
36	江苏省城市市政公用事业公众参与监督制度	2007年10月18日
37	江苏省城市市政公用事业特许经营权临时接管制度	2007年10月18日
38	江苏省城市市政公用事业特许经营市场退出制度	2007年10月18日
39	江苏省城市市政公用事业履约保证制度	2007年10月18日
40	江苏省城市市政公用事业经营成本监管制度	2007年10月18日
41	江苏省城市市政公用事业产品和服务质量监管制度	2007年10月18日
42	江苏省城市市政公用事业特许经营中期评估制度	2007年10月18日
43	南京市政府关于印发引导社会资本参与基础设施建设实施意见的通知	2014年9月17日
44	昆明市人民政府关于鼓励和引导社会资本参与基础设施等领域建设的实施意见	2014年11月6日
45	安徽省财政厅关于推广运用政府和社会资本合作模式的意见	2014年12月29日
46	安徽省城市基础设施领域PPP模式操作指南	2014年9月
47	安徽省人民政府关于加强城市基础设施建设的实施意见	2014年6月4日
48	安庆市人民政府关于推广运用政府和社会资本合作模式的实施意见（试行）	2015年3月9日
49	铜陵市关于印发铜陵市推进城市基础设施PPP建设模式试点工作实施方案的通知	2014年11月27日
50	蚌埠市特许经营权出让管理办法	2013年10月25日
51	四川省人民政府关于四川省政府性债务管理办法的通知	2015年1月9日
52	四川省财政厅关于支持推进政府与社会资本合作有关政策的通知	2014年12月22日
53	四川省财政厅关于四川省"政府与社会资本合作"项目管理办法（试行）的通知	2014年12月22日
54	四川省人民政府关于加快推进危旧房棚户区改造工作的实施意见	2014年3月19日
55	广元市人民政府关于开展政府和社会资本合作的意见	2015年2月28日
56	攀枝花市人民政府办公室关于《攀枝花市政府和社会资本合作（PPP）试点工作推进方案》的通知	2014年11月25日
57	湖南省财政厅关于推广运用政府和社会资本合作模式的指导意见	2014年12月19日

续表

序号	文件名称	颁发日期
58	浙江省财政厅关于推广运用政府和社会资本合作模式的实施意见	2015年2月10日
59	浙江省人民政府关于推广运用政府和社会资本合作模式的指导意见	2015年1月27日
60	浙江省人民政府关于切实做好鼓励社会资本参与建设运营示范项目工作的通知	2014年12月24日
61	浙江省发改委、财政厅关于《关于进一步加强浙江省政府性投资项目融资建设管理指导意见》的通知	2014年7月4日
62	嘉兴市人民政府办公室关于《鼓励和引导民间资本参与公共服务领域建设的实施意见》的通知	2014年9月24日
63	杭州市关于印发《鼓励和引导社会资本参与基础设施建设实施方案》的通知	2013年11月28日
64	陕西省发展和改革委员会关于《发展改革委关于开展政府和社会资本合作的指导意见》的通知	2014年12月18日
65	陕西省住房城乡建设厅、发展改革委、财政厅关于鼓励社会资本参与城市基础设施建设的意见	2014年8月1日
66	陕西省人民政府关于加强城市基础设施建设的实施意见	2014年1月18日
67	甘肃省人民政府关于创新重点领域投融资机制鼓励社会投资的实施意见	2015年2月16日
68	甘肃省发展和改革委员会关于开展政府和社会资本合作的实施意见	2015年2月13日
69	甘肃省人民政府贯彻落实国务院关于加强城市基础设施建设意见的实施意见	2014年6月26日
70	甘肃省市政公用事业特许经营管理办法	2004年9月14日
71	广东省发改委关于编报政府与社会资本合作（PPP）项目的通知	2014年12月8日
72	惠州市关于印发惠州市政府特许建设和特许经营项目投资人招标投标进场管理细则的通知	2014年10月29日
73	惠州市政府特许建设与特许经营管理办法	2010年12月6日
74	东莞市市政公用事业特许经营办法	2005年1月7日
75	新疆关于加快城镇基础设施建设的实施意见	2015年1月29日
76	黑龙江省人民政府关于深化预算管理制度改革的实施意见	2015年2月2日
77	沈阳人民政府办公厅关于引进社会资本加强公共服务领域建设的实施意见	2014年5月30日
78	锦州市市政公用事业特许经营管理办法	2010年6月7日
79	铁岭市市政公用事业特许经营管理暂行办法	2009年4月20日
80	本溪市市政公用事业特许经营管理办法（试行）	2005年3月17日
81	内蒙古自治区财政厅关于组织申报政府和社会资本合作项目的通知	2015年4月28日
82	赤峰市市政公用事业特许经营管理办法	2004年11月2日
83	贵州省人民政府办公厅《关于支持社会力量发展养老服务业的政策措施》的通知	2015年1月28日
84	贵州省人民政府关于加快发展养老服务业的实施意见	2014年5月26日
85	贵州省人民政府关于加强城市基础设施建设的实施意见	2014年5月16日

三、政策法律体系构建与落实

（一）PPP法律制度体系构建原则

根据我国PPP模式的历史和发展现状，以及公共服务和基础设施的自身特点，在PPP法律和制度体系构建方面，应当遵循以下四个原则：

（1）物有所值原则。物有所值原则是在一个基础设施项目和公共服务项目上是否采用PPP模式的评价性原则。若采用PPP模式比传统的政府投资模式有改进，能达到物有所值或物超所值，既能够保证社会资本获得一定的收益，又能实现政府和社会公众的利益，则采用PPP模式。若采用PPP模式，所付出的成本大于或得到的收益小于传统政府投资模式，则不可采用PPP模式。成本、风险大小，服务水平和效率的高低都是物有所值原则需要考虑的因素。

（2）政府和社会资本合作原则。这一原则强调重视政府和社会资本的合作关系，充分发挥政府和社会资本的优势作用，社会资本在技术、管理经验及提高效率方面具有优势，能够有效控制政府的财政风险；社会资本以营利为目的，忽视公共利益方面，由政府加强监督和管理，能够做到对社会公众负责，保障社会公众的利益。把握政府和社会资本合作原则，实现两大主体良好的合作关系是实现PPP模式成功的首要前提。

（3）顶层立法和框架设计原则。BOT、BT等PPP演变模式的实践中出现的一些弊端，及现在如火如荼的PPP建设实践现状，均要求加强国家层面的立法和体系化的法律制度建设。国家层面的统领性立法和体系化的法律制度，一方面能够给愿意投入基础设施和公共服务的社会资本方信心，实现社会资本的收益的目的；另一方面，由于PPP适用于建设周期长、使用时间久、涉及主体多的大项目，没有国家层面的法律和制度，很容易出现不同法规政策的冲突和各管理部门之间尖锐的纠纷。因此，有必要坚持PPP法律和制度体系的顶层立法和框架设计，缓解矛盾，保障效率。

（4）风险公平负担原则。PPP项目建设中存在各种各样的风险，政府和社会资本方共同实现益处的同时，也要承担其中的风险。应当通过特许权协议或合同，落实双方的风险承担。对于政府而言，应用PPP模式不能把所有风险都转给社会资本方，既要考虑效率，又要考虑社会资本方管控风险的能力；对于企业而言，不能要求承担更多风险以要求获得更多回报，要充分考虑自身的承受力。因PPP项目建设周期长、使用时间久的特点，政府或社会资本方独立预测和承担风险都是不现实的，要充分考量双方的风险负担能力和管控能力，建立动态协商、谈判和调节机制，以实现各方长期风险负担动态平衡，实现政府和社会资本方有福同享，有难同担。

（二）落实PPP法律和制度体系的要素

（1）启动国家层面的PPP立法活动，完善PPP法律法规政策的框架。国家层面的PPP法律的内容涉及PPP应用范围的界定，政府审批权限、流程和管理程序，政府和社会资本方的核心权利义务，特许权协议或合同框架和风险分担的原则，社会资本方的退出机制和纠纷处理机制，会计准则，信息披露、政府监管和公众参与制度等。同时，国家层面的PPP法律，还要处理好与《合同法》、《公司法》、《招标投标法》、《政府采购法》、《会计法》、《税法》、《银行法》、《仲裁法》等其他国家层面的法律的关系，避免国家层面的法律之间的冲突。一套体系化的国家层面PPP法律内容能够确立全国性的原则性方法，是解决当前PPP法规政策混乱和冲突，指导PPP项目实践工作的首要解决途径。

(2) 建立中央和地方 PPP 机构，完善政府审批制度。目前，我国中央一级的 PPP 机构主要是财政部之下的 PPP 中心，地方也应当组建 PPP 管理部门，负责政府财政风险的监管与审批，但是这些 PPP 中心或管理机构不应当是孤立的，而应当是能够牵头其他负责部门，能够与发改委、央行、银监会以及与 PPP 相关的专业职能的主管部门保持密切沟通的专门 PPP 机构。现阶段，我国 PPP 项目在立项、建设和运营过程中，需要多个部门审批，这种相互制约的状况，导致审批时限长，效率低下，极大地影响了 PPP 项目的进展，也容易导致部门权力寻租等现象的发生。而专门的 PPP 机构则可以综合多部门的职责，完善辖区的项目选择、筛选和审批机制，能够有效地提高效率，规范 PPP 项目运作。另外，政府也要完善对 PPP 项目的立项和审批制度，哪些项目应当做，能否采用 PPP 模式做，采用哪种具体模式做，项目收益如何支付，政府需要监管哪些方面，这些涉及 PPP 项目的关键性要点，要在国家层面的 PPP 法律中予以明确。

(3) 建立公众参与决策和监管的机制。基础设施和公共服务关系到广大社会群众的切身利益，社会公众应当对其享有知情权、建议权、决策和监管的权利。PPP 项目从立项、招投标、签约、设计、建设和运营等全过程都应该通过各种形式和措施进行广泛宣传、报道，征求社会公众的意见和建议，接受群众和媒体的监督，真正做到保障社会公众的利益。同时，PPP 模式下投资主体多元化，使用时间久的特点也考量着政府的监管力度和水平，有时政府往往监督力度不大，水平不高，导致公共服务质量的降低，因此，应当发挥公众和媒体对社会资本方的监督作用，要求政府在社会资本方违规时进行干预和处罚，以促进社会资本方不断改善管理和提高服务质量，保障社会公共利益。

(4) 建立国家级补缺资金。基础设施和公共服务项目涉及面广，建设投资大、周期长、使用时间久、运营风险多，仅仅依靠政府，往往对于经济财力不足的地方政府而言很难开发，即便应用 PPP 模式，仅仅依靠特许期内向用户收费方式获得收益，也不足以保证社会资本方获得收益，难以有效地吸引社会投资者。因此，为了促进落后地区的基础设施建设和公共服务水平，中央政府应当给予落后地区一定的资金支持，建立国家级的补缺资金，带动落后地区的发展，统筹全国平衡发展。

(5) 建立信息发布机制。建立信息发布机构，不仅能够保障公众参与的水平，实现群众和媒体的监督，改进服务质量，还能够做到 PPP 项目流程的公开、公平和公正，防止腐败，提高效率。信息的发布机制还有利于研究总结经验教训，进而优化和改进 PPP 模式的应用。如招投标和评标阶段，政府有效的信息公开，有利于潜在投标企业评估和决策，提高 PPP 项目的吸引力，有利于公众和第三方咨询机构的参与，提供合理化建议，完善决策过程。设计和运营阶段，政府的信息公开有利于社会监督和激励企业控制成本、提高效率和服务水平，保证政府职能的实施和公共利益的实现。

总之，PPP 模式可以有效促进基础设施的建设和公共服务的提供，在未来对我国城镇化发展进程也将发挥着十分重要的作用，有利于经济社会的发展和人民生活水平的提高。PPP 模式的实践和我国如火如荼的 PPP 项目建设，迫切地需要国家层面的法律和制度体系，以实现 PPP 项目的良性和可持续发展。

第二节 PPP模式相关法律

一、政府采购法

（一）政府采购方式

政府采购的方式包括：公开招标、邀请招标、竞争性谈判、单一来源采购、询价、国务院政府采购监督管理部门认定的其他采购方式等。

公开招标应当作为政府采购的主要采购方式。

（二）政府采购程序

1. 政府采购操作流程（公开招标、邀请招标），如图2-2所示。

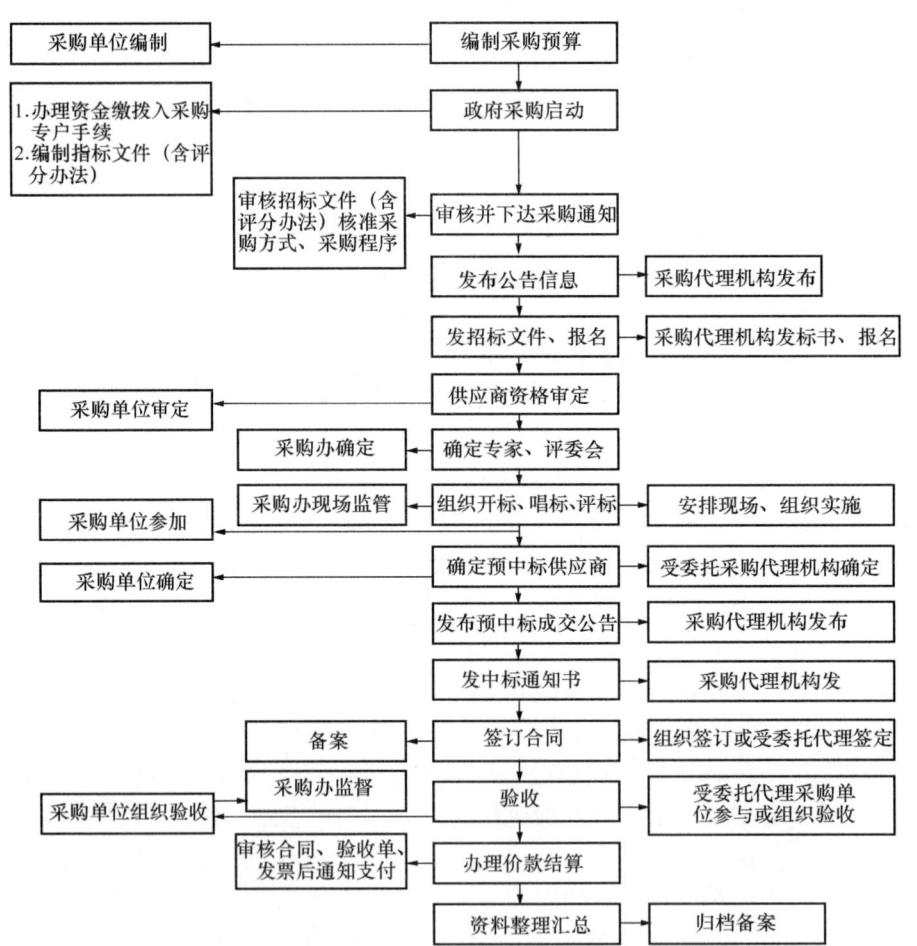

图2-2 政府采购操作流程（公开招标、邀请招标）

2. 政府采购操作流程（竞争性谈判、单一来源采购、询价），如图2-3所示。

（三）政府采购合同

国务院财政部门应当会同国务院有关部门制定政府采购合同标准文本。

第二章 PPP模式政策法规

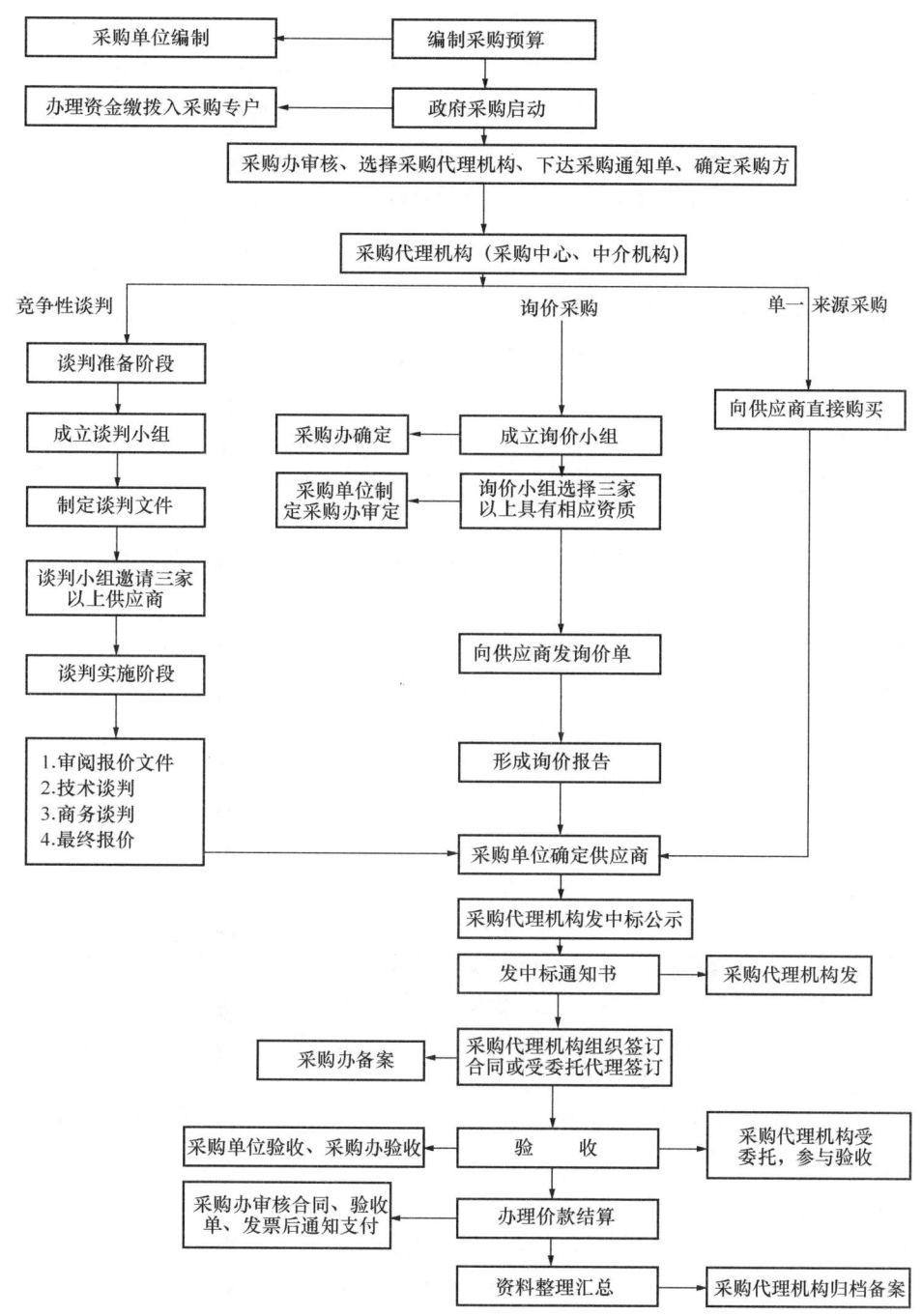

图 2-3 政府采购工作流程（竞争性谈判、单一来源采购、询价）

采购文件要求中标或者成交供应商提交履约保证金的，供应商应当以支票、汇票、本票或者金融机构、担保机构出具的保函等非现金形式提交。履约保证金的数额不得超过政府采购合同金额的10%。

中标或者成交供应商拒绝与采购人签订合同的，采购人可以按照评审报告推荐的中标或者成交候选人名单排序，确定下一候选人为中标或者成交供应商，也可以重新开展政府采购活动。

采购人应当自政府采购合同签订之日起 2 个工作日内，将政府采购合同在省级以上人民政府财政部门指定的媒体上公告，但政府采购合同中涉及国家秘密、商业秘密的内容除外。

采购人应当按照政府采购合同规定，及时向中标或者成交供应商支付采购资金。

政府采购项目资金支付程序，按照国家有关财政资金支付管理的规定执行。

二、招标投标法

《中华人民共和国招标投标法》（以下简称《招标投标法》）规定，在中华人民共和国境内进行下列工程建设项目（包括项目的勘察、设计、施工、监理以及与工程建设有关的重要设备、材料等的采购），必须进行招标。

（一）招标

1. 招标的条件

（1）招标项目按照国家有关规定需要履行项目审批手续的，应当先履行审批手续，取得批准。

（2）招标人有权自行选择招标代理机构，委托其办理招标事宜。任何单位和个人不得以任何方式为招标人指定招标代理机构。

（3）依法必须进行招标的项目，招标人自行办理招标事宜的，应当向有关行政监督部门备案。

2. 招标的方式

（1）招标分为公开招标和邀请招标两种方式。

（2）招标公告或投标邀请书应当载明招标人的名称和地址、招标项目的性质、数量、实施地点和时间以及获取招标文件的办法等事项。招标人不得以不合理的条件限制或者排斥潜在投标人，不得对潜在投标人实行歧视待遇。

3. 招标文件的主要条款

（1）招标文件应当包括招标项目的技术要求、对投标人资格审查的标准、投标报价要求和评标标准等所有实质性要求和条件，以及拟签订合同的主要条款。

（2）招标项目需要划分标段、确定工期的，招标人应当合理划分标段、确定工期，并在招标文件中载明。

（3）招标文件不得要求或者标明特定的生产供应者，以及含有倾向或者排斥潜在投标人的其他内容。

4. 招标文件的澄清或修改

招标人对已发出的招标文件进行必要的澄清或者修改的，应当在招标文件要求提交投标文件截止时间至少 15 日前，以书面形式通知所有招标文件收受人。该澄清或者修改的内容为招标文件的组成部分。

5. 其他规定

招标人设有标底的，标底必须保密。招标人应当确定投标人编制投标文件所需要的合理时间。依法必须进行招标的项目，自招标文件开始发出之日起至投标人提交投标文件截止之日止，最短不得少于 20 日。

（二）投标

1. 投标文件的内容

（1）根据招标文件载明的项目实际情况，投标人如果准备在中标后将中标项目的部分非主体、非关键工程进行分包的，应当在投标文件中载明。

（2）在招标文件要求提交投标文件的截止时间前，投标人可以补充、修改或者撤回已提交的投标文件，并书面通知招标人。补充、修改的内容为投标文件的组成部分。

2. 投标文件的送达

投标人应当在招标文件要求提交投标文件的截止时间前，将投标文件送达投标地点。招标人收到投标文件后，应当签收存，不得开启。投标人少于3个的，招标人应当依照《中华人民共和国招标投标法》重新招标，在招标文件要求提交投标文件的截止时间后送达的投标文件，招标人应当拒收。

3. 联合投标

（1）两个以上法人或者其他组织可以组成一个联合体，以一个投标人的身份共同投标。联合体各方均应具备承担招标项目的相应能力。

（2）联合体各方应当签订共同投标协议，明确约定各方拟承担的工作和责任，并将共同投标协议连同投标文件一并提交给招标人。联合体中标的，联合体各方应当共同与招标人签订合同，就中标项目向招标人承担连带责任。

4. 其他规定

（1）投标人不得相互串通投标报价，不得排挤其他投标人的公平竞争，损害招标人或其他投标人的合法权益。

（2）投标人不得与招标人串通投标，损害国家利益、社会公共利益或者他人的合法权益。投标人不得以低于成本的报价竞标，也不得以他人名义投标或者以其他方式弄虚作假，骗取中标。

（3）禁止投标人以向招标人或评标委员会成员行贿的手段谋取中标。

（三）开标、评标和中标

1. 开标

开标应当在招标人的主持下，在招标文件确定的提交投标文件截止时间的同一时间，招标文件中预先确定的地点公开进行；应邀请所有投标人参加开标；开标过程应当记录，并存档备查。

2. 评标

评标由招标人依法组建的评标委员会负责。招标人应当采取必要的措施，保证评标在严格保密的情况下进行。评标委员会应当按照招标文件确定的评标标准和方法，对投标文件进行评审和比较。

3. 中标

中标人确定后，招标人应当向中标人发出中标通知书，并同时将中标结果通知所有未中标的投标人。

三、合同法

《中华人民共和国合同法》（以下简称《合同法》）中的合同是指平等主体的自然人、法人、其他组织之间设立、变更、终止民事权利义务关系的协议。

（一）合同的主体

《合同法》中所列的平等主体有三类，即：自然人、法人和其他组织。

1. 自然人

自然人是指基于出生而依法成为民事法律关系主体的人。在我国《中华人民共和国民法通则》(以下简称《民法通则》)中,公民与自然人在法律地位上是一样的。但是,自然人的范围要比公民的范围广。公民是指具有本国国籍,依法享有法律所赋予的权利和承担法律所规定的义务的人。在我国,公民是社会中具有中华人民共和国国籍的一切成员。自然人则既包括公民,又包括外国人和无国籍的人。

2. 法人

法人是指具有民事权利能力和民事行为能力,依法独立享有民事权利和承担民事义务的组织。法人须具备的条件包括:①依法成立;②有必要的财产或者经费;③有自己的名称、组织机构和场所;④能够独立承担民事责任。我国《民法通则》将法人分为两大类,即:企业法人和非企业法人。

(1) 企业法人。是指以从事生产、流通、科技等活动为内容,以获取盈利和增加积累、创造社会财富为目的的盈利性社会经济组织。在我国社会经济生活中,活动最频繁的是企业法人,合同中最主要的当事人也是企业法人。

(2) 非企业法人。是指为了实现国家对社会的管理及其他公益目的而设立的国家机关、事业单位或者社会团体。包括:国家机关法人、事业单位法人和社会团体法人。

3. 其他组织

其他组织是指依法或者依据有关政策成立,有一定的组织机构和财产,但又不具备法人资格的各类组织。赋予这些组织以合同主体的资格,有利于保护其合法权益,规范其外部行为,维护正常的社会经济秩序。

(二) 合同的基本原则

1. 平等的原则

在合同法律关系中,当事人之间在合同的订立、履行和承担违约责任等方面,都处于平等的法律地位,彼此的权利义务对等。不论是自然人、法人还是其他组织,不论所有制性质和经济实力,不论有无上下级隶属关系,合同一方当事人不得将自己的意志强加给另一方当事人。

2. 自愿的原则

自然人、法人及其他组织是否签订合同、与谁签订合同以及合同的内容和形式,除法律另有规定外,完全取决于当事人的自由意志,任何单位和个人不得非法干预。合同的自愿原则体现了民事活动的基本特征,是合同关系不同于行政法律关系、刑事法律关系的重要标志。

3. 公平的原则

当事人设定民事权利和义务,承担民事责任等时要公正、公允,合情合理。不允许在订立、履行、终止合同关系时偏袒一方。合同的公平原则要求当事人依据社会公认的公平观念从事民事活动,体现了社会公共道德的要求。

4. 诚实信用的原则

当事人在订立、履行合同的全过程中,都应当以真诚的善意,相互协作、密切配合、实事求是、讲究信誉,全面地履行合同所规定的各项义务。诚实信用原则的本质是将道德规范和法律规范合为一体,兼有法律调节和道德调节的双重职能。

5. 合法的原则

当事人订立、履行合同时，应当符合法律和行政法规的规定，符合社会公德的要求，这样既有利于维护社会经济秩序，又有利于维护社会公共利益。违背了合法原则，合同就失去了法律效力，也就无法得到法律的保护。

（三）合同法的构成

《合同法》由总则、分则和附则三部分组成。总则包括一般规定、合同的订立、合同的效力、合同的履行、合同的变更和转让、合同的权利义务终止、违约责任、其他规定。分则按照合同标的不同，将合同分为15类，即：买卖合同；供用电、水、气、热力合同；赠与合同；借款合同；租赁合同；融资租赁合同；承揽合同；建设工程合同；运输合同；技术合同；保管合同；仓储合同；委托合同；行纪合同；居间合同。

（四）合同的形式和内容

1. 合同的形式

当事人订立合同，有书面形式、口头形式和其他形式。法律、行政法规规定采用书面形式的，应当采用书面形式。

2. 合同的内容

合同内容是指当事人之间就设立、变更或终止权利义务关系表示一致的意思。合同的内容由当事人约定，一般包括：当事人的名称或姓名和住所；标的；数量；质量；价款或报酬；履行的期限、地点和方式；违约责任；解决争议的方法。

（五）合同的订立与成立

当事人订立合同，应当采取要约、承诺方式。合同在承诺生效时合同成立。

1. 要约

（1）要约及其有效的条件。要约是希望和他人订立合同的意思表示。要约应当符合如下规定：①内容具体确定；②表明经受要约人承诺，要约人即受该意思表示约束。也就是说，要约必须是特定人的意思表示，必须是以缔结合同为目的，必须具备合同的主要条款。

有些合同在要约之前还会有要约邀请。所谓要约邀请，是希望他人向自己发出要约的意思表示。要约邀请并不是合同成立过程中的必经过程，它是当事人订立合同的预备行为，这种意思表示的内容往往不确定，不含有合同得以成立的主要内容和相对人同意后受其约束的表示，在法律上无需承担责任。寄送的价目表、拍卖公告、招标公告、招股说明书、商业广告等为要约邀请。商业广告的内容符合要约规定的，视为要约。

（2）要约的生效。要约到达受要约人时生效。如采用数据电文形式订立合同，收件人指定特定系统接收数据电文的，该数据电文进入该特定系统的时间，视为到达时间；未指定特定系统的，该数据电文进入收件人的任何系统的首次时间，视为到达时间。

（3）要约的撤回和撤销。要约可以撤回，撤回要约的通知应当在要约到达受要约人之前或者与要约同时到达受要约人。

要约可以撤销。撤销要约的通知应当在受要约人发出承诺通知之前到达受要约人。但有下列情形之一的，要约不得撤销：①要约人确定了承诺期限或者以其他形式明示要约不可撤销；②受要约人有理由认为要约是不可撤销的，并已经为履行合同作了准备工作。

（4）要约的失效。有下列情形之一的，要约失效：①拒绝要约的通知到达要约人；②要约人依法撤销要约；③承诺期限届满，受要约人未做出承诺；④受要约人对要约的内容做出实质性变更。

2. 承诺

承诺是受要约人同意要约的意思表示。除根据交易习惯或者要约表明可以通过行为做出承诺的之外，承诺应当以通知的方式做出。

（1）承诺的期限。承诺应当在要约确定的期限内到达要约人。要约没有确定承诺期限的，承诺应当依照下列规定到达：①除非当事人另有约定，以对话方式做出的要约，应当即时做出承诺；②以非对话方式做出的要约，承诺应当在合理期限内到达。

以信件或者电报做出的要约，承诺期限自信件载明的日期或者电报交发之日开始计算。信件未载明日期的，自投寄该信件的邮戳日期开始计算。以电话、传真或邮件等快速通讯方式做出的要约，承诺期限自要约到达受要约人时开始计算。

（2）承诺的生效。承诺通知到达要约人时生效。承诺不需要通知的，根据交易习惯或者要约的要求做出承诺的行为时生效。采用数据电文形式订立合同的，承诺到达的时间适用于要约到达受要约人时间的规定。

受要约人在承诺期限内发出承诺，按照通常情形能够及时到达要约人，但因其他原因承诺到达要约人时超过承诺期限的，除要约人及时通知受要约人因承诺超过期限不接受该承诺的以外，该承诺有效。

（3）承诺的撤回。承诺可以撤回，撤回承诺的通知应当在承诺通知到达要约人之前或者与承诺通知同时到达要约人。

（4）逾期承诺。受要约人超过承诺期限发出承诺的，除要约人及时通知受要约人该承诺有效的以外为新要约。

（5）要约内容的变更。承诺的内容应当与要约的内容一致。有关合同标的、数量、质量、价款或者报酬、履行期限、履行地点和方式、违约责任和解决争议方法等的变更，是对要约内容的实质性变更。受要约人对要约的内容做出实质性变更的，为新要约。承诺对要约的内容做出非实质性变更的，除要约人及时表示反对或者要约表明承诺不得对要约的内容做出任何变更的以外，该承诺有效，合同的内容以承诺的内容为准。

3. 合同的成立

（1）合同成立的时间

当事人采用合同书形式订立合同的，自双方当事人签字或者盖章时合同成立。当事人采用信件、数据电文等形式订立合同的，可以在合同成立之前要求签订确认书，签订确认书时合同成立。

（2）合同成立的地点

承诺生效的地点为合同成立的地点。采用数据电文形式订立合同的，收件人的主营业地为合同成立的地点；没有主营业地的，其经常居住地为合同成立的地点。当事人采用合同书形式订立合同的，双方当事人签字或者盖章的地点为合同成立的地点。

（3）合同成立的其他情形

法律、行政法规规定或者当事人约定采用书面形式订立合同，当事人未采用书面形式但一方已经履行主要义务，对方接受的；采用合同书形式订立合同，在签字或者盖章之前，当事人一方已经履行主要义务，对方接受的。

（六）合同的效力

1. 合同生效

(1) 生效时间。依法成立的合同，自成立时生效。依照法律、行政法规规定应当办理批准、登记等手续的，待手续完成时合同生效。

(2) 附条件的合同。当事人对合同的效力可以约定附条件。附生效条件的合同，自条件成就时生效。附解除条件的合同，自条件成就时失效。当事人为自己的利益不正当地阻止条件成就的，视为条件已成就；不正当地促成条件成就的，视为条件不成就。

(3) 附期限的合同。当事人对合同的效力可以约定附期限。附生效期限的合同，自期限届至时生效。附终止期限的合同，自期限届满时失效。

2. 无效合同

(1) 无效合同情形。①一方以欺诈、胁迫的手段订立合同，损害国家利益；②恶意串通，损害国家、集体或第三人利益；③以合法形式掩盖非法目的；④损害社会公共利益；⑤违反法律、行政法规的强制性规定。

(2) 合同部分条款无效的情形。①造成对方人身伤害的；②因故意或者重大过失造成对方财产损失的。

免责条款是当事人在合同中规定的某些情况下免除或者限制当事人所负未来合同责任的条款。

(七) 合同的履行

1. 合同履行原则

(1) 全面履行原则

当事人应当按照合同约定全面履行自己的义务，即当事人应当严格按照合同约定的标的、数量、质量，由合同约定的履行义务的主体在合同约定的履行期限、履行地点，按照合同约定的价款或者报酬、履行方式，全面地完成合同所约定的属于自己的义务。

(2) 诚实信用原则

诚实信用原则要求合同当事人在履行合同约定的主义务的同时，履行合同履行过程中的附随义务：及时通知义务；提供必要条件和说明的义务；协助义务；保密义务。

2. 合同履行过程中特殊情况的处理

(1) 因债权人分立、合并或者变更住所致使债务人履行债务发生困难的情况。合同当事人一方发生分立、合并或者变更住所等情况时，有义务及时通知对方当事人，以免给合同的履行造成困难。债权人分立、合并或者变更住所没有通知债务人，致使履行债务发生困难的，债务人可以中止履行或者将标的物提存。

(2) 债务人提前履行债务的情况

债务人提前履行债务是指债务人在合同规定的履行期限届至之前即开始履行自己的合同义务的行为。债权人可以拒绝债务人提前履行债务，但提前履行不损害债权人利益的除外。债务人提前履行债务给债权人增加的费用，由债务人负担。

(3) 债务人部分履行债务的情况

债务人部分履行债务是指债务人没有按照合同约定履行合同规定的全部义务，而只是履行了自己的一部分合同义务的行为。债权人可以拒绝债务人部分履行债务，但部分履行不损害债权人利益的除外。债务人部分履行债务给债权人增加的费用，由债务人负担。

3. 合同内容没有约定问题的处理

(1) 质量要求不明确的，按照国家标准、行业标准履行；没有国家标准、行业标准的，按照通常标准或符合合同目的的特定标准履行。

(2) 价款或者报酬不明确的，按照订立合同时履行地的市场价格履行；依法应当执行政府定价或者政府指导价的，在合同约定的交付期限内政府价格调整时，按照交付时的价格计价。逾期交付标的物的，遇价格上涨时，按照原价格执行；价格下降时，按照新价格执行。逾期提取标的物或者逾期付款的，遇价格上涨时，按照新价格执行；价格下降时，按照原价格执行。

(3) 履行地点不明确，给付货币的，在接受货币一方所在地履行；交付不动产的，在不动产所在地履行；其他标的，在履行义务一方所在地履行。

(4) 履行期限不明确的，债务人可以随时履行，债权人也可以随时要求履行，但应当给对方必要的准备时间。

(5) 履行方式不明确的，按照有利于实现合同目的的方式履行。

(6) 履行费用的负担不明确的，由履行义务一方负担。

（八）合同的变更和转让

1. 合同变更

合同的变更有广义和狭义之分。广义的合同变更是指合同法律关系的主体和合同内容的变更。狭义的合同变更不包括合同主体的变更仅指合同内容的变更。

(1) 协议变更。法律、行政法规规定变更合同应当办理批准、登记等手续的，应当办理相应的批准、登记手续；当事人对合同变更的内容约定不明确的，推定为未变更；当事人协商一致，可以变更合同。

(2) 法定变更。在合同成立后，当发生法律规定的可以变更合同的事由时，可根据一方当事人的请求对合同内容进行变更而不必征得对方当事人的同意。但这种变更合同的请求须向人民法院或者仲裁机构提出。

2. 合同转让

(1) 合同债权转让。债权人可以将合同的权利全部或者部分转让给第三人，但下列三种情形不得转让：①根据合同性质不得转让。②按照当事人约定不得转让。③依照法律规定不得转让。

债权人转让权利的，债权人应当通知债务人。未经通知，该转让对债务人不发生效力。除非经受让人同意，否则，债权人转让权利的通知不得撤销合同债权转让后，该债权由原债权人转移给受让人，受让人取代让与人成为新债权人，依附于主债权的从债权也一并移转给受让人。

(2) 合同债务转移。债务人将合同的义务全部或者部分转移给第三人的，应当经债权人同意；债务人转移义务后，原债务人享有的对债权人的抗辩权也随债务转移而由新债务人享有，新债务人可以主张原债务人对债权人的抗辩。

(3) 合同权利义务的概括转让。当事人一方经对方同意，可以将自己在合同中的权利和义务一并转让给第三人。权利和义务一并转让的，适用上述有关债权转让和债务转移的有关规定。

当事人订立合同后合并的，由合并后的法人或者其他组织行使合同权利，履行合同义务。当事人订立合同后分立的，除债权人和债务人另有约定的以外，由分立的法人或者其他组织对合同的权利和义务享有连带债权,承担连带债务。

(九) 合同的权利和义务终止

1. 合同的权利义务终止的原因

合同的权利义务终止又称为合同的终止或者合同的消灭,是指因某种原因而引起的合同权利义务关系在客观上不复存在。

有下列情形之一的,合同的权利义务终止:①债务已经按照约定履行;②合同解除;③债务相互抵消;④债务人依法将标的物提存;⑤债权人免除债务;⑥债权债务同归于一人;⑦法律规定或者当事人约定终止的其他情形。

债权人免除债务人部分或者全部债务的,合同的权利义务部分或者全部终止;债权和债务同归于一人的,合同的权利义务终止,但涉及第三人利益的除外。合同的权利义务终止,不影响合同中结算和清理条款的效力。合同的权利义务终止当事人应当遵循诚实信用原则,根据交易习惯履行通知、协助、保密等义务。

2. 合同解除

合同解除是指合同有效成立后,在尚未履行或者尚未履行完毕之前,因当事人一方或双方的意思表示而使合同的权利义务关系(债权债务关系)自始消灭或者向将来消灭的民事行为。

合同解除后,尚未履行的,终止履行;已经履行的,根据履行情况和合同性质,当事人以要求恢复原状、采取其他补救措施,并有权要求赔偿损失。

3. 标的物的提存

有下列情形之一,难以履行债务的,债务人可以将标的物提存:①债权人无正当理由受领;②债权人下落不明;③债权人死亡未确定继承人或者丧失民事行为能力未确定监护人;④法律规定的其他情形。

标的物不适于提存或者提存费用过高的,债务人可以依法拍卖或者变卖标的物,提存的价款。债权人可以随时领取提存物,但债权人对债务人负有到期债务的,在债权人未履行债提供担保之前,提存部门根据债务人的要求应当拒绝其领取提存物。债权人领取提存物的权利期限为五年,超过该期限,提存物扣除提存费用后归国家所有。

(十) 违约责任

1. 违约责任及其特点

违约责任是指合同当事人不履行或者不适当履行合同义务所应承担的民事责任。当事方明确表示或者以自己的行为表明不履行合同义务的,对方可以在履行期限届满之前要求其承担违约责任。违约责任具有以下特点:

(1) 以有效合同为前提。与侵权责任和缔约过失责任不同,双方事先存在的有效合同关系为前提。

(2) 以合同当事人不履行或者不适当履行合同义务为要件。或者不适当履行合同义务时,才应承担违约责任;违约责任必须是合同当事人不履行。

(3) 可由合同当事人在法定范围内约定。违约责任主要是一种赔偿责任,因此,可由合同当事人在法律规定的范围内自行约定。

(4) 是一种民事赔偿责任。首先,它是由违约方向守约方承担的民事责任,无论是违约金还是赔偿金,均是平等主体之间的支付关系;其次,违约责任的确定,通常应以补偿守约方的损失为标准。

2. 违约责任的承担

1) 违约责任的承担方式。当事人一方不履行合同义务或者履行合同义务不符合约定的，应当承担继续履行、采取补救措施或者赔偿损失等违约责任。

（1）继续履行。继续履行是指在合同当事人一方不履行合同义务或者履行合同义务不符合合同约定时，另一方合同当事人有权要求其在合同履行期限届满后继续按照原合同约定的主要条件履行合同义务的行为。继续履行是合同当事人一方违约时，其承担违约责任的首选方式。

① 违反金钱债务时的继续履行。当事人一方未支付价款或者报酬的，对方可以要求其支付价款或者报酬。

② 违反非金钱债务时的继续履行。当事人一方不履行非金钱债务或者履行非金钱债务不符合约定的，对方可以要求履行，但有下列情形之一的除外：

法律上或者事实上不能履行；

债务的标的不适于强制履行或者履行费用过高；

债权人在合理期限内未要求履行。

（2）采取补救措施。如果合同标的物的质量不符合约定的，应当按照当事人的约定承担违约责任。对违约责任没有约定或者约定不明确的，可以协议补充；不能达成补充协议的，按照合同有关条款或者交易习惯确定。依照上述办法仍不能确定的，受损害方根据标的的性质以及损失的大小，可以合理选择要求对方承担修理、更换、重作、退货、减少价款或者报酬等违约责任。

（3）赔偿损失。当事人一方不履行合同义务或者履行合同义务不符合约定的，在履行义务或者采取补救措施后，对方还有其他损失的，应当赔偿损失。损失赔偿额应当相当于因违约所造成的损失，包括合同履行后可以获得的利益，但不得超过违反合同一方订立合同时预见到或者应当预见到的因违反合同可能造成的损失。

当事人一方违约后，对方应当采取适当措施防止损失的扩大；没有采取适当措施致使损失扩大的，不得就扩大的损失要求赔偿。当事人因防止损失扩大而支出的合理费用，由违约方承担。

（4）违约金。当事人可以约定一方违约时应当根据违约情况向对方支付一定数额的违约金，也可以约定因违约产生的损失赔偿额的计算方法。约定的违约金低于造成的损失的，当事人可以请求人民法院或者仲裁机构予以增加；约定的违约金过分高于造成的损失的，当事人可以请求人民法院或者仲裁机构予以适当减少。当事人就迟延履行约定违约金的，违约方支付违约金后，还应当履行债务。

（5）定金。当事人可以依照《中华人民共和国担保法》约定一方向对方给付定金作为债权的担保。债务人履行债务后，定金应当抵作价款或者收回。给付定金的一方不履行约定的债务的，无权要求返还定金；收受定金的一方不履行约定的债务的，应当双倍返还定金。当事人既约定违约金，又约定定金的，一方违约时，对方可以选择适用违约金或者定金条款。

2) 违约责任的承担主体

（1）合同当事人双方违约时违约责任的承担。当事人双方都违反合同的，应当各自承担相应的责任。

(2) 因第三人原因造成违约时违约责任的承担。当事人一方因第三人的原因造成违约的，应当向对方承担违约责任。当事人一方和第三人之间的纠纷，依照法律规定或者依照约定解决。

3) 违约责任与侵权责任的选择

因当事人一方的违约行为，侵害对方人身、财产权益的，受损害方有权选择依照《合同法》要求其承担违约责任或者依照其他法律要求其承担侵权责任。

3. 不可抗力

不可抗力是指不能预见、不能避免并不能克服的客观情况。因不可抗力不能履行合同的，根据不可抗力的影响，部分或者全部免除责任，但法律另有规定的除外。当事人迟延履行后发生不可抗力的，不能免除责任。

当事人一方因不可抗力不能履行合同的，应当及时通知对方，以减轻可能给对方造成的损失，并应当在合理期限内提供证明。

(十一) 合同争议解决

合同争议是指合同当事人之间对合同履行状况和合同违约责任承担等问题所产生的意见分歧。合同争议的解决方式有和解、调解、仲裁或者诉讼。

1. 合同争议的和解与调解

和解与调解是解决合同争议的常用和有效方式。当事人可以通过和解或者调解解决合同争议。

(1) 和解。和解是合同当事人之间发生争议后，在没有第三人介入的情况下，合同当事人双方在自愿、互谅的基础上，就已经发生的争议进行商谈并达成协议，自行解决争议的一种方式。和解方式简便易行，有利于加强合同当事人之间的协作，使合同能更好地得到履行。

(2) 调解。调解是指合同当事人于争议发生后，在第三者的主持下，根据事实、法律和合同，经过第三者的说服与劝解，使发生争议的合同当事人双方互谅、互让，自愿达成协议，从而公平、合理地解决争议的一种方式。

调解与和解相同，调解也具有方法灵活、程序简便、节省时间和费用、不伤害发生争议的合同当事人双方的感情等特征，而且由于有第三者的介入，可以缓解发生争议的合同双方当事人之间的对立情绪，便于双方较为冷静、理智地考虑问题。同时，由于第三者常常能够站在较为公正的立场上，较为客观、全面地看待、分析争议的有关问题并提出解决方案，从而有利于争议的公正解决。

参与调解的第三者不同，调解的性质也就不同。调解有民间调解、仲裁机构调解和法庭调解三种。

2. 合同争议的仲裁

仲裁是指发生争议的合同当事人双方根据合同中约定的仲裁条款或者争议发生后由其达成的书面仲裁协议，将合同争议提交给仲裁机构并由仲裁机构按照仲裁法律规范的规定居中裁决，从而解决合同争议的法律制度。当事人不愿协商、调解或协商、调解不成的，可以根据合同中的仲裁条款或事后达成的书面仲裁协议，提交仲裁机构仲裁。涉外合同的当事人可以根据仲裁协议向中国仲裁机构或者其他仲裁机构申请仲裁。

根据我国《仲裁法》，对于合同争议的解决，实行"或裁或审制"。即发生争议的合同当事人双方只能在"仲裁"或者"诉讼"两种方式中选择一种方式解决其合同争议。

仲裁裁决具有法律约束力。合同当事人应当自觉执行裁决。不执行的，另一方当事人可以申请有管辖权的人民法院强制执行。裁决做出后，当事人就同一争议再申请仲裁或者向人民法院起诉的，仲裁机构或者人民法院不予受理。但当事人对仲裁协议的效力有异议的，可以请求仲裁机构做出决定或者请求人民法院做出裁定。

3. 合同争议的诉讼

诉讼是指合同当事人依法将合同争议提交人民法院受理，由人民法院依司法程序通过调查、做出判决、采取强制措施等来处理争议的法律制度。有下列情形之一的，合同当事人可以选择诉讼方式解决合同争议：

（1）合同争议的当事人不愿和解、调解的；
（2）经过和解、调解未能解决合同争议的；
（3）当事人没有订立仲裁协议或者仲裁协议无效的；
（4）仲裁裁决被人民法院依法裁定撤销或者不予执行的。

合同当事人双方可以在签订合同时约定选择诉讼方式解决合同争议，并依法选择有管辖权的人民法院，但不得违反《民事诉讼法》关于级别管辖和专属管辖的规定。对于一般的合同争议，由被告住所地或者合同履行地人民法院管辖。

四、价格法

国家实行并完善宏观经济调控下主要由市场形成价格的机制。价格的制定应当符合价值规律，大多数商品和服务价格实行市场调节价，极少数商品和服务价格实行政府指导价或者政府定价。

1. 经营者的价格行为

经营者定价应当遵循公平、合法和诚实信用的原则，定价的基本依据是生产经营成本和市场供求状况。

（1）义务。经营者应当努力改进生产经营管理，降低生产经营成本，为消费者提供价格合理的商品和服务，并在市场竞争中获取合法利润。

（2）权利。经营者进行价格活动，享有下列权利：①自主制定属于市场调节的价格；②在政府指导价规定的幅度内制定价格；③制定属于政府指导价、政府定价产品范围内的新产品的试销价格，特定产品除外；④检举、控告侵犯其依法自主定价权利的行为。

（3）禁止行为。经营者不得有下列不正当价格行为：①相互串通，操纵市场价格，侵害其他经营者或消费者的合法权益；②除降价处理鲜活、季节性、积压的商品外，为排挤对手或独占市场，以低于成本的价格倾销，扰乱正常的生产经营秩序，损害国家利益或者其他经营者的合法权益；③捏造、散布涨价信息，哄抬价格，推动商品价格过高上涨；④利用虚假的或者使人误解的价格手段，诱骗消费者或者其他经营者与其进行交易；⑤对具有同等交易条件的其他经营者实行价格歧视；⑥采取抬高等级或者压低等级等手段收购、销售商品或者提供服务，变相提高或者压低价格；⑦违反法律、法规的规定牟取暴利等。

2. 政府的定价行为

（1）定价目录。政府指导价、政府定价的定价权限和具体适用范围，以国家的和地方的定价目录为依据。国家定价目录由国务院价格主管部门制定、修订，报国务院批准后公布。地方定价目录由省、自治区、直辖市人民政府价格主管部门按照中央定价目录规定的定价权限和具体适用范围制定，经本级人民政府审核同意，报国务院价格主管部门审定后公布。省、自治区、直辖市人民政府以下各级地方人民政府不得制定定价目录。

（2）定价权限。国务院价格主管部门和其他有关部门，按照国家定价目录规定的定价权限和具体适用范围制定政府指导价、政府定价；其中重要的商品和服务价格的政府指导价、政府定价，应当按照规定经国务院批准。省、自治区、直辖市人民政府价格主管部门和其他有关部门，应当按照地方定价目录规定的定价权限和具体适用范围制定在本地区执行的政府指导价、政府定价。

市、县人民政府可以根据省、自治区、直辖市人民政府的授权，按照地方定价目录规定的定价权限和具体适用范围制定在本地区执行的政府指导价、政府定价。

（3）定价范围。政府在必要时可以对下列商品和服务价格实行政府指导价或政府定价：①与国民经济发展和人民生活关系重大的极少数商品价格；②资源稀缺的少数商品价格；③自然垄断经营的商品价格；④重要的公用事业价格；⑤重要的公益性服务价格。

（4）定价依据。制定政府指导价、政府定价，应当依据有关商品或者服务的社会平均成本和市场供求状况、国民经济与社会发展要求以及社会承受能力，实行合理的购销差价、批零差价、地区差价和季节差价。制定政府指导价、政府定价，应当开展价格、成本调查，听取消费者、经营者和有关方面的意见。制定关系群众切身利益的公用事业价格、公益性服务价格、自然垄断经营的商品价格时，应当建立听证会制度，由政府价格主管部门主持，征求消费者、经营者和有关方面的意见。

3. 价格总水平调控

政府可以建立重要商品储备制度，设立价格调节基金，调控价格，稳定市场。当重要商品和服务价格显著上涨或者有可能显著上涨时，国务院和省、自治区、直辖市人民政府可以对部分价格采取限定差价率或者利润率、规定限价、实行提价申报制度和调价备案制度等干预措施。

当市场价格总水平出现剧烈波动等异常状态时，国务院可以在全国范围内或者部分区域内采取临时集中定价权限、部分或者全面冻结价格的紧急措施。

五、土地管理法

1. 土地所有权

我国实行土地的社会主义公有制，即全民所有制和劳动群众集体所有制。国家为了公共利益的需要可以依法对土地实行征收或者征用并给予补偿。

2. 土地使用权

（1）国有土地和农民集体所有的土地，可以依法确定给单位或者个人使用。使用土地的单位和个人，有保护、管理和合理利用土地的义务。

（2）农民集体所有的土地，由县级人民政府登记造册，核发证书，确认所有权。农民集体所有的土地依法用于非农业建设的，由县级人民政府登记造册，核发证书，确认建设用地使用权。

（3）单位和个人依法使用的国有土地，由县级以上人民政府登记造册，核发证书，确认使用权。

（4）依法改变土地权属和用途的，应当办理土地变更登记手续。

3. 土地利用总体规划

(1) 土地分类。一般分为农业用地、建设用地和未利用地等。①农业用地指直接用于农业生产的土地，包括耕地、林地、草地、农田水利用地、养殖水面等；②建设用地指建造建筑物、构筑物的土地，包括城乡住宅和公共设施用地、工矿用地、交通水利设施用地、旅游用地、军事设施用地等；③未利用地指农用地和建设用地以外的土地。

(2) 土地利用规划。①各级人民政府应当依据国民经济和社会发展规划、国土整治和资源环境保护的要求、土地供给能力以及各项建设对土地的需求，组织编制土地利用总体规划；②城市建设用地规模应当符合国家规定的标准，充分利用现有建设用地，不占或者少占农用地；③土地利用总体规划实行分级审批。经批准的土地利用总体规划的修改，须经原批准机关批准；未经批准，不得改变土地利用总体规划确定的土地用途。

4. 建设用地

(1) 建设用地的批准。除兴办乡镇企业、村民建设住宅或乡（镇）村公共设施、公益事业建设经依法批准使用农民集体所有的土地外，任何单位和个人进行建设而需要使用土地的，必须依法申请使用国有土地，包括国家所有的土地和国家征收的原属于农民集体所有的土地；及农用地转为建设用地的，应当办理农用地转用审批手续。

(2) 征收土地补偿。征收土地的，应当按照被征收土地的原用途给予补偿。征收耕地的补偿费用包括土地补偿费、安置补助费以及地上附着物和青苗的补偿费等。

(3) 建设用地的使用。建设单位使用国有土地，应当以出让等有偿使用方式取得；但是，下列建设用地，经县级以上人民政府依法批准，可以以划拨方式取得：①国家机关用地和军事用地；②城市基础设施用地和公益事业用地；③国家重点扶持的能源、交通、水利等基础设施用地；④法律、行政法规规定的其他用地。

(4) 土地的临时使用。①建设项目施工和地质勘察需要临时使用国有土地或者农民集体所有的土地的，由县级以上人民政府土地行政主管部门批准。②临时使用土地的使用者应当按照临时使用土地合同约定的用途使用土地，并不得修建永久性建筑物。临时使用土地期限一般不超过两年。

(5) 国有土地使用权的收回。可以收回国有土地使用权的情形有：①公共利益需要使用土地的；②为实施城市规划进行旧城区改建，需要调整使用土地的；③土地出让等有偿使用合同约定的使用期限届满，土地使用者未申请续期或申请续期未获批准的；④因单位撤销、迁移等原因，停止使用原划拨的国有土地的；⑤公路、铁路、机场、矿场等经核准报废的。其中，属于①、②两种情形而回收国有土地使用权的，对土地使用权人应当给予适当补偿。

六、建筑法

《中华人民共和国建筑法》（以下简称《建筑法》）主要适用于各类房屋建筑及其附属设施的建造和与其配套的线路、管道、设备的安装活动，其中关于施工许可、建筑施工企业资质审查和建筑工程发包、承包、禁止转包，以及建筑工程监理、建筑工程安全和质量管理的规定，也适用于其他建设专业建筑工程的建筑活动工程。

（一）建筑工程施工许可

建筑许可包括建筑工程施工许可和从业资格两个方面。

1. 建筑施工许可

(1) 施工许可证的申领。除国务院建设行政主管部门确定的限额以下的小型工程外，建筑工程开工前，建设单位应当按照国家有关规定向工程所在地县级以上人民政府建设行政主管部门申请领取施工许可证。按照国务院规定的权限和程序批准开工报告的建筑工程，不再领取施工许可证。

申请领取施工许可证应当具备如下条件：①已办理建筑工程用地批准手续；②在城市规划区内的建筑工程，已取得规划许可证；③需要拆迁的，其拆迁进度符合施工要求；④已经确定建筑施工单位；⑤有满足施工需要的施工图纸及技术资料；⑥有保证工程质量和安全的具体措施；⑦建设资金已经落实；⑧法律、行政法规规定的其他条件。

（2）施工许可证的有效期限。建设单位应当自领取施工许可证之日起3个月内开工。因故不能按期开工的，应当向发证机关申请延期；延期以两次为限，每次不超过3个月。既不开工又不申请延期或者超过延期时限的，施工许可证自行废止。

（3）中止施工和恢复施工。在建的建筑工程因故中止施工的，建设单位应当自中止施工之日起1个月内，向发证机关报告，并按照规定做好建设工程的维护管理工作。

建筑工程恢复施工时，应当向发证机关报告；中止施工满1年的工程恢复施工前，建设单位应当报发证机关核验施工许可证。

按照国务院有关规定批准开工报告的建筑工程，因故不能按期开工或者中止施工的，应当及时向批准机关报告情况。因故不能按期开工超过6个月的，应当重新办理开工报告的批准手续。

2. 建筑业从业资格

（1）单位资质。从事建筑活动的施工企业、勘察、设计和监理单位，按照其拥有的注册资本、专业技术人员、技术装备、已完成的建筑工程业绩等资质条件，划分为不同的资质等级，经资质审查合格，取得相应等级的资质证书后，方可在其资质等级许可的范围内从事建筑活动。

（2）专业技术人员资格。从事建筑活动的专业技术人员应当依法取得相应的执业资格证书，并在执业资格证书许可的范围内从事建筑活动。

（二）建筑工程发包与承包

1. 建筑工程发包

（1）发包方式。建筑工程依法实行招标发包，对不适于招标发包的可以直接发包。建筑工程实行招标发包的，发包单位应当将建筑工程发包给依法中标的承包单位。建筑工程实行直接发包的，发包单位应当将建筑工程发包给具有相应资质条件的承包单位。政府及其所属部门不得滥用行政权力，限定发包单位将招标发包的建筑工程发包给指定的承包单位。

（2）禁止行为。提倡对建筑工程实行总承包，禁止将建筑工程肢解发包。建筑工程的发包单位可以将建筑工程的勘察、设计、施工、设备采购一并发包给一个工程总承包单位。但是，不得将应当由一个承包单位完成的建筑工程肢解成若干部分发包给几个承包单位。按照合同约定，建筑材料、建筑构配件和设备由工程承包单位采购的，发包单位不得指定承包单位购入用于工程的建筑材料、建筑构配件和设备或者指定生产厂、供应商。

2. 建筑工程承包

（1）承包资质。承包建筑工程的单位应当持有依法取得的资质证书，并在其资质等级许可的业务范围内承揽工程。

禁止建筑施工企业超越本企业资质等级许可的业务范围或者以任何形式用其他建筑施工企业的名义承揽工程。禁止建筑施工企业以任何方式允许其他单位或个人使用本企业的资质证书、营业执照，以本企业的名义承揽工程。

（2）联合承包。大型建筑工程或结构复杂的建筑工程，可以由两个以上的承包单位联合共同承包。共同承包的各方对承包合同的履行承担连带责任。两个以上不同资质等级的单位实行联合共同承包的，应当按照资质等级低的单位的业务许可范围承揽工程。

（3）工程分包。建筑工程总承包单位可以将承包工程中的部分工程发包给具有相应资质条件的分包单位。但是，除总承包合同中已约定的分包外，必须经建设单位认可。施工总承包的，建筑工程主体结构的施工必须由总承包单位自行完成。建筑工程总承包单位按照总承包合同的约定对建设单位负责；分包单位按照分包合同的约定对总承包单位负责。总承包单位和分包单位就分包工程对建设单位承担连带责任。

（4）禁止行为。禁止承包单位将其承包的全部建筑工程转包给他人，或将其承包的全部建筑工程肢解以后以分包的名义分别转包给他人。禁止总承包单位将工程分包给不具备资质条件的单位。禁止分包单位将其承包的工程再分包。

（5）建筑工程造价。建筑工程的发包单位与承包单位应当依法订立书面合同，明确双方的权利和义务。建筑工程造价应当按照国家有关规定，由发包单位与承包单位在合同中约定。

发包单位和承包单位应当全面履行合同约定的义务。不按照合同约定履行义务的，依法承担违约责任。发包单位应当按照合同的约定，及时拨付工程款项。

（三）建筑工程监理

国家推行建筑工程监理制度。建筑工程监理是指具有相应资质条件的工程监理单位受建设单位委托，依照法律、行政法规及有关的技术标准、设计文件和建筑工程承包合同，对承包单位在施工质量、建设工期和建设资金使用等方面，代表建设单位实施的监督管理活动。

实行监理的建筑工程，建设单位与其委托的工程监理单位应当订立书面委托监理合同。实施建筑工程监理前，建设单位应当将委托的工程监理单位、监理的内容及监理权限，书面通知被监理的建筑施工企业。

工程监理单位应当根据建设单位的委托，客观、公正地执行监理任务。工程监理人员发现工程设计不符合建筑工程质量标准或者合同约定的质量要求的，应当报告建设单位要求设计单位改正；认为工程施工不符合工程设计要求、施工技术标准和合同约定的，有权要求建筑施工企业改正。

（四）建筑工程安全生产管理

建筑工程安全生产管理必须坚持安全第一、预防为主的方针，建立健全安全生产的责任制度和群防群治制度。

建筑工程设计应当符合按照国家规定的建筑安全规程和技术规范，保证工程的安全性能。建筑施工企业在编制施工组织设计时，应当根据建筑工程的特点制定相应的安全技术措施；对专业性较强的工程项目，应当编制专项安全施工组织设计，并采取安全技术措施。

建筑施工企业应当在施工现场采取维护安全、防范危险、预防火灾等措施；有条件的，应当对施工现场实行封闭管理。施工现场对毗邻的建筑物、构筑物和特殊作业环境可能造成损害的，建筑施工企业应当采取措施加以保护。

施工现场安全由建筑施工企业负责。实行施工总承包的，由总承包单位负责。分包单位向总承包单位负责，服从总承包单位对施工现场的安全生产管理。建筑施工企业必须为从事危险作业的职工办理意外伤害保险，支付保险费。

涉及建筑主体和承重结构变动的装修工程，建设单位应当在施工前委托原设计单位或者具有相应资质条件的设计单位提出设计方案；没有设计方案的，不得施工。房屋拆除应当由具备保证安全条件的建筑施工单位承担，由建筑施工单位负责人对安全负责。

（五）建筑工程质量管理

建设单位不得以任何理由，要求建筑设计单位或建筑施工单位违反法律、行政法规和建筑工程质量、安全标准，降低工程质量，建筑设计单位和建筑施工单位应当拒绝建设单位的此类要求。

建筑工程的勘察、设计单位必须对其勘察、设计的质量负责。勘察、设计文件应当符合有关法律、行政法规的规定，建筑工程质量、安全标准，建筑工程勘察、设计技术规范以及合同的约定。设计文件选用的建筑材料、建筑构配件和设备，应当注明其规格、型号、性能等技术指标，其质量要求必须符合国家规定的标准。建筑设计单位对设计文件选用的建筑材料、建筑构配件和设备，不得指定生产厂、供应商。

建筑施工企业对工程的施工质量负责。建筑施工企业必须按照工程设计图纸和施工技术标准施工，不得偷工减料。工程设计的修改由原设计单位负责，建筑施工企业不得擅自修改工程设计。建筑施工企业必须按照工程设计要求、施工技术标准和合同的约定，对建筑材料、构配件和设备进行检验，不合格的不得使用。

建筑工程竣工经验收合格后，方可交付使用；未经验收或验收不合格的，不得交付使用。交付竣工验收的建筑工程，必须符合规定的建筑工程质量标准，有完整的工程技术经济资料和经签署的工程保修书，并具备国家规定的其他竣工条件。

建筑工程实行质量保修制度，保修内容及保修期限应该按建筑法及其有关规定进行。

第三章 PPP 模式与特许经营

特许经营（Franchise）是指特许经营权拥有者以合同约定的形式，允许被特许经营者有偿使用其名称、商标、专有技术、产品及运作管理经验等从事经营活动的商业经营模式。特许经营的含义简单说就是政府将某项公共事务的经营委托给社会资本行使。

特许经营也称为特许权。公共机构以合同或（取得第三方事前同意情况下）单边行为，将通常应由其负责的全部或部分对某种服务的管理职能委托给一个第三方，由该第三方承担风险。特许权分别是指公共设施特许权和公共服务特许权，本质都属于公共事务，无实质差异。

基础设施和公用事业特许经营，是指政府采用竞争方式依法授权中华人民共和国境内外的法人或者其他组织，通过协议明确权利义务和风险分担，约定其在一定期限和范围内投资建设运营基础设施和公用事业并获得收益，提供公共产品或者公共服务。

第一节 特许经营的特征与分类

一、特许经营的特征

从特许经营的含义展开来说，特许经营有如下特征：

（1）特许经营的对象是公共事务

特许经营是政府将公共事务的经营移交给社会资本。公共事务管理是政府的重要职能之一。政府具有两种职能：一种是消极职能，它防止个人的暴力行为，保护生命和财产，制定并实施法律，维护社会秩序。另一种是积极职能，它帮助实现大多数人的普遍愿望，这种职能在当代包括教育和经济两个方面。如果我们细加分类，可把政府职能分为政治管理、社会管理、经济管理等类型。社会管理职能主要体现在对公共教育、科技、文化、卫生、基础设施、公共住房、社会保障、环境等一般社会事务的管理。

特许经营下移交给社会资本管理的公共事务，属于政府应承担的积极职能，即政府在公共教育、科技、文化、卫生、基础设施、公共住房、社会保障、环境等一般社会事务上满足公共需求的职能，可简单概括为公共产品和公共服务。宪法规定：国务院的职能包括领导和管理经济工作和城乡建设；领导和管理教育、科学、文化、卫生、体育和计划生育工作。同时，宪法授权国务院规定中央和省、自治区、直辖市的国家行政机关的职权的具体划分。政府应承担的公共事务管理的事权范围的原则性划定。

公共事务的范围没有确定的边界，其范围可能随着社会经济的发展而演变。

公共事务管理产生于对社会共同事务的管理的需要，因而公共管理的主体、目的、性质、特点、社会责任等方面都体现了公共性，与私人管理的私人性有着明显的差别。公共事务的主体是政府，目的是提供社会服务，而非获取利润，这与私人部门的逐利本性存在根本区别。

（2）特许经营的授权方为政府

由于公共事务的公共性，特许经营的授权方是政府。管理公共事务既是政府的权力，也是其义务。

（3）特许经营的被授权方为社会资本

公共事务的管理人本应是政府，但在特许经营下该事务由社会资本行使，因此才需要特许。公共服务属于政府垄断或受特别法管辖，在这种情况下，由非公共机构实体提供公共服务通常要求适当的政府机构做出授权。

（4）特许经营项下公共事务的经营权被委托给社会资本

政府在自行办理公共事务时也可能委托社会资本参与，例如政府修建还贷公路时将工程发包给建设承包商。特许经营与该类工程合同的差别是在特许经营项下，公共事务的经营权被委托给社会资本方，而在一般的工程合同中，政府仍是公共事务的经营者。

运营者获得报酬的方式可以帮助确定谁承担经营风险。如果运营者承担了运营该工程或服务的风险（建立并经营该系统），大部分收入从用户获取，尤其是以何形式收费，则构成了特许权。

经营权也暗含转移运营责任的意思。这些责任包括与建设有关的技术、财务和管理事项。例如，被特许人有责任进行所需的投资以使公共设施可提供给使用者有效使用。其也有责任支付建设费用。并且，被特许人不光承担建设过程固有的通常风险，也承担管理和使用这些设施所固有的很多风险。只有这样，才构成将经营风险转移给了非公共机构。

运营特许权产生的风险通过经营权转移给被特许人。在授权人和被特许人之间具体的风险划分将根据其各自管理相关风险的能力个案决定。

二、特许经营的分类

特许经营按不同的角度可以有不同的分类，以下主要从付费形式和操作模式两个方面进行分类。

（1）按付费形式的分类

特许经营权人取得收入的方法有两种：完全用户付费和用户付费加可行性补贴。

（2）按操作模式的分类

根据特许经营人在项目中具体承担的责任，可以分为 BOT、TOT、ROT、BTO 等各种形式。

对于哪些模式可以纳入特许权的范围，不同国家有不同认识。蒙古国 2010 年《特许权法》被认为是包含了很广泛的模式。该法明确列举了以下模式：BOT，BT，BOO，BOOT，BLT，DBFO，ROT，同时，兜底条款规定按照特许权的标的及提供的工程和服务的具体情况也可以采取其他形式。

三、特许经营的原则与方式

（一）特许经营原则

基础设施和公用事业特许经营应当坚持公开、公平、公正，保护各方利益，并遵循以下原则：

（1）发挥社会资本融资、专业、技术和管理优势，提高公共服务质量效率；

（2）转变政府职能，强化政府与社会资本协商合作；

（3）保护社会资本合法权益，保证特许经营持续性和稳定性；

（4）兼顾经营性和公益性平衡，维护公共利益。

(二) 特许经营方式

基础设施和公用事业特许经营可以采取以下方式：

(1) 在一定期限内，政府授予特许经营者投资新建或改扩建、运营基础设施和公用事业，期限届满移交政府；

(2) 在一定期限内，政府授予特许经营者投资新建或改扩建、拥有并运营基础设施和公用事业，期限届满移交政府；

(3) 特许经营者投资新建或改扩建基础设施和公用事业并移交政府后，由政府授予其在一定期限内运营；

(4) 国家规定的其他方式。

四、特许经营期限与监督管理

(一) 特许经营期限

基础设施和公用事业特许经营期限应当根据行业特点、所提供公共产品或服务需求、项目生命周期、投资回收期等综合因素确定，最长不超过30年。对于投资规模大、回报周期长的基础设施和公用事业特许经营项目（以下简称特许经营项目）可以由政府或者其授权部门与特许经营者根据项目实际情况，约定规定的特许经营期限。

(二) 特许经营监督管理

国务院发展改革、财政、国土、环保、住房城乡建设、交通运输、水利、能源、金融、安全监管等有关部门按照各自职责，负责相关领域基础设施和公用事业特许经营规章、政策制定和监督管理工作。

县级以上地方人民政府发展改革、财政、国土、环保、住房城乡建设、交通运输、水利、价格、能源、金融监管等有关部门根据职责分工，负责有关特许经营项目实施和监督管理工作。

县级以上地方人民政府应当建立各有关部门参加的基础设施和公用事业特许经营部门协调机制，负责统筹有关政策措施，并组织协调特许经营项目实施和监督管理工作。

五、特许经营服务关系

(一) 特许经营与PPP的关系

PPP和特许经营的关系如下：

(1) 特许经营属于PPP的一种形式，如果PPP合同构成了政府将公共事务的经营权转移给社会资本，则同时构成了特许经营。

(2) 对于不具有经营性的公共事务，一般认为无法设定特许经营，但也有国家（例如巴西）通过创造行政特许权，将社会资本经营此类公共事务的合同界定为一种特殊的特许权，该类特许权通过PPP法规定。

(3) 如政府并未将公共事务的经营权转移给社会资本，尽管社会资本承担了融资、建设、维护等风险和责任，并根据绩效获取报酬，不构成特许经营，但属于PPP的一种形式。

(4) PPP强调的是政府和社会资本之间的合作关系，其本身并不是一种独立、统一的合同形式，而是在公共事务管理中通过合理分配风险和利益形成的政府和社会资本之间的长效合作机制，可以建立在各种类型的合同关系上，例如管理合同、委托合同、特许经营合同、服务合同等，也可以通过股权合作建立合资关系。特许经营合同只是PPP合同中的一种形式。

（二）特许经营与私有化的关系

特许经营很容易与私有化混淆，尤其是对于私有化的项目需要取得政府批准或许可的情况下，更容易认为这种批准或许可就是特许经营的特许。但是，特许经营和私有化的对象存在本质的区别。特许经营的对象是公共事务，是本来应由政府管理和提供的公共产品和公共服务，由于融资和提高效率的需要，交给社会资本经营，但项目的公共属性仍保持不变。

公共事务的目的与私人事务的目的有本质区别。公共事务的目的是社会效益最大化，而私人事务的目的是利润最大化。私有化的过程即表明了一项事务从公共事务逐渐演变为私人事务。

虽然有人认为私有化也是 PPP 的一种形式，政府在此类项目中风险最低、责任最小，但私有化后项目的公共属性也降到最小，经营该事务的目的转变为利润最大化。政府只能通过准入管理、资格审查、价格管制、行政监督等手段对其进行管理。例如私立医院，除了非营利性私立医院（私立医院的例外情形）外，均以营利为目的，因此，政府提供公共基本医疗服务不能依赖私立医院，必须以公立医院为主导。

因此，私有化并不能解决政府公共事务管理的融资和效率问题，并且正因为私有化将改变项目的公共属性，大多数人不认为私有化是 PPP 的一种形式。

（三）特许经营与行政许可

特许经营与行政许可的关系直接牵涉特许权是否是一种行政许可，特许经营合同是否是行政合同。关于特许权和特许经营合同的性质，一直存在私法和公法性质的理论之争，至今理论上尚无定论。

特许经营权被认为是行政许可的一种，但特许经营和行政许可存在重大区别，在理论和实务中，似乎更应该遵循民法的原则和精神处理特许经营权的相关问题。

（1）行政许可系政府基于公民、法人或其他组织申请，经审查，准予其从事特定活动的行为。而特许经营是政府将本应由其行使的公共事务管理职能通过特许方式转移给社会资本行使，因此，更多的时候是政府先发起特许项目，由社会资本选择是否参与，更体现了双方的平等性。

（2）行政许可下，被许可方从政府取得从事某种活动的权利并不需要支付对价，有些行政许可（例如探矿权）虽然要求被许可方履行一定义务，但该类义务通常是维持行政许可的最低义务。而特许经营下往往要求被特许方承担一定投资义务作为获取特许经营权的对价。

（3）行政许可下，行政许可权的授予不存在谈判的余地，基本属于政府的单方面决定事项。而特许经营的安排则通常是政府和社会资本谈判的结果。

（4）行政许可项下通常不需要政府和被许可方签订合同，但特许经营要求政府和社会资本签订特许经营合同，通过合同规范特许权的具体实施事项。

特许经营所承载的功能是政府如何实现其本身应承担的提供公共服务的任务，而行政许可的功能是政府通过设定和行使审批权利实现对社会、经济和文化事业的管理和控制。公共服务和行政审批属于政府的两种不同的职能。因此，将特许经营和行政许可混为一谈，削弱了政府在提供公共服务上所本应承担的责任，同时强化了政府在实施特许经营时的权力意识，纵容了政府干涉特许经营的随意性，降低了特许经营在宪法和行政法意义上的法律地位，导致了立法的不严肃。

将特许经营视为政府审批的一种情形，极易促使政府随意将其管理公共服务的职能通过许可形式转移出去，既不承担责任，还可以随意干涉、处罚被特许方，使被特许方处于十分被动、弱势的地位，非常不利于政府特许经营在我国的发展。

第二节　PPP项目特许经营期的设计

特许经营期是PPP模式中的一个重要内容，关乎社会资本的投资回报及PPP项目的持续运营。

一、特许经营期的设计的内容

特许经营期的设计应包括：

（1）选择特许经营期的结构（单时段或双时段结构）。

（2）确定特许经营期的长短及形式（固定式或可变式）。

（3）激励措施（有激励措施或无激励措施）。

上述三个要素各有两个选择，可组合成八种以上的不同设计。特许经营期设计的类型如图3-1所示。

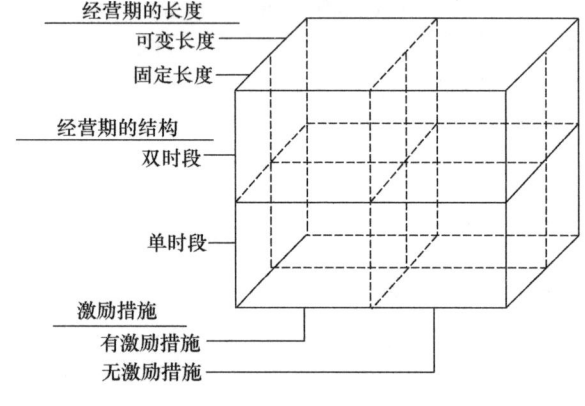

图3-1　特许经营期的类型

二、特许经营期的设计

常见的特许经营期是固定的。在固定施工期和运营期的情况下，单时段或双时段与激励措施结合可形成四种特许经营期的设计。如图3-2所示。

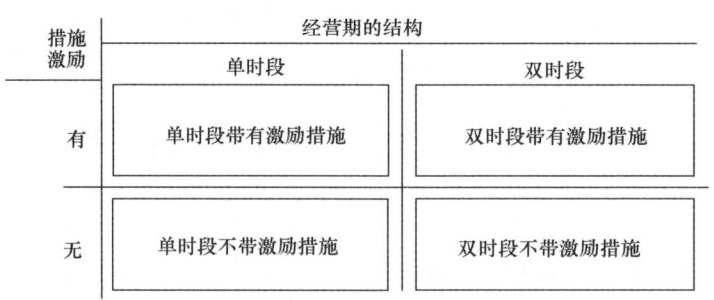

图3-2　特许经营期的设计（固定时段）

1. 单时段带有激励措施

单时段带有激励措施，如图3-3所示。

特点：实际营运期取决于完工时间：提前完工，实际营运期比计划营运期长并有奖励；延迟完工，实际营运期比计划营运期短并受处罚。项目公司承担完工风险，风险比无激励措施更大：除了营业收入增减外，还有额外的奖励和惩罚。

2. 单时段不带激励措施

单时段不带激励措施，如图3-4所示。

第三章 PPP模式与特许经营

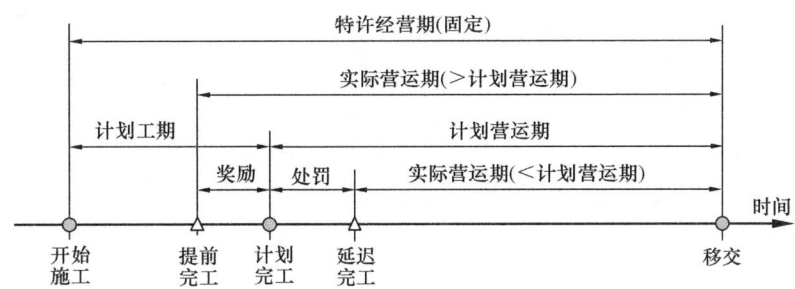

图3-3 单时段带有激励措施

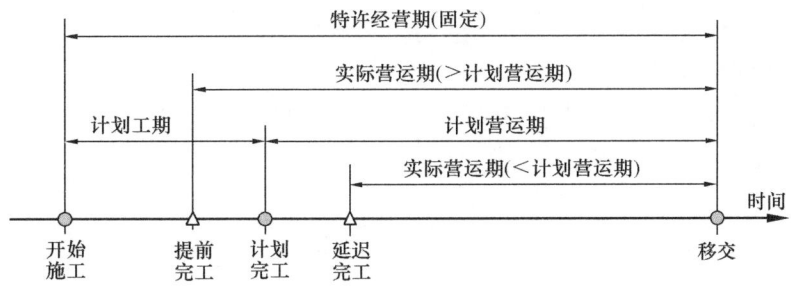

图3-4 单时段不带激励措施

特点：实际营运期起决于完工时间：提前完工，实际营运期比计划营运期长；延迟完工，实际营运期比计划营运期短。项目公司承担完工风险：如果提前完工，享受比计划长的营运期所带来的收入；如果延迟完工，承担因营运期缩短所造成的损失

3. 双时段带有激励措施

双时段带有激励措施，如图3-5所示。

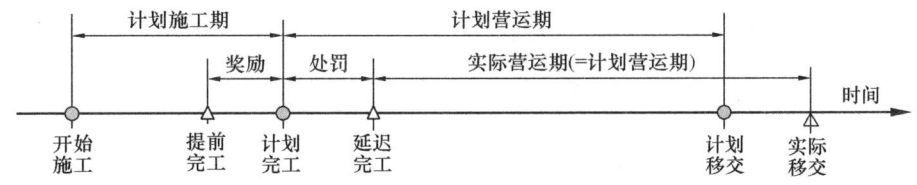

图3-5 双时段带有激励措施

特点：实际营运期与完工时间无关但奖惩不一样：提前完工，实际营运期还和计划营运期相同，但有奖励（取决于激励措施），移交时间与计划相同；延迟完工，实际营运期仍和计划营运期相同，但受处罚（取决于激励措施），移交时间相应延迟。完工风险由政府和项目公司共同分担（取决于激励措施）。

其中，激励措施又可以根据项目特点被设计为不同的奖励和惩罚措施，因而得出更多的特许经营期的设计方案。

4. 双时段不带激励措施

双时段不带激励措施，如图3-6所示。

特点：实际营运期与完工时间无关：提前完工或延迟完工，实际营运期都和计划营运期相同。移交时间起决于完工时间：提前完工，提前移交；延迟完工，延迟移交。完工风险主

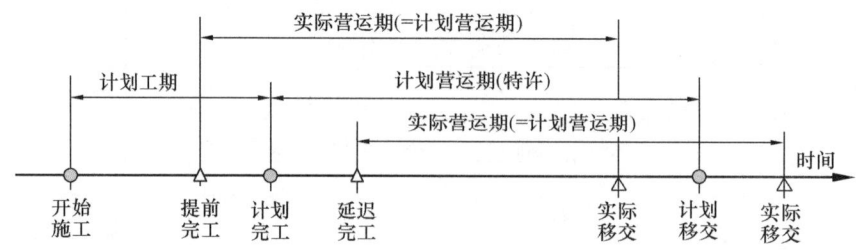

图 3-6 双时段不带激励措施

要由政府承担。

（注：单时段结构是指施工期和运营期合并在一起；双时段结构是指施工期和运营期分开计算。）

三、特许经营期的选择

特许经营期的设计选择主要起决于两个因素：项目的施工难度（简单还是复杂）和市场特性（市场型还是合同型）。如图 3-7 所示。

（1）施工简单的项目，可以比较准确地估计施工期，完工风险较小。因此，用单时段结构还是双时段结构差别不大，这时，市场特性影响激励措施的设计（政府是否有用于奖励的资金）。

（2）施工复杂的项目，难以准确地估计施工期，完工风险较大。因此，用双时段结构较好。通过激励措施的设计，完工风险可由项目公司和政府分担，不同程度上降低项目公司的完工风险。

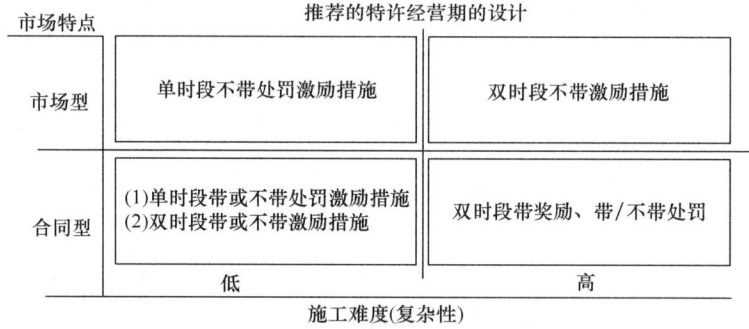

图 3-7 特许经营期的设计选择

四、特许经营期收费设计

（一）收费设计内容

收费设计的内容主要包括如下几项：

（1）确定基本收费的高低及形式（水平、递减、递增）。

（2）选择收费结构（综合收费或组合收费结构）。

（3）设计调节机制（反映风险因素）。

基本收费的高低与特许经营期相关，为了收回投资，如果特许经营期短，则基本收费高；反之，则低。结合另外两个元素（收费的结构和调节机制）可组合成各种收费设计。如图 3-8 所示。

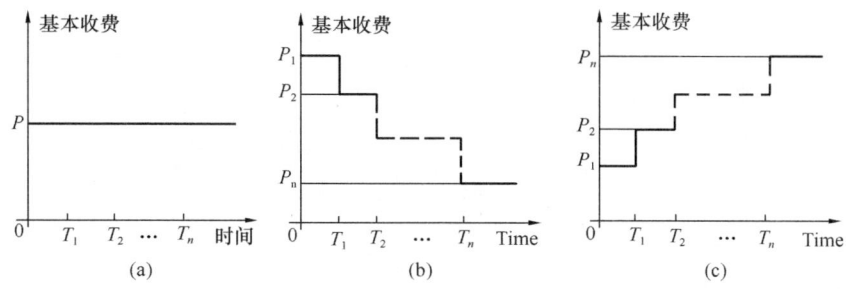

图 3-8 特许经营期基本收费形式
(a) 水平收费；(b) 递减收费；(c) 递增收费

（二）收费结构

特许经营的收费结构如图 3-9 所示。

（三）收费调节机制

常见的收费调节机制有：

(1) 与消费指数挂钩以便降低通货膨胀的影响。如图 3-10 所示。

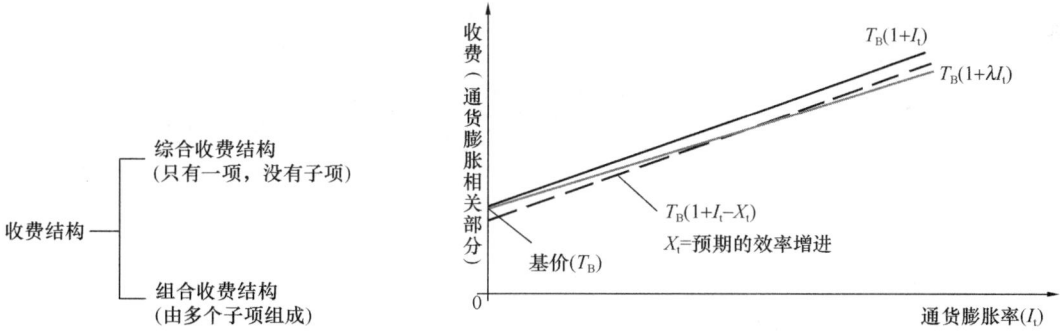

图 3-9 特许经营的收费结构　　　　图 3-10 降低通货膨胀风险的调节机制

(2) 与汇率挂钩以便降低汇率波动的影响。如图 3-11 所示。

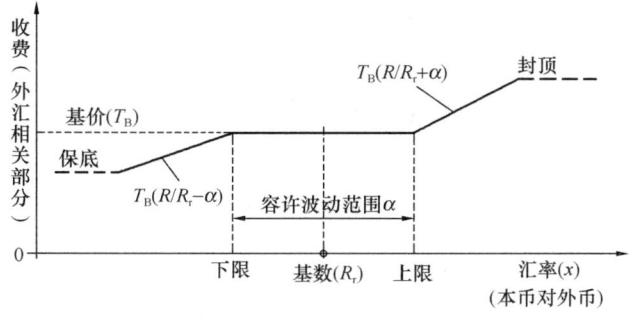

图 3-11 降低汇率风险的调节机制

(3) 与需求挂钩以便降低需求变化的影响。如图 3-12 所示。

(4) 与材料价格挂钩以便降低材料价格起伏的影响。如图 3-13 所示。

(5) 价格结构的组合收费结构和调节机制中可以包括上述中的一项或多项。如图 3-14 所示。

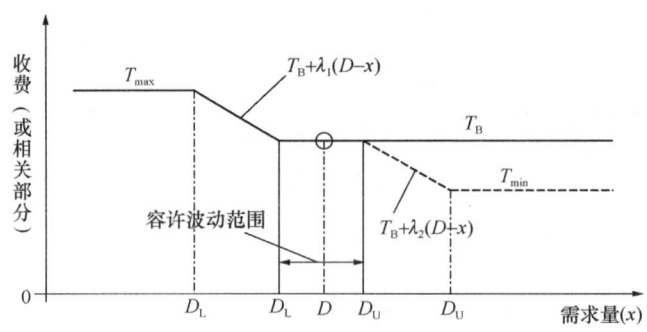

图 3-12　降低市场需求风险的调节机制

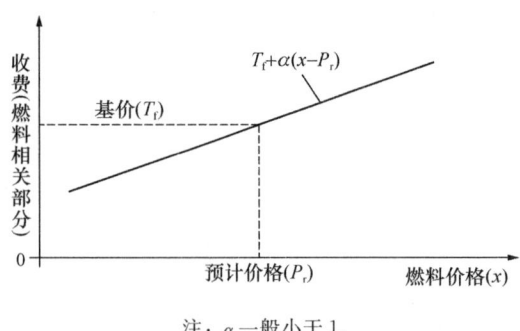

注：α 一般小于 1。

图 3-13　降低燃料价格风险的调节机制

（五）收费设计的选择

收费设计的选择受多种因素的影响，其中，项目的生产成本特性（简单还是复杂）和市场特性（市场型还是合同型）起着关键作用。如图 3-7 所示。

（1）生产成本特性简单的项目，生产成本由一主要成分组成，受外界影响的因素较少，可以比较容易调整收费以反映影响因素的变化。因此，不用组合型收费结构也能很好地进行调节。

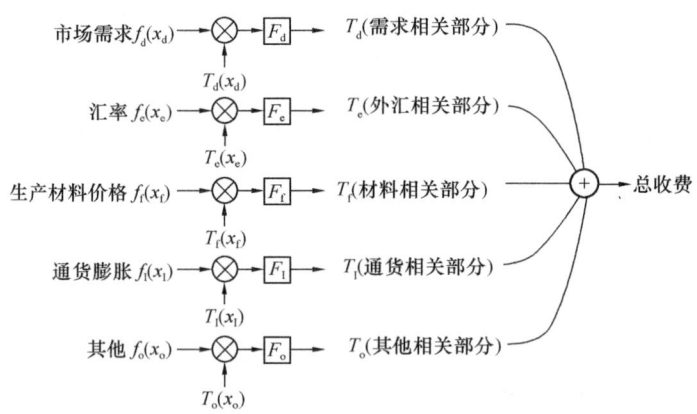

图 3-14　组合收费结构和调节机制

（2）生产成本特性复杂的项目，生产成本包含多种成分，每种成分受到不同风险因素的影响，综合型收费难以调整，因此，用组合型结构较好。通过调节机制的设计，风险因素可以不同程度上降低项目公司的商业风险。

（六）收费设计注意事项

收费设计应注意以下事项。

（1）在给定的特许期内，收费水平应足够高以便保证项目公司收回投资并获得合理的回报。

(2) 基本收费形式应尽量与所需现金流吻合。
(3) 收费的结构（综合或组合）应反映生产成本结构。
(4) 应包括适当的调节机制降低项目公司的风险。

第三节 特许经营协议订立与履行

一、政府特许经营权项目操作流程
（一）项目提出部门提出特许经营项目实施方案

县级以上人民政府有关行业主管部门或政府授权部门（以下简称项目提出部门）可以根据经济社会发展需求，以及有关法人和其他组织提出的特许经营项目建议和提出特许经营的实施方案。

特许经营项目实施方案应当包括以下内容：
(1) 项目名称；
(2) 项目实施机构；
(3) 项目建设规模、投资总额、实施进度，以及提供公共产品或公共服务的标准等基本经济技术指标；
(4) 投资回报、价格及其测算；
(5) 可行性分析，即降低全生命周期成本和提高公共服务质量效率的分析估算等；
(6) 特许经营协议框架草案及特许经营期限；
(7) 特许经营者应当具备的条件及选择方式；
(8) 政府承诺和保障；
(9) 特许经营期限届满后资产处置方式；
(10) 应当明确的其他事项。
（二）完善特许经营项目实施方案，出具特许经营可行性评估报告

项目提出部门可以委托具有相应能力和经验的第三方咨询机构，开展特许经营可行性评估，完善特许经营项目实施方案。需要政府提供可行性缺口补助或者开展物有所值评估的，由财政部门负责开展相关工作。

特许经营可行性评估应当包括以下主要内容：
(1) 特许经营项目全生命周期成本、技术路线和工程方案的合理性，可能的融资方式、融资规模、资金成本，所提供公共服务的质量效率，建设运营标准和监管要求等；
(2) 相关领域市场发育程度，市场主体建设运营能力状况和参与意愿；
(3) 用户付费项目公众支付意愿和能力评估。
（三）政府各部门出具部门书面审查意见

项目提出部门依托本级人民政府根据规定建立的部门协调机制，会同发改委、财政、城乡规划、国土、环保、水利等有关部门对特许经营项目实施方案进行审查。经审查认为实施方案可行的，各部门应当根据职责分别出具书面审查意见。

书面审查意见的的作用：特许经营者根据特许经营协议，需要依法办理规划选址、用地和项目核准或审批等手续的，有关部门在进行审核时，应当简化审核内容，优化办理流程，缩短办理时限，对于书面审查意见已经明确的事项，不再作重复审查。

（四）政府审定特许经营项目实施方案

项目提出部门综合各部门书面审查意见，报本级人民政府或其授权部门审定特许经营项目实施方案。

（五）政府授权实施机构实施特许经营项目

县级以上人民政府应当授权有关部门或单位作为实施机构负责特许经营项目有关实施工作，并明确具体授权范围。

（六）实施机构通过竞争方式选择特许经营者

实施机构根据经审定的特许经营项目实施方案，应当通过招标、竞争性谈判等竞争方式选择特许经营者。特许经营项目建设运营标准和监管要求明确、有关领域市场竞争比较充分的，应当通过招标方式选择特许经营者。

（七）签订初步协议/签订特许经营协议

实施机构应当与依法选定的特许经营者签订特许经营协议。需要成立项目公司的，实施机构应当与依法选定的投资人签订初步协议，约定其在规定期限内注册成立项目公司，并与项目公司签订特许经营协议。

二、特许经营协议内容

特许经营协议应当包括以下主要内容：

（1）项目名称、内容；

（2）特许经营方式、区域、范围和期限；

（3）项目公司的经营范围、注册资本、股东出资方式、出资比例、股权转让等；

（4）所提供产品或者服务的数量、质量和标准；

（5）设施权属，以及相应的维护和更新改造；

（6）监测评估；

（7）投融资期限和方式；

（8）收益取得方式，价格和收费标准的确定方法以及调整程序；

（9）履约担保；

（10）特许经营期内的风险分担；

（11）政府承诺和保障；

（12）应急预案和临时接管预案；

（13）特许经营期限届满后，项目及资产移交方式、程序和要求等；

（14）变更、提前终止及补偿；

（15）违约责任；

（16）争议解决方式；

（17）需要明确的其他事项。

三、特许经营协议的履行

特许经营协议各方当事人应当遵循诚实信用原则，按照约定全面履行义务。

除法律、行政法规另有规定外，实施机构和特许经营者任何一方不履行特许经营协议约定义务或者履行义务不符合约定要求的，应当根据协议继续履行、采取补救措施或者赔偿损失。

依法保护特许经营者合法权益。任何单位或者个人不得违反法律、行政法规规定，干涉特许经营者合法经营活动。

（一）特许经营者的主要责任

（1）特许经营者应当根据特许经营协议，执行有关特许经营项目投融资安排，确保相应资金或资金来源落实。

（2）特许经营项目涉及新建或改扩建有关基础设施和公用事业的，应当符合城乡规划、土地管理、环境保护、质量管理、安全生产等有关法律、行政法规规定的建设条件和建设标准。

（3）特许经营者应当根据有关法律、行政法规、标准规范和特许经营协议，提供优质、持续、高效、安全的公共产品或者公共服务。

（4）特许经营者应当按照技术规范，定期对特许经营项目设施进行检修和保养，保证设施运转正常及经营期限届满后资产按规定进行移交。

（二）特许经营者的主要义务

特许经营者对涉及国家安全的事项负有保密义务，并应当建立和落实相应保密管理制度。

（1）实施机构、有关部门及其工作人员对在特许经营活动和监督管理工作中知悉的特许经营者商业秘密负有保密义务。

（2）实施机构和特许经营者应当对特许经营项目建设、运营、维修、保养过程中有关资料，按照有关规定进行归档保存。

（3）实施机构应当按照特许经营协议严格履行有关义务，为特许经营者建设运营特许经营项目提供便利和支持，提高公共服务水平。

（三）特许经营者需注意的事项

（1）行政区划调整，政府换届、部门调整和负责人变更，不得影响特许经营协议履行。

（2）需要政府提供可行性缺口补助的特许经营项目，应当严格按照预算法规定，综合考虑政府财政承受能力和债务风险状况，合理确定财政付费总额和分年度数额，并与政府年度预算和中期财政规划相衔接，确保资金拨付需要。

（3）因法律、行政法规修改，或者政策调整损害特许经营者预期利益，或者根据公共利益需要，要求特许经营者提供协议约定以外的产品或服务的，应当给予特许经营者相应补偿。

四、特许经营项目的实施

（一）特许经营项目的条件与要求

特许经营项目应当符合国民经济和社会发展总体规划、主体功能区规划、区域规划、环境保护规划和安全生产规划等专项规划、土地利用规划、城乡规划、中期财政规划等，并且建设运营标准和监管要求明确。

项目提出部门应当保证特许经营项目的完整性和连续性。

（二）特许经营项目实施机构

县级以上人民政府应当授权有关部门或单位作为实施机构负责特许经营项目有关实施工作，并明确具体授权范围。

实施机构根据经审定的特许经营项目实施方案，应当通过招标、竞争性谈判等竞争方式选择特许经营者。

特许经营项目建设运营标准和监管要求明确、有关领域市场竞争比较充分的，应当通过招标方式选择特许经营者。实施机构应当与依法选定的特许经营者签订特许经营协议。

实施机构应当在招标或谈判文件中载明是否要求成立特许经营项目公司。

需要成立项目公司的，实施机构应当与依法选定的投资人签订初步协议，约定其在规定期限内注册成立项目公司，并与项目公司签订特许经营协议。

实施机构应当公平择优选择具有相应管理经验、专业能力、融资实力以及信用状况良好的法人或者其他组织作为特许经营者。鼓励金融机构与参与竞争的法人或其他组织共同制定投融资方案。

特许经营者选择应当符合内外资准入等有关法律、行政法规规定。

依法选定的特许经营者，应当向社会公示。

（三）特许经营项目的收费与价格

（1）特许经营项目的收费。特许经营协议根据有关法律、行政法规和国家规定，可以约定特许经营者通过向用户收费等方式取得收益。向用户收费不足以覆盖特许经营建设、运营成本及合理收益的，可由政府提供可行性缺口补助，包括政府授予特许经营项目相关的其他开发经营权益。

（2）特许经营项目的价格。特许经营协议应当明确价格或收费的确定和调整机制。特许经营项目价格或收费应当依据相关法律、行政法规规定和特许经营协议约定予以确定和调整。

（3）特许经营项目的补贴。政府可以在特许经营协议中就防止不必要的同类竞争性项目建设、必要合理的财政补贴、有关配套公共服务和基础设施的提供等内容作出承诺，但不得承诺固定投资回报和其他法律、行政法规禁止的事项。

（四）特许经营项目的手续办理

特许经营者根据特许经营协议，需要依法办理规划选址、用地和项目核准或审批等手续的，有关部门在进行审核时，应当简化审核内容，优化办理流程，缩短办理时限，对于出具书面审查意见已经明确的事项，不再作重复审查。实施机构应当协助特许经营者办理相关手续。

（五）特许经营项目的投融资

（1）国家鼓励金融机构为特许经营项目提供财务顾问、融资顾问、银团贷款等金融服务。政策性、开发性金融机构可以给予特许经营项目差异化信贷支持，对符合条件的项目，贷款期限最长可达 30 年。探索利用特许经营项目预期收益质押贷款，支持利用相关收益作为还款来源。

（2）国家鼓励通过设立产业基金等形式入股提供特许经营项目资本金。鼓励特许经营项目公司进行结构化融资，发行项目收益票据和资产支持票据等。

国家鼓励特许经营项目采用成立私募基金，引入战略投资者，发行企业债券、项目收益债券、公司债券、非金融企业债务融资工具等方式拓宽投融资渠道。

（3）县级以上人民政府有关部门可以探索与金融机构设立基础设施和公用事业特许经营引导基金，并通过投资补助、财政补贴、贷款贴息等方式，支持有关特许经营项目建设运营。

五、特许经营协议变更和终止

（一）特许经营协议变更

在特许经营协议有效期内，协议内容确需变更的，协议当事人应当在协商一致基础上签订补充协议。如协议可能对特许经营项目的存续债务产生重大影响的，应当事先征求债权人同意。特许经营项目涉及直接融资行为的，应当及时做好相关信息披露。

特许经营期限届满后确有必要延长的，按照有关规定，经充分评估论证，协商一致并报批准后，可以延长。

（二）特许经营协议终止

（1）在特许经营期限内，因特许经营协议一方严重违约或不可抗力等原因，导致特许经营者无法继续履行协议约定义务，或者出现特许经营协议约定的提前终止协议情形的，在与债权人协商一致后，可以提前终止协议。

特许经营协议提前终止的，政府应当收回特许经营项目，并根据实际情况和协议约定给予原特许经营者相应补偿。

特许经营期限届满终止或提前终止的，协议当事人应当按照特许经营协议约定以及有关法律、行政法规和规定办理有关设施、资料、档案等的性能测试、评估、移交、接管、验收等手续。

（3）特许经营期限届满终止或者提前终止，对该基础设施和公用事业继续采用特许经营方式的，实施机构应当根据规定重新选择特许经营者。

（4）因特许经营期限届满重新选择特许经营者的，在同等条件下，原特许经营者优先获得特许经营。

（5）新的特许经营者选定之前，实施机构和原特许经营者应当制定预案，保障公共产品或公共服务的持续稳定提供。

第四节　监督管理和公共利益保障

一、监督管理

（1）县级以上人民政府有关部门应当根据各自职责，对特许经营者执行法律、行政法规、行业标准、产品或服务技术规范，以及其他有关监管要求进行监督管理，并依法加强成本监督审查。

（2）县级以上审计机关应当依法对特许经营活动进行审计。

（3）县级以上人民政府及其有关部门应当根据法律、行政法规和国务院决定保留的行政审批项目对特许经营进行监督管理，不得以实施特许经营为名违法增设行政审批项目或审批环节。

（4）实施机构应当根据特许经营协议，定期对特许经营项目建设运营情况进行监测分析，会同有关部门进行绩效评价，并建立根据绩效评价结果、按照特许经营协议约定对价格或财政补贴进行调整的机制，保障所提供公共产品或公共服务的质量和效率。

（5）实施机构应当将社会公众意见作为监测分析和绩效评价的重要内容。

（6）社会公众有权对特许经营活动进行监督，向有关监管部门投诉，或者向实施机构和特许经营者提出意见建议。

二、公共利益保障

（1）县级以上人民政府应当将特许经营有关政策措施、特许经营部门协调机制组成以及职责等信息向社会公开。

（2）实施机构和特许经营者应当将特许经营项目实施方案、特许经营者选择、特许经营协议及其变更或终止、项目建设运营、所提供公共服务标准、监测分析和绩效评价、经过审计的上年度财务报表等有关信息按规定向社会公开。

（3）特许经营者应当公开有关会计数据、财务核算和其他有关财务指标，并依法接受年度财务审计。

（4）特许经营者应当对特许经营协议约定服务区域内所有用户普遍地、无歧视地提供公共产品或公共服务，不得对新增用户实行差别待遇。

（5）实施机构和特许经营者应当制定突发事件应急预案，按规定报有关部门。突发事件发生后，及时启动应急预案，保障公共产品或公共服务的正常提供。

（6）特许经营者因不可抗力等原因确实无法继续履行特许经营协议的，实施机构应当采取措施，保证持续稳定提供公共产品或公共服务。

第五节　争议解决与法律责任

一、争议解决

（1）实施机构和特许经营者就特许经营协议履行发生争议的，应当协商解决。协商达成一致的，应当签订补充协议并遵照执行。

（2）实施机构和特许经营者就特许经营协议中的专业技术问题发生争议的，可以共同聘请专家或第三方机构进行调解。调解达成一致的，应当签订补充协议并遵照执行。

（3）特许经营者认为行政机关作出的具体行政行为侵犯其合法权益的，有陈述、申辩的权利，并可以依法提起行政复议或者行政诉讼。

（4）特许经营协议存续期间发生争议，当事各方在争议解决过程中，应当继续履行特许经营协议义务，保证公共产品或公共服务的持续性和稳定性。

二、法律责任

（1）特许经营者违反法律、行政法规和国家强制性标准，严重危害公共利益，或者造成重大质量、安全事故或者突发环境事件的，有关部门应当责令限期改正并依法予以行政处罚；拒不改正、情节严重的，可以终止特许经营协议；构成犯罪的，依法追究刑事责任。

（2）以欺骗、贿赂等不正当手段取得特许经营项目的，应当依法收回特许经营项目，向社会公开。

（3）实施机构、有关行政主管部门及其工作人员不履行法定职责、干预特许经营者正常经营活动、徇私舞弊、滥用职权、玩忽职守的，依法给予行政处分；构成犯罪的，依法追究刑事责任。

（4）县级以上人民政府有关部门应当对特许经营者及其从业人员的不良行为建立信用记录，纳入全国统一的信用信息共享交换平台。对严重违法失信行为依法予以曝光，并会同有关部门实施联合惩戒。

第四章 PPP 模式物有所值评价与财政承受能力论证

第一节 PPP 模式物有所值评价

物有所值，是指一个组织运用其可利用资源所能获得的长期最大利益；是国际上普遍采用的一种评价传统上由政府提供的公共产品和服务是否可运用政府和社会资本合作模式的评价体系，旨在实现公共资源配置利用效率最优化。通俗地讲就是"少花钱、多办事、办好事"。

物有所值评价，是判断是否采用 PPP 模式代替政府传统采购模式实施基础设施及公共服务项目的一种评价方法，用于比较一个项目采用 PPP 和传统采购模式的优劣。物有所值考虑的是项目全生命周期内不同方案的成本和风险，包括定性评价（可行性、合理性、可完成性）和定量评价（公共部门比较值）。物有所值评价结果一般作为是否采用 PPP 和确定风险分担的依据。

物有所值评价应遵循真实、公允、客观、公正的原则。

中华人民共和国境内拟采用 PPP 模式实施的项目，应在项目识别或准备阶段开展物有所值评价，积极利用第三方专业机构和专家力量。

物有所值评价包括定性评价和定量评价。

物有所值评价资料主要包括：（初步）实施方案、项目产出说明、风险识别和分配情况、存量公共资产的历史资料、新建或改扩建项目的（预）可行性研究报告、设计文件等。

物有所值评价工作流程如图 4-1 所示。

一、物有所值定性分析

物有所值定性分析亦称"非数量分析法"，主要依靠预测人员的丰富实践经验以及主观的判断和分析能力，推断出事物的性质和发展趋势的分析方法，属于预测分析的一种基本方法。这类方法主要适用于一些没有或不具备完整的历史资料和数据的事项。

定性分析重点关注项目采用 PPP 模式与采用政府传统投资和采购模式相比能否增加公共供给、优化风险分配、提高效率、促进创新和公平竞争、有效落实政府采购政策等。具体定性分析方法见**附件一**。

定性分析法主要根据除企业财务报表以外有关企业所处环境、企业自身内在素质等方面情况对企业信用状况进行总体把握。

采用这类方法首先由熟悉企业经济业务和市场的专家，根据过去所积累的经验进行分析判断，提出预测的初步意见，然后再通过召开座谈会或发出征求意见函等多种形式，对上述预测的初步意见进行修正、补充，并作为预测分析的最终数据。由于这类方法所运用的资料往往不是完整的历史统计数据，而是难以定量表示的资料，一般要依靠预测者的主观判断来获取预测的结果，因而亦称"判断分析法"或"集合意见法"。

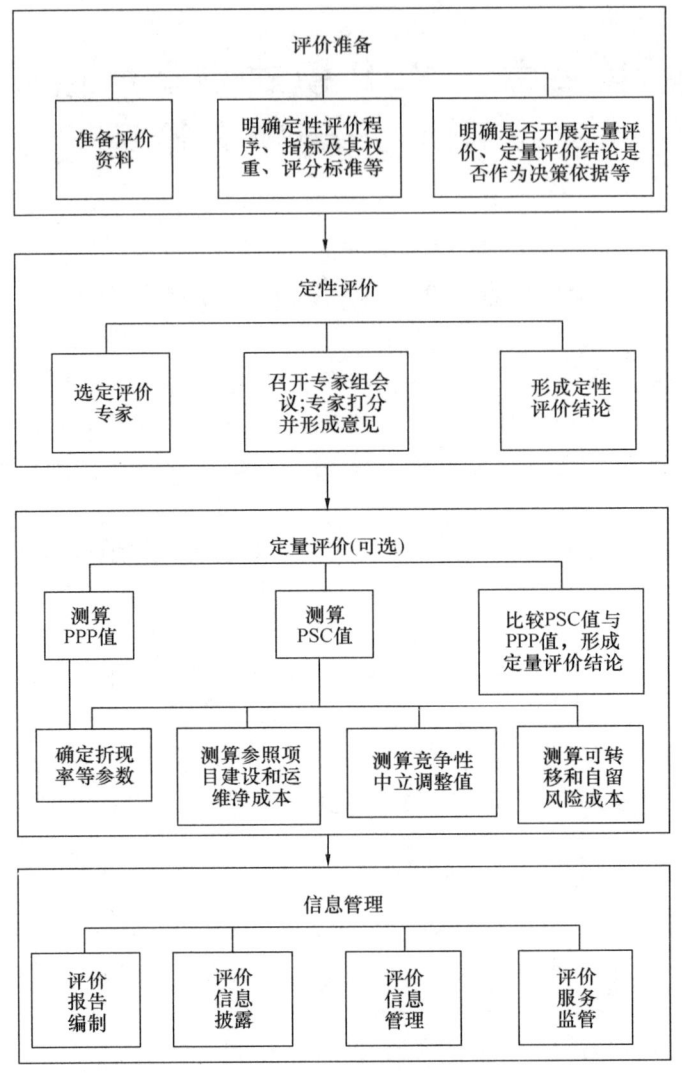

图 4-1 物有所值评价工作流程

(一) 组织实施

定性分析在项目识别阶段开展,由项目所属财政部门会同行业主管部门组织专家小组实施。

专家小组构成:专家小组由不少于 7 名专家组成,至少包括工程技术、金融、项目管理、财政和法律专家各一名。

(二) 定性分析结论

通过定性分析的项目,可列入当地 PPP 项目目录,进行物有所值定量分析;未通过定性分析的,不宜采用 PPP 模式。

(三) 定性评价指标

定性评价指标包括全生命周期整合程度、风险识别与分配、绩效导向与鼓励创新、潜在竞争程度、政府机构能力、可融资性等六项基本评价指标。

1. 全生命周期整合程度指标

全生命周期整合程度指标主要考核在项目全生命周期内，项目设计、投融资、建造、运营和维护等环节能否实现长期、充分整合。

2. 风险识别与分配指标

风险识别与分配指标主要考核在项目全生命周期内，各风险因素是否得到充分识别并在政府和社会资本之间进行合理分配。

3. 绩效导向与鼓励创新指标

绩效导向与鼓励创新指标主要考核是否建立以基础设施及公共服务供给数量、质量和效率为导向的绩效标准和监管机制，是否落实节能环保、支持本国产业等政府采购政策，能否鼓励社会资本创新。

4. 潜在竞争程度指标

潜在竞争程度指标主要考核项目内容对社会资本参与竞争的吸引力。

5. 政府机构能力指标

政府机构能力指标主要考核政府转变职能、优化服务、依法履约、行政监管和项目执行管理等能力。

6. 可融资性指标

可融资性指标主要考核项目的市场融资能力。

7. 补充评价指标

项目所属财政部门会同行业主管部门，可根据具体情况设置补充评价指标。

补充评价指标主要是六项基本评价指标未涵盖的其他影响因素，包括项目规模大小、预期使用寿命长短、主要固定资产种类、全生命周期成本测算准确性、运营收入、增长潜力、行业示范性等。

在各项评价指标中，六项基本评价指标权重为80%，其中任一指标权重一般不超过20%；补充评价指标权重为20%，其中任一指标权重一般不超过10%。

每项指标评分分为五个等级，即有利、较有利、一般、较不利、不利，对应分值分别为100~81、80~61、60~41、40~21、20~0分。项目所属财政部门会同行业主管部门，按照评分等级对每项指标制定清晰准确的评分标准。

(四) 定性评价专家组

定性评价专家组包括财政、资产评价、会计、金融等经济方面的专家，以及行业、工程技术、项目管理和法律方面专家等。

(1) 项目所属财政部门会同行业主管部门组织召开专家组会议。定性评价所需资料应于专家组会议召开前送达专家，确保专家掌握必要信息。

(2) 专家组会议基本程序如下：①专家在充分讨论后按评价指标逐项打分；②按照指标权重计算加权平均分，得到评分结果，形成专家组意见。

(3) 项目所属财政部门会同行业主管部门根据专家组意见，做出定性评价结论。原则上，评分结果在60分（含）以上的，通过定性评价；否则，未通过定性评价。

二、物有所值定量分析

定量分析是在假定采用PPP模式与政府传统投资和采购模式的产出绩效相同的前提下，通过对PPP项目全生命周期内政府支出成本的净现值（PPP值）与公共部门比较值（PSC

值)进行比较,判断 PPP 模式能否降低项目全生命周期成本。开展物有所值定量评价时,项目所属财政部门应会同行业主管部门,明确定量评价内容、测算指标和方法,以及定量评价结论是否作为采用 PPP 模式的决策依据。并明确定性评价程序、指标及其权重、评分标准等基本要求。

定量分析可在项目识别、准备、采购、执行和移交等阶段分别开展。具体定量分析方法见**附件二**。

在项目识别和准备阶段开展物有所值定量分析,是申请财政部政府和社会资本合作项目以奖代补专项资金的必要条件之一。

(一)物有所值定量评价步骤

物有所值定量评价的主要步骤包括:

(1)根据参照项目计算 PSC。

(2)根据影子报价①或实际报价计算 PPP 值。

(3)比较 PSC 和 PPP 值,得出物有所值量值,并根据计算结果做出决策。

(二)PPP 值与 PSC 值

1. PPP 值

PPP 值可等同于 PPP 项目全生命周期内股权投资、运营补贴、风险承担和配套投入等各项财政支出责任的现值,参照有关规定测算。

2. PSC 值

PSC 值是以下三项成本的全生命周期现值之和:

(1)参照项目的建设和运营维护净成本　建设净成本主要包括参照项目设计、建造、升级、改造、大修等方面投入的现金以及固定资产、土地使用权等实物和无形资产的价值,并扣除参照项目全生命周期内产生的转让、租赁或处置资产所获的收益。

运营维护净成本主要包括参照项目全生命周期内运营维护所需的原材料、设备、人工等成本,以及管理费用、销售费用和运营期财务费用等,并扣除假设参照项目与 PPP 项目付费机制相同情况下能够获得的使用者付费收入等。

(2)竞争性中立调整值　竞争性中立调整值主要是采用政府传统投资方式比采用 PPP 模式实施项目少支出的费用,通常包括少支出的土地费用、行政审批费用、有关税费等。

(3)项目全部风险成本　项目全部风险成本包括可转移给社会资本的风险承担成本和政府自留风险的承担成本,参照有关规定测算。

政府自留风险承担成本等同于 PPP 值中的全生命周期风险承担支出责任,两者在 PSC 值与 PPP 值比较时可对等扣除。

用于测算 PSC 值的折现率应与用于测算 PPP 值的折现率相同,参照有关规定测算。

PPP 值小于或等于 PSC 值的,认定为通过定量评价;PPP 值大于 PSC 值的,认定为未通过定量评价。

(三)项目各阶段的定量分析

---

① 影子报价又称"计算价格"、"影子价格"、"预测价格"、"最优价格"。是一种以数学形式表述的反映资源在得到最佳使用时的价格。联合国把影子价格定义为"一种投入(比如资本、劳动力和外汇)的机会成本或它的供应量减少一个单位给整个经济带来的损失"。

1. 项目识别阶段的定量分析

在项目识别阶段，定量分析主要包括：

(1) 根据项目产出说明，设定参照项目并计算 PSC 值。

(2) 根据初步实施方案，计算影子报价 PPP 值（简称 PPPs 值）。

(3) 比较 PSC 值与 PPPs 值。PPPs 值小于 PSC 值的，项目转入准备阶段；否则不宜采用 PPP 模式，应从当地 PPP 项目目录中剔除。

2. 项目准备阶段的定量分析

在项目准备阶段，项目实施方案与初步实施方案相比发生重大变化的，应对 PSC 值和 PPPs 值进行相应调整。调整后的 PPPs 值小于 PSC 值的，项目转入采购阶段；否则不宜采用 PPP 模式，应从当地 PPP 项目目录中剔除。

3. 项目采购阶段的定量分析

在项目采购阶段，根据社会资本提交的采购响应文件等测算实际报价 PPP 值（简称 PPPa 值）。

项目实施机构将 PSC 值作为采购评判依据的，应在采购文件中公布初始 PSC 值等关键参数，并明确全部采购响应文件所对应的 PPPa 值均高于 PSC 值的，将终止采购或重新采购。

中选社会资本确定后，可根据最终签订的项目合同测算 PPPa 值。

4. 项目执行和移交阶段的定量分析

在项目执行期内和移交后可对项目进行物有所值跟踪定量分析，并将分析结果纳入项目绩效评价体系。

（四）定量分析的组织实施

在项目识别和准备阶段开展物有所值定量分析，是申请财政部政府和社会资本合作项目以奖代补专项资金的必要条件之一。项目所属财政部门会同行业主管部门，委托第三方机构或组织专家开展定量分析。

三、定性分析与定量分析的异同及优缺点对比

任何问题都可以采用定性分析和定量分析这两种方法来评价、判断和研究，它们之间有不同也有联系。见表 4-1。

表 4-1　定性分析与定量分析的异同及优缺点对比

对比项	定性分析	定量分析
不同点	用文字语言进行相关描述。它是主要凭分析者的直觉、经验，凭分析对象过去和现在的延续状况及最新的信息资料，对分析对象的性质、特点、发展变化规律作出判断的一种方法	用数学语言进行描述。它是依据统计数据，建立数学模型，并用数学模型计算出分析对象的各项指标及其数值的一种方法
优缺点	定性分析方法虽然较为粗糙，但在数据资料不够充分或分析者数学基础较为薄弱时比较适用	定量分析方法更加科学，但需要较高深的数学知识
相同点	一般都是通过比较对照来分析问题和说明问题的。正是通过对各种指标的比较或不同时期同一指标的对照才反映出数量的多少、质量的优劣、效率的高低、消耗的大小、发展速度的快慢等等，才能作为鉴别、下判断提供确凿有据的信息	
联系	定性分析与定量分析应该是统一的，相互补充的；定性分析是定量分析的基本前提，没有定性的定量是一种盲目的、毫无价值的定量；定量分析使之定性更加科学、准确，它可以促使定性分析得出广泛而深入的结论。事实上，现代定性分析方法同样要采用数学工具进行计算，而定量分析则必须建立在定性预测基础上，二者相辅相成，定性是定量的依据，定量是定性的具体化，二者结合起来灵活运用才能取得最佳效果	

四、物有所值评价报告与信息管理

项目所属财政部门会同行业主管部门,在物有所值评价结论形成后,完成物有所值评价报告编制工作,报省级财政部门备案,并将报告电子版上传 PPP 综合信息平台。

(一)物有所值评价报告

1. 报告环节

物有所值评价工作完成后,项目所属财政部门应组织编制物有所值评价报告,并报省级财政部门〔或财政部〕备案。

省级财政部门应每半年将本地区的项目物有所值评价报告信息上报财政部备案。

2. 报告内容

物有所值评价报告内容包括:

(1)项目基础信息。主要包括项目概况、项目产出说明和绩效标准、PPP 运作方式、风险分配框架和付费机制等。

(2)评价方法。主要包括定性评价程序、指标及权重、评分标准、评分结果、专家组意见以及定量评价的 PSC 值、PPP 值的测算依据、测算过程和结果等。

(3)分析结果。①定性分析结果。主要包括评价指标及权重、专家意见、评分结果等。②定量分析结果。主要包括参照项目及其合理性说明,PSC 值和 PPPs 值计算及调整的依据和结果,PPPa 值计算的依据和结果等。

(4)评价结论,根据分析结果,明确项目是否通过物有所值评价分为"通过"和"未通过"。

(5)附件。通常包括(初步)实施方案、项目产出说明、可行性研究报告、设计文件、存量公共资产的历史资料、PPP 项目合同、绩效监测报告和中期评价报告等。通常包括项目初步实施方案、项目实施方案、新建和改建项目的可行性研究报告、存量公共资产的历史资料等。

(二)机构和专家的遴选与监管

各级财政部门应会同行业主管部门,加强对物有所值评价第三方专业机构和专家的监督管理,通过 PPP 综合信息平台进行信用记录、跟踪、报告和信息公布。省级财政部门应加强对全省(市、区)物有所值评价工作的监督管理。

省级财政部门负责物有所值评价第三方专业机构和专家的遴选工作,并将有关信息上报财政部备案。

省级财政部门应加强对第三方专业机构和专家的监管,建立信用记录,定期公布第三方专业机构和专家的推荐名单。

(三)物有所值评价信息披露与管理

(1)信息披露。项目所属财政部门应在物有所值评价报告编制完成之日起 5 个工作日内,将报告的主要信息通过 PPP 综合信息平台等渠道向社会公开披露,但涉及国家秘密和商业秘密的信息除外。

(2)在 PPP 项目合作期内和期满后,项目所属财政部门应会同行业主管部门,将物有所值评价报告作为项目绩效评价的重要组成部分,对照进行统计和分析。

(3)信息管理各级财政部门应加强物有所值评价数据库的建设维护,做好定性和定量分析数据的采集、统计、分析和上报等工作。

第二节 PPP模式财政承受能力论证

财政承受能力论证是指识别、测算政府和社会资本合作，项目的各项财政支出责任、科学评估、项目实施，对当前及今后年度财政支出的影响，为PPP项目财政管理提供依据。

开展PPP项目财政承受能力论证，是政府履行合同义务的重要保障，有利于规范PPP项目财政支出管理，有序推进项目实施，有效防范和控制财政风险，实现PPP可持续发展。

一、财政承受能力论证方法与组织

（一）财政承受能力论证方法

财政承受能力论证采用定量和定性分析方法，坚持合理预测、公开透明、从严把关，统筹处理好当期与长远关系，严格控制PPP项目财政支出规模。

财政承受能力论证的结论分为"通过论证"和"未通过论证"。"通过论证"的项目，各级财政部门应当在编制年度预算和中期财政规划时，将项目财政支出责任纳入预算统筹安排。"未通过论证"的项目，则不宜采用PPP模式。

（二）财政承受能力论证的组织

各级财政部门负责组织开展行政区域内PPP项目财政承受能力论证工作。省级财政部门负责汇总统计行政区域内的全部PPP项目财政支出责任，对财政预算编制、执行情况实施监督管理。

财政部门应当会同行业主管部门，共同开展PPP项目财政承受能力论证工作。必要时可通过政府采购方式聘请专业中介机构协助。

各级财政部门要以财政承受能力论证结论为依据，会同有关部门统筹做好项目规划、设计、采购、建设、运营、维护等全生命周期管理工作。PPP项目财政承受能力论证工作流程如图4-2所示。

二、责任识别

PPP项目全生命周期过程的财政支出责任，主要包括股权投资、运营补贴、风险承担、配套投入等。

（一）股权投资支出责任

股权投资支出责任是指在政府与社会资本共同组建项目公司的情况下，政府承担的股权投资支出责任。如果社会资本单独组建项目公司，政府不承担股权投资支出责任。

（二）运营补贴支出责任

运营补贴支出责任是指在项目运营期间，政府承担的直接付费责任。不同付费模式下，政府承担的运营补贴支出责任不同。

（1）政府付费模式下，政府承担全部运营补贴支出责任。

（2）可行性缺口补助模式下，政府承担部分运营补贴支出责任。

（3）使用者付费模式下，政府不承担运营补贴支出责任。

（三）风险承担支出责任

风险承担支出责任是指项目实施方案中政府承担风险带来的财政或有支出责任。通常由政府承担的法律风险、政策风险、最低需求风险以及因政府方原因导致项目合同终止等突发情况，会产生财政或有支出责任。

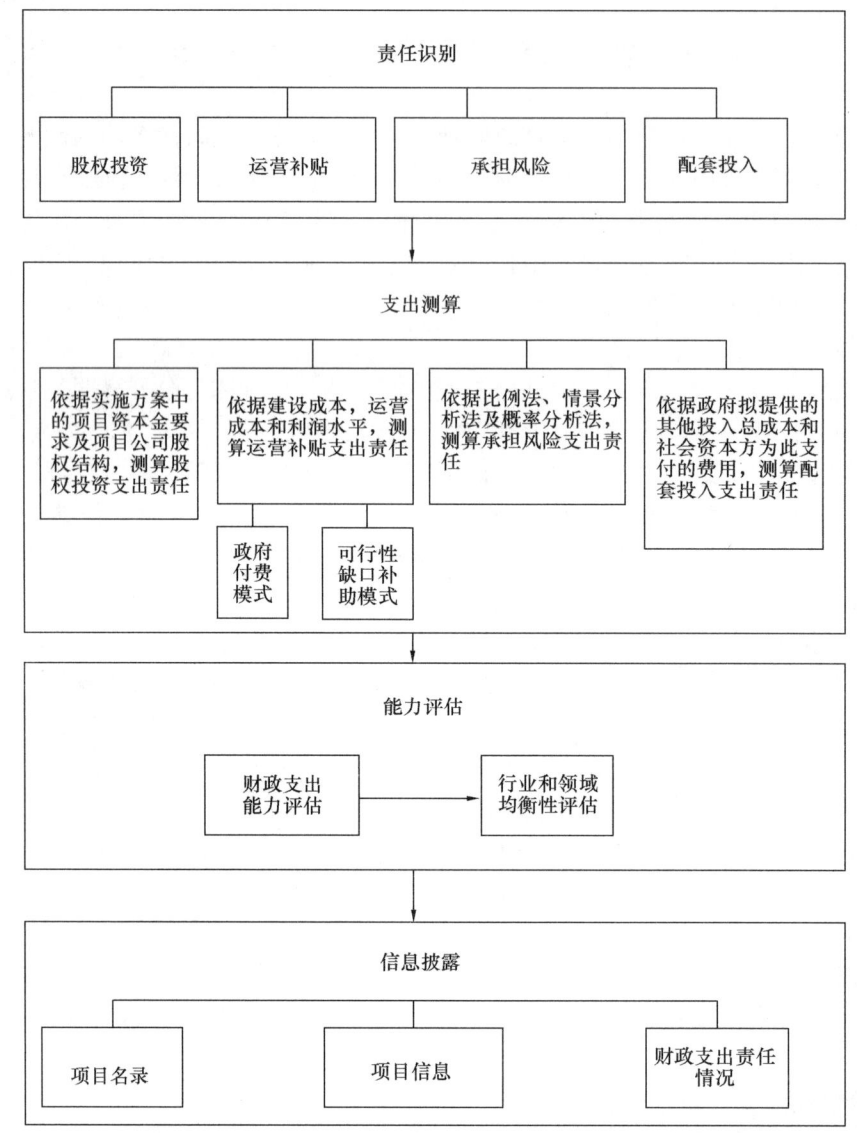

图 4-2 PPP 项目财政承受能力论证工作流程

（四）配套投入支出责任

配套投入支出责任是指政府提供的项目配套工程等其他投入责任，通常包括土地征收和整理、建设部分项目配套措施、完成项目与现有相关基础设施和公用事业的对接、投资补助、贷款贴息等。配套投入支出应依据项目实施方案合理确定。

三、支出测算

财政部门应当综合考虑各类支出责任的特点、情景和发生概率等因素，对项目全生命周期内财政支出责任分别进行测算。

（一）股权投资支出

股权投资支出应当依据项目资本金要求以及项目公司股权结构合理确定。股权投资支出责任中的土地等实物投入或无形资产投入，应依法进行评估，合理确定价值。计算公式为：

股权投资支出＝项目资本金×政府占项目公司股权比例

（二）运营补贴支出

运营补贴支出应当根据项目建设成本、运营成本及利润水平合理确定，并按照不同付费模式分别测算。

1. 政府付费模式项目

对政府付费模式的项目，在项目运营补贴期间，政府承担全部直接付费责任。政府每年直接付费数额包括：社会资本方承担的年均建设成本（折算成各年度现值）、年度运营成本和合理利润。计算公式为：

$$当年运营补贴支出数额 = \frac{项目全部建设成本 \times (1+合理利润率) \times (1+年度折现率)^n}{财政运营补贴周期(年)} + 年度运营成本 \times (1+合理利润率)$$

2. 可行性缺口补助模式项目

对可行性缺口补助模式的项目，在项目运营补贴期间，政府承担部分直接付费责任。政府每年直接付费数额包括：社会资本方承担的年均建设成本（折算成各年度现值）、年度运营成本和合理利润，再减去每年使用者付费的数额。计算公式为：

$$当年运营补贴支出数额 = \frac{项目全部建设成本 \times (1+合理利润率) \times (1+年度折现率)^n}{财政运营补贴周期(年)} + 年度运营成本 \times (1+合理利润率) - 当年使用者付费数额$$

注：n 代表折现年数。财政运营补贴周期指财政提供运营补贴的年数。

（1）年度折现率。应考虑财政补贴支出发生年份，并参照同期地方政府债券收益率合理确定。

（2）合理利润率。应以商业银行中长期贷款利率水平为基准，充分考虑可用性付费、使用量付费、绩效付费的不同情景，结合风险等因素确定。

在计算运营补贴支出时，应当充分考虑合理利润率变化对运营补贴支出的影响。

PPP项目实施方案中的定价和调价机制通常与消费物价指数、劳动力市场指数等因素挂钩，会影响运营补贴支出责任。在可行性缺口补助模式下，运营补贴支出责任受到使用者付费数额的影响，而使用者付费的多少因定价和调价机制而变化。在计算运营补贴支出数额时，应当充分考虑定价和调价机制的影响。

（三）风险承担支出

风险承担支出应充分考虑各类风险出现的概率和带来的支出责任，可采用比例法、情景分析法及概率法进行测算。如果PPP合同约定保险赔款的第一受益人为政府，则风险承担支出应为扣除该等风险赔款金额的净额。

1. 比例法

在各类风险支出数额和概率难以进行准确测算的情况下，可以按照项目的全部建设成本和一定时期内的运营成本的一定比例确定风险承担支出。

2. 情景分析法

在各类风险支出数额可以进行测算、但出现概率难以确定的情况下，可针对影响风险的各类事件和变量进行"基本"、"不利"及"最坏"等情景假设，测算各类风险发生带来的风险承担支出。计算公式为：

风险承担支出数额 ＝基本情景下财政支出数额×基本情景出现的概率＋不利情景下财政支出数额×不利情景出现的概率
＋最坏情景下财政支出数额×最坏情景出现的概率

3. 概率法

在各类风险支出数额和发生概率均可进行测算的情况下，可将所有可变风险参数作为变量，根据概率分布函数，计算各种风险发生带来的风险承担支出。

（四）配套投入支出责任

配套投入支出责任应综合考虑政府将提供的其他配套投入总成本和社会资本方为此支付的费用。配套投入支出责任中的土地等实物投入或无形资产投入，应依法进行评估，合理确定价值。计算公式为：

配套投入支出数额 ＝ 政府拟提供的其他投入总成本 － 社会资本方支付的费用

四、能力评估

财政部门识别和测算单个项目的财政支出责任后，汇总年度全部已实施和拟实施的PPP项目，进行财政承受能力评估。

（一）财政承受能力评估内容

财政承受能力评估包括财政支出能力评估以及行业和领域平衡性评估。

1. 财政支出能力评估

财政支出能力评估，是根据PPP项目预算支出责任，评估PPP项目实施对当前及今后年度财政支出的影响。

2. 行业和领域均衡性评估

行业和领域均衡性评估，是根据PPP模式适用的行业和领域范围，以及经济社会发展需要和公众对公共服务的需求，平衡不同行业和领域PPP项目，防止某一行业和领域PPP项目过于集中。

（二）财政承受能力评估要求

（1）每一年度全部PPP项目需要从预算中安排的支出责任，占一般公共预算支出比例应当不超过10%。省级财政部门可根据本地实际情况，因地制宜确定具体比例，并报财政部备案，同时对外公布。

（2）鼓励列入地方政府性债务风险预警名单的高风险地区，采取PPP模式化解地方融资平台公司存量债务。同时，审慎控制新建PPP项目规模，防止因项目实施加剧财政收支矛盾。

（3）在进行财政支出能力评估时，未来年度一般公共预算支出数额可参照前五年相关数额的平均值及平均增长率计算，并根据实际情况进行适当调整。

（4）"通过论证"且经同级人民政府审核同意实施的PPP项目，各级财政部门应当将其列入PPP项目目录，并在编制中期财政规划时，将项目财政支出责任纳入预算统筹安排。

（5）在PPP项目正式签订合同时，财政部门应当对合同进行审核，确保合同内容与财政承受能力论证保持一致，防止因合同内容调整导致财政支出责任出现重大变化。财政部门要严格按照合同执行，及时办理支付手续，切实维护地方政府信用，保障公共服务有效供给。

五、信息披露与会计核算

(一) 信息披露

(1) 省级财政部门应当汇总区域内的项目目录,及时向财政部报告,财政部通过统一信息平台发布。

(2) 各级财政部门应当通过官方网站及报刊媒体,每年定期披露当地 PPP 项目目录、项目信息及财政支出责任情况。应披露的财政支出责任信息包括:PPP 项目的财政支出责任数额及年度预算安排情况、财政承受能力论证考虑的主要因素和指标等。

(3) 项目实施后,各级财政部门应跟踪了解项目运营情况,包括项目使用量、成本费用、考核指标等信息,定期对外发布。

(二) 会计核算

财政部门按照权责发生制会计原则,对政府在 PPP 项目中的资产投入,以及与政府相关项目资产进行会计核算,并在政府财务统计、政府财务报告中反映;按照收付实现制会计原则,对 PPP 项目相关的预算收入与支出进行会计核算,并在政府决算报告中反映。

附件一 物有所值定性分析

物有所值（VFM）的定性评价就是通过对某些推动"物有所值"的定性因素进行具体分析，来判断项目的自身能力。侧重于考察项目的可行性、合理性和可完成性，一般通过问卷调查和专家咨询的方式进行。

定性评价分析考虑的因素主要包括：风险分配、全寿命周期成本、资产利用率、创新空间、经济规模及市场竞争等方面。

物有所值定性分析采用专家评分法，主要包括确定定性分析指标、组成专家小组、召开专家小组会议和做出定性分析结论等。由专家主观验证项目能否为政府提供"物有所值"。

通常，根据定性评价分析结果判断项目采用PPP模式能否产生很好的价值，如果不能，则项目不适合采用PPP模式；如果能，并不能直接判定项目适合采用PPP模式，而需要转入项目的定量评价分析。

一、常用的定性分析方法

1. 管理人员的判断

管理人员的判断是建立在最高管理层提出的意见和建议基础上，依赖于这支队伍的经验、才能和直觉。如果管理者正确决策的业绩记录保持良好，这种方法是很有价值的。但有时它也反映出了一种"象牙塔"① 里的观点。一般来说，管理人员在经理办公室里呆的时间越少，与员工和顾客保持越密切的联系和交往，这种方法所造成的危险就越小。

2. 专家的意见

这种方法建立在企业外部顾问的专业知识基础上，能为管理者带来高度专业化和有价值的帮助。对于那些已经采取的、有可能出现问题的行动，管理者可以聘请这样的顾问在公司里进行日常业务的咨询。

在专家独立评分环节，设定了18项指标，采用百分制评分法，最后汇总并加权计算总分。这18项指标中，除全生命周期成本和风险转移各占有10%权重外，其余16项指标各占有5%的平均权重。每项指标均依据其自身的特点和相关性做出了具体的并能尽可能量化的评分标准。定性指标分析评价体系见**附表1**。

附表1 定性指标分析评价体系表

序号	评价要素	评分标准及相关性	权重（%）
1	项目规模	按建设投资额分档计分。规模越大，得分越高	5
2	资产寿命	按预期使用寿命年限分档计分。使用寿命越长，得分越高	5
3	资产复杂性	按不同类别资产或独特性资产组合分档计分。资产越复杂，得分越高	5
4	场地类型	按照场地类型和风险划分难易度分档计分。场地类型越简单，得分越高	5
5	创新潜力	按照产出说明而非投入要求，为创新留出空间。创新潜力越大，得分越高	5

---

① "象牙塔"主要是指"与世隔绝的梦幻境地、逃避现实生活的世外桃源、隐居之地"。在汉语中，象牙塔原指忽视现实社会丑恶悲惨之生活，而自隐于其理想中美满之境地以从事创作，意为超脱现实社会，远离生活之外，躲进孤独舒适的个人小天地，凭主观幻想从事写作活动；外延涵义主要是"比喻脱离现实生活的文学家和艺术家的小天地"。

续表

序号	评价要素	评分标准及相关性	权重（%）
6	合现整合	按照整合潜力所产生的物有所值的可能性来分档计分。整合程度越高，得分越高	5
7	运营和维护要求	按照长期运营和维护要求的稳定性和可预见性来分档计分。运营要求越稳定，可预见性越强，得分越高	5
8	绩效指标	按照能否建立并监测关键绩效指标分档计分。绩效指标越具体，得分越高	5
9	全生命周期成本	全生命周期成本预测越准确，得分越高	10
10	项目收入	项目第三方收入不是PPP成功的必要条件，但可以减轻公共部门的负担。第三方收入越多，得分越高	5
11	私营部门实力	为确保投标竞争环境和私营部门能履行职能和管理风险，按照参加企业数量分档计分。有能力参与的企业越多，得分越高	5
12	市场先例	按照有无类似项目（投资规模和项目范围）分档计分。先例越多，得分越高	5
13	风险管理	按照项目风险在政府和社会资本之间的分配合理度分档计分。风险分配越合理，得分越高	10
14	财政承受能力	按照政府为该项目准备财政资金的充裕度分档计分。财政承受力越大，得分越高	5
15	政府管理能力	按照政府实施机构是否具有PPP项目的管理能力和相关经验分档计分。政府管理PPP项目的能力越强，得分越高	5
16	政府问责	按照公共产品或服务是否完全能由社会资本提供和需要政府监督的程度分档计分。问责要求越小，得分越高	5
17	法律环境	按照政策与法律是否限制及解决问题的难易度分档计分。法律环境越适宜，得分越高	5
18	资产利用	按照单一设施能否支持多种收入来源分档计分。资产利用越充分，得分越高	5

3. 销售人员的估计

这种信息来源能够带来很大的价值，因为销售人员一般说来是最接近顾客的。这种方法对于那些产品生命周期短、技术更新快的行业尤为重要，这种方法的主要缺点是潜在的偏见，因为他们总认为，自己的估计将被领导用作提高销售定额的依据（例如，如果销售人员对某产品未来3个月的销路看好，认为有希望每月多销售20%，但他可能仅对管理人员说有10%的增长希望，以免上级为他制定20%的增长定额。针对这种情况，管理者可将销售人员的保守估计略微上提，既留有余地，又起到促进作用）。

4. 顾客调查和市场测试

顾客调查涉及到利用市场调查技术，直接从顾客那里收集信息。

5. 小组讨论

这是由委员会或小组做出决定。小组的所有成员，都必须就单一的决定达成共识（即提出一个人人都可接纳的方案）。当这种方法发挥作用时，它常常显示出团队的内聚力。但是，要防止领导强权，可能对小组的其他成员施加过分的影响，强迫人们同意他的意见。

6. 集合意见法

将每个人的估计值相加，然后得出一个平均值。这种方法的关键是：每个人的估计值都有相同的权重。因此，这种方法被看作是"民主"的方法。

7. 德尔菲法

这是集合意见法的一种变异形式。每个参与者递交他们的个人估计值，然后审查其他参与者的估计值。这样，他们就会照顾到不同意见而重新考虑和修改他们的原始数值。在不受别人干涉的情况下，客观地分析手中的数据。这样反复几次，答案就会趋于一致，它可以被看作是小组讨论和集合意见法的混合体，综合了上面两种方法的长处。

8. 质—量分析法

许多的决策问题是建立在未知的因素之上，而且常常是建立在主观的估计之上。那么，在这种"软"环境下，寻找和运用一些"科学化的方法"，使这一过程变得尽可能地客观，就成为十分自然的事了。为达到这样的目的，我们可以选择运用贝叶斯（Bayesian）法来为我们提供一个量化公式的轮廓，从而使质的、主观的（即"软"的）信息输入后变得"硬"一些。

9. 吸引力指数

吸引力指数使我们能够按照预计的利润率，来排列项目或产品的优劣顺序。如果资金有限，这个指数可用来帮助我们决定把哪些项目排除在考虑之外。

二、分析流程

（一）确定定性分析指标

项目所属财政部门会同行业主管部门根据项目具体情况，在专家评分表中已给定的基本指标及其权重基础上，组织确定不少于三项附加指标及其权重。附加指标可以从推荐的附加指标中选取，也可另行提出，但不可与基本指标重复，附加指标权重之和为20%。基本指标和推荐附加指标的评分参考标准如表4-2所示；另行提出附加指标的，应一并提出相应的评分参考标准。

1. 基本指标说明

（1）全生命周期整合潜力。主要通过察看项目计划整合全生命周期各环节的情况来评分。采用PPP模式，将项目的设计、建造、融资、运营和维护等全生命周期环节整合起来，通过一个长期合同全部交由社会资本合作方实施，是实现物有所值的重要机理。

（2）风险识别与分配。主要通过察看在项目识别阶段对项目风险的认识情况来评分。清晰识别和优化分配风险，是物有所值的一个主要驱动因素。在项目识别阶段的物有所值评价工作开始前，着手风险识别工作，有利于在后续工作实现风险分配优化。

（3）绩效导向。本指标主要通过察看在项目识别阶段项目绩效指标的设置情况来评分。PPP项目的绩效指标，特别是关键绩效指标，主要确定对PPP项目运营维护和产出进行检测的要求和标准，例如，针对公共产品和服务的数量和质量（或可用性）等。绩效指标越符合项目具体情况，越全面合理，越清晰明确，则绩效导向程度越高。

（4）潜在竞争程度。主要通过察看项目将引起社会资本（或其联合体）之间竞争的潜力，以及预计在随后的项目准备、采购等阶段是否能够采取促进竞争的措施等来评分。

（5）鼓励创新。要通过察看项目产出说明来评分。一般来讲，产出说明应主要规定社会资本合作方应付产出的规格要求，尽可能不对项目的投入和社会资本合作方具体实施等如何交付问题提出要求，从而为社会资本合作方提供创新机会。

(6) 政府机构能力。主要通过察看政府的 PPP 理念，以及结合项目具体情况察看相关政府部门及机构的 PPP 能力等来评分。PPP 理念主要包括依法依合同平等合作、风险分担、全生命周期绩效管理等，以及 PPP 不仅是基础设施及公共服务融资手段，更是转变政府职能、建立现代财政制度等的重要手段。政府的 PPP 能力主要包括知识、技能和经验等，包括可通过购买服务获得的能力。

(7) 政府采购政策落实潜力。主要通过预计有效落实政府采购政策的潜力，以及预计在随后的项目准备、采购等阶段是否能够进一步采取落实措施等来评分。物有所值是政府采购的价值取向，不仅指提高公共资金的使用效率和效益，还包括有效落实促进内资企业和中小企业发展、国外技术转让、节能环保、绿色低碳，以及必要时限制外资参与项目等方面的政府采购政策。

2. 推荐的附加指标说明

(1) 项目规模。主要依据项目的投资额或资产价值来评分。PPP 项目的准备、论证、采购等前期环节的费用较大，只有项目规模足够大，才能使这些前期费用占项目全生命周期成本的比例处于合理和较低水平。此外，一般情况下，基础设施及公共服务项目的规模越大，才能够采用 PPP 模式吸引社会资本参与。

(2) 项目资产寿命。主要依据项目的资产预期使用寿命来评分。项目的资产使用寿命长，为利用 PPP 模式提高效率和降低全生命周期成本提供了基础条件。

(3) 项目资产种类。主要依据 PPP 项目包含的资产种类多少来评分。一个项目可以包含多个种类的资产，一般来说，项目的资产种类越多，由社会资本方实施，将实现更高的效率和更好的效果。

(4) 全生命周期成本估计准确性。主要通过察看项目对采用 PPP 模式的全生命周期成本的理解和认识程度、以及全生命周期成本将被准确预估的可能性来评分。全生命周期成本是确定 PPP 合作期长短、付费多少、政府补贴等的重要依据。

(5) 法律和政策环境。主要通过察看现行法律、法规、规章和政策等制度限制政府采用 PPP 模式实施项目来评分。

(6) 资产利用及收益。主要通过预计社会资本合作方增加额外收入的可能程度来评分。社会资本合作方通过实施项目，在满足公共需求的前提下，增加额外收入，可以降低政府的成本和公众的支出。

(7) 融资可行性。主要通过预计项目对金融机构（贷款和债券市场）的吸引力来评分。吸引力越大，项目越具有融资可行性，越能够顺利完成融资交割和较快进入建设、运营阶段，实现较快增加基础设施及公共服务供给的可能性就越大。

(二) 组成专家小组

项目所属财政部门会同行业主管部门根据项目具体情况，选取不少于 7 名物有所值评价专家，组成专家小组，并确定组长。专家小组至少包括工程技术、金融、项目管理、财政和法律等五个领域的专家各一名。项目所在地的省级财政部门已公布物有所值评价专家推荐名单的，应从推荐名单中遴选专家，并应在满足前述专业要求的前提下尽可能随机遴选。

定性分析所需材料应于专家小组会议召开之日前 5 个工作日送达专家。

(三) 召开专家小组会议

项目所属财政部门会同行业主管部门组织召开专家小组会议。专家小组会议基本程序如下：

（1）专家在充分讨论项目情况后，对照评分参考标准（附表2），按指标对项目进行评分，填入专家评分表（附表3）并签名。

（2）针对每个指标求专家评分的总分，并去掉一个最高分和一个最低分，然后计算每个指标对应的平均分，再对平均分按照指标权重计算加权分，得到评分结果，见附表4。

（3）形成专家小组意见，见附表5。

附表2　PPP项目物有所值定性分析评分参考标准

编号	指标	评分参考标准
1	全生命周期整合潜力	• 81～100　项目资料表明，设计、融资、建造和全部运营、维护等整合到一个合同中；对于存量项目采用PPP模式，至少有融资和全部运营、维护整合到一个合同中 • 61～80　项目资料表明，设计、融资和建造以及核心服务或大部分非核心服务的运营、维护将整合到一个合同中；对于存量项目采用PPP模式，至少有融资和核心服务到大部分非核心服务的运营、维护将整合到一个合同中 • 41～60　项目资料表明，设计、融资、建造和维护等将整合到一个合同中，但不包括运营；或融资、建造、运营和维护等将整合到一个合同中，但不包括设计；对于存量项目采用PPP模式，仅运营和维护将整合到一个合同中 • 21～40　项目资料表明，融资、建造和维护等将整合到一个合同中，但不包括设计和运营 • 0～20　项目资料表明，设计、融资、建造等三个或其中更少的环节将整合到一个合同中
2	风险识别与分配	• 81～100　项目资料表明，已进行较为深入的风险识别工作，预计其中的绝大部分风险或全部主要风险将在政府与社会资本合作方之间明确和合理分配 • 61～80　项目资料表明，已进行较为深入的风险识别工作，预计其中的大部分主要风险可以在政府与社会资本合作方之间明确和合理分配 • 41～60　项目资料表明，已进行初步的风险识别工作，预计这些风险可以在政府与社会资本合作方之间明确和合理分配 • 21～40　项目资料表明，已进行初步的风险识别工作，预计这些风险难以在政府与社会资本合作方之间明确和合理分配 • 0～20　项目资料表明，尚未开展风险识别工作，或没有清晰识别风险
3	绩效导向	• 81～100　绝大部分绩效指标符合项目具体情况，全面合理，清晰明确 • 61～80　大部分绩效指标符合项目具体情况，全面合理，清晰明确 • 41～60　绩效指标比较符合项目具体情况，但不够全面和清晰明确，缺乏部分关键绩效指标 • 21～40　已设置的绩效指标比较符合项目具体情况和明确，但主要关键绩效指标为设置 • 0～20　未设置绩效指标或绩效指标不符合项目具体情况，不合理、不明确
4	潜在竞争程度	• 81～100　项目将引起社会资本（或其联合体）之间竞争的潜力大且已存在明显的证据或迹象，例如参与项目推介会的行业领先的国内外企业数量较多 • 61～80　项目将引起社会资本（或其联合体）之间竞争的潜力较大，预期后续通过采取措施可进一步提高竞争程度 • 41～60　项目将引起社会资本（或其联合体）之间竞争的潜力一般，预期后续通过采取措施可提高竞争程度 • 21～40　项目将引起社会资本（或其联合体）之间竞争的潜力较小，预期后续通过采取措施有可能提高竞争程度 • 0～20　项目将引起社会资本（或其联合体）之间竞争的潜力小，预期后续不大可能提高竞争程度

第四章　PPP模式物有所值评价与财政承受能力论证

续表

编号	指标	评分参考标准
5	鼓励创新	• 81～100　项目产出说明提出了较为全面、清晰和可测量的产出规格要求，没有对如何交付提出要求 • 61～80　项目的产出规格要求较为全面、清晰和可测量，并对如何交付提出了少量要求 • 41～60　项目的产出规格要求不够全面、清晰和可测量，并对如何交付提出了少量要求 • 21～40　项目的产出规格要求不够全面、清晰和可测量，并对如何交付提出了较多要求 • 0～20　项目的产出说明基本上没有明确产出规格要求，或主要对如何交付进行了要求
6	政府机构能力	• 81～100　政府具备较为全面、清晰的PPP理念，且本项目相关政府部门及机构具有较强的PPP能力 • 61～80　政府的PPP理念一般，但本项目相关政府部门及机构具有较强的PPP能力 • 41～60　政府的PPP理念一般，且本项目相关政府部门及机构的PPP能力一般 • 21～40　政府的PPP理念较欠缺，且本项目相关政府部门及机构的PPP能力较欠缺且不易较快获得 • 0～20　政府的PPP理念欠缺，且本项目相关政府部门及机构的PPP能力欠缺且难以获得
7	政府采购政策落实潜力	• 81～100　项目有效落实政府采购政策的潜力很大，预计后续通过进一步采取措施确定能够实现 • 61～80　项目有效落实政府采购政策的潜力较大，预计后续通过进一步采取措施可增强落实性 • 41～60　项目有效落实政府采购政策的潜力一般，预计后续通过采取措施可增强落实性 • 21～40　项目有效落实政府采购政策的潜力较小，预计后续通过采取措施有可能提高落实性 • 0～20　项目有效落实政府采购政策的潜力小 （注：此处的政府采购政策主要是指促进内资企业和中小企业发展、国外技术转让、节能环保、绿色低碳，以及必要时限制外资参与项目等。）
8	项目规模	• 81～100　新建项目的投资或存量项目的资产公允价值在10亿元以上 • 61～80　新建项目的投资或存量项目的资产公允价值介于2亿～10亿元之间 • 41～60　新建项目的投资或存量项目的资产公允价值介于1亿～2亿元之间 • 21～40　新建项目的投资或存量项目的资产公允价值介于5000万～1亿元之间 • 0～20　新建项目的投资或存量项目的资产公允价值小于5000万元 （注：可根据具体项目的类型、所在地区等因素重新设定金额大小。）
9	项目资产寿命	• 81～100　资产的预期使用寿命大于40年 • 61～80　资产的预期使用寿命为31～40年 • 41～60　资产的预期使用寿命为21～30年 • 21～40　资产的预期使用寿命为11～20年 • 0～20　资产的预期使用寿命小于10年 （注：可根据具体项目的类型、所在地区等因素重新设定年限长短。）
10	项目资产种类	• 81～100　项目的资产种类在三个以上 • 61～80　项目是两类较复杂或技术要求较高资产的组合 • 41～60　项目是两类中等复杂程度资产的组合，或者是若干个同类资产打包项目 • 21～40　项目是两类复杂程度较低资产的组合，或者项目是一个较为复杂的资产 • 0～20　项目只包括一个较为简单的资产
11	全生命周期成本估计准确性	• 81～100　项目相关信息表明，项目的全生命周期成本已被很好的理解和认识，并且被准确预估的可能性很大 • 61～80　项目相关信息表明，项目的全生命周期成本已被较好的理解和认识，并且被准确预估的可能性较大 • 41～60　项目相关信息表明，项目的全生命周期成本已被较好的理解和认识，但尚无法确定能否被准确预估 • 21～40　项目相关信息表明，项目的全生命周期成本理解和认识还不够全面清晰 • 0～20　项目相关信息表明，项目的全生命周期成本基本上没有得到理解和认识

续表

编号	指标	评分参考标准
12	法律和政策环境	• 81~100 项目采用PPP模式符合现行法律法规规章和政策等的要求，甚至存在鼓励政策 • 61~80 项目采用PPP模式受到现行法律法规和政策等的个别限制，并且可以较为容易地解决 • 41~60 项目采用PPP模式受到现行法律法规规章和政策等的个别限制，并且解决的可能性很大 • 21~40 项目采用PPP模式受到现行法律法规规章和政策等的少量限制，但解决的可能性很大 • 0~20 项目采用PPP模式受到现行法律法规规章和政策等的严格限制
13	资产利用及收益	• 81~100 预计社会资本在满足公共需求的前提下，非常有可能充分利用资产增加额外收入 • 61~80 预计社会资本在满足公共需求的前提下，较有可能充分利用资产增加额外收入 • 41~60 预计社会资本在满足公共需求的前提下，利用项目资产增加额外收入的可能性一般 • 21~40 预计社会资本利用项目资产获得额外收入的可能性较小 • 0~20 预计社会资本利用项目资产获得额外收入的可能性非常小
14	融资可行性	• 81~100 预计项目对金融机构的吸引力很高，或已有具备强劲实力的金融机构明确表达了对项目的兴趣 • 61~80 预计项目对金融机构的吸引力较高 • 41~60 预计项目对金融机构的吸引力一般，通过后续进一步准备，可提高吸引力 • 21~40 预计项目对金融机构的吸引力较差，通过后续进一步准备，可提高吸引力 • 0~20 预计项目对金融机构的吸引力很差

附表3　PPP项目物有所值定性分析专家评分表

指标		权重	评分
基本指标	①全生命周期整合潜力	15%	
	②风险识别与分配	15%	
	③绩效导向	15%	
	④潜在竞争程度	15%	
	⑤鼓励创新	5%	
	⑥政府机构能力	5%	
	⑦政府采购政策落实潜力	10%	
	基本指标小计	80%	
附加指标 (不少于三项)			
	附加指标小计	20%	
合计		100%	

专家签字：

年　月　日

第四章 PPP模式物有所值评价与财政承受能力论证

附表4　PPP项目物有所值定性分析评分结果计算表

指标		权重A	总分B	最高分C	最低分D	平均分E=(B-C-D)÷(专家数-2)	加权分F=E×A
基本指标	①全生命周期整合潜力	15%					
	②风险识别与分配	15%					
	③绩效导向	15%					
	④潜在竞争程度	15%					
	⑤鼓励创新	5%					
	⑥政府机构能力	5%					
	⑦政府采购政策落实潜力	10%					
	基本指标小计	80%					
附加指标（不少于三项）							
	附加值指标小计	20%					
评分结果		100%					

附表5　PPP项目物有所值定性分析专家意见表

项目名称	
委托单位	
评分结果	

专家小组意见：

组长签名：
　　　　年　　月　　日

	姓名	单位	专业领域	签名
组长				
专家				
专家				
专家				
专家				
专家				

（四）做出定性分析结论

项目所属财政部门会同行业主管部门根据评分结果和专家小组意见，做出定性分析结论。

原则上，评分结果在60分（含）以上的，项目通过物有所值定性分析；否则，项目不宜采用PPP模式。

附件二 物有所值定量分析

一、物有所值定量分析的主要步骤

物有所值定量分析的主要步骤包括：
(1) 根据参照项目计算 PSC 值；
(2) 根据影子报价和实际报价计算 PPP 值；
(3) 比较 PSC 值和 PPP 值，计算物有所值量值或指数，得出定量分析结论。

定量分析使用于项目识别、准备、采购、执行和移交阶段，具体流程如附图所示。

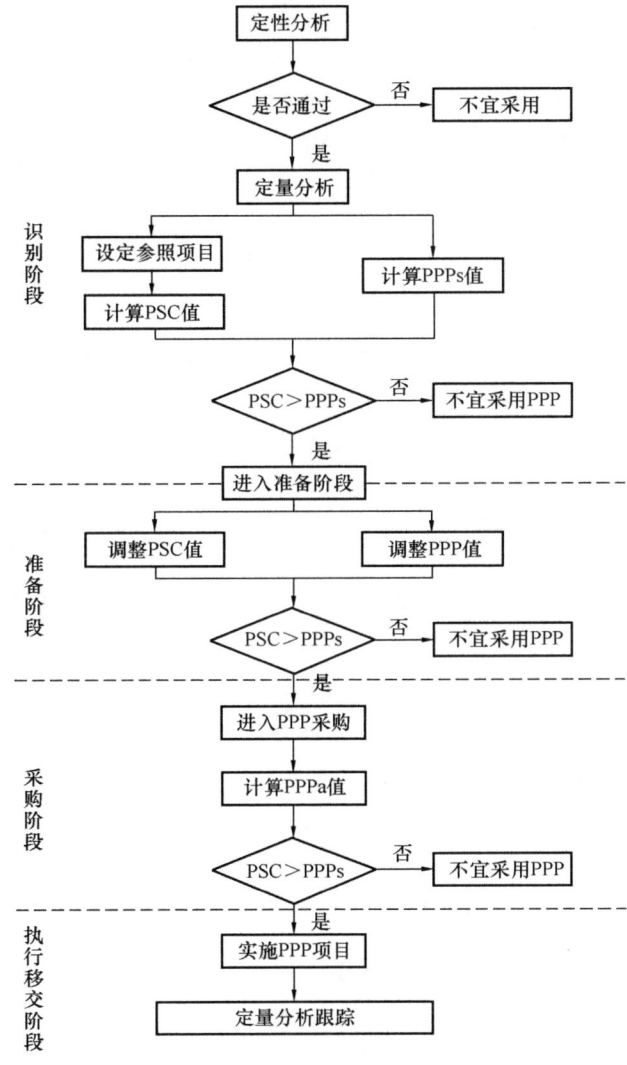

附图　物有所值定量分析流程

二、PSC 值计算

PSC 值是指政府采用传统采购模式提供与 PPP 项目产出说明要求相同的基础设施及公共服务的全生命周期成本的净现值。

PSC 值是 PPP 项目物有所值定量分析的比较基准，假设前提是采用政府传统采购模式与 PPP 模式的产出绩效相同。计算 PSC 主要考虑以下因素：一是项目全生命周内的建设、运营等成本；二是现金流的时间价值；三是竞争性中立调整、风险承担成本等。

PSC 值包括初始 PSC 值、可转移风险承担成本、自留风险承担成本和竞争性中立调整值。

PSC 值计算公式如下：

PSC 值＝初始 PSC 值＋竞争性中立调整值＋可转移风险承担成本＋自留风险承担成本

（一）设定参照项目

参照项目是指假设政府采用现实可行的、最有效的传统采购模式提供的、与 PPP 项目相同传出的虚拟项目。设定参照项目应遵循以下原则：

（1）参照项目与 PPP 项目产出说明要求的产出范围和标准相同；

（2）参照项目应采用基于政府现行最佳实践的、最有效和可行的采购模式；

（3）参照项目的内容不一定全部由政府直接承担，政府也可将项目部分内容外包给第三方建设或运营，但外包部分的成本应计入参照项目成本；

（4）参照项目的各项假设和特征在计算全过程中应保持不变；

（5）参照项目财务模型中的数据口应保持一致。

（二）计算初始 PSC 值

初始 PSC 值是政府实施参照项目所在承担的建设成本、运营维护成本和其他成本等成本的净现值之和。

初始 PSC 值＝（建设成本－资本性收益）＋（运营维护成本－第三方收入）＋其他成本

（1）建设成本主要包括项目设计、施工等方面投入的现金以及固定资产、土地使用权等实物和无形资产。

（2）资本性收益是指参照项目全生命周期内产生的转让、租赁或处置资产所获的收益。资本性收益应从建设成本中抵减。

（3）运营维护成本主要包括参照项目全生命周期内运营维护所需的原材料、设备、人工等成本，以及管理费用、销售费用和运营期财务费用等。项目资产的升级、改造、大修费用不属于运营维护成本，应计入建设成本。

（4）第三方收入是指参照项目全生命周期内，假定政府按照 PPP 模式提供项目基础设施和公共服务从第三方获得的收入（如用户付费收入）。第三方收入应从运营维护成本中抵减。参照项目中假定政府向用户收取费用的，该项收入（即用户付费收入）不得高于 PPP 模式下社会资本收取的使用者付费。

（5）其他成本主要包括为纳入建设成本的咨询服务费用等交易成本，项目连接设施和配套工程建设成本，以及为获取第三方收入所提供的周边土地或商业开发收益权等。

（三）计算竞争性中立调整值

计算竞争性中立调整值主要是为了消除政府传统采购模式下公共部门相对社会资本所具有的竞争优势，以保障在物有所值定量分析中政府和社会资本能够在公平基础上进行比较。

政府竞争优势通常包括政府比社会资本少支出的土地费用、行政审批费用、所得税等有关税费。

(四) 计算风险承担成本

结合项目实施方案中的风险分配框架,进一步识别项目风险,优化分配方案,选用概率法、比例法等方法对风险承担成本进行量化。

(1) 概率法　概率法通过设定有利、基本、不利、较差、最坏等不同情景下的风险后果值。对每种情景的发生概率进行测算,加权得出风险承担成本。

计算公式如下:

$$风险承担成本 = \sum(某情景风险后果值 \times 某情景发生概率)$$

概率法情景设定参考示例见附表1。

附表1　概率法情景设定参考示例表

情景假设	风险后果	发生概率
有利	成本节约5%以上	5%
基本	成本节约5%~成本超支5%以上	10%
不利	成本超支5%~15%	50%
较差	成本超支15%~25%	25%
最坏	成本超支25%以上	10%

根据项目实施方案的风险分配框架评价政府与社会资本的风险分担比例,测算可转移风险承担成本和自留风险承担成本。

可转移风险承担成本占项目风险承担成本的比例一般为70%~85%。

(2) 比例法　比例法主要是按照项目建设运营成本的一定比例确定风险承担成本,适用于风险后果值和风险概率难以测算的情形。

$$风险承担成本 = 项目建设运营成本 \times 风险承担成本比例$$

通常风险承担成本不超过项目建设运营成本的20%。可转移风险承担成本占项目全部风险承担成本的比例一般为70%~85%。

(五) 折现率的确定

折现率通常参考资本加权平均成本,资本资产定价或无风险利率等确定。

省级财政部门应会同行业主管部门根据行业、项目类型等因素确定基准折现率。

三、PPP值计算

PPP值是指政府实施PPP项目所承担的全生命周期成本的净现值。

在项目不同阶段,PPP值的计算依据不同。在项目识别和准备阶段,政府根据项目实施方案等测算的PPP值称为影子报价PPP值(简称PPPs值);在项目采购阶段,政府根据社会资本提交的采购响应文件等测算的PPP值称为实际报价PPP值(简称PPPa值)。

(1) 计算PPPs值

$$PPPs值 = 影子报价政府建设运营资本 + 政府自留风险承担成本$$

① 影子报价政府建设运营成本　影子报价中政府应承担的建设运营成本包括政府建设成本、政府运营维护成本和政府其他成本。

$$政府建设运营成本 = (政府建设成本 - 资本性收益) + (政府运营维护成本 - 第三方收入) + 其他成本。$$

其中:

a. 政府建设成本,包括政府以现金、固定资产或土地使用权等方式对项目设计、建设进行的投资补助。

b. 资本性收益,是指项目全生命周期内产生的转让、租赁或处置资产所获的收益。资本性收益应从建设成本中抵减。

c. 第三方收入,是指项目全生命周期内,因提供项目基础设施及公共服务而从第三方获得的收入(如使用者付费)。第三方收入应从政府运营维护成本中抵减。

d. 政府运营维护成本,包括政府向社会资本支付的运营维护费、财政补贴等。

政府运营维护成本可根据社会资本的投资回报预期等进行测算,具体公式如下:

政府运营维护成本=(社会资本建设成本—社会资本额资本性收益+社会资本运营维护成本—第三方收入+社会资本其他成本)×(1+合理利润率)

其中:

一般情况下,社会资本建设成本等于初始PSC值中的建设成本减去PPPs中的政府建设成本,并可考虑技术创新及效率提升等带来的社会资本建设运营成本节约。

社会资本承担的其他成本包括咨询服务费用等交易成本。

合理利润率通常以人民银行长期贷款基准利率为基准,并结合项目所处地区、行业等因素进行调整。

e. 政府其他成本,通常包括政府承担的未纳入建设成本的咨询服务费用、市场测试费用、社会资本未中选补偿金、移交补偿款等交易成本,政府负责的连接设施和配套工程建设成本,政府授予社会资本的项目周边土地或商业开发收益权,政府向社会资本提供的贷款贴息,以及政府放弃的项目公司股利等。

② 政府自留风险承担成本

一般包括政府因承担法律、政策等自留风险所支出的成本。

(2) 计算PPPa值

PPPa值=实际报价政府建设运营成本+政府自留风险承担成本

实际报价政府建设运营成本是根据采购响应文件测算出的政府应承担的建设运营成本,包括政府建设成本、政府运营维护成本和政府其他成本。

四、物有所值量值和指数计算

物有所值定量分析的结果通常以物有所值量值或物有所值指数的形式表示。

物有所值量值=PSC值—PPP值

物有所值指数=(PSC值—PPP值)÷PSC值×100%

物有所值量值和指数为正的,说明项目适宜采用PPP模式,否则不宜采用PPP模式。物有所值量值和指数越大,说明PPP模式替代传统采购模式实现的价值越大。

第五章　PPP 模式招标（商）采购

政府与社会资本合作（PPP）模式是国际上广泛采用的政府择优选择社会资本的合作方式。招标的目的是为计划兴建和运营的基础设施与公共公用设施项目选择适当的社会资本方，将全部项目工程或其中某一部分工作委托这个（些）社会资本方负责完成或运营。社会资本方则通过投标竞争，决定自己的生产任务和销售对象，使产品得到社会的承认，从而完成生产计划并实现盈利计划。为此社会资本方必须具备一定的条件，才有可能在投标竞争中获胜，为政府所选中。这些条件主要是一定的技术、经济实力和管理经验，足能胜任合作的任务、效率高、价格合理以及信誉良好。

政府与社会资本合作（PPP）模式制是在市场经济条件下产生的，因而必然受竞争机制、供求机制、价格机制的制约。招商采购意在鼓励竞争，防止垄断。

第一节　PPP 项目招标（商）方式法律架构

一、PPP 项目招标（商）方式法律架构体系概况

2013 年以前，我国政府和社会资本合作（PPP）模式项目招商方式的法律架构并不明晰。实践中，此类项目招商有从特许经营角度依据《市政公用事业特许经营管理办法》采用招投标方式进行的，或从特许经营角度依据地方政府市政公用事业特许经营条例采用除招标外其他方式（如招募等方式）进行的；也有从政府采购角度依据《政府采购法》、《政府采购货物和服务招标采购管理办法》采用招标方式（包括公开招标和邀请招标方式）进行的，或从政府采购角度依据《政府采购法》采用竞争性谈判或单一来源采购方式进行的。

在这样的形势和背景下，人大常委会、国务院、国家发改委和财政部等相关部门自 2013 年起，密集颁布了一系列法律、法规和政策，推动政府和社会资本合作模式，并对该种模式的实施主体、实施步骤、程序等操作问题作出了具体的规定，为政府和社会资本合作模式项目招商提供了依据和制度支撑。

目前我国逐步形成了 PPP 项目招商方式发改委体系及财政部体系两种并不完全一致的法律架构。其中，财政部体系从政府采购角度出发制定了相关规定，形成了相对完善的财政部体系 PPP 项目招商方式法律架构；发改委体系主要从特许经营角度出发制定了相关规定。与体系较为完善的财政部体系 PPP 项目招商方式法律架构相比，考虑到发改委下发的《基础设施和公用事业特许经营管理办法》》（征求意见稿）目前尚处于征求意见阶段，发改委体系 PPP 项目招商方式法律架构可能尚存在一定程度的不确定性和不完善性。

二、财政部体系 PPP 项目招标（商）方式法律架构

财政部体系 PPP 项目招标（商）方式法律基本架构，如图 5-1 所示。

三、发改委体系 PPP 项目招标（商）方式法律架构

1. 发改委体系 PPP 项目招标（商）方式法律架构

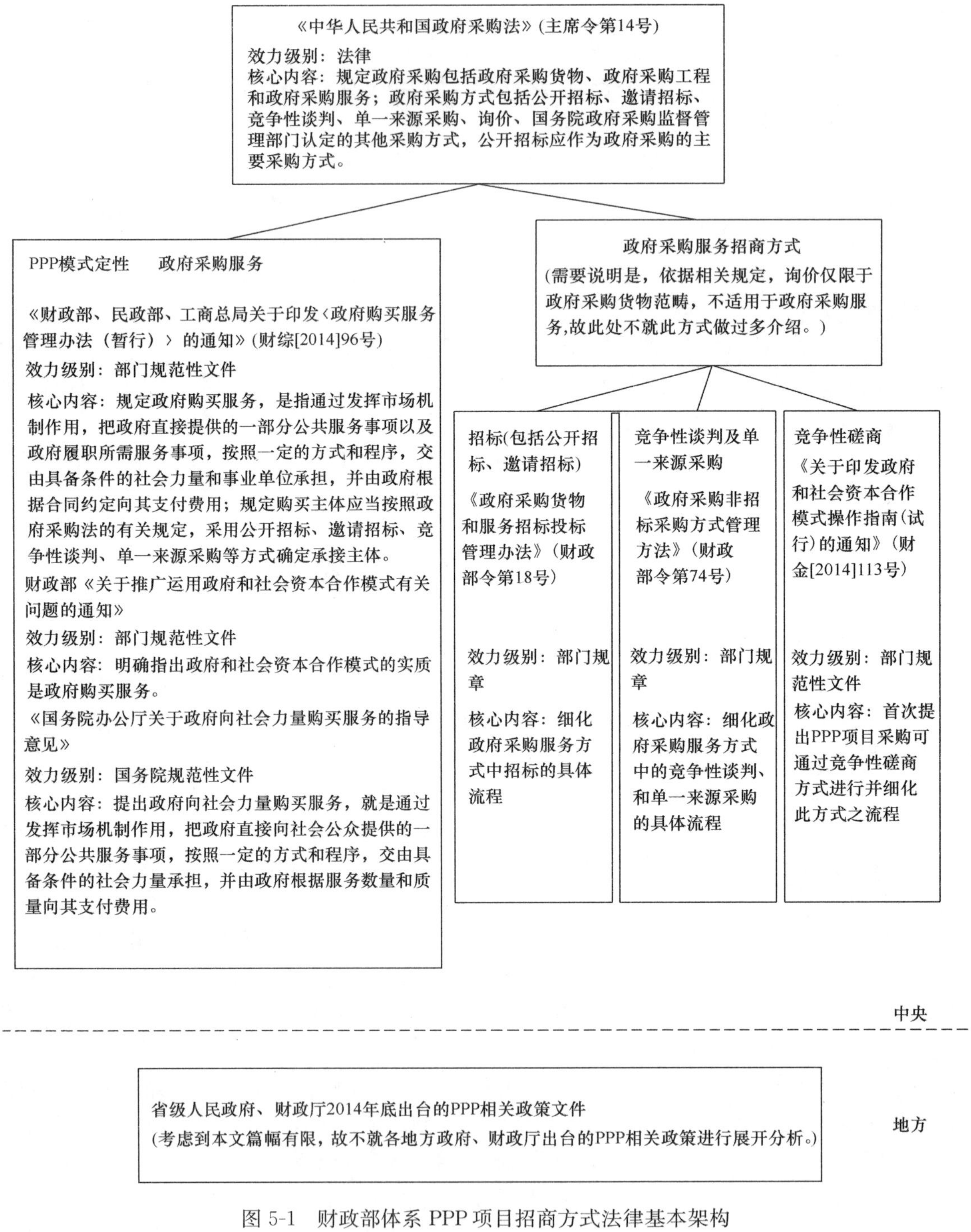

```
┌─────────────────────────────────────────────┐
│ 《中华人民共和国政府采购法》(主席令第14号)      │
│ 效力级别:法律                                │
│ 核心内容:规定政府采购包括政府采购货物、政府采购工程│
│ 和政府采购服务;政府采购方式包括公开招标、邀请招标、│
│ 竞争性谈判、单一来源采购、询价、国务院政府采购监督管│
│ 理部门认定的其他采购方式,公开招标应作为政府采购的主│
│ 要采购方式。                                 │
└─────────────────────────────────────────────┘
```

┌─────────────────────────┐   ┌──────────────────────────┐
│ PPP模式定性 政府采购服务 │   │ 政府采购服务招商方式   │
│   │   │ (需要说明是,依据相关规定,询价仅限于│
│ 《财政部、民政部、工商总局关于印发 │   │ 政府采购货物范畴,不适用于政府采购服│
│ 〈政府购买服务管理办法(暂行)〉的通知》│   │ 务,故此处不就此方式做过多介绍。) │
│ (财综[2014]96号)   │   └──────────────────────────┘
│ 效力级别:部门规范性文件   │
│ 核心内容:规定政府购买服务,是指通过发挥市场机│
│ 制作用,把政府直接提供的一部分公共服务事项以及│
│ 政府履职所需服务事项,按照一定的方式和程序,交│
│ 由具备条件的社会力量和事业单位承担,并由政府根│
│ 据合同约定向其支付费用;规定购买主体应当按照政│
│ 府采购法的有关规定,采用公开招标、邀请招标、竞│
│ 争性谈判、单一来源采购等方式确定承接主体。   │
│   │
│ 财政部《关于推广运用政府和社会资本合作模式有关│
│ 问题的通知》   │
│ 效力级别:部门规范性文件   │
│ 核心内容:明确指出政府和社会资本合作模式的实质│
│ 是政府购买服务。   │
│   │
│ 《国务院办公厅关于政府向社会力量购买服务的指导│
│ 意见》   │
│ 效力级别:国务院规范性文件   │
│ 核心内容:提出政府向社会力量购买服务,就是通过│
│ 发挥市场机制作用,把政府直接向社会公众提供的一│
│ 部分公共服务事项,按照一定的方式和程序,交由具│
│ 备条件的社会力量承担,并由政府根据服务数量和质│
│ 量向其支付费用。   │
└─────────────────────────┘

招标(包括公开招标、邀请招标)　　竞争性谈判及单一来源采购　　竞争性磋商

《政府采购货物和服务招标投标管理办法》(财政部令第18号)

《政府采购非招标采购方式管理方法》(财政部令第74号)

《关于印发政府和社会资本合作模式操作指南(试行)的通知》(财金[2014]113号)

效力级别:部门规章
核心内容:细化政府采购服务方式中招标的具体流程

效力级别:部门规章
核心内容:细化政府采购服务方式中的竞争性谈判和单一来源采购的具体流程

效力级别:部门规范性文件
核心内容:首次提出PPP项目采购可通过竞争性磋商方式进行并细化此方式之流程

中央
──────────────────────────────────────
地方

省级人民政府、财政厅2014年底出台的PPP相关政策文件
(考虑到本文篇幅有限,故不就各地方政府、财政厅出台的PPP相关政策进行展开分析。)

图 5-1　财政部体系 PPP 项目招商方式法律基本架构

　　从目前出台的法律、法规及政策来看,主要从特许经营角度出发,发改委体系 PPP 项目招商方式法律基本架构如图 5-2 所示。

2. 发改委体系 PPP 项目招商方式法律架构分析

　　《国家发展改革委关于开展政府和社会资本合作的指导意见》规定,PPP 模式主要适用于政府负有提供责任又适宜市场化运作的公共服务、基础设施类项目。如城市轨道交通等交

通设施、医疗、旅游、教育培训、健康养老等公共服务项目，以及水利、资源环境和生态保护等项目均可推行 PPP 模式。针对不同性质的项目应采用不同的操作模式。

（1）经营性项目。对于具有明确的收费基础，并且经营收费能够完全覆盖投资成本的项目，可通过政府授予特许经营权，采用建设—运营—移交（BOT）、建设—拥有—运营—移交（BOOT）等模式推进。

（2）准经营性项目。对于经营收费不足以覆盖投资成本、需政府补贴部分资金或资源的项目，可通过政府授予特许经营权附加部分补贴或直接投资参股等措施，采用建设—运营—移交（BOT）、建设—拥有—运营（BOO）等模式推进。要建立投资、补贴与价格的协同机制，为投资者获得合理回报积极创造条件。

（3）非经营性项目。对于缺乏"使用者付费"基础、主要依靠"政府付费"回收投资成本的项目，可通过政府购买服务，采用建设—拥有—运营（BOO）、委托运营等市场化模式推进。

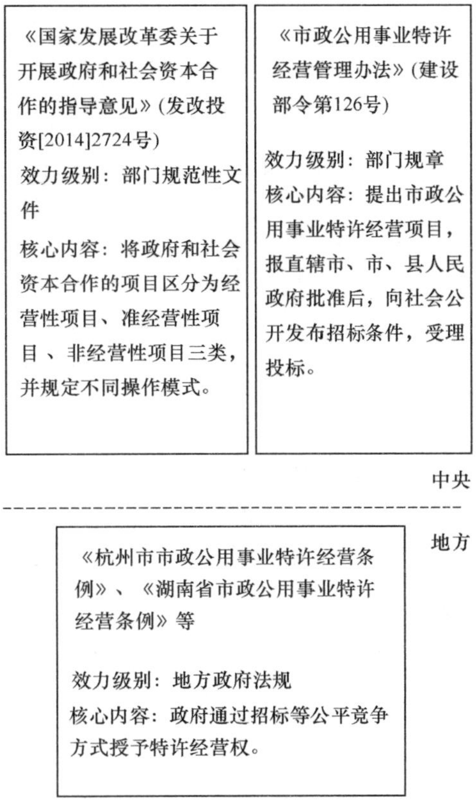

图 5-2　发改委体系 PPP 项目招商方式法律基本架构

第二节　PPP 项目政府购买服务基本流程与采购方式

PPP 项目的一般采购流程包括资格预审、采购文件的准备和发布、提交采购响应文件、采购评审、采购结果确认谈判、签署确认谈判备忘录、成交结果及拟定项目合同文本公示、项目合同审核、签署项目合同、项目合同的公告和备案等若干基本环节。

PPP 项目招标采购基本流程如图 5-3 所示。

PPP 项目采购方式包括公开招标、邀请招标、竞争性谈判、竞争性磋商和单一来源采购五种方式应根据项目采购需求特点，依法选择适当采购方式。

一、公开招标方式

公开招标是招标投标方式之一，属于无限制性竞争招标，是招标人通过依法指定的媒介发布招标公告的方式邀请所有不特定的潜在投标人参加投标，并按照法律规定程序和招标文件规定的评标标准和方法确定中标人的一种竞争交易方式。

（一）公开招标的条件

公开招标需符合如下条件：

（1）招标人需向不特定的法人或者其他组织（有的科研项目的招标还公开招标可包括个人）发出公开招标投标邀请。招标人应当通过为全社会所熟悉的公共媒体公布其招标项目、

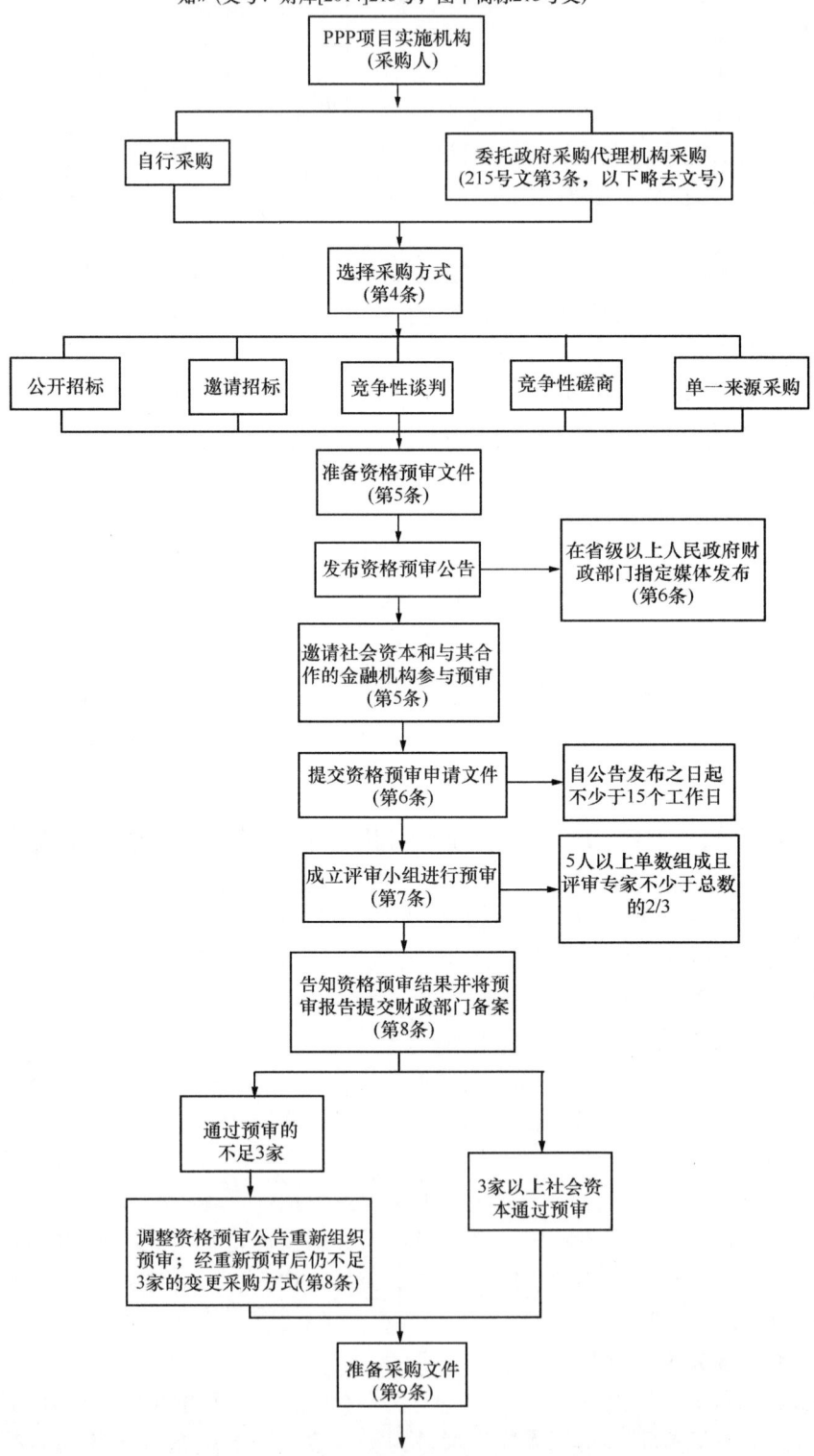

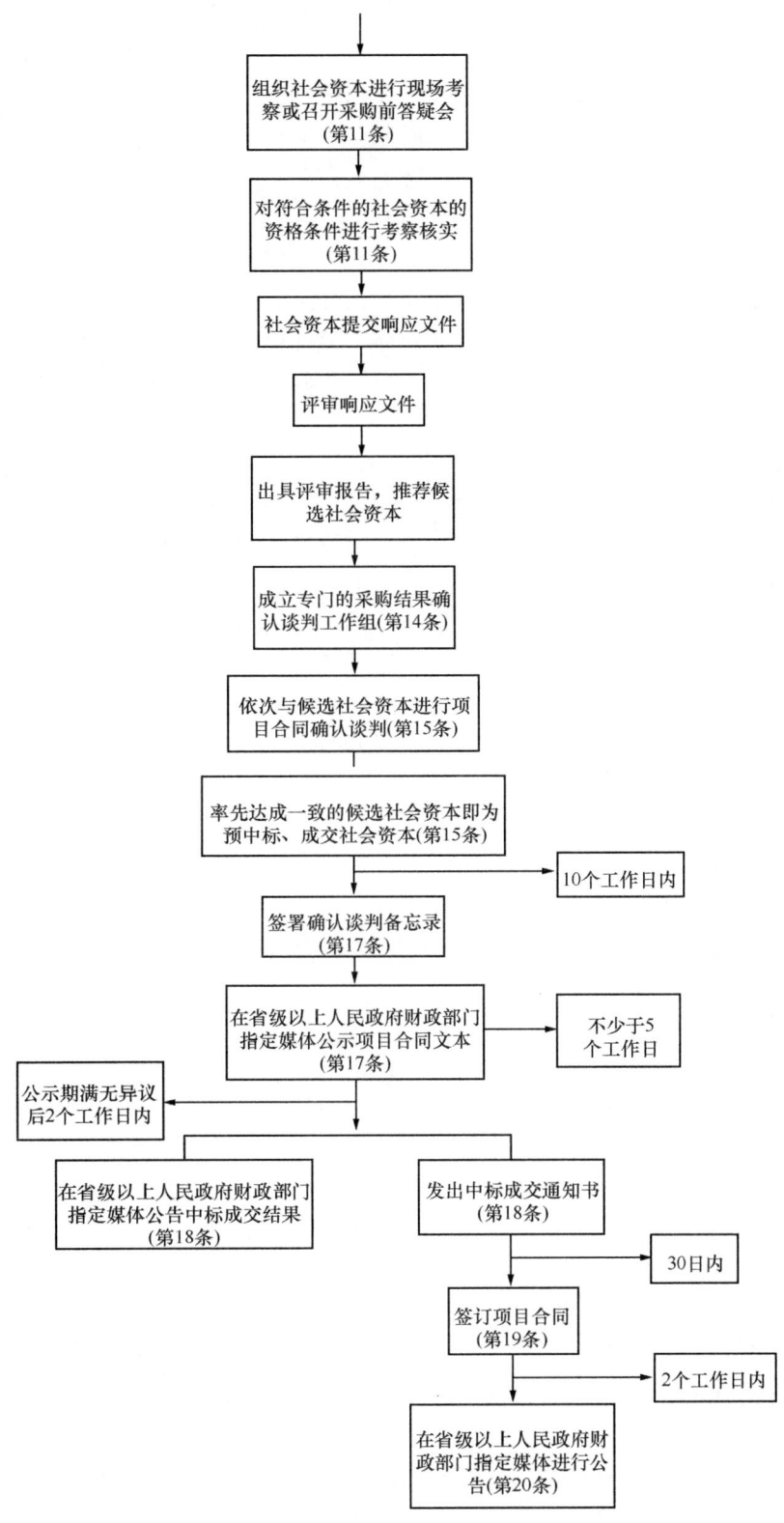

图 5-3　PPP 项目采购基本流程图

拟采购的具体设备或工程内容等信息,向不特定的人提出邀请。任何认为自己符合招标人要求的法人或其他组织、个人都有权向招标人索取招标文件并届时投标。采用公开招标的,招标人不得以任何借口拒绝向符合条件的投标人出售招标文件,依法必须进行招标的项目,招标人不得以地区或者部门不同等借口违法限制任何潜在投标人参加投标。

(2)公开招标须采取公告的方式,向社会公众明示其招标要求,使尽量多的潜在投标人获取招标信息,前来投标,从而保证公开招标的公开性。实际生活中人们经常在报纸上看到"×××招标通告",此种方式即为公告招标方式。采取其他方式如向个别社会资本方或承包人寄信等方式招标的都不是公告方式,不应为公开招标人所采纳。招标公告的发布有多种途径,如可以通过报纸、广播、网络等公共媒体。公开招标的优点在于能够在最大限度内选择投标人,竞争性更强,择优率更高,同时也可以在较大程度上避免招标活动中的贿标行为,因此,国际上政府采购通常采用这种方式。

(二)意义

公开招标是公开发布招标信息,公开程度高,参加竞争的投标人多,竞争比较充分,招标人的选择余地大,当然它的费用也较高,费时较多,程序较为复杂。邀请招标是在有限的范围内发布信息,进行竞争,虽然可以选择,但选择余地不大,它的费用和时间都可以省一些,但作弊的机会可能要多些。因此,在招标投标法中对这两种招标方式是鼓励采用公开招标方式,但也考虑在某些特定的情况可以采用邀请招标方式。所以在这部法律中规定,国家重点项目和地方重点项目不适宜公开招标的,经过批准可以进行邀请招标。这项规定的实质是要求在两种招标方式中尽可能地优先选用公开招标方式。

(三)各阶段主要工作内容

1. 招标准备阶段

按照招标人和投标人参与程度,可将公开招标过程粗略划分成招标准备阶段、招标投标阶段和决标成交阶段。

公开招标准备阶段的工作由招标人单独完成,投标人不参与。主要工作包括以下几个方面:

(1)选择招标方式

根据工程特点和招标人的管理能力确定发包范围;

依据工程建设总进度计划确定项目建设过程中的招标次数和每次招标的工作内容;

按照每次招标前准备工作的完成情况,选择合同的计价方式;

依据工程项目的特点、招标前准备工作的完成情况、合同类型等因素的影响程度,最终公开招标确定招标方式。

(2)办理招标备案

招标人向建设行政主管部门办理申请招标手续。招标备案文件应说明:招标工作范围;招标方式;计划工期;对投标人的资质要求;招标项目的前期准备工作的完成情况;自行招标还是委托代理招标等内容。获得认可后才可以开展招标工作。

(3)编制招标有关文件

招标准备阶段应编制好招标过程中可能涉及的有关文件,保证招标活动的正常进行。这些文件大致包括:招标广告、资格预审文件、招标文件、合同协议书,以及资格预审和评标的方法。

2. 招标投标阶段

招标阶段的主要工作内容。该阶段从发布招标公告开始，到投标截止日期为止的时间。

（1）发布招标广告。招标广告的作用是让潜在投标人获得招标信息，以便进行项目筛选，确定是否参与竞争。

（2）资格预审。对潜在投标人进行资格审查，主要考察该企业总体能力是否具备完成招标工作所要求的条件。公开招标时设置资格预审程序，一是保证参与投标的法人或组织在资质和能力等方面能够满足完成招标工作的要求；二是通过评审优选出综合实力较强的一批申请投标人，再请他们参加投标竞争，以减小评标的工作量。

（3）发售招标文件。招标文件通常分为投标须知、合同条件、技术规范、图纸和技术资料、工程量清单几大部分内容。

（4）现场考察。招标人在投标须知规定的时间组织投标人自费进行现场考察。设置此程序的目的，一方面让投标人了解工程项目的现场情况、自然条件、施工条件以及周围环境条件，以便于编制投标书；另一方面也是要求投标人通过自己的实地考察确定投标的原则和策略，避免合同履行过程中他以不了解现场情况为理由推卸应承担的合同责任。

（5）解答投标人的质疑。招标人对任何一位投标人所提问题的回答，必须发送给每一位投标人保证招标的公开和公平，但不必说明问题的来源。回答函件作为招标文件的组成部分，如果书面解答的问题与招标文件中的规定不一致，以函件的解答为准。

3. 决标成交阶段

决标成交阶段的主要工作内容。从开标日到签订合同这一期间称为决标成交阶段，是对各投标书进行评审比较，最终确定中标人的过程。

1）开标

在投标须知规定的时间和地点由招标人主持开标会议，所有投标人均应参加，并邀请项目建设有关部门代表出席。

开标时，由投标人或其推选的代表检验投标文件的密封情况。确认无误后，工作人员当众拆封，宣读投标人名称、投标价格和投标文件的其他主要内容。所有在投标致函中提出的附加条件、补充声明、优惠条件、替代方案等均应宣读，如果有标底也应公布。

开标过程应当记录，并存档备查。开标后，任何投标人都不允许更改投标书的内容和报价，也不允许再增加优惠条件。投标书经启封后不得再更改招标文件中说明的评标、定标办法。

2）评标

评标是对各投标书优劣的比较，以便最终确定中标人，由评标委员会负责评标工作。大型工程项目的评标通常分成初评和详评两个阶段进行。

（1）初评。评标委员会以招标文件为依据，审查各投标书是否为响应性投标，确定投标书的有效性。投标书内如有下列情况之一，即视为投标文件对招标文件实质性要求和条件响应存在重大偏差，应予淘汰。

① 公开招标没有按照招标文件要求提供投标担保或者所提供的投标担保有瑕疵；

② 没有按照招标文件要求由投标人授权代表签字并加盖公章；

③ 投标文件记载的招标项目完成期限超过招标文件规定的完成期限；

④ 明显不符合技术规格、技术标准的要求；

⑤ 投标文件记载的货物包装方式、检验标准和方法等不符合招标文件要求；
⑥ 招标人不能接受的条件；
⑦ 不符合招标文件中规定的其他实质性要求。

对于存在细微偏差的投标文件，可以书面要求投标人在评标结束前予以澄清、说明或者补正，但不得超出投标文件的范围或者改变投标文件的实质性内容。

（2）详评。详评通常分为两个步骤进行。

首先对各投标书进行技术和商务方面的审查，评定其合理性，以及若将合同授予该投标人在履行过程中可能给招标人带来的风险。评标委员会认为必要时可以单独约请投标人对标书中含义不明确的内容作必要的澄清或说明，但澄清或说明不得超出投标文件的范围或改变投标文件的实质性内容。澄清内容也要整理成文字材料，作为投标书的组成部分。在对标书审查的基础上，评标委员会依据评标规则量化比较各投标书的优劣，并编写评标报告。

（3）评标报告。评标委员会经过对各投标书评审后向招标人提出的结论性报告，作为定标的主要依据。评标报告应包括评标情况说明；对各个合格投标书的评价；推荐合格的中标候选人等内容。

4. 定标

确定中标人前，招标人不得与投标人就投标价格、投标方案等实质性内容进行谈判。招标人应该根据评标委员会提出的评标报告和推荐的中标候选人确定中标人，也可以授权评标委员会直接确定中标人。

定标原则是，中标人的投标应当符合下列条件之一：能够最大限度地满足招标文件中规定的各项综合评价标准；能够满足招标文件各项要求，并经评审的价格最低，但投标价格低于成本的除外。

中标人确定后，招标人向中标人发出中标通知书，同时将中标结果通知未中标的投标人并退还他们的投标保证金或保函。中标通知书对招标人和中标人具有法律效力，招标人改变中标结果或中标人拒绝签订合同均要承担相应的法律责任。

（四）优势与局限

1. 公开招标的优势

（1）程序公开透明：全国范围内发布招标公告，开标时当众开封投标响应文件，开标结束后立即交于专家评审，并最后确定候选人，过程透明规范。

（2）社会资本方竞争充分：招标前通过社会媒体发出公告及公开发售标书，能够尽量地扩大和保障社会资本方的知情权，使符合条件的社会资本都有充分竞争的机会和权利。

（3）降低成本：因为社会投资人的范围扩大，符合条件的社会资本会更加多样化，报价也就多样化，公开发布公告，能够寻找到最佳的社会资本方，从而降低成本。

（4）可以在较大程度上避免招标活动中的贿标行为。

2. 公开招标的优势

（1）适用范围有限：主要适用于采购需求中核心条件和技术经济参数明确、完整、符合国家法律法规及政府采购政策，且采购过程中不作更改的项目。PPP模式目前在我国处于大力推广、积累经验的阶段，PPP项目中符合这样条件的项目不多。

（2）招标过程耗时长：从项目审批到公布中标结果，要经过很多程序，花费时间较多；需花费的成本也较大，对于采购标的较小的招标来说，不宜采用公开招标的方式。

（3）合同不允许谈判：签订合同时，不得通过谈判改变招投标文件的实质性条件。PPP项目采购评审结束后，采购结果确认谈判工作组的工作不涉及招标文件的核心条款。

二、邀请招标方式

（一）定义、内涵与适用范围

邀请招标，也称为选择性招标，是指招标人以投标邀请书的方式邀请特定的法人或者其他组织投标的方式。即，邀请招标过程中，招标采购单位根据社会资本方或承包商的相应资格条件，邀请三家以上特定的社会资本方，并以投标邀请书的方式邀请其参加招标。邀请招标不对公众刊登招标公告，同时邀请招标仅仅针对特定的社会资本方，竞争的范围有限，招标人拥有的选择余地相对较小。公开招标是针对一切潜在的法人或其他组织，其余阶段与公开招标采购相同。

（二）采购流程

根据《招标采购法》、《招标采购法实施条例》、《政府采购法》、《政府采购法实施条例》、《政府采购货物和服务招标采购管理办法》、《政府和社会资本合作模式操作指南》113号文和《PPP项目采购办法》等规定，PPP政府采购项目的邀请招标方式采购流程如图5-4所示。

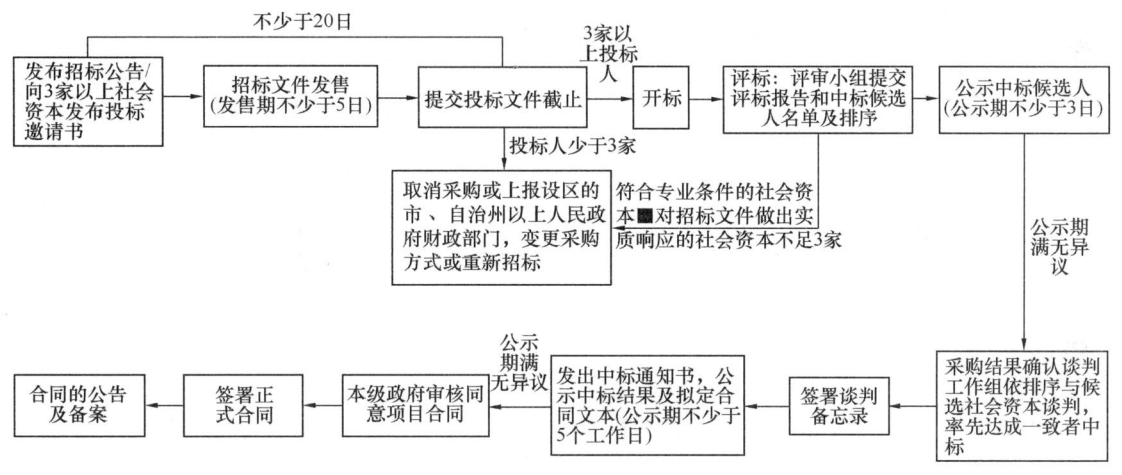

图 5-4　PPP 项目邀请招标方式采购流程

1. 资格预审环节。

（1）实施机构根据项目需要准备资格预审文件，发布资格预审公告，以验证该项目能否获得社会资本响应并实现充分竞争。资格预审公告应当包括：项目授权主体、项目实施机构和项目名称、采购需求、对社会资本的资格要求、是否允许联合体参与采购活动、是否限定参与竞争的合格社会资本的数量及限定的方法和标准、以及社会资本提交资格预审申请文件的时间和地点等内容。

（2）在资格预审的过程中，需明确以下事项：应当在当地财政部门指定的政府采购信息发布媒体上发布，同时，提交资格预审申请文件的时间自公告发布之日起不得少于15个工作日。

（3）在提交申请文件截止后，成立评审小组，组织资格预审和评审工作，并对结果进行处理。邀请招标的资格预审结果有三种，分别对应不同的处理方式：首先，如果有3家以上社会资本通过的，可以继续开展采购文件准备工作；其次，如果通过的不足3家的，应当在调整资格预审公告内容后重新组织；最后，如果经重新资格预审后合格的仍不够3家的，可以依法变更采购方式。

（4）资格预审结果应当告知所有参与资格预审的社会资本方，并将资格预审的评审报告提交财政部门（政府和社会资本合作中心）备案。

2. 编制采购文件，发布投标邀请书环节

（1）采购文件。在编制采购文件及投标邀请书发布阶段，首先要明确项目采购文件内容，项目采购文件应当包括：采购邀请；竞争者须知（包括密封、签署、盖章要求等）；竞争者应当提供的资格、资信及业绩证明文件；采购方式；政府对项目实施机构的授权；实施方案的批复和项目相关审批文件；采购程序；响应文件编制要求；提交响应文件截止时间；开启时间及地点；保证金交纳数额和形式；评审方法；评审标准；政府采购政策要求；PPP项目合同草案及其他法律文本；PPP项目框架协议、特许经营协议、PPP项目合资经营协议、股权转让协议、专项储备地处置协议、国有建设用地使用权出让合同；采购结果确认谈判中项目合同可变的细节；以及是否允许未参加资格预审的社会资本方参与竞争并进行资格后审等内容。此外，项目采购文件中还应当明确项目合同必须报请本级人民政府审核同意，在获得同意前项目合同不得生效。

（2）投标邀请书。根据《招投标法》第十七条：招标人采用邀请招标方式的，应当向三个以上具备承担招标项目的能力、资信良好的特定的法人或者其他组织发出投标邀请书。投标邀请书应当载明招标人的名称和地址、招标项目的性质、数量、实施地点和时间以及获取招标文件的办法等事项。

3. 评审小组评审

已进行资格预审的，评审小组在评审阶段可以不再对社会资本进行资格审查。允许进行资格后审的，由评审小组在响应文件评审环节对社会资本方进行资格审查。评审小组成员应当在资格预审报告和评审报告上签字。

4. 采购结果确认

PPP项目采购评审结束后，项目实施机构应当成立专门的采购结果确认谈判工作组，负责采购结果确认前的谈判和最终的采购结果确认工作。项目实施机构应当在预中标、成交社会资本确定后10个工作日内，与预中标、成交社会资本方签署确认谈判备忘录，并将预中标、成交结果和根据采购文件、响应文件及有关补遗文件和确认谈判备忘录拟定的项目合同文本在省级以上人民政府财政部门指定的政府采购信息发布媒体上进行公示，公示期不得少于5个工作日。项目实施机构应当在公示期满无异议后2个工作日内，将中标、成交结果在省级以上人民政府财政部门指定的政府采购信息发布媒体上进行公告，同时发出中标、成交通知书。

5. 项目合同签署

项目实施机构应当在中标、成交通知书发出后30日内，与中标、成交社会资本方签订经本级人民政府审核同意的PPP项目合同。需要为PPP项目设立专门项目公司的，待项目公司成立后，由项目公司与项目实施机构重新签署PPP项目合同，或者签署关于继承PPP项目合同的补充合同。

项目实施机构应当在PPP项目合同签订之日起2个工作日内，将PPP项目合同在省级以上人民政府财政部门指定的政府采购信息发布媒体上公告。

（三）选择注意要点

由于邀请招标主要是为了在采购符合例外的条件下进行的适度竞争，因此，邀请招标在执行过程中应注意以下几点：

(1) 邀请招标的有效社会资本方不能少于三家，否则无效。

(2) 在资格预审的过程中，应进行广泛的市场调研与信息采集，对社会资本方的业务能力、资质信誉、产品（服务）质量、售后服务及运营能力等方面进行全面了解与分析，在此基础上确定基本符合邀请招标采购要求的潜在社会资本方。

(3) 严格审查社会资本方的资质。为降低采购风险，应采用资质预审和复审两次审查，对社会资本方的经营能力、合法程度、产品供应质量等进行审查，有效防范不合格社会资本方进入候选范围。

(4) 规范采购程序。严格按照《政府采购法》对招标采购的要求操作实施，一般应按明确采购任务、预选并确定社会资本方、编制投标邀请文件、发送招标邀请函、开标评标5个步骤进行。

(5) 重点加强开标评标阶段的工作。在给确定的投标单位发出邀请函以后，包括招标文件和评标办法制作、组织标前答疑会、评委确定、开标评标等，都应按照公开招标内容和工作程序实施。在开标评标时应邀请有代表性的专家和纪检监察部门的专业人员加强监督力度，以保证采购活动和评标工作的顺利实施。

邀请招标与公开招标相比，降低了无人投标而导致流标的风险，这对政府采购中一些价格波动较大、专业性较强商品的采购是很有必要的。

总体来说，邀请招标在一定程度上弥补了公开招标的缺陷。在邀请招标过程中，当招标人对新建项目缺乏足够的经验，对其技术指标尚无把握时，可通过技术交流会等方式进行信息采集，在收集了大量的技术信息并进行评价后，再向选中的特定法人或组织发出招标邀请书，邀请被选中的投标人提出详细的报价。

潜在投标人可由招标方筛选确定，这在某种程度上降低了时间和精力成本，还可防止恶性竞争。因此在适用范围方面，在PPP政府采购项目专业性较强、市场上符合参数要求产品较少、招标数量较少，以及招标项目具有保密性的情况下，可采用邀请招标采购方式。

三、单一来源采购方式

（一）定义、内涵与适用范围

单一来源采购也称直接采购，是指因采购项目的来源渠道单一或发生不可预见的紧急情况以及保证原有采购项目的一致性等原因，按照规定的程序向单一社会资本方直接购买的方式。2013年财政部颁布的《政府采购非招标采购方式管理办法》（财政部令第74号），以及联合国国际贸易法政府采购工作组制定的《贸易法委员会公共采购示范法》对单一来源采购的实施程序、适用条件和主要程序作了详细的规定。

1. 适用单一来源采购方式的条件

由于单一来源采购具有一定特殊性，属于下列情形之一的，经财政部门批准，可采取单一来源采购方式：

(1) 只能从唯一社会资本方处采购的。比如某些具有销售专利权的、企业制定的唯一社会资本方；

(2) 发生了不可预见的紧急情况不能从其他社会资本方处采购的；

(3) 必须保证原有采购项目一致性或者服务配套的要求，需要继续从原社会资本方处添购，且添购资金总额不超过原合同采购金额百分之十的。

2. 单一来源采购方式的内涵

从以上特点来看，单一来源采购具有以下内涵：

(1) 供货渠道稳定。单一来源采购中，项目法人与供货商一般具有长期稳定的合作关系，供货渠道稳定；

(2) 采购程序及操作时间相对较短。因为采购社会资本方只针对一家，无需经过竞标比价等复杂环节，因此单一来源采购程序较为简化，大大缩短了配件采购时间。

(3) 采购价格较高。采用单一来源采购不存在比较，不能形成竞争机制，而且一般都为进口，运费及关税等附加费较高，致使单一来源采购配件价格较高。

(4) 供货周期较长。单一来源采购不能保证配件的及时供给，需提前储备，因此存在占用采购方库存资金的现象。

(5) 过于依赖特定一家供货商，存在一定的风险。由于单一来源采购是一对一的关系，如果供货厂家缺货或在运送过程中出现问题，则不能保证配件的及时供给，存在一定的风险。

(6) 容易滋生索贿受贿现象。单一来源的采购方式中，由于物资只能由特定的社会资本方提供，不存在任何其他合理的选择或替代，部分社会资本方为了尽可能多获取利益，会作出贿赂的行为，这是PPP政府采购中，不采用单一来源采购的重要原因。

因此，在单一来源采购方面，除发生了不可预见的紧急情况外，采购人应当尽量避免采购单一来源采购方式。如果采购对象确实特殊，确有采取单一来源采购方式进行采购的必要，应当深入了解社会资本方提供的产品性能和成本，以便有效地与社会资本方就价格问题进行协商，尽量减少采购支出。

(二) 采购流程

根据《政府采购法》、《政府采购法实施条例》、《政府和社会资本合作模式操作指南》113号文、《政府采购非招标采购方式管理办法》和《PPP项目采购办法》等规定，PPP项目通过单一来源采购方式采购流程如图5-5所示。

(三) 选择注意要点

虽然单一来源采购在政府采购方式中所占比例小，但因制度设定及监管方面的缺位，申报审批、论证、操作环节均存在不规范、不完善的情况，由于这种采购方式是在没有竞争的条件下，采购方与社会资本方一对一地进行交易，这种环境极易造成不公平交易，引起权力寻租，成为政府采购管理的难点。为规范单一来源采购，提高政府采购公信力，节约财政资金，预防采购过程腐败现象的发生，可以从以下四方面加强工作：

1. 组织谈判以确定采购类别

应当组织具有相关经验的专业人员与社会资本方进行谈判，除非由于极端紧急情形，尽量不采用单一来源采购。

(1) 谈判之前要尽量掌握充分的信息，比如采购标的的历史价格，并制定有针对性的谈判策略。

(2) 谈判过程中，在可行和适当情况下可以请求社会资本方提供市场数据或者澄清费用，从而避免出现不合理的报价或者其他条款和条件，并要保证采购标的的质量。

第五章 PPP模式招标（商）采购

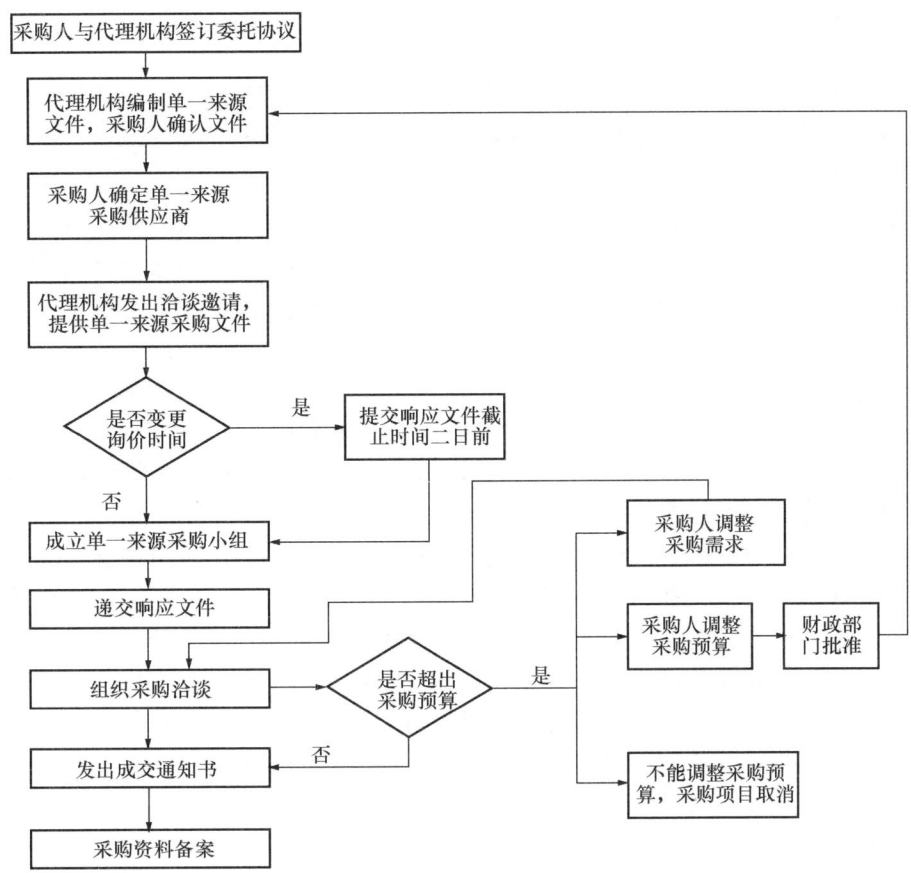

图 5-5 单一来源采购流程图

如山东省某县级城市 PPP 工程包中包含学校、道路管网、污水处理等，因工程复杂，技术要求高，并且采购谈判小组经过一年余的沟通与谈判，与多家单位进行洽谈，只有一家联合体有合作意向，最终采用单一来源采购方式进行采购。如湖南省某单位一体化 PPP 项目也是在网上两次公开资格预审后，均只有一个合格联合体报名，最终采用单一来源采购方式进行采购。

2. 明确单一来源采购的权责

（1）应成立审查委员会，由采购人牵头组织政府采购项目审查。

（2）对政府采购的单一来源方式、采购内容进行详细论证。

（3）建立单一来源采购方式公示前期论证制度。

（4）进一步加强单一来源采购事前监管力度。

3. 明确审核及论证内容

（1）针对采购项目审查环节，单一来源采购人员应当编写协商情况记录，主要内容包括：招标文件中投标人条件、评审办法、用户需求、合同条款、投标人须知等部分。

（2）论证要点包括：①技术需求中的技术标准是否规范；②技术需求的编写有无缺陷；③技术要求有无倾向性；④技术条款以及商务条款（如完工期、供货期、售后服务等）是否真正能够满足；⑤潜在投标社会资本方的建议和要求是否合理；⑥评标标准、评标办法是否科学、公平、规范、完整。

4. 实施有效的监督检查

针对单一来源采购,应实施事前、事中、事后全过程的监督检查。

(1) 事前要着重强化对申请单一来源采购的监督,防范不属于单一来源采购的项目被批准可实施单一来源采购方式;

(2) 事中要着重强化对执行规范程序的监督检查,防范采购出现价格不合理的情况;

(3) 事后要着重强化对验收环节的监督检查,不仅要防范采购人不重视采购质量,更要防范采购人与社会资本方利用单一来源采购联手作弊,以次充好,以假充真,以不合格产品冒充合格产品。

如某政府项目采购人采用单一来源采购方式采购所需某设备及安装,一家经过单一来源公示的社会资本方 A 公司参与,单一来源采购按照法定的程序进行。A 公司的第一次报价为 781490 元,同时递交了报价明细表、设备的成本、利润分析表、类似项目的合同以及相关专利、专有技术等情况说明。采购谈判小组与 A 公司洽谈时,A 公司坚持自己的报价不高,最终降价 90 元,成交公告公示后,社会资本方 B 公司声称 A 公司报价远远高于市场价格,经核查,A 公司递交的报价明细表、设备的成本、利润分析表不合理,虚增成本,提供的类似项目的合同产品与本次采购的普通系列不是同一系列,类似项目的合同产品为高档系列,与采购项目的设备价格不具有可比性,成交金额确实明显偏高。

由此可见,谈判小组的事前信息搜集、谈判过程的核查工作及监督工作对采购结果影响重大,因为单一来源采购不存在货比三家的情况,因此采购谈判小组事前搜集相关信息十分重要。上例中若谈判小组事前足够了解情况,也不至于审核工作未起到效果,也就不会出现报价过高的情况了。

(四) 优势与局限

1. 优势

(1) 供货渠道稳定。在单一来源采购中,项目法人与供货商一般具有长期稳定的合作关系,供货渠道稳定。

(2) 采购程序及操作时间相对较短。因为采购项目只针对一家供应商,无需经过竞标比价等这类复杂环节,因此单一来源采购程序较为简化,大大缩短了采购时间。

2. 局限

(1) 采购价格较高。单一来源采购不存在比较,不能形成竞争机制,而且产品一般都为进口,运费及关税等附加费较高,致使采购标的价格较高。

(2) 供货周期较长。单一来源采购不能保证配件的及时供给,需提前储备,因此存在占用采购方库存资金的现象。

(3) 过于依赖特定一家供货商,存在一定的风险。由于单一来源采购是一对一的关系,如果供货厂家缺货,或在运送过程中出现问题,则不能保证采购标的及时供给,存在一定的风险。

(4) 容易滋生索贿受贿现象。

四、竞争性谈判方式

竞争性谈判,是指采购人或者采购代理机构直接邀请三家以上社会资本方就采购事宜进行谈判的方式。

(一)竞争性谈判的特点
(1)可以缩短准备期,能使采购项目更快地发挥作用。
(2)减少工作量,省去了大量的开标、投标工作,有利于提高工作效率,减少采购成本。
(3)供求双方能够进行更为灵活的谈判。
(4)有利于对民族工业进行保护。
(5)能够激励社会资本方自觉将高科技应用到采购产品中,同时又能转移采购风险。

(二)适用范围
根据《政府采购法》,基础设施或公共服务项目符合下列情形之一的项目或者服务,可以采用竞争性谈判采购方式:
(1)不适宜采用招标方式选择社会资本方或招标后没有社会资本方投标、没有合格标的或者重新招标未能成立的;
(2)技术复杂或性质特殊,不能规定详细规格或者具体要求的;
(3)采用招标所需时间不能满足用户紧急需要的;
(4)不能事先计算出价格总额的。

《政府采购非招标采购方式管理办法》中增加了4种采用竞争性谈判采购方式的情形:
(1)招标后没有供应商投标或者没有合格标的,或者重新招标未能成立的;
(2)技术复杂或者性质特殊,不能确定详细规格或者具体要求的;
(3)非采购人所能预见的原因或者非采购人拖延造成采用招标所需时间不能满足用户紧急需要的;
(4)因艺术品采购、专利、专有技术或者服务的时间、数量事先不能确定等原因不能事先计算出价格总额的。

(三)谈判要素
以下几个环节构成了竞争性谈判的要素:
(1)谈判主体:必须是在采购活动中享有权利和承担义务的各方,即采购人、社会资本方、采购代理机构(含集中采购机构);
(2)组织者:须由采购人或采购代理机构进行组织;
(3)参与者:必须有多家社会资本方参与(通常不少于三家);
(4)过程:实施的过程是必须要通过谈判进行;
(5)结果:在谈判的基础上,从参与谈判的社会资本方中确定出成交社会资本方。

(四)基本程序
竞争性谈判方式为《政府采购法》明确规定的政府采购方式之一,《政府采购非招标采购方式管理办法》就竞争性谈判方式流程进行细化。PPP项目通过竞争性谈判方式采购流程如图5-6所示。

1. 采购计划审批

达到公开招标数额标准的货物、服务采购项目,拟采用非招标采购方式的,采购人应当在采购活动开始前,报经主管预算单位同意后,向设区的市、自治州以上人民政府财政部门申请批准。
(1)采购人提供经政府批准(相关材料)原件或复印件。

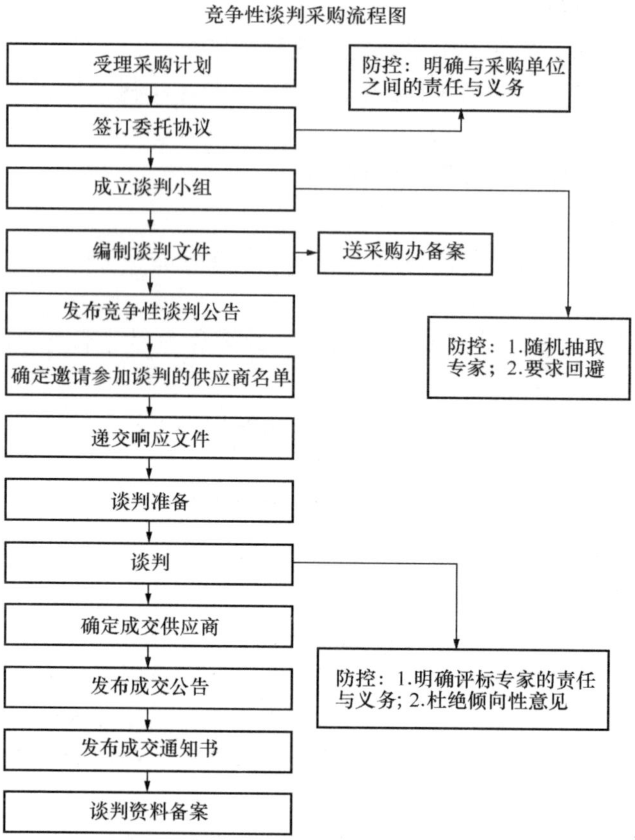

竞争性谈判采购流程图

```
受理采购计划
    ↓
签订委托协议 ──── 防控：明确与采购单位
    ↓              之间的责任与义务
成立谈判小组
    ↓
编制谈判文件 ──── 送采购办备案
    ↓              │
发布竞争性谈判公告  │
    ↓         防控：1.随机抽取
确定邀请参加谈判的供应商名单  专家；2.要求回避
    ↓
递交响应文件
    ↓
谈判准备
    ↓
谈判 ──────────┐
    ↓          防控：1.明确评标专家的责任
确定成交供应商    与义务；2.杜绝倾向性意见
    ↓
发布成交公告
    ↓
发布成交通知书
    ↓
谈判资料备案
```

图 5-6　竞争性谈判采购流程

（2）采购人提供经财政部门和采购办审核、批准的采购项目和采购方式。

2. 签订委托协议

（1）采购中心接受委托任务后，落实项目经办人。

（2）项目经办人审查采购清单的技术参数、性能合理性、付款方式、完工期、售后服务等要求。

（3）制定项目采购工作计划（15 工作日内）。

（4）成立项目工作小组（采购人单位、监督、采购中心、采购办）。

（5）采购人将采购中心提供的政府采购项目告知书、工作计划安排表、采购清单报给政府采购监督管理部门、监察机关备案。

（6）发布招标信息公告。

（7）项目经办人根据采购清单技术参数、性能要求、完工期、付款方式、售后服务、资质要求、谈判事宜标准等制定谈判文件讨论稿。

（8）项目工作小组讨论确定谈判文件，讨论确定邀请社会资本方名单。

（9）发售谈判文件，通知受邀请的社会资本方购买谈判文件。

（10）投标人在开标前交纳投标保证金。

（11）成立谈判小组。谈判小组由采购人的代表，有关专家共三人以上的单数组成，其中专家的人数不少于三分之二（专家由采购管理办公室指派）。

3. 成立谈判小组

谈判小组由采购人的代表和有关专家共三人以上的单数组成,其中专家的人数不得少于成员总数的三分之二。

谈判小组是代表采购人与社会资本方进行谈判的主体,是代表采购人利益、反映采购人需求、具有相当的专业技术水平和谈判技巧的组织。谈判小组所起的作用是由竞争性谈判采购方式的特点所决定的。按照这种采购方式,采购人要与被邀请参加谈判的社会资本方进行面对面的谈判,以明确采购对象的详细技术规格和性能标准,了解采购对象的性质或附带的风险,并在此基础上提出比较接近实际的价格。谈判小组应当包括采购人的代表和有关专家,且人数应为3人以上的单数,其中专家的人数不得少于成员总数的三分之二。

采购人的代表应当是具备相应采购专业知识和技能,具有较丰富的政府采购实践经验,并且经采购人授权能够代表其从事采购活动的自然人,这些人通常是经过培训的专门负责采购业务的政府工作人员。有关专家是指采购人根据采购对象的具体技术要求和性能特点而邀请的,具有某一领域较高专业知识水平和实践经验的人士。这些专家通常都是某一行业协会的成员或是由行业协会推荐的专业人士。邀请这样的专家作为谈判小组成员,采购人可以凭借其专业知识更好地把握采购对象的详细技术规格、性能标准以及价格,并最终以理想的条件与某一社会资本方成交。为了真正发挥专家的作用,并使他们的意见能够充分的得以体现,其人数必须达到谈判小组成员总数的绝对多数,即达到成员总数的三分之二。最后,谈判小组的人数必须是单数,这一规定便于谈判小组在作出有关决议时能够以多数形成表决结果。

4. 制定谈判文件

谈判文件应当明确谈判程序、谈判内容、合同草案的条款以及评定成交的标准等事项。

谈判文件中至少应当明确谈判程序、谈判内容、合同草案的条款以及评定标准等事项。谈判须在财政部门指定的政府采购信息发布媒体上发布公告。公告至谈判文件递交截止时间一般不得少于5天,采购数额在300万元以上、技术复杂的项目一般不得少于10天。

谈判文件通包含以下内容:

(1) 谈判邀请函;

(2) 谈判社会资本方须知(包括密封、签署、盖章要求等);

(3) 报价要求、投标文件的编制要求及谈判保证金的交纳方式;

(4) 谈判社会资本方应当提交的资格、资信证明;

(5) 谈判项目的技术规格、要求和数量,包括附件、图纸等;

(6) 合同主要条款和签订方式;

(7) 交货和提供服务的时间;

(8) 评标方法、评标标准和废标条款;

(9) 递交投标文件截止时间、谈判时间及地点;

(10) 省级以上财政部门规定的其他事项。

5. 确定邀请参加谈判的社会资本方名单

采购人、采购代理机构应当通过发布公告,从省级以上财政部门建立的社会资本方库中随机抽取,或者采购人和评审专家分别书面推荐的方式,邀请不少于3家符合相应资格条件的社会资本方参与竞争性谈判活动,并向其提供谈判文件。

(1) 资格性检查。谈判小组依据法律法规和谈判文件的规定,对参加谈判的社会资本方的资格证明、谈判保证金等进行审查,以确定社会资本方是否具备参加谈判的资格。

(2) 确定参加谈判的社会资本方数量。谈判小组在通过资格性检查的社会资本方名单中确定不少于三家的社会资本方参加谈判。为确保公平起见,原则上通过资格性检查的社会资本方都参加谈判。

(3) 审查社会资本方资格,确定参加谈判社会资本方。谈判小组根据按项目特定条件的要求,对社会资本方的资格进行审查,以筛选出具有参加谈判资格的社会资本方。

6. 社会资本方编制及提交文件

社会资本方应当按照谈判文件的要求编制响应文件,并对其提交的响应文件的真实性、合法性承担法律责任。

7. 开标、谈判

谈判小组应当对响应文件进行评审,并根据谈判文件规定的程序、评定成交的标准等事项与实质性响应谈判文件要求的社会资本方进行谈判。谈判小组所有成员应当集中与单一社会资本方分别进行谈判,并给予所有参加谈判的社会资本方平等的谈判机会。在谈判中,谈判的任何一方不得透露与谈判有关的其他社会资本方的技术资料、价格和其他信息。谈判文件有实质性变动的,谈判小组应当以书面形式通知所有参加谈判的社会资本方。

实质性变动的内容,须经采购人代表确认。社会资本方应当按照谈判文件的变动情况和谈判小组的要求重新提交响应文件,并由其法定代表人或授权代表签字或者加盖公章。

(1) 谈判准备

谈判报价时间截止后,采购中心将组织谈判小组进行谈判准备:

① 谈判小组在指定的场所阅读谈判文件,熟悉评审标准。② 谈判小组检查投标文件的密封情况,对密封损坏的报价文件不予开启。③ 谈判小组审核报价文件的符合性(参照投标文件符合性审查相关内容),符合性不满足谈判文件要求的,作为无效报价文件处理。④ 谈判小组审核、分析、对比各有效报价文件,提出需要澄清、解释问题清单,提出谈判要点。

(2) 谈判要点

谈判要点根据项目而不同,但至少应当包含范围、质量、价格、技术方案、售后服务承诺等主要内容。

围绕谈判要点,谈判小组全体成员集中与单一社会资本方分别进行谈判。逐家谈判一次为一个轮次,谈判轮次由谈判小组视情况决定。在谈判中,谈判的任何一方不得透露与谈判有关的其他社会资本方的技术资料、价格和其他信息。

(3) 澄清

谈判小组对社会资本方谈判报价文件中含义不明确、同类问题表述不一致或有明显文字和计算错误的可以要求社会资本方以书面形式加以澄清、说明或纠正,并要求其授权代表签字确认。

(4) 变动

谈判文件如有实质性变动的,须经谈判小组三分之二以上成员同意并签字确认后,由谈判小组以书面形式通知所有参加谈判的社会资本方,并要求其授权代表签字确认(如不签字确认即被认为拒绝修改并放弃投标)。

8. 确定成交社会资本方

(1) 最终报价。谈判结束后,谈判小组应当要求所有参加谈判的社会资本方在规定时间内进行最终报价,提交最后报价的社会资本方不得少于 3 家。

谈判小组根据符合采购需求、质量、服务相等且报价最低的原则确定社会资本方的排序;在采购需求、质量、服务不相等的情况下由谈判小组集体讨论确定社会资本方的排序,并将结果通知所有参加谈判的社会资本方。

(2) 谈判报告内容

谈判小组根据谈判文件中设定的评标标准对最终报价进行评判并推荐出成交候选社会资本方,按照最后报价由低到高的顺序提出 3 名以上成交候选人,并编写完整的谈判报告。谈判报告应当包括以下主要内容:

① 邀请社会资本方参加采购活动的具体方式和相关情况。② 响应文件开启日期和地点。③ 获取谈判文件的社会资本方名单和谈判小组成员名单。④ 谈判情况记录和说明,包括对社会资本方的资格审查情况、社会资本方响应文件评审情况、谈判情况、报价情况等。⑤ 提出的成交候选社会资本方的排序名单及理由。

(3) 确定成交社会资本方

采购代理机构应当在评审结束后 2 个工作日内将评审报告送采购人确认。采购人应当在收到评审报告后 5 个工作日内,从评审报告提出的成交候选人中,根据质量和服务均能满足采购文件实质性响应要求且最后报价最低的原则确定成交社会资本方,也可以书面授权谈判小组直接确定成交社会资本方。采购人逾期未确定成交社会资本方且不提出异议的,视为确定评审报告提出的最后报价最低的社会资本方为成交社会资本方。具体做法:

① 综合考察由采购项目工作小组组织考察小组,对确定排名第一的投标人进行考察,重点考察投标人投标文件的真实性(资质、业绩情况)。② 考察小组及采购人根据考察情况拿出书面意见。③ 发中标通知书,并发布中标信息。采购人或者采购代理机构应当在成交社会资本方确定后 2 个工作日内,在省级以上财政部门指定的媒体上公告成交结果,同时向成交社会资本方发出成交通知书,并将竞争性谈判文件、询价通知书随成交结果同时公告。④ 签订合同:采购人与成交社会资本方应当在成交通知书发出之日起 30 日内,按照采购文件确定的合同文本以及采购标的、规格型号、采购金额、采购数量、技术和服务要求等事项签订政府采购合同。采购人与中标社会资本方签订社会资本方合同一式肆份(社会资本方一份、采购人单位一份、国库集中支付中心一份、采购中心存档一份)退中标人投标保证金。⑤ 项目经办人编写采购情况小结,整理采购档案,存档备案。

五、竞争性磋商方式

竞争性磋商采购方式,是指采购人、政府采购代理机构通过组建竞争性磋商小组(以下简称磋商小组)与符合条件的社会资本方就采购货物、工程和服务事宜进行磋商,社会资本方按照磋商文件的要求提交响应文件和报价,采购人从磋商小组评审后提出的候选社会资本方名单中确定成交社会资本方的采购方式。

(一) 竞争性磋商内容与适用范围

1. 竞争性磋商采购方式核心内容

竞争性磋商采购方式核心内容是"先明确采购需求、后竞争报价"的两阶段采购模式，倡导"物有所值"的价值目标。

2. 竞争性磋商采购方式适用范围

政府采购竞争性磋商采购方式在下列五种情形具有较高的可操作性和适用性。

(1) 政府购买服务项目。

(2) 技术复杂或者性质特殊，不能确定详细规格或者具体要求的。

(3) 因艺术品采购、专利、专有技术或者服务的时间、数量事先不能确定等原因不能事先计算出价格总额的。

(4) 市场竞争不充分的科研项目，以及需要扶持的科技成果转化项目。

(5) 按照招标投标法及其实施条例必须进行招标的工程建设项目以外的工程建设项目。

其中，前三种情形主要适用于采购人难以事先确定采购需求或者合同条款，需要和社会资本方进行沟通协商的项目；第四种情形主要适用于科研项目采购中有效社会资本方不足三家，以及需要对科技创新进行扶持的项目；第五种情形主要适用于政府采购工程类项目。

(二) 竞争性磋商程序

根据《政府采购非招标采购方式管理办法》、《政府采购货物和服务招标采购管理办法》、财政部113号文等有关规定，适用竞争性磋商方式应遵循以下流程如图5-7所示。

1. 确定采购方式与报批

凡达到公开招标数额标准的货物、服务采购项目，拟采用竞争性磋商采购方式的，采购人应当在采购活动开始前，报经主管预算单位同意后，依法向设区的市、自治州以上人民政府财政部门申请批准。

2. 发布竞争性磋商公告

采用公告方式邀请社会资本方的，采购人、采购代理机构应当在省级以上人民政府财政部门指定的政府采购信息发布媒体发布竞争性磋商公告。

竞争性磋商公告应当包括以下主要内容：

(1) 实施机构（采购人、采购代理机构）的名称、地点和联系方法。

(2) 采购项目的名称、数量、简要规格描述或项目基本概况介绍。

(3) 采购项目的核心边界条件、项目结构和预算。

(4) 社会资本方资格条件；是否允许未进行资格预审的社会资本参与采购活动等内容。

(5) 获取磋商文件的时间、地点、方式及磋商文件售价。

(6) 响应文件提交的截止时间、开启时间及地点。

(7) 采购项目联系人姓名和电话。

3. 成立评审小组

采取采购人和评审专家书面推荐方式选择社会资本方的，采购人和评审专家应当各自出具书面推荐意见。采购人推荐社会资本方的比例不得高于推荐社会资本方总数的50%。采购人、采购代理机构应当通过发布公告、从省级以上财政部门建立的社会资本方库中随机抽取，或者采购人和评审专家分别书面推荐的方式，邀请不少于3家符合相应资格条件的社会资本方，参与竞争性磋商采购活动。

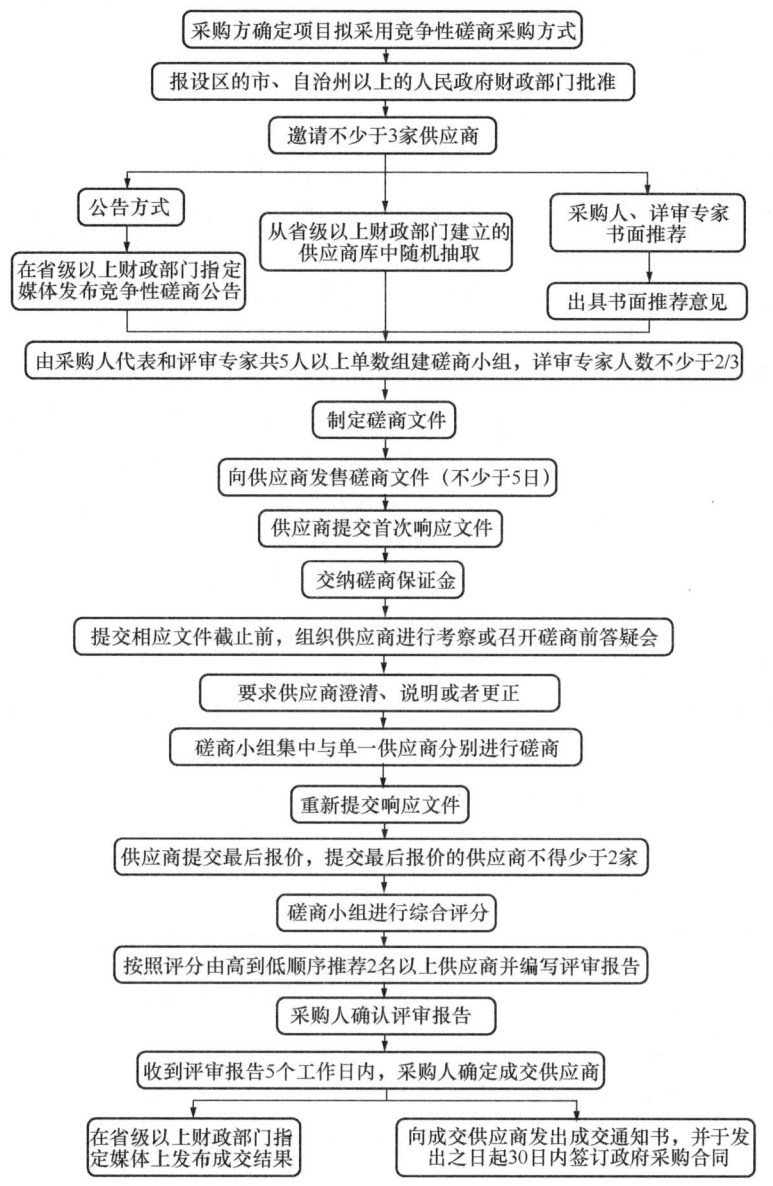

图 5-7　竞争性磋商磋商程序

4. 制定竞争性磋商文件

(1) 竞争性磋商文件制定要求

竞争性磋商文件应当根据采购项目的特点和采购人的实际需求制定，并经采购人书面同意。采购人应当以满足实际需求为原则，不得擅自提高经费预算和资产配置等采购标准。

磋商文件不得要求或者标明社会资本方名称或者特定货物的品牌，不得含有指向特定社会资本方的技术、服务等条件。

(2) 竞争性磋商文件内容

竞争性磋商文件应当包括社会资本方资格条件、采购邀请、采购方式、采购预算、采需求、政府采购政策要求、评审程序、评审方法、评审标准、价格构成或者报价要求、响应文件编制要求、保证金交纳数额和形式以及不予退还保证金的情形、磋商过程中可能实质性变动的内容、响应文件提交的截止时间、开启时间及地点以及合同草案条款等。

5. 资格审查

符合规定条件的社会资本方可以在采购活动开始前加入社会资本方库。财政部门不得对社会资本方申请入库收取任何费用，不得利用社会资本方库进行地区和行业封锁。

已进行资格预审的，评审小组在评审阶段不再对社会资本方资格进行审查。允许进行资格后审的，由评审小组在响应文件评审环节对社会资本方进行资格审查。采购文件售价不得以营利为目的。采购文件的发售期限自开始之日起不得少于5个工作日。

6. 发售磋商文件

磋商文件售价应当按照弥补磋商文件制作成本费用的原则确定，不得以营利为目的，不得以项目预算金额作为确定磋商文件售价依据。磋商文件的发售期限自开始之日起不得少于5个工作日。从磋商文件发出之日起至社会资本方提交首次响应文件截止之日止不得少于10日。

7. 交纳磋商保证金

采购人、采购代理机构可以要求社会资本方在提交响应文件截止时间之前交纳磋商保证金。磋商保证金应当采用支票、汇票、本票或者金融机构、担保机构出具的保函等非现金形式交纳。磋商保证金数额应当不超过采购项目预算的2%。社会资本方未按照磋商文件要求提交磋商保证金的，响应无效。社会资本方应当按照磋商文件的要求编制响应文件，并对其提交的响应文件的真实性、合法性承担法律责任。

社会资本方为联合体的，可以由联合体中的一方或者多方共同交纳磋商保证金，其交纳的保证金对联合体各方均具有约束力。

8. 采购文件的澄清或修改

提交首次响应文件截止之日前，采购人、采购代理机构或者磋商小组可以对已发出的磋商文件进行必要的澄清或者修改，澄清或者修改的内容作为磋商文件的组成部分。澄清或者修改的内容可能影响响应文件编制的，采购人、采购代理机构应当在提交首次响应文件截止时间至少5日前，以书面形式通知所有获取磋商文件的社会资本方；不足5日的，采购人、采购代理机构应当顺延提交首次响应文件截止时间。

9. 响应文件评审

项目实施机构应按照采购文件规定组织响应文件的接收和开启。

（1）响应文件评审阶段划分

评审小组对响应文件进行两阶段评审：

第一阶段：确定最终采购需求方案。评审小组可以与社会资本进行多轮谈判，谈判过程中可实质性修订采购文件的技术、服务要求以及合同草案条款，但不得修订采购文件中规定的不可谈判核心条件。实质性变动的内容，须经项目实施机构确认，并通知所有参与谈判的社会资本。具体程序按照《政府采购非招标采购方式管理办法》及有关规定执行。

第二阶段：综合评分。最终采购需求方案确定后，由评审小组对社会资本提交的最终响应文件进行综合评分，编写评审报告并向项目实施机构提交候选社会资本方的排序名单。具体程序按照《政府采购货物和服务招标投标管理办法》及有关规定执行。

（2）评审报告内容

评审报告应当包括以下主要内容：① 邀请社会资本方参加采购活动的具体方式和相关情况。② 响应文件开启日期和地点。③ 获取磋商文件的社会资本方名单和磋商小组成员名单。④ 评审情况记录和说明，包括对社会资本方的资格审查情况、社会资本方响应文件评审情况、磋商情况、报价情况等。⑤ 提出的成交候选社会资本方的排序名单及理由。

10. 公布磋商成果

采购人或者采购代理机构应当在成交社会资本方确定后 2 个工作日内，在省级以上财政部门指定的政府采购信息发布媒体上公告成交结果，同时向成交社会资本方发出成交通知书，并将磋商文件随成交结果同时公告。成交结果公告应当包括以下内容：

（1）采购人和采购代理机构的名称、地址和联系方式；

（2）项目名称和项目编号；

（3）成交社会资本方名称、地址和成交金额；

（4）主要成交标的的名称、规格型号、数量、单价、服务要求；

（5）磋商小组成员名单。

采用书面推荐社会资本方参加采购活动的，还应当公告采购人和评审专家的推荐意见。

11. 签订政府采购合同

（1）采购人与成交社会资本方应当在成交通知书发出之日起 30 日内，按照磋商文件确定的合同文本以及采购标的、规格型号、采购金额、采购数量、技术和服务要求等事项签订政府采购合同。

（2）采购人不得向成交社会资本方提出超出磋商文件以外的任何要求作为签订合同的条件，不得与成交社会资本方订立背离磋商文件确定的合同文本以及采购标的、规格型号、采购金额、采购数量、技术和服务要求等实质性内容的协议。

第三节 PPP 项目政府购买服务采购方式比较

一、PPP 项目的采购方式的适用条件比较

PPP 项目五种采购方式的适用条件见表 5-1。

表 5-1 PPP 项目五种采购方式的适用条件

采购方式	适用条件
公开招标	公开招标主要适用于核心边界条件和技术经济参数明确、完整、符合国家法律法规和政府采购政策，且采购中不作更改的项目
邀请招标	（1）具有特殊性，只能从有限范围的供应商处采购的 （2）采用公开招标方式的费用占政府采购项目总价值的比例过大的
竞争性谈判	（1）招标后没有供应商投标或者没有合格标的或者重新招标未能成立的 （2）技术复杂或者性质特殊，不能确定详细规格或者具体要求的 （3）采用招标所需时间不能满足用户紧急需要的 （4）不能事先计算出价格总额的

续表

采购方式	适用条件
竞争性磋商	（1）政府购买服务项目 （2）技术复杂或者性质特殊，不能确定详细规格或者具体要求的 （3）因艺术品采购、专利、专有技术或者服务的时间、数量事先不能确定等原因不能事先计算出价格总额的 （4）市场竞争不充分的科研项目，以及需要扶持的科技成果转化项目 （5）按照招标投标法及其实施条例必须进行招标的工程建设项目以外的工程建设项目
单一来源采购	（1）只能从唯一供应商处采购的 （2）发生了不可预见的紧急情况不能从其他供应商处采购的 （3）必须保证原有采购项目一致性或者服务配套的要求，需要继续从原供应商处添购，且添沟资金总额不超过原合同采购金额百分之十的

二、公开招标与邀请招标的区别与联系

根据邀请招标的定义及相关规定，邀请招标有以下区别于公开招标的内涵：

（1）邀请招标发布信息的方式与公开招标不同

邀请招标的招标人要采用招标邀请书的形式向一定数量的潜在投标人发出投标邀请，只有接受投标邀请书的法人或者其他组织才可以参加投标竞争，其他法人或组织无权参加招标；公开招标采用公告的形式发布。

（2）邀请招标的招标人选择范围与公开招标不同

邀请招标针对的是已经对本次 PPP 政府采购项目有所了解的法人或其他组织，而且事先已经确定投标人的数量，即邀请招标中投标人的数目有限，竞争的范围有限，招标人拥有的选择余地相对较小。公开招标主要针对一切潜在的、对招标项目感兴趣的法人或其他组织，有一定的广泛性，竞争性也体现得较为充分。

（3）邀请招标的公开程度与公开招标不同

公开招标中所有的活动都必须严格按照预先制定并为大家所熟知的程序标准公开进行，相比而言，邀请招标没有发布公告的程序，只是向潜在招标人发布邀请，因此邀请招标的公开程度没有公开招标的大，产生不法行为的机会也多一些。

（4）邀请招标的时间成本与费用成本较公开招标大

虽然邀请招标不经历发布公告环节，但是邀请招标还要经历信息采集环节再邀请潜在招标人，在此方面邀请招标的程序较公开招标复杂，时间成本也较公开招标的大。

邀请招标与公开招标相比，降低了无人投标而导致流标的投标风险，这对政府采购中一些价格波动较大的、专业性较强商品的采购是很有必要的。比如某些精密仪器核心部件仅有几家专业性较强的企业才能生产，采用公开招标不仅可能加大无人投标而流标的风险，流标之后再改为邀请招标的话将严重影响招标的效率，因此国际政府通过的招标采购法规，都将邀请招标作为重要的招标方式加以确定，并制定了详细的规则。欧盟的公共采购规则规定，如果采购金额超过法定界限，必须采用招标方式的，项目法人有权自由选择公开招标或邀请招标，而邀请招标由于有上述优点，所以在欧盟成员国家中被广泛使用。而我国在招标法规中，对邀请招标也有相关规定。《招标采购法》明确规定："招标分为公开招标和邀请招标"；"国务院发展计划部门确定的国家重点项目和省、自治区、直辖市人民政府确定的地方重点

项目不适宜公开招标的，经国务院发展计划部门或者省、自治区、直辖市人民政府批准，可以进行邀请招标"。

邀请招标虽然在潜在投标人的选择和通知形式上与公开招标有所不同，但总体来说，邀请招标与公开招标两种方式是并列关系，邀请招标在一定程度上弥补了公开招标的缺陷。在邀请招标过程中，当招标人对新建项目缺乏足够的经验，对其技术指标尚无把握时，可以通过技术交流会等方式进行信息采集，在收集了大量的技术信息并进行评价后，再向选中的特定法人或组织发出招标邀请书，邀请被选中的投标人提出详细的报价。潜在投标人可以由招标方通过提出参数限制和技术交流等方式预先筛选确定，在某种程度上减小招标花费的时间和精力，而且还可以防止某些缺乏信用度的投标人的恶性竞争。因此，在适用范围方面，在PPP政府采购项目专业性较强、市场上符合参数要求的产品较少、招标数量较少，以及招标项目具有保密性的情况中，可以采用邀请招标的方式进行招标。

三、"竞争性谈判"与"竞争性磋商"的对比

PPP项目政府采购方式中，"竞争性谈判"与"竞争性磋商"的最大区别，在成交社会资本方的确定方式以及候选成交社会资本方的推荐方法及评审标准中，"竞争性谈判"主要看"价格"，"竞争性磋商"主要看"综合"。

竞争性谈判与竞争性磋商采购方式对比表见表5-2。

（1）在"明确采购需求"阶段，二者关于采购程序、社会资本方来源方式、磋商或谈判公告要求、响应文件要求、磋商或谈判小组组成等方面的要求基本一致。

（2）在"竞争报价"阶段，竞争性磋商采用了类似公开招标的"综合评分法"，区别于竞争性谈判的"最低价成交"。

（3）这样设计，就是为了在需求完整、明确的基础上实现合理报价和公平交易，并避免竞争性谈判最低价成交可能导致的恶性竞争，将政府采购制度功能聚焦到"物有所值"的价值目标上来，达到"质量、价格、效率"的统一。

表 5-2 竞争性谈判和竞争性磋商采购方式对比表

序号	比较项目	相同点		不同点	
		竞争性谈判	竞争性磋商	竞争性谈判	竞争性磋商
1	法律层级规定的异同	均属于法定的采购方式		《中华人民共和国政府采购法》（法律）第二十六条明确规定（2003年1月1日）	《政府采购竞争性磋商采购方式管理暂行办法》（规范性文件）明确规定（2014年11月29日）
2	定义的异同	均有明文规定		是指谈判小组与符合资格条件的社会资本方就采购货物、工程和服务事宜进行谈判，社会资本方按照谈判文件的要求提交响应文件和最后报价，采购人从谈判小组提出的成交候选人中确定成交社会资本方的采购方式	是指采购人、政府采购代理机构通过组建竞争性磋商小组（以下简称磋商小组）与符合条件的社会资本方就采购货物、工程和服务事宜进行磋商，社会资本方按照磋商文件的要求提交响应文件和报价，采购人从磋商小组评审后提出的候选社会资本方名单中确定成交社会资本方的采购方式

续表

序号	比较项目	相同点		不同点	
		竞争性谈判	竞争性磋商	竞争性谈判	竞争性磋商
3	适用范围的异同	1. 按照招标投标法及其实施条例必须进行招标的工程建设项目以外的； 2. 因艺术品采购、专利、专有技术或者服务的时间、数量事先不能确定等原因不能事先计算出价格总额的		1. 依法制定的集中采购目录以内，且未达到公开招标数额标准的货物、服务 2. 依法制定的集中采购目录以外、采购限额标准以上，且未达到公开招标数额标准的货物、服务 3. 达到公开招标数额标准、经批准采用非公开招标方式的货物、服务 4. 招标后没有社会资本方投标或者没有合格标的，或者重新招标未能成立的 5. 技术复杂或者性质特殊，不能确定详细规格或者具体要求的 6. 非采购人所能预见的原因或者非采购人拖延造成采用招标所需时间不能满足用户紧急需要的 7. 公开招标的货物、服务采购项目，招标过程中提交投标文件或者经评审实质性响应招标文件要求的社会资本方只有两家时，采购人、采购代理机构报经本级财政部门批准后可以与该两家社会资本方进行竞争性谈判	1. 政府购买服务项目 2. 技术复杂或者性质特殊，不能确定详细规格或者具体要求的 3. 市场竞争不充分的科研项目，以及需要扶持的科技成果转化项目
4	报批程序的异同	1. 达到公开招标数额标准的货物、服务采购项目，拟采用"竞争性谈判"或者"竞争性磋商"方式的 2. 采购人应当在采购活动开始前，报经主管预算单位同意后，再向设区的市、自治州以上人民政府财政部门申请批准		—	—

续表

序号	比较项目	相同点		不同点	
		竞争性谈判	竞争性磋商	竞争性谈判	竞争性磋商
5	社会资本方来源方式与数量的异同	1. 采购人、采购代理机构通过发布公告 2. 从省级以上财政部门建立的社会资本方库中随机抽取 3. 采购人和评审专家分别书面推荐 4. 邀请不少于3家符合相应资格条件的社会资本方参与 5. 采取采购人和评审专家书面推荐方式选择社会资本方的，采购人和评审专家应当各自出具书面推荐意见 6. 采购人推荐社会资本方的比例不得高于推荐社会资本方总数的50%		—	—
6	谈判（磋商）文件包含内容的异同	1. 应当根据采购项目的特点和采购人的实际需求制定，并经采购人书面同意 2. 采购人应当以满足实际需求为原则，不得擅自提高经费预算和资产配置等采购标准 3. 不得要求或者标明社会资本方名称或者特定货物的品牌，不得含有指向特定社会资本方的技术、服务等条件 4. 包括社会资本方资格条件、采购邀请、采购方式、采购预算、采购需求、价格构成或者报价要求、响应文件编制要求、保证金交纳数额和形式、谈判（磋商）过程中可能实质性变动的内容等		谈判文件还包括采购程序、提交响应文件截止时间及地点、评定成交的标准、采购需求中的技术、服务要求等	磋商文件还包括政府采购政策要求、评审程序、评审方法、评审标准、不予退还保证金的情形、磋商、响应文件提交的截止时间、开启时间及地点等

续表

序号	比较项目	相同点		不同点	
		竞争性谈判	竞争性磋商	竞争性谈判	竞争性磋商
7	谈判（磋商）程序时限的异同	1. 采购代理机构应当在评审结束后2个工作日内将评审报告送采购人确认 2. 采购人应当在收到评审报告后5个工作日内，从评审报告提出的成交候选人中，确定成交社会资本方 3. 未成交社会资本方的保证金应当在成交通知书发出后5个工作日内退还，成交社会资本方的保证金应当在采购合同签订后5个工作日内退还 4. 采购人与成交社会资本方应当在成交通知书发出之日起30日内，按照谈判（磋商）文件确定的合同文本以及采购标的、规格型号、采购金额、采购数量、技术和服务要求等事项签订政府采购合同 5. 采购人或者采购代理机构应当在成交社会资本方确定后2个工作日内，在省级以上财政部门指定的政府采购信息发布媒体上公告成交结果，同时向成交社会资本方发出成交通知书，并将竞争性谈判（磋商）文件随成交结果同时公告		1. 从谈判文件发出之日起至社会资本方提交首次响应文件截止之日止不得少于3个工作日 2. 澄清或者修改的内容可能影响响应文件编制的，采购人、采购代理机构或者谈判小组应当在提交首次响应文件截止之日3个工作日前，以书面形式通知所有接收谈判文件的社会资本方，不足3个工作日的，应当顺延提交首次响应文件截止之日	1. 从磋商文件发出之日起至社会资本方提交首次响应文件截止之日止不得少于10日 2. 澄清或者修改的内容可能影响响应文件编制的，采购人、采购代理机构应当在提交首次响应文件截止时间至少5日前，以书面形式通知所有获取磋商文件的社会资本方；不足5日的，采购人、采购代理机构应当顺延提交首次响应文件截止时间 3. 磋商文件的发售期限自开始之日起不得少于5个工作日
8	保证金的异同	1. 采购人、采购代理机构可以要求社会资本方在提交响应文件截止时间之前交纳磋商保证金 2. 保证金应当采用支票、汇票、本票或者金融机构、担保机构出具的保函等非现金形式交纳 3. 证金数额应当不超过采购项目预算的2%		保证金还可以采用、网上银行支付	社会资本方未按照磋商文件要求提交磋商保证金的，响应无效

第五章 PPP模式招标(商)采购

续表

序号	比较项目	相同点		不同点	
		竞争性谈判	竞争性磋商	竞争性谈判	竞争性磋商
8	保证金的异同	4. 社会资本方为联合体的，可以由联合体中的一方或者多方共同交纳磋商保证金，其交纳的保证金对联合体各方均具有约束力 5. 已提交响应文件的社会资本方，在提交最后报价之前，可以根据谈判（磋商）情况退出谈判（磋商）。采购人、采购代理机构应当退还退出谈判（磋商）的社会资本方的（磋商）保证金 6. 有下列情形之一的，(磋商）保证金不予退还：①社会资本方在提交响应文件截止时间后撤回响应文件的；②社会资本方在响应文件中提供虚假材料的；③除因不可抗力或谈判（磋商）文件认可的情形以外，成交社会资本方不与采购人签订合同的；④社会资本方与采购人、其他社会资本方或者采购代理机构恶意串通的；⑤谈判（磋商）文件规定的其他情形		保证金还可以采用网上银行支付	社会资本方未按照磋商文件要求提交磋商保证金的，响应无效
9	谈判（磋商）小组组成的异同	1. 竞争性谈判（磋商）小组由采购人代表和评审专家共3人以上单数组成 2. 评审专家人数不得少于竞争性谈判（磋商）小组成员总数的2/3 3. 采购人不得以评审专家身份参加本部门或本单位采购项目的评审 4. 采购代理机构人员不得参加本机构代理的采购项目的评审 5. 采用竞争性谈判（磋商）方式采购的政府采购项目，评审专家应当从政府采购评审专家库内相关专业的专家名单中随机抽取 6. 技术复杂、专业性强的竞争性谈判（磋商）采购项目，评审专家中应当包含1名法律专家		1. 达到公开招标数额标准的货物或者服务采购项目，或者达到招标规模标准的政府采购工程，竞争性谈判小组或者询价小组应当由5人以上单数组成 2. 技术复杂、专业性强的竞争性谈判采购项目，通过随机方式难以确定合适的评审专家的，经主管预算单位同意，可以自行选定评审专家	市场竞争不充分的科研项目，以及需要扶持的科技成果转化项目，以及情况特殊、通过随机方式难以确定合适的评审专家的项目，经主管单位同意，可以自行选定评审专家

续表

序号	比较项目	相同点		不同点	
		竞争性谈判	竞争性磋商	竞争性谈判	竞争性磋商
10	最后报价社会资本方数量的异同	1. 谈判（磋商）文件能够详细列明采购标的的技术、服务要求的，谈判（磋商）结束后，谈判（磋商）小组应当要求所有继续参加谈判（磋商）的社会资本方在规定时间内提交最后报价，提交最后报价的社会资本方不得少于3家 2. 谈判（磋商）文件不能详细列明采购标的的技术、服务要求，需经谈判（磋商）由社会资本方提供最终设计方案或解决方案的，谈判（磋商）结束后，谈判（磋商）小组应当按照少数服从多数的原则投票推荐3家以上社会资本方的设计方案或者解决方案，并要求其在规定时间内提交最后报价 3. 最后报价是社会资本方响应文件的有效组成部分		公开招标的货物、服务采购项目，招标过程中提交投标文件或者经评审实质性响应招标文件要求的社会资本方只有两家时，采购人、采购代理机构报经本级财政部门批准后可以与该2家社会资本方进行竞争性谈判采购，采购人、采购代理机构应当根据招标文件中的采购需求编制谈判文件，成立谈判小组，由谈判小组对谈判文件进行确认，提交最后报价的社会资本方最低数量可以为2家	市场竞争不充分的科研项目，以及需要扶持的科技成果转化项目提交最后报价的社会资本方可以为2家
11	推荐成交候选社会资本方的异同	原则上均推荐3名以上成交候选社会资本方，并编写评审报告		1. 谈判小组应当从质量和服务均能满足采购文件实质性响应要求的社会资本方中，按照最后报价由低到高的顺序提出成交候选人 2. 公开招标的货物、服务采购项目，招标过程中提交投标文件或者经评审实质性响应招标文件要求的社会资本方只有两家时，采购人、采购代理机构报经本级财政部门批准后可以与该2家社会资本方进行竞争性谈判采购，采购人、采购代理机构应当根据招标文件中的采购需求编制谈判文件，成立谈判小组，由谈判小组对谈判文件进行确认，谈判小组推荐的成交候选人可以为2家	1. 经磋商确定最终采购需求和提交最后报价的社会资本方后，由磋商小组采用综合评分法对提交最后报价的社会资本方的响应文件和最后报价进行综合评分 2. 综合评分法，是指响应文件满足磋商文件全部实质性要求且按评审因素的量化指标评审得分最高的社会资本方为成交候选社会资本方的评审方法 3. 综合评分法评审标准中的分值设置应当与评审因素的量化指标相对应。磋商文件中没有规定的评审标准不得作为评审依据 4. 评审时，磋商小组各成员应当独立对每个有效响应的文件进行评价、打分，然后汇总每个社会资本方每项评分因素的得分

续表

序号	比较项目	相同点		不同点	
		竞争性谈判	竞争性磋商	竞争性谈判	竞争性磋商
11	推荐成交候选社会资本方的异同	原则上均推荐3名以上成交候选社会资本方，并编写评审报告		1. 谈判小组应当从质量和服务均能满足采购文件实质性响应要求的社会资本方中，按照最后报价由低到高的顺序提出成交候选人 2. 公开招标的货物、服务采购项目，招标过程中提交投标文件或者经评审实质性响应招标文件要求的社会资本方只有两家时，采购人、采购代理机构报经本级财政部门批准后可以与该2家社会资本方进行竞争性谈判采购，采购人、采购代理机构应当根据招标文件中的采购需求编制谈判文件，成立谈判小组，由谈判小组对谈判文件进行确认，谈判小组推荐的成交候选人可以为2家	5. 综合评分法货物项目的价格分值占总分值的比重（即权值）为30%至60%，服务项目的价格分值占总分值的比重（即权值）为10%至30%。采购项目中含不同采购对象的，以占项目资金比例最高的采购对象确定其项目属性 6. 因艺术品采购、专利、专有技术或者服务的时间、数量事先不能确定等原因不能事先计算出价格总额的项目和执行统一价格标准的项目，其价格不列为评分因素。有特殊情况需要在上述规定范围外设定价格分权重的，应当经本级人民政府财政部门审核同意 7. 综合评分法中的价格分统一采用低价优先法计算，即满足磋商文件要求最后报价最低的社会资本方的价格为磋商基准价，其价格分为满分。其他社会资本方的价格分统一按下列公式计算：磋商报价得分=（磋商基准价/最后磋商报价）×价格权值×100；项目评审过程中，不得去掉最后报价中的最高报价和最低报价 8. 磋商小组应当根据综合评分情况，按照评审得分由高到低顺序推荐成交候选社会资本方 9. 市场竞争不充分的科研项目，以及需要扶持的科技成果转化项目，提交最后报价的社会资本方为2家的，可以推荐2家成交候选社会资本方 10. 评审得分相同的，按照最后报价由低到高的顺序推荐 11. 评审得分且最后报价相同的，按照技术指标优劣顺序推荐
12	确定成交社会资本方的异同	1. 从评审报告提出的成交候选社会资本方中选择 2. 可以书面授权谈判（磋商）小组直接确定成交社会资本方		1. 根据质量和服务均能满足采购文件实质性响应要求且最后报价最低的原则确定成交社会资本方 2. 采购人逾期未确定成交社会资本方且不提出异议的，视为确定评审报告提出的最后报价最低的社会资本方为成交社会资本方	1. 按照排序由高到低的原则确定成交社会资本方 2. 采购人逾期未确定成交社会资本方且不提出异议的，视为确定评审报告提出的排序第一的社会资本方为成交社会资本方

续表

序号	比较项目	相同点		不同点	
		竞争性谈判	竞争性磋商	竞争性谈判	竞争性磋商
13	重新评审的异同	采购人、采购代理机构发现谈判（磋商）小组未按照采购文件规定的评定成交的标准进行评审的，应当重新开展采购活动，并同时书面报告本级财政部门		除资格性审查认定错误和价格计算错误外，采购人或者采购代理机构不得以任何理由组织重新评审	1. 除资格性检查认定错误、分值汇总计算错误、分项评分超出评分标准范围、客观分评分不一致、经磋商小组一致认定评分畸高、畸低的情形外，采购人或者采购代理机构不得以任何理由组织重新评审 2. 采购人或者采购代理机构不得通过对样品进行检测、对社会资本方进行考察等方式改变评审结果
14	终止竞争性谈判（磋商）采购活动的异同	1. 在采购活动中因重大变故，采购任务取消的，采购人或者采购代理机构应当终止采购活动，通知所有参加采购活动的社会资本方，并将项目实施情况和采购任务取消原因报送本级财政部门 2. 出现影响采购公正的违法、违规行为的，或者符合（竞争）要求的社会资本方或者报价未超过采购预算的社会资本方不足3家的，采购人或者采购代理机构应当终止竞争性谈判采购活动，发布项目终止公告并说明原因，重新开展采购活动		1. 因情况变化，不再符合规定的竞争性谈判采购方式适用情形的，采购人或者采购代理机构应当终止竞争性谈判采购活动，发布项目终止公告并说明原因，重新开展采购活动 2. 公开招标的货物、服务采购项目，招标过程中提交投标文件或者经评审实质性响应招标文件要求的社会资本方只有两家时，采购人、采购代理机构报经本级财政部门批准后可以与该2家社会资本方进行竞争性谈判采购而不需要终止采购活动	1. 因情况变化，不再符合规定的竞争性磋商采购方式适用情形的，采购人或者采购代理机构应当终止竞争性磋商采购活动，发布项目终止公告并说明原因，重新开展采购活动 2. 市场竞争不充分的科研项目，以及需要扶持的科技成果转化项目，在采购过程中符合要求的社会资本方或者报价未超过采购预算的社会资本可以为2家而不需要终止采购活动
15	法律责任的异同	在《中华人民共和国政府采购法》（法律）中均有相应规定		在《政府采购非招标采购方式管理办法》（规章）中有明确规定	在《政府采购竞争性磋商采购方式管理暂行办法》（规范性文件）无明确规定

四、PPP 项目与非 PPP 项目竞争性磋商区别

现阶段，在我国同样是采用竞争性磋商采购方式的项目，PPP 项目采购的要求也因其特殊性而与非 PPP 项目采购有所不同。PPP 项目与非 PPP 项目竞争性磋商区别见表 5-3。

第五章 PPP模式招标(商)采购

表 5-3 PPP项目与非PPP项目竞争性磋商区别

不同之处	PPP项目采购	非PPP项目采购
公告内容	资格预审公告应当包括项目授权主体、项目实施机构和项目名称、采购需求、对社会资本的资格要求、是否允许联合体参与采购活动、是否限定参与竞争的合格社会资本的数量及限定的方法和标准、以及社会资本提交资格预审申请文件的时间和地点。（《PPP采购办法》条文第六条）	磋商公告应当包括以下主要内容 1. 采购人、采购代理机构的名称、地点和联系方法 2. 采购项目的名称、数量、简要规格描述或项目基本概况介绍 3. 采购项目的预算 4. 供应商资格条件 5. 获取磋商文件的时间、地点、方式及磋商文件售价 6. 响应文件提交的截止时间、开启时间及地点 7. 采购项目联系人姓名和电话（《磋商暂行办法》条文第七条）
磋商供应商的选择	PPP项目采购应当实行资格预审。项目实施机构应当根据项目需要准备资格预审文件，发布资格预审公告，邀请社会资本和与其合作的金融机构参与资格预审，验证项目能否获得社会资本响应和实现充分竞争。（《PPP采购办法》条文第五条）	通过发布公告、从省级以上财政部门建立的供应商库中随机抽取或者采购人和评审专家分别书面推荐的方式邀请不少于3家符合相应资格条件的供应商参与竞争性磋商采购活动。（《磋商暂行办法》条文第六条）
合格（实质性响应）的供应商不足三家的处理	项目通过资格预审的社会资本不足3家的，项目实施机构应当在调整资格预审公告内容后重新组织资格预审；项目经重新资格预审后合格社会资本仍不够3家的，可以依法变更采购方式。（《PPP采购办法》条文第八条）	提交最后报价的供应商不得少于3家。市场竞争不充分的科研项目，以及需要扶持的科技成果转化项目，提交最后报价的供应商可以为2家（《磋商暂行办法》条文第二十一条）
采购文件内容	包括采购邀请、竞争者须知（包括密封、签署、盖章要求等）、竞争者应当提供的资格、资信及业绩证明文件、采购方式、政府对项目实施机构的授权、实施方案的批复和项目相关审批文件、采购程序、响应文件编制要求、提交响应文件截止时间、开启时间及地点、保证金交纳数额和形式、评审方法、评审标准、政府采购政策要求、PPP项目合同草案及其他法律文本、采购结果确认谈判中项目合同可变的细节、以及是否允许未参加资格预审的供应商参与竞争并进行资格后审等内容。项目采购文件中还应当明确项目合同必须报请本级人民政府审核同意，在获得同意前项目合同不得生效。（《PPP采购办法》条文第九条）	磋商文件应当包括供应商资格条件、采购邀请、采购方式、采购预算、采购需求、政府采购政策要求、评审程序、评审方法、评审标准、价格构成或者报价要求、响应文件编制要求、保证金交纳数额和形式以及不予退还保证金的情形、磋商过程中可能实质性变动的内容、响应文件提交的截止时间、开启时间及地点以及合同草案条款等（《磋商暂行办法》条文第八条、九条）

续表

不同之处	PPP 项目采购	非 PPP 项目采购
项目现场考察或答疑会	项目实施机构应当组织社会资本进行现场考察或者召开采购前答疑会（《PPP 采购办法》条文第十一条）	不需要
合同需要政府审核同意	必须要（《PPP 采购办法》条文第九条）	不需要
对供应商资格考察核实	可以视项目的具体情况，组织对符合条件的社会资本方的资格条件进行考察核实。（《PPP 采购办法》条文第十一条）	不需要
评审小组的组成、评审专家的选定	评审专家可以由项目实施机构自行选定，但评审专家中至少应当包含 1 名财务专家和 1 名法律专家（《PPP 采购办法》条文第七条）	符合本办法第三条第四项规定情形的项目，以及情况特殊、通过随机方式难以确定合适的评审专家的项目，经主管预算单位同意，可以自行选定评审专家。技术复杂、专业性强的采购项目，评审专家中应当包含 1 名法律专家。（《磋商暂行办法》条文第十四条）
采购结果确认前的谈判	应当谈判：PPP 项目采购评审结束后，项目实施机构应当成立专门的采购结果确认谈判工作组，负责采购结果确认前的谈判和最终的采购结果确认工作。（《PPP 采购办法》条文第十四条）	不得谈判：采购人应当在收到评审报告后 5 个工作日内，从评审报告提出的成交候选供应商中，按照排序由高到低的原则确定成交供应商，也可以书面授权磋商小组直接确定成交供应商。采购人逾期未确定成交供应商且不提出异议的，视为确定评审报告提出的排序第一的供应商为成交供应商（《磋商暂行办法》条文第二十八条）
预成交结果公示	需要公示：将预中标、成交结果和根据采购文件、响应文件及有关补遗文件和确认谈判备忘录拟定的项目合同文本在省级以上人民政府财政部门指定的政府采购信息发布媒体上进行公示，公示期不得少于 5 个工作日。（《PPP 采购办法》条文第十七条、十八条）	不需公示：采购人或者采购代理机构应当在成交供应商确定后 2 个工作日内，在省级以上财政部门指定的政府采购信息发布媒体上公告成交成果。（《磋商暂行办法》条文第二十九条）
后续合同签订	需要为 PPP 项目设立专门项目公司的，待项目公司成立后，由项目公司与项目实施机构重新签署 PPP 项目合同，或者签署关于继承 PPP 项目合同的补充合同（《PPP 采购办法》条文第十九条）	不得改变合同的主体：采购人不得向成交供应商提出超出磋商文件以外的任何要求作为签订合同的条件，不得与成交供应商订立背离磋商文件确定的合同文本以及采购标的、规格型号、采购金额、采购数量、技术和服务要求等实质性内容的协议。（《磋商暂行办法》条文第三十条）
履约保证金最高限额	履约保证金的数额不得超过 PPP 项目初始投资总额或者资产评估值的 10%，无固定资产投资或者投资额不大的服务型 PPP 项目，履约保证金的数额不得超过平均 6 个月服务收入额。（《PPP 采购办法》条文第二十一条）	适用《政府采购法实施条例》规定的不得超过合同金额的 10%

续表

不同之处	PPP 项目采购	非 PPP 项目采购
采购过程的时间长短	时间较长：如提交资格预审申请文件的时间自公告发布之日起不得少于 15 个工作日；预中标、成交结果公示时间不得少于 5 个工作日；项目实施机构应当在预中标、成交社会资本确定后 10 个工作日内，与预中标、成交社会资本签署确认谈判备忘录。（《PPP 采购办法》条文第六条、十七条）	时间较短：无资格预审、无预成交结果公示、无成交结果确认前的谈判等
评审报告的作用	采购结果确认谈判工作组应当按照评审报告推荐的候选社会资本排名，依次与候选社会资本及与其合作的金融机构就项目合同中可变的细节问题进行项目合同签署前的确认谈判，率先达成一致的候选社会资本即为预中标、成交社会资本。（《PPP 采购办法》条文第十五条）	采购人应当在收到评审报告后 5 个工作日内，从评审报告提出的成交候选供应商中，按照排序由高到低的原则确定成交供应商，也可以书面授权磋商小组直接确定成交供应商。采购人逾期未确定成交供应商且不提出异议的，视为确定评审报告提出的排序第一的供应商为成交供应商。（《磋商暂行办法》条文第二十八条）

第四节　PPP 项目参与主体与准入条件

一、PPP 项目招标参与的四方主体

PPP 项目招标过程涉及咨询机构、政府、投标人、交易中心等多方主体，针对 PPP 项目招标的特点，各方主体应进行相应的能力改进，适应 PPP 项目的需要。

1. 咨询机构（增强服务能力）

针对 PPP 项目，咨询机构需要进行如下工作：

（1）配合当地政府开展政府与社会资本合作政策研究。

（2）围绕政策解读和实践操作组织对有关单位和人员开展培训。

（3）协助制定当地开展政府和社会资本合作的管理办法、操作流程、合同编制等操作指南和管理制度。

（4）根据当地经济社会发展规划和各项专项规划，组建当地 PPP 项目储备库，并对 PPP 项目库进行动态监测和跟踪管理。

（5）组织专家力量对 PPP 项目进行专项论证和评估、优化建设方案、进行第三方论证为融资方案提供依据。

（6）制定政府与社会投资人合作方案，对政府财政资金使用效率及社会资本投资收益情况进行测算分析。

（7）组织项目法人招标或竞争性谈判。

（8）确定中标人后组织各工程技术专业领域及工程建设及运营管理、法务、财务等方面的专业团队作为独立第三方全过程参与合同细节的谈判工作。

（9）对双方出现的争议进行分析，提出协调处理意见供政府参考。

（10）根据有关的法律文件，对投资人履约情况进行过程监督。

（11）组织开展中期评估、后评价，对重点合同变更事项和违约情况认定等组织专题论证，为合同双方提供参考。

2. 主管部门（简政放权）

PPP 项目一般都是通过特许经营权审批实现，经过招投标程序来选择投资人。一个投资项目从立项到审批，要跑很多个委办局、很多个处室，盖很多个章，需多个审批工作日，审批流程复杂应减少复杂的政府审批程序简政放权，根据当地的情况在生态环保、农业水利、市政、交通、能源、信息和社会事业等领域，特别是新建基础设施以及公共服务项目上，都应优先考虑采用 PPP 模式进行建设来缓解当地政府财政压力。

3. 投资者（增强信心）

投资人面临的主要问题是"重复审批"问题，而这一难题始终难以彻底解决。因为 PPP 项目一般投资规模比较大，基本是由当地政府立项，立项之前，政府部门基本上都已经召集了相关部门商讨，并获得相关部门的通过。但当 PPP 项目落地后，新成立的项目公司还得继续一个个部门去审批走流程，这中间还存在一定的审批风险，目前的 PPP 项目案例显示，这种审批风险基本是由项目公司承担。比较常见的是土地审批问题，比如一个项目，在政府招投标中列明了条件"土地是划拨的"，但项目公司成立后，往往又难以获得划拨土地使用证。在国土部门办理相关证明时，被告知说只能走土地出让的途径，或者相关土地不是净地，还涉及拆迁、土地平整等工作。如果没有建设用地证明，会带来连锁反应，项目建设就很难推进。作为投资者，当然很希望有一个专门的机构来协调这样的工作。投资者只需要跟一个专门的部门来对接，不用面对多个"婆婆"。所以，政府部门应该全力配合投资人，给予最大的支持使投资者投资信心增强。对市场开放的有些领域，如教育、医疗、养老等给予最好的赢利模式，让社会资本投资人合理赢利，在这种"双赢"的环境下投资人投资信心自然增强。

4. 交易机构（优化流程）

（1）针对 PPP 项目的合同文本在政府采购信息指定发布媒体上进行不少于 5 个工作日公示、对于合同中涉及国家秘密和商业秘密的内容不公示的应完善中标公示流程，适应 PPP 项目中标公示要求。

（2）针对 PPP 项目招标的重要性，应优化交易程序、完善 PPP 项目招标公告和招标文件发布流程，适应招标文件多种获取方式和渠道。

（3）针对 PPP 项目融资竞争者提供的资格、资信及业绩证明、采购方式等响应招标文件的评审，应完善专家抽取确定办法，让专家抽取更快捷地适应 PPP 项目评标专家需求。

（4）针对 PPP 项目投资金额大以至于保证金交纳数额大的问题，为了减轻社会投资人的资金周转压力可以采取银行保函等形式缴纳投标保证金，适应保证金多种提交方式。对保证金的退还流程应当简化。只要 PPP 项目签订框架协议书，招标人出具相关退还手续，就应及时办理保证金退还，完善 PPP 项目保证金收退流程。

二、PPP 项目承接主体的准入条件

按照 PPP 项目形成特点和项目特性，需要规范设置必要的社会投资人准入门槛，保障社会大众和政府的权益，主要方面如下：

（1）信用与信誉良好。投资人要有良好的银行资信、财务状况及相应的偿债能力；重合

同、守信用，具有社会责任感。

（2）具有建设营造、经营管理、运营维护同类工程的业绩、资质或经验。投资人或投资人组成的联合体要有良好的业绩与技术能力，必须具备相应的专业资质资格，经验丰富。

（3）资金充足，具有较强的财务与融资能力。投资人要具备良好的财务实力与融资能力，具有良好的银行资信、财务状况及相应的偿债能力及同类项目成功的盈利模式和竞争模式。

（4）专业知识与技术力量雄厚。投资人要具备专业的PPP人才、技术人才、财经人才与管理人才团队。

（5）设备配置等要素实力良好。投资人要拥有专业的设备及完成服务所必须的其他重要要素资源。

（6）质量安全管理体系完善。近三年内没有发生过重大生产安全和质量事故，投资人主动防范的意识强、措施得力，合规性较好。具有独立法人资格；能遵从合同合法合规运营。

在设置具体PPP项目准入条件时，应遵循"公开、公平、公正"的原则，注意准入条件设置的规范、合理和可操作性。

第六章 PPP 模式合同管理

PPP 模式是在基础设施和公共服务领域政府和社会资本基于合同建立的一种合作关系。"按合同办事"不仅是 PPP 模式的精神实质，也是依法治国、依法行政的内在要求。加强对 PPP 合同的起草、谈判、履行、变更、解除、转让、终止直至失效的全过程管理，通过合同正确表达意愿、合理分配风险、妥善履行义务、有效主张权利，是政府和社会资本长期友好合作的重要基础，也是 PPP 项目顺利实施的重要保障。

第一节 PPP 合同管理基础知识

政府和社会资本合作（PPP）项目合同是指政府方（政府或政府授权机构）与社会资本方（社会资本或项目公司）依法就 PPP 项目合作所订立的合同。是指作为招标人的政府与通过项目法人招标选择的中标人（社会投资方）依法订立的约定了双方权利义务及风险分配的协议。

一、PPP 模式的法律合同（协议）文本体系

PPP 项目合同是整个合同体系的基础和核心，政府方与社会资本方的权利义务关系以及 PPP 项目的交易结构、风险分配机制等均通过 PPP 项目合同确定，并以此作为各方主张权利、履行义务的依据和项目全生命周期顺利实施的保障。在 PPP 项目中，除项目合同外，项目公司的股东之间，项目公司与项目的融资方、承包商、专业运营商、原料供应商、产品或服务购买方、保险公司等其他参与方之间，还会围绕 PPP 项目合作订立一系列合同来确立和调整彼此之间的权利义务关系，共同构成 PPP 项目的合同体系。

在 PPP 项目中，项目参与方通过签订一系列合同来确立和调整彼此之间的权利义务关系，构成 PPP 项目的合同体系。PPP 项目的基本合同通常包括 PPP 项目合同、股东协议、履约合同（包括工程承包合同、运营服务合同、原料供应合同以及产品或服务购买合同等）、融资合同和保险合同等。其中，PPP 项目合同是整个 PPP 项目合同体系的基础和核心。在 PPP 项目合同体系中，各个合同之间并非完全独立，而是紧密衔接、相互贯通的，合同之间存在着一定的"传导关系"。PPP 项目基本合同体系如图 6-1 所示。

PPP 模式的法律文本体系主要由基础交易合同体系、融资合同体系和协调机制三个方面组成。

（一）基础交易合同体系

基础交易合同体系侧重于解决商务层面事宜，按照项目商务架构，可以划分为如下几个子体系。

1. 项目建设相关合同

PPP 项目前期，通常由公共部门充任的项目发起人，会联合社会资本合作方，对项目发起和组织事宜进行谈判磋商，明确各方行动指南和职责分工，其合同文本成果通常为 MOU（合作备忘录）和 Route Map（路线图）。由于项目 EPC（设计、采购和建设）事项不

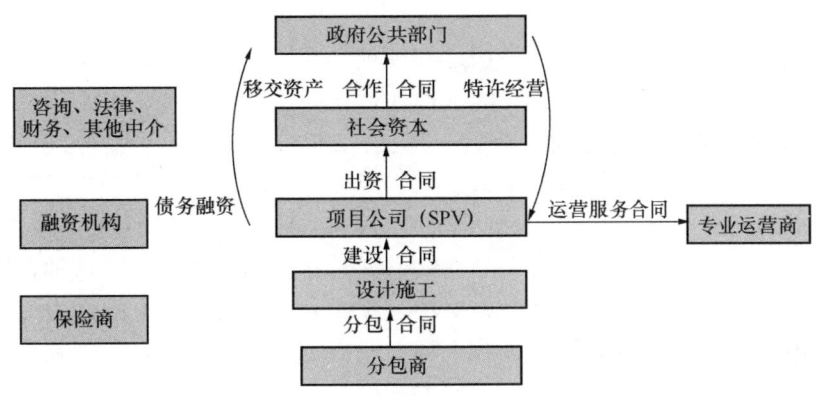

图 6-1　PPP 项目基本合同体系

一定由 PPP 框架下的项目实质合作方进行，通常外包处理，加之与项目建设施工相关的经济、技术可行性论证以及环境社会影响评估事项绝大多数对外委托给独立第三方，这样就形成了工程合同、委托协议等法律文本。

2. 项目运营管理相关合同

如果项目公司仅是一个资本平台，运营管理由专门的项目管理公司来承担，这类合同会由项目公司和项目管理主体签订。否则，相关契约通常会以项目公司章程形式体现。在内容上，通常涉及项目运行和经营管理，以及资产的管理和使用事项，对项目资产使用范围和期限、运营管理和后期投入等进行规约。

3. 供应（服务）合同及产品销售合同

PPP 项目不但要通过产品销售实现预期利润，从而有效吸引社会资本方参与，同时必须保证公共产品和服务的持续有效提供。供应（服务）合同主要保障的是资源或原材料等基础投入品供应的稳定性。

项目产品销售合同的核心是交易价格和交易数量。

（1）交易价格，重点关注价格锁定程度，主要体现为阶梯价格或价格调整机制的确定。

（2）交易数量，重点关注产品的买方接收数量和结算数量的确定，一般有按照实际提供量、实际消费量或固定上限结算，以及照付不议等结算方式。

（二）融资合同体系

融资合同体系侧重于安排资金、资本层面事宜，是 PPP 模式中政府和社会资本合作关系的本质体现。PPP 项目通过设立 SPV（特殊目的实体）作为资金和资本整合的平台，SPV 设立文件是融资文本体系的骨架。是 SPV 章程和股东间协议，会在明确项目资产边界、协调股东权益和构建项目公司决策机制等方面起到核心作用。

通常而言，根据各参与方以及各方之间的关系，项目融资中主要存在以下 10 种类型的文件：

（1）特许经营协议：需要融资的项目已经获得政府许可，其建设与经营具有合法性的重要标志。

（2）投资协议：项目发起人和项目公司之间签订的协议，主要规定项目发起人向项目公司提供一定金额的财务支持，使项目公司具备足够的清偿债务的能力。

（3）担保合同：包括完工担保协议、资金短缺协议和购买协议，是一系列具有履约担保性质的合同。

（4）贷款协议：是贷款人与项目公司之间就项目融资中贷款权利与义务关系达成一致而订立的协议，是项目融资过程中最重要的法律文件之一。

（5）租赁协议：在 BLT（建设—租赁—移交）或以融资租赁为基础的项目融资中承租人和出租人之间签订的租赁协议。

（6）收益转让协议（托管协议）：按照这种合同，通常会将项目产品长期销售合同中的硬货币收益权转让，或将项目的所有产品的收益权转让给一个受托人。这种合同的目的是使贷款人获得收益权的抵押利益，使贷款人对项目现金收益拥有法律上的优先权。

（7）先期购买协议：项目公司与贷款人拥有股权的金融公司或者与贷款人直接签订的协议，按照这个协议，后者同意向项目公司预先支付其购买项目产品的款项，项目公司利用该款项进行项目的建设。这种协议包括了通常使用的"生产支付协议"。

（8）经营管理合同：有关项目经营管理事务的长期合同，有利于加强对项目的经营管理，增加项目成功的把握。

（9）供货协议：通常由项目发起人与项目设备、能源及原材料供应商签订。通过这类合同，在设备购买方面可以实现延期付款或者获取低息优惠的出口信贷，构成项目资金的重要来源，在材料和能源方面可以获取长期低价供应，为项目投资者安排项目融资提供便利条件。

（10）提货或付款协议：包括"无论提货与否均需付款"协议和"提货与付款"协议。前一种合同规定，无论项目公司能否交货，项目产品或服务的购买人都必须承担支付于约定数额贷款的义务；后一种合同规定只有在特定条件下购买人才有付款的义务。其中，当产品是某种设施时，"无论提货与否均需付款"协议可以形成"设施使用协议"。

上述这些文件的签订和履行都围绕项目融资的实施进行，合同之间相互制约，但又互为补充，它们的各自规定，共同构成了项目融资的合同文件基础，形成了项目融资的合同文件体系。

（三）以特许权协议为核心的协调机制

PPP 文本体系中协调机制侧重于相关重要事项中的权益配置及程序性事宜，核心部分是特许权协议。赋予特许权是 PPP 模式能够有效吸引社会资本并成功运行的关键。一般情况下，特许权取得形式可被划分为协议授予和立法授予两种。

特许权协议在法律性质上包括如下几个大类：

1. 特许经营权

经营权管理部门赋予项目公司使用特定公共资源，或在某一领域或地区经营特许业务的权利。特许经营权配置可以是排他性的，也可以是准入型的，但事实上均是对项目收益的保障。协调机制的一个重要组成部分是程序性文本，解决的是程序性事项，一般不涉及实体权益的配置。主要有法律适用相关约定、仲裁条款、解续约程序条款、争端解决机制和再谈判条款等内容。

2. 渠道许可

渠道许可包括对特定原料或技术的使用许可，以及对产品销售特定渠道的许可。如果项目公司获得必备原材料或技术，以及销售产出品均完全通过市场竞争实现，不但会遇到稀缺性的限制，也往往会面临法律限制。尤其是当 PPP 项目的原材料及技术、产品销售渠道由公共部门垄断管理的情况下,渠道许可成为对特许经营权必不可少的补充,甚至成为特许经营权实现价值的前提。

3. 经济性优惠政策

通常采取税收优惠、公共事业收费豁免、利息保费补贴及其他财政补贴的形式,也可能附加加速折旧、资本溢价、转增资本等财务支持政策。至于特许权是否必须与PPP项目本身相关,还是可以扩展为在社会资本方其他经营行为中给予政策补偿,一直存在争论。从现实情况来看,公共政策可以基于公共需要对同公共福利直接相关的PPP项目给予特许权支持,但如果特许权同PPP项目本身完全脱离,不但难以实现对价平等,而且打乱了公共资源支出与其所应惠及的目标受众之间的对应性。

二、PPP合同法律关系主体

(一)PPP模式参与方与合同关系

PPP模式中合同主要包括项目合同、股东合同、融资合同、工程承包合同、运行服务供应合同、产品采购合同和保险合同等。PPP模式参与方与合同关系如图6-2所示和图6-3所示。

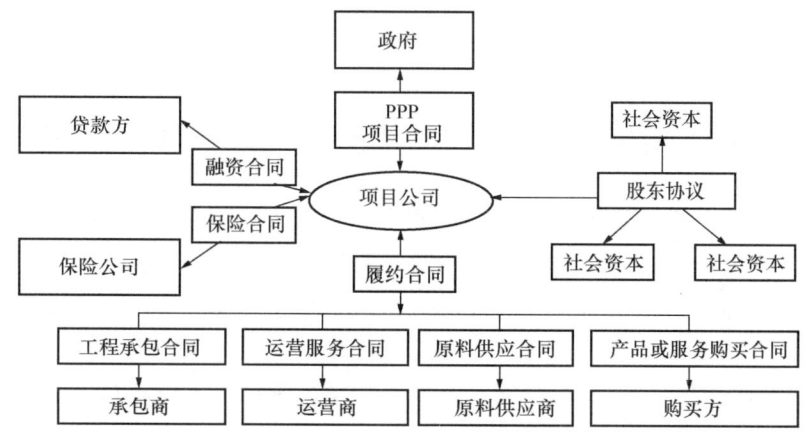

图6-2 PPP模式参与方与合同关系(Ⅰ)

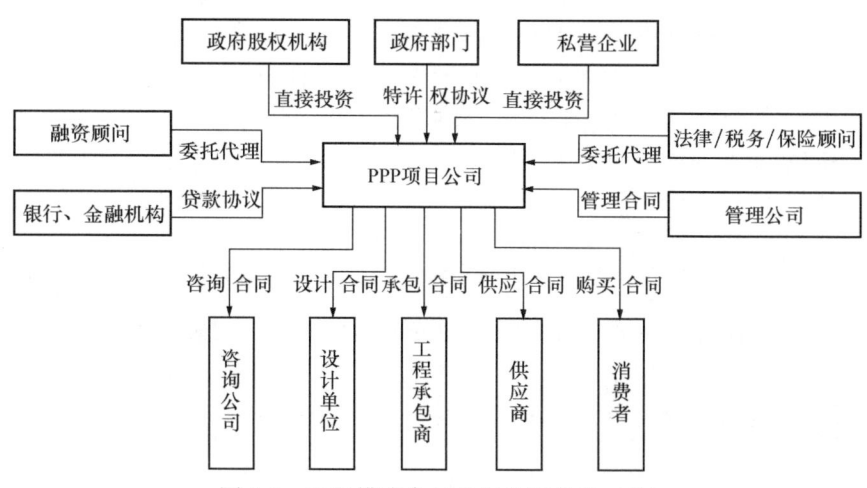

图6-3 PPP模式参与方与合同关系(Ⅱ)

1. 政府部门和项目公司

在我国 PPP 模式主要用于特许经营类项目。中标的社会资本依据我国的《公司法》组建项目公司，政府部门与项目公司签订 PPP 合同，项目公司负责融资、建设与经营项目。政府部门与项目公司的关系是 PPP 合同中最核心的法律关系，即政府部门与社会资本之间的法律关系转换为政府部门与项目公司之间的法律关系；政府部门与社会资本的监督与被监督关系也就转变为政府部门与项目公司的监督与被监督关系。

2. 项目公司与其他利益相关者

在 PPP 模式中，其他利益相关者主要是指设计单位、建设单位、运营维护单位等。项目公司与其他利益相关者之间的关系和其他模式下这两者之间的关系是相似的，彼此的行为均是通过民事法律关系来进行调整和制约，包括承包与发包关系、委托代理关系等。

3. 借贷机构与政府部门、其他利益相关者

在 PPP 项目中，项目公司最主要的任务之一就是融资。融资的渠道就是银行或金融机构等借贷机构。作为资金的提供方，国家为了保护银行或金融机构的利益，借贷机构与政府部门、其他利益相关者（设计单位、建设单位、运营维护单位）之间签订了直接协议。这个直接协议授予银行或金融机构一定的介入权，对项目的终止进行一定的限制：首先政府部门向借贷机构承诺将按与项目公司签订的合同支付有关费用；其次如果项目公司在 PPP 合同下违约造成合同终止，银行或金融机构有权介入特许经营协议。在介入期间，政府部门放弃使用强制执行权，银行或金融机构利用此段时间寻找替代服务提供者，使其维持 PPP 合同的效力，保证项目的正常运营。

PPP 模式参与方通常包括政府、社会资本方、融资方、承包商和分包商、原料供应商、专业运营商、保险公司以及专业机构等，涉及多种法律合同关系。对于具备基础设施设计、建设、运营、维护的能力的社会资本，可以与政府签订框架合作协议，直接成立项目公司，或者通过发起有限合伙制基金后对项目公司进行股权投资，负责项目全生命周期的运作。但不管采用何种形式，均离不开金融机构各种形式的融资支持，金融机构的参与对项目的成败具有举足轻重的作用。

（二）PPP 项目合同基本类型

PPP 模式中合同基本类型主要包括项目合同、股东协议、履约合同（包括工程承包合同、运营服务合同、原料供应合同以及产品或服务购买合同等）、融资合同和保险合同等。其中，PPP 项目合同是整个 PPP 项目合同体系的基础和核心。在 PPP 项目合同体系中，各个合同之间并非完全独立，而是紧密衔接、相互贯通的，合同之间存在一定的"传导关系"。PPP 模式中合同基本类型结构如图 6-4 所示。

1. PPP 项目合同

PPP 项目合同是项目实施机构与中选社会资本方签订（若需要成立专门项目公司的，由项目实施机构与项目公司签订）的约定项目合作主要内容和双方基本权利义务的协议。其目的是在项目实施机构与社会资本方之间合理分配项目风险，明确双方的权利义务关系，保障双方能够依据合同约定合理主张权利，妥善履行义务，确保项目全生命周期内的顺利实施。PPP 项目合同是其他合同产生的基础，也是整个 PPP 项目合同体系的核心。

2. 股东协议

股东协议由项目公司的股东签订，用以在股东之间建立长期的、有约束力的合约关系。

第六章　PPP模式合同管理

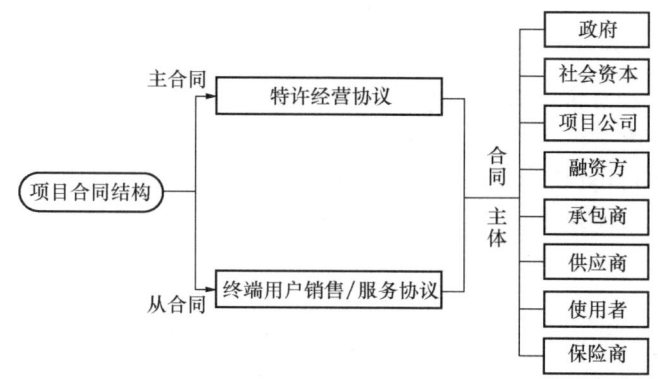

图6-4　PPP模式中合同基本类型结构

股东协议通常包括以下主要条款：前提条件，项目公司的设立和融资，项目公司的经营范围，股东权利，履行PPP项目合同的股东承诺，股东的商业计划，股权转让，股东会、董事会、监事会组成及其职权范围，股息分配，违约，终止及终止后处理机制，不可抗力，适用法律和争议解决等。

3. 履约合同

（1）工程承包合同。项目公司一般只作为融资主体和项目管理者而存在，本身不一定具备自行设计、采购、建设项目的条件，因此可能会将部分或全部设计、采购、建设工作委托给工程承包商，签订工程承包合同。项目公司可以与单一承包商签订总承包合同，也可以分别与不同承包商签订合同。承包商的选择要遵循相关法律法规的规定。由于工程承包合同的履行情况往往直接影响PPP项目合同的履行，进而影响项目的贷款偿还和收益情况。因此，为了有效转移项目建设期间的风险，项目公司通常会与承包商签订一个固定价格、固定工期的"交钥匙"合同，将工程费用超支、工期延误、工程质量不合格等风险全部转移给承包商。此外，工程承包合同中通常还会包括履约担保和违约金条款，进一步约束承包商妥善履行合同义务。

（2）运营服务合同。根据PPP项目运营内容和项目公司管理能力的不同，项目公司有时会考虑将项目全部或部分的运营和维护事务外包给有经验的运营商，并与其签订运营服务合同。在个案中，运营维护事务的外包可能需要事先取得政府的同意。但是，PPP项目合同中约定的项目公司的运营和维护义务并不因项目公司将全部或部分运营维护事务分包给其他运营商实施而豁免或解除。

（3）原料供应合同。有些PPP项目在运营阶段对原料的需求量很大、原料成本在整个项目运营成本中占比较大，同时受价格波动、市场供给不足等影响，又无法保证能够随时在公开市场上以平稳价格获取，继而可能会影响整个项目的持续稳定运营。因此，为了防控原料供应风险，项目公司通常会与原料的主要供应商签订长期原料供应合同，并且约定一个相对稳定的原料价格。在原料供应合同中，一般会包括以下条款：交货地点和供货期限、供货要求和价格、质量标准和验收、结算和支付、合同双方的权利义务、违约责任、不可抗力、争议解决等。除上述一般性条款外，原料供应合同通常还会包括"照供不误"条款，即要求供应商以稳定的价格、稳定的质量品质为项目提供长期、稳定的原料。

（4）产品或服务购买合同。在PPP项目中，项目公司的主要投资收益来源于项目提供的产品或服务的销售收入。因此，保证项目产品或服务有稳定的销售对象，对于项目公司而言十分重要。根据PPP项目付费机制的不同，项目产品或服务的购买者可能是政府，也可能是最终使用者。以政府付费的供电项目为例，政府的电力主管部门或国有电力公司通常会事先与项目公司签订电力购买协议，约定双方的购电和供电义务。此外，在一些产品购买合同中，还会包括"照付不议"条款，即项目公司与产品的购买者约定一个最低采购量，只要项目公司按照该最低采购量供应产品，不论购买者是否需要采购该产品均应按照该最低采购量支付相应价款。

4. 融资合同

从广义上讲，融资合同包括项目公司与贷款方签订的项目贷款合同、担保人就项目贷款与贷款方签订的担保合同、政府与贷款方和项目公司签订的直接介入协议等多个合同。其中，项目贷款合同是最主要的融资合同，一般包括陈述与保证、前提条件、偿还贷款、担保与保障、抵销、违约、适用法律与争议解决等条款。同时，出于贷款安全性的考虑，贷款方往往要求项目公司以其财产或其他权益进行抵押或质押，或由其母公司提供某种形式的担保，或由政府作出某种承诺，这些融资保障措施通常会在担保合同、直接介入协议以及PPP项目合同中具体体现。

5. 保险合同

由于PPP项目通常资金规模大、生命周期长，负责项目实施的项目公司及其他相关参与方通常需要对项目融资、建设、运营等不同阶段的不同类型的风险分别进行投保。通常可能涉及的保险种类包括货物运输险、建筑工程险、针对设计或其他专业服务的专业保障险、针对间接损失的保险、第三人责任险、政治风险保险等。

6. 其他合同

在PPP项目中还可能会涉及其他的合同，例如与专业中介机构签署的投资、法律、技术、财务、税务等方面的咨询服务合同。

四、PPP项目合同订立原则与要求

（一）订立合同的原则

1. 平等原则

PPP项目合同的各方当事人均是平等主体，以市场机制为基础建立互惠合作关系，通过合同条款约定并保障权利、义务。合同当事人的法律地位平等，即享有民事权利和承担民事义务的资格是平等的，一方不得将自己的意志强加给另一方。市场经济中交易双方的关系实质上是一种平等的契约关系，因此，在订立合同中一方当事人的意思表示必须是完全自愿的，不能是在强迫和压力下所做出的非自愿的意思表示。因为合同是平等主体之间的法律行为，只有订立合同的当事人平等协商，才有可能订立意思表示一致的协议。

2. 自愿原则

合同当事人依法享有自愿订立合同的权利，不受任何单位和个人的非法干预。合同法中的自愿原则，是合同自由的具体体现。民事主体在民事活动中享有自主决策权，其合同的民事权利可以抗御非正当行使的国家权力，也不受其他民事主体的非法干预。合同法中的自愿原则有以下含义：

（1）合同当事人有订立或者不订立合同的自由；

（2）当事人有选择合同相对人、合同内容和合同形式的自由，即有权决定于谁订立合

同、有权拟定或者接受合同条款、有权以书面或者口头形式订立合同。

3. 公平原则

合同当事人应当遵循公平原则确定各方的权利和义务。在合同的订立和履行中，合同当事人应当正当行使合同权利和履行合同义务，兼顾他人利益，使当事人的利益能够均衡。在双方合同中，一方当事人在享有权利的同时，也要承担相应义务，取得的利益要与付出的代价相适应。

4. 诚实信用原则

合同当事人在订立合同、行使权力、履行义务中，都应当遵循诚实信用原则。这是市场经济活动中形成的道德规则，它要求人们在交易活动（订立和履行合同）中讲究信用，恪守诺言，诚实不欺。在行使权力时应当充分尊重他人和社会的利益，对约定的义务要忠实履行。

5. 合法性原则

合同当事人在订立及履行合同时，合同形式和内容各构成要件必须符合法律要求，尤其是符合国家强行性法律的要求，不违背社会公共利益，不扰乱社会经济秩序。在PPP框架下，项目合同要与相关法律法规和技术规范做好衔接，确保内容全面、结构合理、具有可操作性，并能够有效促进PPP项目合同的各环节的执行。

6. 提高公共服务质量和效率原则

政府基于PPP架构，通过引入社会资本和市场机制和监管机制，促进重点基础设施建设和提高公共服务水平，增加公共产品和公共服务的有效供给，提高公共资源配置效率和社会价值。

7. 公开透明原则

在PPP模式下，基于法律法规和政策规定，针对项目建设和运营的关键环节，明确政府监管职责，发挥专业机构作用，提高信息公开程度，确保PPP合同项目在阳光下运行。

8. 社会资本获得合理回报原则

PPP合同要充分利用社会资本在国家建设和公共服务中的积极价值，鼓励社会资本在确保公共利益的前提下，降低项目运作成本、提高资源配置效率、获取合理投资回报。

9. 风险最优分配原则

PPP模式致力于在政府和社会资本之间实现最优的风险分配，在受制于法律约束和社会公共利益的前提下，根据公平公正原则，在PPP合同中将风险分配给对政府而言能够以最小成本、最有效管理它的一方承担，并给予风险承担方选择如何处理和最小化该类风险的权利。

10. 国际经验与国内实践相结合原则

在签订PPP项目合同时，要广泛借鉴国外先进经验和已总结的国内各类实践经验，以利于项目的健康、有效发展，促进社会公共服务。

11. 鼓励创新原则

PPP并不是一个具体、确定的投融资模式，要把握PPP项目的实质内容，以PPP项目合同体系的视野，积极探索、务实创新、灵活约定，推进深化投融资体制改革的现实需要。

（二）订立合同的要求

PPP项目招标人与中标人签订合同，除必须按照《合同法》基本要求签订外，还必须遵循《招标投标法》的有关特殊规定。

1. 订立合同的形式要求

按照《招标投标法》的规定，招标人和中标人应当自中标通知书发出之日起30日内，按照招标文件和中标人的投标文件订立书面合同，即法律要求中标通知书发出后双方应当订立书面合同。

2. 订立合同的内容要求

应当按照招标文件和中标人的投标文件确定合同内容。招标文件与投标文件应当包括合同的全部内容。所有的合同内容都应当在招标文件中有体现：一部分合同内容是确定的，不容投标人变更的，如技术要求等，否则就构成重大偏差；另一部分是要求投标人明确的，如报价。投标文件只能按照招标文件要求编制，如果出现合同应当具备的内容在招标文件中没有明确，也没有要求投标文件明确的情况时，则责任应当由招标人承担。

3. 订立合同的时间要求

中标通知书发出后，应当尽快订立合同。这是招标人提高采购效率、投标人降低成本的基本要求。如果订立合同的时间拖得太长，市场情况发生变化，也会使投标报价时的竞争失去意义。因此，《招标投标法》第46条规定"投标人和中标人应当自中标通知书发出之日起30日内，按照招标文件和中标人的投标文件订立书面合同。"《评标委员会和评标方法暂行规定》第49条规定："中标人确定后，招标人应向中标人发出中标通知书，同时通知未中标人，并与中标人在30个工作日之内签订合同"。

4. 订立合同接受监督的要求

在合同订立过程中，投标招标监督部门仍然要进行监督。《招标投标法》第47条规定："依法必须进行招标的项目，招标人应当自确定中标人之日起15日内，向有关行政监督部门提交招标投标情况报告"。

5. 按照招标文件范本订立合同的要求

招标人与中标人签订合同一般符合城市供水、管道燃气、城市生活垃圾处理特许经营协议示范文本的合同条款及格式的规定。

在项目实践中，最重要的法律文本是招标文件、投标文件和项目合同法律文本。从缔约的程序来看，招标文件、投标文件和项目合同分别对应着缔约的要约邀请、要约和承诺三个阶段。招标文件就是向非特定多数（或者特定）潜在投资人发出的订立合同的要约邀请；投标人递交投标文件相当于要约；而通过评标、澄清和谈判，投标人和招标人最终达成相互承诺，项目合同的达成和签署代表缔约过程的结束。

政府在起草招标文件时，应体现自己的意志，在合理的范围内保护自己的合法权益，降低运作项目的风险，但是这种保护应遵循合理风险分配原则，不能超过适当的程度。因为投标人一般在其熟悉的专业领域具有丰富经验，可以更加合理的控制风险，但在项目建设的另外一些领域（如征地拆迁、完成前期工作等）并不具有这种能力，如果分配给投标人的风险过多，将导致其过高估计风险。在报价时相应要求较高的公共产品（或服务）价格，这种情况对政府是不利的。更为严重的是，如果招标文件中的风险分配过于不合理，投标人就有可能认为项目根本不可行而不参与投标，这就会带来流标的风险。实践中，确实有一些自身条件比较好的项目，因为招标文件过于倾向招标人，使得投标人普遍心存疑虑、放弃投标而导致流标。

第二节　PPP 模式中合同性质与主要问题

一、PPP 模式的核心要素合同
当前 PPP 模式下行政合同主要有以下几种：

(一) PPP 模式融资性质合同

(1) 建造—运营—移交（BOT）。

(2) 民间主动融资（PFI）。

(3) 建造—拥有—运营—移交（BOOT）。

(4) 建造—移交（BT）。

(5) 建设—移交—运营（BTO）。

(6) 重构—运营—移交（ROT）。

(7) 设计—建造（DB）。

(8) 设计—建造—融资及经营（DB-FO）。

(9) 建造—拥有—运营（BOO）。

(10) 购买—建造及运营（BBO）。

(11) 只投资。

(二) PPP 模式非融资性质合同

(1) 作业外包。

(2) 运营与维护。

(3) 移交—运营—移交（TOT）。

(4) 股权转权转让。

(5) 合资合作。

二、PPP 模式中合同性质的辨析

(一) 行政合同与民事合同的区分

行政合同是受契约自由和依法行政两大公、私法原则共同支配下的法律行为。在行政合同签订、履行过程中，有别于传统行政行为强制性、单方性的高权特征，它要求必须尊重当事人意思自治，经过双方当事人协商达成一致，但是，行政主体一方签订、履行行政合同的权利并非因社会资本利益驱使，不能享有私法意义上的完全自治。所以私法上的契约自由原则，对于行政主体而言，必须受到公法上依法行政原则限制和约束。比如，在选择合作方、签订合同等过程中，行政主体必须采用公开竞争等限制性选择方式，而非普通民事合同可由双方当事人任意采用适当方式进行。

行政合同是一种确立、变更和消灭公法法律关系的合同，即行政合同产生行政法上的效果，这也是其独立于民事合同存在的本质特征。具体而言，行政合同在合同主体、合同目的和合同内容等三个方面与民事合同存在差别。这也是界别二者的标准所在。行政合同一方必须是行政机关；行政合同的目的为了实现行政管理的目标；行政合同的内容是设立、变更或者消灭行政法律关系，且行政机关基于公共利益的需要享有一定的优越权力（"行政优益权"）。而民事合同是平等主体之间订立的民事权利义务关系的协议，强调平等、自愿、有偿等价值，没有前述的特殊要求。

(二) 行政合同与其他行政行为之别

行政合同首先指的是一种合法行为方式，与传统的行政公文、行政处分行为不同，合同这种行政活动方式是中立的。

为了让社会资本提供经济援助，吸引社会资本进入公共服务领域，通过行政机关与社会资本签订对社会资本有利（实际上也是为了公共利益或者提供公共服务）的双务合同。其中行政机关是为了完成自己的行政职责，积极从事采购和获取服务。从这点看，行政合同对社会资本既有隶属性，又具合作性的；对行政主体则体现为经过双方同意的行政行为。只要得到明确的许可，或者不与法律规范相对立，行政合同即可代替传统的高权行政行为而存在。同时，有些相关或者配套的行政公文或者行政规范性文件，可以视为是对行政合同的附款或附件。

(三) PPP模式行政合同的特性

PPP模式模式反映了行政主体与社会资本之间对于公共服务的买卖合同关系，社会资本作为公共服务的生产和经营者，自然也要受到行政主体的监管。PPP模式中的行政合同应属于兼具公法和私法性质的混合，双方当事人应同时受到公法和私法原则约束。

第三节 PPP项目合同设计

PPP模式从行为性质上属于政府向社会资本方采购公共服务的民事法律行为，构成民事主体之间的民事法律关系。同时，政府作为公共事务的管理者，在履行PPP项目的规划、管理、监督等行政职能时，与社会资本方之间构成行政法律关系。因此，我国PPP项目合同相关法律关系的确立和调整依据，主要是现行的民商法、行政法、经济法和社会法，包括《民法通则》、《合同法》、《预算法》、《政府采购法》、《公司法》、《担保法》、《保险法》、《行政许可法》、《行政处罚法》、《行政复议法》、《民事诉讼法》、《仲裁法》、《行政诉讼法》、《会计法》、《招标投标法》、《土地管理法》、《建筑法》、《环境保护法》等，并涉及部分《公务员法》、《刑法》、《刑事诉讼法》之规定。

根据上述法律规定以及《国务院关于加强地方政府性债务管理的意见》（国发〔2014〕43号）、《国务院关于深化预算管理制度改革的决定》（国发〔2014〕45号）、《国务院关于创新重点领域投融资机制鼓励社会投资的指导意见》（国发〔2014〕60号）、《国家发展改革委关于开展政府和社会资本合作的指导意见》（发改投资〔2014〕2724号）、《财政部关于推广运用政府和社会资本合作模式有关问题的通知》（财金〔2014〕76号）、《财政部关于印发政府和社会资本合作模式操作指南的通知》（财金〔2014〕113号）、《关于规范政府和社会资本合作合同管理工作的通知》（财金〔2014〕156号）有关要求，参考国家发展改革委在2014年12月2日发布《政府和社会资本合作项目通用合同指南》和财政部2014年12月30日发布之《PPP项目合同指南（试行）》，要结合国内外各方PPP项目实践，完善PPP项目合同设计，以帮助PPP项目各参与方全面系统地认识PPP项目合同，指导合同的订立和履行。

一、PPP项目合同参考范本设计内容简介

PPP项目合同参考范本，由合同正文和合同附件组成，对PPP项目合同通常所包含的具有共性的条款和机制作原则性介绍，主要反映合同的一般要求，采用模块化的编写框架，

第六章 PPP模式合同管理

共设置21个模块、115项条款,说明各主要参与方在PPP项目中的角色及订立相关合同的目的,阐述PPP项目合同的主要内容和核心条款,分析合同条款中的风险分配原则、基本内容和权利义务安排。适用于不同模式合作项目的投融资、建设、运营和服务、移交等阶段,具有较强的通用性,并不能适用所有PPP项目的特点和个性需求。

原则上,所有模式项目合同的正文都应包含10个通用模块:总则、合同主体、合作关系、项目前期工作、收入和回报、不可抗力和法律变更、合同解除、违约处理、争议解决,以及其他约定。同时本参考范本还从付费机制和行业领域两个方面,剖析不同类型PPP项目合同中的核心要素和特定条款。

PPP项目兼具长期性、复杂性与多样性,项目所处地域、行业、市场环境等情况的不同,各参与方合作意愿、风险偏好、谈判能力等方面的差异,最终表现为合同内容上的千差万别。实践中,PPP项目各参与方应当结合项目客观需要和谈判结果,充分借助专业力量,因地制宜地订立PPP项目合同。各行业可参考《PPP项目合同参考范本》分别研究制定相应行业的标准合同范本,并及时总结开展政府和社会资本合作中的经验教训,不断细化、完善合同文本。

基础设施投融资项目的合同根据特许经营的模式可以分为投资型特许权经营协议和经营性特许权经营协议。

(1) 投资型特许经营模式的特许权协议内容。包括特许经营权的具体内容和范围(如产品或服务种类、地域范围等);有关资本性投资的规定;产品或服务价格;产品或服务质量;产品或服务销售数量;销售收入结算;重要生产要素采购;关于保证持续提供公用产品或服务的规定;运营和资产管理办法;特许权取得人的信息报告义务;混业经营限制;一般补偿;资产移交;争议解决;特许权的更改或终止;特许权协议终止的补偿;其他。

(2) 经营型特许经营模式的特许权协议内容。包括委托或租赁经营资产的范围;提供产品、服务的数量和质量;对管理费、租金或经营收入定价;激励机制(对特许权取得人超额完成协议目标的奖励或惩罚的规定);委托资产的维护和保养义务;关于资本性支出的规定;协议生效后和协议终止时对资产移交的规定;特许权取得人的报告义务;合同履约担保;争议解决;合同变更和终止;其他。

二、PPP合同主要条款设计

PPP结构的每个选项都有不同特点,针对共性问题,PPP合同主要条款设计如下。

(一) 背景条款

背景条款具体包括合同相关术语的定义和解释、合同签订的背景和目的、声明和保证、合同生效条件、合同体系构成等。这是对PPP结构选择与特点以及项目目的的核心陈述,决定了项目的后续全过程设计和处理,具有重要意义,为项目合同的必备篇章。

(二) 原则条款

在PPP结构下,项目合同各方需就订立合同的主体资格及履行合同的相关事项加以声明和保证,并明确项目合同各方因违反声明和保证应承担相应责任;明确关于合同正文、合同附件、补充协议和变更协议等效力优先次序,以及履约原则和违约处理原则。

(三) 主体条款

(1) 包括政府主体、社会资本主体,重点明确项目合同各主体资格(如签订项目合同的政府主体,应是具有相应行政权力的政府,或其授权的实施机构;签订项目合同的社会资本主体，应是符合条件的国有企业、民营企业、外商投资企业、混合所有制企业，或其他投资、经营主体。）并概括性地约定各主体的主要权利和义务（如政府方依法监管权力和行使项目合同约定的权利，遵守项目合同、及时提供项目配套条件、项目审批协调支持、维护市场秩序等义务；社会资本主体按约定获得政府支持的权利和按约定实施项目、获得相应回报的权利等，按约定提供项目资金，履行环境、地质、文物保护及安全生产等义务，承担社会责任等。）

（2）主体条款部分还应当明确项目公司的设立及其存续期间的法人治理结构及经营管理机制等事项，如政府参股项目公司的，还应明确政府出资人代表、投资金额、股权比例、出资方式等；政府股份享有的分配权益；政府股东代表在项目公司法人治理结构中的特殊安排等。

（四）标的条款

（1）在PPP合同的这个部分，应主要约定政府和社会资本合作关系的重要事项，包括合作内容、合作期限、排他性约定及合作的履约保证等，为项目合同的必备篇章。

（2）在合作内容方面，着重明确合作项目的边界范围。如涉及投资的，应明确投资标的物的范围；涉及工程建设的，应明确项目建设内容；涉及提供服务的，应明确服务对象及内容等，以及政府为合作项目提供的主要条件或支持措施。

（3）明确社会资本主体在合作期间获得回报的具体途径以及合作各阶段项目有形及无形资产的所有权、使用权、收益权、处置权的归属。

（4）如有必要，可做出合作期间内的排他性约定以及项目合同各方的履约担保事项。

（五）执行条款

执行条款部分内容是有效履行PPP项目合同的核心，应当详尽约定执行规划、方案以及流程。

1. 项目前期工作

（1）重点约定项目公司设立、管理架构组建，技术、商业、财务和经济等方面的各项准备，实施方案编制和审核以及合作项目前期工作内容、任务分工、经费承担及违约责任等事项。

（2）对于政府开展前期工作的经费需要社会资本主体承担的，应明确费用范围、确认和支付方式，以及前期工作成果和知识产权归属。

（3）项目合同应明确各方在前期工作中违约行为的认定和违约责任。可视影响将违约行为划分为重大违约和一般违约，并分别约定违约责任。

2. 工程建设

（1）重点约定合作项目工程建设条件，进度、质量、造价、安全要求，变更管理，实际投资认定，工程验收，工程保险及违约责任等事项。

（2）如涉及土地整理事项，项目合同应约定征地、拆迁、安置的范围、进度、实施责任主体及费用负担，并对维护社会稳定、妥善处理后续遗留问题提出明确要求。

（3）在该部分，项目合同还应约定工程完工之后的保修安排和质保金、保修期保函的设置和使用。

（4）若需要，可对项目建设招标采购、工程投资、工程质量、工程造价、工程进度以及工程建设档案资料等事项安排特别监管措施，应在合同中明确监管的主体、内容、方法和程序，以及费用安排。

(5) 项目合同应明确各方在工程建设工作中违约行为的认定和违约责任。可视影响将违约行为划分为重大违约和一般违约，并分别约定违约责任。

3. 绩效检测与支付

项目实施过程中，加强工程质量、运营标准的全程监督，确保公共产品和服务的质量、效率和延续性，鼓励推进第三方评估，评价结果向社会公示，作为合同调整的重要参考依据，并据此作为价费标准、财政补贴等的支付依据。

（六）资金条款

(1) 根据投资概算等约定项目投资规模、投资计划（分年度）、投资控制与超支责任、融资方案和资金筹措、融资条件、投融资监管及违约责任等事项。

(2) 如政府为合作项目提供投资补助、基金注资、担保补贴、贷款贴息等支持，应明确具体方式及必要条件以及设定对投融资的特别监管措施，各方投融资违约行为的认定和违约责任。

（七）验收条款

项目验收应遵照国家及地方主管部门关于基本建设项目验收管理的规定执行，通常包括专项验收和竣工验收。项目合同应约定项目验收的计划、标准、费用和工作机制等要求。如有必要，应针对特定环节做出专项安排。

（八）运营条款

(1) 运营包括试运营和正式运营，重点约定合作项目运营的外部条件、运营服务标准和要求、更新改造及追加投资、服务计量、运营期保险、政府监管、运营支出及违约责任等事项，适用于包含项目运营环节的合作项目。

(2) 项目合同应约定项目运营维护与设施修理事项，详细内容可在合同附件中描述。

(3) 项目合同应约定在运营过程中产生的主副产品的权属和处置权限，以及运营期间由于政府特殊要求造成社会资本主体支出增加、收入减少的补偿方式、补偿金额、支付程序及协商机制。

（九）核算条款

在PPP合同中，应对项目的投资规模、投资计划与资金到位方案等进行系统、科学的核算和评估，约定合作项目收入、回报模式，价格确定和调整方式，财务监管及违约责任等事项。

（十）移交条款

(1) 政府移交资产：重点约定政府向社会资本主体移交资产的准备工作、移交范围、履约标准、移交程序及违约责任等。

(2) 社会资本方移交项目：重点约定社会资本主体向政府移交项目的过渡期、移交范围和标准、移交程序、质量保证及违约责任等。

(3) 项目合同应明确各方在移交工作中违约行为的认定和违约责任。可视影响将违约行为划分为重大违约和一般违约，并分别约定违约责任。

（十一）担保条款

(1) 如有必要，可以约定项目合同各方的履约担保事项，明确履约担保的类型、提供方式、提供时间、担保额度、兑取条件和退还等。

(2) 对于合作周期较长的项目，可分阶段安排履约担保。

（十二）保险条款

(1) 项目合同应约定工程建设期需要投保的险种、保险范围、保险责任期间、保额、投保人、受益人、保险赔偿金的使用等。

(2) 项目合同应约定运营期需要投保的险种、保险范围、保险责任期间、保额、投保人、受益人、保险赔偿金的使用等。

（十三）信息披露与保密条款

(1) 为维护公共利益、促进依法行政、提高项目透明度，合同各方有义务按照法律法规和项目合同约定，向对方或社会披露相关信息。详细披露事项可在合同附件中明确。

(2) 项目合同应约定保密信息范围、保密措施、保密责任。保密信息通常包括项目涉及国家安全、商业秘密或合同各方约定的其他信息。

（十四）廉政与反贿赂条款

(1) 项目合同应约定各方恪守廉洁从政、廉洁从业和防范腐败的责任。

(2) 项目合同应约定反不正当竞争和商业贿赂条款，保证项目过程的法治与公平。

（十五）合同的变更、修订与转让条款

(1) 项目合同应对合同内容变更或修订的触发条件、变更程序、处理方法等进行约定。

(2) 项目合同应约定合同权利义务是否允许转让；如允许转让，应约定需满足的条件和程序。

（十六）特许经营权条款

(1) 从本质上讲，特许经营模式是将政府的角色从服务提供者变成服务价格和质量的规范者。

(2) 特许经营权是政府允许社会资本运营商在指定区域内负责全面提供公共服务，同时负责所有资本投资，但在项目合同中必须强化监管措施，防止垄断利益损害。

（十七）不可抗力和法律变更

(1) 项目合同应约定不可抗力事件的类型和范围，根据不可抗力事件对合同履行造成的影响程度，分别约定不可抗力事件的处理。

(2) 项目合同应约定如在项目合同生效后发布新的法律、法规或对法律、法规进行修订，影响项目运行或各方项目收益时，变更项目合同或解除项目合同的触发条件、影响评估、处理程序等原则和事项。

（十八）解约条款

(1) 按照公平合理的原则，重点约定合同的退出机制，即明确合同解除事由、解除程序以及合同解除后的结算、项目移交等事项。

(2) 结合项目特点和合同解除事由，可分别约定在合同解除时项目接管、项目持续运行、公共利益保护以及其他处置措施等。

（十九）违约条款

(1) 其他条款关于违约的未约定事项，在条款中予以约定；或者对于合同中涉及违约的各种情形在合同中予以集中约定，并对相应的违约责任进行明确细化。

(2) 项目合同应明确各方在各个环节中违约行为的认定和违约责任，可视影响将违约行为划分为重大违约和一般违约，并分别约定违约责任。

(二十) 纠纷解决条款

(1) 重点约定争议解决方式,如协商、调解、仲裁或诉讼。

(2) 项目合同应当约定争议期间的合同履行,除法律规定或另有约定外,任何一方不得以发生争议为由,停止项目运营服务、停止项目运营支持服务或采取其他影响公共利益的措施。

(二十一) 兜底条款

约定项目合同的其他未尽事项,包括合同适用的法律、语言、货币等事项。

上述是对 PPP 合同核心条款设计的二十一项重点提示。除 PPP 交易架构中最核心的政府与社会资本合作合同 (《PPP 主合同》) 外,PPP 交易架构与关联的其他各种各样的交易安排,也应属于广义 PPP 投融资体系的内容,这些内容须遵守和围绕《PPP 主合同》发挥其作用。

三、PPP 项目合同风险配置核心条款

PPP 模式作为一种公共项目运作模式,涉及公共利益,通过法律文本体系和条款设计,有效进行主、客体选择及权力义务配置,是公共财政的核心关切,并应被视为提升公共福利,同时又不致损失效率的有效途径。

1. PPP 项目合同中风险配置基本原则

良好的风险配置机制是隔离 PPP 项目经营风险和公共财政风险的屏障。PPP 项目中,公、私部门间风险配置条款的设计,不但要基于项目风险管理的需要,同时也应该基于有效激励的需要。

1) 在风险管理方面,一般认为应该根据不同主体对不同风险的控制力来进行风险配置:

(1) 不可抗力风险、法律风险及政策变化风险具有一定的共同特征,即它们均不属于公、私任一方在具体项目中可独立掌控的风险因素,因此一般由双方共同承担。

(2) 包括通货膨胀风险和需求风险等在内的市场风险,通常由公、私两部门共同承担,但社会资本方承担主体部分。这主要由于在风险管理中起到决定性作用的是风险控制能力而非风险承担能力。尽管公共部门在通货和需求风险方面具有更大的承担力,但作为项目经营权的主要控制者,社会资本方在项目市场化运营中更具风险控制与规避能力。并且如此分配市场风险能够有效隔离公共部门政策取向对项目实施的不当扭曲。

(3) 利率、运营收入不足、建设成本超支、建设拖期、运营成本超支等一般风险,通常由社会资本方完全承担。这不但是公共部门实现项目风险转移的有效手段,同时也是约束社会资本方项目经营行为的重要手段。

2) 从行为激励的角度来看,尽管将风险完全转移给社会资本方被认为是不适当的,但通过风险配置条款进行适当转移,能够促使项目公司有主动性将项目风险及项目风险管理成本控制在最低水平:PPP 模式中公、私部门不但实现资本融合,而且事实上在公共产品提供方面形成委托代理关系,即 PPP 模式是公、私部门在民商事行为中的人资两合。PPP 模式下,出于公共利益需要,政府是完整意义上的风险厌恶者。而社会资本方的风险成本和预期收益不可能完全对等,并且往往基于对公共资源的良好评价而赋予 PPP 项目较高溢价。更主要的是,适当承担更多的项目风险,被认为是社会资本方社会责任体系的一项重要内容。

为了管控风险,社会资本方必须提高管理水平和经营业绩,并采取包括信用保险、完工

担保、财产保险等在内的保险措施，运用金融体系进一步覆盖风险暴露。由此，在贷款协议、股权协议和保单等融资合同中，往往又涉及保险权益转让和代位求偿条款。

2. 政治不可抗力条款

鉴于 PPP 项目合同的签约主体一方为政府，其所控制风险的范围和能力与一般的签约主体不同，因此实践中一些 PPP 项目合同会将不可抗力事件分为政治不可抗力和自然不可抗力，并对不同类型不可抗力事件的法律后果进行区别处理。

政治不可抗力事件通常包括非因签约政府方原因导致的、且不在其控制下的征收征用、法律变更（即"政府不可控的法律变更"）、未获审批等政府行为引起的不可抗力事件。

在 PPP 实践中，考虑到政府方作为 PPP 项目合同的签约主体，对于上述不可抗力事件具有一定的影响能力，因此一些 PPP 项目合同中，将此类政治不可抗力事件归为政府方应承担的风险，并约定如下的法律后果：

（1）发生政治不可抗力事件，项目公司有权要求延长工期、获得额外补偿或延长项目合作期限；

（2）如因政治不可抗力事件导致项目提前终止，项目公司还可获得比其他不可抗力事件更多的回购补偿，甚至可能包括利润损失。

PPP 项目合同中，不可抗力引起的法律后果通常包括免于履行、延长期限、免除违约责任、费用补偿、解除合同等，但该类法律后果均不适用于政治不可抗力。因此，社会资本方如在 PPP 项目中遭遇上述政治不可抗力的风险，其权益无法获得保障、损失也难以得到补偿。

3. 法律变更条款

在我国法律中，对于"法律变更"并没有明文的规定。在 PPP 项目合同中，法律变更通常会被定义为在 PPP 项目合同生效日之后颁布的各级人民代表大会或其常务委员会或有关政府部门对任何法律的施行、修订、废止或对其解释或执行的任何变动。在 PPP 项目中，法律变更的后果依据参与项目的政府方是否可控划分为两大类：

1）政府方可控的法律变更的后果：

在 PPP 项目中，某些法律变更事件可能是由作为 PPP 项目合同签约主体的政府方直接实施或者在政府方职权范围内发生的，例如由该政府方、或其内设政府部门、或其下级政府所颁行的法律。对于此类法律变更，可认定为政府方可控的法律变更，具体后果可能包括：

（1）在建设期间，如果因发生政府方可控的法律变更导致项目发生额外费用或工期延误，项目公司有权向政府方索赔额外费用或要求延长工期（如果是采用政府付费机制的项目，还可以要求认定"视为已开始运营"）；

（2）在运营期间，如果因发生政府方可控的法律变更导致项目公司运营成本费用增加，项目公司有权向政府方索赔额外费用或申请延长项目合作期限；

（3）如果因发生政府方可控的法律变更导致合同无法继续履行，则构成"政府违约事件"，项目公司可以通过违约条款及提前终止机制等进行救济。

2）政府方不可控的法律变更的后果：

对于超出政府方可控范围的法律变更，如由国家或上级政府统一颁行的法律等，应视为不可抗力，按照不可抗力的机制进行处理。在某些 PPP 项目合同中，也有可能将此类法律变更直接定义为政治不可抗力，并约定由政府方承担该项风险，类似风险的承担划分主要依赖于各方的谈判结果与其他相关条款的利益权衡。

四、PPP 合同涉及公共利益的关键条款

1. 经营约束和监管条款

经营约束和监管条款事实上针对的是项目公司特许权使用行为。特许权配置实现了市场经营行为同公共利益导向的衔接，对特许经营权进行约束和监管的两个主要方面是实施范围和定价。

（1）对特许权实施范围进行约束监管的重心，在于特许权的实施是否惠及目标受众，即 PPP 项目是否通过特许权配置实现了公共产品的供给目标。

一些电力、水务、燃气等类别的基础设施项目，经常会在文本中设计一种接口模式，生产一端通过 PPP 模式运作，产品或服务接入后的销售环节则由公共性更强，甚至全国有或纯公共性的机构运作，由此来杜绝生产商进行价格歧视或特定消费者歧视。例如在罗马尼亚电力市场中，政府以赋予牌照、配额以及峰值调节等手段，组织社会资本投资建厂发电，而其国家电力公司负责整合电能和电网系统运营，ANRE（电力监管局）组织电力交易，各电力批发商和零售商负责与消费端对接。

（2）价格约束和监管的方式，主要有资本回报率控制和产品或服务价格监管。目前看来，后者的应用更加普遍。①价格监管更为简便，并能直接影响消费者剩余和公共产品供给水平，②价格监管能够将对公共服务及产品质量的监督融合其中。

2. 退出机制及项目移交

对于 PPP 项目，尤其是基础设施类 PPP 项目而言，很难在其十几年甚至几十年的项目期间保持项目发起时的结构不变。尤其是当前项目管理中角色细分化和专门化日益明显的情况下，多数项目初始参与者仅专司个别职能，其退出和权益转让属于常态。例如 Blackstone（黑石集团）在 PPP 领域，尤其是世界范围内的大型基础设施项目发掘、发起及运营管理方面具有卓越表现，但其并不长期持有多数 PPP 项目资产，而更集中于资本运作。为了保持项目管理的有效性，通常公共部门会在协议文本中要求关键的项目参与方在一定期限内不得退出，融资方也通常以此设定违约事项条款来规避风险。出于维护项目运行、保护公共利益的目的，在限制退出期结束之后，相关参与方可以选择退出，但对于其权益承接方做全面的资格限制，通常会对其管理能力、资本实力和信用水平提出较高要求。有些 PPP 项目会要求初始参与人的参与比例不得低于某一最低限制，以此来督促初始参与人继续履行职能，并在其承接方的遴选中负有履职尽责义务。

PPP 项目使命完成之后，并不是无一例外地移交给公共部门。根据当初项目资产移交项目公司使用的方式，以及融资模式的不同，项目移交的处理方式也不尽相同。在直接股权融资的 PPP 项目中，除非公共决策认为项目 PPP 运作有延长期限的必要，否则公共部门在项目期结束之后一般会选择从项目中退出，从而将股份公开转让，同时赋予项目社会资本合作方优先受让权。在融资租赁模式融资的 PPP 项目中，公共部门通常在项目期结束之后以象征性对价，将项目资产余值转让给项目公司或社会资本方。而在资产支持债券、信用贷款等债务融资模式中，PPP 项目公司在项目期结束之后通常走上重组之路，而公共部门则有可能从资产持有和信用支撑两个层面有步骤地退出。无论项目采取哪种形式移交，保证公共财产的保值增值都是一项不变的原则。

3. 项目拖期和支付

建设工程合同中对承包商有实质性约束作用的，是目标日期而非中间进度。尽管业主会根据事先的施工计划提出工期警示，但一般将由于承包商原因导致的工程拖期和延期交付视为承包商违约，其法律责任的厘定十分明确。而对于经业主批准的延长工期请求，除了双方协商调整施工计划之外，一般会导致业主对承包商的经济补偿。业主对延长工期计划的批准通常会被视为工程合同的补充条款，尽管这类条款通常附加解除业主对承包商经济补偿责任的表述，但在仲裁中承包商仍具有提出经济补偿要求的权利。因为业主既然批准延长工期，显然是同意将此视为不可预见事项，而承包商不可能在原报价中将这一不可预见事项考虑进去。

目前，建设工程合同的移交接收和支付结算方面，通常采取的方式有固定价格、固定工期并一次性支付的"交钥匙"模式，以及分段移交、里程碑式付款的"实报实销"模式。必须说明的是，在合理的工期范围内，工程招投标通常会采用"低价者得"原则，但不排除因急于交付公共使用而将工期视为更重要的评标因素。完工支付的方式事实上是承包商提供给业主的卖方信贷融资，存在巨大的信用风险，通常会配备完整的风险分担机制和保险计划。而里程碑式节点付款对预算准确性和现金流量计划要求相对较高，通常还要在合同文本中载入工期和施工内容调整情况下的预算及定价调整机制。成本超支是工程造价中不可回避的风险因素，其处理方式同工程拖期较为一致。

五、PPP项目合同边界条件

PPP项目合同的核心内容主要是项目边界条件，主要的边界条件包括权利义务、交易条件、履约保障和调整衔接等。多数PPP项目合同纠纷都是对项目边界条件约定不明晰而引起。下面以污水处理PPP项目中的BOT模式的项目合同边界条件界定为例进行探析，期望能在污水处理PPP项目中或其他基础设施及公共服务领域有参考价值。

（一）权利义务边界

权利义务边界主要包括项目资产权属、社会资本方承担的公共责任、政府支付方式和风险分配结果。

1. 社会资本方承担的公共责任

社会资本方承担的公共责任内容通常约定的都比较原则化，大致内容如下：政府方本着尊重社会公众的知情权，鼓励公众参与监督的原则，有权及时将项目公司的产品和服务质量检查、监测、评估结果和整改情况以适当的方式向社会公布。受理公众对项目公司的投诉，并进行核实处理；遇紧急情况，在可能严重影响公众利益的情况下，可依法对项目进行临时接管。项目公司接受政府部门的行业监管，服从社会公共利益，履行对社会公益性事业所应尽的义务和服务。但如果能够约定更具操作性可以避免纠纷，如在财政部合同指南中，明确了公众监督权的具体内容，实践中，项目公司在运营期间需要公开披露的信息主要包括项目产出标准、运营绩效等，如水质报告等。

2. 项目资产权属

在财政部印发的《PPP项目合同指南（试行）》中对此没有明确的概念描述，在发改委印发的《政府和社会资本合作项目通用合同指南》中出现在第八条第5项："项目资产权属是指明确合作各阶段项目有形及无形资产的所有权、使用权、收益权、处置权的归属。项目资产主要包括土地和土地上的附着物、设施设备等"。PPP项目用地一般都是划拨土地，不管是划拨还是出让，通常应明确未经政府批准，项目公司不得将该项目涉及的土地使用权转让给第三方或用于该项目以外的其他用途。项目土地附着物、建（构）筑物、污水处理设施及设备等产权（所有权）属于政府方，在特许经营期内由项目公司使用，期满后即由项目公司无偿移交给政府或政府指定的单位。同时，在项目经营期间获得的各类知识产权通常也明确附随整体项目移交政府方。

3. 风险分配结果

风险分配结果的边界很清晰，但很多项目合同具体条款掌握有悖于风险分配原则。在财政部合同指南中明确在项目设计、建造、财务和运营维护等商业风险由社会资本方承担，法律、政策和最低需求等风险由政府承担，不可抗力等风险由政府和社会资本方合理分担。但在实践中，一些污水处理项目的建造和运营维护等商业风险因为通过"政府兜底"而转移到政府方。如在某高新区污水处理项目合同中约定如下："商业试运行期不超过九十（90）日，商业试运行期内不追究乙方出水水质不达标的责任，因为商业试运行期间出水水质不达标导致的行政处罚，由甲方（政府方）协助予以免除，若无法免除，则在该等行政处罚发生之日起十（10）日内，由甲方以现金方式全额补偿乙方"。出水水质的风险控制掌握在项目公司手中，让项目承担该风险最有效率，根据财政部合同指南中指出的风险分配的5项基本原则，因此不应该出现该项内容的政府兜底。

4. 政府支付方式

政府支付方式内容约定的都比较清晰，通常涵盖了支付通知，付款，异议处理，违约金计算方式等广义的支付方式。一般项目合同中都约定将付费纳入本级财政预算，有的也要求政府方提供约3个月的支付保函。

（二）交易条件边界

交易条件边界主要包括项目回报机制、产出说明、项目合同期限和收费定价调整机制。

1. 项目回报机制

项目回报机制指的是项目收入的来源方式，主要包括使用者付费、可行性缺口补助和政府付费三种方式，由项目自身经营属性所决定具体采用何种方式。污水处理项目目前无法实现使用者付费，只有采用政府付费方式，即政府直接付费购买公共产品和服务。目前政府付费参数的选择主要是根据污水处理量，而且很多项目中出现了政府对污水处理的供应量采取兜底条款，这种风险应该由社会资本来承担，社会资本承担这个风险最有效率，因为其可以通过商业尽职调查计算出合理的处理量进而控制经营风险。关于污水处理的回报机制，有两个地方可以改进完善。一是从长远看，对污水处理能力的考核重点不应该是处理的数量，而应是主要污染物削减量。二是目前设计的价格调整机制保证了项目公司的可持续获利能力，但如何来管控厂商在整个特许经营期内可能发生的价格垄断的方法措施较少，这些方法包括但不限于"利润率限定"、"价格封顶或包干"、"同域、同业价格比较"等。整体看，目前的一些PPP项目合同中的回报机制还不完善，双方的权利义务还不平衡，需要不断探索适合具体项目的回报机制，既能对社会资本产生吸引力，又避免产生超额利润，增加财政付费负担。

2. 产出说明

产出说明应明确产出规模（服务能力）和产出技术标准。目前的污水处理产出说明的很多都是列举几项水质指标，在产出说明中尽量增加弹性的约束标准。毕竟很多污水处理项目的特许运营期达到了30年，产出说明要站在维护公共利益、提高运营效率的基础上，既考虑眼前要求，也考虑是代表变化，既照顾到国内标准，也借鉴国外行规，充分意识到经济社会的发展性，做好质、量的提前量，为充分实现项目的效益最大化定好标准。

3. 项目合同期限

项目合同期限规定有两种方式：自合同生效之日起一个固定的期限；分别设置独立的设计建设期间和运营期间，并规定运营期间为自项目开始运营之日起的一个固定期限。这里面最容易产生纠纷的地方在于在采用分别设置设计建设期间和运营期间的情况下，当出现工期延误，需要判断是否属于合意约定的延长期限情形，采用这种方式规定合同期限，应同时约定属于延长期限的情形。值得一提的是，在《基础设施和公用事业特许经营管理办法》里面规定，特许经营期最长不超过30年，这30年是否包含建设期，目前各地实行的标准都不一致。

4. 收费定价调整机制

调价机制有公式调整机制和协商调整机制两种。目前采用比较多的是公式调整机制，如自来水项目和污水处理项目通常会以电费、人工费、化学药剂费、企业税收等指数等作为主要的调价因子，当上述因子变动达到约定的幅度时即可触发调价程序，按调价公式自动调整定价。这里面需要关注的有两点：一是各调价因子在总调价公示中的比重占比目前没有统一的比例，同样是自来水项目或污水处理项目，有的地方人工费因子占比例较大，有的地方电费因子占比例较大。所以合理确定权重是一项重要工作，目前尚缺乏权威部门指导意见。二是调价频率，目前有的地方是一年一次，有的是两年或者三年一次。

（三）履约保障边界

履约保障边界包括强制保险方案和包括由投资竞争保函、建设履约保函、运营维护保函和移交维修保函组成的履约保函体系组成。

1. 履约保函体系

履约保函体系由投资竞争保函、建设履约保函、运营维护保函和移交维修保函组成。但并不是所有的项目都需要履约保函，因为社会资本方成立项目公司的目的之一就是通过项目责任的有限追索来实现风险剥离（即项目公司的投资人仅以其在项目公司中的出资为限对项目承担责任），多数情况下项目公司的母公司本身可能并不愿意为项目提供额外的担保。另外，PPP项目本身通常已经设置了一些保证项目公司按合同履约的机制（例如付费机制和项目期限机制等），足以激励和约束项目公司妥善履约。因此，为了更好地实现物有所值原则，在具体项目中是否需要项目公司提供履约担保、需要提供何种形式的担保以及担保额度，均需要具体分析和评估。

2. 强制保险方案

在项目合同谈判中，通常只有在最后阶段才会谈及项目相关的保险问题，因此这一问题也极易被有关各方所忽略。但在发改委和财政部两份合同指南中都专门提到了项目保险。能否获得相关保险、保险覆盖的范围等问题恰恰是项目风险的核心。财政部合同指南中列举了可供选择的险种包括但不限于：

（1）货物运输保险。

（2）建筑工程一切险。

（3）安装工程一切险。

(4) 第三者责任险;
(5) 施工机具综合保险。
(6) 雇主责任险。

发改委合同指南中强调项目合同应约定运营期需要投保的险种、保险范围、保险责任期间、保额、投保人、受益人、保险赔偿金的使用等。因此，强制保险方案需要政府与项目公司在谈判中予以足够关注并尽量明确。

（四）调整衔接边界

调整衔接边界主要包括应急处置、临时接管和提前终止、合同变更、合同展期、项目新增改扩建需求等应对措施。

1. 项目合同变更、展期、新增改扩建

项目合同变更、展期、新增改扩建该三项内容实质上都是合同的变更。在具体设置时应详细明确以下几个方面：

(1) 变更触发条件，如因政策或外部环境发生重大变化，需要变更运营服务标准等。
(2) 变更程序，包括变更提出、评估、批准、认定等。
(3) 新增投资和运营费用的承担责任。
(4) 各方利益调整方法或处理措施。这几方面在财政部合同指南中都有较明确的指引条款，可以参照引用。

目前的PPP项目合同边界条件的约定表现有笼统性、原则性、失衡性三个特征，缺乏细节性、操作性和均衡性。项目参与各方应更加具体情况具体分析，根据每个项目的约束条件和各方的利益导向合理设计边界条件，避免不必要的纠纷。

2. 应急处置、临时接管和提前终止

应急处置、临时接管和提前终止该三项内容合并起来看，实质上是出于维护社会公共利益的需要而实施的一种政府介入机制，在项目合同中约定介入机制，应区分在项目公司违约和未违约两种情形下的具体情况。并特别明确政府介入后的法律后果，以便给项目公司明确的交代，做到心里有底。

第四节　PPP项目合同司法审查与纠纷解决

一、PPP模式中行政合同的司法审查

不同于单向性、高权性的行政行为，行政合同具有的相对性、平等性和互利性的特征。

（一）当事人资格

根据行政法学界的观点，行政诉讼被告为行政机关。《行政诉讼法》第二十六条规定被告为行政机关。这也就表示行政机关是无法通过提起行政诉讼来解决行政合同争议的。行政合同天然就有主体双方的不平等性存在。这是不可避免和回避的。行政机关拥有行政职权，在行政合同纠纷中本就具有行政优益权。即使不能自行行使，也可以申请法院强制执行。如果行政机关可以作原告，一方面不利于其自身充分、积极行使职权，加重法院司法负担；另一方面也是使社会资本方在行政诉讼成为被告，丧失主动权。

（二）起诉期限

《行政诉讼法》第四十六条规定的起诉期限是"公民、法人或者其他组织直接向人民法

院提起诉讼的，应当自知道或者应当知道作出行政行为之日起六个月内提出。"这种一刀切式的规定，明显无法满足行政合同诉讼的需要，所以司法解释对于行政合同诉讼，在起诉期限上分别层次：对行政合同中不依法履行、未按照约定履行协议提起诉讼的，参照民事法律规范关于诉讼时效的规定；对行政机关单方变更、解除协议等行为提起诉讼的，适用行政诉讼法及其司法解释关于起诉期限的规定。

无效行为不受起诉期限限制，只是目前法律及司法解释中还有待明确。

（三）举证责任

《行政诉讼法》第三十四条规定，被告对做出的行政行为负有举证责任，应当提供做出该行政行为的证据和所依据的规范性文件。但在行政合同诉讼中，上述条文的价值就有待商榷：第一，在撤销诉讼中，由于行政行为是被告主动做出的，由被告承担举证责任固当无疑。但是在以给付诉讼为特征的行政合同诉讼中并不适用。第二，在行政合同诉讼中，如果无论何种待证事实都由被告举证，不符合合同的平等性和相对性原理。因此，除了行政机关主动做出的行政行为之外，对于待证事实还应当实行"谁主张，谁举证"的规则。

（四）法律适用

我国《行政诉讼法》第六十三条规定了法院对行政机关做出的行政行为进行合法性审查时，"以法律和法规为依据，参照规章"。而行政合同，除了受到上述规范性文件的规制，也要受到合同本身的规制。司法解释第十四条规定"人民法院审查行政机关是否依法履行、按照约定履行协议或者单方变更、解除协议是否合法，在适用行政法律规范的同时，可以适用不违反行政法和行政诉讼法强制性规定的民事法律规范。"如果法院审查的是需要法律法规规定的行政行为，应当以法律法规为依据；如果法院审查的是合同当事人凭借合同意志所作的行为，应当以合同的约定为依据。

当然，审查行政合同约定时也会遇到合同本身的效力问题，即法院对合同效力的审查涉及法律法规的适用问题。此时，我们可以参照《合同法》关于"以法律和行政法规为依据"的规定，将效力依据限定在较高层级。但如果适用地方性法规、规章甚至规章以下规范性文件有利于保障作为一方当事人的公民的合法权益的，从行政诉讼法的立法目的处罚，也不能完全排除这些规范性文件适用。

（五）调解

《行政诉讼法》第六十条规定，"人民法院审理行政案件，不适用调解。但是，行政赔偿、补偿以及行政机关行使法律、法规规定的自由裁量权的案件可以调解。"这里存在的疑问是，只有在"行使法律、法规规定的自由裁量权的"可以调解，但是行政机关签订行政合同除了部分是有法律、法规明确的，如政府采购合同、特许经营合同。另外还有很大一部分是在法律、法规明确不禁止的情况下签订的。这类行政合同是否就不能适用调解？目前还没有定论。行政合同具有的合意性、妥协性本身就能够容纳调解。所以在行政合同诉讼中，应当允许当事人在一定范围内达成和解。当然调解内容必须是不与当前法律、法规等规定有明显冲突的。

（六）司法审查原则

面对兼具民事合意性和行政合法性的行政合同，对合同本身以及合同中行政行为的审查是比较复杂的，司法审查的原则也有较大差异。

1. 合法性审查和合理性审查

虽然行政合同诉讼与一般行政诉讼存在诸多差异，但是行政合同本身是执行公务的一种方式。依照"依法行政"的要求，执行公务的行政合同也应纳入法治审查的轨道。所以，对于行政机关在行政合同中的实质"单方行政行为"，即行使行政优益权的行为，应当按照《行政诉讼法》进行合法性审查无疑。主要包括：行政机关的指挥权、行政机关的单方解除合同权、行政机关的制裁权等。

观点一：行政机关在订立行政合同中的行为也要接受司法审查。

（1）主体的合法性。即审查行政机关是否具有订立合同的法定资格。对于行政机关订立合同是否需要有法律依据，还存在不同的做法。有的国家规定行政机关原则上不需要有法律依据。例如葡萄牙《行政程序法典》第179条规定："行政机关在实现其所属的法人的职责时，可订立行政合同，但法律有相反规定或因拟建立的关系的性质而不允许不在此限。"当然，行政机关签订行政合同，除了行政事务管辖权之外，尚有级别管辖、地域管辖权等限制，如果法律对合同主体资格有规定的，法院应当审查。

（2）程序的合法性。即审查行政机关在订立合同时遵循了相关法律程序。例如政府采购具有招、拍、挂的程序性要求。

（3）合同实体内容的合法性。有的法律法规对合同内容作了规定，行政合同不能违反法律法规的规定。如土地使用年限的规定，建设规划的规定等。

观点二：对于行政合同中的单方行政行为，除了合法性审查之外，还应当进行合理性审查。

（1）行政合同的意思表示大多是行政机关自由裁量权的体现，必须对此进行合理性审查才能防止行政机关以行政合同的"合法形式"出卖公权力。

（2）行政合同"对待给付按整体情况判断须为适当，并与行政机关履行契约给付有实质联系"，这里的"实质性联系"就是一个合理性的判断。由于行政合同本身是合意的结果，蕴含了合同必须合理正当的原理，因此原则上对于行政合同可以进行合理性审查。

2. 合约性审查

合约性审查是指人民法院对合同当事人的行为是否符合行政合同约定进行审查。值得注意的是，有些行政合同中载明法律法规的规定，大体上是对法律条文的复制，本质上并不属于约定的内容。合同的约定一般涉及合同对价、履行方式、履行地点、履行时间期限等。对于行政合同的合约性审查的内容，既包括订立合同，也包括履行合同。相应地，合同当事人的责任主要包括以下两种：

（1）缔约责任

缔约责任主要是保护受害者的信赖利益，一般是行政机关一方的责任。缔约责任主要适用于：行政机关假借订立合同，恶意进行磋商；行政机关违反诚实信用原则，不履行缔约义务，导致合同当事人利益受到损失的行为，例如行政机关故意隐瞒或者提供虚假的与订立契约有关的信息，损害合同当事人权益的；违反法律规定的公开、公平、竞争原则，例如法律规定必须采用招标、拍卖和邀请等方式选择合同订立人，行政机关故意不采取上述程序或者违反上述程序的；拒绝履行缔约义务；一方当事人未尽到通知、协助、告知、照顾和义务等而造成对方当事人人身或财产的损失的情形等。

（2）违约责任

违约责任的情形主要包括：行政机关在合同履行期限到来之前，明确表示或者以自己行为表明不履行约定义务（预期或者先期违约）；行政机关在合同履行期限届满后，无正当理由拒不履行约定义务；行政机关在履行期限届满后，能够履行而不履行约定义务，或者应当接受对方履行而不接受；行政机关部分履行约定义务、履行方式、履行地点存在瑕疵等。

（七）裁判方式

行政诉讼是以判决类型为中心。不同诉讼请求的，对应不同的判决类型，这些都会对一个案件有颠覆性的影响。所以关注判决类型，有利于更好地找出对应的诉讼请求、找对诉讼策略，也为订立、执行PPP模式中的合同做好及早的防备工作。

1. 撤销行政合同中的行政优益权行为

对于行政合同中的行政优益权行为（指挥权、单方变更解除权、制裁权等），原告可以请求人民法院根据《行政诉讼法》第七十条做出相应的撤销判决。撤销包括全部撤销和部分撤销。对于行政机关尚有行政酌处权的，可以请求法院限令行政机关在一定期限内重新做出行政行为。

2. 确认行政合同无效

对于合同无效，《民法通则》第58条和《合同法》第52条都有规定。但是，民法上合同无效的规定，是否直接适用于行政合同，还存在较大的争议。

原则上《合同法》中关于合同无效的规定可以适用于行政合同，但是应当注意以下几个问题：一是作为行政合同相对方只可能存在"欺诈"作为，不可能做出"胁迫"行政机关的行为；二是"违反法律、行政法规的强制性规定"要与对行政合同中行政优益权行为的审查区别开来，后者主要涉及法律法规所明确行为主体资格、合同订立程序等，而"违反法律、行政法规的强制性规定"是指合同本身内容违反强制性规定。

3. 撤销、变更、解除行政合同

《合同法》第54条规定了可撤销的合同，一般情况是行政合同中不需要设立可撤销制度。因为行政合同与民事合同不同，往往与国家利益和社会公共利益的密切相关。如果确定了可撤销制度，那行政行为以及行政管理秩序就会非常不稳定，不利于行政高效运行；而且撤销制度本身也可以通过无效、变更、解除等予以代替，并非缺一不可。

变更、解除合同的主要有三种情况：

（1）作为行政合同一方当事人的公民如果有正当理由要求变更、解除合同而行政机关不同意变更、解除的；

（2）合同当事人有违约行为，一方当事人请求变更或解除的；

（3）因为客观情势的变化，行政合同的履行已经不可能、没必要或者继续履行可能遭受更大损失的等。

在上述情况下，可以请求法院判决解除行政合同。

4. 履行判决

对于不履行、不完全履行、不恰当履行、逾期履行的，可以申请人民法院根据案件具体情况做出相应的履行判决。

5. 驳回原告诉讼请求判决

《行政诉讼法》第六十九条第一款，对于行政合同中的行政优益权行为，人民法院经过审理认为符合法律规定的，判决驳回原告诉讼请求；行政合同当事人请求法院判决给付、确认等理由不能成立的，法院判决驳回原告诉讼请求。

6. 赔偿和补偿判决

1) 赔偿判决

赔偿判决主要包括三种情形：

(1) 行政机关单方违法或者违约。行政机关在订立或者履行行政合同过程中，有违法失职行为，致使相对方合法权益受到损害的，应当视为行政侵权行为，并由行政机关承担赔偿责任。行政合同对赔偿有约定的，依其约定；如果依照《国家赔偿法》的赔偿数额高于合同约定的，依照《国家赔偿法》的规定。

(2) 行政相对方违约。行政相对方有违约行为造成行政机关损失的，依照合同约定予以赔偿。但前述已经提到，行政诉讼中并不存在行政机关作原告的情况，此时行政机关应当是通过优益权对相对人进行处理。但如果是行政相对人提起诉讼，根据诉讼不加重的原则，法院也只能驳回原告的诉讼请求，而不应当直接判决原告承担违约责任。

(3) 双方违约。在双方均存在违约的情况下，应当参照《民法通则》第113条规定的当事人双方都违反合同的，应当分别承担各自应负的赔偿责任，即双方当事人都存在违约行为造成的损害，双方可以冲抵相应的赔偿责任。

2) 补偿判决

补偿判决多是因为政府以"公共利益"需要变更或解除行政合同，以此产生的利益均衡。但在实践中，经常容易出现政府滥用"公共利益"的现象。为了避免这种情况，最大限度保护社会资本方的合法权益，应当将补偿判决的前提限定在较为明确的两类事项：

(1) 不可抗力。在行政合同履行过程中，出现了不能预见、不可避免或者不能克服的客观情况，致使合同不能履行的，予以适当补偿。

(2) 情势变更。在行政合同履行过程中，合同赖以成立的环境和基础发生异常变动，且在当时不能预见和避免，造成合同不能履行的，予以适当补偿。

PPP模式中行政合同是在非平等主体之间签订的、以实现某种行政管理为目的新型合同，它具有合同的一般共性，同时又是行政主体行使的区别于通常高权性质的一种特殊形式的行政行为。因而，对此类行政合同的司法审查，既要遵循行政诉讼的基本原则，对行政合同行为的合法性进行审查，又要遵循合同的一般规则，对合同的效力予以审查和认定，以达到最终解决合同纠纷的目的。

二、PPP项目合同纠纷仲裁争议

1. 仲裁的受案范围

《仲裁法》第二条规定：平等主体的公民、法人和其他组织之间发生的合同纠纷和其他财产权益纠纷，可以仲裁。同时，第三条规定：婚姻、收养、监护、扶养、继承纠纷；依法应当由行政机关处理的行政争议不能仲裁。第四条规定：当事人采用仲裁方式解决纠纷，应当双方自愿，达成仲裁协议。没有仲裁协议的，仲裁委员会不予受理。

从仲裁法的以上规定不难看出：平等的民事主体之间只有就财产权益类纠纷，在达成仲裁协议的基础上，才属于仲裁的受案范围；即平等主体的人身纠纷、非平等主体之间的所有纠纷（如行政纠纷）均不属于仲裁的受案范围。

2. PPP项目合同的法律性质

目前，学界对PPP项目合同法律性质的认识存在一定的分歧，一部分学者认为该合同属于民事合同，而另一部分学者认为其同时还具有行政合同的性质。PPP项目合同法律性质的界定，不能仅考虑缔约主体的性质，还需考虑缔约主体在该PPP项目中所起的具体作用。因PPP项目是政府方为完成某项公共职能，同时解决该项目建设过程中的资金及运营问题而与社会资本方及其他缔约方签订的合同。因此，PPP项目合同本身就可能存在两种不同的类型：第一种类型为仅确定政府方与社会资本方平等的权利义务关系；第二种类型为除确定上述平等的权利、义务关系外，还就该项目合同履行过程中政府特有的行政管理职能进行相关的约定（具有行政合同的特点）。根据《关于规范政府和社会资本合同管理工作的通知》（财金〔2014〕156号）（以下简称"156号文"）的附件《PPP项目合同指南（试行）》（以下简称"财政部合同指南"）和《国家发改委关于开展政府和社会资本合作的指导意见》（发改投资〔2014〕2724号）（以下简称"2724号文"）的附件《政府和社会资本合作项目通用合同指南》（以下简称"发改委合同指南"）可以看出，目前我国的PPP项目合同为上述第二种合同类型。因此，我国PPP项目合同除具有民事合同性质外，也具有行政合同的性质。

3. PPP项目合同的法律性质对仲裁争议解决方式适用的影响

我国目前的PPP项目合同为既具有民事合同性质又具有行政合同性质的混合性质合同。该种合同性质对其适用仲裁争议解决方式的影响突出体现为：因PPP项目合同履行所产生的法律纠纷是否属于仲裁的受案范围。

PPP项目合同法律纠纷是否属于仲裁的受案范围不能仅从其合同性质方面进行考虑，而应当建立在区分PPP项目合同中具体的民事行为与行政行为的基础上。换言之，PPP项目合同履行过程中所发生的涉及到项目建设、运营、移交过程中产生的纠纷（即不属于行政管理领域的纠纷），应属于平等主体之间发生的合同纠纷和其他财产权益纠纷，可以通过约定的仲裁条款，纳入到仲裁的受案范围；而涉及到行政管理领域的纠纷，则不能通过约定的仲裁条款将该纠纷纳入到仲裁的受案范围。发改委和财政部已意识到PPP项目合同项下存在着平等主体之间的财产性关系，其具体体现为：在《发改委合同指南》和《财政部合同指南》中，出现"强调合同各方的平等主体地位。合同各方均是平等主体，以市场机制为基础建立互惠合作关系，通过合同条款约定并保障权利义务"，"PPP从行为性质上属于政府向社会资本方采购公共服务的民事行为，构成民事主体之间的民事法律关系"等相关阐述。因此，一方面其将仲裁作为一种可供选择的争议解决方式，如"协商或调解不能解决的争议，合同各方可约定采用仲裁或诉讼方式解决"及"需要特别注意的是，就PPP项目合同产生的合同争议，应属于平等的民事主体之间的争议，应使用民事诉讼程序，而非行政复议、行政诉讼程序。这一点不应因政府方是PPP项目合同的一方签约主体而有任何改变"。另一方面，相关部门也意识到PPP项目合同并非仅存在民事法律关系，其仍然存在着行政法律关系。因此，出现了"政府作为公共事务的管理者，在履行PPP项目的规划、管理、监督等行政职能时，与社会资本方之间构成行政法律关系"的阐述。同时，其未将行政法律关系产生的纠纷纳入到通过民事纠纷解决途径进行解决。

PPP项目合同本身的性质，并不必然对仲裁争议解决方式的适用与否产生直接的影响。在PPP项目合同履行过程中，具体争议内容的法律关系性质才会直接对仲裁争议解决方式能否适用产生影响。

4. PPP项目合同纠纷仲裁争议解决方式所遇的困境

在司法实践中，虽然已出现仲裁机构对PPP项目合同纠纷进行裁决的案例，且法院也已强制执行该仲裁裁决，如《西宁鹏鹞污水处理有限公司与西宁市水务局（原西宁市水利局）特许经营协议争议案执行裁定书》（［2014］宁执字第 274-1 号），但是 PPP 项目合同纠纷中，仲裁争议解决方式的适用所遇到的障碍性因素并未得以彻底解决，其突出的体现为：

（1）《财政部合同指南》与《发改委合同指南》仅为部门规范性文件的附件，效力等级较低，其对 PPP 项目合同履行过程中适用仲裁争议解决方式的规定尚需上位法的支撑。在实践中，因 PPP 项目合同的一方签约主体为政府方，且 PPP 项目合同履行过程中存在着多种行政行为，仲裁机构在受理案件时，对案件的识别存在一定的困难，加之，目前除财政部和发改委的两份合同指南外，不具有更高位阶的法律法规的支撑。所以，仲裁机构更多是通过相关的学理解释或通过仿效个别仲裁机构受理 PPP 项目合同纠纷的案例来寻求支撑。因此，仲裁机构受理 PPP 项目合同纠纷的仲裁案件缺乏高位阶的法律法规支撑，给仲裁机构能否必然受理上述合同纠纷带来了极大的不确定性。

（2）在仲裁受理 PPP 项目合同纠纷的过程中，因政府方的违约往往伴随着相关具体行政行为的作出，因此仲裁过程中通常会面对社会资本方与政府方可能存在的行政纠纷。这对于仲裁案件的审理将形成极大的挑战，甚至稍不注意案件就会超出仲裁案件的受案范围。因此，相关的法律法规需进一步明确 PPP 项目合同履行过程中，哪些典型的类型属于以行政行为的方式规避相应的民事责任。对于以行政行为的方式规避相应民事责任的行为，仲裁机构可直接就产生的相应民事责任进行裁决，而无需对该行为究竟属于行政行为还是民事行为进行判断，以免陷入仲裁受理行政纠纷案件的困境。

第七章　PPP模式融资投资

投融资方式在我国主要是指在资源配置过程中，投融资的决策方式（谁来投资）、投资筹措方式（资金来源）和投资使用方式（怎样投资）的总称，它是投融资活动的具体体现。

政府融资是指由地方政府及其部门、机构或控股企业等通过对内对外借债，为地方经济和社会发展筹集资金的融资行为。一般而言，PPP融资模式主要应用于基础设施和公共公用项目。政府针对具体项目特许新建一家项目公司，并对其提供扶持措施，项目公司负责进行项目的融资和建设，融资来源包括项目资本金和贷款；项目建成后，由政府特许企业进行项目的开发和运营，而贷款人除了可以获得项目经营的直接收益外，还可获得通过政府扶持所转化的效益。

第一节　现代金融体系与流程

一、现代金融体系

（一）现代金融体系五要素

现代金融体系有五个要素：

(1) 流通货币：由货币制度规范的货币流通。

(2) 金融机构：一般分为银行和非银行金融机构。

(3) 金融市场：包括资本市场、货币市场、外汇市场、保险市场等。

(4) 金融工具：一般指信用关系的证明，债权债务的契约文书等。

(5) 制度和调控机制：包括货币制度、汇率制度、信用制度、利率制度、金融机构制度等，以及国家法规、管理办法、行业规则、惯例等。

（二）PPP项目一般融资组织结构

为PPP项目提供贷款的金融机构，包括国际银团、商业银行、出口信贷机构、投资信托机构和多边国际金融机构，其中商业银行目前是最基本的债务资金提供方。另外，一般融资组织结构如图7-1所示；常见项目投融资结构组成如图7-2所示。

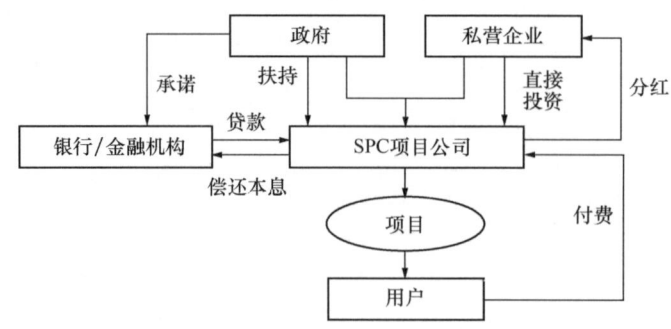

图7-1　一般融资组织结构

二、政府融资流程

1. 一般流程

我国政府项目融资的一般流程如下：

(1) 部门申请：政府相关部门提出项目融资需求意向，政府相关部门提供项目的初步资料，有相关的政府规划及批复，项目实施计划和可行性方案等；

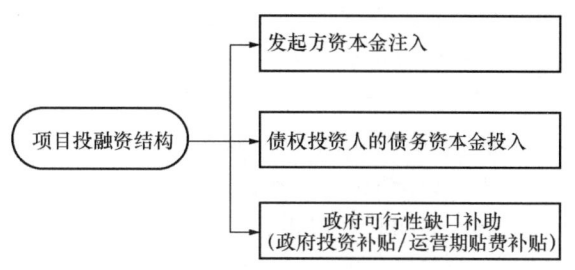

图 7-2　常见项目投融资结构组成

(2) 政府主管部门审查：政府主管部门开展项目调研，重点对项目所在城市政府收入、政府债务、项目所属行业市场及融资项目考察与评估，判断项目融资风险及可行性；

(3) 确立是否对外融资：政府主管部门进行项目考察评估。如果项目可行，政府须确定项目融资主体，即地方政府承接融资的国有公司或地方政府融资平台公司；

(4) 洽谈并签订融资协议或中介协议：项目方与投资机构或投资中介机构洽谈并签订融资协议或融资中介协议，明确融资佣金比例、所需融资额及可接受的融资年利息、协议期限等；

(5) 投资机构考察：出资方（银行、信托、基金等）实地考察项目并与项目主管单位、实施单位会谈，初步考察项目情况；

(6) 投资机构尽职调查：出资方组建专业团队，开展项目调研，形成调研报告；

(7) 投资决策：投资机构内部评估、审批和决策，给出项目融资正式意见；

(8) 签合同和放款：投资机构与政府、授权融资公司签订投资合同，根据约定条件，办理放款手续，明确项目借款金额、期限、利息及管理方法等；

(9) 支付有关费用：放款成功后，按融资服务协议支付中介机构服务费等；

(10) 资金使用和管理：资金投放后，根据有关协议，进行项目、资金监督或管理，确保资金安全和收回（物产拨付的资金，执行有关制度）；

(11) 资金收回：按照投资约定，进行资金偿还和利息支付等；

(12) 结项归档：项目结束后，资料归档并办理有关手续。

2. 提交资料

我国政府融资需要提交的基本资料，包括但不限于以下几项：

(1) 相关项目的政府土地规划及批复；

(2) 地方政府融资担保资产清单（包括土地清单、经人大会议确认的政府财政担保书及其他可担保资产清单）；

(3) 项目公司资料：

① 经政府授权的地方融资公司，经年检的企业法人营业执照正、副本复印件；

② 企业简介；

③ 项目概况；

④ 财务报表；

⑤ 项目可行性报告、评估报告等；

⑥ 组织机构代码证复印件；

⑦ 税务登记证复印件（国税、地税）；

⑧ 开户许可证；

⑨ 有关资质资料；

⑩ 最近一期公司章程（修正案）；

⑪ 法人身份证明、法人身份证复印件；

⑫ 最近一期验资报告；

⑬ 最近三年经审计的完整财务报告和最近一期财务报表；

⑭ 公司最近一期财务报表主要科目明细；

⑮ 公司贷款卡复印件（卡号、密码）；

⑯ 公司介绍；

⑰ 股权结构图（直到最终股东）；

⑱ 股东介绍；

⑲ 公司实际控制人简历、高管简历；

⑳ 尽职调查报告；

㉑ 已投入资金凭证。如股东投资凭证、契税缴纳凭证、出让金缴纳凭证、土地补偿费支付凭证等；

㉒ 存量借款明细表（银行、金额、起止日期、用途、抵/质押物）；

㉓ 项目预计进度（规证办理、施工、销售等）等。

注：不同渠道和融资主体提交资料有所不同。

第二节　政府融资平台模式

融资模式是指社会资金供给者向资金需求者转移的形式、手段、途径和渠道。也是储蓄向投资转化的形式、手段、途径和渠道。区域融资模式是指地方政府或企业作为资金需求方从资金供给方获得资金的形式、手段、途径和渠道。PPP融资模式示意图如图7-3所示。

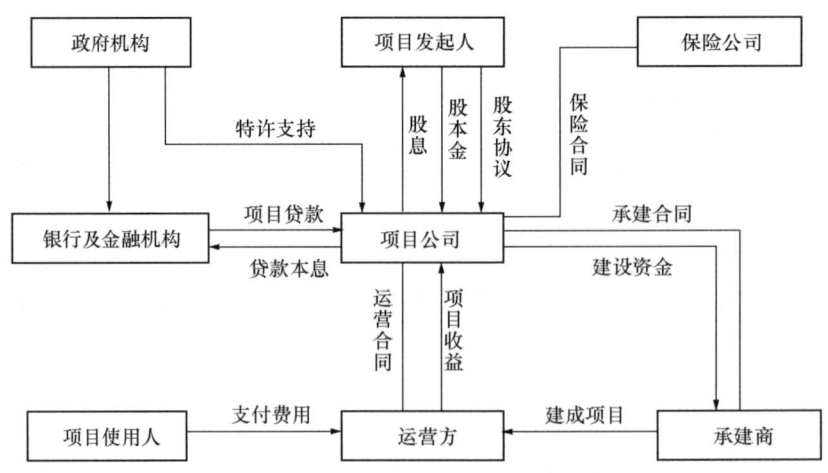

图7-3　PPP融资模式示意图

一、我国政府融资模式

（一）地方政府融资平台的发展

1. 地方政府融资平台

地方政府融资平台是我国地方政府为推动本地化的基础设施建设与经济目标实现，对外筹集资金、运营重大项目的特殊融资模式。它经历了诞生、成长、成熟、优化等发展阶段。

地方政府融资平台是由地方政府及其部门和机构、所属事业单位等通过财政拨款或注入土地、股权等资产设立，具有政府公益性项目投融资功能，并拥有独立企业法人资格的经济实体，包括各类综合性投资公司，如建设投资公司、建设开发公司、投资开发公司、投资控股公司、投资发展公司、投资集团公司、国有资产运营公司、国有资本经营管理中心等，以及行业性投资公司，如交通投资公司、水务投资公司等。

地方政府融资平台的主要表现形式是地方城市建设投资公司（简称"城投公司"），具体名称是城建开发公司、城建资产经营公司、文化旅游投资公司等。财政资金是政府设立投融资平台的主要出资方式，此外，还有土地划拨、股权划拨、债权划拨等出资形式。

在1997年东南亚金融危机后，我国地方政府开始设立政府融资平台，解决地方政府基础设施建设资金不足等问题。2008年美国次贷危机后，政府融资平台规模和数量快速扩张。

2. 地方政府融资平台发展阶段

从地方政府融资平台建设来看，大体经历了四个发展阶段：

（1）萌芽阶段。自20世纪80年代至1993年。1986年，中央政府出台94号文件批准上海通过"自借自还"的方式筹集外资。为方便市场化运作、提高资金使用效率，上海成立了第一家地方政府融资平台公司"久事公司"，通过多渠道筹资，建设了一大批重大项目，较好地缓解了地方政府资金压力。

（2）起步阶段。自1994年至1997年。1994年国家实行分税制改革，财权上移，事权下降。这是我国城市化的起步阶段，社会融资渠道很少，地方政府建设资金不足，政府成立有关投资公司，筹措资金，承担基础设施建设的融资和项目实施。

（3）稳步发展阶段。自1998年至2010年。1998年东南亚金融危机中，中央政府制定了宽松的宏观政策刺激经济，通过基础设施建设刺激经济。由于地方基础设施项目需要地方政府大量配套资金。为缓解资金压力，地方政府成立交通公司、城投公司、开发投资公司等融资平台，借助地方政府担保，向银行贷款建设基础设施。2008年美国次贷危机使得全球经济遭受重创，中央出台了宽松的货币政策和财政政策。为了大规模基础设施建设，地方政府通过将财政资金、划拨土地、国有股权甚至学校等划归到融资平台资本金中，推动了融资平台的井喷式发展。2010年末，全国融资平台约1万家，融资平台的贷款额约10万亿元。

（4）调整优化阶段。自2011年开始到现在。由于中国地方融资平台膨胀过快，地方政府通过各种渠道筹措的资金量迅速扩张，用于基础设施建设项目。

（二）地方融资平台的融资路径分类

一般来讲，政府融资模式可分为直接融资、间接融资、内部融资和国际融资等类型。从融资主体看，有由政府机构直接融资和通过政府融资平台（如政府控股的投资公司）融资等不同的融资方式。

归纳来看，我国地方政府融资的主要路径，包括但不限于以下几种。

（1）国家预算内资金。包括财政拨款、国有土地使用权出让金等。

(2) 利用外资。包括外国政府贷款、海外银行贷款、海外产业基金等。

(3) 自筹资金。包括发债、信托方式募集社会资金、国内产业基金、BOT融资等。如：上海政府成立城投公司，实现城建财权与事权的集中管理，把城市建设引入产业化、市场化运作模式，融资多样化，发行城市债券，如浦东建设债券、煤气建设债券等。

(4) 国内贷款。包括银行贷款、委托贷款等。

(5) 社会资金。包括企业赞助、个人捐款、企业投资利润分享等。

(6) 城市经营。大连创新"城市经营"模式，运用市场手段对城市自然生成成本（土地）、人力作用资本（市政工程设施等）及延伸成本（如广告权、冠名权）进行整合、重组和资本运营，产生收益，将受益投入新的城市建设项目，形成社会经济发展的良性循环。

(7) 组合融资模式。通过"财政＋企业＋社会"等组合融资模式，实现特定项目筹资。如：北京市政府实施"政府引导、社会参与、市场运作"模式，将城市基础设施的经营性项目全部向社会开放，对有经营收入但是不足以收回成本的项目，政府引导资金或采取特殊的补偿政策，采取PPP模式等吸引社会参与者合作建设。对行业资源整合建立地方政府融资平台。

（三）地方政府融资主体与条件

(1) 融资主体。政府融资主体一般是政府控股或政府职能部门投资设立的城投公司或建设公司等。

(2) 基本条件。政府融资平台公司一般有独立法人资格，有独立办公场所和专业人员，有必要的资本金和业务收入，符合公司法的基本要求，主要承担政府服务与重大项目建设等职能。

项目公司融资指投资者通过建立单一目的的项目公司来安排融资的一种模式。

二、国外投融资平台融资模式

1. 国外投融资平台融资模式种类

国外投融资平台建设较早、相对完善，以美国、英国、澳大利亚、日本最具有代表性。这些国家地方政府融资方式大致可归纳如下几类。

(1) 市政债券制。即所谓的"用明天的钱办明天的事"。以地方政府发行市政债券为主要融资渠道，以美国为主要代表。一般是以政府税收等一般财政收入或项目收益为偿债来源，主要用于城市基础设施建设的债券，发行主体是地方政府或者授权机构。市政债的发行目的主要是化解地方债风险和为城镇化融资，旨在将一直以来地方政府隐性、不规范的债务变成显性、规范的债务。

(2) 公私合伙制。公私合作（PPP），即公共部门与民营企业在某些公用事业项目的建设或运营中进行相互合作的一种模式。以英国为主要代表。在该模式中，双方发挥各自的优势来提供公共服务，分担融资风险和责任、共享收益。

(3) 国库公司债券制。以澳大利亚为代表，实行州政府发债为主的融资模式。地方政府债券融资主要有州政府直接发行债券筹资和国库公司（占绝对主导地位，市场化程度高、透明度高、制度完善等）债券融资两种。

(4) 财政投融资。财政投融资是指政府为实现一定的产业政策和财政政策目标，通过国家信用方式把各种闲散资金，特别是民间的闲散资金集中起来，统一由财政部门掌握管理，根据经济和社会发展计划，在不以盈利为直接目的的前提下，采用直接或间接贷款方式，支持企业或事业单位发展生产和事业的一种资金活动。以日本为主要代表。

2. 国外融资平台的实践借鉴

借鉴国外地方融资模式，我国地方政府融资平台近年的主要做法如下：

(1) 财政投融资。我国部分省市借鉴了该投融资模式，通过加大中央政府对地方政府专项补助、转移支付及相应投资诱导政策，引导企业与民间资金跟进，调动社会资金参与重点项目或工程建设与运营管理。

(2) 信贷融资。我国部分省市融资公司以财政、信贷投融资为主，负债总量很高，主要来自银行贷款。

(3) 证券融资。目前我国地方政府融资逐渐增加了信托融资的模式。

(4) 特许经营方式。我国天津提出"特定目的公司"及对运作项目分类，属于这种融资类型。

(5) 组合直投模式。武汉市创新了"省联发投"模式。2008年湖北省政府批准成立大型国有控股公司——湖北省联合发展投资有限公司，简称"省联发投"。公司注册资金32亿元，由湖北省国资委和武汉城市圈九市国资委为主要出资人，特邀武汉钢铁集团、东风汽车公司、三峡集团公司、三江航天工业集团公司、中国葛洲坝集团股份有限公司、湖北中烟有限责任公司、中国烟草总公司七家央企作为战略投资人。主要职责是以城市圈为依托，围绕城际铁路、高速公路等重点基础设施建设，探索城乡一体化，新型城镇化等综合项目的专业投资运营模式，完成核心资源、资产的储备及运作；以资本运作为纽带，利用融资手段的创新和融资方法的市场化、多元化、规模化，为各类项目提供服务。

(6) 其他融资方式

我国政府推动产业基金等模式，实现融资创新的积极探索。重庆实施了"土地财政＋政府投资公司＋政策性银行打捆贷款"的组合模式，由渝富公司与八大投资集团组合成地方投融资体系，政府注入资本成立投资公司，投资公司通过储备土地，以土地增值预期向银行融资，通过对储地的整治、出让偿还银行贷款，保持自身投融资能力。这种运作以土地为纽带，以时间换空间，实现项目融资。

3. 地方政府融资存在的缺陷

我国地方政府融资在公共基础建设中发挥了积极的作用，但是，目前也存在不少缺陷。

(1) 融资主体不规范，融资职能不清晰。地方融资平台的法人多由政府派人担任，建设单位承担融资、投资、建设、运营等职责，决策与投资主体部分，责任主体不明确，最终责任由财政承担。

(2) 融资模式单一，业务创新不足。当前主要借款模式是银行资金、财政资金、土地出让金等，发债等比例不高。融资以中短期为主，还债压力大。多是政府信用融资，融资模式单一。从发达国家经验看，允许地方政府发行债券是各国筹集城市公共基础设施项目建设资金的主要做法，也是实行分税分级财政体制国家的普遍经验，如英国、美国、德国等。

(3) 地方融资平台扩张快，潜在风险较大。地方政府融资总量难以量化、隐性债务管理不严、债务总额较大等，存在潜在的债务风险。

(4) 地方融资信息统计不完整，避险机制不健全。地方政府融资的期限结构、管理机制不规范，风险约束体系不完善，统计口径和监管部门权威性不够，存在管理漏洞。

第三节 政府融资模式的特征与阶段划分

一、政府融资模式特征与阶段划分

(一) 政府融资基本特征

1. 财政融资特征

(1) 财政融资兼有无偿性和有偿性，但以无偿性为其本质特征。财政资金来源主要有税收收入、国有企业收入、公有财产收入、行政收入（包括规费、特别课征、特许金和罚款）、公债收入等，决定了财政融资的有偿性与无偿性，无偿性是主要的，有偿性是辅助和次要的。

(2) 财政融资有较强的政策性。国家财政资金，要根据国民经济计划的合理安排制定资金收支计划，反映财政年度内资金的来源、去向及收支额。预算内资金一般实行指令性计划，预算外资金实行指导性计划，最终都列入国家的综合财政信贷计划。国家计划的投资性贷款通过制定投资政策实施，企业融资活动需要符合国家政策要求。国家的税收优惠政策体现了国家的政策倾斜，国家政策性银行发放的贴息贷款，反映了国家的政策性资金投向。

(3) 财政融资提供由于市场失灵需要政府承担投资风险的公共产品。财政资金的运用，主要是履行经济职能而提供公共产品和劳务。财政融资的主要作用由政府承担风险，降低企业和居民投资的市场风险。

2. 其他政府融资特征

(1) 政府或政府控股公司主导或参与。
(2) 有较强的政策性和非营利性。
(3) 以重大项目、基础设施和关系国计民生的工程等为主。
(4) 资金成本一般相对较低。
(5) 期限一般较长。发债等一般超过1年期限。

(二) 我国政府融资主要特征

我国政府融资特征，主要体现在以下几点。

(1) 政策性。主要是贯彻国家和地方政府政策与规划目标，促进地区平衡，增强宏观调控，优化经济结构，改善生态环境等。

(2) 社会性。政府融资项目大多追求社会效益和宏观经济效益最大化，以基础产业、社会公用事业、基础设施建设等行业为重点，多数产业具有"准公共产品"的特征。

(3) 非竞争性。政府融资项目多数是非竞争性的，投资周期长、直接效益低、预期效益不明确，私人企业不愿意投入的行业或项目。

(4) 多元化。政府融资渠道和模式多元化，有银行贷款、财政资金、发债等。

二、政府融资模式的阶段划分

在我国，政府融资模式一般分为准备阶段、合作组织阶段、融资阶段和实施阶段等四个阶段。

(一) 准备阶段

一般包括项目选择与招标投标，这些工作一般由项目所在地政府组织实施。

（二）合作组织阶段

PPP 项目涉及的参与方很多，合同文件也相当多。按照合同的签约方，合同文件可分为四类。

（1）政府与项目公司之间签订的特许权协议。

（2）项目公司和承包商/运营商等之间的履约合同。

（3）项目公司和放贷方之间的贷款合同。

（4）项目公司股东之间的协议。

（三）融资阶段

项目融资渠道可分为内部融资与外部融资。由于借贷资金要付息，用借贷资金和股本资金筹资对股东收益的影响是不同的。

（四）实施阶段

项目实施阶段一般分为建造、运营和移交等步骤。

项目建造阶段的主要任务是将项目所融资金投入使用，根据项目公司与政府所签合同，成本超支和工期延误风险由项目独自承担或由项目公司与政府共同分担。

项目建成后一般由项目公司或运营商运营与维护，投入使用后所产生的项目收益，即现金流入，将用来支付运营成本、还本付息、税收和盈利分红。

项目协议到期后，项目公司将按协议中规定的要求（如设施频率和培训要求等）移交（通常是免费）给政府（一般为国资投资公司）。

第四节 政府融资的流程与策略

一、政府融资流程

1. 操作流程

政府融资的基本流程（地方融资平台公司投融资运作流程）如图 7-4 所示。

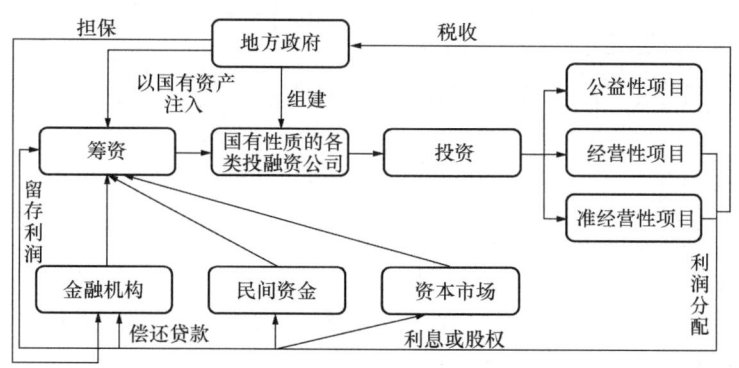

图 7-4 地方融资平台公司投融资运作流程

（1）成立城投公司或控股公司，明确工作职责与程序，拨付资本金等。

（2）根据地方政府经济部署，结合本部门职责等，设计有关重大项目，编制基础设施建设具体计划，提出相关融资需求。

（3）评估和筛选适合的融资模式与渠道，设计特定的融资方式，进行洽谈和比较。

(4) 撰写和提交特定融资项目可行性报告、项目财务预算表,以及申请单位的财务报告等基础资料。

(5) 代理融资机构进行融资结构设计并提出具体的补充融资资料等要求,单位配合和组织完善。需要到国家有关部委审批的,按照有关流程申报和予以处理。

(6) 融入资金到位,进行项目建设。或按照预定的融资模式,委托被授权机构实施融资和项目建设。

(7) 项目检查与验收,日常经营和所有权移交等。根据不同融资模式分别予以确定。

(8) 项目实施结束,进行档案整理与项目效益评估、项目结算等工作。

2. 政府(或政府机构投资者)直接安排融资特点

(1) 项目投资者可以根据其投资战略的需要,较灵活地安排融资结构。

(2) 充分利用项目的税务亏损降低融资成本。

(3) 将融资结构设计成有限追索时比较复杂。

(4) 较难实现将项目融资安排成为非公司负债型融资。

3. 直接安排项目融资流程

直接安排项目融资流程如图 7-5 所示。

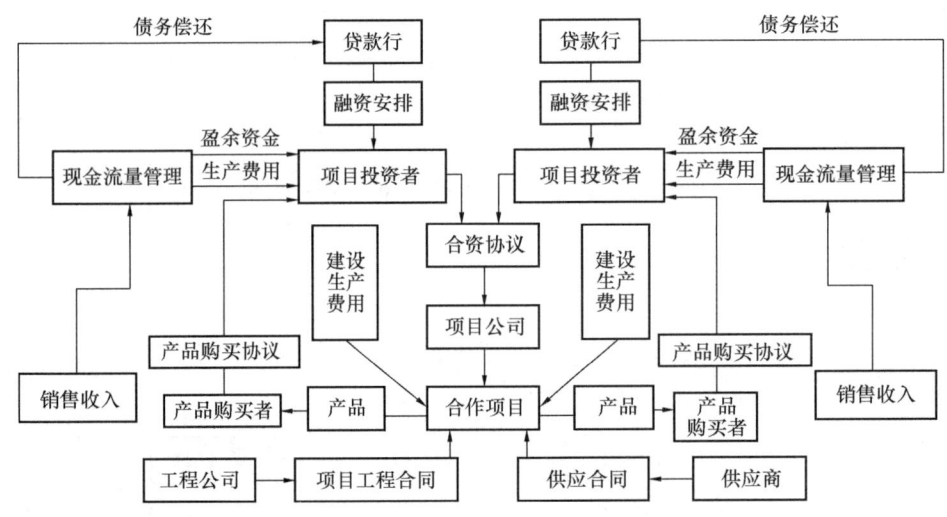

图 7-5 直接安排项目融资流程图

(1) 政府通过确定特定的融资项目,成立政府控股或管理的项目公司。

(2) 与其他合作企业、商业银行等机构签订相应的项目代理(合作)协议。

(3) 与项目投资者等就项目合作达成规范的融资安排,取得银行贷款或其他可用资金,开展产品制造、项目建设等经营活动。

(4) 通过现金流管理或项目实施与过程管理,实现预期的业务收入,推动特定债务的归还和项目结项,进而实现一个融资的全过程。

二、融资策略

1. 融资策略分类

(1) 激进型融资策略:公司的全部长期资产和一部分长期性流动资产由长期资金融通,另一部分长期性流动资产和全部临时性流动资产由短期资金融通。

(2) 适中型融资策略：指对流动性资产，采用短期融资的方式筹措资金。对长期性资产，包括长期性流动资产和固定资产，采用长期融资的方式筹措资金，使资产使用周期和负债的到期日相匹配。

(3) 保守型融资策略：公司既以长期资金融通长期流动性资产和固定资产，还以长期资金满足由于季节性或循环性波动而产生的部分或全部临时性流动资产的资金需求。

2. 常用融资策略

目前，我国常用的融资策略包括但不限于以下内容：

(1) 无形资产资本化策略：企业通过对无形资产进行价值化、资本化运作，实现融资。

(2) 特许经营融资策略：特许人和受许人保持各自的独立，经过特许授权与合作共同获利。特许人以较少的投资获得较大的市场，受许人以低成本参与分享他人品牌等无形资产带来的投资收益。

(3) 交钥匙工程策略：项目公司为工程业主设计并建造工厂或其他基础项目，当设计、建造完成并初步运转后，将该工厂或工程项目所有权、管理权转交业主，由对方经营。

(4) 回购式契约策略：国际回购式契约经营，主要是技术授权、国外投资、委托加工及补偿贸易的组合，也称"补偿投资额"或"对等投资"。

(5) PPP融资策略：PPP是较新的契约型直接投资方式。合同期满后，按合同约定将项目移交给政府。

(6) 项目融资策略：项目融资指为特定工程项目发放的中长期贷款，项目贷款的担保是该工程项目预期的收益和其他参与机构对工程修建、收益不足及还债等风险承担的义务。项目融资包括无追索权项目融资和有追索权的项目融资。

(7) 项目融资方式：一是银行承兑融资，指投资方将一定的金额汇入项目方的公司账户，然后要求银行开出银行承兑。投资方持有银行承兑；二是直存款，由投资方到项目方指定银行开账户，将指定金额存进自己的账户。然后与银行签定协议。承诺该笔钱在规定的时间内不挪用。银行根据该金额给项目方小于等于同额贷款；三是银行信用证。对于全球性的商业银行开出的银行信用证视同企业账户存款；四是委托贷款，投资方在银行为项目方设立专款账户，把资金转到专款账户，委托银行放款给项目方；五是直通款，也就是直接投资；六是对冲资金；七是贷款担保。

(8) DEG融资策略：德国投资与开发有限公司（DEG）是一家直属德国联邦政府的金融机构，主要为亚洲、非洲和拉丁美洲的发展中国家等私营经济的发展提供帮助。

(9) 融资租赁策略：指出租人根据承租人的请求及条件，与第三方（供货商）订立供货合同，出租人按照承租人与其确立的条款，取得工厂、资本货物或其他设备，并且出租人与承租人订立一项租赁合同，以承租人支付租金为条件授予承租人使用设备的权利。

(10) 财务公司策略：企业集团财务公司作为非银行金融机构，可以发起成立商业银行、证券投资基金、产业投资基金。可以吸收成员单位存款，经批准发行财务公司债券，对成员单位发放贷款，对成员单位产品的购买者提供买方信贷等。

(11) 产业基金策略：投资基金是市场经济重要的融资方式，利用境外投资基金成为我国利用外资的有效手段。

(12) 行业资产重组策略：通过收购、兼并、注资控股、合资、债权转移、联合经营等，对同行业及关联行业实现优势企业规模的低成本快速扩张，扩大生产和市场营销网络。

(13) 资产证券化融资策略：资产证券化将流动性差的资产变为流动性高的现金，将未来预期的资产收益变为当前实现的现金收入，通过资产负债表外融资改善企业的资产负债结构。利用资本市场、信用增级等措施，解决融资问题。

(14) 员工持股融资策略：公司发行新股，为反映员工以往的成果，向职工发行职工股。

(15) 混合所有制融资策略：通过对国有企业实行股权转让等改革，实现对外融资，同时，优化股权结构，提高公司盈利性。

三、金融创新

(1) 金融创新是解决地方政府与企业融资的重要渠道，是政府管理和金融服务的重要职能。

(2) 金融创新指将金融领域内部的各种不同要素进行重新组合的创造性变革和引进的新事物。主要包括金融制度创新、金融机构创新、金融市场创新、金融产品创新、金融监管创新。

(3) 金融机构创新指多种所有制银行和非银行金融机构的发展，以及外资银行的市场进入、业务创新等，包括民营银行在内的各种银行和非银行金融机构战略定位、业务布局、规划目标、产业融合度等基本问题。

四、未来政府融资的趋势

我国未来的融资趋势有以下几点：

(1) 更加注重资本市场的直接融资。由于直接融资成本低、期限长等先天优势，国家积极推动和大力引导发行债券、企业上市等直接融资模式，通过提高直接融资的比重，优化我国政府和企业的融资结构，满足经济发展和地方建设的资金需求。

(2) 更加注重实体经济的资金扶持。近年来，由于虚拟经济的盲目扩张，导致一些金融出于利益驱动，大力扩张理财、信托业务，融资的中介机构和中间环节不断拉长，增加了融资成本，助长了企业虚拟资本的投机行为，使得实体经济融资成本增长过快，降低了实体企业的盈利能力和发展后劲，给国家经济发展带来了不利的影响，已经引起了党和国家领导人的高度重视，并且采取货币、财政、法规措施予以纠正。

(3) 更加注重行业利润分配的公平公正。金融企业的行业垄断和虚拟资本的过度放大，导致了行业利润分配的高度集中。近段时期，中小微企业等部分实体经济业务发展中遇到了前所未有的融资困难与市场阻力。国家通过银行利率放开、实体经济扶持，以及中小微企业贷款等手段，刺激和引导行业利润的逐步公平分配。

(4) 更加注重依法经营和清除腐败问题。代理人机制导致了商业银行、其他投资机构经理人的某些渎职与贪污行为，国有企业有权人通过大额企业资金存入银行、申请信贷等获得回扣和返利等，使得金融领域和国有企业重点行业内部出现了一些腐败和贪污案件事故，某种程度上扰乱了经济与金融秩序，造成了企业融资成本的增加和经济行为的混乱，这是党和国家绝对不允许的，也是法律禁止的，目前国家有关部门在大力清理和规范此类行为。

第五节 金融机构参与 PPP 项目的方式与操作要点

一、金融机构参与 PPP 项目的方式

面对大量投资需求，地方政府和主管建设运营的社会资本方亟需金融机构大力配合。目前，多家银行、信托、基金资产管理公司都设立专门 PPP 团队，参与到 PPP 项目中。

金融机构参与 PPP 项目，既可以作为社会资本方直接投资 PPP 项目，也可以作为资金

提供方参与项目。

金融机构参与PPP项目的模式主要分为两类：一是作为资金提供方参与项目，金融机构可以为主要负责经营的社会资本方或者项目公司提供融资，间接参与PPP项目，融资方式可以采取项目贷款、信托贷款、明股实债、有限合伙基金、项目收益债和资产证券化等形式。二是作为社会资本直接参与模式，金融机构可以联合具有基础设施设计、建设、运营维护等能力的社会资本方，与政府签订三方合作协议，在协议约定的范围内参与PPP项目的投资运作。

1. 开发性银行参与PPP项目

开发性银行可以释放国家鼓励PPP项目的方向、合作模式等信号，能够给项目提供引导性的融资模式，被视为国家宏观调控的一种手段。

开发性银行的资金源自国家，并重点投资于基础设施、基础产业、支柱产业等"两基一支"项目，参与PPP项目是开发性银行天然的任务。开发性银行依靠国家增信支持，可以发挥中长期融资以及引领导向作用，积极引入社会资本方，灵活运用基金投资、银行贷款、发行债券等各类金融工具，推进建立期限匹配、成本适当以及多元可持续的PPP项目资金保障机制，为项目提供投资、贷款、债券、租赁、证券等综合金融服务。同时，还能发挥对商业性金融机构的引导作用，以银团贷款、委托贷款等方式，通过参与项目前期论证，协助制定财务支持和风险分担机制，增强商业性机构的参与信心和积极性，撬动社会资本参与PPP项目，拓宽项目的融资渠道。

开发性银行对国家重点扶持的基础设施项目，如水利、污水处理、棚改等项目进行特殊信贷支持——长期优惠利率贷款等，这种贷款对项目回报率要求也较低。

在PPP项目中，开发性银行可以提供规划咨询、融资顾问、财务顾问等服务，提前介入并协助各地做好建设项目策划、融资方案设计、融资风险控制、社会资本引荐等工作，提高PPP项目的运作质量和效率。

2014年11月，国家开发银行全资子公司国开金融与南京雨花台区政府签署铁心桥—西善桥"两桥"地区城市更新改造暨中国（南京）软件谷南园建设发展投资合作协议，参与南京旧城成片更新改造。国开金融及其控股的上市公司中国新城镇发展有限公司，以现金出资形式直接入股，成立注册资本金为10亿元的南京国开雨花城市更新发展有限公司，国开金融及中国新城镇向国开雨花选派成熟的专业运作团队参与公司运作。

2. 政策性银行参与PPP项目

政策性银行参与PPP项目，可以发挥中长期融资优势，为项目提供投资、贷款、债券、租赁、证券等综合金融服务，并联合其他银行、保险公司等金融机构以银团贷款、委托贷款等方式，拓宽PPP项目的融资渠道。对于国家重点扶植的基础设施项目，如水利、污水处理、棚改等项目进行特殊信贷支持，如长期优惠利率贷款等。

政策性银行可以释放国家对所鼓励的PPP项目方向、合作模式的信号，成为国家宏观调控的一种手段，但是相对于其他金融企业，政策性银行的参与市场化程度相对较低。

3. 商业银行参与PPP项目

商业银行是PPP项目重要的资金提供方，可以通过资金融通、投资银行、现金管理、项目咨询服务、夹层融资等方式参与PPP项目。

（1）资金融通

在PPP项目从设计、建设、运营的过程中,商业银行在对PPP项目或实施主体的资信状况、现金流、增信措施等进行审核的基础上,为项目公司提供资金融通服务,具体可以通过项目贷款、贸易融资、保理、银团贷款等,发展供应链金融,提供增值服务。

(2) 投资银行业务

商业银行可以依托强大的销售能力参与PPP项目公司中短融票据、PPN[①]等融资工具的承销发行。商业银行还可以通过理财直接融资工具直接涉入PPP项目融资,利用产业基金、信托、资产管理、租赁等渠道,实现表内投资或表外理财资金对接PPP项目公司的融资需求。

(3) 现金管理

PPP项目运营时间长,资金流量大,商业银行可在现金管理方面充分介入,为客户提供全方位服务。针对日常运营资金的管理,可提供资金结算网络、现金管理、资金监管、代发工资等服务;为提高闲置资金收益,还可提供协定存款、企业定制理财产品等服务。

(4) 项目咨询服务

PPP项目涉及政府、社会资本方、承包商等多个法律主体,PPP合同规范了项目设计、建设、运营、维护基础设施的过程,并明确规定了项目收益的分配、服务价格的制定和可能存在的政府补贴,商业银行可以凭借金融、会计、法律等方面的专业优势,为PPP项目参与方提供合同订立、现金流评估和项目运营等提供咨询服务。

(5) 夹层融资

夹层融资的风险和回报介于普通债务和股权融资之间,融资结构可根据不同项目的融资需求进行调整。对于融资者而言,夹层融资具有期限长、结构灵活、限制少和成本低等优点,对于投资者而言,夹层融资能够兼顾项目的安全性和收益性。

4. 保险公司参与PPP

保险公司可以开发信用险种为PPP项目的履约风险和运营风险承保,增加PPP项目结构设计的灵活性,降低和转移PPP参与方的风险。

(1) PPP项目建设周期符合险资长期性的特征,有助于缓解资产负债错配的问题,险资可以通过专项债权计划或股权计划为大型PPP项目提供融资。

由于PPP项目通常资金规模大、生命周期长,在项目建设和运营期间面临着很多风险,因此项目公司以及项目的社会资本方、融资方、承包商和分包商、原料供应商、专业运营商都有通过保险降低自身风险的需求,保险公司可以开发信用险种为PPP项目的履约风险和运营风险承保,增加PPP项目结构设计的灵活性,降低和转移PPP参与方的风险。

(2) 基础设施建设一般工期很长,符合险资长期性的特征,有助于缓解资产负债错配的问题,因此险资可以通过专项债权计划或股权计划为大型PPP项目提供融资。2014年12月新华保险与广州市政府共同成立"广州(新华)城市发展产业投资基金",基金规模200亿元,用于广州市基础设施和城市发展建设项目。该基金投向城市更新、城市产业、城市生活、城市动力等四个板块:包括南沙新区建设、棚户区改造、传统交易市场转型升级在内的城市更新板块;面向主导型、创新型产业孵化器、产业园区在内的城市产业板块;面向安居

---

① PPN(Private Placement Note):非公开定向债务融资工具,指在银行间债券市场以非公开定向发行方式发行的债务融资;非公开定向发行是指具有法人资格的非金融企业,向银行间市场特定机构投资人发行债务融资工具,并在特定机构投资人范围内流通转让的行为。

工程、医疗卫生工程、垃圾处理工程在内的城市生活板块；面向新能源、物流、供水供电在内的城市动力板块。

保险资金追求安全性，具有期限长、规模大的特点，比较适合基础设施、物业之类的投资，但险资对项目的担保和增信要求较高，大型保险机构一般都要求项目资产的评级达到AAA级，且有大型金融机构或大型央企国企、政府机关提供担保，符合要求的项目有限。

5. 证券公司参与PPP项目

证券公司可以为PPP项目公司提供IPO[①]保荐、并购融资、财务顾问、债券承销等投行业务，也可以通过资产证券化、资管计划、另类投资等方式介入。

（1）资产证券化。具有未来稳定现金流的资产就可能被证券化，很多基础设施类的PPP项目，如供热、供水、供电、污水处理、公共交通、高速公路等具有稳定的现金流，是良好的证券化基础资产，企业资产证券化采取备案制后，大大简化了证券化项目设立和发行手续，交易所的挂牌转让和协议式回购也提高了产品的流动性，证券公司（包括基金子公司）可以通过成立资产支持专项计划，对有稳定现金流的PPP项目进行证券化，运用现金流分层等结构性金融技术，发行不同期限和信用等级的资产支持证券，为PPP项目融资。

2015年1月，基金业协会发布《资产证券化业务基础资产负面清单指引》，对不适宜采用资产证券化业务形式、或者不符合资产证券化业务监管要求的基础资产进行列明。《指引》明确将以地方政府为直接或间接债务人的基础资产列入负面清单。但地方政府按照事先公开的收益约定规则，在政府与社会资本合作（PPP）模式下应当支付或承担的财政补贴除外，这一规定为PPP项目的资产证券化提供了政策可能。

例如，民族证券成立的"濮阳供水收费收益权资产支持专项计划"如图7-6所示。通过

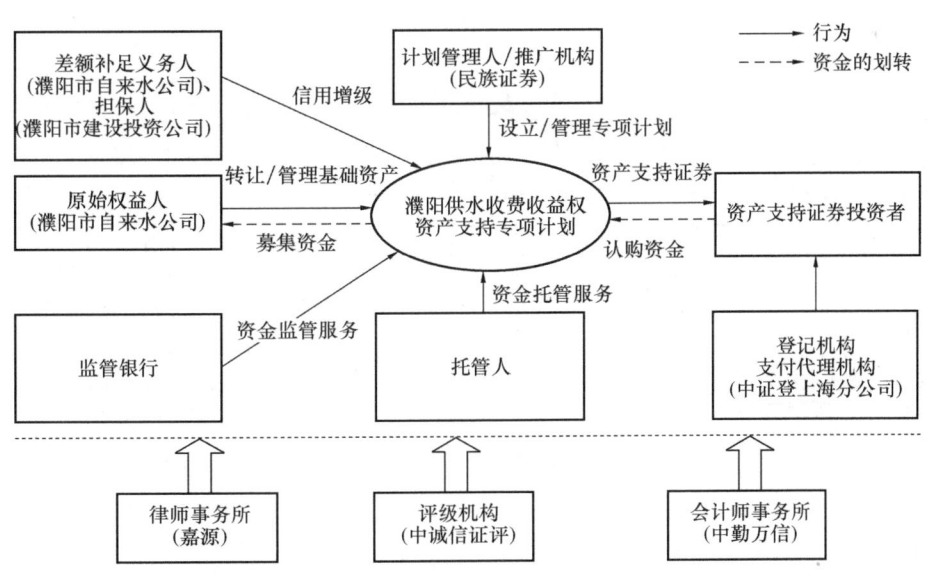

图7-6 濮阳供水收费收益权资产支持专项计划

---

① IPO：即首次公开募股（Initial Public Offerings，简称IPO）；是指一家企业或公司（股份有限公司）第一次将它的股份向公众出售（首次公开发行，指股份公司首次向社会公众公开招股的发行方式）。

设立资产支持专项计划（SPV），发行1～5年不等的五档优先级资产支持证券，所得收入用于购买濮阳市自来水公司的供水合同收益权，投资者收益来源于濮阳市自来水公司的供水收费，并有濮阳市自来水公司担任差额补足义务人，在现金流不足以支付投资者本息时承担差额补足义务，此类项目为PPP项目的资产证券化提供了良好的解决方案。

（2）项目收益债。证券公司可以为符合条件的PPP项目公司设计债券结构，通过发行项目收益债进行融资。但是同时证券公司受制于资金来源和牌照等限制，主要会以服务中介的形式参与PPP业务，其介入程度无法和银行、保险相比。

项目收益债券是与特定项目相联系的，债券募集资金用于特定项目的投资与建设，债券的本息偿还资金完全或基本来源于项目建成后运营收益的债券。项目收益包括但不限于直接收费收入、产品销售收入、财政补贴以及因项目开发带来的土地增值收入。

2014年11月，"14穗热电债"成功簿记建档，中标利率6.38%，低于五年期以上贷款基准利率的6.55%，成为发改委审批的首单项目收益债。"14穗热电债"规模8亿元，期限为10年，从第三年起分期还本。资金投向广州市第四资源热力电厂垃圾焚烧发电项目，发行人是项目建设运营主体广州环投南沙环保能源有限公司。项目收入来源包括垃圾处理费收入、发电收入、金属回收收入和即征即退增值税等，通过专户专项归集。同时，发行人股东及实际控制人分别对债券本息提供差额补偿，确保债券的本息偿付，债项信用等级为AA。14穗热电项目收益债交易结构如图7-7所示。

证券公司可以为符合条件的PPP项目公司设计债券结构，通过发行项目收益债进行融资。但是同时证券公司受制于资金来源和牌照等限制，主要会以服务中介的形式参与PPP业务，其介入程度无法和银行、保险相比。

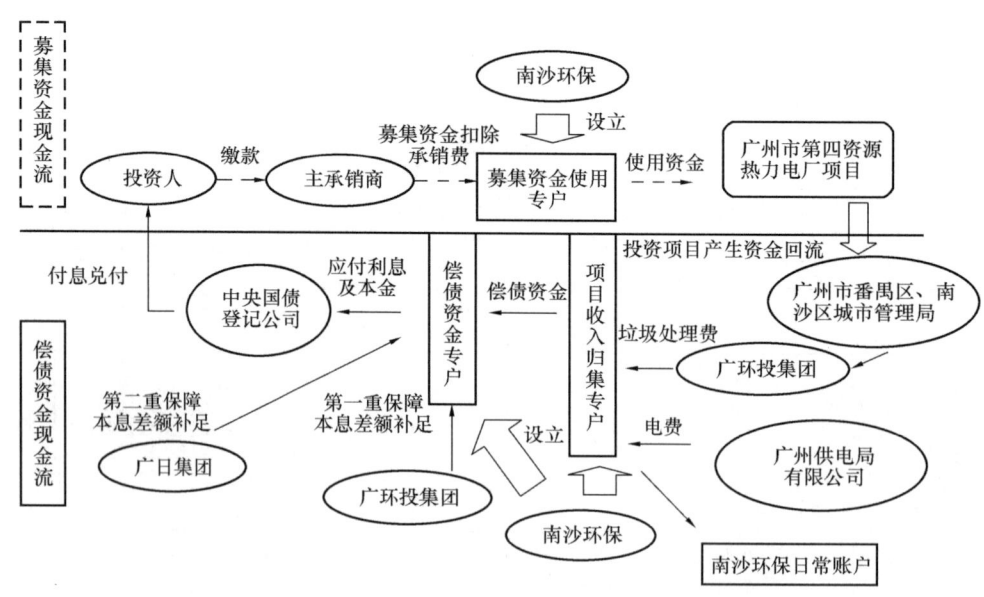

图7-7 14穗热电项目收益债交易结构示意图

6. 信托公司参与PPP项目

信托公司参与PPP项目可以通过直接和间接两种模式。

（1）直接参与，即信托公司直接以投资方的形式参与基础设施建设和运营，通过项目分红收回投资。主要形式是发行产品期限较长的股权或债权信托计划，资金来源主要是银行、保险等机构资金；

(2) 间接参与，即信托公司为PPP模式中的参与方融资，或者与其他社会资本方作为联合体共同投资项目公司，采取明股实债的方式，在约定时间由其他社会资本回购股权退出。此外，信托公司还可以为PPP项目公司提供融资，通过过桥贷款、夹层融资等形式介入。

2014年6月，五矿信托与抚顺沈抚新城管委会、中建一局（集团）签订合作框架协议，由五矿信托、沈抚新城管委会、中建一局共同注资成立项目公司，注册资本10亿，其中五矿信托为项目公司控股方，投资标的为包括河道治理、土地平整、环境绿化等在内的综合性片区建设项目。政府按约定承担特许经营权、合理定价、财政补贴等相关责任，但不对债务进行兜底。

在该合作框架下，信托公司将整个项目的建设周期，按不同环节进行切割，选择具有强资信优势的建设商予以分包。每一个"分包商"需对自己完成的局部工程建设目标负责，如若未达成目标，则需要承担相应的违约责任。

相比银行和券商，信托公司的资金成本比较高，在公益性或准公益性的PPP项目中很难找到成本收益匹配的项目，此外，信托公司也不具备项目收益债等债券的承销资格，PPP项目短期内无法成为原有政信合作项目的替代。

7. PPP产业基金

PPP产业基金是指以股权、债权及夹层融资等工具投资基础设施PPP项目的投资基金，可以为基金投资人提供一种低风险、中等收益、长期限的类固定收益。PPP产业基金通常与承包商、行业运营商等组成投资联合体，作为社会资本参与PPP项目投资运营。

在PPP产业基金模式下，金融机构可与地方政府和项目运营方签订产业基金合同，对能够产生稳定现金流并且收益率较为合理的基建项目进行合作，通过设立有限合伙制PPP产业基金的形式参与基础设施建设。金融机构可以自有或募集资金设立特殊目的公司（SPV），作为有限合伙基金的优先合伙人（LP）。

2015年2月，兴业基金管理有限公司与厦门市轨道交通集团签署了厦门城市发展产业基金合作框架协议，基金总规模达100亿元，将投资于厦门轨道交通工程等项目。该基金采用PPP模式，由兴业基金全资子公司兴业财富资产管理有限公司通过设立专项资管计划，与厦门市政府共同出资成立"兴业厦门城市产业发展投资基金"有限合伙企业。兴业财富和厦门轨道交通集团分别出资70%和30%，分别担任优先级有限合伙人和劣后级有限合伙人，厦门轨道交通集团按协议定期支付收益给优先级有限合伙人，并负责在基金到期时对优先级合伙人持有的权益进行回购，厦门市政府提供财政贴息保障。兴业厦门城市产业发展投资基金结构如图7-8所示。

近来成立的PPP产业基金也出现了一些新的动向，很多PPP产业基金投向土地一级开发、保障房等非经营性项目，还款来源依赖于土地出让收入，以明股实债的形式保证固定收益，资金主要来源于银行理财，财政出具安慰函进行兜底。这些基金仍然有政府隐形的担保，只是城投债的新的表现形式。

二、金融机构参与PPP项目操作要点

1. 项目盈利性分析

金融机构参与PPP项目，首先需要分析项目的收入实现形式，明确所要提供融资项目

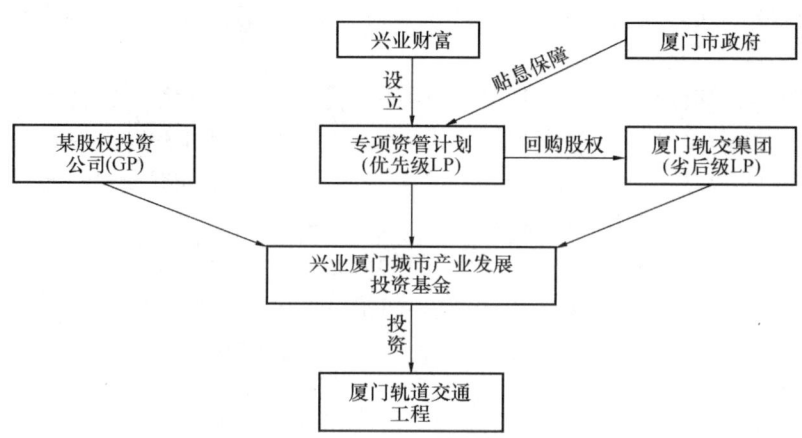

图 7-8 兴业厦门城市产业发展投资基金结构示意图

属于经营性项目、准经营性项目，还是非经营性项目，不同项目类型的盈利能力差别很大；其次分析项目的收费机制和项目盈利测算的合理性和可实现性，重点关注特许经营期限、收费机制变更的补偿机制、项目唯一性等条款；对于准经营性项目，还需考虑政府补偿机制、社会环境变化对项目现金流的影响程度。

2. 项目退出安排

很多情况下，金融机构在项目一开始就介入 PPP 项目，与之前的和政府或政府平台的融资类项目不同，PPP 模式下未必存在股权回购安排，政府出于项目长期性的考虑也会限制短期资金的进入，因此金融机构在开展项目时必须充分考虑相关的退出机制，例如在项目建设期可以由资管计划先期介入，待完成建设施工，项目开始运营后再由银行发放贷款，置换原资管计划的融资。对于采取"资管计划＋有限合伙基金"的方式实现资金注入基础设施项目的，可以通过基金赎回、资管计划受益权转让、有限合伙份额转让等形式实现退出。

3. 投资的流动性

由于银行、保险、基金等金融机构资金通常都有一定的投资期限，而 PPP 项目周期可能有 10 年甚至更长时间，为解决资金的流动性问题，金融机构在设计融资方案时可以进行结构化分层，安排流动性支持者以增加流动性。通过结构化分层，对优先级份额设定较短期限，期限届满时投资者有权选择向流动性支持者转让份额实现退出；对于次级投资者则持有份额至产品到期，同时获得较高的超额收益。

4. 增信措施

过去金融机构在和政府或政府平台进行融资合作时，主要关注政府的财力、增信措施、是否纳入财政预算和出具安慰函，在 PPP 模式下，项目审核的关键点转变为 PPP 项目的整体盈利性、项目运营主体的建设经营能力和财务状况，还款来源依赖于项目的现金流和相应的增信措施。在实际操作中，可以采用股权质押、基础设施项目应收账款收益权、项目公司资产、其他社会资本方保证等增信措施，降低投融资风险。在基础设施施工建设阶段，项目无现金流入时，可以考虑超额募集或由次级投资者补足资金的形式用于支付期间收益。

5. 财务监督

PPP 项目建设资金有多样化的来源渠道，为了保证各类机构的投入能够达到预期目的，必须确保投入资金被用于项目建设，同时相关的现金流入能用以偿还负债。因此金融机构必须对项目运作过程进行财务监督，确保专款专用，并及时掌握项目的经营情况。金融机构可以委派财务人员，并采取设立专门账户的形式进行监管，如果有可能还可向项目公司委派董事和监事，参与项目公司的经营决策和监督。例如和银行签订专门账户，项目的经营收入先进入该专门账户，除在合同约定的范围内可以支付项目经营开支外，剩余资金必须作为债务偿还的准备。

三、金融机构参与 PPP 项目的风险管控

金融机构在参与 PPP 项目期间会遇到诸多风险，做好风险管控和应对是做好项目的重要保障。

1. 财政可承受能力风险

根据最新颁布的《政府和社会资本合作项目财政承受能力论证指引》，地方政府每一年度全部 PPP 项目占一般公共预算支出比例应当不超过 10%。金融机构需要密切跟踪各级财政部门定期公布的项目营运情况，包括项目使用量、成本费用、考核指标等信息，确保所参与项目涉及的地区政府整体 PPP 支出控制在一定比率之内。

2. 项目建设风险

PPP 项目需要在规定的时间内建设完成达到可使用状态，才能在后续的经营中获得现金流和利润，尤其对于政府采用可用性付费方式直接购买产品和服务的非经营性项目，项目的"可用"是付费的前提条件。因此金融机构在对项目方融资时可以将建设施工方的资质要求列入合同条款，由建设公司或者保险公司承担项目建设延期、不合格等引起的损失。

3. 项目经营管理风险

银行、保险等金融机构一般仅以资金方或财务投资者的身份参与 PPP 项目，PPP 项目的建设、管理、营运等并不擅长，若项目一旦出现经营不善或管理纠纷，会直接影响收益的实现。因此，金融机构在向项目公司提供融资之前，应对融资主体和管理团队进行详尽的尽职调查，寻找具有良好口碑的合作方，对项目的营运及未来现金流收入进行财务分析和测算，确保可行性缺口补助和政府付费项目纳入政府的全口径预算管理，并通过相关协议争取参与重大事项决策的权利。

4. 政策风险

PPP 项目运作在很大程度上受政府政策和相关法律法规变更等方面的影响。对于政府的政策风险，必须从当地产业结构、财政实力、市场化程度、过往资信记录等多方面进行考量，并通过签订详细的法律合同，降低地方政府"随意签约，肆意毁约"的概率。

5. 增信措施落实风险

PPP 项目融资中可能涉及房地产抵押、信用保证、股权质押、应收账款质押等多种增信方式，实际操作中可能存在增信方式不能落实的风险。因此在融资协议签订之前就要对不同地区的抵押登记政策进行了解，把担保方式的落实作为放款的前提条件，并尽量采用多种增信方式进行组合，在选择担保物时也要优先考虑易于处置变现的标的。

6. 信用风险

金融机构对 PPP 项目的投资能否收回本金和获得合理的利润，很大程度上依赖于项目实施主体等交易对手的信用状况，对于获得特许经营权的项目实施主体，应选择有较高施工资质、项目经验丰富的专业机构，并对其资金实力、财务经营状况和信用资质进行分析。

7. 财务风险

财务风险是指基础设施经营的现金收入不足以支付债务和利息，债权人主张债务而导致项目公司破产，造成PPP模式应用的失败。财务风险既可能由于政府不守信而造成，也可能因为营运主体经营管理不佳，或者随着社会经济和文化的改变而影响原有业务模式的需求而导致。社会资本方可能必须独自承担此类风险，所以金融机构在为项目融资时尽量要求由政府或融资担保机构提供担保，由政府部门和融资担保机构分担部分财务风险。

8. 国有股权转让的法律风险

在部分项目中，金融企业向项目公司增资扩股或购买原有股权的方式取得项目公司的股权，合同约定期限到期时，国有股东或国有资产监督管理部门通过回购方式受让项目公司股权，在实际操作时股权转让未经过资产评估程序，而且多采用协议转让方式。根据《企业国有资产法》、《企业国有资产评估管理暂行办法》、《关于企业国有产权转让有关事项的通知》，相关国有股的转让需要通过资产评估，并在产权交易场所公开进行交易，因此该类操作具有一定的法律风险。金融企业在项目开始之初就必须考虑国有股权转让的程序问题。

附件一　投资机构对PPP的理解

2016年是政府和社会资本合作（PPP）蓬勃发展的一年，PPP项目在各行业均加速拓展。12月20日，首个农业领域PPP指导意见下发。尽管多数PE对周期过长、盈利难期的PPP望而却步，仍有少数PE积极参与PPP项目。九鼎投资相关负责人马洪表示，坚决看好PPP项目的前景，PE机构可以通过资产证券化、开拓长期资金、传统投资模式创新等方式参与其中，目前九鼎投资已储备和正在推动的PPP项目达百亿元。

"PPP＋PE"解决长周期难题

中国证券报：PPP的投资周期和盈利时间较长，投资人可能较难接受，在这方面如何进行平衡？

马洪：九鼎投资率先提出的"PPP＋PE"业务模式和4P理论，是当前PPP投资领域的金融创新发展思路，可以有效解决周期长这一问题。不同于单纯建设施工主体主要关注施工收益的情况，九鼎投资作为社会资本方，结合长期在实体产业领域内的大量投资经验，为PPP项目提供包括股权资金、中长期融资计划、开发运营保障在内的综合金融解决方案。目前，退出期限过长和缺乏有效的退出机制确实是社会资本介入的难点，而九鼎投资可以利用PE机构的创新思路，有效解决这一问题。

九鼎投资将重点关注随着资产证券化标的逐步扩大，尝试所投资项目以政府采购服务收入、政府提供缺口性补贴收入等方式作为还款保障，为基金提供新的退出保障机制。当然，这些创新同时依赖于国家政策层面的支持与创新。另外，相较于其他PE，九鼎投资本身是上市公司，除客户资金外，还拥有其他多种募资能力，可以有效解决长周期资金来源的问题。

九鼎投资的母公司——九鼎集团在2016年完成对香港富通保险的收购，借助集团体系内的各种金融平台资源，九鼎投资在获取长期、稳定资金来源上有着先天的优势。

中国证券报：目前你们在这方面的基金管理规模有多大？倾向于参与哪些领域的项目？

马洪：作为专业的投资机构，九鼎投资坚决看好PPP的前景。自2015年开始，九鼎投资开始关注 PPP 投资市场机会。在多年股权投资所积累的投资经验、行业团队以及资金平台的基础上，积极推进城市基础设施建设、公共服务提供等领域的 PPP 项目投资。九鼎投资目前在股权投资领域的在管基金规模约为 300 亿元，未来我们还会持续不断地针对具体区域或者具体项目类型募集专项 PPP 基金。

九鼎投资较为关注具有稳定可预期经营收益的 PPP 项目，例如水务、供热等使用付费类项目，以及医院、旅游景区等通过政府缺口性补贴的项目。这类项目可以保障项目初期的基本收益。从中长期来看，通过有效的运营也能够获得合理的预期回报。此外，政府购买服务付费类项目，例如公园、道路改造等，我们也会有选择性地参与，着重考虑该区域经济的发展潜力、债务结构等因素。

已经储备和推动上百亿项目

中国证券报：目前九鼎储备了多少项目？

马洪：目前九鼎投资已经储备和正在推动上百亿的 PPP 投资项目。

首先，在传统的 PE 项目中，九鼎投资已投资企业包括燃气、热力、环保、水务、垃圾处理、市政园林、教育、医疗等行业的龙头企业，培育了众多公共服务领域上市或新三板挂牌企业。这些原有已投企业资源优势恰能支撑九鼎投资积极应对国家政策调整，开展业务模式创新，以 PPP 方式拓展业务。

其次，九鼎投资与部分具有区域资源优势的地方国有企业、管理运营优势的行业龙头企业达成战略合作，以联合体方式或 PPP 基金方式，共同拓展 PPP 业务。

在 PPP 项目建设施工、管理运营主体保障的基础上，九鼎投资通过城市合作计划，在长期开展产业投资、基金合作的城市或区域，深化与地方政府的合作，从产业投资向区域开发方向延伸，以 PPP 方式参与城市重点项目的建设。

在 PPP 项目需求、管理运营能力保障的基础上，发挥九鼎投资作为投资和资产管理机构在资金渠道领域的优势，通过 PPP 项目基金、PPP 区域开发基金的方式，进行专项资金募集，以 PE 方式为 PPP 项目提供资金保障。

中国证券报：PPP 目前参与的最大难点是什么？

马洪：除了投资周期和盈利周期长的难点外，在立法保障、地方政府财政中长期预算保障、政府采购服务支付金额和时间保障等方面仍然是各类 PPP 参与机构关注的重点。我们相信，未来 PPP 对应的政策、法规、金融环境一定能够朝着有利于持续发展、更加完善的方向发展。

第八章　PPP模式运作管理

第一节　PPP模式运作条件与发展方式

一、PPP模式成功运作的必要条件

从国外近年来的经验看，以下几个因素是成功运作PPP模式的必要条件：

1. 政府支持

在PPP模式中政府与社会资本合作双方的角色和责任依项目的不同有所差异，但政府的总体角色和责任，为大众提供最优质的公共设施和服务，是始终不变的。PPP模式是提供公共设施或服务的一种比较有效的方式，但并不是对政府有效治理和决策的替代。在任何情况下，政府均应从保护和促进公共利益的立场出发，负责项目的总体策划，组织招标，理顺各参与机构之间的权限和关系，降低项目总体风险等。

2. 法规健全

PPP项目的运作需要在法律层面上，对政府部门与社会资本方在项目中需要承担的责任、义务和风险进行明确界定，保护双方利益。在PPP模式下，项目设计、融资、运营、管理和维护等各个阶段都可以采纳政府与社会资本方合作，通过完善的法律法规对参与双方进行有效约束，是最大限度发挥优势和弥补不足的有力保证。

3. 专业人才

PPP模式的运作广泛采用项目特许经营权的方式，进行结构融资，这需要比较复杂的法律、金融和财务等方面的知识。

（1）要求政策制定参与方制定规范化、标准化的PPP交易流程，对项目的运作提供技术指导和相关政策支持。

（2）需要专业化的中介机构提供具体专业化的服务。

二、PPP模式的发展方式

PPP模式中，政府通过政府采购形式与中标单位组成特殊目的公司签定特许合同（特殊目的公司一般由中标的建筑公司、服务经营公司或对项目进行投资的第三方组成的股份有限公司）由特殊目的公司负责筹资、建设及经营。政府通常与提供贷款的金融机构达成一个直接协议，这个协议不是对项目进行担保的协议，而是一个向借贷机构承诺将按与特殊目的公司签定的合同支付有关费用的协定，这个协议使特殊目的公司能比较顺利地获得金融机构的贷款。政府通过给予社会资本方长期的特许经营权和收益权来换取基础设施加快建设及有效运营。

三、基础设施项目分类及应用PPP的方式

（一）基础设施分类

基础设施项目是指为人民提供公共服务产品的各种公益性设施，如道路、桥梁、港口码头、供水、供电系统以及环保设施等，根据城市基础设施的行业性质及用途，分为以下

七类。

（1）涉水项目：包括城镇供水、排水、雨水收集利用、中水回用、污水处理厂和管网以及水环境治理工程等。

（2）燃气和能源项目：包括管道燃气、CNG燃气、LNG燃气、加气站、加油站及管网等。

（3）环卫环保项目：包括垃圾收运系统及生活垃圾焚烧、卫生填埋、填埋气利用工程，餐厨垃圾焚烧处理，建筑垃圾综合利用等。

（4）城市道路交通及园林绿化项目：包括轨道交通、公共交通、道路桥梁、园林绿化等。

（5）综合管廊项目：包括城市共同沟、综合管廊等。

（6）供热项目：包括热源厂、供热管网、换热站等。

（7）市政公用设施管养项目：包括道路清扫保洁、公厕管理、市政照明、道路桥梁维护、园林绿化管理养护等。

（二）应用PPP的方式

按照上述七类项目的经营特性及向使用者收费的可行性，实施不同的PPP模式。

（1）采用合资合作和特许经营方式。此类项目收费或价格形成机制较为健全，可以通过"使用者付费"实现投资回报的项目。如涉水项目中的城镇供水，城市煤气、天然气、液化石油气、管道燃气、CNG燃气、LNG燃气、加气站等项目，城市供热等项目。

（2）采用政府购买服务、特许经营组合方式。此类项目虽然可以回收部分投资、保本或微利经营，但建设周期长、投资多、风险大、回收期长或者垄断性等特点，单靠市场机制难以达到供求平衡，需要政府参与投资经营，并且应以控股和参股等方式进行。准经营性项目实施特许经营和政府购买服务相结合。如综合管廊、轨道交通（城际交通）、公共交通项目，涉水项目中的污水处理、中水回用等厂网一体化项目，环卫环保项目中的垃圾收运系统及生活垃圾处理焚烧、卫生填埋、填埋气利用工程，餐厨垃圾处理工程、建筑垃圾综合利用等收运处一体化项目。

（3）采用政府购买服务方式。此类项目经济上的显著特点是为社会提供的服务，以非营利为目的，使用功能不收取费用或只收取少量费用。如涉水项目中的城镇排水、雨水收集利用、排水管网、水环境治理项目，市政公用中的道路清扫保洁、公厕管理、市政照明、道路桥梁维护、园林绿化管养项目等。

四、政府对社会资本方的选择依据

（1）参照项目性质。公共基础设施性质决定了项目的参与者应尝试营利与义举兼顾，在收益的前提下，提倡让利于民的行为，体现企业承担和履行社会责任的行为，而不是仅仅把目光停留在经济层面上。

政府可参照具体项目的性质，以及根据投标者的意愿，选择合适的合作伙伴。如2008年汶川大地震的灾后重建项目，由于灾区恢复重建及后期的发展都不能和震前的形势相比，因而遭受风险的可能性也更大，这就更要求社会资本方以社会公共利益为前提，尽可能多地站在人民的角度而不去计较经济上的得失，基于以上因素考虑，国有企业是较为合适的合作伙伴。

（2）评估融资能力和资金来源。公共基础设施项目建设投资大，建设周期长以及投资回报期长，从项目的初始决策到竣工验收以及后期的投产运营，都需要投入大量的资金才能维持运转，这就要求社会资本方拥有良好的融资能力和稳固的资金来源。

在现行法规下，中国PPP项目可选择的融资途径有限，财务结构主要是传统的银行贷款，超过90%的债务融资都是依靠银行的信用贷款。而可被我国银行接受并作为贷款抵押物的形式及种类也相对较少，这在一定程度上限制了投资者的融资量。政府在对社会资本方进行选择时，必须仔细评估其融资能力，考察其资金来源，确保PPP项目的顺利进行。

（3）对比投标方案

PPP项目的运行路线大致可分为五个阶段：①项目确认及可研阶段；②项目招投标阶段；③项目建设阶段；④项目运营阶段；⑤项目移交阶段。PPP项目的运行阶段流程，如图8-1所示。

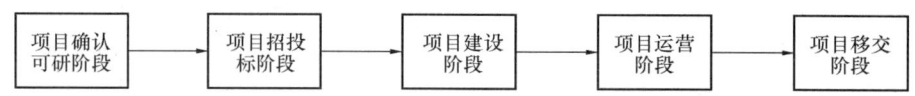

图8-1　PPP项目运行阶段流程

在第二阶段，即项目招投标阶段，各投标单位按照招标方的招标文件、施工设计图等要求，按照清单计价或定额计价的方式，上交各自制订的标书，清楚列明各项技术、质量指标以及预计投资金额。政府根据项目的实际需求，对比各单位上交的标书，仔细比对，多方商榷，选择其中最符合项目要求且投资金额最小的单位作为社会资本方。

第二节　PPP项目操作流程与总体要求

一、PPP项目操作流程

PPP项目操作较复杂，步骤多，周期长，对政府的管理能力要求较高。实践中，政府往往难以独自完成整个操作流程，需借助法律、技术、财务、环境以及其他领域的专业顾问力量。合理选择并有效管理顾问团队，对PPP项目的顺利实施至关重要。

PPP模式是针对整个项目生命周期提出的一种新的融资模式，一般周期为10～30年，需要详细的流程控制以确保项目的实施和推进。在我国，从PPP项目的启动到结束，PPP项目操作流程可分为项目识别、项目准备、项目采购、项目执行和项目移交等5个阶段；每个阶段又可分为若干步骤，如图8-2所示。

（一）PPP项目识别

项目识别阶段的主要功能在于挑选适合采用PPP模式的项目，在正常情况下，投资规模较大、收益长期稳定、价格调整机制灵活、市场化程度较高的基础设施及公共服务类项目，比较适合采用PPP模式。项目识别阶段包括4个步骤，分别是项目发起、项目筛选、物有所值评价和财政承受能力论证。

1. 项目发起

项目发起阶段的工作主要内容包括启动准备和前期调研；组建项目实施班子、制定整体工作计划、开展项目调查等。

第八章 PPP模式运作管理

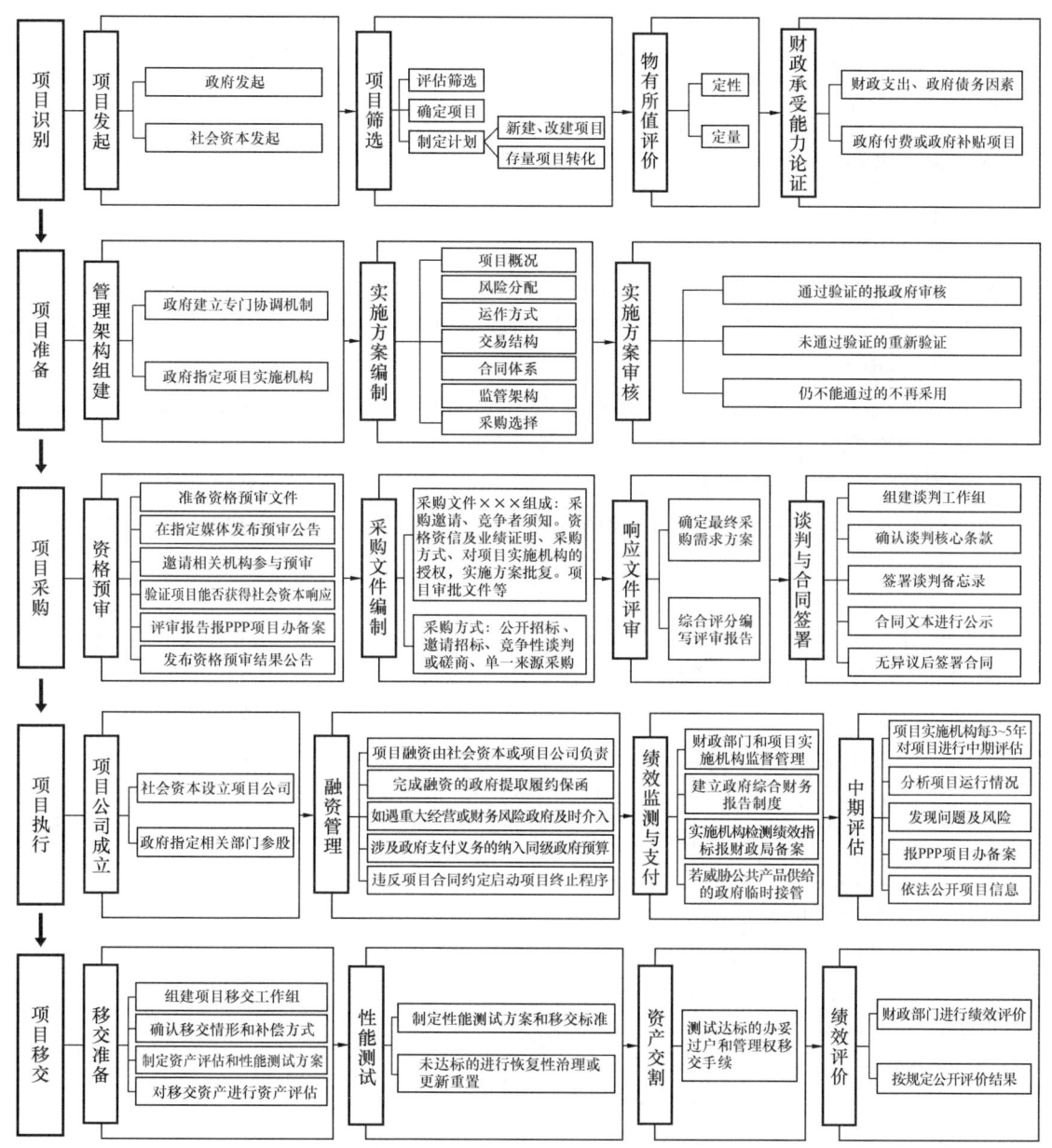

图 8-2 PPP 项目操作流程

实施 PPP 模式是一个系统工程，其复杂、专业程度极高。一要组建一个 PPP 项目实施团队，由政府牵头，规划、建设、土地、发改、财政、审计、国资委、法制办等部门组成领导小组；二要制定具体工作实施方案，明确部门责任分工、目标任务和实施工作计划安排等；三要根据城市总体规划和近期建设规划，由政府组织相关部门或机构梳理城市基础设施领域拟新建项目和存量项目，决定可以通过 PPP 模式运作的具体项目清单，构建 PPP 项目库。

政府和社会资本合作项目由政府或社会资本方发起，以政府发起为主。

（1）政府发起。发展改革委或财政应负责向交通、住建、环保、能源、教育、医疗、体育健身和文化设施等行业主管部门征集潜在政府和社会资本方合作项目，行业主管部门可从国民经济和社会发展规划及行业专项规划中的新建、改建项目或存量公共资产中遴选潜在项目。

（2）社会资本方发起。社会资本方应以项目建议书的方式向政府和社会资本合作主管部门推荐潜在政府和社会资本合作项目。

2. 项目筛选

政府和社会资本合作项目由政府或社会资本方发起，以政府发起为主。

财政部门（政府和社会资本合作中心）会同行业主管部门，对潜在政府和社会资本合作项目进行评估筛选，确定备选项目。财政部门（政府和社会资本合作中心）应根据筛选结果制定项目年度和中期开发计划。

对于列入年度开发计划的项目，项目发起方应按财政部门（政府和社会资本合作中心）的要求提交相关资料。新建、改建项目应提交可行性研究报告、项目产出说明和初步实施方案；存量项目应提交存量公共资产的历史资料、项目产出说明和初步实施方案。

投资规模较大、需求长期稳定、价格调整机制灵活、市场化程度较高的基础设施及公共服务类项目，适宜采用PPP模式。

3. 物有所值评价

政府和社会资本合作方会同行业主管部门，从定性和定量两方面开展物有所值评价工作。定量评价工作由各地根据实际情况开展。

定性评价重点关注项目采用政府和社会资本合作模式与采用政府传统采购模式相比能否增加供给、优化风险分配、提高运营效率、促进创新和公平竞争等。

定量评价主要通过对政府和社会资本合作项目全生命周期内政府支出成本现值与政府比较值进行比较，计算项目的物有所值量值，判断政府和社会资本合作模式是否降低项目全生命周期成本。

4. 财政承受能力论证

为确保财政中长期可持续性，财政部门应根据项目全生命周期内的财政支出、政府债务等因素，对部分政府付费或政府补贴的项目，开展财政承受能力论证，每年政府付费或政府补贴等财政支出不得超出当年财政收入的一定比例。

（二）PPP项目准备

当项目通过了科学论证之后，就开始转为专门机构负责项目的准备工作。项目准备工作包括：管理架构组建、实施方案编制、实施方案审核3个环节。

在项目实施的最初阶段，需要考虑项目的可融资方式和财政是否负担得起，并要评估传统方式与PPP方式之间的效率比较，分析该项目是否适合采用PPP方式，拟定项目协议。

聘请专业咨询机构，负责研究项目模式，设计项目结构，编制项目实施方案，关键是设计项目主要商业原则，进行财务分析，编制财务模型。组织专家对项目实施方案进行论证，并报政府批准和省住房城乡建设厅备案。

1. 组织实施机构

实施PPP项目是一个系统性工程，其复杂程度和专业程度极高，需要组建一个PPP项目实施团队。其中，政府部门成为监管者，在项目过程中承担着有限的职能，社会资本方受雇于政府从事公共领域的活动，则承担着提供服务的主要职能。

按照地方政府的相关要求，明确相应的行业管理部门、事业单位、行业运营公司或其他相关机构，作为政府授权的项目实施机构，在授权范围内负责PPP项目的前期评估论证、实施方案编制、合作伙伴选择、项目合同签订、项目组织实施以及合作期满移交等工作。考虑到PPP运作的专业性，通常情况下需要聘请PPP咨询服务结构。

项目组织实施通常会建立项目领导小组和工作小组，领导小组负责重大问题的决策、政府高层沟通、总体工作的指导等，项目小组负责项目公司的具体开展，以PPP咨询服务机构为主要组成。项目实施机构需要制定工作计划，包含工作阶段、具体工作内容、实施主体、预计完成时间等内容。

2. 尽职调查

（1）项目内部调查

项目实施机构拟定调研提纲，应至少从法律和政策、经济和财务、项目自身三个方面把握，主要包括政府项目的批文和授权书、国家、省和地方政府对项目的关于土地、税收等方面的优惠政策、特许经营和收费的相关规定等；社会经济发展现状及总体发展规划、与项目有关的市政基础设施建设情况、建设规划、现有管理体制、现有收费情况及结算和调整机制等；项目可行性研究报告、环境影响评价报告、初步设计、已形成的相关资产、配套设施的建设情况、项目用地的征地情况等。

（2）外部投资人调查

根据项目基本情况、行业现状、发展规划等，与潜在投资人进行联系沟通，获得潜在投资人的投资意愿信息，并对各类投资人的投资偏好、资金实力、运营能力、项目诉求等因素进行分析研究，与潜在合适的投资人进行沟通，组织调研及考察。

3. 实施方案编制

通过前期的调查研究及分析论证，完成项目招商实施方案编制。招商实施方案主要内容：

（1）项目概况

项目概况主要包括基本情况、经济技术指标和项目公司股权情况等。

（2）风险分配基本框架。

按照风险分配优化、风险收益对等和风险可控等原则，综合考虑政府风险管理能力、项目回报机制和市场风险管理能力等要素，在政府和社会资本间合理分配项目风险。

（3）PPP运作模式

PPP运作模式主要包括委托运营、管理合同、建设—运营—移交、建设—拥有—运营、转让—运营—移交和改建—运营—移交等。选择适合项目的模式至关重要。

（4）交易结构

交易结构主要包括项目投融资结构、回报机制和相关配套安排。项目投融资结构主要说明项目资本性支出的资金来源、性质和用途，项目资产的形成和转移等。项目回报机制主要说明社会资本取得投资回报的资金来源，包括使用者付费、可行性缺口补助和政府付费等支付方式。

（5）合同体系

合同体系主要包括项目合同、股东合同、融资合同、工程承包合同、运营服务合同、原料供应合同、产品采购合同和保险合同等。项目合同是其中最核心的法律文件。

(6) 监管架构

监管架构主要包括授权关系和监管方式。授权关系主要是政府对项目实施机构的授权，以及政府直接或通过项目实施机构对社会资本方的授权；监管方式主要包括履约管理、行政监管和公众监督等。

(7) 采购方式选择

采购方式包括公开招标、竞争性谈判、邀请招标、竞争性磋商和单一来源采购。项目实施机构应根据项目采购需求特点，依法选择适当采购方式。

(8) 方案审核

为提高工作效率，财政部门应当会同相关部门及外部专家建立PPP项目的评审机制，从项目建设的必要性及合规性、PPP模式的适用性、财政承受能力以及价格的合理性等方面，对项目实施方案进行评估，确保"物有所值"。评估通过的由项目实施机构报政府审核，审核通过的按照实施方案推进。

4. PPP项目准备阶段政府方主要工作

(1) 项目准备阶段主要工作

项目准备阶段主要工作是项目策划实施方案研究和编制：

①聘请顾问团队；②拟定项目协议；③开展项目的前期论证，确定项目范围和实施内容（项目建设规模、主要内容和总投资）；④进行前期沟通，研究项目模式，设计项目结构，编制项目实施方案；⑤设计项目主要商业原则；⑥财务分析，编制财务模型；⑦确定投资人比选方式和原则（确定投资人应具备的条件和能力及招标方式；双方的主要权利和义务）；⑧组织相关单位讨论方案；⑨实施方案公示和报批。

(2) PPP项目准备阶段政府方主要工作措施

项目准备阶段有两个主要方面的工作。首先是确保政府部门充分准备，并组织管理过程中的活动。这些活动很可能包括更多地聘请外部顾问和审议预算的工作经费。其次是完成整个项目评估的并行活动，以确保项目基于健全的基础上开发。这个阶段的活动要求政府部门采取以下措施。

①识别和组建PPP项目团队，包括聘请顾问；②按照有关的现行管理架构，根据已协定的政策，提出政府部门对PPP项目的要求，并且将合同条款清楚地传递给潜在投标人；③在设想的条款中，建立对PPP项目社会资本利益预期水平的信心；④确定需要政府部门的支持类型（例如，提供一部分PPP项目资金，使资产，如土地变为可使用的资产，或使支付服务变得实惠）；⑤确认政府部门可以在PPP项目生命周期中履行的义务；⑥制定全面、可信的PPP项目合同并为运营建立基础，如何处理纠纷，以及如何处理纠纷可调与不可调之间的幅度；⑦为投标人提供PPP项目信息；⑧确定所有相关的法定程序和许可（环保，土地获取）；⑨识别并咨询各项PPP项目的利益相关者（如在收费公路PPP项目中，住在附近的或被迫搬迁的道路使用者，地方交通会受其影响的直辖市等都包含在内）；⑩提高潜在投资者对PPP项目的认识，制定战略；⑪准备采购阶段（战略、预算、时间表和人）；⑫完成物有所值的评估并建立评估PPP项目是否成功的依据。

这些任务必须在社会资本方投标人花时间和精力认真考虑PPP项目建议之前完成。这些活动与PPP项目信息直接相关，这些信息最终会被提供给社会资本方，并且在与社会资本方合作时，影响进程的可信度。

(三) PPP 项目采购

1. 资格预审

项目实施机构应根据项目需要准备资格预审文件，发布资格预审公告，邀请社会资本方和与其合作的金融机构参与资格预审，验证项目能否获得社会资本方响应和实现充分竞争，并将资格预审的评审报告提交财政部门（政府和社会资本合作中心）备案。

项目有 3 家以上社会资本方通过资格预审的，项目实施机构可以继续开展采购文件准备工作；项目通过资格预审的社会资本方不足 3 家的，项目实施机构应在实施方案调整后重新组织资格预审；项目经重新资格预审合格社会资本方仍不够 3 家的，可依法调整实施方案选择的采购方式。

资格预审公告应包括项目授权主体、项目实施机构和项目名称、采购需求、对社会资本方的资格要求、是否允许联合体参与采购活动、拟确定参与竞争的合格社会资本方的家数和确定方法，以及社会资本方提交资格预审申请文件的时间和地点。提交资格预审申请文件的时间自公告发布之日起不得少于 15 个工作日。

2. 项目采购文件编制

项目采购文件应包括采购邀请、竞争者须知（包括密封、签署、盖章要求等）、竞争者应提供的资格、资信及业绩证明文件、采购方式、政府对项目实施机构的授权、实施方案的批复和项目相关审批文件、采购程序、响应文件编制要求、提交响应文件截止时间、开启时间及地点、强制担保的保证金交纳数额和形式、评审方法、评审标准、政府采购政策要求、项目合同草案及其他法律文本等。

（1）协议编制。细化研究协议文件编制：研究和分析项目的技术、商务边界条件（如：投资、运营成本与收益测算，回购总价、回购期限与方式，回购资金来源安排和支付计划）；落实建设内容分工、投资范围（投资建设期限、工程质量要求和监管措施）；研究和编制项目协议等法律文件（项目移交方式及程序、项目履约保障措施、项目风险和应对措施等）；落实招标条件。

（2）竞争性程序。主要包括：发布项目信息；投标人准备投标文件；制定评标标准、评标细则和评标程序；成立评标工作组，开标、组织评标；编写评标报告，推荐候选人；与候选人澄清谈判。

当 PPP 项目准备及架构设计等工作完成后，就可以进入项目采购阶段，主要包括：资格审核、采购文件编制、响应文件评审、谈判与合同签署。

按照《政府和社会资本合作模式操作指南（试行）》规定，PPP 项目采用公开招标、邀请招标、竞争性谈判、单一来源采购方式开展采购，按照政府采购法律法规及有关规定执行。项目采用竞争性磋商采购方式开展采购的，按照下列基本程序进行：采购公告发布及报名、资格审查及采购文件发售、采购文件的澄清或修改、响应文件评审等。

3. 响应文件评审

项目 PPP 运作需建立方案评审小组。评审小组由项目实施机构代表和评审专家共 5 人以上单数组成，其中评审专家人数不得少于评审小组成员总数的 2/3 评审专家可以由项目实施机构自行选定，但评审专家中应至少包含 1 名财务专家和 1 名法律专家。项目实施机构代表不得以评审专家身份参加项目的评审。

4. 谈判与合同签署

项目实施机构应成立专门的采购结果确认谈判工作组。按照候选社会资本方的排名，依次与候选社会资本方及与其合作的金融机构就合同中可变的细节问题进行合同签署前的确认谈判，率先达成一致的即为中选者。确认谈判不得涉及合同中不可谈判的核心条款，不得与排序在前但已终止谈判的社会资本方进行再次谈判。

确认谈判完成后，项目实施机构应与中选社会资本方签署确认谈判备忘录，并将采购结果和根据采购文件、响应文件、补遗文件和确认谈判备忘录拟定的合同文本进行公示，公示期不得少于5个工作日。

先草签项目协议，中标人在约定时间内办理好项目公司成立的有关事宜，资金到位，政府配合完成资产交割及项目审批有关事宜，正式与项目公司签约。

（四）PPP项目执行

项目执行是PPP模式工作的重中之重，执行阶段的工作能否顺利进行是PPP项目成功与否的关键。该阶段包括：成立项目公司、融资管理、绩效监测与支付、中期评价等环节。

社会资本可依法设立项目公司，政府可指定相关机构依法参股项目公司，项目实施机构和财政部门（或PPP中心）应监督社会资本方按照采购文件和项目合同约定，按时足额出资设立项目公司。PPP项目融资由社会资本方或项目公司负责，应及时开展融资方案设计、机构接洽、合同签订和融资交割等工作。财政部门和项目实施机构应做好监督管理工作，防止企业债务向政府转移。

1. 项目公司设立

社会资本方可依法设立项目公司。政府可指定相关机构依法参股项目公司。项目实施机构和财政部门（政府和社会资本合作中心）应监督社会资本方按照采购文件和项目合同约定，按时足额出资设立项目公司。

2. 项目融资管理

项目融资由社会资本方或项目公司负责。项目融资渠道可分为内部融资与外部融资。由于借贷资金要付息，用借贷资金和股本资金筹资对股东收益的影响是不同的。

社会资本方或项目公司应及时开展融资方案设计、机构接洽、合同签订和融资交割等工作。财政部门（政府和社会资本合作中心）和项目实施机构应做好监督管理工作，防止企业债务向政府转移。

3. 绩效监测与支付

社会资本方项目实施机构应根据项目合同约定，监督社会资本方或项目公司履行合同义务，定期监测项目产出绩效指标，编制季报和年报，并报财政部门（政府和社会资本合作中心）备案。项目合同中涉及的政府支付义务，财政部门应结合中长期财政规划统筹考虑，纳入同级政府预算，按照预算管理相关规定执行。项目实施机构应根据项目合同约定的产出说明，按照实际绩效直接或通知财政部门向社会资本方或项目公司及时足额支付。

4. 中期评估

项目实施机构应每3~5年对项目进行中期评估，重点分析项目运行状况和项目合同的合规性、适应性和合理性；及时评估已发现问题的风险，制订应对措施，并报财政部门（政府和社会资本合作中心）备案。

（五）PPP项目移交

在项目的移交阶段，主要工作包括移交准备、性能测试、资产交割和绩效评价。在移交阶段应确保项目设施的完好移交。在这阶段应主要关注移交方式和性能测试。项目合同中应明确约定移交形式、补偿方式、移交内容和移交标准。

项目移交时，项目实施机构或政府指定的其他机构代表政府收回项目合同约定项目资产。

移交形式包括期满终止移交和提前终止移交；补偿方式包括无偿移交和有偿移交；移交内容包括项目资产、人员、文档和知识产权等；移交标准包括设备完好率和最短可使用年限等指标。

项目实施机构或政府指定的其他机构应组建项目移交工作组，根据项目合同约定与社会资本方或项目公司确认移交情形和补偿方式，制定资产评估和性能测试方案。

转移中止是项目运作的最后一个阶段，包括项目移交和项目公司解散等内容。

（1）项目移交。特许经营期满后，项目公司要将项目的经营权（或所有权与经营权同时）向政府移交。在移交时，政府应注意项目是否处于良好运营和维护状态，以便保证项目的继续运营和服务提供的质量。

（2）项目公司清算。项目移交以后，项目公司的业务随之中止。因此，项目公司应按合同要求及有关规定到有关部门办理清算、注销等相关手续。

项目移交完成后，财政部门（或 PPP 中心）应组织有关部门对项目产出、成本效益、监管成效、可持续性、政府和社会资本合作模式应用等进行绩效评价，并按相关规定公开评价结果，评价结果将作为政府开展政府和社会资本合作管理工作决策参考依据。

二、总体要求

1. 打破地域垄断和所有制限制

政府通过竞争机制择优选择合作伙伴，吸引各类社会资本参与项目的投融资、建设和运营等；鼓励有一定技术能力和管理经验的专业性企业通过兼并、收购，跨地域参与市场竞争，培育具有开拓国内外市场能力的大型市政公用服务企业，提高产业集中度。鼓励以市代县、城乡一体化中的同类项目进行打包，扩大市场规模。

2. 落实费价政策

将市政公用服务价格收费或政府支付服务费作为合作伙伴的经营收入来源。政府要合理确定费价标准，完善价格调整机制，在合作伙伴履约的前提下及时足额支付服务费和补贴，既保护消费者权益，又保证投资者的合理收益。政府支付的服务费应通过竞争程序确定，并纳入地方财政预算管理。向用户收费的各类市政公用产品价格，应按照相关规定进行成本监审并及时调整到位，价格不到位的，政府应予以补贴。

城镇综合管廊项目要明确各入廊管线行业费用分摊和价格标准。

3. 规范运行操作

按照城镇市政公用各类专项规划筛选适宜 PPP 的项目，强化项目前期策划和论证，做好信息公开；通过竞争机制选择合作伙伴，按照"政府引导、企业主导、市场运作、利益共享、风险分担"的原则，由政府与市场主体合作组建项目公司（SPC），具体负责项目的投资、建设、运营、管养和服务；政府与合作伙伴、项目公司通过合同或特许经营协议明确约定各自的权、责、利；强化项目实施的全过程监管。

(1) 做好项目前期论证。开展 PPP 项目的可行性论证是决定项目成功的首要环节。筛选 PPP 项目要符合当地城镇市政公用方面各类专项规划的要求，加强前期策划，可委托有一定业绩和能力的设计或咨询机构编制实施方案。实施方案应包括项目的基本情况、规模与期限、技术路线、服务质量和标准、规划条件和土地落实情况、投融资结构、收入来源、财务测算与风险分析、实施进度计划、资金保障等政府配套措施等内容。

政府应组织有关部门、咨询机构、运营和技术服务单位、相关专家以及各利益相关方共同对项目实施方案进行充分论证，确保项目的可行性和可操作性，以及项目财务的可持续性。实施方案须经地方政府审批后组织实施。

(2) 通过竞争机制选择合作伙伴。政府应及时将项目内容，以及对合作伙伴的要求、绩效评价标准等信息向社会公布，确保各类市场主体平等参与竞争。应按照《国家招标投标法》规定的公开招投标方式，综合经营业绩、技术和管理水平、资金实力、服务价格、信誉等因素，择优选择合作伙伴。

(3) 签订特许经营协议。政府必须与中选合作伙伴签署特许经营协议，协议主要应包括：项目名称、内容；范围、期限、经营方式；产品或者服务的数量、质量和标准；服务费标准及调整机制；特许经营期内政府与特许经营者的权利和义务，履约担保；特许经营期满后项目移交的方式、程序及验收标准；项目终止的条件、流程和终止补偿；违约责任；争议解决方式等内容；以及其他需要约定的事项。

(4) 筹组项目公司。中选合作伙伴可依合同、按现代企业制度的要求筹组项目公司，由项目公司负责按合同进行设计、融资、建设、运营等；项目公司独立承担债务，自主经营、自负盈亏，在合同经营期内享有项目经营权，并按合同规定保证资产完好；项目公司的经营权未经政府允许不得私自转让。项目形成的固定资产所有权在合同期满后必须无偿移交政府。

4. 把握 PPP 模式运用的关键环节

(1) 建立长期的政府与企业合作机制。关键在于政府要处理好与市场主体之间的关系，由"经营者"转变为"监管者"、"合作者"。发挥投资人在整合设计、建设、运营、管理等方面的综合优势，让"专业人做专业事"。

(2) 建立合理的利益共享机制。通过政府核定经营收费价格以及以购买服务方式补贴标准，实现项目建设运营的自我平衡，既要保障公共利益，提高公共服务质量和效率，又要避免企业出现暴利和亏损，实现"盈利但不暴利"。

(3) 建立平等的风险分担机制。政府和社会资本方应该平等参与、诚实守信，按照合同办事，依据对风险的控制力，承担相应的责任，不过度转移风险至合作方。企业主要承担投融资、建设、运营和技术风险，政府主要承担国家政策、标准调整变化的宏观风险，双方共同承担不可抗力风险。

(4) 建立严格的监管和绩效评价机制。政府对 PPP 项目运作、公共服务质量和资金使用效率等进行全过程监管和综合考核评价，认真把握和确定服务价格和项目收益指标，加强成本监审、考核评估、价格调整审核，可以考虑引入第三方进行社会评价。健全完善正常、规范的风险管控和退出机制，禁止政府为项目担保，防范项目风险转换为政府债务风险。对未能如约、按量、保质提供公共产品和服务的项目，应按约坚决要求企业退出并赔偿，投资人必须按合约规定及时退出并依法赔偿，严格责任追究。对防范企业自身经营管理能力不足引发项目风险应注意及时规避。

5. 实行分类指导，完善服务标准体系

根据行业经营特性，分类明确财政、用地、价格以及行业管理的重点政策，细化标准，建立科学的可持续的投资、补贴与价格协同机制。形成合理的项目筛选、推出和开放过程，强化项目策划，建立项目储备库，建立引资项目长效机制，根据项目具体情况制定针对性的招商合作方式和条件，重点推进条件成熟项目的招商招标工作。各部门不得另行设置限制社会资本进入的附加条件。

6. 试点先行，逐步规范

优先在城镇污水处理、污水处理厂网一体、污泥处理处置、供水厂网一体、垃圾处理、地下综合管廊等方面的新建、改扩建和运营项目中，优先选择条件相对成熟的项目进行试点推进，通过总结经验，逐步规范完善，为后续扩大对社会资本全面开放提供指导。

7. 建立信用评级和黑名单制度

依托专业信用评价体系对项目涉及的政府支付能力和企业信用进行评价，信用评级将作为金融和财政支持的参考。对合作企业、咨询机构建立黑名单制度，对于列入黑名单的企业和咨询机构将予以通报。

第三节　PPP项目盈利模式结构与盈利模式

一、PPP盈利模式框架与结构

（一）PPP盈利模式框架

盈利模式通常是指按照利益相关者划分的收入结构、成本结构以及相应的目标利润。如图8-3所示。

（二）PPP项目盈利模式结构

PPP模式的出现，是为了借助社会资本方的资金与竞争，来提高公共产品的服务与质量。既能保证社会资本方盈利，又能提高其竞争与创新积极性，并最终实现"多方共赢"。

PPP模式是一个内在结构相对灵活的合作模式，根据不同类型的项目、不同的项目参与者、不同的融资形式，可以设计出符合项目自身的融资模式。PPP模式基本结构较为简单，主要的参与者为政府授权的政府主管部门、社会资本方、金融机构等。根据项目的不同，可能会涉及到更多的参与者，如保险公司、投资咨询公司等。

1. 稳定收费盈利项目模式

稳定收费盈利项目模式如图8-4所示。

（1）项目特点：项目预期盈利稳定，作为长期持有资产优良，如部分供水、污水处理、垃圾处理项目。

（2）法律文件：发改委、财政批文，确保项目纳入PPP项目名单。

（3）股权合作：政府授权企社会资本方以入股形式合作。

（4）收入预测：收费单价与收入预测是项目实施的前提条件，需要与当地发改委相关部门充分收费价格政策，并需要第三方专业公司提供收入预测数据。

（5）特许经营收入调整机制：特许经营期限长，运营效益受到多方面因素的影响，与政

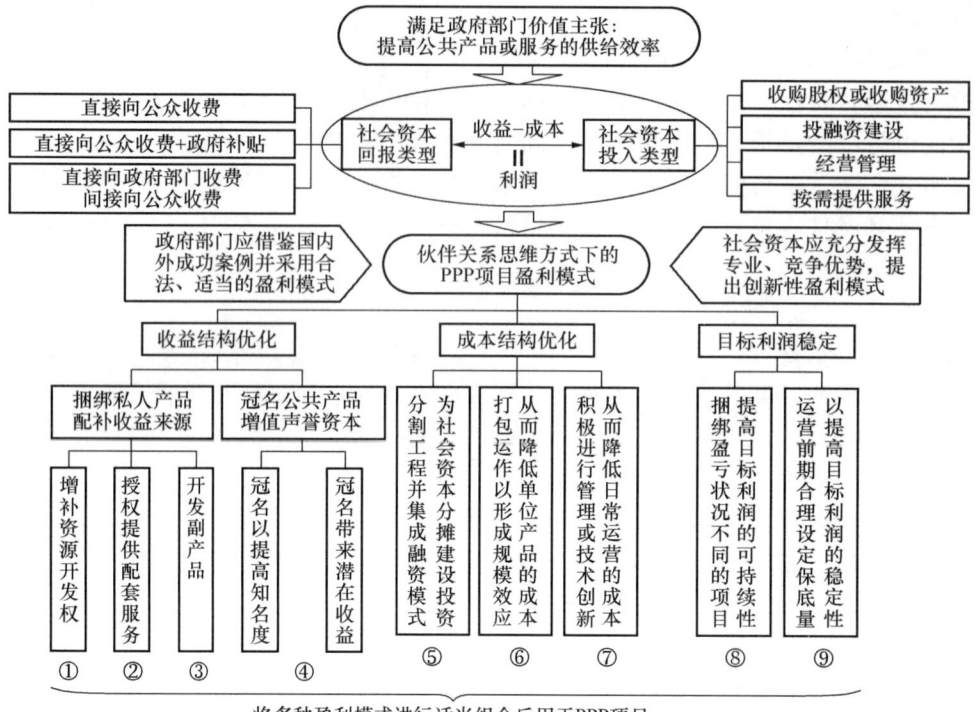

图 8-3　PPP 盈利模式基本框架图

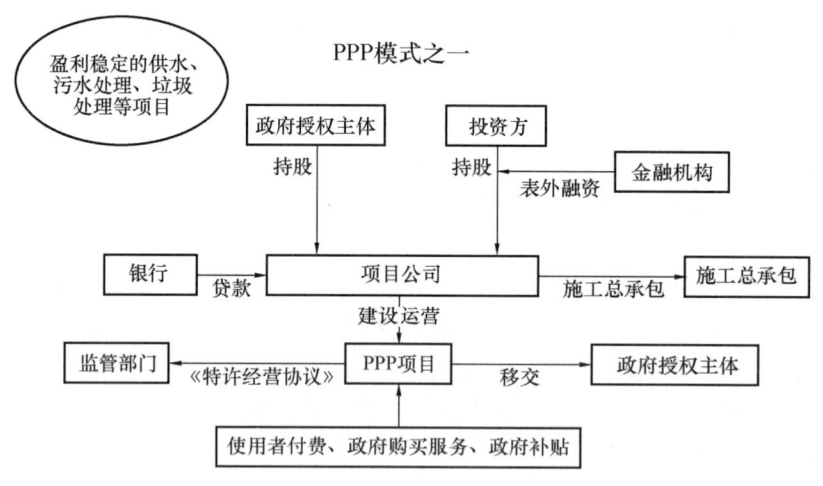

图 8-4　稳定收费盈利项目模式

府监管部门达成科学、灵活的调整机制是成功实施项目的关键。

（6）投资退出方式：长期持有＋资产证券化。长期持有可获得稳定现金流，资产证券化符合监管鼓励范围，同时降低政府违约风险。

2. 政府购买服务模式

政府购买服务模式如图 8-5 所示。

（1）项目特点：项目为市政交通节点性工程，如桥梁、隧道；项目后期需要比较专业的

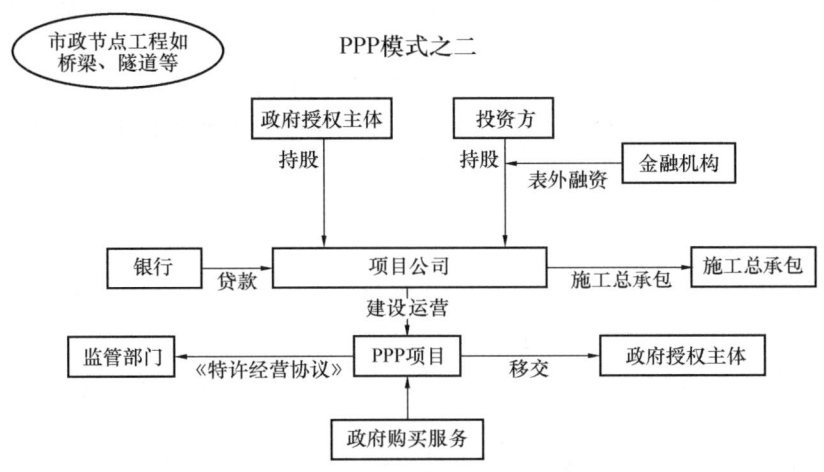

图 8-5 政府购买服务模式

维护,政府违约风险较大;本身不具备产生现金流的功能。

(2)法律文件:发改委、财政批文,确保项目纳入 PPP 项目名单。

(3)项目收入:项目本身并不具备使用者付费等特征;政府以购买公共服务的形式,在 10~30 年内支付投资者投资成本+合理回报。(类似于污水处理)

(4)投资退出方式:长期持有+资产证券化。长期持有可获得稳定现金流;资产证券化符合监管鼓励范围,降低政府违约风险。

3. 股份制合作模式

股份制合作模式如图 8-6 所示。

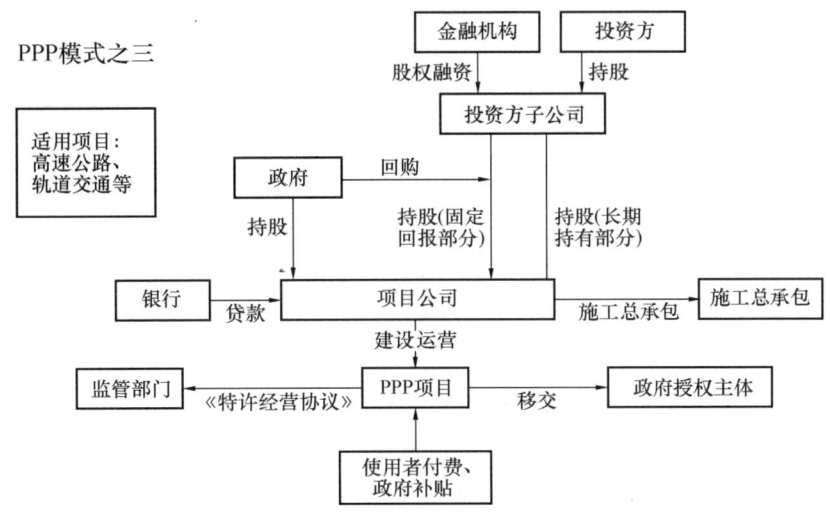

图 8-6 股份制合作模式

(1)项目特点:项目多为高速公路、轨道交通等投资体量巨大,投资回收期特别长,项目预期收益不稳定。

(2)项目股权:社会资本方以"真股+假股"的形式与政府企业合作;假股部分政府企

业回购，社会资本方收取固定回报，真股部分长期持有，一般情况而言，施工利润覆盖真股部分投资额。

（3）法律文件：发改委、财政批文，确保项目纳入 PPP 项目名单。

（4）风险防范：假股部分需要有效的担保条件；投资协议及项目公司章程要充分维护社会资本方真股部分投资权益。

二、PPP 盈利模式适用项目类型与分析

（一）PPP 盈利模式适用项目类型

（1）城市轨道交通、城市综合交通枢纽、铁路、港口/码头、水库、环境治理等项目捆绑土地、旅游、矿产等资源开发项目；

（2）医疗、教育、养老服务设施、场馆类、机场航站楼等项目捆绑餐饮、物业、绿化等配套服务；

（3）公厕与垃圾投放设施、路灯节能、城市公共停车场站、城市公汽交通、高速公路等项目捆绑广告等副产品，保障性安居工程捆绑商品房这一副产品，海水淡化捆绑工业制盐这一副产品等；

（4）投资规模相对较小、供特定人群使用或会对特定人群留下印象的项目，若该特定人群为某一商品的潜在客户，则生产该商品的企业可投资并冠名该项目；

（5）城市轨道交通等投资规模大、专业复杂的工程，可根据专业进行分割并分别选择适当的融资模式；

（6）规模小且分布零散的能源站（供热/冷）、（生活、工业）污水处理、（生活、餐厨）垃圾处理项目；

（7）城市供水、能源站（供热/冷）、污水处理、垃圾处理等 PPP 发展相对成熟的领域；

（8）既可以是同类公共产品中盈亏状况不同的项目捆绑，如捆绑交通流量不同的高速公路路段，也可是具有特定联系的异类公共产品中盈亏状况不同的项目捆绑，如海水淡化与发电捆绑；

（9）污水处理、垃圾处理、隧道、桥梁等具有流量特征的项目，以及新能源汽车充电等市场不稳定的项目。

（二）PPP 项目盈利模式分析

1. 伙伴关系下的 PPP 项目盈利模式

PPP 的成功实施需要以伙伴关系思维为基础，公私双方必须摒弃对抗思维，互相尊重且积极主动地参与到项目中去，因此，如何在提高公共产品或服务供给效率的同时保证社会资本适当盈利，必须是公私双方共同面对、协力解决的问题。PPP 项目盈利模式的创新，是在确定投资回报率或目标收益率之前不得不考虑的问题。

在现实生活中，交易行为背后隐藏着价值交换，存在一定的价值交换范式或机制，而盈利模式这一概念即为了解释这种价值交换范式或机制；收益和成本决定了组织的经济价值，利润或盈利水平则是企业经济价值的直接体现，因此，盈利模式通常是指按照利益相关者划分的收入结构、成本结构以及相应的目标利润。

2. 盈利模式之收益结构的优化

收益即财富的增加，包括货币收益，又可包括声誉提高、潜在收益等非货币的收益。PPP 项目可以通过优化收益结构实现盈利。

1) 捆绑私人产品，配补收益来源

当政府希望通过 PPP 模式获得的公共产品或服务属于非经营性（没有任何价格机制和现金流入，主要产生社会效益）或准经营性（有价格机制和现金流入，但无经营利润，成本无法收回）时，可以为该公共产品或服务配补适当的私人产品并捆绑提供，从而克服收费困难或收费不足的难题，即所谓的公共物品供给的捆绑模式或联合供给模式。

(1) 增补资源开发权，弥补收益不足

政府以对 PPP 项目公司进行补偿的方式，将基础设施或公用事业项目（地铁、隧道、环境治理等）周边一定数量的资源（如土地、旅游、矿产）的开发权出让给 PPP 项目公司，以捆绑的方式提高项目公司的整体盈利能力，以确保项目投资者获取合理回报，调动投资者的积极性，即所谓的资源补偿项目融资模式。例如：

① 香港地铁公司（简称"港铁"）的盈利模式可总结为"轨道交通＋地产商业"的组合，即以轨道交通的投融资建设与沿线地产商业的开发同步进行，由港铁的收益结构可知，地产商业开发的收入占总收入的 50% 以上，正因如此，港铁成为了全世界范围内服务水平最好、运营效率最高、盈利情况最为理想的地铁公司之一。

② 2004 年 4 月，澳大利亚维多利亚州政府决定在亚拉河畔现有的墨尔本展览中心旁边，建设一个世界级的会议中心，维多利亚州政府通过招标确定由 PlenaryGroup 为首的承包联合体（简称"Plenary 联合体"）作为社会资本，负责该项目的开发、设计和建设，并且授予 Plenary 联合体长达 25 年的特许期，为了提高该项目的可经营性，公私双方制定了会议中心周边区域的扩充性商业开发计划，包括在新墨尔本会展中心附近建设办公区、住宅区、零售专区以及一个五星级的希尔顿酒店，并翻修码头上一艘名叫波利伍德赛德的老帆船，将其货棚改造成餐厅，从而通过经济乘数效应显著增加了项目效益。

(2) 授权提供配套服务，拓展盈利链条

当 PPP 项目供给的基础设施或公用事业建成后，必需相应的配套服务才能正常运转时，政府可授权 PPP 项目公司提供这种可以产生预期收益的配套服务（如餐饮、物业、绿化），从而通过延长价值链创建现金流、补偿主体项目财务上的不可行。例如：英国国家医疗卫生服务体系（NHS）与百威斯特公司（Bywest）合作的西米德尔塞克斯大学医院（West Middlesex University Hospital）项目，百威斯特公司负责其投融资与建设，西米德尔塞克斯大学医院基金会负责该项目的运营管理，为了补偿与回报百威斯特公司的建设投入，将该医院运营期间的配套服务项目全部交由百威斯特公司负责，包括餐饮、搬运、安全、保洁、维护和物品供给，服务周期或从 35 年延长至 60 年，服务费由英国政府支付。

(3) 开发副产品，增加收益来源

PPP 项目公司在提供政府需求的公共产品或服务时，可以附带生产出更具经营性的副产品（如广告、建筑作品知识产权的授权使用），以此弥补主产品项目财务上的不可行，如北京丰台区郭庄子和昌平区回龙观限价房项目中增配的商品房开发；梅州模式公厕项目中用以养厕的店铺、饭店、办公楼、垃圾中转站。具体策划方案既可由政府主动提出，也可由社会资本方策划提出、政府审核批准。

如：英国森德兰市采用 PFI 方式对市内街道的照明、标志和街道设备（3.05 万个灯柱和 6000 个公路标志）进行设计、安装、运营、维护和融资，合同期限为 30 年，且要求最长 5 年内更换完所有设备，该项目中的社会资本在合同期内的前 5 年获得一次性支付 265 万英镑用于更换完所有设备,其后运营期每年通过经营灯杆和公路标志广告、交通CCTV（注:闭路电视）增加费等第三方收益（折现共计158.9万英镑）,来作为维护投资和获取相应回报。

如:德国将公厕进行市场化运作,以期在弥补政府资金不足的同时,促进公厕在节能、节水、环保等技术上的创新,1990年在柏林市公共厕所经营权拍卖会上,后来被称之为"茅厕大王"的汉斯·瓦尔即承诺免费提供公厕设施及其维护和清洁工作,当时其竞争对手都认为他疯了,于是在缺少竞争、承诺免费建厕、只要求交纳低廉管理费的情况下,瓦尔公司一举拿下全柏林的公厕经营权；瓦尔公司的盈利点显然不在厕所门口0.5欧元的投币口上,其最大的收入来源是这些公厕外墙的广告经营,它把柏林的很多厕所外墙变成了广告墙,加之瓦尔公司的墙体费用比一般广告公司低得多,使得香奈尔、苹果、诺基亚等很多著名公司都在公厕上做广告。

2) 冠名公共产品,增值社会资本声誉资本

对于社会资本而言,能够为其自身增值、为其发展助力的收益不仅限于货币形式的,还可以是提高知名度、潜在收益等非货币形式的,PPP项目还可以冠名公共产品作为社会资本的回报。例如:丰田汽车公司捐赠350万元人民币在天津建造过街天桥,命名为"丰田桥",虽然丰田桥无法产生任何直接现金收益,但丰田汽车公司通过得到该桥的冠名权,收获了巨大的隐性声誉收益。又如:丰田汽车公司负责了NBA球队休斯敦火箭队的主场——"丰田中心球馆"的投融资建设与维护,但并不负责其运营以收回建设投资,而是通过为体育场馆冠名,来吸引丰田中心球馆看比赛的火箭队球迷购买丰田轿车。

3. 盈利模式之成本结构的优化

成本是社会资本进行投资建设、特许运营所必须耗费资源的货币表现,因此,成本结构优化既可以是减轻社会资本的一次性建设投入、通过规模经济降低单位产品成本,也可以是其通过技术和管理创新减少日常运营成本。

(1) 集成融资模式,分摊建设投资

对于建设期投资规模较大、运营期收费不足的公共项目,可将其进行适当的分割,只对其中部分工程（与运营成本及效率密切相关的）采取PPP模式或对不同部分采取不同的PPP模式细分,从而减轻社会资本对该项目的一次性建设投入,提高其可盈利性。例如:

① 北京地铁4号线的全部建设内容划分为A（征地拆迁和土建工程）、B（机电设备的购置和安装）两部分,北京市政府只将占总投资30%的B部分（投资额约为46亿元）交由香港地铁有限公司（香港特区政府控股的上市公司）、北京首都创业集团有限公司（当地国企）和北京基础设施投资有限公司（当地国企）共同组建的京港地铁公司（SPV）来负责融资建设（即BOT模式）。此外,该SPV负责地铁4号线的运营管理、全部设施（包括A和B两部分）的维护和除洞体外的资产更新,以及站内的商业经营,通过地铁票款收入及站内商业经营收入回收投资,特许经营期（30年）满后将B部分项目设施无偿地移交给北京市政府,将A部分项目设施归还给北京地铁四号线投资有限责任公司。

② 昆明快速公交（BRT）系统项目（包括交通枢纽站、首末站、场站、沿途站牌的建设）建设规模大,收费显著不足,对社会资本缺乏吸引力。为此,昆明市政府采取了BOT-BT-TOT的集成融资模式:将资金需求量大、投资收益较好且建设周期长的专用道建设（包括路面建设、交通枢纽站、首末站和场站的建设）部分,采用BOT模式交由A公司负

责；将资金需求量相对较小、无收费机制、建设周期短的车辆购置及智能交通系统建设部分，采用 BT 模式交由 B 公司负责；A 公司建设完成后，通过租赁协议将专用道部分的经营权移交给 C 公司，同时，B 公司在建设完成并由政府回购后，再由政府将车辆购置及智能交通系统部分的经营权移交给 C 公司，至此，整个 BRT 项目采用 TOT 模式交由 C 公司负责经营。

（2）打包运作形成规模效应，降低单位产品成本

在 PPP 项目中，社会资本需要进行一定规模的建设投资，或者购买项目一定期限的产权或经营权，那么，若公共产品或服务的需求量过小则 PPP 项目的产能过剩，导致社会资本的盈利性差或者需要政府对差额部分进行财政补贴。可见，确保 PPP 项目适当规模的需求，从而降低单位产品的成本是 PPP 项目盈利的一种思路。

如污水处理项目，规模越大对投资者越有吸引力，而规模小的项目基本不具备投资者对市场化经营的收益要求。因此，对于普遍存在规模小且分布零散特点的乡镇污水项目，国内的通常做法即打包运作、"一厂一价"，如深圳龙岗 10 座污水处理厂打包转让项目、海南 16 座污水处理厂打成两个"项目包"委托运营项目、江阴 4 座污水处理厂打包招商项目等。

如江西省工业园区污水打包 BOT 项目：2010 年 8 月，江西省政府颁布了鄱阳湖生态经济区的规划，把工业园区污水处理设施建设列为十大节能减排工程之首，要求在 2015 年建成 102 个工业园区的污水处理项目；2011 年 5 月，江西省政府与中国节能环保集团签署全面的战略合作框架（规划日处理量 237 万吨，总投资 146 亿），由江西省城投（出资 20%）与中国节能环保集团（出资 80%）组建的中国节能江西公司（SPV），负责江西省 102 个工业园区的污水和固废处理、环保节能，工作范围包括投资建设、运营管理，特许期限 30 年，由政府来进行付费。

（3）进行管理或技术创新，降低运营成本

采用 PPP 不仅是为了解决政府的财政紧张，更重要的是借助社会资本的专业和创新，来提高公共产品的供给效率。因此，社会资本为了拓展其盈利空间，应在特许经营过程中充分发挥其主动创新积极性，通过管理或技术创新不断降低其运营成本。

例如：在湖南省长沙市东部近郊的长沙县，牛角冲社区与长沙绿动循环再生资源有限公司合作推出"绿色循环积分计划"，居民们在长沙绿动循环再生资源有限公司注册后，将领取到各自的专属二维码，居民们将家中可回收垃圾打包后贴上二维码投放到社区的专用回收桶后，公司会将垃圾运往循环分拣中心通过扫描二维码确定居民信息，根据垃圾的种类数量换算成积分录入用户账户，居民的二维码垃圾积分达到一定数量后可兑换生活用品或抵用小区的物业费。集中回收后再由 PPP 项目社会资本进行垃圾分类是一项耗时、耗力的事，而对于形成并投放生活垃圾的居民而言，垃圾分类却是举手之劳、轻而易举的事，长沙绿动循环再生资源有限公司通过二维码社区垃圾回收模式这一管理创新，充分调动了广大居民的积极性，大幅压缩了其进行垃圾分类的成本，进而极大拓展了其盈利空间。

4. 盈利模式之目标利润的稳定

获取利润是企业价值增长的主要方式，因此，能否获取稳定、可持续的利润是企业进行投资的重要决策依据。有鉴于此，不但要让 PPP 项目社会资本"有钱可赚、有利可图"，还要确保其利润的相对稳定与可持续，降低社会资本在 PPP 项目中实现目标利润的风险，也

是其重要的盈利模式设计思路之一。

(1) 将盈亏状况不同的公共产品捆绑，提高目标利润的可持续性

基础设施和公用事业领域既有现金流入充裕的经营性公共项目，也有现金流入不足的非经营性公共项目，甚至是没有任何现金流入的非经营性公共项目。经营性公共项目对于社会资本具有强大的吸引力，采用PPP模式有可能造成社会资本"暴利"，置政府于尴尬境地；而准/非经营性公共项目则对社会资本缺乏吸引力，采用PPP模式后政府需要进行适当的财政补贴或者需要付费，从而给政府带来一定的财政压力。

为了吸引社会资本进入更为广泛的基础设施和公用事业领域，同时确保PPP项目"盈利但不暴利"，可以将盈亏状况迥异的项目捆绑实施PPP，实现"以丰养歉"：既可以是同类公共产品中盈亏状况不同的项目捆绑，如捆绑交通流量不同的高速公路路段；也可是具有特定联系的异类公共产品中盈亏状况不同的项目捆绑，如海水淡化与发电捆绑。

代表性项目如：天津的国投北疆发电厂循环经济PPP项目由国家开发投资公司、天津市津能投资公司、天津长芦汉沽盐场有限责任公司按64∶34∶2的比例共同投资建设与运营管理，该工程由"发电工程、海水淡化、浓海水制盐、供热、土地整理、废物利用"六个分项工程组成，提供电力、热力、淡水、土地、盐化产品、建材等多种重要产品。其中，海水淡化工程是循环经济的关键环节，由于受生产成本及供水体制等约束而一直处于亏损状态，该项目就是将盈利性差的海水淡化工程与盈利性较好的发电工程捆绑，实行"以电养水"的政策，发电工程的盈利弥补海淡工程的亏损。

(2) 运营前期合理设定保底量，提高目标利润的稳定性

由于PPP合同的长期性，成本与需求的不确定即成为其显著特征。为了保证社会资本目标利润的稳定性，公私双方通常会设定最小需求保证或最小收益保证，即我国PPP实践中所谓的保底量，这本质上是一种公私双方风险分担策略或社会资本的风险缓解机制。

由于我国经济与社会发展较快且PPP市场还不健全，运营前期设定保底量的做法在污水处理、垃圾处理、隧道、桥梁等具有流量特征的PPP项目，以及新能源汽车充电等市场不成熟的项目中普遍存在，下面介绍污水处理与垃圾处理两个领域的具体做法。

①污水处理PPP项目通常会在运营期前3～5年，按设计处理规模的一定比例设定阶梯式增长的保底水量，剩余特许经营期内则以设计规模为保底水量，根据按月付费的惯例，若当月实际处理量达不到保底量则仍按保底量计付污水处理服务费（不考虑暂停、罚款等特殊情况），从而使得投资人获得可预期的、稳定的现金流担保；该领域运作比较成功的如合肥市王小郢污水处理厂资产权益转让（TOT）项目。

②垃圾处理项目保底量的设定，需要综合考虑实际垃圾供应量及预期增长速度、设计处理规模、垃圾含水率以及垃圾处理设备的实际负荷能力，如果为垃圾焚烧发电项目还需考虑焚烧率；此外，由于一年之中的垃圾供应量会因季节变化出现较大波动，因此，垃圾供应保底量不是按月执行，而是按年累计执行的，即只在开始付费日起每满一年时才计算年度累计实际垃圾处理量，若该累计量低于年垃圾保底量则按全年垃圾保底量计算全年应付垃圾处理费（不考虑暂停、罚款等特殊情况）；该领域运作比较成功的如荣成垃圾焚烧发电BOT项目。

采用PPP并不一定会让政府"更省钱"，国际上判断一个公共项目是否采用PPP，通常

都是看其相比传统模式增加的成本相对于公共产品供给效率或公共服务质量的提升是否"物有所值"。因此，不同于一般工程项目中承发包双方之间"零和博弈"的特征，PPP 项目的公私双方更多地追求项目的价值增值，是可以实现"共赢"的。

有鉴于此，双方应摒弃传统的对抗思维，这就要求双方都以积极的态度进行盈利模式的设计与创新；政府应广泛借鉴国内外成功案例的经验，主动地为 PPP 项目选用合法、适当的盈利模式，或客观地对待社会资本提出的盈利模式方案；而社会资本则应充分发挥其专业、竞争优势，在交易阶段向政府提供可行的盈利模式方案，在建设期或运营期通过技术或管理创新优化项目成本。

第四节 PPP 模式的运作管理

PPP 模式具体的运作模式一般是政府和企业基于某个项目而形成以"双赢"或"多赢"为理念的相互合作形式，使得项目的参与各方重新整合，组成战略联盟，协调了各方的不同目标，参与各方可以达到与预期单独行动相比更为有利的结果，其运作思路如图 8-7 所示。参与各方虽然没有达到自身理想的最大利益，但总收益却是最大的。

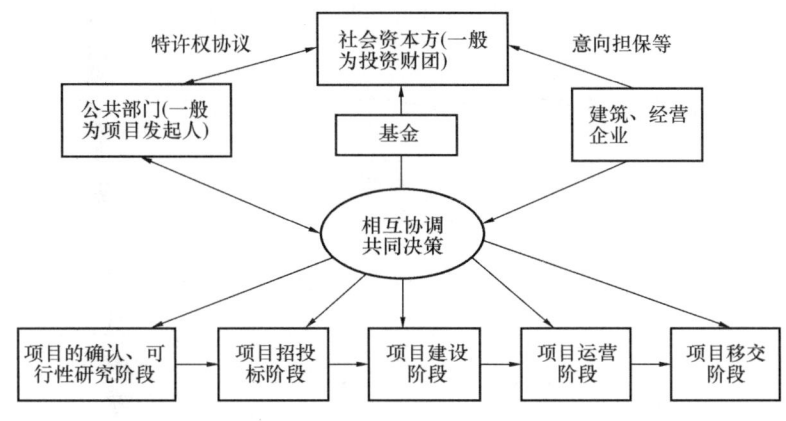

图 8-7　PPP 模式运作思路

一、PPP 模式的运作结构

PPP 本身其实是一个内在结构相对灵活的模式。它可以通过各种不同的结构安排来加以实施。

（一）PPP 模式的基本运作结构关系

PPP 模式的基本运作结构关系如图 8-8 所示。

在具体实施过程中，由于项目的差异性，还要视具体情况而定。通常情况下，虽然采用的均为 PPP 模式，但具体到不同项目时，其结构或多或少存在差异。

（二）PPP 主要合作交易模式

PPP 的六种主要交易模式，涉及到 PPP 项目的各种交易方式方法，是目前社会上最火的一种政府和社会资本合作的方式，也是发改委、财政部主推的 PPP 的必须交易模式。

1. 政府注资＋特许经营模式

政府注资＋特许经营模式如图 8-9 所示。

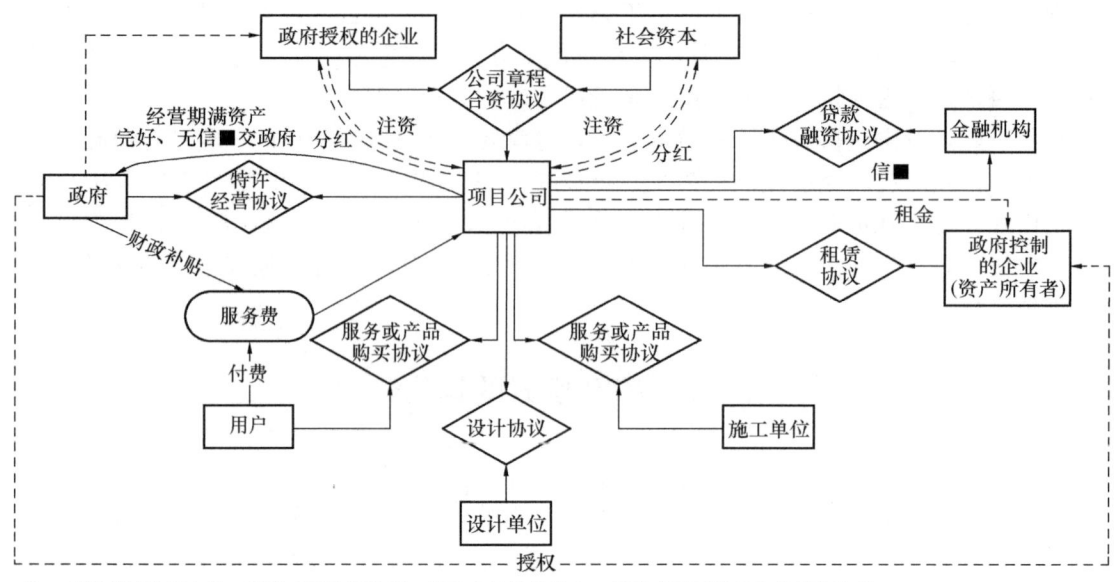

图 8-8　PPP模式的基本运作结构关系

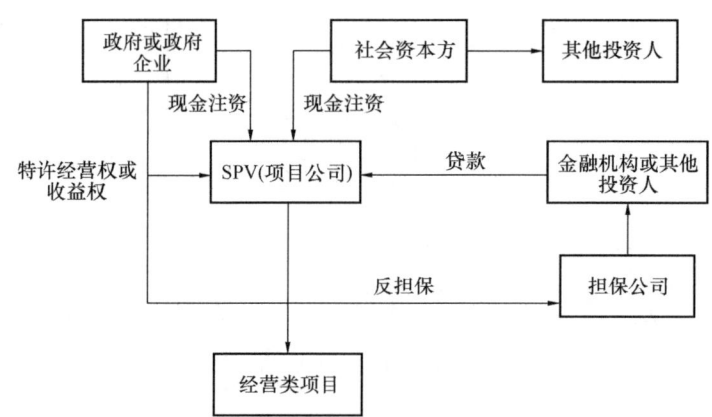

图 8-9　政府注资＋特许经营模式

2. 政府授权＋特许经营模式

政府授权＋特许经营模式如图 8-10 所示。

3. 政府购买服务模式

政府购买服务模式如图 8-11 所示。

4. 政府注资＋股权回购模式

政府注资＋股权回购模式如图 8-12 所示。

5. 政府做资源型补偿＋项目收益分成模式

政府做资源型补偿＋项目收益分成模式如图 8-13 所示。

6. 政府授权＋永续经营模式

政府授权＋永续经营模式如图 8-14 所示。

第八章　PPP模式运作管理

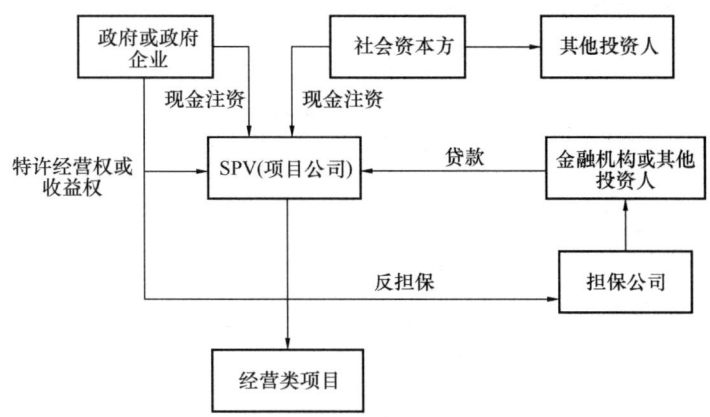

图 8-10　政府授权＋特许经营模式

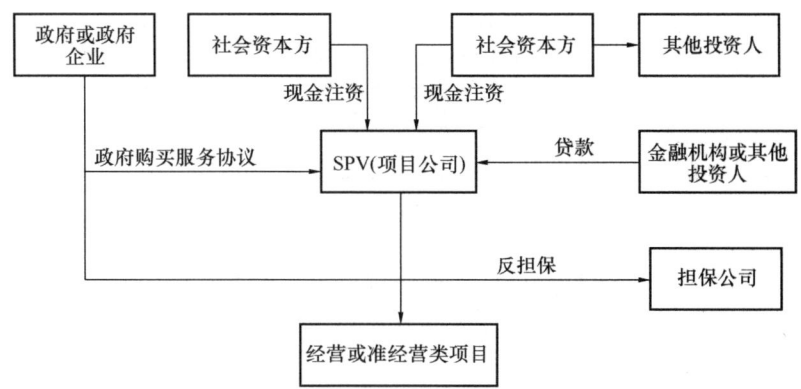

图 8-11　政府购买服务模式

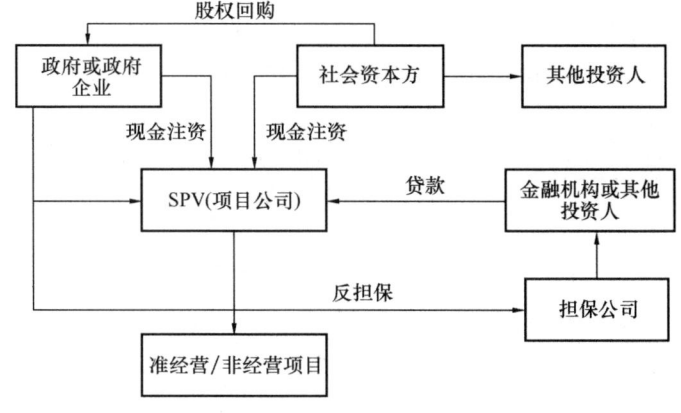

图 8-12　政府注资＋股权回购模式

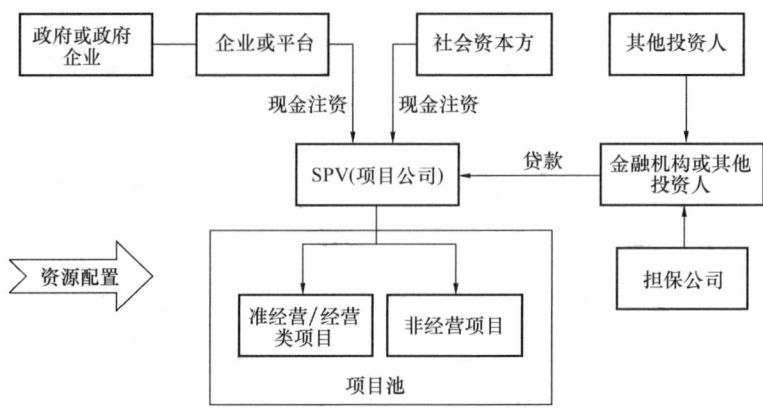

图 8-13　政府做资源型补偿＋项目收益分成模式

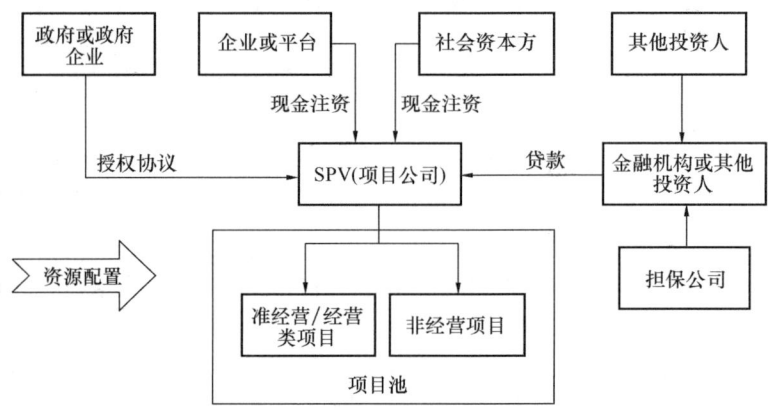

图 8-14　政府授权＋永续经营模式

（三）可供选择的 PPP 结构

1. 公司化结构

政府与社会投资者通过谈判组建由政府控股的地铁公司，政府授予地铁公司特许经营权。整个地铁项目的投资建设和运营都由一个公司实体承担，该公司实体可以在金融市场筹集资金，并通过单独的供应、咨询、建设等合同引入专门的设备供应商、建筑承包商以及其他社会专业技术顾问。这种结构的典型案例就是香港地铁公司和 2004 年 5 月 1 日改建而成的东京地铁公司。如图 8-15 所示。

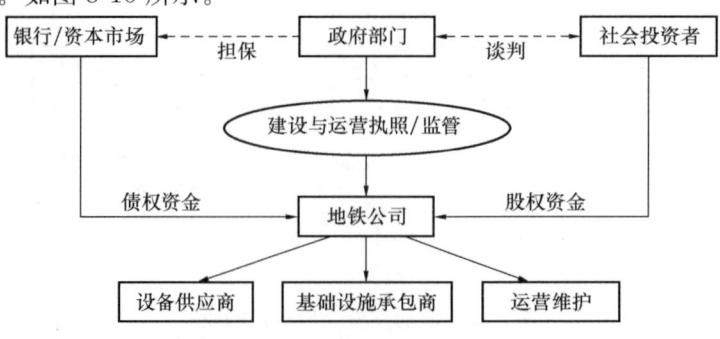

图 8-15　PPP 模式公司化运营结构

香港地铁有限公司前身为香港地下铁路公司，是 1975 年根据地下铁路公司条例成立，在香港建造、经营集体运输铁路系统。99 年 3 月 3 日财政司司长在《财政预算案演辞》中，宣布政府计划透过出售香港地铁公司少数股权并将其股份在联交所上市。2000 年 4 月 26 日香港地铁有限公司（以 MTR CorporationLimited 名称）正式注册成立。根据 2000 年 6 月 30 日正式生效的新地下铁路条例，香港地铁有限公司在法律上和原香港地下铁路公司为同一实体。私营化公开招股香港地铁有限公司法定授权股本 65 亿港元（每股面值 1 港元），已发行并缴足股本 50 亿港元，其中财政司司长法团持有 4999999999 股份（拥有 100％投票权），俞宗怡（港库务局局长）持有 1 股份。财政司司长法团和俞宗怡以信托形式为政府持有该等股份。

改制后的东京地铁公司资本为 581 亿日圆，中央政府持有 53.4％的股权，东京地方政府 46.6％的股权，2003 年的营业额为 32360 亿日圆。公司负责东京市内 8 条线路的运营和新线的建设，目前的运营里程为 183.2 公里。

（1）这种结构的优点主要体现在以下几个方面：①吸引社会资本进入轨道交通建设领域，减少了项目对政府财政的资本需求；②通常情况下政府在地铁公司占有绝对控股地位，保证了政府部门对地铁这种关系公众利益的公共事业的控制权；③地铁公司可以通过招投标的方式确定项目的设备供应商以及土建承包商，便于与协调各方利益的各种制度安排协调，具有较高的灵活性；④使采购成为"最佳模式"，有利于降低项目建设成本。

（2）这种结构的缺点在于：①向社会投资者转移的项目风险很少，主要的风险仍由政府来承担，对社会投资者的激励不足；②资产仍保留在政府部门的资产负债表上，对政府财政仍具有显著的影响；③社会上专业技术和技能向项目的转移有限。

2. 设计—建设—融资—运营（简称"DBFO"）结构

政府将地铁线路的设计、建设、融资和运营都特许给社会投资者进行。这可能是目前世界各国地铁 PPP 模式中最为普遍采用的模式。是对某一线路或系统的设计、建设、融资和运营进行综合的、长期的特许经营。相对于公司化结构，DBFO 结构在发挥社会投资者的作用方面更加进取。这种结构的典型案例就是英国的轻轨项目，包括曼彻斯特、克罗伊登、诺丁汉等地。如图 8-16 所示。

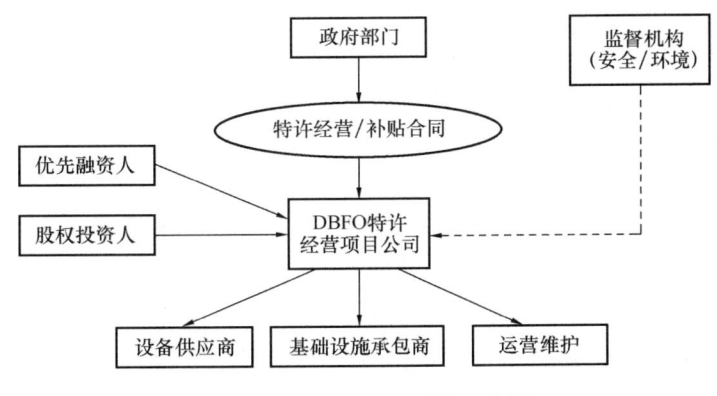

图 8-16 "DBFO"结构示意图

（1）这种结构的优点主要体现在以下几个方面：①就责任和接触点而言，政府部门只面向单一对象，即 DBFO 特许经营项目公司，便于监管和控制；②具有透明和相对简单的结构；③便于工程采购的组织和实施；④有较多的市场先例可供参考。

(2) 这种结构的缺点在于：①缺乏灵活性，例如无法解决不同特许经营期安排；②从金融机构的角度看，项目公司融资属于"项目融资"，没有股东的担保，只能以项目未来收益作抵押，风险较高，因而导致融资成本更为昂贵；③社会投资人的目标和观点可能有所不同。例如土建工程承包商持短期观点，而运营商持长期观点，容易产生利益冲突。

3. 分割特许经营结构

政府部门将地铁项目的建设和运营分别授予两个单独的专业公司，由双方相互协调完成项目的建设。通常基础设施建设公司由政府控股，负责项目的土建工程和信号系统的建设；运营公司由社会投资者控股，负责地铁的运营和维护，并与基础设施建设公司协商共同进行车辆设备的投资，如图 8-17 所示。比较典型的案例就是曼谷的地下蓝线项目，全长 20 公里，政府（MRTA）负责基础设施工程建设，社会投资者负责车辆及设备投资（约占总投资 20%），并负责运营和维护。还有马尼拉轻轨 3 号线项目，MRTC 负责设计、融资、建设轻轨 3 号线工程，并在完工后将工程移交给 DOTC，DOTC 负责轻轨 3 号线的运营，MRTC 负责特许期内的维护及其他商业业务开发，DOTC 以租金形式在特许期内偿付 MRTC 的建设资金投入，MRTC 以租金形式与 DOTC 共享商业开发收入（50 年）。

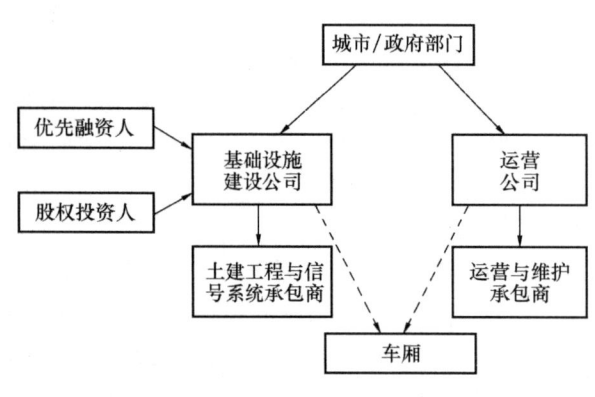

图 8-17 分割特许经营结构示意图

(1) 这种结构的优点主要体现在以下几个方面：①向合适各方分配风险和激励，充分利用专业化分工优势，提高了项目风险管理的效率；②建设和运营特许实施具有相对独立性，不会由于一方面的变更而影响另一方面的实施，模块式特许经营管理有利于制订基准和扩展，提高项目运作的效率；③政府部门和社会投资者控股的运营公司之间存在更紧密的联系和控制关系；④具有较高的灵活性，政府可以保留基础设施公司或运营公司的作用。

(2) 这种结构的缺点在于：①政府部门承担了建设公司和运营公司协调风险；②使项目的采购和实施更为复杂；③无法对基础设施的支付转移市场风险（或至少需要政府支持）。

4. 混合结构

这种结构类似 DBFO 结构和分割特许结构的混合体，即政府部门将地铁的建设和运营一起授予一个特许经营公司。但该特许经营公司随后在下一合同层次上将基础设施和运营授权再作拆分，分别由不同的专业公司进行运作，如图 8-18 所示。这种结构综合了 DBFO 和分割特许机构的优点，比如像 DBFO 一样政府只面向单一接触点，便于监管；同时又像分割特许结构那样，实现了向不同专业公司分配风险和激励的目的，而且还具有较高的灵活性。但是这种结构也存在一些缺点：比如政府可能需要向资产提供融资支持，建设和运营部门的协调风险仍然存在，但政府却对其控制力减弱，而且这种结构目前在实践中还不常用，很少有可供借鉴的案例。

第八章　PPP模式运作管理

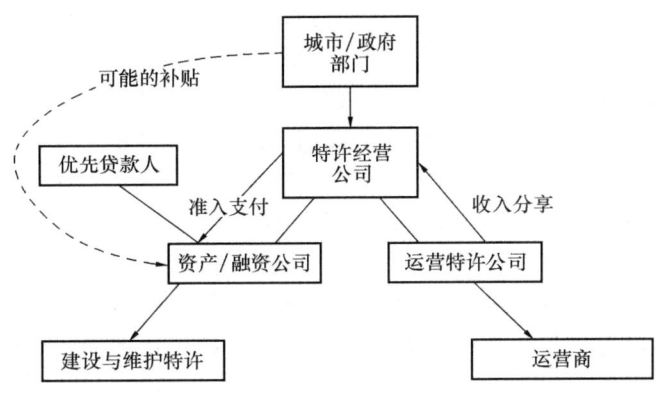

图 8-18　混合结构示意图

二、项目的实际运作操作要点

PPP项目的实际操作要点可以归纳为目标定位合理、项目运作可持续、争议防范与解决等三个方面。

1. 合理的目标定位是PPP项目成功的起点

相对较长的实施期限及特殊的项目产品决定了PPP项目必须以双赢乃至多赢为目标。基于这样一个目标定位，PPP项目相关各方在追求各自利益最大化的同时，必须同时设定利益的合理边界，并在一个相对公平的博弈过程中实现合理利益之间的平衡。

在项目启动阶段，对于PPP项目的政府一方而言，基于现有的法律框架和项目背景，借助外脑的专业咨询意见，为项目设定合理合法的边界条件，应是其发起PPP项目所需要关注的重点。而对于投资人而言，则需要充分理解并合理利用游戏规则，对潜在风险予以充分重视，切忌为了争取项目而对己方无法承受或承受成本极高的责任或风险大包大揽。这方面比较普遍的例子，是投资人在项目投标期间，为了尽量减少己方失分，一般都会对招标文件项下条款采取无偏差的投标策略，而无论其合理与否，也不去仔细考虑己方在中标之后可能需要为此付出的代价。在绝大多数情况下，对投标人的综合得分及最终排名并无实质性影响，但对于投标人在澄清谈判阶段争取合理利益却有相当的助益。对于某些竞争异常激烈而又志在必得的投标项目，投标人可以考虑在做偏差方面采取较为保守的策略，对于一些关键的实质性问题，特别是与招标文件中的重大结构问题、条款漏洞或法律缺陷相关联的事项，还是要予以正视，选择适当时机与招标人进行澄清并寻求解决之道。

对于以联合体方式（或其他合作、合伙形式）参与投标或投资的PPP项目，联合体各方在对各自今后的权利与责任进行约定时，也务必关注适用法律可能对联合体内部约定造成的影响。如在《招标投标法实施条例》颁布之前，绝大部分PPP项目均属依法应当通过招标方式选择设计单位、建筑承包商或设备供应商，不论项目投资人是否已经通过投标方式获得本已涵盖项目融资、设计、建造和运营等内容的特许经营权（或其他形式的政府授权）。在此情况下，如果各方在联合体协议中自行约定由其中任何一方或其关联方负责设计、建设、设备供应或工程总包的工作，则该等约定将在联合体赢得项目之后与相关法规发生冲突，并给联合体的内部利益分配带来很大困扰。诸如此类的问题，联合体各方应提前予以考虑，并为之商定专门的解决方案，以备不时之需。

在项目评标及澄清谈判阶段，PPP项目的公私双方都需要认识到任何一个项目都不存

213

在所谓最好的政府或投资人，而只可能通过项目各方的充分沟通，相互妥协，力求为己方创造一个最合适的合作伙伴。项目各方均需理性评估并谨慎使用己方的对比优势。于政府方而言，通常是指因项目资源的稀缺性及公益性所赋予政府的选择、监管与决定权；于投资方而言，则常指其在专业和经验方面的优势。一方或各方如果在评标或澄清谈判阶段滥用此等优势，也许可以暂时在投资人选择或项目合作条件的划定上予取予求，但却很有可能因此对PPP项目的发展基础造成极大侵蚀与伤害，使得项目过早地陷入"优势陷阱"，最终无法自拔。在这方面，国内已有不少失败的PPP项目案例可供研究与参考。

在PPP项目启动阶段，相关各方通过合理的项目目标定位、项目结构与协议安排，在风险分担、利益共享的原则下构建公私合作伙伴关系，并有意识地弱化各自可能对长期稳定合作造成损害的强势基因，利用各自优势分担相应风险，PPP项目才有可能最终实现共赢式发展。

2. 可持续的项目运作过程

PPP项目通常具有比较长的运作周期，加之与生俱来的公共项目属性，PPP项目的可持续性就成为项目运作过程里的重点及难点。此处的可持续性，一方面指PPP项目能够在项目期限以内持续、稳定、安全、有效率地运行，另一方面也指当项目投资人因为任何原因需要退出时，相应的退出通道应该是通畅的，而且退出成本可为项目各方所接受。与此同时，双方还应平稳完成项目设施从投资人到政府方（或其指定机构）的移交，并确保项目运营不会因此受到实质性的不利影响。从这个角度出发，并结合国内相关项目实践经验，PPP项目运作应当着重关注的要点如下：

(1) 项目风险的识别、分配与管理是重中之重。为最大程度确保PPP项目运作的可持续性，项目参与方就有必要对项目运作所可能遭遇的风险提前予以分析和识别，并根据其不同性质分配给最有能力承受和化解此类风险的一方承担。而对于风险承受方来说，则需要在合理范围内调动其可以调动的资源，尽可能以较小的成本化解最大的风险。

PPP项目从融资、建设（或受让）、运营到移交（或项目终结），风险贯彻于项目始终，并且相互关联。不同之处在于，国内很多风险都有偏政治化的特征，事前预防不易，事后化解难度偏高。以PPP项目的融资为例，在国外广泛适用于PPP模式的有限追索融资在中国就一直无法推广。国内金融机构风控体系对于项目实物资产及股东担保近乎偏执的重视，不仅是对PPP项目特有的长期、稳定的现金流价值的无视和浪费，使得PPP项目在融资方面丧失了成本优势，而且，受限于PPP项目设施及相关土地使用权的公共属性，贷款方的资金安全其实也并未完全获得实质有效的保障。在很大程度上，这就是风险识别出现偏差的结果。再以PPP项目的付费安排为例，由于在预算管理制度方面的先天不足，政府在PPP项目中的付费或调价延迟现象可谓屡见不鲜，由此产生的实际风险却往往需要由PPP项目的运营方承担，或在公共产品或服务质量下降的情况下由公众直接埋单。这即属于风险分配机制不合理导致的问题。又以项目运营风险为例，若论风险分配，此类风险通常应由投资人负责分担；若论风险管理，项目各方却又不能将风险一分了之。国内很多PPP项目都存在运营监管缺位的情况，常常是不出问题则已，一出就是难以收拾的大问题。由此导致的风险不仅是政府的，也是投资人的，并最终会传导至相关公共产品或服务的交付终端。这就属于风险管理不善引发的严重后果。

(2) PPP模式有其内在的运作规律，对于长期项目实践所形成的惯例，公私双方都应予以基本的尊重。那些动辄以国情、省情或者项目特殊情况为名随意篡改项目惯例的做法，通常建立在对 PPP 模式一知半解的基础之上。按此思路炮制出来的协议文本，往往既将合同母本的内在逻辑拆得七零八落，又不能另行搭建一套可以自圆其说的逻辑框架，勉强拼凑成文，其实用效果可想而知。毋庸讳言，此等所谓的 PPP 项目合同在业内的确随处可见，这也是中国式 PPP 发展的乱象之一。

当然，惯例的形成自有其特殊的时代、区域与项目背景为支撑。尊重惯例并不等于对惯例的盲从。以 TOT 为例，国内最早的几个 TOT 项目就曾经参照国际惯例，在项目协议中设计了转让之前的性能测试环节，并根据项目具体情况对性能测试程序做了非常详尽的规定。后来的实践证明，这类程序虽然公平合理，但对项目设施在转让之前的运营水准，以及转让方为项目运作所需进行的前期工作提出了相当高的要求，而在中国当时乃至于今日的公共产品或服务领域，让政府一方满足此等要求显然是不太现实的，项目运作效率也不可避免地会因此受到影响。有鉴于此，这一做法很快就得到修正，"现状移交"成为国内 TOT 项目新的惯例，并沿用至今。

再以 PPP 项目审批为例，受制于国内现行的行政管理体系与制度，PPP 项目普遍存在的一个问题，就是重复审批，而且投资人还需自行承担审批延迟或不能获得的主要风险。这里需要说明的是，之所以说是主要风险，是因为在大部分比较规范的 PPP 项目协议当中，投资人都可以在一定范围内就此等审批风险及其引发的后果（通常指完工延误）免责。反之，如果是不太规范的协议，投资人则有可能需要对此承担全部风险及后果。而不论是哪种情形，其实都源于中国式 PPP 的一个沿用已久的惯例，即政府（而非投资人）无需确保项目审批的通过，更没有承担相关风险的义务。以风险分担的理论来看，这显然不是一个科学合理的惯例，甚至是完全反其道而行之的做法，即由最没有能力承受并化解风险的一方来承担风险。而要扭转这一惯例，则只能从顶层设计和制度建设上做文章。设立统一的、跨部门的 PPP 管理机构，由其负责 PPP 项目的审批或审批协调工作，也许可以成为解决上述问题的一条出路。

（3）建立合理可行的退出机制，同样也是 PPP 项目可持续运作的关键。违约或不可抗力导致的提前终止事项，是所有 PPP 项目都需要面对并予以妥善处理的问题。目前，国内大多数的 PPP 项目协议文本都设有提前终止补偿条款。在项目提前终止的情形下，投资人有义务将项目设施移交给政府或其指定机构，而政府方则有义务支付相应的补偿金额。可以合理预计的是，这样一笔涉及到项目设施资产价值，以及一定年限以内的项目预期利润（视情况而定）的补偿金额，对于政府一方将会造成巨大的资金压力。为保证提前终止补偿机制的可行性，除了将 PPP 项目里的政府支付义务纳入预算管理之外，由政府方为 PPP 项目的付费设立共管账户，由各地 PPP 管理机构发起或引导设立专项基金，或要求就付费义务强制投保，都可以是用于完善提前终止补偿机制的备选方案。

3. 项目争议重在防范而非裁决

不论有多么完美的制度环境、项目设计或协议安排，任何 PPP 项目都无法完全避免争议的出现。如何防范争议于未然，及在争议出现之后及时合理止损，无疑是 PPP 项目游戏规则的制定者和参与者都需要重视的问题。

对于一些规模较大、综合性和专业性较强的 PPP 项目，则可以考虑设定仲裁或诉讼的前置程序，例如高层磋商、第三方（可以是 PPP 项目管理或协调机构）调解、专家裁定等，并将之与项目合同的中止、变更或政府的临时介入安排相匹配,以期减少争议可能对项目执行造成的损害,并给最终可能发生的争议裁决提供一定的缓冲及依据。

总体而言,PPP项目不是普通的市场买卖,更不是零和游戏,公私双方的利益并不局限于项目本身,而与社会公共利益密切相关。从根本上来说,PPP项目中的任何风险,无论其分配机制如何,最后都是公私合作双方以及项目受众的共同风险;PPP项目中的任何争议,无论其最终裁决结果如何,对于项目本身而言都是一种失败。长期、稳定、多方共赢的项目模式,应是中国式PPP发展的不变方向。

三、运营期关注问题

(一) 政府的关注点

在运营期开始前,对于政府来说,从核心来看,其重点关注两点:

(1) 社会资本方是否能按合同约定的期限提供服务?
(2) 社会资本方所提供的服务是否能够达到约定标准?

为了确认以上两个问题的答案,政府在操作层面上则将进一步面临这两个难点:

(1) 在运营期开始前,政府所应当介入项目的程度有多深?
(2) 在运营期开始前,政府是否应当有批准、审批或是监督建设工程成果的权利?

以上两个问题之所以称为"难点",是因为其所涉及的风险分配与政府的监管职责相冲突。考虑到在PPP项目中,政府往往会将项目的多数风险(一般包括设计、建设、整合、安装、检测、转包、运营、维护等)转移给社会资本方,并因此支付了合同价款,导致政府在这些环节内的不当介入可能会致使出现以下两个后果:

(1) 该项目最终丧失物有所值。按照公私方承担的风险比例来决定项目价款的支付是PPP项目的特点之一,也是计算物有所值的数据基础。因而,政府过多介入将可能导致风险从社会资本方转移到政府,并进一步致使政府实际的价款支付增加,从而最终导致项目丧失物有所值。

(2) 社会资本方放弃该项目。政府的过度介入可能会导致项目发展最终偏离社会资本方的计划,导致社会资本方对项目的运营能力,特别是盈利能力减弱,使得社会资本方最终放弃该项目。鸟巢项目就是其中一例。

(二) 政府的适当角色

一般情况下,在项目合同签署后到运营期开始前,政府的角色主要可以概括为以下几点:

(1) 在社会资本方提交了设计稿和其他项目信息后,负责审核和评价社会资本方的设计、维护和运营项目的程序及方法等;
(2) 在设备开发时,政府可观察和查看项目设备的测试结果;
(3) 政府可按照约定对项目的产出要求、投入限制、社会资本方的相关提案等问题提出做出变更的请求;
(4) 政府可按照约定的程序和方式来处理在运营期开始前项目仍未达到相关标准的情形;
(5) 政府可根据质量管理制度来审查社会资本方的履约活动。

特别需要注意的是,一般在出现运营期不能如期开始时,政府多可根据合同中的价款支付机制对项目价款支付进行调整。但是在某些项目中,运营期的开始可能对项目具有决定性意义,因此运营期开始的延迟可能意味着更加严重的后果,导致交付迟延可能会造成合同目的难以实现。在这种情况下,政府则需要就该种项目设计一个应急方案,并且要求由社会资本方承担临时方案的费用。当然,作为最后的救济方式,在出现超期时政府也往往都会希望能够单方终止合同(往往与介入权相关)以寻找新的合同方。这种情形往往与社会资本方在建设期的违约相关。

(三)其他

1. 与设计相关的问题

社会资本方的投标文件中就应当包含了项目全生命周期中各个阶段的时间,其中就包括运营期开始的时间,但是一般社会资本方仍可以在约定的指标和范围内对该时间安排改变。需要特别说明的是,尽管社会资本方对设计工作负责并承担风险,但是考虑到政府更加了解所需的公共服务质量和以往该服务提供的流程和模式,为了社会资本方在运营期能够获得更好的绩效(而非政府利益),社会资本方应当加强和政府在这一方面的协商沟通。在这一点上,合同中可考虑约定:

(1) 社会资本方将设计和信息送交给政府或其代表。具体的送交形式和时间可根据项目的具体情况当由双方约定;

(2) 社会资本方将设计中的微小变更,即不会对项目的成本或服务提供产生影响、政府明确将无异议接受的变更)信息材料送交给政府;

(3) 政府对已送交的以上设计文件进行评价;

(4) 社会资本方对于政府的评价进行讨论或者采纳。

2. 质量管理系统

对于政府来说,社会资本方所能提供的质量管理系统的完善性是决定该项目资产和服务能够达到约定标准的保障,是确定社会资本方能够保持正常运营的重要参考。因此,政府需要关注项目的质量管理系统,对质量管理系统的充分且精确的了解,并在适当的情况下保留对质量管理系统进行审查的权利,包括现场或者非现场检查或者检验工作和其他活动。就此,社会资本方及其分包方应当明确为政府提供必要的协助与通行权,并将回答政府所提出的问题或者建议。

除了质量管理系统,一般在运营期开始前(以及需要对服务做出重大改变前,例如社会资本方决定引入新的运营模式),社会资本方也有义务证明其将采用的安排可以达到合同约定的服务水平。这种证明方法根据具体情形的可以分成以下几种模式:

(1) 社会资本方对完成建造或者改建的资产进行检查;

(2) 社会资本方对所提供的新服务进行测试;

(3) 社会资本方采用其他的绩效测试或者检查模式。

根据不同的模式,项目合同中可进一步明确:

(1) 社会资本方进行检验、检查、证明、测试的形式;

(2) 社会资本方进行检验、检查、证明、测试的时间安排;

(3) 社会资本方在未通过检验、检查、证明、测试时的惩罚;

(4) 社会资本方应向政府发出进行检验、检查、证明、测试的通知——尤其是需要政府对相关人员及所需的资源进行安排时。

(5) 社会资本方对于检验、检查、证明、测试进行安排的义务,包括成本及资源提供的承担，尤其是涉及到需要政府对相关人员和资源进行安排时。

（6）社会资本方是否向政府提供观察和查看测试的权利。

（7）社会资本方是否向政府提供测试结果的相关证明资料。

（8）评价测试结果的主体——一般情况下，评价是由政府与社会资本方联合进行的，或者是由独立第三方进行，不过在个别项目中确实政府才是最佳的评价方（比如在国防项目中）。政府无论在何种情况下都不应该仅仅依赖由项目债权人所指定的技术顾问，而可以考虑接受由利益相关方共同指定的顾问。在这里应当特别明确在到期未能完成确认时应当由何方承担迟延责任。

（9）在测试结果符合要求时，运营期开始的时间及模式。在这一个环节上，需要明确的是，政府应当尽量避免涉及"批准""审批"的概念，因为这有可能会导致政府需要承担部分建设及服务风险，在这里可以考虑通过设计客观的测试基准来明确符合合同约定的水平。同样从风险转移的角度考虑，政府在运营期开始前不应当接受其他阶段性工作的完成，因为这有可能会导致政府承担了额外的风险转移。但是在部分项目中，阶段性工作成果的接受是可行的，比如公路项目，高速公路可能在满足了部分安全标准就可通车。

第九章　PPP 模式财税分析处理

第一节　PPP 项目会计核算

会计信息反映了 PPP 项目产权价值的流动，加强会计信息核算可以实现对项目资源合理配置的目的。加强 PPP 项目会计核算，可以进一步明确 PPP 项目负责企业的职责范围，规范其经营行为，使其能够在政府主管部门、社会公众的监督之下有序地开展 PPP 项目。

PPP 项目多数都具有工程量较大、施工周期长、建设资金多、参与单位多、运营时间长等特点，PPP 项目对于市场因素较为敏感，而市场因素波动较大就会给 PPP 项目实施造成较大影响。通过加强 PPP 项目会计核算，将整个项目建设理置于系统的控制之中，从对象、内容和方法等方面对项目成本控制财务会计审核问题进行全方位的分析，从而达到全方位提升 PPP 项目质量的目的。

一、PPP 项目会计核算的作用与内容

（一）PPP 项目会计核算的作用

（1）进行 PPP 项目经济、财务评估采用的数据或者是某一事实根据实际发生的经济事件，是能够证明这些事件的科学凭证为支撑。

（2）确保所用的财务信息都是正确的、客观的，能够如实反映项目的开展情况。

（3）会计核算信息的可靠性是 PPP 项目的基础要求，是保证项目质量的前提条件。

（4）提供的各项信息是从国家政府部门到企业单位进行相关决策的有力支撑，包括投资者在内的其他经济主体在进行经济决策的重要依据。

（二）PPP 项目会计核算的内容

（1）会计核算反应了哪些人的需求，即会计核算是为哪些群体、机构、部门服务的，哪些人对于会计审核的相关性有影响。

（2）会计审核的相关性与哪些因素有关，即企业在进行会计审核决策的时候，要考虑到哪些因素会对项目的决策起到影响。

（3）会计审核相关性相关程度的判定，这个主要是在政府以及企业进行决策的时候不可能完全考虑到所有因素的影响。

二、PPP 项目会计核算存在的问题

（一）PPP 项目范围界定

随着社会经济的不断发展，PPP 项目涉及到的范围、领域在不断扩大，从地区基础教育设施建设到城市交通轨道项目建设都能够看到 PPP 项目的身影。随着项目范围的不断扩大，PPP 项目的结构和形式也因项目的不同而呈现出差异化。同时随着 PPP 项目的发展，PPP 项目的种类将会不断增多，为了提升 PPP 项目执行效率，需要从其本质上进行限定。

(二) 政府主体的会计核算问题

当前政府主体针对 PPP 项目的会计审核缺少专门的监督机构或者是专门的监督委员会来进行监督。由于 PPP 项目涉及到的范围以及子项目众多，公共基础设施项目配套的辅助设施建设并没有被列入政府的账单之上，这些项目都需要在会计审核报表中予以体现。PPP 项目多为政府主导的公共基础设施，因此评估项目的基础设施资产总额，占有、使用和收益的权利的分配等内容对于 PPP 项目来说具有重要的意义。

(三) PPP 项目公司主体的会计核算问题

对于很多 PPP 项目来说，政府都是通过转让部分基础设施的使用权以及收益权来获得社会资本方的资金和技术支持，PPP 项目公司主体需要认真分析项目公司成立阶段、项目建设阶段、项目运营阶段与项目移交阶段的会计核算，只有这样才能够保证项目执行的高效性。

三、PPP 项目会计核算建议

(一) 完善 PPP 项目范围界定

依据项目类型可以分为建设型 PPP 模式、发展型 PPP 模式和服务型 PPP 模式。在界定 PPP 项目范围时，应该紧紧围绕着项目建设的本质，从项目的内在特征入手，实现对项目的有效控制。政府部门应该明确 PPP 项目的建设目的，要求 PPP 项目必须提供什么样的服务，向谁提供服务。政府或其指定的授权者能够对基础设施的任何重大剩余利益进行控制。在合同执行期间，PPP 项目公司能够在协议期间内拥有持续使用基础设施的权利，对于产生的利益能够进行支配；在协议终止之后，政府及其授权者应该回收重大剩余利益，无论 PPP 项目重大剩余利益为多少，都属于 PPP 项目的适用范围。

(二) 对政府主体的 PPP 项目会计核算的建议

完善政府主体的行政工作制度，加强政府部门对于 PPP 项目各个部门会计信息的审计工作。行政主管部门对于 PPP 项目主体传递的会计信息要及时予以核实、确认，建立健全相应的规划预算以及监督管理机制，从而保证 PPP 项目主体能够及时准确地将会计信息予以披露。主管部门以及监督机构要定期对 PPP 项目会计进行核算。将 PPP 项目会计主体、会计信息披露过程以及审计的结果公之于众，保证整个过程的独立性，以提高审计工作的开放性和透明度。对 PPP 项目会计各项活动进行审计，通过行政监督、投资控制、财务管理等方面的审计过程，及时发现问题，解剖问题的原因，以促进项目的有序进行，促进项目全面发展。

(三) 对 PPP 项目公司主体会计核算的建议

会计集中核算向纵深发展是 PPP 项目集约化管理的要求，也是提升财务管理质量与管理效率的重要措施。在财务管理中，应加强财务原始凭据的管理，强化会计审计工作管理，夯实会计基础工作，改变传统人工报表数据输入方式，不断推进财务管理的电子化、信息化，确保城市建设项目能够顺利展开。积极应用最新的会计审核系统，积极开拓系统报表的应用范围，不断优化主要业务的集成、整合和优化等工作，将各级单位的原始会计信息的监督审查作为财务管理工作的重点。转变财务报表方式，将报表由定期汇审转变为日常审核，实现财务报表的现代化运作管理。实现会计审核工作由数据反映向数据分析方向转变，建立健全财务指标核算体系，对各单位财务情况进行测评诊断，着力提升财务分析能力，积极拓展经营分析的广度和深度。

第二节 财政补贴

财政补贴是指国家财政为了实现特定的政治经济和社会目标，向企业或个人提供的一种补偿。主要是在一定时期内对生产或经营某些销售价格低于成本的企业或因提高商品销售价格而给予企业和消费者的经济补偿。它是国家财政通过对分配的干预，调节国民经济和社会生活的一种手段，目的是为了支持生产发展，调节供求关系，稳定市场物价，维护生产经营者或消费者的利益。

财政补贴在一定时期内适当运用有益于协调政治、经济和社会中出现的利益矛盾，起到稳定物价、保护生产经营者和消费者的利益、维护社会安定，促进有计划商品经济发展的积极作用。

一、财政补贴的原因

在市场经济条件下，政府之所以采用财政补贴支出手段主要基于以下原因：

1. 市场失效的存在

在自然垄断的领域，如城市的公共交通、煤气和水电等，市场价格无法有效配置社会资源，因而政府必须对这类企业实行价格管制。政府往往对其实行低价政策，以向整个社会尤其是中低阶层提供社会福利。由于政府的低价政策会导致企业产生亏损，因而应由政府提供财政补贴，否则这类企业将无法生存。

2. 社会政策的要求

市场价格是资源配置的有效机制，但市场价格机制并不能解决所有问题，有些领域并不能完全引入市场经济机制。如我国的农产品价格补贴就是一个例证。在我国，农业生产成本高，在人们收入水平普遍偏低的条件下很难再提高农产品价格，因此为维持农产品的非市场价格，维护农民和城镇居民的利益，就需要政府采取财政补贴形式予以支持。

3. 经济转轨的需要

企业亏损补贴维持了大批企业的存在和职工就业，避免了大规模破产和失业所导致的社会动荡。

价格补贴则在价格体系从计划价格向市场价格转化的过程中，避免了物价大幅度上涨给居民生活带来的压力，从而有利于社会经济的稳定。

这些都缓冲了新旧体制转换过程中所产生的冲击力，有利于改革的顺利进行。

二、财政补贴的分类与内容

(一)按经济性质确定的财政补贴

财政补贴以经济性质为标准，可分为价格补贴、财政贴息和企业亏损补贴等。

1. 价格补贴

价格补贴是指政府为了稳定人民生活，由财政向企业或居民支付的、与人民生活必需品和农业生产资料的市场价格政策有关的补贴。按产品类别不同划分，价格补贴具体包括粮油价格补贴、平抑物价补贴和其他价格补贴等。

2. 财政贴息

财政贴息是指政府财政对使用某些规定用途的银行贷款的企业，就其支付的贷款利息提供的补贴，即财政代企业向银行支付一部分利息。

3. 企业亏损

企业亏损补贴是指政府为使国有企业能按政府政策或计划生产经营一些社会需要的,但因客观原因导致产品亏损而拨付给企业的财政补贴。导致企业政策性亏损的原因,主要是由于产品计划价格水平偏低,不足以抵补产品的生产成本。此外,企业的技术设备落后和供销条件不利等因素,也是造成企业亏损的重要原因。

企业亏损补贴按企业经营性质不同划分,可分为国内企业亏损补贴和外贸企业亏损补贴。

(二) 按再生产环节确定的财政补贴

1. 财政补贴的种类

财政补贴以再生产环节为标准,可分为生产补贴、流通补贴和消费补贴。

(1) 生产补贴。又称生产性补贴,是指对社会再生产的生产环节进行的补贴。其补贴的项目主要有粮、棉、油加价款补贴,农用生产资料价格补贴和工业生产企业亏损补贴等。

(2) 流通补贴。又称商业经营性补贴,是指对社会再生产的流通环节进行的补贴。其补贴项目主要有粮、棉、油价差补贴,平抑市场肉食、蔬菜价差补贴,民用煤销售价差补贴以及国家储备粮、棉、油等利息费用补贴。

(3) 消费补贴。又称消费性补贴,是指对社会再生产的消费环节进行的补贴。其补贴项目主要有房租补贴、副食品价格补贴、水电煤补贴和职工交通补贴等。

2. 财政补贴的确定

一般而言,一种受补贴商品或产品只补贴一个环节,但有的商品同时补贴在两个或三个环节。补贴环节不是固定不变的,要依据更有利于发挥财政补贴杠杆作用的要求而进行改革和调整。

(三) 按其他标准确定的财政补贴

1. 按透明程度确定的财政补贴

财政补贴以透明程度为标准分为明补和暗补。

(1) 明补是指将财政补贴作为预算的支出项目按照正常的支出程序直接支付给受补者。其优点是收支分明,受补贴单位应上缴财政的依法上缴,应获得的补贴由财政直接拨付。

(2) 暗补是指财政补贴不构成预算支出项目,受补者也不直接获得补贴收入,只是从减少上缴和节约支出上受益。其优点是手续简便,工作量少,具有隐蔽性,但缺点是权责利关系不明确。

2. 按存续时间确定的财政补贴

财政补贴以存续时间为标准分为经常性补贴和临时性补贴。

(1) 经常性补贴是指因政策性原因在较长时间内给予的补贴,该补贴往往具有自我增长的特点。

(2) 临时性补贴是指因某些临时性原因,一般给予一次性补贴。经常性补贴和临时性补贴只是相对而言的,如对国家规定的政策性亏损给予的补贴即为经常性补贴,在国家规定扭亏计划限期内给予的亏损补贴即为临时性补贴。

3. 按隶属关系确定的财政补贴

财政补贴以隶属关系为标准分为中央财政补贴和地方财政补贴。

(1) 中央财政补贴是指在整个国家财政补贴项目和金额中,中央财政所承担的补贴项目和数额。

（2）地方财政补贴是指在整个国家财政补贴项目和金额中，地方财政所承担的补贴项目和数额。

三、财政补贴的特征

（1）政策性。财政补贴的依据是政府在一定时期的政治、经济和社会等政策目标，并随着国家政治、经济形势的发展变化而进行修正、调整和更新，因而具有很强的政策性。

（2）可控性。财政补贴具体补给谁、补贴多少、在哪个环节补贴、何时取消补贴等内容是由财政部门根据政策需要决定的，是政府可直接控制的经济杠杆，具有一定的可控性。

（3）灵活性。财政补贴杠杆作用的对象、范围、效果和要达到的目标，由财政部门根据政策的要求适时地确定和调整，因此财政补贴在直接调节经济和协调各方面经济关系时，比价格、税收等经济杠杆的作用更为灵活、直接和迅速。

（4）时效性。财政补贴是为实现国家政策目标服务的，当某项政策发生变化时，财政补贴也将作相应调整；当某项政策实施完结、失去效力时，某项特定的财政补贴也将随之中止。

（5）专项性。财政补贴只对政府政策规定和指定的项目或事项进行补贴，其他以外的项目均不给予补贴。

四、财政补贴对经济的影响

1. 财政补贴的积极作用

（1）有效调节社会供求平衡，维护宏观经济稳定。

（2）促进社会资源的优化配置。

（3）配合自然垄断领域的管制价格，提供社会福利。

（4）促进产业结构调整，加快经济发展。

2. 财政补贴的局限性

（1）政府财政对一些经济活动长期提供大量补贴，将使价格与价值的背离长期化、合法化，从而削弱价格的经济调控功能。

（2）不利于真实地反映企业的经营业绩。

（3）加剧了财政收支的矛盾，使政府财政背上了沉重的负担。

第三节　财务分析与账务处理

一、财务分析

财务分析是以会计核算和报表资料及其他相关资料为依据，采用一系列专门的分析技术和方法，对企业等经济组织过去和现在有关筹资活动、投资活动、经营活动的偿债能力、盈利能力和营运能力状况进行分析与评价，为企业的投资者、债权人、经营者及其他关心企业的组织或个人了解企业过去、评价企业现状、预测企业未来，做出正确决策提供准确的信息或依据的经济应用学科。

（一）财务分析的内涵

1. 财务分析是一门综合性、边缘性学科

财务分析是在企业经济分析、财务管理和会计基础上发展形成的一门综合性边缘性学科。

2. 财务分析有完整的理论体系

从财务分析的内涵、财务分析的目的、财务分析的作用、财务分析的内容，到财务分析的原则、财务分析的形式、财务分析的组织等，都日趋成熟，逐步形成了系统科学的理论体系。

3. 财务分析有健全的方法论体系

财务分析有专门的技术方法，如水平分析法、垂直分析法、趋势分析法、比率分析法等都是财务分析的专门和有效的分析方法。

4. 财务分析有系统客观的资料依据

财务分析有系统客观的资料依据最基本的资料是财务报表。

5. 财务分析有明确的目的和作用

1）财务分析的目的

财务分析的目的是进行财务分析的最终目标，财务分析的最终目标是为财务报表使用者做出相关决策提供可靠的依据。

财务分析的目的受财务分析主体和财务分析服务对象的制约。不同的财务分析主体进行财务分析的目的是不同的。财务分析的一般目的可以概括为：评价过去的经营业绩、衡量现在的财务状况、预测未来的发展趋势。根据分析的具体目的，财务分析可以分为流动性分析、盈利性分析、财务风险分析、专题分析（如破产分析、审计人员的分析性检查程序）。

2）财务分析作用

从财务分析的服务对象看，财务分析不仅对企业内部生产经营管理有着重要的作用，而且对企业外部投资决策、贷款决策、赊销决策等有着重要作用。

（1）可以判断企业的财务实力。

（2）可以评价和考核企业的经营业绩，揭示财务活动存在的问题。

（3）可以挖掘企业潜力，寻求提高企业经营管理水平和经济效益的途径。

（4）可以评价企业的发展趋势。

从财务分析的职能作用来看，它对于预测、决策、计划、控制、考核、评价都有重要作用。

（二）财务分析本质

财务分析的本质是搜集与决策有关的各种财务信息，并加以分析和解释的一种技术。财务分析是一种判断的过程，旨在评估企业现在或过去的财务状况及经营成果，其主要目的在于对企业未来的状况及经营业绩进行最佳预测。财务分析的方法与分析工具众多，具体应用应根据分析者的目的而定。最经常用到的还是围绕财务指标进行单指标、多指标综合分析、再加上借用一些参照值（如预算、目标等），运用一些分析方法（比率、趋势、结构、因素等）进行分析，然后通过直观、人性化的格式（报表、图文报告等）展现给服务主体。

（三）财务分析主体

财务分析的主体，包括权益投资人、债权人、经理人员、政府机构和其他与企业有利益关系的人士。不同主体出于不同的利益考虑，对财务分析信息有着各自不同的要求。他们出于不同目的使用财务报表，需要不同的信息，采用不同的分析程序。

1. 投资人

投资人是指公司的权益投资人即普通股东。普通股东投资于公司的目的是扩大自己的财富。关心其资本的保值和增值状况,因此较为重视企业盈利能力指标,主要进行企业盈利能力分析。他们所关心的,包括偿债能力、收益能力以及风险等。权益投资人进行财务分析,是为了回答以下几方面的问题:

(1) 公司当前和长期的收益水平高低,以及公司收益是否容易受重大变动的影响。
(2) 目前的财务状况如何,公司资本结构决定的风险和报酬如何。
(3) 与其他竞争者相比,公司处于何种地位。

2. 债权人

债权人是指借款给企业并得到企业还款承诺的人。债权人关心企业是否具有偿还债务的能力。债权人可以分为短期债权人和长期债权人。债权人的主要决策是决定是否给企业提供信用,以及是否需要提前收回债权。企业债权人因不能参与企业剩余收益分享,首先关注的是其投资的安全性,因此更重视企业偿债能力指标,主要进行企业偿债能力分析,同时也关注企业盈利能力分析。他们进行财务报表分析是为了回答以下几方面的问题:

(1) 公司为什么需要额外筹集资金。
(2) 公司还本付息所需资金的可能来源是什么。
(3) 公司对于以前的短期和长期借款是否按期偿还。
(4) 公司将来在哪些方面还需要借款。

3. 经理人员

经理人员是指被所有者聘用的、对公司资产和负债进行管理的个人组成的团体。企业经营决策者必须对企业经营理财的各个方面,包括营运能力、偿债能力、盈利能力及发展能力的全部信息予以详尽地了解和掌握,主要进行各方面综合分析,并关注企业财务风险和经营风险。

经理人员关心公司的财务状况、盈利能力和持续发展的能力。经理人员可以获取外部使用人无法得到的内部信息。他们分析报表的主要目的是改善报表。

4. 政府工作人员

政府机构也是公司财务报表的使用人,包括税务部门、国有企业的管理部门、证券管理机构、会计监管机构和社会保障部门等。政府兼具多重身份,既是宏观经济管理者,又是国有企业的所有者和重要的市场参与者,因此政府对企业财务分析的关注点因所具身份不同而异。

他们使用财务报表是为了履行自己的监督管理职责。

5. 其他人士

其他人士:如职工、中介机构(审计人员、咨询人员)等。审计人员通过财务分析可以确定审计的重点,财务分析领域的逐渐扩展与咨询业的发展有关,一些国家"财务分析师"已经成为专门职业,他们为各类报表使用人提供专业咨询。

(四) 财务分析客体

1. 财务分析的对象

财务分析的对象是企业的各项基本活动。财务分析就是从报表中获取符合报表使用人分析目的的信息,认识企业活动的特点,评价其业绩,发现其问题。

2. 企业的基本活动

企业的基本活动分为筹资活动、投资活动和经营活动三类。

(1) 筹资活动是指筹集企业投资和经营所需要的资金，包括发行股票和债券、取得借款，以及利用内部积累资金等。

(2) 投资活动是指将所筹集到的资金分配于资产项目，包括购置各种长期资产和流动资产。投资是企业基本活动中最重要的部分。

(3) 经营活动是在必要的筹资和投资前提下，运用资产赚取收益的活动，它至少包括研究与开发、采购、生产、销售和人力资源管理等五项活动。经营活动是企业收益的主要来源。

企业的三项基本活动是相互联系的，在业绩评价时不应把它们割裂开来。

3. 财务分析的过程

财务分析的起点是阅读财务报表，终点是做出某种判断（包括评价和找出问题），中间的财务报表分析过程，由比较、分类、类比、归纳、演绎、分析和综合等认识事物的步骤和方法组成。其中分析与综合是两种最基本的逻辑思维方法。因此，财务分析的过程也可以说是分析与综合的统一。

(五) 财务分析工作内容

(1) 资金运作分析：根据公司业务战略与财务制度，预测并监督公司现金流和各项资金使用情况，为公司的资金运作、调度与统筹提供信息与决策支持。

(2) 财务政策分析：根据各种财务报表，分析并预测公司的财务收益和风险，为公司的业务发展、财务管理政策制度的建立及调整提供建议。

(3) 经营管理分析：参与销售、生产的财务预测、预算执行分析、业绩分析，并提出专业的分析建议，为业务决策提供专业的财务支持。

(4) 投融资管理分析：参与投资和融资项目的财务测算、成本分析、敏感性分析等活动，配合上级制定投资和融资方案，防范风险，并实现公司利益的最大化。

(5) 财务分析报告：根据财务管理政策与业务发展需求，撰写财务分析报告、投资财务调研报告、可行性研究报告等，为公司财务决策提供分析支持。

(六) 财务分析方法

1. 比较分析法

财务报表的比较分析法，是指对两个或两个以上的可比数据进行对比，找出企业财务状况、经营成果中差异与问题。根据比较对象的不同，比较分析法分为趋势分析法、横向比较法和预算差异分析法。比较分析法的具体运用主要有重要财务指标的比较、会计报表的比较和会计报表项目构成的比较三种方式。

2. 比率分析法

比率分析法是通过计算各种比率指标来确定财务活动变动程度的方法。比率指标的类型主要有构成比率、效率比率和相关比率三类。

3. 因素分析法

因素分析法是依据分析指标与其影响因素的关系，从数量上确定各因素对分析指标影响方向和影响程度的一种方法。因素分析法具体有两种：连环替代法和差额分析法。

（七）财务分析步骤

有效的财务分析必须包括确定企业所处特定产业（或行业）的经济特征；确定企业为增强竞争优势而采取的战略；正确理解和净化企业的财务报表；运用财务比率和相关指标评估企业的盈利能力与风险；为管理决策作出相关的评价等五个相互关联的步骤。

1. 确定企业所处特定产业（或行业）的经济特征

在财务分析时，产业经济特征是一个非常重要的分析基础，只有了解和确定一个企业所处特定产业的经济特征，才有可能真正理解财务报表的经济意义，并发挥财务分析在管理决策中的作用。缺乏对所处产业经济特征的把握，那就意味着企业财务分析人员把自己孤立在一个小圈子里面，不知道企业所处的环境、产业发展前景及其影响、竞争地位。

1）认定产业经济特征的模式

在实际工作中，有许多认定产业（甚至企业）经济特征的模式，其中最常用的是五个层面的经济属性模式，这五个层面包括需求、供应、生产、营销和财务。

（1）需求属性。反映了顾客对产品或服务价格的敏感性，产业成长率、对商业周期的敏感程度、季节性影响都是评估需求的重要因素。

（2）供应属性。供应属性是指产品或服务在提供方面的特征。在某些产业中，许多供应商提供的产品或服务是非常相似的，而在另外一些产业中，则只有非常有限的几家供应商。

（3）生产属性。人们通常用产业进入的难易程度来判断供应，就生产属性而言，某些企业纯粹是劳动密集型的，而有些企业是资本密集型的，在分析生产属性时，制造过程的复杂程度也是一个重要的判断标准。

（4）营销属性。产业的营销属性涉及产品和服务的消费者、分销渠道，有些产业的营销特别费劲，而另一些产业的营销则容易得多。

（5）财务属性。对财务属性的认定重点是要明确与企业资产结构和产品特征相配的负债水平和类型，对那些成熟、盈利的公司来说，其对外举债一般都比新办的公司少。此外，某些产业由于产品寿命短（如个人计算机制造业）或长期发展前景令人怀疑（如传统的钢铁制造业）、风险高，一般不能承受高水平的对外负债。

2）确定企业所处产业经济特征的作用

确定企业所处产业的经济特征是有效财务分析的第一步。通过产业经济特征的确定为理解财务报表数据的经济意义提供了一个"航标"，又缩短了财务比率和相关指标与管理决策之间的距离，使得财务分析的信息对管理决策变得更加有意义。

2. 确定企业为增强竞争优势而采取的战略

财务分析与企业战略有着密切的联系，企业战略就是财务分析人员在财务分析中为管理决策作出相关评价的具体指南。离开企业战略，财务分析就不可能真正帮助管理决策作出科学的评价。在有效的财务分析模式中，紧接着产业经济特征分析之后的就是要确定企业战略。

（1）企业要确立其战略，并将其与竞争者区分开来，完全是出于竞争的需要。

（2）尽管一个产业的经济特征一定程度上限制了企业在制定与同行业的其他竞争者进行竞争的战略的弹性，但是许多企业仍然通过制定符合其特定要求的、难于被仿制的战略以创造可持续的竞争优势。

(3) 影响企业战略的主要因素包括地区和产业多元化产品和服务特征等。

(4) 有效的财务分析应当是建立在对企业战略的理解基础之上的。也就是说，应当理解不同的企业是如何对制约发展的因素作出积极反应，以及怎样维护已制定的战略的。为了理解一个企业的战略，财务分析人员不仅要认真地看其战略计划，还要考察其实施计划的各种具体的行动。

(5) 对竞争企业之间战略的比较。

3. 正确理解和净化企业的财务报表

1) 财务报表是用于管理决策的

(1) 财务报表编制的目的与财务分析的目的有很大差别。

(2) 财务分析人员在利用财务报表时，对财务报表本身有一个理解和净化的过程。①理解是指要了解财务报表的局限，如企业管理者所作的"盈利管理"导致财务报表的不可靠、不公允；②净化指财务分析人员对财务报表中的关键项目（如利润额）所作的调整，以增强其可靠性和公允性。

2) 财务分析人员在净化财务报表的过程中，应当注意以下主要方面：

(1) 不重复发生项目或非常项目。这些项目对盈利的影响是暂时性的，在评估企业真正的经营业绩之前应重点考虑剔除。

(2) 研究与开发等支出。研究与开发、广告、人力资源培训等支出的人为安排直接影响到企业在不同会计期间的盈利，在财务分析时，对这些支出的人为安排保持一定的警惕是十分必要的。同样，在评估一个企业的持续的经营业绩时，对这些人为的安排要进行客观的调整。

(3) "盈利管理"。许多事实证明，在企业中存在大量的盈利管理行为。例如，在会计方法的选择上提前确认收入和延迟确认费用；又如，在对固定资产折旧和工程完工进度等会计方法的应用和会计估计的变动、会计方法运用时点的选择和交易事项发生时点的控制过程中刻意去迎合管理者的要求，这些盈利管理都可能导致企业财务报表的偏差和不准确。在财务分析时，对它们进行调整是必不可少的。这些调整对财务分析人员来说都是对财务报表的净化。

事实上，并不是所有的企业都提供了财务分析人员在对财务报表关键项目进行调整时需要的资料。在这种情况下，财务分析人员清醒地认识到财务报表的局限性，并在解释财务报表的数据时充分考虑这一因素具有特别重要的意义。

4. 运用财务比率和相关指标评估企业的盈利能力与风险

在财务分析中，最重要的工作应当是将某一企业的财务数据放在产业经济、证券等资本市场大环境中进行多方对比，深入分析，将财务数据与企业的战略联系起来考察现有的优势和劣势，并科学地评估企业的盈利能力和风险。如在财务分析中，人们比较熟悉财务比率和相关指标的计算，如流动比率、资产负债率、权益回报率等财务比率，以及共同比报表、有关的增长率和完成百分比等。但是，对于如何科学地运用这些比率和指标评估企业的盈利能力与风险则做得还很不够。目前还没有一套标准的财务比率和指标，怎样的财务比率和指标是好？怎样的财务比率和指标是差？谁也说不清。我们的教科书说流动比率等于 2 算是正常，但美国 60 年代的一项实证研究表明：正常而持续经营的企业的平均流动比率超过 3，而破产企业的流动比率则平均在 2~2.5 之间。很明显，财务比率没有标准，只有将它们与产业特征、企业战略,甚至商业周期等联系起来才会有意义。财务分析不仅仅是财务会计数据的分析。

5. 为管理决策作出相关的评价

财务分析的主要目的是为管理决策作出相关的评价。管理决策是一个范围很广的概念,就财务分析而言,这里的管理决策主要包括两个类别:一是投资决策;二是信贷决策。其实这两种决策都涉及企业估价问题,而要对企业的价值进行评定,又必须回到盈利能力和风险的评估上,盈利能力和风险一个也不能少。

财务比率和指标有很多,哪些比率与管理决策更相关?怎样的比率与怎样的决策更相关?说实在话大家心里都没有数。教科书说流动比率和资产负债率对评估企业的偿债能力很有用,但是美国同样的实证研究表明,在评估企业的偿债能力和破产风险中,资产收益率最有用,其次是现金流量与总负债的比率,最后才是营运资本与总负债的比率、资产负债率和流动比率。因此,必须以实际的资料为依据,进一步研究财务比率和相关指标与某一特定管理决策的相关性问题。

为了发挥财务分析在管理决策、特别是企业估价中的作用,必须运用以上五个相互关联的步骤,这五个步骤构成了一个有效的财务分析模型。因为,它不仅给分析人员提供了管理决策评价的合理的假设(产业经济特征、企业战略和净化了的财务报表),而且还为财务分析本身如何为管理决策服务提供了一个合乎逻辑的理性指南。

(八)财务分析主要指标汇总

1. 财务分析主要指标

财务分析主要指标见表 9-1。

表 9-1 财务分析主要指标汇总

变现能力	流动比率	速动比率		
资产管理	存货周转率	存货周转天数	应收账款周转率	应收账款周转天数
	营业周期	流动资产周转率	总资产周转率	
负债	资产负债率	产权比率	有形净值债务率	已获利息倍数
盈利能力	销售净利率	销售毛利率	资产净利率	净资产收益率
现金流量	现金到期债务比	现金流动负债比	现金债务总额比	销售现金比率
	每股营业现金净流量	全部资产现金回收率		
财务弹性	现金满足投资比率	现金股利保障倍数	现金营运指数	

2. 财务分析主要指标比较

财务分析的主要指标对比见表 9-2。

(九)财务分析指标实际应用

财务指标分析包括时点数、时期数、指标分析频率和应收账款周转速度等,在实际工作中要灵活应用,以使指标分析更加符合实际工作的需要。

表 9-2 财务分析的主要指标对比表

序号	指标名称	释义	分类	定义	公式	企业设置标准值	意义	分析提示	备注
1	变现能力比率	变现能力是企业产生现金的能力,它取决于可以在近期转变为现金的流动资产的多少	(1) 流动比率	—	流动比率＝流动资产合计÷流动负债合计	2	体现企业的偿还短期债务的能力。流动资产越多,短期债务越少,则流动比率越大,企业短期偿债能力越强	低于正常值,企业的短期偿债风险较大。一般情况下,营业周期、流动资产中的应收账款数额和存货的周转速度是影响流动比率的主要因素	
			(2) 速动比率	—	速动比率＝(流动资产合计－存货)÷流动负债合计	1	比流动比率更能体现企业的偿还短期债务的能力。因为流动资产中,尚包括变现速度较慢且可能已贬值的存货,因此将流动资产扣除存货再与流动负债对比,以衡量企业的短期偿债能力	低于1的速动比率通常被认为是短期偿债能力偏低。影响速动比率的可信性的重要因素是应收账款的变现能力。账面上的应收账款不一定都能变现,也不一定非常可靠	①增加变现能力的因素：可以动用的银行贷款指标；准备很快变现的长期资产；偿债能力的声誉。②减弱变现能力的因素：未作记录的或有负债；担保责任引起的或有负债
					保守速动比率＝0.8(货币资金＋短期投资＋应收票据＋应收账款净额)÷流动负债				

续表

序号	指标名称	释义	分类	定义	公式	企业设置标准值	意义	分析提示	备注
2	资产管理比率		(1) 存货周转率	—	存货周转率=产品销售成本÷[（期初存货+期末存货）÷2]	3	存货的周转率是存货周转速度的主要指标。提高存货周转率，缩短营业周期，可以提高企业的变现能力	存货周转速度反映存货管理水平，存货周转率越高，存货的占用水平越低，流动性越强，存货转换为现金或应收账款的速度越快。它不仅影响企业的短期偿债能力，也是整个企业管理的重要内容	—
			(2) 存货周转天数	—	存货周转天数=360÷存货周转率=[360×（期初存货+期末存货）÷2]÷产品销售成本	120	企业购入存货，投入生产到销售出去所需要的天数。提高存货周转率，缩短营业周期，可以提高企业的变现能力	存货周转速度反映存货管理水平，存货周转速度越快，存货的占用水平越低，流动性越强，存货转换为现金或应收账款的速度越快。它不仅影响企业的短期偿债能力，也是整个企业管理的重要内容	

续表

序号	指标名称	释义	分类	定义	公式	企业设置标准值	意义	分析提示	备注
2	资产管理比率	—	（3）应收账款周转率	指定的分析期间内应收账款转为现金的平均次数	应收账款周转率＝销售收入÷[（期初应收账款＋期末应收账款）÷2]	3	应收账款周转率越高，收回越快。反之，说明营运资金滞在应收账款上，影响正常资金周转及偿债能力	应收账款周转率与经营方式结合考虑。以下几种指标不能反映使其实际情况：第一，季节性经营的企业；第二，大量使用分期收款结算方式的销售；第三，年末使用现金结算的销售；第四，年末大量销售或年末销售大幅度下降	—
			（4）应收账款周转天数	表示企业从取得应收账款的权利到收回款项、转换为现金所需要的时间	应收账款周转天数＝360÷应收账款周转率＝[（期初应收账款＋期末应收账款）÷2]÷产品销售收入	100	应收账款周转率越高，收回越快。反之，说明营运资金滞在应收账款上，影响正常资金周转及偿债能力	应收账款周转率与经营方式结合考虑。以下几种指标不能反映其实际经营情况：①季节性经营的企业；②大量使用分期收款结算方式的销售；③大量使用现金结算的销售；④年末大量销售或年末销售大幅度下降	—

第九章　PPP模式财税分析处理

续表

序号	指标名称	释义	分类	定义	公式	企业设置标准值	意义	分析提示	备注
2	资产管理比率	—	（5）营业周期	—	营业周期天数＝存货周转天数＋应收账款周转天数＝[(期初存货＋期末存货)÷2]×360)/产品销售成本＋{[(期初应收账款＋期末应收账款)÷2]×360)/产品销售收入	200	营业周期是从取得存货开始到销售存货并收回现金为止的时间。一般情况下，营业周期短，说明资金周转速度快；营业周期长，说明资金周转速度慢	营业周期，一般应结合存货周转情况和应收账款周转情况一并分析。营业周期的长短，不仅体现企业的资产管理水平，还会影响企业的偿债能力和盈利能力	—
			（6）流动资产周转率	—	流动资产周转率＝销售收入÷[(期初流动资产＋期末流动资产)÷2]	1	流动资产周转率反映流动资产的周转速度，周转速度越快，会相对节约流动资产，相当于扩大资产的投入，增强企业的盈利能力；而延缓周转速度，需补充参加周转的流动资产，形成资产的浪费，降低企业的盈利能力	流动资产周转率要结合存货、应收账款一并进行分析，和反映盈利能力的指标结合在一起使用，可全面评价企业的盈利能力	—

续表

序号	指标名称	释义	分类	定义	公式	企业设置标准值	意义	分析提示	备注
2	资产管理比率		（7）总资产周转率	—	总资产周转率＝销售收入÷[(期初资产总额＋期末资产总额)÷2]	0.8	该项指标反映总资产的周转速度。周转越快，说明企业销售能力越强。企业可以采用薄利多销的方法，加速资产周转，带来利润绝对额的增加	总资产周转量指标用于衡量企业运用资产赚取利润的能力。经常和反映企业盈利能力的指标一起使用，全面评价企业的盈利能力	—
3	负债比率	负债比率是反映债务和资产、净资产关系的比率。它反映企业偿付到期长期债务的能力	（1）资产负债比率	—	资产负债率＝（负债总额÷资产总额）×100%	0.7	反映债权人提供的资本占全部资本的比例。该指标也被称为举债经营比率	负债比率越大，企业面临的财务风险越大，获取利润的能力也越强。如果企业资金不足，依靠举债维持，导致资产负债率特别高，偿债风险就应该特别注意了。资产负债率在60%～70%，比较合理、稳健；达到85%及以上时，应视为发出预警信号，企业应提起足够的注意	—

234

第九章 PPP模式财税分析处理

续表

序号	指标名称	释义	分类	定义	公式	企业设置标准值	意义	分析提示	备注
3	负债比率	负债比率是反映债务和资产、净资产关系的比率。它反映企业长期偿付到期债务的能力	(2)产权比率	—	产权比率=(负债总额÷股东权益)×100%	1.2	反映债权人与股东提供的资本的相对比例。反映企业的资本结构是否合理、稳定。同时也表明债权人投入资本受到股东权益的保障程度	一般说来,产权比率高是高风险、高报酬的财务结构,产权比率低,是低风险、低报酬的财务结构。从股东来说,在通货膨胀时期,企业举债,可以将损失和风险转移给债权人;在经济繁荣时期,举债经营可以获得额外的利润;在经济萎缩时期,少借债可以减少利息负担和财务风险	—
			(3)有形净值债务率	—	有形净值债务率=[负债总额÷(股东权益-无形资产净值)]×100%	1.5	产权比率指标的延伸,更为谨慎、保守地反映在企业清算时债权人投入资本的受到保障程度。不考虑无形资产包括商誉、商标、专利权以及非专利技术等的价值。它们不一定能用来还债,为谨慎起见,一律视为不能偿债	从长期偿债能力来看,较低的比率说明企业有良好的偿债能力,举债规模正常	—

续表

序号	指标名称	释义	分类	定义	公式	企业设置标准值	意义	分析提示	备注
3	负债比率	负债比率是反映债务和资产、净资产关系的比率。它反映企业长期偿付债务的能力	（4）已获利息倍数	—	已获利息倍数=息税前利润÷利息费用=（利润总额+财务费用）÷（财务费用中的利息支出+资本化利息）	2.5	企业经营业务收益与利息的比率，用以衡量企业偿付借款利息的能力，也叫利息保障倍数。只要已获利息倍数足够大，企业就有充足的能力偿付利息	企业要有足够大的息税前利润，才能保证负担起资本化利息。该指标越高，说明企业的债务利息压力越小	—
			负债利息率倍数	—	已获利息倍数=（利润总额+财务费用）÷财务费用				
4	盈利能力比率	盈利能力就是企业赚取利润的能力。不论是投资人、债务人，都非常关心这个项目。在分析盈利能力时，应当排除非正常项目、已经停止的营业项目、重大事故或法律变更等特别项目，会计政策变更和财务制度变更带来的累积影响数等因素	（1）销售净利率	—	销售净利率=净利润÷销售收入×100%	0.1	该指标反映每一元销售收入带来的净利润是多少，表示销售收入的收益水平	企业在增加销售的同时，必须相应获取更多的销售净利润才能使销售净利率保持不变或有所提高。销售净利率可以分解成销售毛利率、销售税金率、销售成本率、销售期间费用率等指标进行分析	—

第九章 PPP模式财税分析处理

续表

序号	指标名称	释义	分类	定义	公式	企业设置标准值	意义	分析提示	备注
4	盈利能力比率	盈利能力就是企业赚取利润的能力。不论是债务投资人还是股权投资人，都关心这个问题。在分析盈利能力时，应当排除非正常经营项目、已经停止经营的项目、重大事故或法律更改等特别项目、会计政策变更和会计估计变更带来的累积影响数等因素	(2) 销售毛利率	—	销售毛利率=[(销售收入-销售成本)÷销售收入]×100%	0.15	表示每一元销售收入扣除销售成本后，有多少钱可以用于各项期间费用和形成盈利	销售毛利率是企业销售净利率的最初基础，没有足够大的毛利率便不能形成盈利。企业可以按期分析销售毛利率，据以对企业销售收入、销售成本的发生及分配比情况作出判断	—
			(3) 资产净利率（总资产报酬率）	—	资产净利率=[净利润÷(期初资产总额+期末资产总额)÷2]×100%	根据实际情况而定	把企业一定期间的净利润与资产相比较，表明企业资产综合利用效果。指标越高，表明资产的利用效率越好，说明企业在增加收入和节约资金等方面取得了良好的效果，否则相反	资产净利率是一个综合指标。净利的多少与企业资产的结构、经营管理水平有着密切的关系。影响资产净利率高低的原因有：产品的价格、单位产品成本的高低、产品的产量和销售量、资金占用量的大小。可以结合杜邦财务分析体系来分析经营中存在的问题	—

237

续表

序号	指标名称	释义	分类	定义	公式	企业设置标准值	意义	分析提示	备注
4	盈利能力比率	盈利能力就是企业赚取利润的能力。不论是投资人还是债务人,都十分关心这个项目。在分析盈利能力时,应当排除非正常交卖等项目、已经停止的营业项目、重大事故或法律改变、会计政策变更带来的累积影响因素等	(4)净资产收益率(权益报酬率)	—	净资产收益率=净利润÷[(期初所有者权益合计+期末所有者权益合计)÷2]×100%	0.08	净资产收益率反映公司所有者权益的投资报酬率,也叫净值报酬率或权益报酬率,具有很强的综合性。是最重要的财务比率	杜邦分析体系可以将这一指标分解成相联系的多种因素,进一步分析影响所有者权益报酬的各个方面。如资产周转率、销售利润率、权益乘数等指标。另外,在使用该指标时,还应结合对"其他应收款"、"待摊费用"进行分析	—
5	现金流量分析	流动性分析是将资产迅速转变为现金的能力	(1)现金到期债务比	—	现金到期债务比=经营活动现金净流量÷本期到期的债务(本期到期的长期负债+应付票据)	1.5	以经营活动现金净流量与本期到期的债务比较,可以体现企业的偿还到期债务的能力	企业能够用来偿还债务的除借新债还旧债外,一般应当是经营活动的现金流入才能还债	现金流量表的主要作用是:①提供该企业现金流量的实际情况;②有助于评价本期收益质量;③有助于评价企业的财务弹性;④有助于评价企业的流动性;⑤用于预测企业未来的现金流量

第九章 PPP模式财税分析处理

续表

序号	指标名称	释义	分类	定义	公式	企业设置标准值	意义	分析提示	备注
5	现金流量分析	流动性分析是将流动资产变为现金的迅速的能力	（2）现金流动负债比	—	现金流动负债比＝年经营活动现金净流量÷期末流动负债	0.5	反映经营活动对流动负债的保障程度	企业能够用来偿还债务的除借新债还旧债外，一般应当是经营活动的现金流入才能还债	现金流量表的主要作用是：①提供该情况；②有助于评价本期收益质量；③有助于评价企业的财务弹性；④有助于评价企业的流动性；⑤用于预测企业未来的现金流量
			（3）现金债务总额比	—	现金债务总额比＝经营活动现金净流量÷期末负债总额	0.25	企业能够用来偿还债务的除借新债还旧债外，一般应当是经营活动的现金流入才能还债	计算结果要与同业比较才能确定这个比率越高越低。这个比率越高，企业承担债务的能力越强，同时也体现同期最大付息能力	—
6	获取现金的能力	—	（1）销售现金比率	—	销售现金比率＝经营现金净流量÷销售额	0.2	反映每1元销售得到的现金净流入量，其值越大越好	计算结果要与同业比较，与确定这个比率越高越低。这个比率越高，企业收入质量越好，资金利用效果越好	—
			（2）每股营业现金流量	—	每股营业现金流量＝经营活动现金净流量÷普通股股数	根据实际情况而定	反映每股经营所得到的净现金，其值越大越好	该指标反映企业最大分派现金股利的能力。超过此限，就要借款分红	普通股股数由企业根据实际股数填列

续表

序号	指标名称	释义	分类	定义	公式	企业设置标准值	意义	分析提示	备注
6	获取现金的能力	—	（3）全部资产现金回收率	—	全部资产现金回收率＝经营活动现金净流量÷期末资产总额	0.06	说明企业资产产生现金的能力，其值越大越好	把指标求倒数，则可以分析，全部资产用经营活动现金回收，需要的时间长短。因此，这个指标体现了企业资产回收期越短，资产获现能力越强	—
7	财务弹性分析	—	（1）现金满足投资比率	—	现金满足投资比率＝近五年累计经营活动现金净流量÷同期内的资本支出、存货增加、现金股利之和	0.8	说明企业经营产生的现金支付资本支出、存货增加和发放现金股利的能力。其值越大越好，比率越大，资金自给率越高	达到1，说明企业可以用经营取得的现金满足企业扩充所需资金；若小于1，则说明企业部分资金要靠外部融资来补充	取数方法：近五年累计经营活动现金净流量应指前五年的经营活动现金流量之和；存货增加，现金也从现金流量表栏目取数，均取近五年的平均数；资本支出，指购建固定资产、无形资产和其他长期资产所支付的现金。从现金流量项目中取数即存货增加。取存货减少栏相反数。从现金流量表中，分配利润或偿付利息所支付的现金股利。该项目为分配股利取数。如果实行新的企业会计制度，利润或偿付利息所支付的现金，则取数为：主表分配股利，利润或偿付利息所支付的现金减去附表中财务费用

240

第九章 PPP模式财税分析处理

续表

序号	指标名称	释义	分类	定义	公式	企业设置标准值	意义	分析提示	备注
7	财务弹性分析	—	(2)营运指数	—	营运指数＝经营活动现金流量÷经营应得现金 其中：经营应得现金＝经营所得现金＝净利润－投资收益－营业外收支出＋本期提取的折旧＋无形资产摊销＋待摊费用摊销＋递延资产摊销	0.9	分析会计收益和现金净流量的比例关系，评价收益质量	接近1，说明企业可以用经营获取的现金与其应获现金量相当，收益质量高；若小于1，则说明企业的收益质量不够好	—
			(3)现金股利保障倍数	—	现金股利保障倍数＝每股营业现金流量÷每股股利＝经营活动现金净流量÷现金股利	2	该比率越大，说明支付现金股利的能力越强，其值越大越好	分析结果可以与同业比较，与企业过去比较	—

1. 财务分析中各项指标数据的来源

财务分析中各项指标所使用的数据均来源于资产负债表、利润表和现金流量表。

(1) 资产负债表反映企业在某一特定日期的财务状况。

(2) 利润表反映企业在一定会计期间的经营成果。

(3) 现金流量表反映企业在一定会计期间的现金和现金等价物的流入和流出。

资产负债表反映的是"某一特定日期",即时点数,而利润表和现金流量表反映的是"一定会计期间",即时期数。从理论上讲,时点数与时点数比较,起点一致;时期数和时期数比较,时间跨度一致,由于口径一致,直接从报表上取得数据即可,但时点数和时期数由于口径不一致,不能直接进行比较,需要进行换算。

2. 关于时点数和时期数的问题

(1) 时点数与时点数比较

指资产负债表数据之间的比较,例如流动比率(流动资产/流动负债)、速动比率(速动资产/流动负债)、资产负债率(负债总额/资产总额)、产权比率(负债总额/所有者权益总额)、总资产增长率(本年总资产增长额/年初资产总额)等指标。这些指标大部分直接取期末数据,即时点数,便可计算出结果,有的数据需要先进行简单计算,比如速动资产、本年总资产增长额,再根据公式计算出结果。

(2) 时期数与时期数比较

主要指利润表数据之间的比较,例如已获利息倍数(息税前利润总额/利息费用)、营业利润率(营业利润/营业收入)、成本费用利润率(利润总额/成本费用总额)、营业收入增长率(本年营业收入增长额/上年营业收入总额)、营业利润增长率(本年营业利润增长额/上年营业利润总额)等指标,个别指标还包括利润表与现金流量表数据之间的比较,如盈余现金保障倍数(经营现金净流量/净利润)。这些指标大部分直接取一定期间内的数据,即时期数便可计算出结果,有的数据需要先进行简单计算,如息税前利润总额、成本费用总额,再根据公式计算即可。

(3) 时期数与时点数比较

指利润表与资产负债表、现金流量表与资产负债表数据之间的比较,前者如应收账款周转率(营业收入/平均应收账款余额)、存货周转率(营业成本/平均存货余额)、流动资产周转率(营业收入/平均流动资产总额)、固定资产周转率(营业收入/平均固定资产净值)、总资产周转率(营业收入/平均资产总额)、总资产报酬率(息税前利润总额/平均资产总额)、净资产收益率(净利润/平均净资产)等指标,后者如现金流动负债比率(年经营现金净流量/平均流动负债)。这些指标的共同特点是,分子是时期数,分母是时点数。通常分子可以直接取数,或经简单计算,而分母要取年初数与年末数的平均数,如果各期时点数余额的波动性较大,也可以采用各期余额的平均数计算。

3. 指标分析的频率问题

在实际工作中,年度分析的时间跨度较长,根据企业的实际需要,往往进行半年度、季度分析甚至是月度分析。这样,在计算各项指标时,时点数就要用到期初数与期末数的平均数,比如半年度的期初期末数、季初及季末数、月初与月末数,而不只是年初数和年末数的平均数。另外,在计算营运能力指标时,根据分析的需要,计算期天数相应地由 360 天调整为 180 天、90 天或者是 30 天。这样对指标的分析才更加科学、合理。

例如，某企业6月份的利润表反映，上半年的营业成本为7000万元，6月底的资产负债表反映年初存货余额3000万元，6月末存货余额4000万元，则平均存货余额为3500万元。通过计算，上半年的存货周转率为2次，存货周转期为90天（180天/2）。这里的计算期天数就不是全年的360天，而是上半年的180天。同理，如果计算每季度的存货周转率，计算期就应用90天。

4. 年平均增长率指标

涉及到三年平均增长率的指标主要有营业收入三年平均增长率、销售收入三年平均增长率、利润三年平均增长率、资本三年平均增长率等指标。因为营业收入是时期数，如在评价企业2015年的绩效状况时，三年前营业收入总额就是指2013年的营业收入总额。同理，在计算利润三年平均增长率时，基期利润总额是指本年度往前算（含本年度）的第三年度的利润总额。也就是说，三年平均增长率指标，由于时期数和时点数的不同，基期或起点的选择也不一样，应注意区别。

（十）财务分析局限性

1. 资料来源的局限性

（1）报表数据的时效性问题

财务报表中的数据，均是企业过去经济活动的结果和总结，用于预测未来发展趋势，只有参考价值，并非绝对合理。

（2）报表数据的真实性问题

在企业形成其财务报表之前，信息提供者往往对信息使用者所关注的财务状况以及对信息的偏好进行仔细分析与研究，并尽力满足信息使用者对企业财务状况和经营成果信息的期望。其结果极有可能使信息使用者所看到的报表信息与企业实际状况相距甚远，从而误导信息使用者的决策。

（3）报表数据的可靠性问题

财务报表虽然是按照会计准则编制的，但不一定能准确地反映企业的客观实际。例如：报表数据未按通货膨胀进行调整；某些资产以成本计价，并不代表其现在真实价值；许多支出在记账时存在灵活性，既可以作为当期费用，也可以作为资本项目在以后年度摊销；很多资产以估计值入账，但未必正确；偶然事件可能歪曲本期的损益，不能反映盈利的正常水平。

（4）报表数据的可比性问题

根据会计准则的规定，不同的企业或同一个企业的不同时期都可以根据情况采用不同的会计政策和会计处理方法，使得报表上的数据在企业不同时期和不同企业之间的对比在很多时候失去意义。

（5）报表数据的完整性问题

由于报表本身的原因，其提供的数据是有限的。对报表使用者来说，可能不少需要的信息在报表或附注中根本找不到。

2. 财务分析方法的局限性

对于比较分析法来说，在实际操作时，比较的双方必须具备可比性才有意义。对于比率分析法来说，比率分析是针对单个指标进行分析，综合程度较低，在某些情况下无法得出令人满意的结论；比率指标的计算一般都是建立在以历史数据为基础的财务报表之上的，这使比率指标提供的信息与决策之间的相关性大打折扣。对于因素分析法来说，在计算各因素对综合经济指标的影响额时，主观假定各因素的变化顺序而且规定每次只有一个因素发生变化，这些假定往往与事实不符。并且，无论何种分析法均是对过去经济事项的反映。随着环境的变化，这些比较标准也会发生变化。而在分析时，分析者往往只注重数据的比较，而忽略经营环境的变化，这样得出的分析结论也是不全面的。

3. 财务分析指标的局限性

（1）财务指标体系不严密

每一个财务指标只能反映企业的财务状况或经营状况的某一方面，每一类指标都过分强调本身所反映的方面，导致整个指标体系不严密。

（2）财务指标所反映的情况具有相对性

在判断某个具体财务指标是好还是坏，或根据一系列指标形成对企业的综合判断时，必须注意财务指标本身所反映情况的相对性。因此，在利用财务指标进行分析时，必须掌握好对财务指标的"信任度"。

（3）财务指标的评价标准不统一

比如，对流动比率，人们一般认为指标值为 2 比较合理，速动比率则认为 1 比较合适，但许多成功企业的流动比率都低于 2，不同行业的速动比率也有很大差别，如采用大量现金销售的企业，几乎没有应收账款，速动比率大大低于 1 是很正常的。相反，一些应收账款较多的企业，速动比率可能要大于 1。因此，在不同企业之间用财务指标进行评价时没有一个统一标准，不便于不同行业间的对比。

（4）财务指标的计算口径不一致

比如，对反映企业营运能力指标，分母的计算可用年末数，也可用平均数，而平均数的计算又有不同的方法，这些都会导致计算结果不一样，不利于评价比较。

二、账务处理

账务处理是指从审核原始凭证、编制记账凭证开始，通过记账、对账、结账等一系列会计处理，到编制出会计报表的过程。

（一）会计账务处理程序要求与设计原则

1. 会计账务处理程序要求

选择科学，合理的会计账务处理程序是组织会计工作，进行账务会计核算的前提。虽然在实际工作中有不同的会计账务处理程序，但是它们都应符合以下三个要求：

（1）要适合本单位所属行业的特点，即在设计会计账务处理程序时，要考虑自身企业单位组织规模的大小，经济业务性质和简繁程度，同时，还要有利于会计工作的分工协作和内部控制。

（2）要能够正确，及时和完整地提供本单位的各方面会计信息，在保证会计信息质量的前提下，满足本单位各部门、人员和社会各有关相关行业的信息需要。

（3）适当的会计账务处理程序还应当力求简化，减少不必要的环节，节约人力，物力和财力，不断地提高会计工作的效率。

2. 账务处理设计原则

各单位设计账务处理程序应遵循的原则：

（1）账务处理程序要与本单位的业务性质、规模大小、繁简程度、经营管理的要求和特点等相适应；

(2) 账务处理程序要能正确、及时、完整的提供会计信息使用者需要的会计核算资料；

(3) 账务处理程序要在保证会计核算工作质量的前提下，力求简化核算手续，节约人力和物力，降低会计信息成本，提高会计核算的工作效率。

(二) 会计账务处理程序种类

会计账务处理程序有多种形式，各单位应采用何种账务处理程序，由各单位自主选用或设计。

我国各经济单位通常采用的主要账务处理程序有四种：记账凭证账务处理程序，汇总记账凭证账务处理程序，科目汇总表账务处理程序和多栏式日记账账务处理程序。

财务处理程序的主要不同之处在于：登记总分类账的依据和程序不同，与此相适应，总分类账的格式也不同；其他程序基本相同，包括：编汇总原始凭证、记账凭证，登日记账、明细账，账账核对，编报表。

1. 记账凭证账务处理程序

(1) 记账凭证账务处理程序

记账凭证账务处理程序是指对发生的经济业务事项，都要根据原始凭证或汇总原始凭证编制记账凭证，然后直接根据记账凭证逐笔登记总分类账的一种账务处理程序。它是基本的账务处理程序，其一般程序是：

① 根据原始凭证编制汇总原始凭证；

② 根据原始凭证或汇总原始凭证，编制记账凭证；

③ 根据收款凭证、付款凭证逐笔登记现金日记账和银行存款日记账；

④ 根据原始凭证、汇总原始凭证和记账凭证，登记各种明细分类账；

⑤ 根据记账凭证逐笔登记总分类账；

⑥ 核对账务；

⑦ 期末，根据总分类账和明细分类账的记录，编制会计报表；

⑧ 根据会计报表资料进行会计分析。

(2) 记账凭证账务处理程序特点，优缺点及适用范围

① 特点：是直接根据记账凭证逐笔登记总分类账。

② 优缺点：优点是记账凭证账务处理程序简单明了，易于理解，总分类账可以较详细地反映经济业务的发生情况；缺点是登记总分类账的工作量较大。

③ 适用范围：该财务处理程序适用于规模较小、经济业务量较少的单位。

2. 汇总记账凭证账务处理程序

(1) 汇总记账凭证账务处理程序

汇总记账凭证账务处理程序是根据原始凭证或汇总原始凭证编制记账凭证，定期根据记账凭证分类编制汇总收款凭证、汇总付款凭证和汇总转账凭证，再根据汇总记账凭证登记总分类账的一种账务处理程序。其一般程序是：

① 根据原始凭证编制汇总原始凭证；

② 根据原始凭证或汇总原始凭证，编制记账凭证；

③ 根据收款凭证、付款凭证逐笔登记现金日记账和银行存款日记账；

④ 根据原始凭证、汇总原始凭证和记账凭证，登记各种明细分类账；

⑤ 根据各种记账凭证编制有关汇总记账凭证；
⑥ 根据各种汇总记账凭证登记总分类账；
⑦ 期末，根据总分类账和明细分类账的记录，编制会计报表；
⑧ 根据会计报表资料进行会计分析。
(2) 汇总记账凭证账务处理程序优缺点及适用范围

① 优缺点①优点是减轻了登记总分类账的工作量，便于了解账户之间的对应关系。②缺点是：按每一贷方科目编制汇总转账凭证，不利于会计核算的日常分工，当转账凭证较多时，编制汇总转账凭证的工作量较大。适用于规模较大、经济业务较多的单位。

② 适用范围：

3. 科目汇总表账务处理程序

(1) 科目汇总表账务处理程序

科目汇总表账务处理程序又称记账凭证汇总表账务处理程序，它是根据记账凭证定期编制科目汇总表，再根据科目汇总表登记总分类账的一种账务处理程序。其一般程序是：

① 根据原始凭证编制汇总原始凭证；
② 根据原始凭证或汇总原始凭证编制记账凭证；
③ 根据收款凭证、付款凭证逐笔登记现金日记账和银行存款日记账；
④ 根据原始凭证、汇总原始凭证和记账凭证登记各种明细分类账；
⑤ 根据各种记账凭证编制科目汇总表；
⑥ 根据科目汇总表登记总分类账；
⑦ 期末，现金日记账、银行存款日记账和明细分类账的余额同有关总分类账的余额核对相符；
⑧ 期末，根据总分类账和明细分类账的记录，编制会计报表。

(2) 科目汇总表账务处理程序优缺点及适用范围

① 优缺点：①优点是科目汇总表账务处理程序减轻了登记总分类账的工作量，并可做到试算平衡，简明易懂，方便易学。②缺点是科目汇总表不能反映账户对应关系，不便于查对账目。

② 适用范围：适用于各种类型的单位，尤其适用于经济业务较多的单位。

4. 多栏式日记账务处理程序

(1) 多栏式日记账务处理程序特点

根据收款凭证和付款凭证逐日登记多栏式现金日记账和多栏式银行存款日记账，然后根据它们登记总分类账。

(2) 多栏式日记账务处理程序优缺点及适用范围

① 优缺点：①优点是收款凭证、付款凭证通过多栏式日记账进行汇总，再据以登记总分类账，可以减少登记总分类账的工作量；②缺点是如果单位经济业务多，必然会造成日记账栏目过多、账页庞大、容易串行串栏、不便于登记。

② 适用范围：生产经营规模大、经济业务量多，但使用会计科目较少的单位。

5. 日记总账账务处理程序

(1) 日记总账账务处理程序

特点是将日记账和总分类账结合起来，设置一本联合的账簿，称为日记总账，并将所有经济业务都登记在日记总账上。

（2）日记总账账务处理程序优缺点及适用范围

① 优缺点：①优点是简单易行；②缺点是所有科目都设在一张账页内，导致账页过长，不便于记账和查阅。

② 适用范围：经济业务量较少，使用会计科目也较少的单位。

第四节 税务筹划与处理

税务筹划，是指在纳税行为发生之前，在不违反法律、法规（税法及其他相关法律、法规）的前提下，通过对纳税主体（法人或自然人）的经营活动或投资行为等涉税事项做出事先安排，以达到少缴税或递延纳税目标的一系列谋划活动。

通过合理的税务筹划，可以有效优化公司的税务管理，最大限度地降低公司整体税负、有效降低公司成本，提高投资回报率。

一、PPP 模式税务筹划

（一）税务筹划的发展与定义

税收筹划的前提条件是必须符合国家法律及税收法规；税收筹划的方向应当符合税收政策法规的导向；税收筹划的发生必须是在生产经营和投资理财活动之前；税收筹划的目标是使纳税人的税收利益最大化。所谓"税收利益最大化"，包括税负最轻、税后利润最大化、企业价值最大化等内涵，而不仅仅是指的税负最轻。

税收筹划概念自二十世纪九十年代中叶由西方引入我国，译自 tax-planning 一词，也译作税务筹划、纳税筹划、税务计划等。税收筹划是一门涉及多门学科知识的新兴的现代边缘学科，许多问题尚不成熟，因而国际上对其概念的描述也不尽一致。综合而言，国内外学者对这一概念的表述大体如下：

（1）荷兰国际财政文献局（IBFD）所编写的《国际税收辞典》一书认为：税收筹划是指企业通过对经营活动和个人事务活动的安排，实现缴纳最低的税收。

（2）印度尼西亚税务专家亚萨恩威所著的《个人投资与税收筹划》认为：税收筹划是指企业通过对税务活动的安排，以充分利用税收法规所提供的包括减免税在内的一切优惠，从而享有最大的税收利益。

（3）印度税务专家史林瓦斯在他编著的《公司税收筹划手册》中说道：税收筹划是经营管理整体中的一个组合部分……税务已成为重要的环境因素之一，对企业既是机遇，也是威胁。

（4）美国南加州大学的梅格博士在其《会计学》一书中将税收筹划定义为：在纳税发生之前，有系统地对企业经营和投资行为做出事先安排，以达到尽量少缴税，这个过程就是税收筹划。

（5）我国税收筹划专家赵连志认为：税收筹划是指企业在税法规定许可的范围内，通过对投资、经营、理财活动进行筹划和安排，尽可能地取得节约税收成本的税收收益。税收筹划的目的就是减轻企业的税收负担。税收筹划的外在表现就是"缴税最晚、缴税最少"。

（6）我国学者盖地认为：税收筹划也称税务筹划、纳税筹划，是指企业（自然人、法人）依据所涉及到的现行税法（不限一国一地），在遵守税法、尊重税法的前提下，运用企业的权利，根据税法中的"允许"和"不允许"、"应该"与"不应该"以及"非不允许"与"非不应该"的项目、内容，对经营、投资、筹资等活动进行旨在减轻税负的谋划和对策。

（7）国家税务总局注册税务师管理中心在其编写的《税务代理实务》中，把税收筹划明确定义为：税收筹划又称为纳税筹划，是指在遵循税收法律、法规的情况下，企业为实现企业价值最大化或股东权益最大化，在法律许可的范围内，自行或委托代理人，通过对经营、投资、理财等事项的安排和策划，以充分利用税法所提供的包括减免税在内的一切优惠，对多种纳税方案进行优化选择的一种财务管理活动。

（二）税务筹划特点

税务筹划具有合法性、筹划性、目的性、风险性和专业性的特点。

1. 合法性

合法性指的是税务筹划只能在税收法律许可的范围内进行。这里有两层含义：一是遵守税法。二是不违反税法。合法是税务筹划的前提，当存在多种可选择的纳税方案时，纳税人可以利用对税法的熟识、对实践技术的掌握，做出纳税最优化选择，从而降低税负。对于违反税收法律规定，逃避纳税责任，以降低税收负担的行为，属于偷逃税，要坚决加以反对和制止。

2. 筹划性

筹划性是指在纳税行为发生之前，对经济事项进行规划、设计、安排，达到减轻税收负担的目的。在经济活动中，纳税义务通常具有滞后性。企业交易行为发生后才缴纳流转税；收益实现或分配之后，才缴纳所得税；财产取得之后，才缴纳财产税。这在客观上提供了对纳税事先做出筹划的可能性。经营、投资和理财活动是多方面的，税收规定也是有针对性的。纳税人和征税对象的性质不同，税收待遇也往往不同，这在另一个方面为纳税人提供了可选择较低税负决策的机会。如果经营活动已经发生，应纳税额已经确定而去偷逃税或欠税，都不能认为是税务筹划。

3. 目的性

税务筹划的直接目的就是降低税负，减轻纳税负担。这里有两层意思：一是选择低税负。低税负意味着较低的税收成本，较低的税收成本意味着高的资本回收率；二是滞延纳税时间（不是指不按税法规定期限缴纳税款的欠税行为），获取货币的时间价值。通过一定的技巧，在资金运用方面做到提前收款、延缓支付。这将意味着企业可以得到一笔"无息贷款"，避免高边际税率或减少利息支出。

4. 风险性

税务筹划的目的是为了获得税收收益，但是在实际操作中，往往不能达到预期效果，这与税务筹划的成本和税务筹划的风险有关。税务筹划的成本，是指由于采用税收筹划方案而增加的成本，包括显性成本和隐含成本，比如聘请专业人员支出的费用，采用一种税收筹划方案而放弃另一种税收筹划方案所导致的机会成本。此外，对税收政策理解不准确或操作不当，而在不知觉情况下采用了导致企业税负不减反增的方案，或者触犯法律而受到税务机关的处罚都可能使得税收筹划的结果背离预期的效果。

5. 专业性

专业性不仅是指税务筹划需要由财务、会计专业人员进行，而且指面临社会化大生产、全球经济一体化、国际贸易业务日益频繁、经济规模越来越大、各国税制越来越复杂的情况下，仅靠纳税人自身进行税收筹划显得力不从心。因此，税务代理、税务咨询作为第三产业便应运而生，向专业化的方向发展。

（三）税务筹划的几个关键词

1. 节税

节税顾名思义，就是节减税收。是纳税人利用税法的政策导向性，采取合法手段减少应纳税款的行为，一般是指在多种营利的经济活动方式中选择税负最轻或税收优惠最多的而为之，以达到减少税收的目的。就实质而言，节税实际上就是税务筹划的另一种委婉表述。通常意义上，凡是符合税收立法精神的实现税收负担减轻的行为都属于节税，节税在一切国家都是合法的也是正当的现象。比如企业经营组织形式的选择，我国对公司和合伙企业实行不同的纳税规定，企业出于税务动机选择有利于自己的经营方式。在这种情况下，纳税人进入一个立法者所不希望去控制或不认为是与财政有关的行为领域。节税具有合法性、政策导向性、策划性、倡导性的特征。

2. 避税

避税是纳税人利用税法的漏洞、特例或者其他不足之处，采取非违法的手段减少应纳税款的行为。这是纳税人使用一种在表面上遵守税收法律法规，但实质上与立法意图相悖的非违法形式来达到自己的目的。所以避税被称之为"合法的逃税"。避税具有非违法性、策划性、权利性、规范性和非倡导性的特点。

3. 逃税与偷税

逃税是纳税人故意违反税收法律法规，采取欺骗、隐瞒等方式，逃避纳税的行为。偷税（tax fraud），是指"纳税人伪造（设立虚假的账簿、记账凭证）、变造（对账簿、记账凭证进行挖补、涂改等）、隐匿、擅自销毁账簿、记账凭证，或者在账簿上多列支出（以冲抵或减少实际收入）或者不列、少列收入，或者经税务机关通知申报仍然拒不申报或者进行虚假的纳税申报，不缴或者少缴应纳税款的"行为。对偷税行为，税务机关一经发现，应当追缴其不缴或者少缴的税款和滞纳金，并依照税收征管法的有关规定追究其相应的法律责任。构成偷税罪的，应当依法追究刑事责任。逃税与偷税的概念基本相同，我国有关法条的规定中没有"逃税"的概念，一般是将其归入偷税的范围加以处罚的。

以上分析表明，节税属于合法行为，避税属于非违法行为，逃税、偷税属于违法行为。节税是顺应立法精神的，是税法允许甚至鼓励的，是税务筹划的主要内容；避税是违背立法精神的，是不倡导的，也会招致政府的反避税措施。在避税的情况下，纳税人进入的行为领域是立法者希望予以控制但不能成功地办到的领域，这是法律措辞上的缺陷及类似问题产生的后果。避税可以被利用作为税务筹划的手段，但是随着税法的逐渐严密和完善，利用空间会越来越小；逃税、偷税是被禁止的，要受到法律的制裁，还会影响企业的声誉，使企业遭受更大损失。当然，税务筹划也不是仅指表面意义上的节税行为，税务筹划作为企业经营管理的一个重要环节，必须服从于企业财务管理的目标——企业价值最大化或股东财富最大化。因此，企业税务筹划的最终目的应是企业利益最大化。

（四）PPP 模式税务筹划操作要点

PPP 模式下，以工程建设阶段工程承包合同的签约方式的税务筹划为例说明 PPP 模式税务筹划操作要点。

1. 充分了解项目所在地的相关税务规定

由于税收幅度的不同，项目参与方必须研究和熟悉项目所在地和我国相关税法规定，在依法纳税的同时，保证利润的最大化。各地对 PPP 模式下的项目在不同阶段也可能有不同的税收政策。如项目建设阶段，总承包商在项目地取得收入，通常按"工程承包收入"缴纳所得税和流转税，在项目经营阶段，项目经营单位取得经营收入，很可能按"经营利润"缴纳所得税和流转税。了解并申请项目所在地的相关税收优惠政策，如政府援助项目有可能在工程所在地免交所得税。

在建立项目财务模型时，应对项目的不同阶段、不同方面、不同国家、不同地方的税负进行详细了解和测算，以保证财务模型充分考虑税收因素。

2. 融资模式的税务筹划

在进行 PPP 项目的融资模式时，需要考虑这样几个问题：是使用自有资金还是银行贷款进行投资；资金以注册资本还是股东贷款方式进入项目公司；选择哪家公司作为借款主体；选择哪家公司提供股东贷款。通常而言，银行贷款方式能够充分利用财务杠杆效应，提高企业资金使用的灵活性，但同时也一定程度上增加了企业的资金使用成本。在满足了法律规定的最低注册资本基础上，可以考虑以股东贷款方式注入部分资金。借款公司在不超过资本弱化规定的范围内将利息支出税前列支，抵扣一部分所得税。但在利息汇出时通常会引发利息的预提所得税，以及收到利息的公司还将就利息收入缴纳所得税及流转税（如有）。

3. 筹资过程中的税收筹划

筹集资金是企业开展经营活动的先决条件，企业可以从多种渠道以不同方式筹集所需的资金，这就需要进行筹资决策。在筹资决策中进行税收筹划，有助于企业降低资金成本，优化资金结构，增加所有者收益。

一般来讲，企业进行外部资金筹措有发行股票和债券两种形式，从不同角度看，这两种形式各有利弊。就企业税收筹划来讲，发行债券比发行股票更为有利。这是因为，发行债券所发生的手续费及利息支出，依照财务制度规定可以计入企业的在建工程或财务费用。

财务费用作为抵税项目可在税前列支，企业也就可以少纳所得税。而发行股票支付给股东的股利却是由税后利润支付的，较发行债券方案要多纳所得税。因此，企业筹资时在不违反国家经济政策的前提下，可通过税收筹划既能实现资金的筹措又可达到节税增资的目的。当然，应该注意到，在筹资决策的税收筹划中，有时税收负担的减少并不一定等于所有者收益的增加。因此，不能只关注筹资中的所得税，而必须以企业是否能获得税后最大收益作为选择筹资方案的标准。

税收筹划具有合法、合理、筹划、专业等特点。税收筹划与偷漏税和避税不同，而是一种解决目前企业全局税收的最优化的方案；税收筹划是合法的纳税行为，是被国家和政府的税收政策所鼓励的；企业税收筹划的标准和方案应该以企业价值为核心而展开，服务于企业财务管理的最终目标。在企业的筹资行为中，不同的筹资行为和方案会对企业产生不同的影响，为企业带来不同的税收征缴的效果。企业筹资决策的主要目标是利用筹资体系来满足目前企业的资金需求，达到资金成本的最低。

1) 企业权益筹资的税收筹划

（1）对企业留存收益的筹资进行筹划。除去机会成本的因素以外，企业留存收益的资金成本还是很低。但是在税负角度上来讲，企业留存收益是企业税后的利润的一部分，所以企业留存收益的税收标准一般较高。面对这样的问题，企业在留存收益过大的时候，资金成本将会很大，企业的节税的手段和效果就不是那么科学和完整。

企业留存收益属企业股东所有，我国税收法律规定，企业税收后利润要提取相应比例的公积金和公益金，其余利润要通过股东大会的决议才能确定分配标准，其中股东分红和股利需要缴纳一定的个人所得税。所以要从股东的角度出发，同时顾全企业的长远发展，企业扩大生产规模需要资金的时候要经由股东大会的决定提取相应的盈余公积金，这样就满足了企业资本的需要。如企业把留存收益再次投入资本市场后，等于把股东的资本进行再次的投资，这样既满足了企业权益筹资的需要，又提高了股东的收益率，这么做的结果是一举两得。

（2）企业股票的筹资进行筹划。按照我国税法的相关规定，股息的税务征收工作是针对税后利润的。那么企业发行股票所支付的月息就不能享受相应的股息所得税的收益，所以就加重了企业的税负压力，企业权益资本筹资的税收筹划空间就变得微乎其微了。是根据税法规定，外商企业允许在一定的期限内分期缴纳出资，企业就可以利用这样一个时间段来进行合理的税收筹划工作。具体操作程序是：企业分段注入注册资本，在到位前股东按比例分享利润。但资金不到位的话企业负债就会加大，企业相应的利润就会变小，同时企业的负债的利息计算到企业费用之中，扣除了相应的赋税。在股票筹资的过程中，我们要加强适度负债规模和比例的控制。

2) 企业负债筹资的税收筹划

（1）企业间拆借筹资的税收筹划。企业为了筹资便利的需要在关联企业中产生借贷，在企业主要管理层要建立相应的财务枢纽来控制和操作企业关联方拆借业务。如此操作的好处是对企业内部的资金优化整合，对债务和资本进行合理分配。对外部企业的整体筹资有信用和风险的保障，对内的话可以调节企业的资金和债务。这样一来财务服务功能的强化可以节省相应的费用，同时财务枢纽给企业带来的税务效益和资金管理也不容小觑。具体操作是：在企业内部拆借过程之中，差别税率的体现极为明显，这样企业可以转移税负。同时进行免税和缓税的操作，以便集中企业资金加入到企业发展的项目之中，进行利润转移工作。

（2）企业银行借贷款的税收筹划。在当今我国经济环境之下，银行借贷款是企业筹集资金的有效途径，企业通过技术改良和支柱产业规划等工作可以向银行的地方政府筹集相应的预算经费，但借贷款的规模要视企业抵押和信用评级来规定。在这样的情况下，国家政策贷款和普通贷款的申请和利用就需要银行借贷款的税收筹划工作来进行相应的税收筹划工作。根据我国税法规定，企业向金融机构的借贷利息的支出按照实际产生额进行收税，向非金融机构的借贷款不高于金融机构同类和同期的利率计算金融以内的数额进行相应的扣除，可以充分利用企业的财务功能，加快企业借贷规模，加强企业的税收筹划工作。用与银行协议利率和贷款期限就可以加快企业银行借贷款的税收筹划工作。

3) 企业资本结构选择的税收筹划

在目前的法律条件下，企业税收筹划应该确立企业相应的负债规模和比例，进一步强化企业负债筹资的合理结构。在企业实际的操作过程中，企业要根据各种不同的资本结构情况在多种方案中选择最优的税收筹划工作，同时在利用企业负债进行税收筹的过程中，要注意相关的国家规定，以规避相关的法律风险。

（1）企业资本性的利息支出不应在税前扣除。企业资本性的利息支出是在企业建造和购置固定资产范围内而发生的借贷款行为利息，企业开办期间的若干部分支出被包括在内。我国税法明确规定资本性利息支出不纳入费用一次性从应缴税款中扣除。

（2）企业利息的税前扣除标准的规定。在我国相关的税法中明确规定企业在生产经营期间与金融机构借贷款的利息支出要按照实际发生的结构计算，同时非金融机构的借款支出按照不高于金融机构同类期贷款利率计算数额以内的部分进行扣除，超过部分不先行扣除。同时在面对外商和外资企业的税法中也规定企业生产经营的合理借款在税务部门审核后进行列支。合理的借款利息是按照地域商业贷款的利率进行计算的。

企业的税收筹划工作是一个任重道远的工作，在不同的企业资本结构条件下，将会有不同的筹划标准和方案。这要根据企业的行业特点和资本、运营清况进行考量。选择相应的资本结构将对企业的税收筹划工作是一种帮助和补充，减少企业税负压力，提高所有权益人的具体收益，这体现了在法律前的合理操作，加强企业的盈利水平和经营管理水平。

4. 工程承包合同签约方式的税务筹划

（1）签约主体的选择

从税务角度来说，选择哪个主体作为总包合同的签约主体，对工程项目的整体税负有着重大影响，签约主体的选择受当地相关行业法规及业主的限制，如果可以有多种选择，建议企业可以从税务角度分析，以中国公司、中间控股公司或项目公司作为签约主体的相关税负，选择税负较低的签约方式，比如有设立在境外低税负国家或地区的子公司强定总承包合同，则工程项目利润在取得时无需缴纳高额的中国企业所得税，或签订合同的公司所在地与工程项目所在地存在优惠税收协定，可能降低承包商在工程项目所在地"常设机构"的风险。

（2）总包合同的分拆与合并

总承包商选择签订几个单项工程的承包合同或分别就设计、采购和施工签订三份合同，也会对项目的税负带来不同的影响。比如，若有总承包商采购材料和设备再出口给业主，但因为包含在整个工程合同里，该采购工作对应的利润可能需要计入合同的总金额，在项目所在地缴纳所得税；但若采购部分单独签订采购合同，由业主直接进口材料和设备，则总承包商在此环节的利润便无需在项目所在地缴纳所得税。

5. 投资架构的税务筹划

PPP模式下，经营者可以借助以上的相关税收优惠进行规划、积极争取国家出台的优惠政策，对于实务中涉及到的子公司与分公司的选择问题，分析见表9-3。

表9-3 投资架构的税务筹划

税务层面	总分公司	母子公司
区别	分公司在总公司领导下，设置分支机构，以总公司名义进行经营活动，运作PPP项目	子公司在母公司领导下，成立子公司，以子公司名义直接进行经营活动，运作PPP项目

续表

税务层面	总分公司	母子公司
优势	总分公司盈亏可以在税法规定的范围内互相弥补	母子公司实行独立核算，自行申报 符合条件的项目子公司可以独立申请享受全国及区域性的税收优惠政策 可以通过合理安排关联交易将部分利润转移至低税负地区的企业，有效降低集团整体税负 提高再投资的灵活性
缺陷	由于总公司从事的业务活动不单一，会对申请享受项目适用的税收优惠政策产生影响 无法通过有效的关联交易安排，合理转移税前利润，集团整体税负较高	母子公司盈亏不能互相弥补
总结	一般情况下，PPP项目会设立独立的项目子公司	

(1) 项目公司组织形式的税务筹划

根据项目当地关于分子公司所得税的规定、常设机构的判定，以及预提所得税和分支机构汇出利润税等，选择税负最优的项目组织形式，从而降低公司海外工程承包项目所需缴纳的海外所得税以及中国所得税，改善项目的现金流状况，提高净现值和回报率。

(2) 海外投资整体投资架构的税务筹划

通过对直接持股和间接持股方式的税负对比，选择税负最优的持股架构。一般而言，间接持股架构，尤其是通过两层中间控股公司进行境外投资的持股架构能够降低境外投资项目的整体税负，在未来退出或转让时将更具有灵活性和弹性，同时可以简化外汇管理、再投资等政府审批程序，使利润在中间持股公司层面上进行再投资。

6. 投资过程中的税收筹划

税负轻重，将对企业投资决策产生极为重大的影响。在投资决策中的税收筹划，主要从投资方向、投资地点、投资形式及投资伙伴的选择等方面综合考虑，进行优化选择。

例如，从投资方式来看，企业投资可分为直接投资和间接投资。间接投资是指对股票或债券等金融资产的投资。税法规定，购买国库券取得的利息收入可免交企业所得税，购买企业债券取得的收入需缴纳所得税，购买股票取得的股利为税后收入不交税，但风险较大。这就需要企业进行权衡。直接投资涉及的税收问题更多，需面临各种流转税、收益税、财产税和行为税等。当企业选择直接投资时，还要在货币资金和非货币资金等投资方式上进行比较。

企业以固定资产和无形资产对外投资时，必须进行资产评估，被投资企业可按经评估确认的价值，确定有关资产的计税成本。如被评估资产合理增值，投资方应确认非货币资产转让所得，并计入应纳税所得额。如转让所得数额较大，纳税确有困难，经税务机关批准，可在五年内分期摊入各期的应纳税所得额中。被投资方则可多列固定资产折旧费和无形资产摊销费，减少当期应税利润。如评估资产减值，则投资方可确认为非货币资产转让损失，减少应税所得额。

7. 经营过程中的税收筹划

企业财务政策是指依照国家规定所允许的成本核算方法、计算程序、费用分摊、利润分配等一系列规定进行企业内部核算活动。通过有效的税收筹划，使成本、费用和利润达到最佳值，实现减轻税负的目的。应当注意到，企业财务政策一旦确定，不得随意变更，故在选择财务政策上要有前瞻性。

(1) 存货计价方法的选择与税收筹划

存货计价方法不同，企业营业成本就不同，从而影响应税利润，进而影响所得税。根据现行税法规定，存货计价可以采用先进先出法、后进先出法、加权平均法和移动平均法等不同方法。不同的存货计价方法对企业纳税的影响是不同的，采用何种方法为佳，应根据具体情况而定。在物价持续上涨时，应选择后进先出法对存货计价，这种方法符合稳健性原则的要求，可以使期末存货成本降低，销货成本提高，从而减轻企业所得税负担，增加税后利润；在物价持续下降时，应选择先进先出法来计价，可以使期末存货价值较低，销货成本增加，从而减少应纳税所得，达到"节税"目的；而在物价上下波动的情况下，宜选择加权平均法或移动平均法，可以避免因各期利润变动造成企业各期应税所得上下波动而增加企业安排资金的难度。

(2) 折旧方法的选择与税收筹划

由于折旧要计入产品成本或期间费用，直接关系到企业当期成本、费用的大小，利润的高低和应纳所得税的多少，因此，折旧方法的选择、折旧的计算就显得尤为重要。固定资产折旧方法有平均年限法、工作量法、年数总和法和双倍余额递减法等，不同的折旧方法对纳税人产生不同的影响。如选择双倍余额递减法或年数总和法等加速折旧法，可使得在资产使用前期提取的折旧较多，使得企业少纳所得税，起到推迟纳税时间和隐性减税的作用。延缓纳税对于企业来说，无疑是从国家取得了一笔无息贷款，降低了企业的资金成本。

在计算折旧时，主要考虑以下几个因素：固定资产原值、固定资产净残值和固定资产折旧年限。由于新的会计制度及税法对固定资产的预计使用年限和预计净残值没有做出具体的规定，这样企业便可以根据自己的具体情况，选择对企业有利的固定资产折旧年限来计提折旧，以此达到节税及企业的其他理财目的。对于处于正常生产经营期且未享有税收优惠待遇的企业来说，缩短固定资产折旧年限，往往可以加速固定资产成本的回收，使企业后期成本费用前移，从而获得延期纳税的好处。

(3) 费用列支的选择与税收筹划

对费用列支，税收筹划的指导思想是在税法允许的范围内，尽可能地列支当期费用，预计可能发生的损失，减少应交所得税和合法递延纳税时间来获得税收利益。通常做法是：

①已发生费用及时核销入帐，如已发生的坏帐、存货盘亏及毁损的合理部分都应及早列作费用。

②能够合理预计发生额的费用、损失，采用预提方式及时入帐，如业务招待费、公益救济性捐赠等应准确掌握允许列支的限额，将限额以内的部分充分列支。

③尽可能地缩短成本费用的摊销期，以增大前几年的费用，递延纳税时间，达到节税目的。

8. 供应链模式的税务筹划

在供应链的税务管理上，将供应链上大部分的利润合理的确认在低税负的国家或地区，从而降低整体税负。可分两个阶段进行：

(1) 在工程建设阶段，在引进关联公司进行项目建设时，可考虑在低税负地区设立贸易平台，对工程所需的材料设备进行统一采购、统一销售，将部分利润合理合法聚集在低税负地区。

（2）在运营阶段，可通过向投资项目借贷资金、派遣管理团队、提供专业服务，增加项目税前列支项目，从而减少当地缴纳的所得税。

在进行前述的供应链涉及的关联交易安排时，需要分析每一类型关联交易中交易各方的具体定位，并为其所承担的职能和风险进行分析和安排，制订相应的转移定价策略，并对关联交易的转让定价进行基准分析，以应对税务机关未来可能的质疑。

由于 PPP 项目属于合作项目，关联公司的交易引起合资方质疑，在项目设计时，应与合作方充分沟通，取得谅解和同意。

（五）税务筹划基本方法

税务筹划的方法很多，而且实践中也是多种方法结合起来使用。这里只简单介绍利用税收优惠政策法、纳税期的递延法、转让定价筹划法、利用税法漏洞筹划法、利用会计处理方法筹划法等几种方法。

1. 优惠政策法

利用优惠政策筹划法，是指纳税人凭借国家税法规定的优惠政策进行税务筹划的方法。

税收优惠政策是指税法对某些纳税人和征税对象给予鼓励和照顾的一种特殊规定。国家为了扶持某些特定产业、行业、地区、企业和产品的发展，或者对某些有实际困难的纳税人给予照顾，在税法中做出某些特殊规定，比如，免除其应缴的全部或部分税款，或者按照其缴纳税款的一定比例给予返还等，从而减轻其税收负担。

1）利用优惠政策筹划法

从总体角度来看，利用优惠政策筹划的方法主要包括：

（1）直接利用筹划法

国家为了实现总体经济目标，从宏观上调控经济，引导资源流向，制定了许多的税收优惠政策。对于纳税人利用税收优惠政策进行筹划，国家是支持与鼓励的，因为纳税人对税收优惠政策利用的越多，越有利于国家特定政策目标的实现。因此，纳税人可以光明正大地利用优惠政策为自己企业的生产经营活动服务。

（2）地点流动筹划法

从国际大环境来看，各国的税收政策各不相同，其差异主要有税率差异、税基差异、征税对象差异、纳税人差异、税收征管差异和税收优惠差异等，跨国纳税人可以巧妙地利用这些差异进行国际间的税务筹划；从国内税收环境来看，国家为了兼顾社会进步和区域经济的协调发展，税收优惠适当向西部地区倾斜，纳税人可以根据需要，或者选择在优惠地区注册，或者将现时不太景气的生产转移到优惠地区，以充分享受税收优惠政策，减轻企业的税收负担，提高企业的经济效益。

（3）创造条件筹划法

纳税人想办法创造条件使项目符合税收优惠规定或者通过挂靠在某些能享受优惠待遇的企业或产业、行业，使项目符合优惠条件，从而享受优惠待遇。

2）利用税收优惠要素

从税制构成要素的角度探讨，利用税收优惠进行税务筹划主要利用以下几个优惠要素：

（1）利用免税

利用免税筹划,是指在合法、合理的情况下,使纳税人成为免税人,或使纳税人从事免税活动,或使征税对象成为免税对象而免纳税收的税务筹划方法。免税人包括自然人免税、免税公司、免税机构等。各国一般有两类不同目的的免税:一类是属于税收照顾性质的免税,它们对纳税人来说只是一种财务利益的补偿;另一类是属于税收奖励性质的免税,它们对纳税人来说则是财务利益的取得。照顾性免税往往是在非常情况或非常条件下才取得的,而且一般也只是弥补损失,所以税务筹划不能利用其达到节税目的,只有取得国家奖励性质的免税才能达到节税的目的。

① 利用免税的税务筹划方法能直接免除纳税人的应纳税额,技术简单,但适用范围狭窄,且具有一定的风险性。免税是对特定纳税人、征税对象及情况的减免,比如必须从事特定的行业,在特定的地区经营,要满足特定的条件等,而这些不是每个纳税人都能或都愿意做到的。因此,免税方法往往不能普遍运用,适用范围狭窄;在能够运用免税方法的企业投资、经营或个人活动中,往往有一些是被认为投资收益率低或风险高的地区、行业、项目和行为,比如,投资高科技企业可以获得免税待遇,还可能得到超过社会平均水平的投资收益,并且也可能具有高成长性,但风险也极高,非常可能因投资失误而导致投资失败,使免税变得毫无意义。

② 利用免税方法筹划以尽量争取更多的免税待遇和尽量延长免税期为要点。在合法、合理的情况下,尽量争取免税待遇,争取尽可能多的项目获得免税待遇。与缴纳税收相比,免征的税收就是节减的税收,免征的税收越多,节减的税收也越多;许多免税都有限的规定,免税期越长,节减的税收越多。例如,如果国家对一般企业按普通税率征收所得税,对在 A 地的企业制定有从开始经营之日起 3 年免税的规定,对在 B 地的企业制定有从开始经营之日起 5 年免税的规定。那么,如果条件基本相同或利弊基本相抵,一个公司完全可以办到 B 地去经营,以获得免税待遇,并使免税期最长化,从而在合法、合理的情况下节减更多的税收。

(2) 利用减税

利用减税筹划,是指在合法、合理的情况下,使纳税人减少应纳税收而直接节税的税务筹划方法。我国对国家重点扶持的公共基础设施项目、符合条件的环境保护、节能节水项目,对循环经济产业,对符合规定的高新技术企业、小型微利企业、从事农业项目的企业等给予减税待遇,是国家为了实现其科技、产业和环保等政策所给予企业税收鼓励性质的减税。各国一般有两类不同目的减税:一类是照顾性质的减税,如国家对遭受自然灾害地区的企业、残疾人企业等减税,是国家对纳税人由于各种不可抗拒原因造成的财务损失进行的财务补偿;另一类是奖励性质的减税,如高科技企业、公共基础设施投资企业等的减税,是对纳税人贯彻国家政策的财务奖励,对纳税人来说则是财务利益的取得。

① 利用减税进行税务筹划主要是合法、合理地利用国家奖励性减税政策而节减税收的方法。这种方法也具有技术简单、适用范围狭窄、具有一定风险性的特点。

② 利用这种方法筹划就是在合法、合理的情况下,尽量争取减税待遇并使减税最大化和使减税期最长化。比如,A、B、C 三个国家,公司所得税的普通税率基本相同,其他条件基本相似或利弊基本相抵。一个企业生产的商品 90% 以上出口到世界各国,A 国对该企业所得按普通税率征税;B 国为鼓励外向型经济发展,对此类企业减征 30% 的所得税,减税期为 5 年;C 国对此类企业减征 40% 所得税,而且没有减税期的限制。打算长期经营此

项业务的企业，可以考虑把公司或者子公司办到 C 国去，从而在合法的情况下，使节减的税款最大化。

(3) 利用税率差异

利用税率差异筹划，是指在合法、合理的情况下，利用税率的差异而直接节税的税务筹划方法。是尽量利用税率的差异使节税最大化。比如，A 国的公司所得税税率是 30%，B 国为 35%，C 国为 40%。那么，在其他条件基本相似或利弊基本相抵的条件下，投资者到 A 国开办公司可使节税最大化。

税率差异在各国都普遍存在。一个国家为了鼓励某种产业、某行业，以及某种类型的企业、某类地区的发展，就会规定形式各异、高低不同的税率，纳税人可以利用税率差异，通过选择企业组织形式、投资规模、投资方向等，实现少缴纳税款的目的。

① 利用税率差异进行税务筹划适用范围较广，具有复杂性、相对确定性的特点。采用税率差异节税不但受不同税率差异的影响，有时还受不同计税基数差异的影响。计税基数计算的复杂性，使税率差异筹划变得复杂。比如，计算出结果，要进行比较才能得出税负大小的结论；税率差异的普遍存在性，又给了每个纳税人一定的挑选空间，因此，税率差异筹划方法是一种能普遍运用，适用范围较广的税务筹划方法；税率差异的客观存在性，及在一定时期的相对稳定性，又使税率差异筹划方法具有相对确定性。

② 利用税率差异进行税务筹划的技术要点在于尽量寻求税率最低化，以及尽量寻求税率差异的稳定性和长期性。在合法、合理的情况下，寻求适用税率的最低化就意味着节税的最大化；寻求税率差异的稳定性和长期性，又会使纳税人获得更多的税收收益。另外，利用税率差异进行税务筹划，还应考虑外部环境的稳定性和长期性对企业的影响。比如，政局稳定的国家的税率差异就比政局动荡国家的税率更具稳定性，政策制度稳健国家的税率差异就比政策制度多变国家的税率差异更具长期性。

(4) 利用分劈技术

分劈技术，是指在合法、合理的情况下，使所得、财产在两个或更多个纳税人之间进行分劈而直接节税的税务筹划技术。出于调节收入等社会政策的考虑，许多国家的所得税和一般财产税通常都会采用累进税率，计税基数越大，适用的最高边际税率也越高。使所得、财产在两个或更多个纳税人之间进行分劈，可以使计税基数降至低税率级别，从而降低最高边际适用税率，节减税收。比如，应税所得额在 30 万元以下的适用税率是 20%，应税所得额超过 30 万元的，适用税率为 25%。某企业应税所得额 50 万元，则要按 25% 的税率纳税，应纳所得税为 12.5 万元（50 万元×25%）。但是，如果企业在不影响生产经营的情况下，一分为二，平均分为两个企业，则应纳所得税为 10 万元（25 万元×20%×2），节减所得税 2.5 万元（12.5 万元－10 万元）。

采用分劈技术节税的要点在于使分劈合理化、节税最大化。利用国家的相关政策对企业的所得或财产进行分劈，技术较为复杂，因此，除了要合法，还应特别注意其合理性。在合法和合理的情况下，尽量寻求通过分劈技术使节税最大化。

(5) 利用税收扣除

利用税收扣除筹划，是指在合法、合理的情况下，使扣除额增加而实现直接节税，或调整各个计税期的扣除额而实现相对节税的税务筹划方法。在收入相同的情况下，各项扣除额、宽免额、冲抵额等越大，计税基数就会越小，应纳税额也就越小，从而节税会越多。

利用税收扣除进行税务筹划，技术较为复杂、适用范围较大、具有相对确定性。各国税法中的各种扣除、宽免、冲抵规定是最为繁琐复杂的，同时变化也最多、最大，因而要节减更多的税收就要精通所有有关的最新税法，计算出结果并加以比较，因此说扣除技术较为复杂；税收扣除适用于所有纳税人的规定，说明扣除技术具有普遍性与适用范围广泛性的特点；税收扣除在规定时期的相对稳定性，又决定了采用扣除技术进行税务筹划具有相对稳定性。

利用税收扣除进行税务筹划的要点在于使扣除项目最多化、扣除金额最大化和扣除最早化。在合法、合理的情况下，尽量使更多的项目能得到扣除。在其他条件相同的情况下，扣除的项目越多、金额越大，计税基数就越小，应纳税额就越小，因而节减的税收就越多；在其他条件相同的情况下，扣除越早，早期纳税越少，早期的现金流量就会越大，可用于扩大流动资本和进行投资的资金会越多，将来的收益也越多，因而相对节税就越多。扣除最早化，可以达到节税的最大化。

(6) 利用税收抵免

利用税收抵免筹划，是指在合法、合理的情况下，使税收抵免额增加而节税的税务筹划方法。税收抵免额越大，冲抵应纳税额的数额就越大，应纳税额就越小，从而节减的税额就越大。

利用税收抵免筹划的要点在于使抵免项目最多化、抵免金额最大化。在合法、合理的情况下，尽量争取更多的抵免项目，并且使各抵免项目的抵免金额最大化。在其他条件相同的情况下，抵免的项目越多、金额越大，冲抵的应纳税项目与金额就越大，应纳税额就越小，因而节税就越多。

(7) 利用退税

利用退税筹划，是指在合法、合理的情况下，使税务机关退还纳税人已纳税款而直接节税的税务筹划方法。在已缴纳税款的情况下，退税无疑是偿还了缴纳的税款，节减了税收，所退税额越大，节减的税收就越多。

税收优惠政策是国家的一项经济政策，纳税人对税收优惠政策的有效利用正是相应国家特定时期的经济政策，因此会得到国家的支持与鼓励。但是不同的纳税人利用优惠政策的方式和层次却不相同。有的纳税人只是被动接受并有限地利用国家的优惠政策，而有的纳税人则积极创造条件，想尽办法充分地利用国家的优惠政策；有的纳税人利用优惠政策用的是合法手段，而有的纳税人则采取非合法的手段。成功的关键在于得到税务当局的承认。

3) 利用税收优惠政策税务筹划注意事项

利用税收优惠政策进行税务筹划时应注意以下事项：

(1) 尽量挖掘信息源，多渠道获取税收优惠政策。如果信息不灵通，就可能会失去本可以享受的税收优惠政策。一般来说，信息来源有税务机关、税务报纸杂志、税务网站、税务中介机构和税务专家等几个渠道。

(2) 充分利用税收优惠政策。有条件的应尽量利用，没有条件或某些条件不符合的，要创造条件利用。利用优惠政策筹划应在税收法律、法规允许的范围之内，采用各种合法的或非违法的手段进行。

(3) 尽量与税务机关保持良好的沟通。在税务筹划过程中，最核心的一环便是获得税务机关的承认，再好的方案，没有税务机关的承认，都是没有任何意义的，不会给企业带来任何经济利益。

2. 纳税期的递延

利用延期纳税筹划，是指在合法、合理的情况下，使纳税人延期缴纳税收而节税的税务筹划方法。延期纳税的好处有：有利于资金周转，节省利息支出，以及由于通货膨胀的影响，延期以后缴纳的税款必定下降，从而降低了实际纳税额。纳税人延期缴纳本期税收并不能减少纳税人纳税绝对总额，但相当于得到一笔无息贷款，可以增加纳税人本期的现金流量，使纳税人在本期有更多的资金扩大流动资本，用于资本投资；由于货币的时间价值，即今天多投入的资金可以产生收益，使将来可以获得更多的税后所得，相对节减税收。

企业实现递延纳税的一个重要途径是采取有利的会计处理方法，对暂时性差异进行处理。通过处理使得当期的会计所得大于应纳税所得，出现递延所得税负债，即可实现纳税期的递延，获得税收利益。

延期纳税如果能够使纳税项目最多化、延长期最长化，则可以达到节税的最大化：

（1）递延项目最多化

在合理和合法的情况下，尽量争取更多的项目延期纳税。在其他条件（包括一定时期纳税总额）相同的情况下，延期纳税的项目越多，本期缴纳的税收就越少，现金流量也越大，可用于扩大流动资本和进行投资的资金也越多，因而相对节减的税收就越多。

（2）递延期最长化

在合理和合法的情况下，尽量争取纳税递延期的最长化。在其他条件（包括一定时期的纳税总额）相同的情况下，纳税递延期越长，由延期纳税增加的现金流量所产生的收益也将越多，因而相对节减的税收也越多。

3. 转让定价筹划法

转让定价筹划法主要是通过关联企业不符合营业常规的交易形式进行的税务筹划。是税务筹划的基本方法之一。被广泛地应用于国际、国内的税务筹划实务当中。

转让定价，是指在经济活动中，有经济联系的企业各方为了转移收入、均摊利润或转移利润而在交换或买卖过程中，不是依照市场买卖规则和市场价格进行交易，而是根据他们之间的共同利益或为了最大限度地维护他们之间的收入进行的产品或非产品转让。在这种转让中，根据双方的意愿，产品的转让价格可高于或低于市场上由供求关系决定的价格，以达到少纳税甚至不纳税的目的。例如，在生产企业和商业企业承担的纳税负担不一致的情况下，若商业企业承担的税负高于生产企业，则有联系的商业企业和生产企业就可以通过某种契约的形式，增加生产企业利润，减少商业企业利润，使他们共同承担的税负和各自承担的税负达到最少。

1) 企业之间转移收入或利润时定价的主要方式有：

（1）以内部成本为基础进行价格转让。这里又分为实际成本法和标准成本法。实际成本法是指以销售利润中心所购产品的实际成本定价；标准成本法是指以预先规定的假设成本定价。

（2）以市场价格为基础进行价格转让。其中包括使用外部交易的市场价格和成本加价。

2) 关联企业之间进行转让定价的方式有很多，一般来说主要有：

（1）利用商品交易进行筹划。即关联企业间商品交易采取压低定价或抬高定价的策略，转移收入或利润，以实现从整体上减轻税收负担。例如有些实行高税率的企业，在向低税率的关联企业销售产品时,有意地压低产品的售价,将利润转移到关联企业。这是转让定价中应用最为广泛的做法。

(2) 利用原材料及零部件购销进行筹划。通过控制零部件和原材料的购销价格进而影响产品成本来实现税务筹划。例如,由母公司向子公司低价供应零部件产品,或由子公司高价向母公司出售零部件,以此降低子公司的产品成本,使其获得较高的利润。又如利用委托加工产品收回后直接出售的不再缴纳消费税的政策进行定价转让筹划。

(3) 利用关联企业之间相互提供劳务进行筹划。关联企业之间相互提供劳务时,通过高作价或低作价甚至不作价的方式收取劳务费用,从而使关联企业之间的利润根据需要进行转移,达到减轻税收负担的目的。

(4) 利用无形资产价值评定困难进行筹划。因无形资产价值的评定没有统一的标准,因此,关联企业即可以通过转让定价的方式调节利润,达到税收负担最小化的目的。如某企业将本企业的生产配方、商标权等无偿或低价提供给关联企业,不计或少计转让收入,但是另外从对方的企业留利中获取好处。

(5) 利用租赁机器设备、利用管理费用等进行税务筹划。

为了保证利用转让定价进行税务筹划的有效性,筹划时应注意:一是进行成本效益分析。二是考虑价格的波动应在一定的范围内,以防被税务机关调整而增加税负。三是纳税人可以运用多种方法进行全方位、系统的筹划安排。

4. 税法漏洞筹划法

利用税法漏洞进行筹划就是利用税法文字上的忽略或税收实务中征管方大大小小的漏洞进行筹划的方法,属于避税筹划。纳税人可以利用税法漏洞争取自己并不违法的合理权益。

漏洞主要指税法对某些内容的文字规定,因语法或字词有歧义而导致对税法理解的多样性以及税法应该具有而实际操作时有较大部分的忽略。漏洞在一国的税法之中是必然存在的,而且星星点点地分布在立法、执法等环节之中,主要是由时间变化、地点差异、人员素质、技术手段以及经济状况的复杂、多样和多变的特点所决定的。

时间的变化常常使相对完善的税法漏洞百出,地点的差异又不可避免的衍生漏洞,人员素质不高同样会导致税收漏洞的出现,技术手段落后会限制税制的完善以及税收效率的提高;法律体系内部结构的不协调同样会造成税收漏洞。这些漏洞正是纳税人增收减支,降低税负可以利用的地方。

(1) 利用税法中的矛盾进行筹划。我国税法中存在着许多矛盾之处,纳税人可以利用税法中的矛盾进行筹划。如在我国《税收征管法》中税收管辖的规定便存在诸多的矛盾,有机构设置与配合的问题,也有税法自身规定矛盾或不确定的问题。

(2) 利用税务机构设置不科学进行筹划。目前,我国存在机构臃肿,人员冗余,办事效率低下的问题还没有得到彻底解决。机构设置庞杂、人员众多并不表明税收方面应设的机构都设置了;相反,该设置的机构设置不全,许多不该设的机构却依然存在。这样会形成机构内部协调失衡的问题,如果和其他政府机构联系起来,其设置与配合的问题会更多。这正是纳税人可以利用的地方。

(3) 利用税收管辖权进行筹划。在我国税收地域管辖的规定中,流转税、所得税两大主体税种都存在不足。如《中华人民共和国增值税暂行条例》第二十二条,主要是界定固定业户与非固定业户的纳税地点,却缺少许多必要的补充与限制。如对固定业户与非固定业户的判定标准及判定权的归属问题。其实,像这类有漏洞的条文在消费税、营业税、关税、企业所得税及个人所得税法律、法规中也同样存在。

利用税法漏洞进行避税筹划应注意的问题。一是需要精通财务与税务的专业化人才。只有专业化人才才可能根据实际情况,参照税法而利用其漏洞进行筹划;二是操作人员应具有一定的纳税操作经验。只依据税法而不考虑征管方面的具体措施,筹划成功的可能性就不会太高;三是要有严格的财会纪律和保密措施。没有严格财会纪律便没有严肃的财会秩序,混乱的财务状况是无法作为筹划的实际参考的。另外,筹划的隐蔽性保证了漏洞存在的相对稳定性;四是要进行风险——效益的分析。在获取较大收益的前提下,尽量降低风险。

5. 会计处理方法筹划法

(1) 避税筹划

是指纳税人采用非违法手段(即表面上符合税法条文但实质上违背立法精神的手段),利用税法中的漏洞、空白获取税收利益的筹划。纳税筹划既不违法也不合法,与纳税人不尊重法律的偷逃税有着本质区别。国家只能采取反避税措施加以控制(即不断地完善税法,填补空白,堵塞漏洞)。

(2) 节税筹划

是指纳税人在不违背立法精神的前提下,充分利用税法中固有的起征点、减免税等一系列的优惠政策,通过对筹资、投资和经营等活动的巧妙安排,达到少缴税甚至不缴税目的的行为。

(3) 转嫁筹划

是指纳税人为了达到减轻税负的目的,通过价格调整将税负转嫁给他人承担的经济行为。

(4) 实现涉税零风险

是指纳税人账目清楚,纳税申报正确,税款缴纳及时、足额,不会出现任何关于税收方面的处罚,即在税收方面没有任何风险,或风险极小可以忽略不计的一种状态。这种状态的实现,虽然不能使纳税人直接获取税收上的好处,但却能间接地获取一定的经济利益,而且这种状态的实现,更有利于企业的长远发展与规模扩大。

(六) 税务筹划切入点

税务筹划是利用税法客观存在的政策空间来进行的,这些空间体现在不同的税种上、不同的税收优惠政策上、不同的纳税人身份上及影响纳税数额的基本税制要素上等,因此应该以这些税法客观存在的空间为切入点。

1. 选择空间大税种

从原则上说,税务筹划可以针对一切税种,但由于不同税种的性质不同,税务筹划的途径、方法及其收益也不同。实际操作中,要选择对决策有重大影响的税种作为税务筹划的重点;选择税负弹性大的税种作为税务筹划的重点,税负弹性越大,税务筹划的潜力也越大。一般说来,税源大的税种,税负伸缩的弹性也大。因此,税务筹划自然要瞄准主要税种。另外税负弹性还取决于税种的要素构成。这主要包括税基、扣除项目、税率和税收优惠。税基越宽,税率越高,税负就越重;或者说税收扣除越大,税收优惠越多,税负就越轻。

2. 以税收优惠政策

税收优惠是税制设计中的一个重要要素,也是贯彻一定时期一国或地区税收政策的重要手段。国家为了实现税收调节功能，一般在税种设计时，都设有税收优惠条款，企业如果充分利用税收优惠条款，就可享受节税效益。因此，用好、用足税收优惠政策本身就是税务筹划的过程。选择税收优惠政策作为税务筹划突破口时，应注意两个问题：一是纳税人不得曲解税收优惠条款，滥用税收优惠，以欺骗手段骗取税收优惠；二是纳税人应充分了解税收优惠条款，并按规定程序进行申请，避免因程序不当而失去应有权益。

3. 以纳税人构成

按照我国税法规定，凡不属于某税种的纳税人，就不需缴纳该项税收。因此，企业理财进行税务筹划之前，首先要考虑能否避开成为某税种纳税人，从而从根本上解决减轻税收负担问题。如在1994年开始实施的增值税和营业税暂行条例的规定下，企业宁愿选择作为营业税的纳税人而非增值税的纳税人，宁愿选择作为增值税一般纳税人而非增值税小规模纳税人。因为，营业税的总体税负比增值税总体税负轻，增值税一般纳税人的总体税负较增值税小规模纳税人的总体税负轻。当然，这不是绝对的，在实践中，要做全面综合的考虑，进行利弊分析。

以影响应纳税额的几个基本因素为切入点。影响应纳税额因素有两个，即计税依据和税率。计税依据越小，税率越低，应纳税额也越小。因此，进行税务筹划，无非是从这两个因素入手，找到合理、合法的办法来降低应纳税额。如企业所得税计税依据为应纳税所得额，税法规定企业应纳税所得额＝收入总额－允许扣除项目金额，具体计算过程中又规定了复杂的纳税调增、纳税调减项目，因此，企业进行税务筹划就有了一定的空间。

4. 以不同财务管理环节和阶段

企业的财务管理包括筹资管理、投资管理、资金运营管理和收益分配管理，每个管理过程都可以有税务筹划的工作可做。比如，按照税法规定，负债的利息作为所得税的扣除项目，享有所得税利益，而股息支付只能在企业税后利润中分配，因此，债务资本筹资就有节税优势。又如，通过融资租赁，可以迅速获得所需资产，保存企业的举债能力，而且支付的租金利息也可以按规定在所得税前扣除，减少了纳税基数，更重要的是租人的固定资产可以计提折旧，进一步减少了企业的纳税基数，因此，融资租赁的税收抵免作用极其显著。

投资管理阶段，选择投资地点时，选择在低税率地区如实施新企业所得税法以前可以选择沿海开发区、国家级新区、高新技术开发区、国家鼓励的西部等地区，会享受到税收优惠；选择投资方式时，如果企业欲投资一条生产线，是全新购建还是收购一家几年账面亏损的企业？除考虑不同投资方式实际效益的区别外，还应注意到收购亏损企业可带来的所得税的降低；选择投资项目时，国家鼓励的投资项目和国家限制的投资项目，两者之间在税收支出上有很大的差异；在企业组织形式的选择上，尤其在两税合并以前内资与中外合资、联营企业与合伙企业、分公司与子公司，不同的组织形式所适用的税率是不同的。

经营管理阶段，不同的固定资产折旧方法影响纳税。不同的折旧方法，虽然应计提的折旧总额相等，但各期计提的折旧费用却相差很大，从而影响各期的利润及应纳税所得额；不同的存货计价方法的选择，一般来说，在物价持续下降时，采用先进先出法计算的成本较高，利润相对减少，反之，如能采用后进先出法，则可相对降低企业的所得税负担；采购时，采购对象是不是一般纳税人也有很大的影响。

（七）税收筹划基本途径

1. 选择低税负方案

即在多种纳税方案中选择税负低的方案,也就意味着选择低的税收成本。

2. 滞延纳税时间

纳税期的滞延,相当于企业在滞延期内得到一笔与滞延税款相等的政府无息贷款。

(八)如何避免企业税收筹划陷阱

1. 认识陷阱

税收筹划从法律的角度理解,是一种既不合法,也不违法的行为。一方面税收筹划的出发点并不以违反税法和有关法规为前提,它所利用的是有关法规,尤其是税收法规的漏洞和税务机关征管合作的困难,从这个意义上来讲,税收筹划具有不违法性。另一方面目前没有一个国家把税收筹划当作一种合法行为,通过法律加以保护,而相反各国税务当局都在不同程度上开展了反筹划活动,并将有关反筹划条款单列或暗含在税收法规及有关规定之中。如在我国,《中华人民共和国税收征收管理法实施细则》第三十五、三十八、三十九、四十、四十一条,《中华人民共和国增值税暂行条例》第七条,《中华人民共和国消费税暂行条例》第十条,《中华人民共和国企业所得税暂行条例》第十条,《中华人民共和国外商投资企业和外国企业所得税法》第十三条,《工业企业财务制度》第三十一、三十二、三十三、三十四条,《关联企业业务往来税务管理规程》等等,这些条款及规定都具有一定的反筹划作用。如果我们一味地强调筹划的合法性,不服从税务机关的管理,就会最终在行动上引发和税务机关的冲突,将筹划行为升级为抗税行为。在认识方面的另外一个陷阱是:认为税收筹划就是进行巧妙偷税、逃税或骗税;就是将偷漏税手法翻新;就是通过搞点关系,走点路子,走走门子,少缴点,少罚点,这样的认识是极端错误的,会直接导致违法、违规行为。

2. 操作陷阱

操作陷阱主要表现在以下几个方面:

(1)轻信理论说教。目前关于税收筹划的论述或与此类似的书籍不少,但能够实际运用的不多,因为这些说教或论述,往往略去了达到税收筹划目标的许多前提条件和环境,渲染的是一种筹划气氛。税收筹划决策关系到企业生产、经营、投资、理财、营销、管理等所有活动,具有整体影响作用。只有满足特定的条件,税收筹划才能成功。单纯地为少缴税款而筹划,必然会掉入操作陷阱。例如,税法规定企业负债利息允许在计算其应纳税所得额时按规定扣除,在理论上一般认为负债融资对企业具有节税效应,有利于提高权益资本的收益水平,可以优化企业的资本结构。然而,在事实上负债融资的上述效应,只有在负债成本低于息税前的投资收益时才具有实际意义。当负债成本超过息税前的投资收益时,负债融资就会呈现出负的杠杆效应,这时权益资本收益率会随着负债额度和比例的提高而下降。而且随着企业的负债比率的提高,企业的财务风险及融资的风险成本也必然随之增加,所以,企业进行税收筹划,如不把企业各种目标联系起来考虑,只以税负轻重作为选择纳税方案的唯一标准,有可能会导致企业总体收益的下降。

(2)忽视筹划成本。任何税收筹划都有成本(即机会成本),在进行税收筹划减轻税负的同时,也会有相关成本支出。如企业运用转让定价方式减轻税收负担,就需要花费一定的人力、物力、财力在低税区或国际避税地设立机构;在税收筹划前进行必要的税务咨询,甚至需要聘用专业的税务专家为其策划等。又如通过化整为零的方式,将一般纳税人身份转换为小规模纳税人,就会因为不能使用增值税专用发票而丧失一部分客户。

再如重新选择折旧计提方法和存货评价方式等，也要花费相应的成本。总之，在税收筹划时要进行"成本—效益分析"，以判断在经济上是否可行和必要。否则，很有可能得不偿失。

割裂税种之间的内在联系。每一种税看起来是独立的，有单独的条例和实施细则，而事实上它们通过经济行为这一载体，有着或多或少的内在联系。关于这一点，通过企业所得税计算应纳税所得额的简单计算公式可以直观地看出：

$$应纳税所得额＝收入总额－准予扣除的成本、费用、损失等－消费税、营业税、城建税、资源税、土地增值税、教育费附加等$$

当我们对公式中涉及的流转税进行筹划时，只有当减少的流转税的税负高于企业所得税税负时，减轻税收负担的目的才能达到。否则就有可能经过筹划少交了某些流转税，而最后可能缴了更多的企业所得税。

(3) 轻视税务部门的反筹划能力。尽管我国税务部门经过近几年的努力，人员素质有所提高，装备水平也有所改善，但相对于纳税人而言，仍然存在业务素质倒挂的现象，正是这一倒挂现象，使有些操作者把税收筹划理解为高水平的财务造假，通过造假大肆进行偷税、漏税和骗税。这些玩火的做法，不是真正意义上的税收筹划，最终会受到法律的制裁。

3. 时间陷阱

税收筹划说到底，就是纳税人卓有成效地利用有关税收法规及有关规定的纰漏和缺陷，少缴税款而未违反有关法律、法规的行为。它的一个基本特征是不违法性。但是究竟何为违法，何为不违法，这完全取决于一个国家的具体法律和规定。纳税人从一个国家到另一个国家，面对的具体法律就有可能不同，随着时间的推移，同一个国家的法律也有可能发生变化，尤其是对于税收筹划这种行为，国家及税务机关不可能熟视无睹，国家及税务机关会就筹划过程中暴露出来的法律、法规的不完备，不合理，采取修正、调整的举措。

纳税人面对国家法律的变更，其行为的性质也会因此而改变。因此任何税收筹划方案都是在一定的时间、一定的法律环境下，以一定的企业经营活动为背景制定的。具有明显的时效性。真正的税收筹划成功者是那些不断进行财务创新和营销创新的"先知先觉"的人们。当一种筹划方法被纳税人接受，并广泛运用时，也是国家堵塞漏洞之日。也就是说此时的不违法，并不等于今后也合法，此时是最有利的纳税方案，随后可能是最劣纳税方案。如果对"漏洞"的存续时间及堵塞漏洞的方法不能作准确的判断，就极有可能掉入税收筹划的"时间陷阱"。

4. 规避税收筹划陷阱

为了帮助企业正确纳税申报，减轻小企业税负，通过对筹资，投资和经营活动的合理策划，为企业创造效益，企业应多方面着手，包括咨询财税专业机构或专家，合理规避税收筹划陷阱。

二、PPP 模式税务处理

国家针对 PPP 模式出台了为数众多的税收优惠政策，其目的在于推动公共基础设施建设，提高公共品供给的经济效率。其中，配套的税收政策的设计对于 PPP 模式的推进有着特别重要的意义。随着政府简政放权的不断推进，公共物品的提供越来越突出社会资本的投入，PPP 模式的进一步发展，需要税收优惠政策与长期税制改革相配合。对于社会资本而言，重视 PPP 模式中税收优惠政策的适用，将有助于降低成本，促进资本流动。

(一) 项目经营期内的税务处理

1. 企业所得税优惠政策

从事以下 PPP 项目实现的投资经营所得享受以下企业所得税优惠政策。

1）减免企业所得税政策：享受三免三减半的企业所得税政策

根据《中华人民共和国企业所得税法》（中华人民共和国主席令第 63 号）第二十七条第二款、第三款、《中华人民共和国企业所得税法实施条例》（中华人民共和国国务院令第 512 号）第八十七条、《财政部国家税务总局关于执行公共基础设施项目企业所得税优惠目录有关问题的通知》（财税〔2008〕46 号）和《国家税务总局关于实施国家重点扶持的公共基础设施项目企业所得税优惠问题的通知》（国税发〔2009〕80 号）的规定，投资企业从事《公共基础设施项目企业所得税优惠目录》规定的港口码头、机场、铁路、公路、城市公共交通、电力、水利等项目。从事公共污水处理、公共垃圾处理、沼气综合开发利用、节能减排技术改造、海水淡化等符合条件的环境保护、节能节水项目的所得，自项目取得第一笔生产经营收入所属纳税年度起，第一年至第三年免征企业所得税，第四年至第六年减半征收企业所得税。新办国家重点扶持的公共基础设施项目和从事符合条件的环境保护、节能节水项目享受税收优惠的开始时间为：第一笔生产经营收入。

另外，《财政部国家税务总局关于公共基础设施项目享受企业所得税优惠政策问题的补充通知》（财税〔2014〕55 号）第一条还规定：企业投资经营符合《公共基础设施项目企业所得税优惠目录》规定条件和标准的公共基础设施项目，采用一次核准、分批次（如码头、泊位、航站楼、跑道、路段、发电机组等）建设的，凡同时符合以下条件的，可按每一批次为单位计算所得，并享受企业所得税"三免三减半"优惠：①不同批次在空间上相互独立；②每一批次自身具备取得收入的功能；③以每一批次为单位进行会计核算，单独计算所得，并合理分摊期间费用。

2）投资抵免企业所得税：专用设备投资额的 10% 抵免当年企业所得税应纳税额

根据《中华人民共和国企业所得税法》（中华人民共和国主席令第 63 号）第三十四条规定：企业购置用于环境保护、节能节水、安全生产等专用设备的投资额，可以按一定比例实行税额抵免。所谓的税额抵免，是指企业购置并实际使用《环境保护专用设备企业所得税优惠目录》、《节能节水专用设备企业所得税优惠目录》和《安全生产专用设备企业所得税优惠目录》规定的环境保护、节能节水、安全生产等专用设备的，该专用设备的投资额的 10% 可以从企业当年的应纳税额中抵免；当年不足抵免的，可以在以后 5 个纳税年度结转抵免。其中专用设备投资额，根据财税〔2008〕48 号第二条的规定，是指购买专用设备发票价税合计价格，但不包括按有关规定退还的增值税税款以及设备运输、安装和调试等费用。

当年应纳税额，根据财税〔2008〕48 号第三条的规定，是指企业当年的应纳税所得额乘以适用税率，扣除依照企业所得税法和国务院有关税收优惠规定以及税收过渡优惠规定减征、免征税额后的余额。享受投资抵免企业所得税优惠的企业，应当实际购置并自身实际投入使用的环境保护、节能节水、安全生产等专用设备；企业购置上述专用设备在 5 年内转让、出租的，应当停止享受企业所得税优惠，并补缴已经抵免的企业所得税税款。

根据财税〔2008〕48 号的相关规定，企业利用自筹资金和银行贷款购置专用设备的投资额，可以按企业所得税法的规定抵免企业应纳所得税额；企业利用财政拨款购置专用设备的投资额，不得抵免企业应纳所得税额。企业购置并实际投入适用、已开始享受税收优惠的专用设备，如从购置之日起 5 个纳税年度内转让、出租的，应在该专用设备停止使用当月停止享受企业所得税优惠,并补缴已经抵免的企业所得税税款。转让的受让方可以按照该专用设备投资额的10%抵免当年企业所得税应纳税额;当年应纳税额不足抵免的,可以在以后5个纳税年度结转抵免。

根据《国家税务总局关于环境保护节能节水安全生产等专用设备投资抵免企业所得税有关问题的通知》(国税函〔2010〕256号)的规定,纳税人购进并实际使用规定目录范围内的专用设备并取得增值税专用发票的,如增值税进项税额允许抵扣,其专用设备投资额不再包括增值税进项税额;如增值税进项税额不允许抵扣,其专用设备投资额应为增值税专用发票上注明的价税合计金额。企业购买专用设备取得普通发票的,其专用设备投资额为普通发票上注明的金额。

3)经营期间项目公司股利分配的企业所得税政策

根据《中华人民共和国企业所得税法》(中华人民共和国主席令第63号)的规定,经营期间项目公司股利分配享受以下企业所得税优惠政策:

(1)经营期间涉及股利分配,如果项目公司是境内居民企业间分配股利,免征企业所得税;境内居民企业分配股利给自然人股东,需代扣代缴20%个人所得税。

(2)如果项目公司有境外股东,跨境分配股息给境外非居民企业,一般适用10%的预提所得税,如果境外非居民企业与中国间有签订双边税收协定,在符合一定条件下能够适用税收协定安排下的优惠预提所得税税率。

2. 行业性、区域性税收优惠

1)区域性税收优惠方面。

根据《国家税务总局关于深入实施西部大开发战略有关企业所得税问题的公告》(2012年第12号),自2011年1月1日至2020年12月31日,对设在西部地区以《西部地区鼓励类产业目录》中规定的产业项目为主营业务,且当年度主营业务收入占企业收入总额70%以上的企业,经企业申请,主管税务机关审核确认后,可减按15%税率缴纳企业所得税。再比如,根据《西藏自治区人民政府关于印发西藏自治区企业所得税政策实施办法的通知》(藏政发〔2014〕51号),西藏自治区在统一执行西部大开发15%企业所得税优惠的基础之上,对地方分享部分予以减免。再如,对设在横琴新区、平潭综合试验区和前海深港现代服务业合作区的符合条件的鼓励类产业企业减按15%的税率征收企业所得税。

2)行业性税收优惠方面。

根据税法规定,对国家需要重点扶持的高新技术企业,减按15%的税率征收企业所得税。对于符合条件的软件企业、集成电路企业可以享受"两免三减半"的企业所得税优惠,同时根据财政部、国家税务总局、科技部联合发布的《关于完善研究开发费用税前加计扣除政策的通知》(财税〔2015〕119号),科技企业研发费用加计扣除的范围大大扩大,除以下7种行业(①烟草制造业;②住宿和餐饮业;③批发和零售业;④房地产业;⑤租赁和商务服务业;⑥娱乐业;⑦财政部和国家税务总局规定的其他行业。),均可以申请研发费用加计扣除优惠,也即对于企业开发新技术、新产品、新工艺发生的研究开发费用,未形成无形资产计入当期损益的,在按照规定据实扣除的基础上,按照研究开发费用的50%加计扣除;形成无形资产的,按照无形资产成本的150%摊销。

如从事PPP项目中的污水处理、垃圾处理和风电等涉及到资源综合利用和环境保护的项目,可以享受以下增值税优惠政策。

(1) 销售自产的再生水免增值税

《财政部国家税务总局关于资源综合利用及其他产品增值税政策的通知》（财税［2008］156号）第一条第（一）项规定：销售自产的再生水免增值税。其中所谓的再生水是指对污水处理厂出水、工业排水（矿井水）、生活污水、垃圾处理厂渗透（滤）液等水源进行回收，经适当处理后达到一定水质标准，并在一定范围内重复利用的水资源。再生水应当符合水利部《再生水水质标准》（SL 368—2006）的有关规定。

(2) 污水处理劳务免征增值税

根据《财政部国家税务总局关于资源综合利用及其他产品增值税政策的通知》（财税［2008］156号）第二条规定，对污水处理劳务免征增值税。污水处理是指将污水加工处理后符合 GB 18918—2002 有关规定的水质标准的业务。

(3) 垃圾处理、污泥处理处置劳务免征增值税

《财政部、国家税务总局关于调整完善资源综合利用产品及劳务增值税政策的通知》（财税［2011］115号），对农林剩余物资源综合利用产品增值税政策进行调整完善，并增加部分资源综合利用产品及劳务适用增值税优惠政策。其中，与垃圾处理有关的 PPP 项目运营有关的税收优惠是：对垃圾处理、污泥处理处置劳务免征增值税。

(4) 增值税即征即退的政策

① 销售以垃圾为燃料生产的电力或者热力实行增值税即征即退100%的政策

根据财税［2008］156号第三条第（二）的规定，销售以垃圾为燃料生产的电力或者热力实行增值税即征即退的政策。垃圾用量占发电燃料的比重不低于80%，并且生产排放达到 GB 13223—2003 第1时段标准或者 GB 18485—2001 的有关规定。所称垃圾，是指城市生活垃圾、农作物秸秆、树皮废渣、污泥、医疗垃圾。

② 销售以煤矸石、煤泥、石煤、油母页岩为燃料生产的电力和热力，实行增值税即征即退50%的政策

根据财税［2008］156号第四第（四）和第（五）项的规定，销售下列自产货物实现的增值税实行即征即退50%的政策：以煤矸石、煤泥、石煤、油母页岩为燃料生产的电力和热力。煤矸石、煤泥、石煤、油母页岩用量占发电燃料的比重不低于60%；利用风力生产的电力。

③ 销售自产的电力或热力实行增值税即征即退100%的政策

根据《财政部、国家税务总局关于调整完善资源综合利用产品及劳务增值税政策的通知》（财税［2011］115号）的规定，对销售下列自产货物实行增值税即征即退100%的政策：

a. 利用工业生产过程中产生的余热、余压生产的电力或热力。

b. 以餐厨垃圾、畜禽粪便、稻壳、花生壳、玉米芯、油茶壳、棉籽壳、三剩物、次小薪材、含油污水、有机废水、污水处理后产生的污泥、油田采油过程中产生的油污泥（浮渣），包括利用上述资源发酵产生的沼气为原料生产的电力、热力、燃料。

3. 地方政府补贴、奖励

企业可以通过税收返还、财政性资金等方式获得税收减免。但是，由于地区性税收返还或财政补贴政策通常仅停留在政策导向层面，对于具体的适用条件以及确切的税收返还、财政资金发放、税收减免金额等的规定比较模糊。因此，企业在申请相应的税收返还、财政资金发放或税收减免时，需要结合自身具体情况与当地有关部门进行充分的沟通，并争取获得

相关书面协议。必要时,应寻求专业机构的合作。

4. PPP模式中"名义持股"问题

在PPP模式中,由于融资、担保、信誉等现实因素,一方通过"名义持股"的方式进入项目公司的情形经常发生。在这种情况下,名义持股方不参与公司的运营决策,本质上不属于股东的范畴。但是在目前税收立法以及实践中,待相关条件达成,名义持股方退出公司时,可能面临缴纳税款的风险。因此,PPP模式中,如果需要通过"名义持股"的方式实现特定目的,需要在相关合同中确定交易的实质,同时在定价、退出等方面条款约定中充分考虑税务风险。

(二)项目期满移交阶段的税务处理

由于PPP项目中的项目公司获得的是一定期限的政府特许权许可,在特许权期限到后,运营期满,全部资产无偿移交政府,实质上不拥有设施的所有权,由于其无形资产的计税基础已在特许经营期限内摊销完毕,也不作税收处理。对计税基础在经营期限内未全部摊销的剩余部分,若政府方与社会资本方有约定的,参考项目所在地的政策处理。

三、国际避税的若干问题

国际避税是指跨国纳税人利用各国税法规定的差别,采取各种合法手段,跨越国境或税境以谋求最大限度的减轻其国际税收负担的行为。

(一)"国际避税"及其法律特征

1. 国际避税的含义

具体可从一下几个方面理解国际避税的含义。

(1)国际避税的主体是跨国义务纳税人。是指税法上规定的直接负有纳税义务的单位和个人。跨国纳税人为了减轻或解除税收负担,事先往往经过周密的安排和决策,对税法的缺陷及固有漏洞有着深入了解,利用税法的不完善、不健全达到尽可能少纳税的目的。

(2)国际避税以不违反各国税法为前提。跨国纳税人虽然减轻或解除了税收负担,有效地避开了纳税义务,但这种行为又是在遵守税法,依法纳税前提下进行。

(3)国际避税的行为是跨越国境和税境的。这种行为主要是由于各国税法规定的差别,跨国纳税人利用这种差别规避税收的行为。

(4)国际避税的目的是为了税收负担的最小化。从跨国纳税人角度看,避税主要是出于经济方面的考虑。跨国纳税人的利润额与纳税额是一种此消彼长的关系,这样纳税人就必然设法使纳税数额最少而使其利润额最大。

2. 国际避税的法律特征

从以上几方面的法律定义及实践经验可以看出国际避税行为有以下法律特征:

(1)国际避税是一种非违法行为,纳税人采用的避税手段是税收法规未明确禁止的,往往利用了某种合法的形式,并不直接触犯国家的有关税收法规。

(2)国家政府对于纳税人的避税行为只能采取修改与完善有关的税收法规,堵塞可能为纳税人再次利用的漏洞,而不能象对待逃税、偷税或抗税那样追究纳税人的法律责任。其根本原因就在于避税的非违法性。

(3)国际避税是纳税人主观故意采取的行为。纳税人就是为了避免或者减少税收负担,钻有关税收法规的空子,预先精心安排税收筹划,这点与偷、逃税行为有明显的区别。

(4)国际避税行为成功的前提是:①各国税法规定的差异,税率及征收依据和方法的不同。

②各国税法及有关法律方面的不完善、不健全和规章制度中的缺陷；也就是说当税法规定漏洞过多或不够严密时，纳税人主观避税愿望可能通过对这些税法的不足之处的利用得以实现。

（5）国际避税行为成功的主观前提是：跨国纳税人对各国政府征收税款的具体方法有很深的了解，同时具有一定的法律知识，能够掌握合法与非法的临界线。

以上这几点是国际避税行为的一般法律特征，是在实践中区别国际避税与有关税收行为的主要依据。

（二）国际避税的本质及其与国际逃税的法律区别

1. 国际避税的主体

国际避税的主体是应纳税义务人，它所规避的不仅是应纳税额的多少，从更深的层次上讲是纳税义务的大小。应纳税义务人如果具有税法规定的应税事实则应据此事实依法纳税，亦即有了实际的纳税义务。当然各个应纳税人由于应税事实不同因而他们的实际纳税义务也是不同的。

2. 国际避税的本质

当税收法律存在着一种可能，即应纳税义务人能够对其纳税地位做出选择时，应纳税义务人在他成为纳税人时就选择税收负担的最小化。这也就是说，国际避税行为实质上就是纳税人在履行强制性法律义务的前提下，运用税法及各国税法的差距和漏洞保护既得利益的手段。

3. 国际避税、逃税比较

（1）避税是指跨国纳税人利用各国税法的差别和漏洞，通过人或资财的国际流动或不流动，减轻或规避纳税义务的行为。

（2）逃税是指跨国纳税人利用国际税收管理合作的困难和漏洞，故意违反税收法规，采取种种隐蔽的欺诈的手段，偷漏国家税收的行为。

（3）虽然避税与逃税的客观效果都是损害国家财政利益及扭曲公平税负，但两者又有着明显的区别：①减轻纳税义务行为所依托的条件不同。避税主要是以各国税法的差别和漏洞为依托；逃税主要是以各国税务合作的困难和漏洞为依托。②运用的手段不同。避税一般是运用如转让定价、资本弱化、通过人或资财移动等较公开的手段进行；而逃税一般是通过欺骗、迷惑、不陈述、隐匿等较隐蔽且欺诈的手段进行。③法律的判定与处理不同。对避税行为，各国基于本国财政经济政策及法律标准，合法与违法的判定兼有之，但在处理上，对避税一般是补税而不加以惩罚；而对逃税各国都判定为违法行为，除补税外还要依法加以处罚。由此可见，避税与逃税是两个性质不同的概念。

（三）国际避税产生的原因及其造成的后果

1. 国际避税产生的原因

任何事物的出现总是有其内在原因和外在客观条件的，国际避税行为的产生也同样是内部和外部两种原因作用的结果。

（1）内在原因：主要是跨国纳税人追求利益最大化的强烈欲望。众所周知，税收是国家为了实现其职能，凭借其国家权力，运用法律手段，无偿地征收实物或货币，以取得财政收入的一种形式。它具有无偿性、强制性、固定性的特征。所谓无偿性就是指国家征税的时候，既不向纳税人支付任何报酬，也不向纳税人提供相应的服务或者某种特许权利；并且，税款一经征收，即转归国家所有和支配，而不再直接归还给纳税人。正为列宁说的："所谓赋税，就是国家不付任何报酬而向居民取得东西。"因此，从纳税人的角度来说，纳税使他"损失"了一部分收入，而并没有得到相应直接的"回报"，所以许多纳税者都有减轻自己纳税义务的愿望。为了实现这一愿望,跨国纳税人就有两种不同的选择:逃税或者避税。在这两种方式中,无疑"国际避税"不失为一种最为可靠和保险的办法。因为逃税是违法的,要受到税法的制裁。而避税相对风险就小的多,由于其非违法性,不会受到法律的严厉制裁。

(2) 外在原因:第一,各国的税收制度的差异,如税收管辖权的不同运用,各国征税的客观依据不一及税率水平,税率形式的不同。第二,随着全球区域性经济一体化的迅速发展,国际经济交往活动日益增加,各国的税收立法并不能跟上这种经济发展的步伐,难免出现一些能为跨国纳税人利用的漏洞空隙。第三,各国避免国际双重征税办法的差异,不同的方法会使纳税人税负失衡,象国际上常用的免税法,抵免法以及饶让抵免法等。第四,各国征管水平及其他非税因素的差异。由于各国税务当局及其官员的征收管理水平不一,也会导致纳税人的税负不同,产生国际避税。

2. 国际避税的后果

无论国际避税的原因怎样,但其产生的后果是十分严重的。

(1) 国际避税的最直接的后果就是减少了政府的税收收入。不管是避税还是逃税都会使纳税人的税负减轻,并同时也会使国家的税收收入相应减少。

(2) 导致国际资本不正常流动。为逃避税收,跨国纳税人经常采取各种手段转移利润,从而导致国际资本流动秩序的混乱,并进而影响到一些国家外汇收支平衡,妨害正常的国际经济合作与交往。

(3) 避税形成了纳税人之间的税负的不公平。避税违背了"公平税负"的原则,不利于企业间的公平竞争,久而久之会严重地扰乱国家正常的经济秩序,不利于国家经济持续稳定的发展。

(4) 外资企业避税行为对我国的投资环境产生不良影响。由于某些外商为了逃避税收将企业利润转移到境外,造成了外商来我国投资长期陷于亏损状况的假象。这种由于外商的避税行为产生的我国投资环境差、投资回报率低的负效应,不仅会影响不明真相的外商来华投资的积极性,而且还会在政治上造成不良的影响。

(四) 国际避税的主要方式与反避税措施

国际避税的主要方式与反避税措施见表9-4。

表9-4 国际避税的主要方式与反避税措施

序号	主要方式		反避税措施
	方式名称	方式内容	
1	转让定价	转让定价是指多国企业的联属企业对相互之间销售货物,提供劳务,转让无形资产的价格和提供贷款的利息的制定。由于联属企业之间关系不同于一般独立企业之间的关系,其价格不是在公平市场竞争中形成,其制定出来的价格往往不同于一般市场价格,联属企业之间的这类销售称为转让,这样制定出来的价格称转让价格。其主要做法是:高税率国企业向低税率国联属企业转让制定低价,低税率国企业向高税率国联属企业转让制定高价,这样,利润从高税率国转移到低税率国	根据正常交易原则,各国制定的管制转让定价税制针对关联企业内部进行的贷款、劳务、租赁、技术转让和货物销售等各种交易往来,规定了一系列确定评判其公平市场交易价格的标准和方法。主要有:①可比非受控价格法。也称为不被控制的价格法,即比照没有任何人为控制因素的卖给无关联买主的价格来确定;②再售价格法。如无自比照价格,就以关联企业交易的买方将购进的货物再销售给无关联企业关系的第三方时的销售价格扣除合理的购销差价来确定;③成本加利润法。对于无可比照的价格,而且购进货物通过加工有了一定的附加值,已不再适用再销售价格法的情况,则采用以制造成本加上合理毛利,按正规的会计核算办法组成价格的办法。④其他合理方法。如果上述三种方法均不能使用时,税务机关有权决定采用其他合理替代方法

续表

序号	主要方式		反避税措施
	方式名称	方式内容	
2	资本弱化	资本弱化又称资本隐藏、股份隐藏或收益抽取，是指跨国公司为减少税额，采用贷款方式替代劳务方式进行投资或者融资。由于各国对股息和利息的税收对策不同，当跨国公司选择跨国投资时，需确定新建企业的资本结构，此时，它们会在贷款或发行股票之间进行选择，以达到税收负担最小的目的	① 正常交易法。在确定贷款或募股资金的特征时，要看关联方的贷款条件是否与非关联方的贷款条件相同，如不同，则关联方的贷款可能被视为隐藏的募股，要按有关法规对利息征税；②固定比率方法。规定法定的债务/资本比率，凡超过法定比率的贷款或利率不符合正常交易原则的可疑贷款利息不允许税前扣除，视同股息进行征税
3	利用国际避税地避税	国际避税地，也称避税港或避税乐园，是指一国为吸引外国资本流入，繁荣本国经济，弥补自身资本不足和改善国际收支情况，或引进外国先进技术以提高本国技术水平，在本国或确定范围内，允许外国人在此投资和从事各种经济贸易活动取得收入或拥有财产可以不必纳税或只需支付很少税收的地区。避税最常见、最一般的手法就是跨国公司在国际避税地虚设经营机构或场所转移收入，转移利润，实现避税	鉴于跨国纳税人利用避税港从事国际避税，主要是通过在当地设立基地公司，虚构避税港营业以转移和累积利润，各国对这类避税行为的法律管制措施可分为三种类型。①是通过法律制裁阻止纳税人在避税港设立基地公司。②管制措施是通过禁止非正常的利润转移来制止基地公司的设立。③管制措施则是取消境内股东在基地公司的未分配股息所得的延期纳税待遇，以打击纳税人在避税港设立基地公司积累利润的积极性
4	滥用税收协定避税	国际税收协定是两个或两个以上主权国家为解决国际双重征税问题和调整国家间税收利益分配关系，本着对等原则，经由政府谈判所签订的一种书面协议。为达到消除国际双重征税目的，缔约国间都要做出相应的约束和让步，从而形成缔约国居民适用的优惠条款。一些原本无资格享受某一特定税收协定优惠的非缔约国居民，采取种种巧妙的手法，如通过设置直接的导管公司、设置踏脚石导管公司、直接利用双边关系设置低股权控股公司而享受税收协定待遇，从而减轻其纳税义务	在管制跨国纳税人滥用税收协定方面，目前大多数国家主要是通过在对外签订税收协定中设置有关反滥用税收协定条款的方式来阻止第三国居民设立的导管公司享受优惠待遇，或者是运用国内税法上禁止滥用税法、实质优于形式等一般性反避税法律原则，在具体案件中否定各种中介性质的导管公司适用税收协定的资格
5	利用电子商务避税	电子商务是指交易双方利用国际互联网、局部网、企业内部网进行商品和劳务的交易。目前全球大多数的企业都先后进行电子商务活动，根据《2004年中国B2B电子商务研究报告》数据显示，到2004年底全球电子商务交易总额已经达到了2.7万亿美元。电子商务活动具有交易无国籍无地域性、交易人员隐蔽性、交易电子货币化、交易场所虚拟化、交易信息载体数字化无形化、交易商品来源模糊性等特征，而这些特征使得国际税收中传统的居民定义、常设机构、属地管辖权等概念无法对其进行有效约束，无法准确区分销售货物、提供劳务或是转让特许权，因而电子商务的迅速发展既推动世界经济的发展，同时也给世界各国政府当局提出国际反避税的新课题	电子商务避税是一种新兴的国际避税方式，究其本质，它主要还是利用转让定价、避税港、资本弱化等形式。但由于电子商务有如下特点：①消费者可以匿名；②制造商容易隐匿其住所；③税务当局读不到信息无法判断电子贸易情况；④电子商务交易本身也容易隐藏。所以对反避税工作提出了新的要求，随着电子商务在国际上的广泛运用，我国政府在研究制定电子商务税收的同时，应针对电子商务活动可能存在的种种避税手法，制定符合国际规范的反避税条款，以适应我国全方位反避税工作的需要

第十章　PPP 模式项目全生命周期管理

生命周期是一种非常有用的工具，标准的生命周期分析认为市场经历发展、成长、成熟、衰退几个阶段。全生命周期是指项目从设计、融资、建造、运营、维护至终止移交的完整周期。PPP 项目从立项到完工、运营、移交，是一个科学的系统工程，各个阶段相辅相成。

第一节　项目生命周期的内容与描述

一、项目生命周期界定与内容

（一）PPP 项目生命周期的界定

PPP 项目的全生命周期以时间为自变量，可以是离散的，即可以划分为不同的几个阶段，也可以是连续的。PPP 项目管理有着动态性和持续性。项目生命周期确定了项目的开端和结束。

项目的整个生命周期由项目的各个阶段构成，每个项目阶段都以一个或一个以上的工作成果的完成为标志。项目全生命周期主要管理要素如图 10-1 所示。

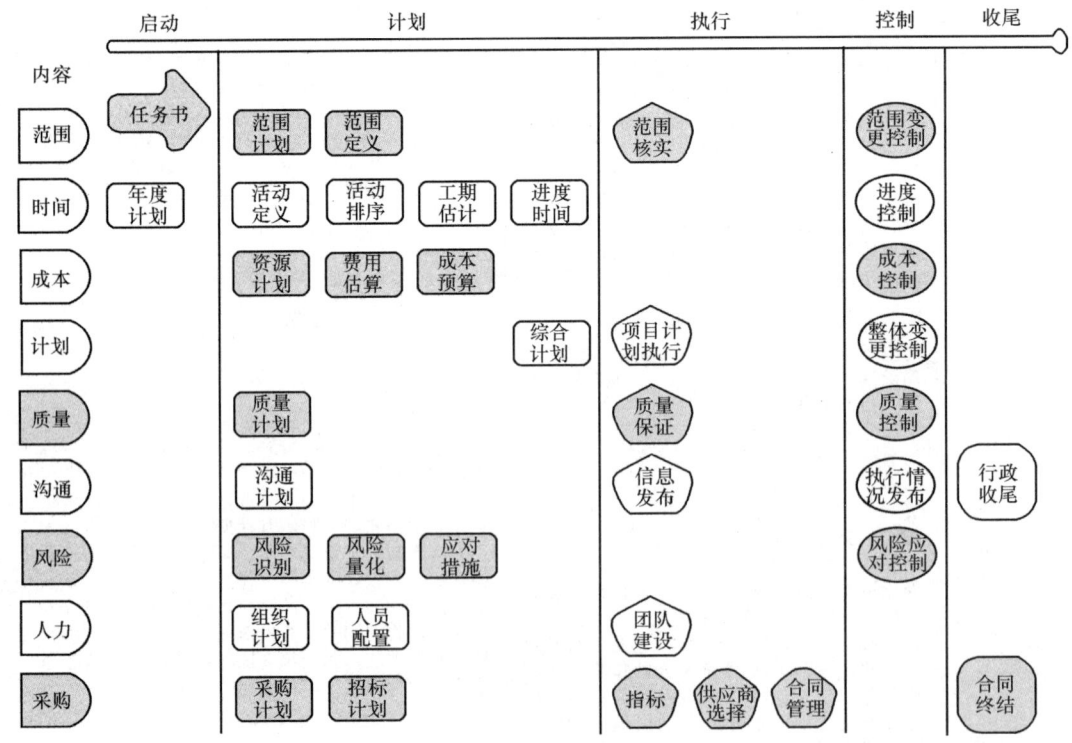

图 10-1　项目全生命周期主要管理要素

（二）项目生命周期的内容

一个项目从始到终的整个过程构成的生命周期包括下述几个方面的主要内容：

1. 项目的时限

项目的时限，包括一个项目的起点和终点，以及项目各个阶段的起点和终点。

2. 项目的阶段

项目的阶段包括一个项目的主要阶段划分和各个主要阶段中具体阶段的划分，阶段划分将一个项目分解成一系列前后接续，并且便于管理的项目阶段。每个项目阶段都是由这一阶段的可交付成果所标识的。例如，一个工程建设项目通常需要划分成项目的立项阶段、设计计划阶段、工程施工阶段和交付使用阶段。

3. 项目的任务

项目的任务包括项目各阶段的主要任务和项目各阶段主要任务中的主要活动等。例如，一个工程建设项目的生命周期要给出项目方案、设计、施工和交付阶段的各项主要任务，以及各个项目阶段主要任务中的主要活动。

4. 项目的成果

项目生命周期需要明确给定项目各阶段的可交付成果，包括项目各个阶段和项目各个阶段中主要活动的成果。例如，一个工程建设项目的设计计划阶段的成果包括项目的设计图纸、设计说明书、项目预算、项目计划任务书、项目的招标和承包合同、竣工验收、项目结算、运营维护资料等。

二、项目生命周期的描述与特性

项目的生命周期是描述项目从开始到结束所经历的各个阶段，最一般的划分是将项目分为"识别需求、提出解决方案、执行项目、结束项目"四个阶段。

（一）项目生命周期描述形式

项目生命周期的描述既可以是一般性泛泛的文字说明，也可能是比较详细的具体图表描述。典型的项目生命周期示意如图 10-2 所示。

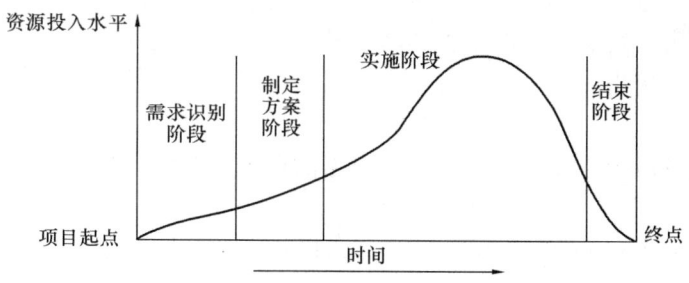

图 10-2 典型的项目生命周期示意

（二）项目生命周期描述特性

1. 资源需求的变动

在项目初期阶段，有关项目资源、成本和人员方面的需求很低，进入制定方案阶段以后，项目对于资源的需求升高，越到后来会越高，到项目结束阶段这种需求又会急剧减少。

2. 项目风险的变动

在项目初期阶段，项目成功的概率较低而项目的风险和不确定性却很高。随着项目的进展，项目成功的概率会大大升高，而风险和不确定性大大降低，因为随着项目的进展许多原先不确定性的因素会逐步变为确定性的因素。

3. 影响力的变动

在项目的初始阶段，项目相关利益者对于项目最终产出物的特性和项目成本的影响力最高，随着项目的进展这种影响力会很快降低。在项目后期，这种影响力主要体现在项目变更和成本的修订方面。

三、项目生命周期的特点与重要概念

（一）项目生命周期的特点

大多数项目生命周期具有以下共同的特点：

（1）对成本和工作人员的需求最初比较少，在发展过程中需要越来越多，当项目要结束时又会剧烈地减少。

（2）在项目开始时，成功的概率是最低的，而风险和不确定性是最高的。随着项目逐步地发展，成功的可能性也越来越高。

（3）在项目起始阶段，项目涉及人员的能力对项目产品的最终特征和最终成本的影响力是最大的，随着项目进行，这种影响力逐渐削弱了。这主要是由于随着项目的逐步发展，投入的成本在不断增加，而出现的错误也不断得以纠正。

大多数项目生命周期阶段的前后顺序通常会涉及到一些技术转移或转让，比如设计要求、操作安排、生产设计。在下阶段工作开始前，通常需要验收现阶段的工作成果。但是，有时候后继阶段也会在它的前一阶段工作成果通过验收之前就开始了。

（二）项目生命周期中的重要概念

项目生命周期中在什么时候对项目进行什么样控制有三个与时间相关的重要概念：检查点、里程碑和基线。

1. 检查点

检查点指在规定的时间间隔内对项目进行检查，比较实际与计划之间的差异，并根据差异进行调整。可将检查点看作是一个固定"采样"时点，时间间隔根据项目周期长短不同而不同，频度过小会失去意义，频度过大会增加管理成本。常见的间隔是每周一次，项目经理需要召开例会并上交周报。

2. 里程碑

里程碑是完成阶段性工作的标志，不同类型的项目里程碑不同。里程碑在项目管理中具有重要意义。

对一些复杂的项目，需要逐步逼近目标，里程碑产出的中间"交付物"是每一步逼近的结果，也是控制的对象。如果没有里程碑，中间想知道"他们做的怎么样了"是很困难的。一般人在工作时都有"前松后紧"的习惯，而里程碑强制规定在某段时间做什么，从而合理分配工作，细化管理"粒度"。根据每个阶段产出结果分期确认收入，保证项目的目标实现。

3. 基线

基线是指一个（或一组）配置项在项目生命周期的不同时间点上通过正式评审而进入正式受控的一种状态。基线是重要的里程碑节点，相关交付物要通过正式评审并作为后续工作的基准和出发点，一旦建立确认，变化需要受控。

项目应该在检查点进行检查,比较实际和计划的差异并进行调整;通过设定里程碑渐近目标、增强控制、降低风险。

第二节 PPP项目全生命周期管理

项目的生命周期在实际工作中根据不同领域或不同方法进行具体的划分。在项目生命周期运行过程中的不同阶段里,由不同的组织、个人和资源扮演着主要角色。

一、PPP项目三级管理机构的主要职能

PPP项目政府的管理职能分为三个层级,即决策层、管理层和执行层。相应的政府管理机构可以设置为四个层级,包括决策层的中央管理机构、管理层的地方省(或直辖市)管理中心、执行层的PPP项目市(包括地级市)筹备委员会和PPP项目执行中心(市或以下行政区域)。

(一)决策层的中央管理机构职能

PPP项目的中央管理层级主要从国家整体的发展战略、财政规划、法律框架结构和技术管理标准的角度对PPP模式的开展进行监管。其主要的职能有以下几个重点方面。

(1)负责制定PPP基础设施建设的国内外发展战略;
(2)负责基础设施建设法律框架体系的制定和完善;
(3)负责PPP基础设施建设项目的国际业务拓展和技术管理输出;
(4)负责地方区域政府间或国家战略性PPP基础设施建设项目的筛选与审批;
(5)负责对地方PPP项目立法和基础设施建设对中央财政影响的审核与监管;
(6)负责制定和调整PPP模式推广的整体规划;
(7)负责指导和培训下级PPP项目管理机构。

(二)管理层的省级(或直辖市)管理机构职能

PPP项目的省级管理层职能主要由财政和发展规划部门完成,负责监管本省(或直辖市)PPP项目的管理工作。其主要职能有以下几个重点方面。

(1)负责本省(或直辖市)基础设施建设发展战略的制定;
(2)负责本省(或直辖市)与PPP基础设施建设相关法律法规提案的递交和委托修订;
(3)负责本省(或直辖市)基础设施建设项目财政预算管理;
(4)负责本省(或直辖市)基础设施建设项目筛选与审批;
(5)负责将本省(或直辖市)中涉及国家级发展战略的PPP项目报送到相关中央管理机构进行审批;
(6)负责跨区域(跨国界)的PPP项目的相关沟通和协调工作;
(7)项目主要负责的地方机构要负责报送该项目到相关中央管理机构进行审批;
(8)负责对涉及本省(或直辖市)发展战略的项目进行审批;
(9)负责监督和管理本省(或直辖市)范围内的PPP执行机构;
(10)负责培训和指导本省(或直辖市)范围内的PPP执行机构;
(11)负责沉淀PPP项目相关知识和实践工作经验,并进行总结和推广;
(12)负责对本省(或直辖市)所辖范围内的PPP模式推广工作进行总结,并向中央层级管理机构报告;

（13）负责向中央级PPP项目管理机构进行工作成果汇报。

（三）执行层的市级（或区、县）执行机构职能

根据PPP项目的特征与实践经验，PPP项目执行机构可以分为两个层级，包括PPP项目筹备委员会和PPP项目执行中心。

1. PPP项目筹备委员会

PPP项目筹备委员会主要由地方主要行政领导和有关产业部门的领导共同组成。其管理职能主要包括：

（1）负责组织、领导和管理地方PPP项目执行中心的工作；

（2）与不同政府相关部门进行沟通和协调地方PPP项目开展实施的必要行政授权；

（3）负责对PPP项目的重大问题进行决策，并承担最终责任；

（4）负责向省级PPP项目管理机构报送涉及国家级、省级或跨区域（跨国界）PPP项目，并按照审批程序办理相关审批手续；

（5）负责总结和汇报地方PPP项目执行情况；

（6）负责根据当地政府发展战略，审批地方权限范围内的PPP项目。

2. PPP项目执行中心

PPP项目执行中心主要由中心主管和工作人员构成，主要负责执行和管理具体的PPP项目实施工作。其主要职责包括以下几个方面：

（1）负责本行政区域内PPP项目的识别、开发和筛选；

（2）负责本行政区域内PPP项目的可行性研究；

（3）负责项目的具体招标工作；

（4）负责与项目合作伙伴的合同谈判、签署和执行；

（5）负责项目合同管理；

（6）负责项目后期服务的质量监管；

（7）负责项目实施过程中突发事件的应急处理。

二、PPP项目管理的机构设置

PPP项目中集成了政府和社会资本双方，政府和社会资本双方在PPP项目中分担风险，共享收益，共同对项目的决策、设计、施工、运营和维护负责。

PPP项目中由于有多种资本的注入，资本结构复杂，利益相关方众多，具体负责PPP项目运作的是PPP项目公司。

项目公司在PPP项目中居于核心地位。项目公司一方面需要深入参与PPP项目的决策阶段，在签订的特许协议中对于项目的建设标准、运营标准和特许期结束后的项目设施移交标准都需要与政府展开细致的讨论，项目运营期的收费和管理也应当在谈判阶段充分考虑。项目公司集成了各个利益相关方的利益与需求，政府和社会资本双方都会参与项目公司的组建，双方的利益都会得到体现，双方都应承担相应的责任。项目管理团队，从全生命周期绩效评价的角度出发，成员应包括投资咨询师、项目管理师、建筑师、勘测设计各专业工程师、监理工程师、造价工程师、建造师、施工单位项目经理、物业管理师等专业技术和管理人员等。项目公司管理是以经验为基础的，项目公司的团队经过精挑细选，具有相关项目的经验，团队成员都有着共同价值目标，对未来的风险和不确定性有着必要的准备，并且希望能够从PPP项目中获得稳定的收益来回报投资，项目公司是实施管理主体的最优选择。

三、全生命周期的各个阶段管理

在建设项目全生命周期内的不同阶段，管理的侧重点与方法也是不同的，如图 10-3 所示。将建设项目分为决策—设计—施工—运营四个重要的阶段，在各个阶段的管理内容各有不同。

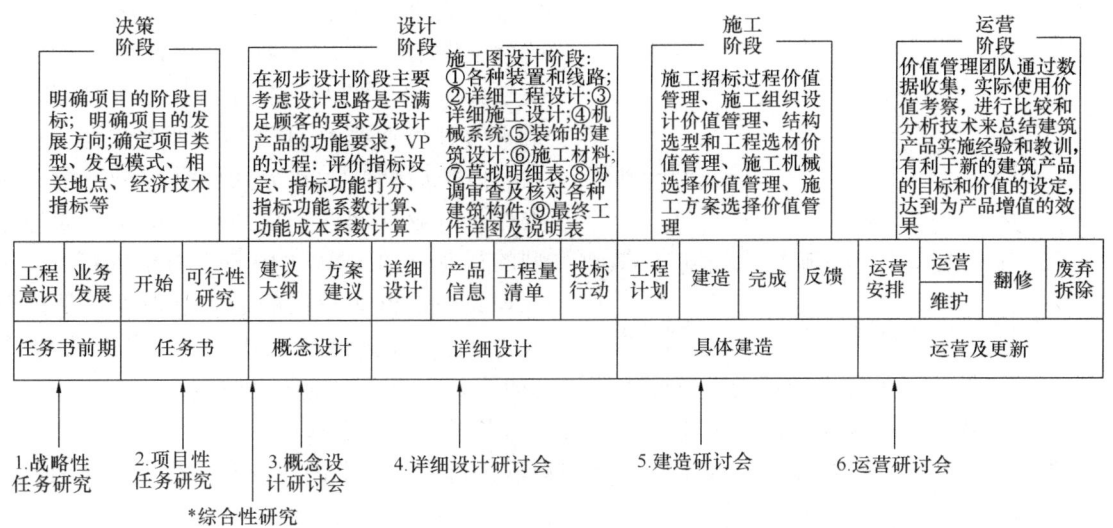

图 10-3 建设项目管理的各个阶段内容

1. 决策阶段（项目生命周期的第 1 阶段）

在建设项目最初的决策阶段中，主要任务是确定项目的实施方向，如项目类型、发包模式、项目选址、项目的技术经济目标等；此阶段管理应着重于如何挑选合适的项目实施、在什么地点实施、希望项目实现怎样的功能、完成何种经济指标。

2. 设计阶段（项目生命周期的第 2 阶段）

设计阶段的管理对于建筑产品最终价值的实现具有重大的意义，建筑产品成本节约的最大可能阶段就是在设计阶段。随着设计工作的进一步开展，建筑产品的构成进一步明确，成本可以优化的空间越来越小，同时优化的限制越来越多。在设计阶段的管理，能够更好地发挥设计的创造性、满足社会需要、使价值转化为设计因素，并能大幅度提高投资经济效益。

3. 执行阶段（项目生命周期的第 3 阶段）

项目执行阶段包括为项目制定详细的计划和执行计划的措施，保证实现项目目标如期实现。

4. 运营阶段（项目生命周期的第 4 阶段）

运营阶段在建筑产品全生命周期中占据的时间最长，一般要占到 90% 以上，在这漫长的周期里，建筑产品充分发挥着本身的使用价值和功能，同时投入的运营和维护费用也非常巨大。这一阶段的一个重要任务就是评估项目绩效，以便从中得知该在哪些方面改善，在未来执行相似项目时有所借鉴。这一阶段应当涉及从客户那儿获取反馈，以查明客户满意度和项目是否达到了客户的期望等活动。同样也应从项目团队那儿得到反馈，以便得到有关来至项目绩效改善方面的建议。

四、行业生命周期

行业的生命周期指行业从出现到完全退出社会经济活动所经历的时间。行业的生命发展周期主要包括四个发展阶段：幼稚期、成长期、成熟期、衰退期。如图 10-4 所示。

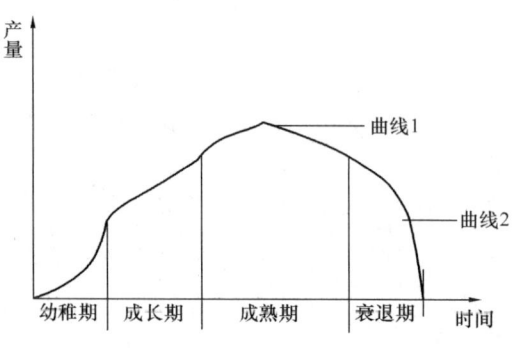

图 10-4　行业的生命周期 S 形的生长曲线图

行业的生命周期曲线忽略了具体的产品型号、质量、规格等差异，仅仅从整个行业的角度考虑问题。行业生命周期可以从成熟期划为成熟前期和成熟后期。在成熟前期，几乎所有行业都具有类似 S 形的生长曲线，而在成熟后期则大致分为两种类型：第一种类型是行业长期处于成熟期，从而形成稳定型的行业，如图 10-4 中右上方的曲线 1；第二种类型是行业较快的进入衰退期，从而形成迅速衰退的行业，如图 10-4 中的曲线 2。行业生命周期是一种定性的理论，行业生命周期曲线是一条近似的假设曲线。

识别行业生命周期所处阶段的主要指标有：市场增长率、需求增长率、产品品种、竞争者数量、进入壁垒及退出壁垒、技术变革、用户购买行为等。下面分别介绍行业生命周期各阶段的特征。

1. 幼稚期

这一时期的市场增长率较高，需求增长较快，技术变动较大，行业中的用户主要致力于开辟新用户、占领市场，但此时技术上有很大的不确定性，在产品、市场、服务等策略上有很大的余地，对行业特点、行业竞争状况、用户特点等方面的信息掌握不多，企业进入壁垒较低。

2. 成长期

这一时期的市场增长率很高，需求高速增长，技术渐趋定型，行业特点、行业竞争状况及用户特点已比较明朗，企业进入壁垒提高，产品品种及竞争者数量增多。

3. 成熟期

这一时期的市场增长率不高，需求增长率不高，技术上已经成熟，行业特点、行业竞争状况及用户特点非常清楚和稳定，买方市场形成，行业盈利能力下降，新产品和产品的新用途开发更为困难，行业进入壁垒很高。

4. 衰退期

这一时期的市场增长率下降，需求下降，产品品种及竞争者数目减少。从衰退的原因来看，可能有四种类型的衰退，它们分别是：

（1）资源型衰退，即由于生产所依赖的资源的枯竭所导致的衰退。

（2）效率型衰退，即由于效率低下的比较劣势而引起的行业衰退。

（3）收入低弹性衰退。即因需求—收入弹性较低而衰退的行业。

（4）聚集过度性衰退。即因经济过度聚集的弊端所引起的行业衰退。

行业生命周期在运用上有一定的局限性，因为生命周期曲线是一条经过抽象化了的典型曲线，因此，有时要确定行业发展处于哪一阶段是困难的，识别不当，容易导致战略上的失误。有些行业的演变是由集中到分散，有的行业由分散到集中，无法用一个战略模式与之对应，因此，应将行业生命周期分析法与其他方法结合起来使用，才不至于陷入分析的片面性。

第三节 PPP项目全生命周期监管

PPP模式的推出可加快转变政府职能,政府作为监督者,需减少对微观事务的直接参与,加强市场监管、绩效考核等职责。在PPP模式的推广过程中,政府应逐步建立起对PPP项目的监督机制,建立事前设定绩效目标、事中进行绩效跟踪、事后进行绩效评价的全生命周期绩效管理机制,优先保障公共安全和公共利益。

PPP项目监管是监管机构运用行政、法律、法规、经济等手段,发挥政府和公众等利益相关者的监管职责,对PPP项目的建设和运营进行监管,以保证公用事业和基础设施的顺利实施以及公共产品的质量和服务的效率。

一、PPP项目监管体系

(一)PPP项目监管目标和原则

1. PPP项目监管目标体系框架

PPP项目监管目标体系框架包括监管主体和对象,以及监管主体对监管对象加以监管的监管方式。如图10-5所示。

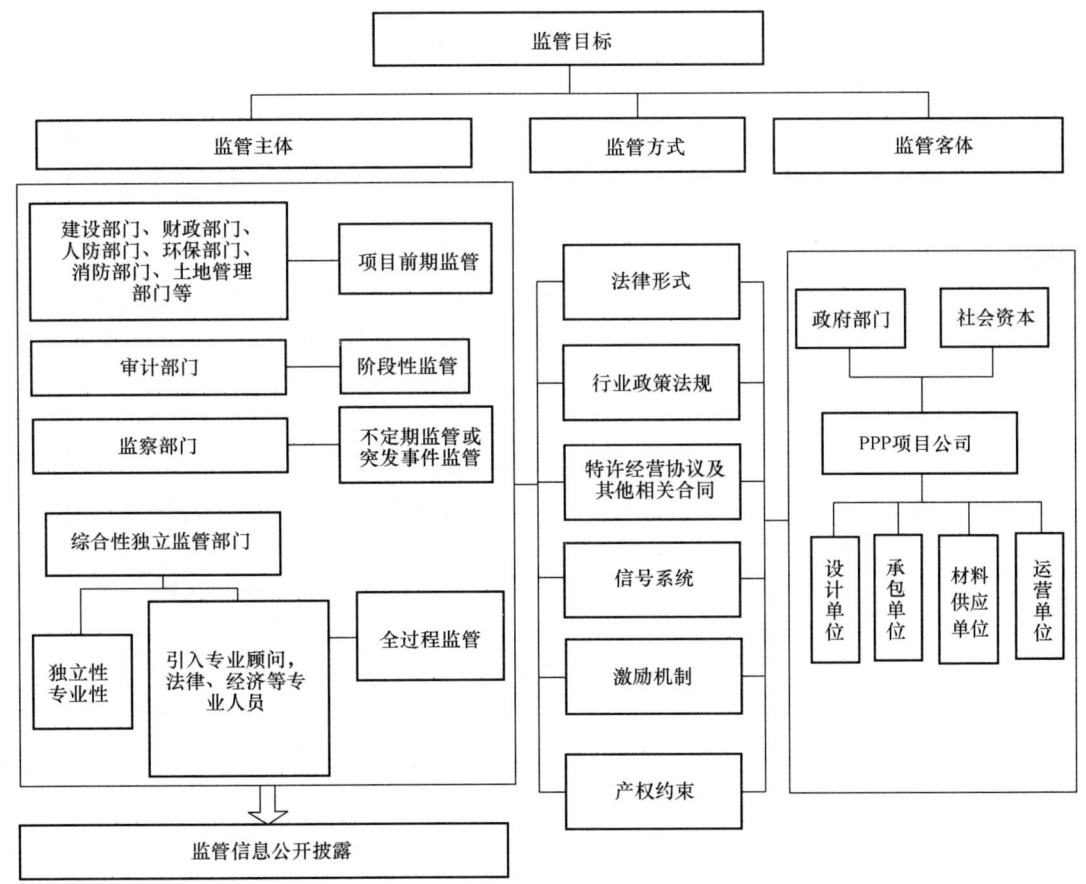

图10-5 PPP项目监管目标体系框架

综合性独立监管机构作为独立的监管主体在 PPP 项目监管中起到关键作用。

(1) 被监管对象中，除了对社会资本进行监管外，与项目相关的政府方代表、政府行政部门和行业主管部门也需要受到监管。

(2) 在监管方式中，法律法规、PPP 合同体系是政府监管的依据和基础，政策引导、绩效考核机制和约束机制是对法律法规、合同体系的有效补充。

2. PPP 项目监管目标

PPP 模式下项目监管的目标可归纳为以下几个方面：

(1) 解决城市基础设施领域的市场失灵和公共产品的服务质量。由于公共项目产品自然垄断和公共物品性质的存在，在 PPP 项目实施的过程中会出现市场失灵，减弱了市场资源配置的效率，因而引入政府监管的主要目标是解决城市基础设施领域的市场失灵和公共产品的服务质量两个重要问题。

(2) 保障公共项目社会效益和公共利益。由于公共项目产品具有公益性，从政府的角度来看，政府是社会公众利益的代表，监管的最终目标是公共项目社会效益和公共利益得到保障。维护社会公平公正，实现社会效益最大化是政府监管的根本。

(3) 兼顾效率与公平。为保证项目公司生产和运营的持续性发展，在补救市场失灵，保障公共产品和服务质量的同时，还要让被监管企业获得合理利润，提高其生产效率。

(4) 实现"三赢"目标。为保证 PPP 项目的顺利实施，降低 PPP 项目实施过程中的风险，通过有效的监管，最终实现 PPP 项目参与主体政府、社会资本、社会公众"三赢"。

3. PPP 项目监管原则

(1) 依法监管的原则。监管机构的设置以及监管职责必须以法律的明确授权为依据，依法明确监管机构监管范围和监管程序。只有做到监管有法可依，有法必依，才能有效规避政府相关部门监管的随意性，减少权力膨胀和寻租的风险。

(2) 约束与激励相结合原则。一方面，监管机构为实现监管目标需要对监管对象进行限制性的监管，如准入监管、建设、运营和移交过程中质量、价格、项目验收监管等。另一方面，为发挥 PPP 模式运作的优势，鼓励更多社会资本参与到公共项目中来，需要采取适当激励机制，如 PPP 示范项目资金支持、PPP 产业基金支持、试点项目专项资金支持、政策性贷款倾斜等。

(3) 独立专业原则。设立独立性政府监管机构是保证监管行为独立的前提条件，独立性政府机构必须独立于政策制定部门、参与 PPP 项目的政府部门和政府出资代表，确保监管的公正性，避免出现政府既是运动员又是裁判员的问题。专业性原则是对政府监管部门的专业要求，由于 PPP 项目过程复杂，涉及很多领域的专业知识，政府监管机构应建立一支在工程技术、财务、法律等方面精通的专业人才队伍，以更好的发挥监管效益。

(4) 公开透明、可问责原则。公开透明原则要求监管机制和方法在设计时必须考虑监管的内容、过程和结果等信息的公开性，使监管流程透明化，保证社会公众的知情权，创造良好的监管环境。可问责原则要求政府的监管活动必须接受政府自身和社会公众监督，规避监管机构滥用职权。

(5) 提高监管效率原则。制定 PPP 项目监管流程，明确各监管主体的责任和工作内容，避免重复监管和监管缺位，提高监管效率；运用合理的监管方法，避免因监管过度造成企业负担加重。

二、PPP 项目监管体系分类

PPP 项目监管是一项复杂的系统工程，整个监管过程涉及的机构和个人众多，既有以盈利为目的的公司法人等经营实体，也有具有行政审批权力的政府职能部门，还有关心项目规模和功能的使用单位，以及人大、纪检、监察等公共监督部门和新闻媒体、社会公众等社会监督部门或个人，有的机构或个人甚至要在不同阶段、不同时点多次实施监管或接受监管。

（一）按 PPP 项目监管利益相关者的界定分类

1. 项目监管的利益相关者界定

项目利益相关者主要是主动参与项目的个人或者群体，或者受到项目结果影响、并能够影响项目及其结果的个人和群体。对于 PPP 项目监管的利益相关者的界定，应当把握以下几点：

（1）与项目建设活动有关联。监管的利益相关者必须是主动或被动地参与到项目建设活动中，受到项目建设结果的影响，同时也能够影响项目建设及其结果的个人或群体。

（2）因项目建设而存在合同契约关系或者行政法律关系。监管的利益相关者之间的关系，以合同契约或者行政法律关系为基础，围绕项目建设活动而谋求各自的利益诉求，缺乏合同契约或行政审批关系的约束，将无法构成 PPP 项目监管的利益关系。

（3）监管的利益相关者为项目建设所做的投资存在资产专用性。物资资本的投资、人力资本的投资以及其他非人力资本的投资中均存在资产专用性。利益相关者通过这些有形和无形的投资与 PPP 项目联系在一起，联系的紧密程度取决于其专用性投资的大小。

2. PPP 项目监管的利益相关者

PPP 项目监管的利益相关者包括项目公司、社会资本方、勘察单位、设计单位、监理单位、招标代理机构、工程造价咨询企业、施工图审查机构、建设工程交易中心、承包商、材料设备供应商、发改部门、财政部门、建设主管部门、规划国土、消防、人防、人大、政协、纪检、监察、审计、社会公众、新闻媒体。

3. PPP 项目所有利益相关者层次关系

PPP 项目所有利益相关者分为三个层次关系，如图 10-6 所示。

（1）第一个层次包括项目业主、项目公司、设计、监理、施工图审查、招标代理、造价咨询、承包商、材料或设备供应商。这些利益相关者被契约关系联系在一起，带箭头的实线代表各方存在的契约关系。

（2）第二个层次包括发改、财政、建设、规划、国土、环保、人防、消防等行政审批部门和政府评审机构以及工程交易服务中心等行政事业单位，带箭头的虚线代表各方存在的行政审批关系。

（3）第三个层次包括人大、政协、行业协会等外部监督部门和纪检、监察、审计等外部监督部门。

4. 项目监管的利益相关者分类

由于 PPP 项目的利益相关者众多，不同的利益相关者对于监管的影响以及受到监管的影响程度各不相同。

PPP 项目的利益相关者分为内部利益相关者和外部利益相关者。内部利益相关者与项目存在契约关系，外部利益相关者与项目不存在契约关系，但与项目建设过程存在行政法律关联或间接的利害关系。更进一步地讲，可以将内部利益相关者分为需求界面的利益相关者

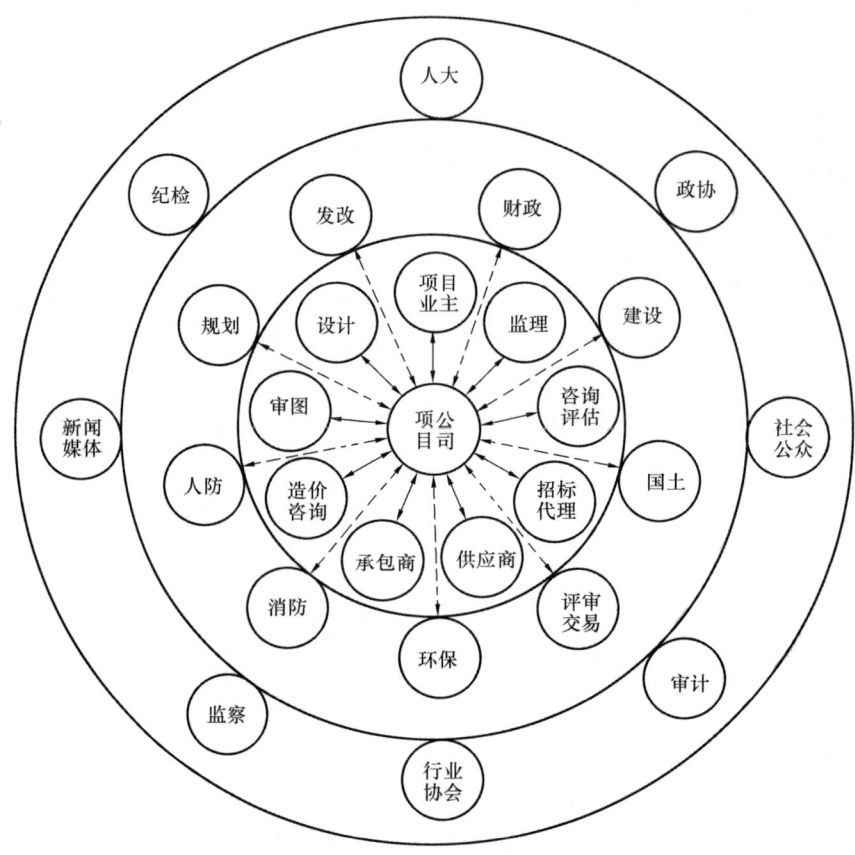

图 10-6 PPP 项目的利益相关者关系

和供应界面的利益相关者,将外部利益相关者分为审批部门和监督部门。见表 10-1。

表 10-1 PPP 项目监管的利益相关者

内部利益相关者		外部利益相关者	
需求界面	供应界面	审批部门	监督部门
1. 政府 2. 使用单位	1. 项目公司 2. 社会资本方 3. 咨询单位（包括勘察、设计、施工、监理、图纸审查、招标代理、造价咨询、PPP 咨询、评估咨询、法律顾问等） 4. 承包单位（包括总承包、劳务分包和专业分包等） 5. 供应商（包括材料和设备供应商等）	1. 发改委 2. 财政部门 3. 建设行政主管部门（包括建设、规划、市政、国土、环保、安全、环保、消防等） 4. 政府评审机构 5. 政府工程交易中心	1. 人大、政协等外部监督部门 2. 纪检、监察、审计等外部监督部门 3. 行业协会 4. 新闻媒体、网络平台、社会公众等

(1) 需求界面的内部利益相关者主要包括项目业主和使用单位,该类利益相关者的利益诉求贯穿于项目全生命周期,但却无法获得项目的剩余索取权。

（2）供应界面的内部利益相关者主要包括：项目公司、社会资本方、设计、监理、施工图审查、招标代理、造价咨询、PPP咨询、评估咨询、法律顾问承包商、材料或设备供应商等，该类利益相关者能够从项目中获取显性或隐性的经济利益。

（3）审批部门的外部利益相关者主要包括：发改、财政、建设主管部门等，该类利益相关者与项目不存在契约关系，但存在行政审批或行业管理关系。

（4）监督部门的外部利益相关者主要包括：人大、政协、纪检、监察和审计等部门，该类利益相关者与项目既不存在契约关系，也不存在行政审批关系，仅作为外部监督者参与到项目监管中来。

5. 项目监管的利益相关者诉求与冲突

在PPP项目监管过程中，利益相关者的行为往往是以自身利益为出发点，容易出现相互冲突或者相互结盟的状况，主要表现在如下四个方面：

（1）供应界面与审批部门之间容易出现寻租、贿赂和收买行为。由于这两类利益相关者分别处于高影响力和高利益的两个极端，两者之间将面临持续不断的寻租、贿赂和收买行动，因此审批部门的外部利益相关者是否还能独立自主地对其所负责的监管事项进行理性的判断是需要重点关注的问题。

（2）供应界面与需求界面之间存在一种固有的利益冲突。例如，供应界面的多项目管理与需求界面的单项目管理之间存在冲突，供应界面对于声誉的关注与需求界面对于功能的不懈追求存在冲突等。如何通过双赢来调和供应界面和需求界面的冲突，从而达到一个理想的平衡点。同时，这两类利益相关者也有可能形成串通合谋的关系，例如，项目公司为了获取高额投资结余而与设计单位或造价咨询企业合谋等。

（3）需求界面与审批部门之间既有冲突的一面，又有寻租或合谋的一面。例如，项目业主提高建设标准和扩大建设规模的动机与投资主管部门严格控制资金计划之间存在冲突，而项目公司则可能为了获取更为宽松的项目概算而收买有关部门。

（4）社会公众与新闻媒体有可能对其他所有的利益相关者提出质疑，因此存在监管目标与社会舆论的冲突。

综上所述，将利益相关者理论运用到PPP项目监管体系的关注中，有利于看清监管体系的全景，有利于提高PPP项目监管的水平。通过对PPP项目监管利益相关者的界定和分类，可以清楚地了解各利益相关者的利益诉求和冲突，辩明这些利益相关者在参与PPP项目监管过程中的伦理思维和特征，从而制定出更加符合实际、更有成效的监管战略。

（二）按PPP项目监管主体和监管对象分类

1. PPP项目监管主体

在PPP项目中监管主体分为五类：综合性独立监管机构、政府行政部门、监察部门、司法机关和社会公众。不同监管主体各司其职、相辅相成，形成有机监管主体。

（1）独立性监管机构

由于PPP项目的特殊性，政府行政监管容易偏离监管目标，可以设立综合性独立监管机构，独立于政府行政部门和政府代表方。独立监管机构一方面对项目进行全生命周期监管，保障项目高效顺利推进；另一方面有效解决政府部门和社会资本之间的利益冲突，保障政府监管行为的公正、公平。

借鉴香港模式，综合性独立监管机构的权力由国务院授予，独立于行政部门，独立地进行监管活动，下设各省市专业的独立办公室，成员通常是该领域的专家，熟悉相应领域的专门知识。

综合性独立监管机构在政府授权下制定各项监管的规章制度，并有权执行各项规章制度，还可以对传统行政监管部门的监管行为是否合理进行监督。在国家层面，综合性独立监管机构主要负责制定PPP项目监管流程、监管机制，建立PPP项目全过程风险预警指标、风险控制系统，和立法部门、行业主管部门以及外部财务法律专家共同起草PPP法案、公用事业管理办法等。在各省市层面，综合性独立监管办公室依据监管流程执行监管工作，包括社会资本准入监管、质量监管、价格监管、合同执行监管、国有资产监控和绩效考核评估等。

PPP项目的全生命周期综合性的独立监管机构参与项目的全过程监管，对社会资本的准入、成本、价格、服务内容和质量安全、环境等实施专业化监管。其他监管主体各司其职，在相应阶段配合综合性独立机构进行监管。通过对PPP项目全生命周期中监管部门所参与的主要监管内容进行逐一对应，建立PPP项目全生命周期政府动态监管框架，明确了监管主体在PPP项目各阶段的监管职能分工，突出了独立监管机构的特点，实现对PPP项目动态的、全过程的、全方位的监管。

（2）政府行政部门

政府行政部门配合独立监管机构在不同的阶段对监管对象进行监管。发改委是项目的监管的源头，主要对项目进行立项审批、确定项目运作模式和社会资本采购，建设主管部门负责对项目招投标和建设过程进行监管，行业主管部门负责技术标准的制定、特许经营权的授予及对服务质量进行监管，环保部门、安全监督部门、物价部门对各自负责的部分有监管的义务。

（3）监察部门和司法机关

监察部门在项目涉嫌重大违法违规情况下对项目和参与单位进行立案调查和监督管理，或对政府重点关注领域进行阶段性监管，如工程质量和工程安全的监管。

司法机关主要是对独立监管机构监管行为的合法性进行审查，并裁决独立监管机构与被监管对象之间的重大分歧。被监管企业如果不同意独立监管机构的决议，有权向法院上诉，由法院进行裁决。

（4）社会公众

社会公众可以通过公众投诉及建议平台对产品和服务质量进行监管，通过听证会对价格进行监管。

2. PPP项目监管对象

PPP项目监管的对象既包括项目公司本身，也包括与项目公司有联系的设计单位、施工单位等，涉及项目各个阶段的所有参与者负责的事项及各单位之间的一系列事项。此外，政府代表方作为项目的合作方，也在监管范围内。

公用事业领域逐步向社会资本开放，PPP模式的引入对政府的监管机制提出了一定的挑战，由于PPP项目全生命周期内的不同阶段参与监管的主体不尽相同，重点监管的职责也不同，各监管主体应根据不同阶段对项目的参与程度，明确各自的监管职责，提高监管效率，形成系统化的有机监管体系，全力保障PPP项目的社会效益和公众利益。

三、PPP项目全生命周期监管内容与清单

（一）PPP项目全生命周期监管框架内容

PPP模式通常应用于公用事业领域，关乎公众基本利益和社会福利水平，而且PPP项目在形式上属于委托模式，政府部门及社会资本将投资项目委托给项目公司，项目公司再委托设计、施工、运营等单位，因此，政府必须积极主动、科学合理地监督PPP项目的建设和运营。PPP项目各阶段监管主体与内容如图10-7所示。

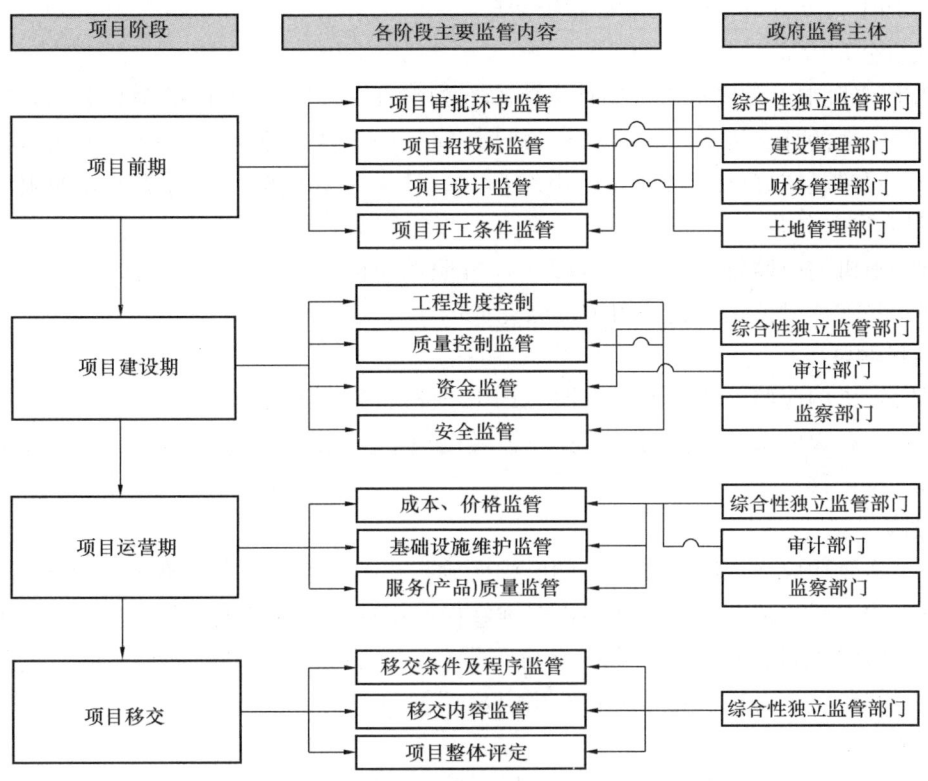

图10-7 PPP项目各阶段监管主体与内容示意图

（1）从监管目标来看，是为了确保项目的社会效益和公众利益得到保障。

（2）从监管主体来看，包括传统的监管部门（政府投资主管机构、建设部门、财政部门等）、审计部门、监察部门和综合性独立监管机构，这四类主体分别有针对性地开展监督工作，相辅相成形成有机整体。

（3）从监管对象来看，既包括政府部门，也包括社会资本方；既包括项目公司本身，也包括与项目公司有联系的设计、施工、运营等单位，项目各个阶段的所有参与者各自的事项及各单位之间的一系列事项。

（4）从监管方式来看，应体现监管机制的基本原则，以法律法规为基础，配合一系列相关政策进行法律约束；以特许经营协议和其他一系列合同协议进行合同约束；配合信号系统和产权交易；要体现激励机制。

（5）从监管内容来看，主要体现在各监管主体的活动过程当中。包括内容如下：

① 综合性的独立监管机构参与项目的全过程，对社会资本的准入、成本、价格、服务

内容、质量、安全、环境等实施专业化监管。

② 传统的监管部门，如建设部门、财政部门、环保部门等，以社会效益为根本出发点，从部门职责角度考虑，对项目的准入和社会资本的准入进行严格监管。

③ 审计部门负责项目建设和运用期间的财政资金监管，审计部门作为政府的一个监管机构，在PPP项目中定期性、阶段性地对财政资金的使用情况进行监管。

④ 监察、稽查部门负责突发性事件的监管，或对政府重点关注的领域进行阶段性监管。

(二) PPP项目全生命周期主要监管清单

1. 项目公司设立

在PPP项目中通常要求中选的社会资本方为PPP项目设立专门的项目公司，项目实施机构应监督中选的社会资本，在《PPP项目合同》约定的期限内，在项目所在地注册成立项目公司，同时还应确保项目公司的组织形式、股东出资比例、经营范围和期限等均符合《PPP项目合同》约定。

项目实施机构应监督项目公司各股东，按照约定的进度要求足额完成对项目公司的出资，并有权要求项目公司提交证明出资已完成的相关文件。

2. 项目融资

项目实施机构应监督项目公司按照《PPP项目合同》约定的进度签署融资合同，并完成融资交割，有权要求项目公司提交其与金融机构签署的所有融资文件和放款凭证，防止企业债务向政府转移。

3. 保函

项目实施机构应在《PPP项目合同》中明确提出对社会资本履约保证的强制担保要求，建立建设履约保函、运营维护保函和移交维修保函组成的全周期履约保函体系，并监督项目公司按照《PPP项目合同》的约定提交各项保函，有权按照《PPP项目合同》的约定，针对项目公司的违约行为兑取有关保函的相应金额。

4. 工程建设

（1）项目实施机构应加强工程进度和质量的全程监督，根据适用法律对项目公司选择勘察机构、设计单位、施工总承包商、分包商、设备供应商和监理公司等单位的合法性、合规性和履行《PPP项目合同》相关约定的情况进行审查，并要求项目公司将选择上述相关单位的招标文件、最终选定单位的基本情况、相关资质和与其签署的相关合同等复印件提交备案。

（2）项目实施机构应在项目公司完成勘察、初步设计和施工图设计过程中加强双方的沟通，并应要求项目公司将通过相关职能部门批复的最终成果文件和相关批复等提交备案，在工程建设过程中要求项目公司定期提交工程进度报告和监理报告，确保工程进度要求满足《PPP项目合同》中的相关约定，同时确保施工和设备采购的标准不低于《PPP项目合同》中的相关约定。

（3）项目实施机构（或委派专业机构）应定期或非定期地在不影响建设进度的情况下，对项目工程的施工现场进行检查，强化质量、安全监督。

（4）项目实施机构（或委派专业机构）应派代表参加项目工程的相关验收工作，审核验收记录（报告）、竣工验收文件和竣工图纸等文件。

5. 项目运营情况

（1）项目投入运营后，项目实施机构应对项目公司的运营进行全程监督，加强对公共服务质量和价格的监管，根据《PPP项目合同》约定，监督项目公司履行合同义务，定期监测项目产出绩效指标，并要求项目公司披露项目产出的数量和质量、项目经营状况等信息，确保项目产出符合行业技术标准或服务技术规范和《PPP项目合同》的约定标准。

（2）项目实施机构应建立对项目公司运营成本的定期审查制度，加强成本监审，并应要求项目公司按期提交相关资料与报表。

（3）在运营过程中，项目实施机构可以积极推进第三方评价，对公共产品和服务的数量、质量以及资金使用效率等方面进行综合评价，并将评价结果向社会公示，作为价费标准、财政补贴以及合作期限等调整的参考依据。

（4）在项目公司根据《PPP项目合同》的约定提出价格调整申请后，项目实施机构应组织相关部门或委托第三方机构将绩效评价结果作为重要依据对项目公司的申请进行核定和报批。

（5）项目实施机构应监督项目公司完善和落实各类应急预案，在发生危及或可能危及公共利益、公共安全等紧急情况时，政府可采取应急管制措施。

6. 项目公司的行为监管

（1）《PPP项目合同》中，除应规定项目公司的绩效监测和质量控制等义务外，还应保证政府方合理的监督权和介入权，以加强对项目公司的行为管理。

（2）项目实施机构应监督项目公司在履行《PPP项目合同》期限内的重要行为，要求项目公司在计划开展股权变更、抵押或质押等行为前向其提交报告，待项目实施机构作出明确回复后方可展开相关行为。

（3）若项目公司擅自做出法律、法规禁止的行为或违反《PPP项目合同》约定的有关行为，比如擅自转让、出租特许经营权和擅自停业、歇业，有严重影响到社会公共利益和安全等行为，项目实施机构应对其实施临时接管，同时确保临时接管期间项目的正常运转和公共服务的正常提供。

7. 中期评估

项目实施机构（可委托第三方专业机构和专家）应每3~5年对项目进行中期评估，重点分析项目运行状况和项目合同的合规性、适应性和合理性，及时评估已发现问题的风险，制订应对措施。

8. 移交后的绩效评价

项目移交完成后，项目实施机构（可聘请第三方专业机构）应牵头并组织其他相关部门对项目产出、成本效益、公众满意度、监管成效、可持续性、政府和社会资本合作模式应用等进行绩效评价，评价结果作为完善PPP模式制度体系的参考依据。

四、PPP项目全生命周期监管方式与流程

（一）PPP项目政府监管方式

在保障项目社会效益和公众利益的总体目标下，政府监管部门、行业主管部门、监察部门、司法机关和综合性独立监管机构各司其职，通过法律法规、PPP合同（特许经营协议）、政策引导、约束激励机制、绩效考核机制等多种方式对PPP项目参与方和项目获得实施全过程动态监管，最终实现项目监管目标。

1. 法律法规建设

法律法规是监管机构对项目实施监管的基础和依据，也是其他监管制度建立的平台和前提。在国家层面的PPP立法中，明确规定政府审批权限、流程和管理程序，退出机制和纠纷处理机制，各地项目规模上限与政府财力比例，中长期预算机制，会计准则，信息披露、政府监管与公众参与制度等，使之具备全国统一的原则性做法和较强的法律效力，避免因中央部门或地方法规政策带来的冲突，处理好过去国家层面其他法律如《合同法》、《公司法》、《招标投标法》、《政府采购法》、《会计法》、《税法》、《银行法》、《仲裁法》等未覆盖到PPP模式或与其有冲突的内容。

加快在PPP操作层面立法以外和在基础设施和公共服务相关产业领域的法律法规建设，借鉴英国、美国、新加坡、日本等以立法为先导的监管经验，在立法机关颁布特定产业的相应法律基础上进行监管体制改革，明确监管机构监管的职责与权限范围、监管的政策目标、监管的内容及方法，以便监管机构能依照执行。

2. PPP项目合同体系

在PPP模式中，合作是通过项目公司、社会资本方与政府签订有法律效力的PPP项目合同来实现的。因此，PPP模式下监管的首要特性是基于具有法律效力的PPP项目合同来监督约束各参与方的行为。此外，PPP项目参与方除了政府和社会资本投资方外，还包括融资方、承包商和分包商、原料供应商、专业运营商、保险公司以及专业机构等。

在PPP项目中，项目参与方通过签订一系列合同来确立和调整彼此之间的权利义务关系，构成PPP项目的合同体系。PPP项目合同体系包括PPP项目合同、股东协议、履约合同（包括工程承包合同、运营服务合同、原料供应合同、产品或服务购买合同等）、融资合同和保险合同等。其中，PPP项目合同是整个PPP项目合同体系的基础和核心。

项目合同是PPP模式运作中政府监管的依据和标准，合同的合法性、适用性、完整性直接关系到监管的有效性，在签订合同时，必须详细明确规定公私双方的权利与义务、约定产品价格和服务质量、风险分担与利益补偿、绩效考核方案等相关内容，约束项目参与各方的行为，使其自觉履行各自的义务，最终保证项目的顺利实施，并实现其经济和社会效益。同时，政府监管机构在执行监管权力时，依据合同进行监管，以弥补法律法规的不足，能有更强的针对性和可操作性。

3. 政策引导

现阶段PPP在国内仍处于不断探索和发展过程中，相关政策也在不断的更新和完善中。如发改委在鼓励社会资本进入公共事业领域发布《国务院关于创新重点领域投融资机制鼓励社会投资的指导意见》（国发〔2014〕60号）和《关于在公共服务领域推广政府和社会资本合作模式的指导意见》（国办发〔2015〕42号）；财政部在PPP操作流程和规范指导方面，发布《关于印发政府和社会资本合作模式操作指南（试行）》（财金〔2014〕113号）、《政府和社会资本合作项目财政承受能力论证指引》（财金〔2015〕21号）和《财政部关于进一步做好政府和社会资本合作项目示范工作的通知》（财金〔2015〕57号）。政策文件明确了项目监管的方向和重点，在法律法规尚未完善之前，监管机构在政策引导之下，对项目相关活动进行引导、管理和监督。在法律法规完善以后，政策引导作为对法律法规的补充和完善，及时对项目活动进行调控和约束。

4. 绩效考核机制

PPP 项目如何保障社会资本长期稳定的收益和公众利益最大化是监管者面临的棘手问题。如果在项目前期实施方案或是 PPP 合同中没有充分考虑和制定项目绩效考核方案，项目后期运营中将会面临以下两个问题：

（1）政府缺口补贴没有合理的依据（内部管理考核）

对于准收益和公益类项目，其收益无法完全弥补投资成本和收益，监管部门需要确定支付金额和调整产品或服务的价格来保障社会资本合理的收益率。就现阶段 PPP 项目交易设计来看，大多数是在财务测算的基础上，对于收入无法覆盖成本和收益的项目，政府给予定额缺口补贴；但是，财务测算往往存在偏差，很难准确的评估项目的未来收益，容易导致缺口补助不足或是过多。在社会资本获得超额收益时，如何界定超额收益是来自于社会资本高效的管理还是定价过高或补贴过多；在社会资本投资亏损时，如何界定是社会资本管理无效所致还是政府补贴不足。

监管方需要结合项目实际营运情况（外部环境、内部管理）和绩效考核结果（产品和服务质量）给予合理的缺口补贴和支付。不要因为绩效考核过程复杂，采取一刀切的方式，给予项目公司定额补贴，后面的质量监管就置之不理；也不要承诺投资人固定的收益率，而忽视项目运营情况。建议将政府的支付行为与项目绩效考核挂钩，考核不通过的，可以不发放补贴或是少补贴，考核通过的，给予额外奖励。在考核过程中，如果项目亏损源自于项目公司低效的管理，风险由项目公司自行承担，如果超额收益源自于项目公司高效的管理，超额收益归项目公司所有，政府不要过多干预。

（2）产品或服务质量难以得到保障（结果考核）

公共项目产品自然垄断和公共物品性质的存在，会出现市场失灵的现象。另外，社会资本方会在追逐个人经济利益的同时忽视公众的利益，如出现水质不达标，普遍服务差等情况。但是，目前对项目公司的绩效考核大多流于形式，对市场失灵的现象起不到实质性作用。这一方面源于绩效考核过程较为复杂，执行难度大；另一方面源于政府将工作重点放在项目前期识别、准备和采购环节，忽视了后期建设运营过程中的绩效监管问题。①明确监管做法。首先明确产品或服务的绩效要求，特许经营者负责如何满足这些绩效要求，政府不干涉特许经营者的设计、建设和运营过程，以及特许经营者所采取的解决方案。②建立保证措施。要求项目公司建立质量保证体系，确保过程合规。企业通过自我确认结果（包括对其分包商的绩效负责），以及政府或授权独立第三方根据情况定期或随机监控过程和结果的方式，并建立绩效关联的支付机制，来验证和确认绩效。③用户反馈。建立互动的公众投诉或建议平台，准确、有效、及时地将使用者的意见和建议反馈给监管机构。

5. 约束与激励机制

对项目参与方的约束是为了规范项目参与主体的行为，激励机制作为辅助方式鼓励社会资本参与和自我约束。对监管对象的约束方式主要体现在价格监管、质量控制、产权约束方面；激励机制主要体现在资金补贴和项目奖励方面。

（1）价格监管

价格监管是 PPP 模式下政府监管的核心内容。自然垄断行业引入市场竞争机制和社会投资人后，按照成本导向法定价很容易导致价格过高，公众难以承受。因此，政府必须制定科学、合理、有效的价格监管机制，兼顾社会公众利益和社会资本方利益。定价机制应以促进公平竞争、保障社会公众利益、提高企业生产效率和维护企业利益为目标，充分考虑项目的投资与经营成本、物价指数、税费政策、产品和服务质量、社会公众的消费承受力、行业的平均利润水平等各类因素。

（2）质量控制

质量控制的目标是在保证城市公共安全和保护环境的前提下提供优质的产品和服务。一般情况下，市场竞争会促使企业通过提高产品和服务的质量来增加市场份额，由于城市基础设施和公共服务 PPP 项目具有自然垄断特性，往往只有一家或少数几家国有企业经营，这样企业会受利益的驱使，降低产品和服务的质量，损害社会公众的利益。因此，为维护和增进社会公众的利益，政府必须对 PPP 项目的质量实行监管。项目公司内部要建立质量管理制度，包括质量量化标准和指标、质量检验体系和流程、质量考核办法等。

（3）产权约束

产权约束主要体现在所有权约束、经营权约束和剩余索取权方面。PPP 模式下可以通过对项目产权的配置，完善治理结构，实现政府的有效监管，进而提高 PPP 项目的效率。①股东及债权人会加强对项目公司的控制。政府部门、社会资本方、外部金融机构作为项目投资人，出于自身利益考虑，各投资方都会对项目公司活动进行约束和监控，控制力度取决于其投资比率；②从 PPP 运作模式来看，主要有 BOO（建设—拥有—运营）、BOOT（建设—拥有—运营—移交）、BOT（建设—运营—移交）、OM（委托—运营）四种运作模式，项目公司对项目的控制权依次越来越小，通过选择不同的运作模式，来分配项目公司的权利，进而达到对项目公司约束的目的；③政府投资人和社会资本方拥有剩余索取权，有权派出监事会监督项目公司，使政府监督、内部监督、社会监督与合同约束相结合。

激励机制方式主要是通过明确奖惩或引入竞争方式，对项目公司进行正确的引导和激励，包括 PPP 产业基金扶持、国家或省市 PPP 示范项目奖励、专项资金补贴、优质资源捆绑等方式。激励监管一方面是鼓励更多的社会资本参与到 PPP 项目中来；另一方面是实现效益与公平的重要手段，即在保障社会公众利益的前提下，实现项目公司合理利润，促进政府部门的投资效率，同时也能够达到提高项目效率的目标。

五、PPP 项目监管各阶段任务与主要问题

（一）PPP 项目各阶段监管任务

1. 项目准备阶段

1) 项目准备期包括项目筛选和识别、项目物有所值和财政承受能力评审、社会资本采购和拟定 PPP 合同。

（1）综合性独立机构负责对 PPP 项目的可行性报告和实施方案进行审批，同行业主管部门一起评估项目风险，参与项目物有所值、财政承受能力、社会资本投资申请文件的评审，并与立项审批部门、行业主管等相关部门共同进行特许合同的谈判和签署。

（2）行政监管部门如发改委、规划部门、国土部门、财政部门、建设部门、审计部门在这一阶段发挥重要监管作用。①发改委负责审批项目建议书及投资估算、审批项目可行性设计方案、社会资本采购、项目勘察和社会资本的招标等。②财政部门对项目物有所值和财政承受能力进行审批、对 PPP 项目的预算进行监管。③建设部门对政府承建商准入监管，如招标过程的监管。④审计部门负责监管社会资本准入资质审查、对 PPP 项目立项投资进行审计监管等。

2) 准备阶段项目监管的重点为社会资本准入监管和 PPP 合同设计两方面。

(1) 社会资本准入监管要保证采购流程的公平性和合理性。

(2) PPP 合同设计要考虑到内容的合法性、适用性、完整性，重要边界条件需要考虑设置的灵活性。

如广东省廉江市廉江中法供水厂的 PPP 项目中，自来水公司与中法水务投资有限公司签订《合作经营廉江中法供水有限公司合同》，合同约定廉江自来水公司每日从中法水务购自来水量 6 万吨。但在实际运营中，廉江市用水量远低于约定够水量，自来水价格也低于预期价格（阶梯式收费），因此，廉江自来水公司认为合同有失公允，拒绝按照合同约定的数量与价格购买中法水务生产的自来水。

2. 项目建设阶段

项目建设阶段主要是指 PPP 项目从开工建设到完工的整个过程。

(1) 综合性独立监管机构的职责是合同执行情况的监管。①对勘察、设计、施工单位的监管；②施工图预算的审批监管；③对成本、质量和进度进行控制；④对项目公司违法分包、转包行为的监管；⑤组织竣工验收时的监管，包括竣工结算、决算和备案等。

(2) 审计部门主要对 PPP 项目合同及其相关工程合同进行审计监管，对工程款支付和工程造价的跟踪审计监管，对 PPP 项目各参与方的财务状况的审计监管。

(3) 监察部门主要负责对项目建设过程中突发性事件进行监管，或对政府重点关注领域进行阶段性监管。

(4) 环境保护部门对项目实施过程中项目公司的环境行为进行监管。

(5) 消防部门主要对项目建设主体的消防设施设备进行验收监管。

项目建设期重点监管内容是对工程进度、建设质量和资金的监管。如在国家体育馆案例中，因为北京市政府临时要求修改项目设计图，致使工期延长，影响工程进度和建设质量。监管者在对项目进度进行监管时，可以要求项目公司定期提交《建设工程进度报告》，确保项目施工进度与合同中约定进程安排的相一致。在工程质量和资金监管方面，要求外部工程监理单位和受托银行定期向综合性独立机构提交相关报告。

3. 项目运营阶段

项目运营阶段是指从 PPP 项目建成投入使用直至特许期结束。这一阶段，综合性独立机构对 PPP 项目的监管主要是在产品和服务质量、服务价格以及设施维护等方面发挥作用。

(1) 根据 PPP 合同或特许经营合同的规定，监管部门负责督促项目公司在此阶段做好设施的养护和维修工作，避免对基础设施进行超负荷运转，保证项目在移交时处于良好的状态。

(2) 由于社会资本主要依靠 PPP 项目自身收益获得投资回报，难免因利益驱使而提高产品或服务收费价格、降低产品或服务质量，此阶段要加强质量监管和价格监管。

(3) 对于准经营项目和公益性项目，由于政府在项目运营过程中有支付行为，需要对项目公司进行公平、合理的绩效监管，并根据考核结果进行支付。

(4) 为避免项目公司侵害股东利益，以及防止项目公司抽逃资本金和未经股东同意抵/质押项目资产进行不合法融资，还需要对项目公司资产进行动态监控和财务监管。

运营阶段监管的重点在于对项目公司整个运营过程进行控制和管理，除了对其进行绩效考核、价格监管、质量控制和财务监控外，还需要通过制度化监管来加以补充。

制度化监管包括：①设立例会制度；②监管部门定期与项目公司或委托运营单位召开例会，方便监管机构及时了解项目的运营状况；③财务事项定期报送制度；项目公司或委托运营单位定期向监管机构提供财务报告，防止出现重大的财务危机；④设立公共账户制度，要求运营阶段的所涉及的重要款项必须通过公共账户进出，便于监管机构实时监控财务状况。

4. 项目移交阶段

项目移交阶段是PPP项目的最终环节，是指在项目投资方的特许经营期满后将项目的所有权、经营管理权等所有权利无偿移交给政府。一般而言，正常情况下特许期满后项目公司将所有权与经营权交予政府。特殊情况下，如某一方或双方严重违约、项目公司经营不善导致严重亏损或不可抗力等原因造成特许权提前移交，此时需要政府启动项目应急预案，由相关部门临时接管或寻找其他社会资本继续经营以避免损失，保证社会公众利益不受损害。因此，在这一阶段，综合性独立监管机构的职责是项目的产权监督和合同执行情况的监督，对项目移交时项目的整体情况做出评估以确保公共部门的利益。

（二）PPP项目监管存在的主要问题

1. PPP项目监管的存在的问题

（1）未专门进行PPP立法，法规政策体系缺失

PPP项目的成功需要完善的法律、政策框架作为支撑和约束。目前国内针对PPP模式并没有设立专门的法律法规。在现行法律体系中，PPP项目的运作所涉及民法通则、招投标法、公司法、合同法、建筑法、政府采购法等法律，内容相对分散、适用范围相对较窄，法律之间可能还存在相互矛盾的现象，不能适应PPP项目实践的需要。各部门、各地区虽然颁布了一些行业管理办法，如在2015年6月1日开始实行的六部委发布《基础设施和公用事业特许经营管理办法》（以下简称25号令），以及国家发展改革委员会按照国务院的部署和要求，在25号令的基础上牵头起草了《基础设施和公用事业特许经营暂行条例》。但这些部门办法和条例缺乏权威性、强制性，也没有解决PPP实践中的法律冲突问题。PPP项目的建设和运营都缺少法律依据，无法为PPP项目的成功实施营造一个公平公正的法律环境。

（2）多部门多重监管，导致行政监管效率不高

政府对PPP项目监管的理解存在一定的偏差，认为引入PPP模式就是引入了市场机制，项目的监管只需要依靠市场自发的调控手段。政府目前最重视PPP项目识别阶段、准备阶段和采购阶段，一旦将项目的特许经营权交给社会资本方后便放松监管，导致政府监管角色缺失。同时发改委、市政管理局、财政局、审计局等行政部门在现行PPP项目监管体系中都扮演着非常重要的角色，PPP项目的行政监管分散在多个不同的行政部门，但也暴露出相互之间的监管责任边界不清的问题，在监管职能方面存在相互交叉的现象，最终导致PPP项目的行政监管效率不高。如果对社会资本在PPP项目建设和运营过程中的监管不力，对PPP项目中出现的不规范行为听之任之，就会导致产品质量下降、经营不善、服务效率降低甚至中断等问题的出现，损害公众的利益。

（3）社会监督体系不完善，社会监督流于形式

公众作为公用事业和基础实施的主要服务对象，在PPP项目实施过程中发挥着重要的监督作用，来保证自己的需求和利益得到满足。但是由于许多地方的社会监督体系不完善，造成公共产品的质量和服务的效率受到威胁。一方面由于公众对PPP项目的监督责任意识

不足,不能把自身作为项目的参与者对项目的建设和运营进行监督,并提出合理化建议;另一方面,地方政府缺少社会监督机制,公众不能采取有效的方式对 PPP 项目出现的问题进行监督,无法快速将发现的问题及时反应到上级部门。因此,PPP 项目所在地的社会监督体系不完善导致需要发挥重要作用的社会监督流于形式。

2. PPP 项目监管的措施

(1) 法律约束(建立健全的 PPP 项目法律体系)

基于不完全契约理论,建立健全的 PPP 项目法律体系以及设立专门的法律是 PPP 项目进行监管的必然选择。针对我国 PPP 项目的国情,结合发达国家成功的经验,我国 PPP 项目监管适合采用国家立法和专门立法相结合的法律体系。①由立法机关建立一个国家性的法律,作为规范政府部门和社会资本行为的基础。在法律体系不完备的情况下,国家性立法可以增强社会资本的信心,从宏观层面对 PPP 项目的各个阶段进行整体约束。②基于 PPP 项目的多样化以及各地区的差异性要求,在国家性立法的同时进行专门性立法。专门性立法是在国家统一立法的基础上,针对不同 PPP 项目的差异性进行专门的调整,有利于最大限度地符合 PPP 项目的实际情况。国家性立法可以解决单独立法权威性不足的问题,专门性法律可以深入到国家性立法所不能涉及的微观问题。所以需要国家立法与专门立法相结合,互相补充,建立健全的 PPP 项目法律体系。

(2) 行政监管(建立高效的 PPP 项目政府监管机构)

基于政府规制理论,划清政府行政部门的监管边界,明确监管范围,建立高效的 PPP 项目政府监管机构。监管机构作为 PPP 项目监管体系的核心,高效的监管机构体系有利于确保项目监管的有效性和统一性,所以对各部门的监管边界进行明确划分是十分必要的。PPP 项目监管机构的设立:①明确各个政府行政监管部门的监管职责和范围。如发改委重点监管 PPP 项目的发起,城乡建委是 PPP 项目建设市场的监管主体,市政管理局主要监管 PPP 项目的融资、建设、运营、移交等状况,财政局和审计局主要管理 PPP 项目的资金安全问题等。②设立独立综合性的政府监管机构,借鉴香港的模式由国务院直接任命一个独立于行政部门的国家 PPP 项目监管机构。③在国家 PPP 项目监管机构下设立各个领域的专业性独立监管机构,如交通独立监管机构、电力独立监管机构、水务独立监管机构等。因此,具有独立性和专业性的 PPP 项目监管机构就可以保证 PPP 项目行政监管的效率。

(3) 社会监督(建立完善的 PPP 项目社会监督体系)

完善的 PPP 项目社会监督体系是 PPP 项目成功非常重要的保障,能体现公众作为项目利益相关者参与项目的公平性和公正性。PPP 项目社会监管体系可以由两部分组成:①建立 PPP 项目公众投诉及建议平台。PPP 项目的受众群体数量庞大,借鉴发达国家的做法,并结合我国的国情,创新式地建立 PPP 项目公众投诉及建议的平台。②健全 PPP 项目听证会制度。一方面要建立听证人员甄选制度,公正广泛地选取听证成员;另一方面,听证的主要议题应在相关媒体上公示,开放实时网络讨论,真正做到公众参与并定期把结果反馈给公众。加大公众在监管过程中的参与度,建立完善的 PPP 项目社会监督体系,实现对 PPP 项目监管的再监督,保障公众需求得到满足。

六、跨区域(跨国界)PPP 项目监管

跨区域(跨国界)PPP 项目的出资方包括世行、亚行、非行、OPEC 基金、阿盟基金、欧盟基金和当地政府投资等。跨区域(跨国界)项目与国内项目相比,距离总部遥远,在法

律、市场、文化、社会和现场作业环境上也存在着极大差异，管理和监控相对困难。

（一）跨区域（跨国界）工程项目特点

1. 柔性管理作用突出

跨区域（跨国界）工程项目涉及不同的国家、不同的民族、不同的社会文化与经济背景和不同相关方的利益，因此跨区域（跨国界）项目管理不可能依靠行政手段，而只能通过规范的、符合国际惯例的现代项目管理方法和准则，特别是合同管理、风险管理、综合管理、信息管理和沟通管理等柔性管理手段，也是决定跨区域（跨国界）项目成败的重要因素。

2. 重视人员的综合素质

跨区域（跨国界）工程项目涉及多个专业和多个学科，整个项目管理过程十分复杂，对人才素质有很高的要求。从事跨区域（跨国界）工程项目管理的人员既需要掌握某一个专业领域的工程技术知识，又需要掌握涉及到管理、法律、金融、外贸、保险、财会等多方面的专业知识。对于人员素质，国内项目侧重其现场技术和管理经验，而国外项目则更加重视人员的综合素质和综合能力。

3. 前期准备工作非常重要

跨区域（跨国界）工程项目所处的社会、经济和市场环境与国内工程项目存在着巨大的差距，国外的文化、习惯、业主/监理的要求与我国项目实施人员传统的理念、思维和管理方法上存在着不同的方式、差异，甚至冲突。这就决定了跨区域（跨国界）项目的前期准备和计划工作的极端重要性，跨区域（跨国界）项目必须完善前期准备和计划工作，如果准备不充分、计划不到位，管理工作的某个环节出现了问题，将严重制约项目管理工作的有序进行。

（二）具体监管措施

针对跨区域（跨国界）工程项目的特点，在项目管理工作中的可采取以下几几项措施。

1. 优化跨区域（跨国界）工程项目管理的组织结构

跨区域（跨国界）项目实行层级管理，即公司、驻外机构和项目经理部三级管理；个别的项目实行两级管理，不设驻外机构，直接由公司对项目经理部进行管理。公司层面的项目管理通过业务主管职能部门执行，业务主管职能部门代表公司对项目进行管理。跨区域（跨国界）工程项目管理的组织层次，如图10-8所示。

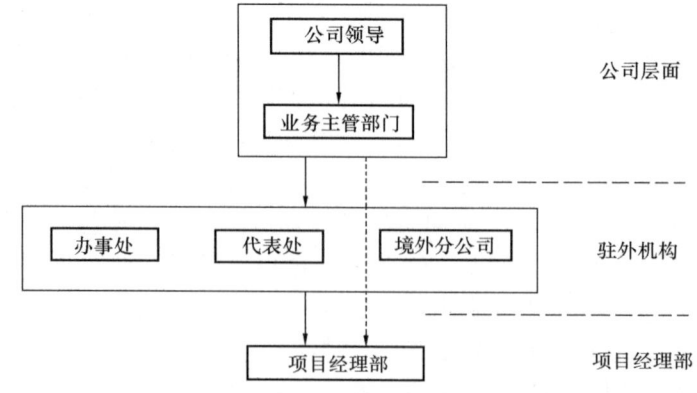

图10-8　跨区域（跨国界）工程项目管理的组织层次

在跨区域（跨国界）工程项目管理工作中，国内公司业务主管职能部门有两个职能：一是监控职能，即代表公司对项目进行监控，同时，必须经常定期或不定期适时地向公司主管领导汇报项目的执行情况，并把公司的有关决策和要求及时传达到项目上。二是配合服务职能，即为驻外机构和项目经理部提供后勤服务和技术支持，协助办理国内的相关工作手续，包括项目人员的考核及选派工作，国内物资的采购、供应，以及技术支持等。在跨区域（跨国界）项目管理工作中，业务主管职能部门不仅仅是"上传下达"二传手，而是代表公司对项目进行监控、管理和服务，从而加大了公司层面参与项目管理的力度。

2. 用制定制度加强对项目实施过程的监控

跨区域（跨国界）项目远离总部，一旦项目管理失控，将会对项目的实施造成重大影响，并将影响公司正常的生产、经营活动。公司要制定一系列的项目管理制度，包括项目目标责任制、项目经理选派制度、项目报告制度、项目检查制度、项目考核制度、项目审计制度、项目解体制度、责任追究制度等。这些制度能保证公司始终对项目各个阶段的实施情况进行监控，有利于公司及时采取调整措施。

3. 规范项目管理工作和流程

传统的项目管理模式存在很多缺陷，对于跨区域（跨国界）项目管理来说最突出的是以下两点：一是公司在选派了项目经理和项目班子成员后，项目的命运基本上就依托于项目经理与经理部成员的能力和经验，项目的成败仅仅系在项目经理班子一条线上，而跨区域（跨国界）项目天高皇帝远，如果出现问题很难得到及时纠正，这种系于一线的管理非常危险。二是项目管理人员的培养和成长基本上沿袭"师傅带徒弟"的模式，不同的师父带不同的徒弟，每个项目管理人员都有各自不同的管理方法和思路，他们在管理和沟通上不可避免地存在着差异和冲突，在跨区域（跨国界）工作中，这种"一个将军一支令箭，一个师傅一个传手"的差异和冲突比本地项目更加难以消除和解决，并且往往会激化甚至恶化，从而影响项目的开展。

为了弥补这些缺陷，应推广现代项目管理理论、技术、工具和方法，针对PPP项目具体情况，明确工程项目管理体系，编制《工程项目管理指南》或《工程项目管理手册》，用以规范项目管理工作和流程。开展全员培训，制定全员、业务骨干和公司领导三个层次的培训计划，通过培训使各个层级的管理者系统掌握项目管理知识。项目管理分为前期准备、项目实施、项目结束三个主要阶段，以流程的方式表示出各个阶段需要进行哪些工作，并对每一项工作提出具体的规定和要求，目的就是采用规范性的管理流程和管理模式，用具体的规定和要求来减少人为的疏忽和大意，从而提高项目管理水平和管理效率。项目管理工作流程如图10-9所示。

（1）项目准备阶段。项目准备阶段的主要工作包括项目实施评审、人员资格审查、施工计划、进场建点、材料设备采购等。①项目评审工作由公司总部或业务主管职能部门完成，组织专家从各个层面对拿到的项目进行评审，分析项目实施的风险，对项目管理提出目标建议，为公司领导的决策提供参考依据。②施工计划包含进度、分包、人员、材料、机械和资金计划等，对于跨区域（跨国界）项目来说，人员、材料、机械和资金出现短缺，并不能像国内项目那样马上能够进行调拨和增援，因此前期计划工作的好坏将对项目进展起到关键作用。

（2）项目实施阶段。项目实施阶段的主要工作：①对每项管理工作都提出具体的要求和

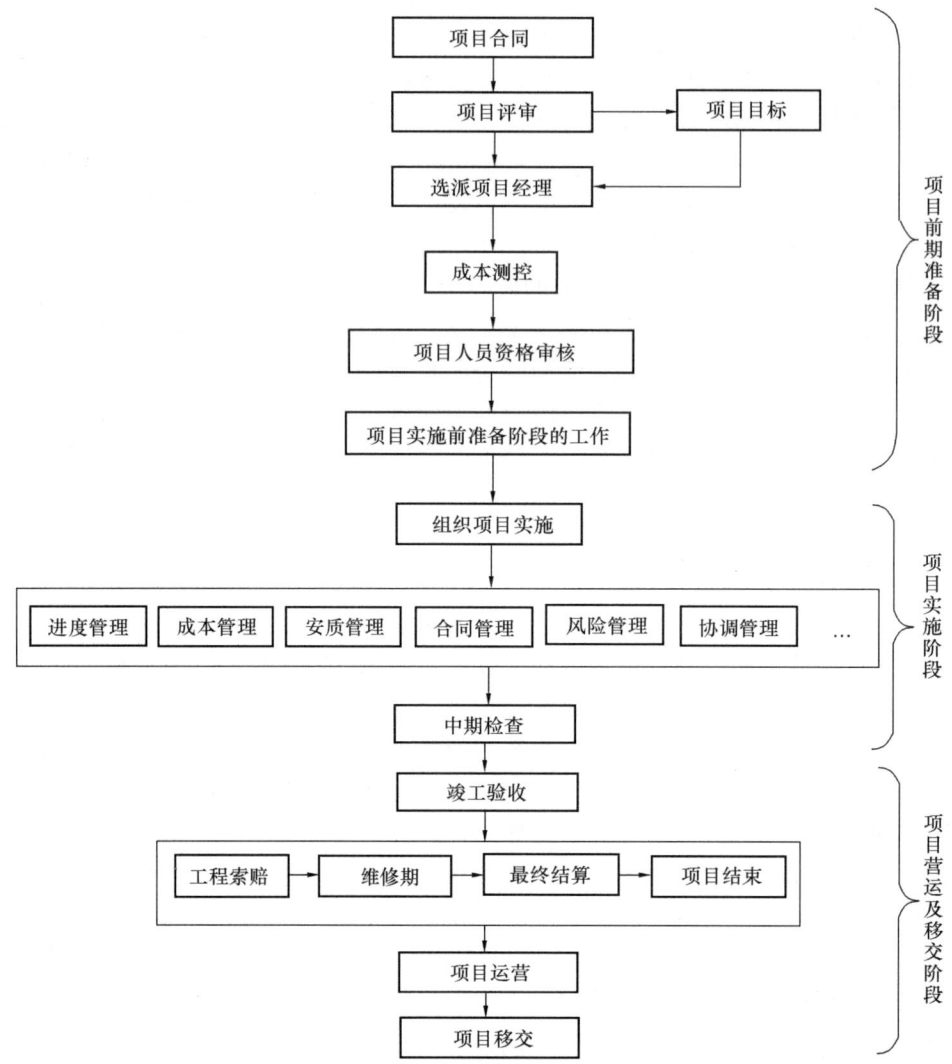

图 10-9 项目管理工作流程

规定，以及可以采用的工具和方法。②明确项目管理的主要工具和方法，如 WBS 工作分解结构、横道图法、网络法、关键路径法，工程变更、索赔程序等。③对项目管理的界面、环节、流程进行协调和界定；④采用网络法加强进度管理，子系统的网络计划又是相互关联、相互制约的，形成施工总体进度控制网络图。

（3）项目结束阶段。项目结束阶段主要对竣工移交（现场移交、资料移交）、项目维护计划、项目解体的程序明确具体的要求和规定，明确对项目总结工作和总结报告的编制具体要求。

4. 实行属地化经营管理策略

属地化经营管理，就是在经营管理的各个层面，按照项目所在地的法律法规、规章制度和运作方式规范操作流程，逐渐融入当地社会，在当地建立广泛的业务渠道和社会关系，实现"适者生存"，只有如此才能长期在当地占领一定的市场份额。

(1) 人才属地化。充分利用当地的人力资源，大胆吸收、培养和使用当地员工，发挥他们在语言、文化、社会关系和技术等方面的优势；甚至有些重要的管理岗位都可以大胆地起用当地人才。

(2) 加强与当地一些有实力的公司的合作，建立长期的业务关系。建立合格分包商、材料供应商、设计单位、咨询机构和劳务公司的档案，选择有实力、有信誉的公司长期合作。属地化管理不仅可以保证项目的顺利实施，而且有利于立足当地市场，向周边国家辐射，陆续获得新的项目。

第四节　全生命周期体系项目绩效评价

绩效评价在考核实施活动过程结果的基础上，应用考核结果的描述来确定绩效的高低，做出评价。PPP项目绩效具有多因性、多维性、动态性等特征，因此，项目绩效评价是一种综合性的评价。项目全过程实施绩效评价是PPP项目综合管理的一个重要方面。PPP项目绩效是指PPP项目实施活动和过程的结果。

一、项目绩效评价的评价的目的

(1) 通过全面的总结，不断提高PPP项目决策、设计、施工、管理、运营的水平，达到合理利用资金、提高投资效益、改进管理、促进生态平衡、提高公共产品的供应能力和质量、公众福利最大化等目的，同时为制定相关政策等提供科学依据。绩效评价应当是PPP模式运作的重要组成部分，是其全生命周期中不可缺少的信息反馈环节。

(2) 通过绩效评价，反映出项目决策过程、建设过程和运营阶段中出现的一系列问题，并将各类信息反馈到管理决策部门，可以检验项目投资决策的正确与否，促进项目全生命周期中各项工作不断改善，从而构成完整的绩效管理系统。同时通过有效的绩效管理不断促进PPP模式在我国应用的规范化、标准化，向社会资本和公众展现良好的政府形象，从而更好地吸收社会资本，推动基础设施的建设和运营，实现政府的有效运营。

(3) 通过明确基础设施PPP项目的绩效目标与内容，找出项目绩效的影响因素，形成系统的绩效管理系统，建立合适的绩效评价方法，进而构建促进绩效进一步提高的绩效激励机制，并以此来深入研究PPP项目的费用、工期、服务质量、公众满意、合作方式等，可以为PPP项目明确正确的发展路径，促进PPP项目创造出最大的产出。

(4) 项目全生命周期绩效评价是为项目产品在全生命周期内达到社会或企业的最大价值而采用一系列的管理过程，是全生命周期管理与绩效评价的结合，全生命周期追求的是项目产品的基本目标：进度、质量、投资、安全、职业健康和环境，绩效评价是其中的一部分内容。这种评价的目的，在于通过全面的总结，不断提高PPP项目决策、设计、施工、管理运营的水平，达到合理利用资金、提高投资效益、改进管理、促进生态平衡、提高公共产品的供应能力、质量和公众福利最大化等目的，同时为制定相关政策等提供科学依据。

(5) 将绩效评价和全生命周期管理相结合，充分运用全生命周期绩效评价方法，对项目全生命周期价值进行分析和控制的实质，就是对各种不同的备选方案进行价值分析，实现PPP项目全生命周期价值。正确运用方法从众多方案中选择最优方案，可以控制项目全生命周期成本，达到最佳的全生命周期价值。

二、绩效评价的作用

(1) 确保政府获知 PPP 项目进展状况,满足政府检查 PPP 项目进展情况的需求。
(2) 进一步确认项目组织对 PPP 项目承诺的实现程度。
(3) 作为预测项目建设和运营管理终结绩效的依据。
(4) 尽早发现项目实施的问题,以便提前采取措施。
(5) 作为考核工作成果,实行奖惩的依据。

三、绩效目标和评价时间的设定

(一) 绩效目标的设定

项目绩效目标是在特定时间用特定指标表示期望结果的一种明确状态,成为项目绩效评价的标准。设定绩效目标的要求是:

(1) 项目绩效目标必须准确化、具体化、定量化。①绩效目标的设定要以工作分析为依据,而不能任意设定;②标准应足够清楚和客观,以便被理解和测量。

(2) 绩效目标的设定应当是合理的和可达到的。如果目标设定不合理或过高,将导致执行不利;如果目标设定过低,执行人员就会自满于轻易的成功,从而导致执行不利。

(3) 绩效目标的设定必须满足项目业主、贷款机构和上级管理单位对绩效管理的具体要求。

为了及时了解项目实施情况,项目主管部门、贷款机构和上级管理单位往往对绩效评价的时间、指标体系和报表规格提出许多具体要求,项目实施单位必须满足这些要求。

(二) 评价时间的设定

评价时间可按阶段性评价和定期评价两类设定。

1. 阶段性评价

阶段性评价是指一个子项目或较大的单项目或阶段性建设或运营时段完工后的阶段性工作评价,这时评价的内容比较广泛,包括对项目的功能特性、质量、进度、费用管理水平等进行综合评价。

2. 定期评价

定期评价是指项目建设或运营过程中的月度、季度、年度评价。这时,子项目尚在建设过程中,很难对项目功能特性作出评价,只能对已完成部分工程的质量、进度、费用进行综合评价。

四、项目绩效评价的基本方法

(一) 对 PPP 项目实施效果进行检查,收集测量数据

绩效目标一旦建立,所有项目管理人员应了解这些目标,并按要求定期进行绩效测量和整理,对实施情况进行检查。项目检查主要包括状态检查和工作过程检查两方面内容。

(1) 项目的状态检查,主要检查项目的绩效是否达到要求,项目是否在进度计划和预算之内,以及项目管理的范围是否正确;

(2) 项目的工作过程检查,重点在于检查项目管理工作开展得如何,现在做得是否满足要求,有哪些问题需要改进。

(二) 对检查结果和测量数据进行综合分析和预测,制订必要的改进措施

分析和预测要紧紧围绕项目总体目标要求进行。例如,某单项工程计划年底完成,施工高峰期在 2~11 月,5 月底按计划完成工作量 40%,费用应开支 40%,但实测结果,到 5

月底工作量只完成35%,费用开支达到40%。这种情况说明,工期拖了半个月,费用额度没有超过规定,但由于工作量少完成5%,实际上预算超支5%。根据检查结果,管理人员就应认真分析拖期和超支的原因,研究采取哪些措施,可否通过今后6个月的努力把半个月时间抢回来,超支的5%费用能否节约下来。如果经过采取措施,预计工期可以抢回10天,费用可以节省2%,就需进一步研究拖期5天对整个项目的建设进度是否会产生影响,影响有多大,还有3%的费用能否在不可预见费中得到解决。

(三)编写PPP项目绩效报告

PPP项目绩效报告是对PPP项目执行"期间"的关键指标、目标、风险和设想等因素进行监控的结果,是对PPP项目能否获得圆满成功的早期预警,能够及时反映出某一时间点上的PPP项目执行状态、问题,并提出改进措施。

PPP项目计划和工作成果是绩效报告的重要内容,绩效报告的主要内容包括状态报告、进展报告、预测和变更申请。

1. 状态报告

介绍PPP项目在某一特定时间点上所处的位置,它要说明的是从达到范围、时间和费用目标上讲PPP项目当前所处的状态。已经花费了多少资金?完成某项任务要多久?工作是否如期完成?PPP项目是否在进度计划和预算之内?应对关键任务,特别是关键路径上的那些任务进行报告。对具有高技术风险的任务应予以特别注意,对PPP项目管理人员仅能进行有限控制的外部厂商、分包商等进行的任务也应予以特别注意。

2. 进展报告

介绍PPP项目组织在某一特定期间内所完成的工作。许多PPP项目的做法是要每位PPP项目成员准备一份月度进展报告,有时是每周进展报告,PPP项目经理以从各个成员那里收集的信息为基础完成统一的进展报告。

3. 预测和变更申请

工程项目预测和变更是在过去资料和发展趋势的基础上,预测和变更工程项目未来的状态和进度。根据当前的进展情况,预计完成工程项目或达到运营目标要多长时间,完成工程项目或达到运营目标需要多少资金,预计的进度、费用、绩效或范围是否存在重大偏差,目前存在和今后可能发生哪些问题,应当采取哪些措施加以改进。

第十一章 PPP项目咨询服务与项目审计

第一节 PPP项目咨询服务

咨询服务是咨询受托方（咨询人员或咨询机构）根据委托方（客户）提出的要求，以专门的信息、知识、技能和经验，运用科学的方法和先进的手段，进行调查、研究、分析、预测，客观地提供最佳的或几种可供选择的方案或建议，帮助委托方解决各种疑难问题的一种高级智能型信息服务。咨询服务通常是依靠具有专业知识背景、实践经验和创新能力的人才，充分开发利用信息资源，运用现代信息技术和咨询科学方法为客户解决复杂问题的一种有组织的智力活动。

一、咨询服务的类型

根据咨询对象和咨询活动的不同特点，可以将咨询服务划分为5个主要类型。

1. 政策咨询

为某一国家、地区或大型企事业单位的发展战略规划和各种带有政策性、全局性和综合性的重大决策问题提供的咨询服务。政策咨询服务的范围从社会政治、经济、科技、文化等各个领域长期发展战略规划的论证，到综合性的跨行业、跨部门决策问题以及国家重大方针政策和重要建设项目的确定等，涉及的专业领域往往超出特定的学科范围，需要集中许多学科领域的专家学者进行共同研究。政策咨询是决策科学化的重要保证，自20世纪60年代以来深受世界各国重视。著名的美国兰德公司、英国伦敦国际战略研究所、中国国务院发展研究中心都属此类咨询机构。

2. 管理咨询

以企业经营管理为主体的咨询服务，亦称企业诊断。它是针对企业经营管理中存在的主要问题和薄弱环节，提出各种优化方案，供企业领导者决策时参考，以提高企业的经营管理水平，其最终目标是提高企业的经济效益和竞争实力。管理咨询的内容大致包括企业经营战略咨询、管理体制咨询、市场发展咨询等综合咨询，以及生产管理咨询、人事管理咨询、财务管理咨询、质量管理咨询、销售管理咨询、信息技术咨询等专题咨询。针对管理咨询具有实践性、临床性的特点，一般应聘请有关方面的管理专家，深入企业现场，对企业经营管理的各个方面及其全过程进行诊断，在全面了解和掌握企业经营管理有关状况的基础上，对所存在的问题提出基本评估和改进方案。美国安德森咨询公司、德国系统工程公司等即属此类咨询机构。

3. 工程咨询

专门为各种工程建设项目提供的咨询服务。工程咨询以尽可能避免项目决策失误为目的，通常是对工程建设项目从立项评估到竣工投产的全过程进行咨询，一般情况下要参与可行性研究、设计、招标、施工等阶段的咨询服务，包括向现场派驻常任代表或者直接参加施工监理工作。工程咨询在咨询业中历史最为悠久，英国艾特金斯咨询公司、中国国际工程咨询公司等均属此类咨询机构。

4. 技术咨询

咨询人员和咨询机构利用自己掌握的技术知识、信息和经验，为解决客户遇到的技术疑难问题所开展的咨询服务。技术咨询目标具体，技术性强，咨询方式多种多样。从其业务内容来说主要有技术问题诊断、技术经济分析、技术可行性研究、技术发展预测、技术选择与评价、技术推广与培训等。技术咨询以适用技术为出发点，其影响则渗透到社会、经济的各个方面，是促进技术转移、技术改造和技术进步，搞好技术引进、活跃技术市场的重要工具。

5. 专业咨询

就某一特定专业领域里的问题进行咨询服务。专业咨询通常都针对客户提出的问题进行，其特点是涉及面较窄，专业性较强。主要包括环境咨询、金融咨询、会计咨询、法律咨询、医学咨询、心理咨询、生活咨询等。专业咨询服务一般应由相应领域的专家来承担，咨询机构的规模大多比较小，业务方式灵活多样，除采用答复咨询等形式外，有时还通过举办专业培训班或编辑出版各种书刊资料进行宣传指导，或者代理各种专门服务等。随着社会信息需要的急剧增长，专业咨询服务呈现出蓬勃兴旺的发展势头，逐渐成为现代咨询业的主流。

二、PPP 模式下咨询公司的职能

PPP 模式下咨询公司具体职能如下：

（1）提供政策咨询。由于项目的运作涉及国家的产业政策、行业政策、税收、金融等各方面的政策，咨询公司可以帮助 PPP 项目公司进行政策咨询和服务，并按照政策的要求设计项目框架，规避项目的政策风险。

（2）协助确定融资方案。合理的融资方案是项目成功的重要因素。咨询公司可以充分发挥自身的专业优势，依据其掌握的市场信息和融资经验，帮助 PPP 项目公司设计适合项目特点的最佳融资计划，确定合理的融资结构。

（3）协助制定风险管理方案。在 PPP 模式下，项目面临的风险众多，咨询公司能够对项目全生命期内风险作出较为准确专业的判断，制定合理的风险分配方案，使项目的风险管理合理有效。

（4）协助选择合作伙伴。项目的建设需要有众多的合作伙伴参与，包括设计单位、建设单位、监理单位等，咨询公司可以协助 PPP 项目公司选择信誉卓越、技术精专的合作伙伴，协助进行工程的合理安排，有效控制工程的进度、成本和质量。

（5）协助项目开发运营。咨询公司可以为 PPP 项目公司提供长期的市场分析和预测，设计规避市场风险的有效方案。项目开发运营过程中的相关报告、文件以及会议等也都在咨询公司的协助下完成。

三、PPP 模式下咨询公司的服务内容

成功推广 PPP 模式，促进社会资本进入公共产品与服务领域，需要建立一个行之有效的保障机制。为 PPP 项目提供全生命周期的咨询服务，主要包括准备阶段、建设阶段、运营阶段和移交阶段的各个过程服务。

1. 针对政府或政府部门可提供的服务

（1）项目识别阶段：①协助政府根据物有所值评价体系对项目进行评价；②根据评价结

果对当地政府财政承受能力进行论证；③筛选出适合PPP运作模式的项目。

（2）项目准备阶段：①协助政府设计PPP模式运作的基本交易架构和商业模式；②协助政府PPP实施机构编制PPP实施方案，包括项目基本情况、风险分配基本框架、具体PPP模式的选择、交易结构、合同体系、监管架构和采购方式选择的设计等；③根据政府批准的实施方案，细化各项工作，进行具体工作分配，构建双方工作流程和程序；④编制PPP项目实施工作计划，督促参与各方均按照已确定的实施工作计划执行。

（3）项目采购阶段：①协助政府确定对社会资本的资格要求、资信及业绩等要求；②协助政府选定的采购代理机构编制采购文件中的商务部分；③参与采购过程，协助采购过程关键流程控制；④根据现有法律法规的要求，编制适合PPP项目的项目合同；⑤参与政府与中标（成交）的社会资本的协商，谈判，参与签署项目合同；⑥参与其他和项目相关的会议、谈判、磋商，并发表专业建议；⑦协助政府引入社会资本方。

（4）项目建设阶段：①对于政府参股的项目协助政府制定融资策略和方案；②协助政府制定项目监管条例；③并协助政府对项目进行监督；④协助政府进行合同修订、违约责任划分追究和争议解决等工作。

（5）项目移交阶段：①协助设计项目移交内容、移交标准、移交形式和补偿方式等；②协助梳理项目资产产权、知识产权和技术法律文件；③协助政府制定项目移交性能测试方案。

（6）过程咨询：在PPP项目全生命周期中，书面或口头解答政府提出的咨询问题及协助处理相关事宜。

（7）全过程：全过程跟踪项目管理和咨询服务，防范项目各阶段风险。

（8）其他：为有关人员提供PPP相关知识的学习和培训，指导相关业务的开展和实施，及受委托的其他咨询服务内容。

2. 针对社会投资方可提供的服务

（1）项目评估：①项目尽职调查；②财务可行性评估；③投入产出现金流量分析；④融资方案评估；⑤项目风险评估等。

（2）方案设计：①项目交易结构设计；②风险分配设计；③融资策略与融资方案设计（包括但不限于产业基金、信托、债券、资产证券化、项目收益债等方式）；④定价方案与调价方案及政府补偿方案设计；⑤开发运营模式设计。

（3）投标谈判：①制定投标方案和战略；②协助编制投标书、产出说明书等文件；③协助与政府进行谈判；④参与其他和项目相关的会议、谈判、磋商，并发表专业建议。

（4）协议签订及管理：①协助客户对协议风险进行分析和识别；②制定风险控制和管理方案；③起草PPP协议、收益协议及融资协议；④协助客户进行协议谈判，包括制定谈判技巧策略、研究谈判过程中遇到的专业问题和整理谈判成果；⑤协助客户制定合同管理目标和执行计划，从专业角度为解决合同争议提供支持，对于执行遇到困难的合同进行重新谈判；⑥协助客户对执行中的合同进行阶段性评估，对执行完的合同进行后评估，总结经验教训并为决策提供支持。

（5）项目建设：①项目公司的设立方案（法律与治理等方面）；②项目公司章程的制定；③为项目提供资金支持或为项目引入投资人；④协助项目管理和成本控制。

（6）项目运营：①协助项目公司制定项目运营方案；②为项目后续运营管理提供资金、

技术、资源及人员等方面的支持;③为项目公司提供会计处理与税收筹划等支持。

(7) 项目移交:①协助设计项目移交内容、移交标准、移交形式和补偿方式等;②协助梳理项目资产产权、知识产权和技术法律文件。

(8) 其他:①梳理行业相关的政策法规并做适当政策趋势预测,规避相关的风险;②为企业的有关人员提供相关知识培训和业务指导。

3. 针对项目平台公司可提供的服务

根据客户的要求和融资需要进行尽职调查,为客户编写项目可行性研究报告或项目评估报告,为客户起草信息备忘录及框架协议、协助客户进行有关谈判。

(1) 帮助公用企业和平台公司制定或改进发展战略,并协助企业实施发展战略和规划细节。

(2) 研究和设计公用企业和平台公司可持续发展的模式和机制。

(3) 协助公用企业和平台公司进行机构能力建设,提高效率和运作能力。

① 风险管理:协助客户对合同风险进行分析和识别,制定风险控制和管理方案,为合同起草提供支持。

② 谈判顾问:协助客户进行合同谈判,包括制定谈判策略、研究谈判过程中遇到的专业问题和整理谈判成果。

③ 执行管理:协助客户制定合同管理目标和执行计划,从专业角度为解决合同争议提供支持,对于合同执行遇到的问题进行解决谈判。

④ 后评价:协助客户对执行中的合同进行阶段性评估,对执行完的合同进行后评价,总结经验教训并为决策提供支持。

(4) 项目税费筹划与控制

① 项目公司税费政策与减免、补贴咨询。

② 项目公司纳税操作方案制定。

③ 项目公司税费合理规避与减免设计。

④ 项目公司税务风险防范。

四、中国公私合作(PPP)发展研究中心

中国公私合作(PPP)发展研究中心是在财政、发改、水利(水务)、环保、交通、住建等有关部门关注与支持下发起、以银行、基金公司、融资联盟、风投研究、财产咨询管理公司等社会团体、单位、组成的非营利性学术研究培训机构,中心主要参与政府和社会资本合作(PPP)相关的政策研究、咨询培训、能力建设、融资支持、信息统计和项目对接等工作;在国家的政策的指导下,结合公共行业的发展现状展开理论研究与实践,推动国内、国际间的学术交流与合作,致力于我国PPP产业项目操作能力技术水平的提高、资源信息的交流和共享,建立科研设计学术领域与企事业单位技术交流沟通平台。

主要业务范围包括:

(1) 受有关主管部门委托组织和参与行业发展规划和科技进步规划的编制,组织行业相关技术政策、法规、标准的调研和起草工作;组织行业相关标准、规范的宣传、贯彻工作。

(2) 收集整理国内外PPP相关的理论与案例分析,研究PPP项目实践中政府采购、预算管理、投融资机制、风险控制等问题,统计并编印有关信息资料,为政府与企业提供技术咨询服务。

（3）制定PPP操作指引、合同指南，协助政府筛选适用PPP的行业、选择合适的PPP模式、制定规范的PPP项目流程等，开展PPP示范项目建设。

（4）开展培训，在PPP项目识别、评估、招标采购、合同管理咨询等环节，为政府提供技术支持；打造高绩效PPP工作人员的业务能力建设。

（5）通过基金、股权、贷款和担保等方式促进PPP项目投融资，搭建投融平台，使招商引资便利化。

中心的成立，将为进一步推进PPP工作提供必要的技术支撑和专业保障，更好的促进PPP规范健康发展；为各专业领域的广大管理人员搭建桥梁，培养高素质、高水平的专业管理人才。成立以来，在政府与企业的大力协助下，在全国各地组织多期内部培训及公开培训班，且成功为地方政府提供PPP融资和项目操作实施方案，并为地级市政府组建成立基金公司等。

五、PPP模式中咨询机构的作用

财政部发布的一系列文件中提出：为确保示范项目操作规范和高效，必要时可聘请专业机构协助和积极发挥第三方专业机构作用。发改委在其文件中也提出了积极发挥各类专业中介机构在PPP项目中的积极作用，提高项目决策的科学性、项目管理的专业性以及项目实施效率。

政府和社会资本合作模式是多种多样的，要面对和解决的问题也是千变万化的，专业咨询机构可以为政府提供全过程的咨询服务，包括前期准备、招商选择社会资本、谈判、协助政府和社会资本签署协议等，咨询机构的参与可以最大限度地保证项目规范、专业运作，并能从以下几方面提高项目的效率和运作成果。

1. 提高效率，编制科学的程序计划

咨询机构有广泛的项目实践经验积累，可以从既往经验中总结得出符合市场规律和切实可行的运作实施程序，PPP项目遵照咨询机构建议的程序运作可以显著提高运作效率。

PPP项目中，社会资本通常会和多个政府部门之间建立长期复杂的合同关系，因此项目的成功依赖于政府部门对项目的有效组织。在财政部和发改委的文件中也提出要在多个政府部门之间健全协调机制和联审机制。

咨询机构的参与可以帮助政府建立一个高效且有机配合的项目组织，保证PPP项目的运作效率。

PPP项目的成功离不开沟通，尤其是政府部门和社会资本的沟通，项目实施前的有效沟通可以为今后数十年的合作打下坚实的基础，避免项目实施过程中出现诸多不可调和的矛盾冲突，影响项目进度。

专业咨询机构的参与，使政府部门可以在理念和商业语言上与社会资本有效对接，从而进行充分的沟通。

专业咨询机构相对客观的角色和视角，可以有效润滑政府部门和社会资本之间的沟通，平衡双方的利益冲突，保证项目的实施。

2. 增加项目吸引力，实现项目价值最优化

聘请具有丰富经验的专业咨询机构，充分利用其在国际招投标、国际投融资等方面的经验优势，可以使项目结构设计更加严谨和符合国际惯例，充分反映政府意志和资本市场的特点要求，易于被政府部门和社会资本接受。一个按照国际惯例运作的PPP项目，对社会资

本而言，无疑更加具有吸引力，会有更多的潜在投资人参与，充分竞争可以实现项目价值的最优化。

政府可以利用专业咨询机构在行业内的人脉和影响，向业内投资人推介项目，并引导尽可能多的符合条件的投资人参与竞争，从而使政府部门在项目运作中处于相对主动地位，有利于政府控制项目的进展。

3. 平衡市场化双方力量，保护政府正当利益

在PPP项目中，政府部门和社会资本是两个基本角色，两者力量是不均等的。社会资本参与PPP项目的经验往往很丰富，而国内多数城市政府则缺少这方面的经验，有的还可能是第一次。

由于PPP项目要求政府部门和社会资本在签订合同前，对于项目的经济、技术、法律等方面的问题，做出细致、完整、严密的规定，而且任何一个PPP项目的持续时间都长达10多年甚至30年，因此，即使是一个看似微小的疏忽，也可能带来长期不利的后果，轻则致使项目失去公平，使政府处于不利地位，重则将导致PPP项目失败、流产，甚至使政府和国家遭受严重的经济损失。

因此，聘请专业的咨询机构可以弥补政府部门在经验和专业知识上的欠缺。咨询机构帮助政府进行充分和细致的项目前期准备，设计更加严谨和符合国际惯例的项目结构，明确项目基本条件，合理分配各方的风险、权利和义务，最大限度地降低项目风险，最大程度地保障政府部门的正当利益。

第二节　PPP模式公共项目审计

审计是指由专设机关依照法律对国家各级政府及金融机构、企业事业组织的重大项目和财务收支进行事前和事后的审查的独立性经济监督活动。

审计是由国家授权或接受委托的专职机构和人员，依照国家法规、审计准则和会计理论，运用专门的方法，对被审计单位的财政、财务收支、经营管理活动及其相关资料的真实性、正确性、合规性、合法性、效益性进行审查和监督，评价经济责任，鉴证经济业务，用以维护财经法纪、改善经营管理、提高经济效益的一项独立性的经济监督活动。

审计作为一种监督机制，其实践活动历史悠久，但人们对审计的定义却众说纷纭。公认具有代表性且被广泛引用的是美国会计学会1972年在其颁布的《基本审计概念公告》中给出的审计定义，即"审计是指为了查明有关经济活动和经济现象的认定与所制定标准之间的一致程度，而客观地收集和评估证据，并将结果传递给有利害关系的使用者的系统过程"。

一、审计的基本特征

审计主要具有以下几方面的基本特征。

（一）独立性特征

独立性是审计的本质特征，也是保证审计工作顺利进行的必要条件。

国内外审计实践经验表明，审计在组织上、人员上、工作上、经费上均具有独立性。为确保审计机构独立地行使审计监督权，审计机构必须是独立的专职机构，应单独设置，与被审计单位没有组织上的隶属关系。为确保审计人员能够实事求是地检查、客观公正地评价与报告，审计人员与被审计单位应当不存在任何经济利益关系，不参与被审计单位的经营管理

活动；如果审计人员与被审计单位或者审计事项有利害关系，应当回避。审计人员依法行使审计职权应当受到国家法律保护。审计机构和审计人员应依法独立行使审计监督权，必须按照规定的审计目标、审计内容、审计程序，并严格地遵循审计准则、审计标准的要求，进行证明资料的收集，做出审计判断，表达审计意见，提出审计报告。审计机构和审计人员应保持职业中精神上的独立性，不受其他行政机关、社会团体或个人的干涉。审计机构应有自己专门的经费来源或一定的经济收入，以保证有足够的经费独立自主地进行审计工作，不受被审计单位的牵制。审计对象或审计监督的内容，一般是指被审计单位的经济活动和经济资料。着眼点在于评价经济责任。因此，审计监督是一种经济监督，并不同于行政监督或司法监督。行政监督的对象是国家行政机关实施的行政管理活动（包括经济活动）；行政监督不是以第三者身份，通过授权或委托进行监督，其执行主体本身就具有管理权和处罚权。法律监督的客体是法律关系，其依据是法律。法律监督的最高机关是全国人民代表大会及其常委会，有权监督宪法的贯彻实施。实行法律监督的主体是法院和检察院，其监督要按照法律程序进行。审计虽然也是依法监督，但除法律为其依据外，还有国家的方针、政策、计划、规章、标准、法规等，依法审计，并不等于就是法律监督。审计监督虽说也是经济监督，但又不同于其他专业经济监督。审计监督是专设的部门所实行的监督，审计部门无任何经济管理职能，不参与被审计人及审计委托人任何管理活动，具有超脱性；审计监督内容取决于授权人或委托人的需要，具有广泛性；审计监督代表国家实施监督，被审计单位不得阻挠；审计监督不仅可以对所有的经济活动进行监督，而且还可以对其他经济监督部门以及它们监督过的内容进行再监督。如会计、财政、税务、银行等可以实行经济监督，但它们不是独立的经济监督部门，而主要是经济管理部门，经济监督是其经济管理的附带职能，监督是为其管理服务的，监督的内容总是与其管理的范围相一致。

（二）权威性特征

审计的权威性，是保证有效行使审计权的必要条件。审计的权威性总是与独立性相关，它离不开审计组织的独立地位与审计人员的独立执业。各国国家法律对实行审计制度、建立审计机关以及审计机构的地位和权力都做了明确规定，这样使审计组织具有法律的权威性。我国实行审计监督制度在宪法中做了明文规定，审计法中又进一步规定：国家实行审计监督制度。国务院和县级以上地方人民政府设立审计机关。审计机关依照法律规定的职权和程序，进行审计监督。

审计人员依法执行职务，受法律保护。任何组织和个人不得拒绝、阻碍审计人员依法执行职务，不得打击报复审计人员。审计机关负责人在没有违法失职或者其他不符合任职条件的情况下，不得随意撤换。审计机关有要求报送资料权，检查权，调查取证权，采取临时强制措施权，建议主管部门纠正其有关规定权，通报、公布审计结果权，对被审计单位拒绝、阻碍审计工作的处理、处罚权，对被审计单位违反预算或者其他违反国家规定的财政收支行为的处理权，对被审计单位违反国家规定的财务收支行为的处理、处罚权，给予被审计单位有关责任人员行政处分的建议权等。我国审计人员依法行使独立审计权时受法律保护，如被审计单位拒绝、阻碍审计时，或有违反国家规定的财政财务收支行为时，审计机关有权做出处理、处罚的决定或建议，这更加体现了我国审计的权威性。审计人员应当具备与其从事的审计工作相适应的专业知识和业务能力。审计人员应当执行回避制度和负有保密的义务，审计人员办理审计事项应当客观公正、实事求是、廉洁奉公、保守秘密。审计人员滥用职权、徇私舞弊、玩忽职守，构成犯罪的，依法追究刑事责任；不构成犯罪的，给予行政处分。这样不仅有利于保证审计执业的独立性、准确性和科学性，而且有利于提高审计报告与结论的权威性。

根据我国审计法规的要求，被审计单位应当坚决执行审计决定，如将非法所得及罚款按期缴入审计机关指定的专门账户。对被审计单位和协助执行单位未按规定期限和要求执行审计决定的，应当采取措施责令其执行；对拒不执行审计决定的，申请法院强制执行，并可依法追究其责任。由此可见，我国政府审计机关的审计决定具有法律效力，可以强制执行，这也充分地显示了我国审计的权威性。

我国社会审计组织，也是经过有关部门批准、登记注册的法人组织，依照法律规定独立承办审计查账验证和咨询服务业务，其审计报告对外具有法律效力，这也充分体现它们同样具有法定地位和权威性。我国内部审计机构也是根据法律规定设置的，在单位内部具有较高的地位和相对的独立性，因此也具有一定的权威性。各国为了保障审计的权威性，分别通过《公司法》、《证券交易法》、《商法》、《破产法》等，从法律上赋予审计超脱的地位及监督、评价、鉴证职能。一些国际性的组织为了提高审计的权威性，也通过协调各国的审计制度、准则以及制定统一的标准，使审计成为一项世界性的权威的专业服务。

（三）公正性特征

与权威性密切相关的是审计的公正性。从某种意义上说，没有公正性，也就不存在权威性。审计的公正性，反映了审计工作的基本要求。审计人员理应站在第三者的立场上，进行实事求是的检查，做出不带任何偏见的、符合客观实际的判断，并做出公正的评价和进行公正的处理，以正确地确定或解除被审计人的经济责任，审计人员只有同时保持独立性、公正性，才能取信于审计授权者或委托者以及社会公众，才能真正树立审计权威的形象。

二、审计的主要分类

可以从不同的角度对审计加以考察，从而作出不同的分类。对审计进行合理分类，有利于加深对审计的认识，从而有效地组织各类审计活动，充分发挥审计的积极作用。

（一）按审计执行主体分类

按审计活动执行主体的性质分类，审计可分为政府审计、独立审计和内部审计三种。

1. 政府审计

政府审计是由政府审计机关依法进行的审计，在我国一般称为国家审计。我国国家审计机关包括国务院设置的审计署及其派出机构和地方各级人民政府设置的审计厅（局）两个层次。国家审计机关依法独立行使审计监督权，对国务院各部门和地方人民政府、国家财政金融机构、国有企事业单位以及其他有国有资产的单位的财政、财务收支及其经济效益进行审计监督。各国政府审计都具有法律所赋予的履行审计监督职责的强制性。

2. 独立审计

独立审计，即由注册会计师受托有偿进行的审计活动，也称为民间审计。我国注册会计师协会（CICPA）在发布的《独立审计基本准则》中指出："独立审计是指注册会计师依法接受委托，对被审计单位的会计报表及其相关资料进行独立审查并发表审计意见。"独立审计的风险高，责任重，因此审计理论的产生、发展及审计方法的变革都基本上是围绕独立审计展开的。

3. 内部审计

内部审计是指由本单位内部专门的审计机构和人员对本单位财务收支和经济活动实施的独立审查和评价，审计结果向本单位主要负责人报告。这种审计具有显著的建设性和内向服务性，其目的在于帮助本单位健全内部控制，改善经营管理，提高经济效益。在西方国家，内部审计被普遍认为是企业总经理的耳目、助手和顾问。1999 年，国际内部审计师协会（IIA）理事会通过了新的内部审计定义，指出："内部审计是一项独立、客观的保证和咨询顾问服务。它以增加价值和改善营运为目标，通过系统、规范的手段来评估风险、改进风险的控制和组织的治理结构，以达到组织的既定目标。"

（二）按财务审计分类

（1）运作审计（作业审计）：检讨组织的运作程序及方法以评估其效率及效益。

（2）履行审计（遵行审计）：评估组织是否遵守由更高权力机构所订的程序、守则或规条。

（3）财务报表审计：评估企业或团体的财务报表是否根据公认会计准则编制，一般由独立会计师进行。

（4）信息科技审计：评估企业或机构的信息系统的安全性、完整性、系统可靠性及一致性。

（三）按审计基本内容分类

按审计内容分类，我国一般将审计分为财政财务审计和经济效益审计。

1. 财政财务审计

财政财务审计是指对被审计单位财政财务收支的真实性和合法合规性进行审查，旨在纠正错误、防止舞弊。具体来说，财政审计又包括财政预算执行审计（即由审计机关对本级和下级政府的组织财政收入、分配财政资金的活动进行审计监督）、财政决算审计（即由审计机关对下级政府财政收支决算的真实性、合规性进行审计监督）和其他财政收支审计（即由审计机关对预算外资金的收取和使用进行审计监督）。财务审计则是指对企事业单位的资产、负债和损益的真实性和合法合规性进行审查。由于企业的财务状况、经营成果和现金流量是以会计报表为媒介集中反映的，因而财务审计时常又表现为会计报表审计。

财政财务审计在审计产生以后的很长一段时期都居于主导地位，因此可以说是一种传统的审计；又因为这种审计主要是依照国家法律和各种财经方针政策、管理规程进行的，故又称为依法审计。我国审计机关在开展财政财务审计的过程中，如果发现被审单位和人员存在严重违反国家财经法规、侵占国家资财、损害国家利益的行为，往往会立专案进行深入审查，以查清违法违纪事实，作出相应处罚。这种专案审计一般称为财经法纪审计，它实质上只是财政财务审计的深化。

2. 经济效益审计

经济效益审计是指对被审计单位经济活动的效率、效果和效益状况进行审查、评价，目的是促进被审计单位提高人财物等各种资源的利用效率，增强盈利能力，实现经营目标。在西方国家，经济效益审计。最高审计机关国际组织（INTOSAI）则将政府审计机关开展的经济效益审计统一称为"绩效审计"。西方国家又将企业内部审计机构从事的经济效益审计活动概括为"经营审计"。

(四)按审计实施时间分类

按审计实施时间相对于被审单位经济业务发生的前后分类,审计可分为事前审计、事中审计和事后审计。

1. 事前审计

事前审计是指审计机构的专职人员在被审计单位的财政、财务收支活动及其他经济活动发生之前所进行的审计。这实质上是对计划、预算、预测和决策进行审计,如国家审计机关对财政预算编制的合理性、重大投资项目的可行性等进行的审查;会计师事务所对企业盈利预测文件的审核,内部审计组织对本企业生产经营决策和计划的科学性与经济性、经济合同的完备性进行的评价等。

开展事前审计,有利于被审单位进行科学决策和管理,保证未来经济活动的有效性,避免因决策失误而遭受重大损失。一般认为,内部审计组织最适合从事事前审计,因为内部审计强调建设性和预防性,能够通过审计活动充当单位领导进行决策和控制的参谋、助手和顾问。而且内部审计结论只作用于本单位,不存在对已审计划或预算的执行结果承担责任的问题,审计人员无开展事前审计的后顾之忧。同时,内部审计组织熟悉本单位的活动,掌握的资料比较充分,且易于联系各种专业技术人员,有条件对各种决策、计划等方案进行事前分析比较,作出评价结论,提出改进意见。

2. 事中审计

事中审计是指在被审单位经济业务执行过程中进行的审计。例如,对费用预算、经济合同的执行情况进行审查。通过这种审计,能够及时发现和反馈问题,尽早纠正偏差,从而保证经济活动按预期目标合法、合理、有效地进行。

3. 事后审计

事后审计是指在被审单位经济业务完成之后进行的审计。大多数审计活动都属于事后审计。事后审计的目标是监督经济活动的合法合规性,鉴证企业会计报表的真实公允性,评价经济活动的效果和效益状况。

按实施的周期性分类,审计还可分为定期审计和不定期审计。定期审计是按照预定的间隔周期进行的审计,如注册会计师对股票上市公司年度会计报表进行的每年一次审计、国家审计机关每隔几年对行政事业单位进行的财务收支审计等。而不定期审计是出于需要而临时安排进行的审计,如国家审计机关对被审单位存在的严重违反财经法规行为突击进行的财经法纪专案审计;会计师事务所接受企业委托对拟收购公司的会计报表进行的审计;内部审计机构接受总经理指派对某分支机构经理人员存在的舞弊行为进行审查等。

(五)按审计技术模式分类

按采用的技术模式,审计可以分为账项基础审计、系统基础审计和风险基础审计三种。这三种审计代表着审计技术的不同发展阶段,但即使在审计技术十分先进的国家也往往同时采用。而且,无论采用何种审计技术模式,在会计报表审计中最终都要用到许多共同的方法来检查报表项目金额的真实、公允性。

1. 账项基础审计

账项基础审计是审计技术发展的第一阶段,它是指顺着或逆着会计报表的生成过程,通过对会计账簿和凭证进行详细审阅,对会计账表之间的勾稽关系进行逐一核实,来检查是否存在会计舞弊行为或技术性措施。在进行财务报表审计,特别是专门的舞弊审计时,采用这种技术有利于作出可靠的审计结论。

2. 系统基础审计

系统基础审计是审计技术发展的第二阶段，它建立在健全的内部控制系统可以提高会计信息质量的基础上。即首先进行内部控制系统的测试和评价，当评价结果表明被审单位的内部控制系统健全且运行有效、值得信赖时，可以在随后对报表项目的实质性测试工作中仅抽取小部分样本进行审查；相反，则需扩大实质性测试的范围。这样能够提高审计的效率，有利于保证抽样审计的质量。

3. 风险基础审计

风险基础审计是审计技术的最新发展阶段。采用这种审计技术时，审计人员一般从对被审单位委托审计的动机、经营环境、财务状况等方面进行全面的风险评估出发，利用审计风险模型，规划审计工作，积极运用分析性复核，力争将审计风险控制在可以接受的水平上。

除上述分类外，审计还可按执行地点分为报送审计和就地审计。前者是指审计机构对被审单位依法定期报送的计划、预算和会计报表及有关账证等资料进行的审计，主要适用于国家审计机关对规模较小的事业单位进行的财务审计；后者是指审计机构委派审计人员到被审单位进行现场审计，以全面调查和掌握被审单位的情况，作出准确的审计结论。

（六）按照执行地点分类

按执行的地点可以分为报送审计和就地审计。

1. 报送审计

报送审计又称送达审计，是指被审计单位按照审计机关的要求，将需要审查的全部资料送到审计机关所在地就地进行的审计。他是政府审计机关进行审计的重要方式。这种审计方法的优点是省时、省力；缺点是不易发现被审计单位的实际问题，不便于用观察的方法或盘点的方法进一步审查取证，从而使审计的质量受到一定的影响。

2. 就地审计

就地审计又称现场审计，是审计机构派出审计小组和专职人员到被审计单位现场进行的审计。它是国家审计机关、民间审计组织和内部审计部门进行审计的主要类型。审计对企业来说，产品生产成本的核算是确定企业应纳税所得额的关键。由于企业的生产过程涉及大量的对内、对外业务，并且有一定的专业技术包含其中，因此往往成为企业所得税审计的难点，也是审计人员最感头痛之处。所以，我们在审计过程中，首先应该了解企业有关生产成本控制的内部管理体系是否合理。包括了解企业是否有专职会计进行成本核算；内部凭证制度是否健全，凭证的种类、内容、编号是否符合会计处理要求；簿记和报表的记录和制定是否及时完整；凭证、账册、报表三者之间有无严格的核对制度；资产盘点制度是否按期完成；另外还应了解企业成本核算的流程。通过上述一系列的调查摸底，确定企业成本核算的可信赖度，然后根据可信赖度的不同，搭配审计人员，组成不同的审计小组进行审查。

三、审计项目

审计项目是审计人员根据审计工作计划安排，在一定的条件下，围绕特定的审计对象，为达到既定的审计目标，所承担的具体审计任务。

（一）审计项目的特点

审计项目是审计人员实施审计监督工作的载体，也是审计工作质量控制和管理的对象，它具有以下几个特点：

1. 计划性

每年,政府审计机关都会围绕政府宏观调控目标、政府领导的要求和社会群众关心的社会热点、难点问题制订审计项目计划,从总体上明确新的一年审计工作的总体思想、审计的重点部门和领域、审计的重点内容,并对审计机关的各业务部门进行职责划分,各业务部门根据审计项目计划的安排,将审计工作具体分解到各级审计机关,从而形成了具体审计项目。审计项目的计划性要求审计人员必须按照既定的审计计划安排开展审计工作,而不能擅自改变计划确定的审计目标、审计内容和审计对象。

2. 强制性

审计项目作为国家行政机关规定的审计任务,是审计人员进行审计监督活动的载体和依据。审计项目确定的被审计单位和审计的重点内容,以及审计人员通过审计行为做出的审计报告、审计结论、审计决定等都代表国家行政机关做出的具体行政行为,受到国家行政强制力的保护,任何单位和个人不得拒绝。

3. 期限性

审计项目计划中,明确规定了审计项目开展的时间期限,要求审计人员在规定期限内完成既定审计项目的内容。审计项目的期限性要求审计人员必须严格遵守审计计划的时间要求,在规定的期限内完成审计工作,非遇特殊情况不得擅自延长或缩短审计工作的时间。

4. 风险性

审计项目的风险性将伴随整个审计项目的全过程。所谓风险性是指被审计单位存在重大违法违纪问题,而审计后未能出具适当审计结论和审计报告的可能性。审计项目的风险体现为两个方面:一是被审计单位存在重大违法行为,提供虚假资料掩盖真相,导致审计项目的失败出具了错误审计结论和审计报告;二是审计人员未能认真履行审计职责和程序,造成遗漏重大违法违纪问题,并最终导致审计结果失败的可能性。

5. 程序性

审计项目的实施过程中,审计人员必须按照《审计法》、《审计实施条例》和国家审计准则要求的审计步骤进行,特别是《控制办法》颁布以来,更要求审计人员根据审计方案的编制、审计证据的收集、审计日记和审计工作底稿的编写、审计报告的出具和审计档案的归集等多方面的要求,具体的审计实施工作,坚决杜绝审计行为的随意性。

(二)审计项目管理

审计项目管理就是由审计机关和相关审计人员按照审计工作标准,对具体审计项目进行管理的全过程,运用各种科学手段、制度和载体,进行计划、执行、控制、检查、监督和反馈等一系列自我约束的活动。

1. 形成审计现场的管理体制

(1)明确现场管理层次

审计现场管理由审计组、审计项目主管部门和办事处主任办公会议三个层次构成:审计组长负责与被审计单位沟通、协调、组织、管理和安排现场审计工作,审计主审协助组长开展工作;审计项目主管部门负责审计过程中业务协调、指导和请示工作,收集、汇总及解释相关问题,编制、补充和调整审计实施方案,组织评价项目审计质量,初审审计报告、报表及相关资料,下发整改意见,提出处理处罚建议;办事处主任办公会议负责解决现场审计遇到的重大审计问题及审计方案的重大调整。

(2) 实行审计组长和主管部门经理负责制

审计项目组长要认真履行审计组长的工作职责，保持应有的职业谨慎和风险意识，严格按照审计方案和审计程序及要求组织和管理现场审计。按时按质地完成审计任务，把好审计质量关；主管部门经理要抓好各审计组间的协调，审计业务指导，及时收集、分析、汇报现场审计中的重大问题，统一调配力量，适时调整审计方案，进一步提高审计项目质量。

(3) 科学合理地进行人员分工

审计项目组长要根据审计方案。确定审计样本量、范围、内容、重点、方法和步骤以及审计起止时间；同时，根据参审人员的个人特点进行科学、合理地分工，相互结合，明确相关要求并签订审计项目责任书。

2. 监督审计现场的质量控制

(1) 开展初步分析性复核和评估审计风险

审计组要在对审前调查所取得的相关资料进行初步分析性复核的基础上，结合被审计单位业务管理状况尤其是内部控制水准，评估审计风险。审计组长应当保持应有的职业谨慎，合理运用专业判断；采取相应的审计测试措施，将审计风险降到可接受程度。

(2) 收集和鉴定审计证据

参审人员要按照相关规定，及时收集、复印相关审计证据；审计组主审、组长要对审计证据的客观性、相关性、充分性、合法性进行鉴定，发现不符合要求的。应当责成相关人员进一步取证。在形成审计报告前，审计组长要对收集的审计证据进行归纳、分析和判断，形成审计结论。

(3) 强化"三级"复核

① 强化"三级"复核，即实行审计组主审、组长和审计项目主管部门经理"三级"复核制度。复核的内容包括：是否按照审计方案开展审计，方案确定的审计事项是否已全部实施审计。具体目标是否实现，审计步骤和方法是否执行。

② 审计日记是否按规定要求记载，有无集中补写、内容过于简单、反映审计过程不全面等问题。

③ 审计底稿编制是否完整规范，问题叙述是否清楚，问题定性、依据是否准确，审计证据是否充分、必要，所附审计证据相互印证的钩稽关系是否准确，支持审计底稿的证据是否有遗漏，是否有不相关的资料作为审计证据。

④ 底稿的问题责任及风险程度分类是否准确，即问题的直接责任人、领导责任人、整改单位及整改责任人是否准确，问题的风险程度分类（一般/关注/重大）是否正确。

⑤ 审计结论是否准确，审计意见是否具有针对性和可操作性。

⑥ 被审计单位意见是否规范、明确，解释是否清楚、实事求是，签章是否齐全。

(4) 准确界定底稿问题性质及责任状况

对底稿中问题风险程度分类及相关责任的认定要按规定执行，审计组要在现场对问题性质的分类和责任状况的界定逐一进行研究，准确界定风险程度类别及责任单位和责任人。现场出具底稿后应及时与被审计单位进行交换和沟通，被审计单位合理的解释应采纳。修改底稿后交被审计单位签章确认；有争议或未查清的应进一步组织核查清楚后，将底稿交被审计单位签章确认。

(三) 加强审计现场的基础管理

1. 合理调度安排现场审计时间

（1）审计组必须在规定的时间内到达审计现场，不得迟到。

（2）实行倒计时制，审计组长要根据工作量和进度，适时安排参审人员每天的工作。

（3）现场作息时间原则按被审计单位的规定执行，遇到审计工作量大、内容多、时间紧及问题复杂等情况，应延长工作时间，以确保按时保质地完成审计任务。

（4）审计组长每晚要召开会议，听取参审人员当日审计的汇报，及时分析情况，研究安排次日工作（记录会议内容以便查考）。

（5）审计结束，凡已查清的问题，均要及时出具底稿，经主审、组长审核后交被审计单位签章确认收回。

2. 严格执行现场审计工作纪律

（1）认真执行各项审计纪律。

（2）严格保密纪律，认真执行审计工作保密的相关规定，遵守保密守则。

（3）审计人员必须按照审计规定、审计方案及相关要求进行审计，发现问题应及时出具底稿，发现审计线索后应及时汇报并进一步查明情况，对审计过程中发现的问题均不得回避、掩盖和消化。

3. 完善审计项目质量控制的思路

目前，我国国家审计的审计对象众多，而审计人员数量相对有限，因此国家审计机关一直背负着较大的审计任务压力和审计风险。在《控制办法》施行以后，国家审计机关开始着手建立审计项目质量控制制度体系，强调严格实行审计质量管理，对审计全过程进行质量控制，从审前、审中、审后各个环节进行严格控制，合理地选择运用科学的方法，达到强化审计项目质量控制的目的。

（1）加强审计项目质量的全过程控制

在审计组层面，积极探索运用现代审计技术方法，加强审计项目质量的全过程控制。

科学的质量控制方法，往往能取得事半功倍的效果。在执行具体的项目审计业务时，审计组应从审前、审中、审后等各环节入手，采用科学、适当的方法来加强质量控制，克服目前过于关注审中控制的弊端。具体而言，在审前环节，应注重了解被审计单位内部控制的设计和运行情况，充分了解控制环境，评价被审计单位管理部门对内部控制及其重要性的态度、认识和措施，进而在审计方案中明确工作重点；在审中环节，应注重运用查询、计算、分析性复核等现代审计技术方法和AO、通用审计软件等计算机审计方法，降低检查风险；在审后环节，应加强跟踪性的后续审计，以保障所取得的审计成果。

（2）扩充内部复核层次

审计项目审计的内部复核包括审计组和审计机关两个层次。目前内部复核主要是强调审计组内的多级督导复核，存在一定的局限性。在现有的基础上，应扩充内部复核层次，建立由审计组、审计组所在处室、审计机关分管领导等多级复核，层层把关，以保证审计质量。

（3）强化审计结果公告制度

实行审计公告制度，体现了"谁委托审计就向谁报告结果"的审计公理，也是对国家审计的再监督。积极有效地推行审计公告制度已成为国际通行做法和保障执政为公、审计为民的关键措施，是审计客观性的标志性特征。因而，强化审计结果公告制度非常必要，以便更好地维护人民的根本利益。

4. 加强审计项目质量控制的途径

（1）积极开展审前调查，认真编制审计工作方案，增强审计工作的针对性。

《控制办法》中对审前调查的内容和重点，以及审计工作方案的编制都做出了明确的规定，因此审计人员一定要按照《控制办法》的要求，认真搞好审前调查，在摸清被审计单位的基本情况和主要经济状况的情况下，加强分析研究工作，合理确定重要性水平和评估审计风险，然后再围绕审计目标确定审计范围、内容和重点。为了保障审计工作的质量，审计业务部门的负责人应对审前调查的内容和编制的审计实施方案进行审核，重要审计项目还应经过审计业务会议的审定。通过层层把关，使编制的审计工作方案和实施方案具有较强的针对性，有的放矢，才会起到事半功倍的效果。

（2）推行审计公告制度，确保审计报告的真实性和准确性。

审计报告是审计机关按照《审计法》和国家审计准则的要求，在审计工作后，对被审计单位的资产、负债、损益和财政财务收支的真实、合法、效益发表审计意见的书面文书。《控制办法》中确定的审计公告制度，改变了审计机关不对外公布审计结果的做法，这是审计工作适应新形势的客观要求，也是国家审计领域的一个必然转变。这也要求审计人员必须摸清被审计单位的真实情况，查清问题，找准原因，分清责任，切实做到审计报告上反映的问题事实清楚、数据真实可靠，审计责任和会计责任划分明确。同时，还要求审计人员和复核人员认真负责，保证审计报告中的问题在定性、处理处罚上引用法律、法规和规章准确。而且，审计人员在对被审计单位的资产、负债、损益和财政财务收支的真实、合法、效益进行评价时，对未审计事项、超越审计权限的事项、审计证据不够充分的事项以及评价依据、标准不明确的事项不应发表意见。

（3）划分好复核重点，创造性地开展复核工作。

审计复核作为审计项目质量控制体系的组成部分，在保障审计项目质量，防范审计风险方面发挥着极为重要的作用。《控制办法》明确了审计组、审计人员和审计复核机构的复核职责，通过不同层次对审计项目的复核，层层把关，确保审计质量。但是在实际审计工作中，这种层层负责的规定增加了审计复核的层次，不利于提高复核效率，因此我们应按照各自职能的不同，划分好审计复核的重点，创造性地开展审计复核工作。审计组及审计组长对所审计的事项、采用的审计步骤和方法，对审计问题是否查清以及是否按照规定编制审计工作底稿和审计日记进行复核；审计组所在业务部门对审计事项的评价、定性、处理处罚以及移送处理是否适当进行复核；法制部门应当对审计定性适用的法律、法规和规章是否正确以及审计程序是否符合规定进行复核。这样，通过划分各个层次复核的重点，使各个层次各负其责，把审计复核制度落实到实处。

（4）明确项目责任，提高审计质量。

审计机关在执行审计任务的过程中，要按照《控制办法》中规定的在审计方案的编制、审计证据的收集、审计日记和审计工作底稿的编写、审计报告的出具和审计档案的归集等方面对审计责任，确立上至审计机关，下至审计人员的审计质量责任。通过这种责任的确定，界定出审计组长、审计组成员、审计组所在业务部门、复核人员和审计机关领导在执行审计过程中的责任，明确质量责任追究的处理方式，完善审计项目的质量责任评估和责任追究制度。促使广大审计人员切实履行职责，认真贯彻审计法规、审计准则和质量控制办法，进一步强化责任意识，规范审计行为，减少差错，使审计工作质量得以保证。

四、审计机关审计项目管理

审计机关审计项目管理主要是对组织、人员、成本、质量、责任等审计项目要素的管理。任何审计都具有三个基本要素,即审计主体、审计客体和审计授权或委托人。审计主体,是指审计行为的执行者,即审计机构和审计人员,为审计第一关系人;审计客体,指审计行为的接受者,即指被审计的资产代管或经营者,为审计第二关系人;审计授权或委托人,指依法授权或委托审计主体行使审计职责的单位或人员,为审计第三关系人。一般情况,第三关系人是财产的所有者,而第二关系人是资产代管或经营者,他们之间有一种经济责任关系。第一关系人——审计组织或人员,在财产所有者和受托管理或经营者之间,处于中间人的地位,这要对两方面关系人负责,既要接受授权或委托对被审计单位提出的会计资料认真进行审查,又要向授权或委托审计人(即财产所有者)提出审计报告,客观公正地评价受托代管或经营者的责任和业绩。为此,审计组织或审计人员进行审计活动,必须具有一定独立性,不受其他方面的干扰或干涉,这是审计区别于其他管理的一个根本属性。

(一)审计项目准备阶段的管理

(1)审计项目实行招标制和合同制

按以下步骤实施:①成立领导小组;②选定审计项目;③制订、发布招标公告和招投标实施方案;④投标报名,资格审查,递交投标申请书;⑤评标,确定中标人;⑥签订项目合同;⑦兑现项目合同。

(2)进点前的组织管理和人员配备

审计项目实行审计组组长全程负责制,审计组组长指定主审具体负责。审计组组长负主要责任,主审负分管责任。实行项目主审资格认证制,要求主审具有相应的执业资格。

(3)审前调查、审计方案和审计项目目标管理

对情况复杂的项目,采取试审方法。发现重大问题应及时取证。对于年年审或经常审的项目做审前调查,重点是对已经发生变化的被审计事项予以关注。制定审计方案时,要基本明确将来审计结束后要形成几个"审计产品",解决哪些问题。项目目标一定要结合被审计事项的具体情况进行一步步的分解,使之明确、清楚。

(二)审计项目实施阶段的管理

1. 项目现场的组织管理

建立层次型管理体系,大型审计项目可分四个层次:

(1)审计组;

(2)按大类分成的财务审计分组与各专业审计分组;

(3)由各分组在各自分工范围内细分成的各专业小组;

(4)审计人员个人。

中小型审计项目可适当减少管理层次。

2. 项目现场的人员管理

(1)建立审计组内授权、激励机制。①分配任务一定要做到清楚、具体,必须明确每项工作期望的结果。②给每位审计人员相应的自主权和资源使用权。③审计组长、主审和各级小组长,可在权利范围内,给予本组审计人员适当的奖励与激励。

(2)建立审计组内分权制约、绩效考评机制。①对于每一个具体审计事项,要由两名或两名以上审计人员共同进行调查、询问、笔录,主审和各级小组长还要审核把关。②对审计

人员进行绩效考评。由多名了解被评估者的人员组成评估小组,对被评估者进行多渠道、多角度、多层次、全方位的考核。

(3) 实行审计实务导师制。加强对外聘人员的管理。

3. 项目现场的过程管理

(1) 进行进度管理。①制发"审计工作联系单",该单连续编号,一式三份,主审签发,被审计单位签收,审计组留一份,被审计单位领取两份,用于在被审计单位不同部门间协调。②制作"审计进度横道图",挂在墙上,将每个审计人员比作不同的工序,用直线置于同一起点,用直线的不同长度代表不同工序的进度,可以直观地反映工作进展。

(2) 要求被审计单位填列"资料交接表"。对于资料数量要逐项核对登记,双方盖章确认。实行双向承诺,即由被审计单位和审计组长分别对各自提供资料的真实性、完整性和审计纪律做出书面承诺。

(3) 要高度重视非财务信息。敢于揭露和查处问题。对发现的重大违法违纪问题和经济案件线索,一定要弄清来龙去脉。必须集体审定重大事项。实行重大事项报告制度。

(4) 要安排具有审计执法资格的人员或取得行政执法证件的人员取证,严格遵守取证程序,要走访基层,逐项核实,取证不走过场、不留死角。

(5) 对计算机筛选的重要审计事项的结果要通过充分的现场核实程序加以证实。

(6) OA 与 AO 要按时交互,审计组上传的内容要完整,有关领导要及时批复上传的数据包。这两项工作都要在 OA 和 AO 系统中留下可供检查考核的痕迹。

(7) 所有在审计现场从事组织、管理、协调的审计组组长、副组长,都应记审计日记。

(8) 重要审计事项在工作底稿中都要有反映。经审计没有发现问题的,可编制没有发现问题的底稿,在档案中列入备查类中,并在底稿汇总表中有说明。

(9) 对审计结论有重要影响的审计事项不仅都要取证,而且都要编制底稿。

(10) 应以"工作量核对表"的书面形式记录阶段性审计结果,经过双方核对无误后签字确认。

(11) 实行审计查证日报告制度。主审每天要择机召开碰头会,掌握当日审计的情况。

(三) 审计项目报告阶段的管理

1. 审计报告配套文件管理

审计报告、审计建议函、审计决定书和移送处理书的管理,要在报告的相关资料和文件中敢于报实情、讲真话,把最重要的事项、最敏感的问题、最真实的内容反映出来。严格界定审计评价范围,审计评价要紧扣审计目标。只对所涉及的审计领域发表审计评价意见。要在综合调研分析的基础之上,提出高质量的审计建议,发挥监督和防范两个方面的作用,防止建议空洞泛谈。审计决定书应以主送单位为执行单位。办理移送处理时,要按司法证据的要求处理审计证据。

2. 其他审计结果的管理

对仅需由其他部门纠正、处理、处罚的问题,也应移交有关部门进一步处理。要整合提炼审计结果,将审计结果转化为高质量的有利用价值的审计成果。对事关改革和经济发展大局,拿得准又能说明问题的审计情况,要随时向各级党委、政府和有关部门提交审计信息。要提高审计成果的转化利用水平,依法通过对内通报、对上报告、对外公告等各种途径,积极转化、创新和提升审计成果。

第十一章 PPP项目咨询服务与项目审计

（四）审计项目后续阶段的管理

对审计整改、跟踪督办的管理。督促整改的任务不能完全由审计机关承担，未能整改的责任也不能由审计机关来承担。应由各级政府责成有关部门和被审计单位整改。监察、财政、税务以及其他部门积极配合。经过一定的整改阶段，由政府向人大做出整改情况报告。对拒不整改的，依法追究责任。审计机关在安排项目计划时，应明确划出一段时间，对整改情况进行后续跟踪、回访和检查，根据整改结果实行问责，建立审计整改工作结果的披露制度。

（五）审计项目成本管理

指审计机关完成一个审计项目，实现预定审计目标所耗用的各种费用（不含人员工资）之和。一般地，审计项目成本就是由动态费用、分摊的固定费用和调整费用这三部分组成。审计机关计划管理部门提出审计项目经费预算，报审计机关负责人审核，机关会议审批。项目经费确定后，由审计组统一调配和使用，审计机关负责人动态掌握经费使用情况，可进行适当调整。审计组出点前据实结算各种费用，向被审计单位张榜公布，公开审计外勤经费使用情况。年终考核项目成本，实行"节约奖励，超支不补"的奖惩措施。

（六）审计项目质量管理

审计项目质量的核心要求是：力求满足审计项目的用户审计要求。采取自上而下的质量管理策略。

（1）明确审计项目的质量管理目标。

（2）把审计项目分解为不同阶段，每个阶段又有具体的审计业务流程。

（3）根据审计业务流程制定管理目标和管理标准，提出管理方法。

（4）在审计作业过程中，应对审计业务流程按照标准和目标进行复核，随时发现问题，随时采取措施制止和纠正。

（5）要落实审计质量分级负责制，把质量管理责任层层分解。要严抓奖惩落实。

当前要加强审计项目复核的管理，扩充内部复核层次，划分各层次的复核重点，加强现场一级复核，加强专职复核人员对审计项目实施方案的复核，专职复核人员全程参与现场复核和跟踪检查，完善复核的配套机制。

（七）对审计项目后评估的管理

对项目的评价分为项目基本情况、执行规范情况、审计成效情况。这三个方面可细化成多个细项。对审计人员，评价其查出问题的实绩、专业能力、工作过程、履行职责、廉政等情况。

（八）建立审计项目执法过错历史责任追究制

实行审计历史责任终身追究制。对审计人员的21种执法过错行为进行责任追究。追究的方式有责令改正、告诫、批评教育、责令书面检查、通报批评、没收、追缴违法所得、停职、转岗、行政处分，构成犯罪的，追究刑事责任。

五、审计与会计的区别

有人认为审计（AUDIT）是从会计中派生出来的，其本质还是与会计审计标志有关。事实上，审计与会计是两种不同的但又有联系的社会活动。审计与会计的联系主要表现在：审计的主要对象是会计资料及其所反映的财政、财务收支活动。会计资料是审计的前提和基础。会计活动是经济管理活动的重要组成部分，会计活动本身就是审计监督的主要对象。我国古代的"听其会计"和西方国家的"听审",都含有审查会计之意,检查会计资料只是审计的一种手段和方法。随着审计的发展,审计和会计的区别越来越突出,主要表现在:

1. 产生的前提不同

会计是为了加强经济管理,适应对劳动耗费和劳动成果进行核算和分析的需要而产生的;审计是因经济监督的需要,也即是为了确定经营者或其他受托管理者的经济责任的需要而产生的。

2. 两者性质不同

会计是经营管理的重要组成部分,主要是对生产经营或管理过程进行反映和监督;审计则处于具体的经营管理之外,是经济监督的重要组成部分,主要对财政、财务收支及其他经济活动的真实、合法和效益进行审查,具有外在性和独立性。

3. 两者对象不同

会计的对象主要是资金运动过程,也即是经济活动价值方面;审计的对象主要是会计资料和其他经济信息所反映的经济活动。

4. 方法程序不同

会计方法体系由会计核算、会计分析、会计检查三部分组成,包括了记账、算账、报账、用账、查账等内容,其中会计核算方法包括设置账户、复式记账、填制凭证、登记账簿、成本计算、财产清查、会计报表等记账、算账和报账方法,其目的是为管理和决策提供必须的资料和信息;审计方法体系由规划方法、实施方法、管理方法等组成,而实施方法主要是为了确定审计事项、收集审计证据、对照标准评价,提出审计报告与决定,使用资料检查法、实物检查法、审计调查法、审计分析法、审计抽样法等,其目的是为了完成审计任务。

5. 职能不同

会计的基本职能是对经济活动过程的记录、计算、反映和监督;审计的基本职能是监督,此外还包括评价和公证。会计虽说也具有监督职能,但这种监督是一种自我监督行为,主要通过会计检查来实现,会计检查或查账,只是检查账目的意思,主要针对会计业务活动本身,而审计,既包含了检查会计账目,又包括了对计算行为及所有的经济活动进行实地考察、调查、分析、检验,即含审核稽查计算之意;会计检查只是各个单位财会部门的附带职能,而审计是独立于财会部分之外的专职监督检查;会计检查的目的主要是为了保证会计资料的真实性和准确性,其检查范围、深度、方式均受到限制,而审计的目的在于证实财政、财务收支的真实、合法、效益,审计检查会计资料只是实现审计目的的手段之一,但不是惟一手段。

第三节 PPP模式公共项目审计重点与理论研究

一、PPP模式公共项目政府审计的重点

1. 对PPP模式公共项目前期决策的审计

我国《政府和社会资本合作模式操作指南(试行)》规定"只有通过物有所值评价和财政承受能力论证的项目,才可进行项目准备",评价和论证工作由各地根据实际情况开展。由于PPP模式可以很好规避当期财政预算并消减政府账面债务,同时又可以拉动经济

增长,在以 GDP 为主要政绩考核指标的情况下,项目决策权的下放可能使各地陷入新一轮的大上、快上、多上的狂热中,审计机关要充分发挥经济运行"安全员"的职责,监督各部门作为科学而审慎的决策,保障国家经济平稳运行。

2. 对 PPP 模式公共项目合同管理的审计

PPP 模式是一种契约模式,合同管理是重中之重。为对 PPP 模式公共项目的合同进行规范和指引,发改委编制了《政府和社会资本合作项目通用合同指南》,但由于 PPP 模式的法规体系还未建立,立法还存在空白,政策与现行法规还存在不协调的地方,一旦出现合同争议,由于缺少法规作为共同准绳,合同管理难度较大。另外一个更现实的问题是,当届地方政府为了尽快化解债务压力,急于推进 PPP 项目,且 PPP 项目周期很多在 20 年至 30 年之间,即便出现合同争议或风险,也是由下届政府解决。因此在合同签订时,当届政府可能未完全尽责,使下届政府陷入被动的后续合同谈判中,而这种后续谈判,从以往的经验看,往往是政府骑虎难下,被迫让步。如拉丁美洲 2006 年间签署 50 份 PPP 合同,每个合同平均进行了 3 次后续谈判,项目成本平均提高 30%,经过谈判后社会资本获得更优惠的合作条件。通过后续谈判提高盈利,已经成为 PPP 项目运行的"潜规则"。

PPP 项目合同管理是否有效,风险分配是否科学合理,关系到公众利益能否最大化的实现。审计机关应当站在国家和社会公众的角度去看待 PPP 的项目合同,既要维护国家和社会公众的利益,同时也要维护好社会资本的合法权益。

3. 对 PPP 模式公共项目成本核算的审计

为了稳定社会资本的投资回报,国家发改委的指导意见中给予三点政策支持:涉及中央定价的 PPP 项目,定价权限适当向地方政府下放;建立投资成本、财政补贴与收费价格的协同机制;地方政府为准经营性、非经营性 PPP 项目配置土地、物业、广告等经营资源。

这些政策有利于吸引社会资本投资,但必须相应加强监管。社会资本为了追求资本利益的最大化会存在三种冲动:提高收费价格、做大投资成本和多占经营资源,其中做大投资成本的冲动有可能最为强烈,通过虚构成本可以将建设资金套取,同时又为提高收费价格和多占经营资源提供理由。如果内部控制和外部监督机制缺失,PPP 模式公共项目有可能演变为使用者高付费,社会资本侵占政府土地、物业的结局。因此 PPP 模式公共项目的成本核算应该成为政府审计的重点,应特别关注在项目建设和经营环节多结算工程价款、虚假合同套取资金、管理费用畸高等问题,重视发现贪污、腐败和利益输送等重大案件线索。

二、将 PPP 模式公共项目纳入政府审计的理论研究

1. 公共服务产生的公共受托责任

PPP 模式中存在四层委托代理关系。第一层是决策权的委托,即公众委托人民代表大会;第二层是人大将政府投资决策权委托给了发展改革部门,资金占有权委托给了财政部门等;第三层是政府和社会资本共同将投资项目委托给项目公司;第四层是项目公司委托设计、施工、运营商等单位。前两层委托属于法定委托,公众将管理使用公共资源的权利和提供公共服务和产品的责任同时委托给政府,公共受托责任产生。后两层委托属于合同委托,引入了社会资本并确定项目的具体设计、施工和运营方。由于社会资本没有法定的提供公共服务的义务,公共受托责任并未在后两层委托中转移,政府仍然是提供优质公共服务的第一责任人,同时还要为社会资本的不良行为承担连带责任。由于审计源于受托责任,政府审计源于公共受托责任,对 PPP 模式的公共项目进行政府审计,应是审计机关的职责之一。

2. PPP模式实质为政府购买公共服务

社会资本为何要参与后两层委托之中呢？因为可以获得回报。《政府和社会资本合作模式操作指南（试行）》规定，PPP项目社会资本的回报机制包括向使用者收费、政府可行性缺口补助和完全政府付费等方式。政府补助和政府付费都是一种政府购买行为，向使用者收费，这种收费权来自于政府的特许经营授权，是政府授予的行政许可。对于特许经营权，除了在PPP模式中用来对价支付外，政府还可以通过直接拍卖等方式出让特许经营权，获得非税收入，并纳入财政预算之中，也可以将其授予国有企业以获得国资收益，也会纳入财政预算中。因此特许经营权是可以带来财政性收入的一种国有经营资源，使用特许经营权进行对价支付，本质上属于政府购买，而政府购买的行为应纳入政府审计的范围。

3. 构建以投资结果为导向的公共投资审计理论

国务院《关于加强审计工作的意见》提出加大审计力度，创新审计方式，实现审计监督全覆盖，广大人民群众也普遍期盼对涉及公共资金、公共资源、公共权利的公共工程项目加强审计。审计法是按照投资主体和资金性质的角度确定投资审计范围，但我国投融资体制和预算管理体制已发生深刻变革，投资主体越来越多元化，审计的法定范围不断萎缩，与党和国家的要求、人民的期盼形成矛盾。

应创新投资审计研究，构建以投资结果为导向的公共投资审计理论，无论项目前期是政府投资为主，还是社会资本投资为主，只要该公共项目投资的结果是为了提供公共产品和服务，且该公共产品和服务最终由政府通过公共资源或财政资金对价支付，就应该纳入政府投资审计的范围，使投资审计适应审计全覆盖的要求，并据此适时修改审计法及其实施条例，完善审计制度。

第十二章 PPP 模式存在问题

第一节 常见问题

PPP 不是新事物。根据大岳咨询粗略统计，经过五个阶段的发展，我国的 PPP 项目已经达到了八千个左右，世界上其他任何国家的 PPP 项目都没有超过一千个。我国 PPP 工作存在的基本问题是缺少市场秩序，具体有以下需要解决的问题：

（1）PPP 项目运作不规范，导致了我们的 PPP 项目数量虽多但质量和效果落后于英国等发达国家。体现在：首先，运作程序透明度不够，很多项目没有竞标；其次，运作人员不专业，负责 PPP 项目的公务人员经常变动，选择咨询机构时对相关经验重视不够；再次，商务条件设计不合理；最后，项目进度安排过紧，很多该做的前期工作没有做。

（2）PPP 项目竞争不充分，很多项目的竞争只是走过场。政府推广 PPP 的目的在于转换机制、提高效率，在准入竞争不充分甚至没有竞争的情况下，地方政府为 PPP 项目付出的代价超过了传统体制，造成了地方政府换届后对社会投资人违约，也使有些地区对 PPP 产生了怀疑，认为 PPP 的效率是低的。

（3）地方政府草率签约、随意违约现象普遍。公务人员观念转变滞后，没有商业意识也没有把自己和社会投资主体放在平等地位，为违约付出了沉重代价。政府违约一方面破坏了投资人对政府的信心，另一方面在社会投资人减少服务的情况下迟早还要支付费用。比如政府未按合同向投资人及时支付污水处理费，投资人据此减少甚至停止处理污水，最终政府总是要支付费用的，可谓赔了夫人又折兵。

（4）监管不到位，社会主体存在广泛不诚信行为。从过去十年到二十年的时间跨度看，在政府违约的情况下社会主体做 PPP 项目的回报水平仍然较高且公司高速发展，是非常奇怪的现象。这背后，有的社会主体拿到项目后胁迫政府提供额外条件，有的社会主体降低建设标准，有的社会主体运营过程中偷排，有的社会主体做大项目投资减少实际投资，等等。社会主体无利不起早无可厚非，只有在政府的监管之下才能把 PPP 做好。

（5）金融工具缺失。国外的 PPP 项目多是采用项目融资的方式，也就是以项目本身为信用支撑获得金融机构融资，不需要股东提供担保，债务不进入股东的资产负债表。我国的 PPP 项目基本都是在股东担保前提下完成融资的，项目融资只是少数银行和少数投资人的事，当企业负债率较高的时会限制 PPP 的发展。在我国地方政府和国企杠杆率普遍很高的情况下，这个矛盾更为突出。

（6）中介组织未能发挥应有的作用。发达国家做 PPP 项目聘请顾问是一种惯例，在聘请顾问时最重视的是他们的经验。我国为 PPP 项目聘请中介机构的做法没有普及，很多地区喜欢找些参考文件后自己学着做，医学院的学生和医生是两码事，看点参考资料甚至还达不到医学院毕业生的水平更当不了医生。这种做法好似节约了前期费用，实则造成了大量遗留问题，甚至直接导致了 PPP 项目的失败。

即使聘请了中介机构，很多地区的做法也很不科学。有的地区要求中介机构必须进入当地政府部门制定的中介机构名录系统才能为当地服务，而实际上中国这么大很多中介机构根本不知道这个系统的存在；有的要求PPP的咨询机构要具备工程招标资格或其他什么资质，而这些资质与PPP运作没有任何关系；有的地区要求咨询机构要提前在当地进行非常复杂的注册，致使很多中介机构在获得项目信息后来不及完成注册工作；有的地区要求中介机构提供各种证件和合同的原件而中介机构无法同时向两个以上地区提供，导致只能放弃一些项目；有的地区请咨询公司时在固定价格的前提下从他们自己的系统里抓阄；有的地区选择咨询公司主要看价格，结果很难聘请到经验丰富的咨询公司，等等现象不一而足。从长远看，这些做法违背市场规律，PPP的经验教训未能被有效推广应用，重复交学费造成了很大的社会浪费，不利于转变经济发展方式的实现。

一、PPP发展的障碍

一是国内相关法律法规制度不完善，相关经验有待积累。

二是相关的风险分担机制不成熟。由于项目经验不足，目前国内尚未形成发起人（建设方、运营方、融资方）、中介机构（规划设计、咨询）等风险分担机制。

三是利益分配机制不健全。由于缺乏合理定价机制及对企业的约束性条款，部分项目出现暴利或亏损。

二、税务处理问题

随着我国金融工具交易和金融产品创新的快速发展，出现了许多既具有传统业务特征，同时又有别于传统业务的创新业务。当前，"名股实债"，已被许多企业大量运用，尤其是信托公司开展此类投资业务较多，但因各方存在不同的理解与认识，加之税法本身也没有对该问题有清晰的、全面的界定导致各地税务机关执行口径不一。

（一）股权投资、债券投资主要税务处理

在主要税务处理上，对股权投资、债权投资主要税收政策总结归纳如下：

1. 企业所得税

股权投资、债权投资企业所得税税收政策总结归纳见表12-1。

表12-1 股权投资、债权投资企业所得税税收政策总结归纳

投资属性	股权投资	债权投资
投资者	（1）符合条件的"股息、红利"收入免费 （2）"股权转让"方式退出有收益要交税	（1）利息收入，汇总缴纳企业所得税 （2）原有投资赎回，不纳税
被投资者	支付的股息红利不能在税前扣除	按规定支付的利息可以税前扣除

2. 个人所得税

股权投资、债权投资个人所得税税收政策总结归纳见表12-2。

表12-2 股权投资、债权投资个人所得税税收政策总结归纳

投资类型	债权性投资	权益性投资	
		非上市公司	上市公司
利息、股息、红利	按照"利息、股息、红利所得"适用20%税率		差别化政策
转让赎回	原有债权投资赎回不交税，非上市股权转让收益要交税（20%）		免税

3. 股权投资、债权投资、混合投资财务税务处理

股权投资、债权投资、混合投资财务税务处理见表12-3。

表 12-3　股权投资、债权投资、混合投资财务税务处理一览表

环节		当事方	股权投资	混合投资	债权投资
投资		投资方	股权投资	股权投资	债权投资
		被投资方	增加净资产	增加净资产	应付债务
支付利息	确认日	投资方	无	应收日期	应收日期
		被投资方	无	应付日期	应付日期
	营业税	投资方	无	不	交
		被投资方	无	无	无
	所得税	投资方	无	利息收入	利息收入
		被投资方	无	利息支出税前扣除	利息支出税前扣除
支付股息	确认日	投资方	股东会决议分配日	股东会决议分配日	无
		被投资方	股东会决议分配日	股东会决议分配日	无
	所得税	投资方	免税股息收入	纳税利息收入	无
		被投资方	税后利润分配	税后利润分配	无
减资、赎回	投资成本	投资方	冲销投资成本	冲销投资成本	冲销投资成本
		被投资方	减实收资本、资本公积溢价	减实收资本、资本公积溢价	冲应付债务
	超未分配利润部分	投资方	免税股息收入	债务重组收益	无
		被投资方	冲未分配利润	债务重组损失	无
	超净资产部分	投资方	股权转让所得	债务重组收益	无
		被投资方	冲未分配利润	债务重组损失	无
	小于投资成本部分	投资方	股权转让损失	债务重组损失	无
		被投资方	资本公积	债务重组收益	无

（二）从实质课税角度看"明股实债"

实质课税原则指对于某种经济行为不能仅根据其外表和形式确定是否应予课税，而应该根据实际情况，尤其应当根据其经济目的和经济生活的实质，判断是否符合课税的要素，以求公平、合理、有效地进行课税。

从实质课税角度来看，"明股实债"双方本质上是一种债权人与债务人的关系，应该按照债权的相关税法处理予以征税。这一原则在部分地区税务实践中，也有体现，比如根据《四川省地方税务局关于营业税若干问题的通知》（川地税发［2010］49号）第四条：银行、信托投资公司或企业等单位以投资的名义注入资金，名义上"共担风险"，而实际上收取了固定资金占用费或利润，属于贷款业务。经请示国家税务总局，按"金融保险业"征收营业税。

（三）解读国家税务总局公告2013年第41号

2013年7月15日，国家税务总局制定下发了《国家税务总局关于企业混合性投资业务企业所得税处理问题的公告》（国家税务总局公告2013年第41号）（以下简称"41号公

告")对同时满足五个条件(①固定的利息支付;②明确的投资期限和本金偿还;③投资者对被投资企业的净资产不拥有所有权;④不享有选举权与被选举权;⑤不参与被投资企业日常生产经营活动)的混合性投资视为债权性投资,税务处理见表12-4。

表12-4 企业混合性投资业务企业所得税处理

	投资者	被投资者
投资利息	投资企业应于被投资企业应付利息的日期,确认收入的实现并计入当期应纳税所得额	被投资企业应于应付利息的日期,确认利息支付,并按税法(2011年第34号)第一条规定,进行税前扣除
投资赎回	投资双方应于赎回时,将赎价与投资成本之间的差额,确认为债务重组损益,分别计入当期应纳税所得额	

债权性投资中被投资企业的利息、股息支出虽准予在企业所得税前扣除,但应满足《企业所得税法实施条例》第三十八条的规定,同时金融企业同期同类贷款利率应按照《国家税务总局关于企业所得税若干问题的公告》(2011年第34号)第一条的规定进行税前扣除。关联企业间的利息支出还要满足《财政部、国家税务总局关于企业关联方利息支出税前扣除标准有关税收政策问题的通知》(财税[2008]121号)的规定。

对混合性投资中被投资企业按投资合同或协议约定价格赎回的,应区分下列情况分别进行处理:①当实际赎价高于投资成本时,投资企业应将赎价与投资成本之间的差额,在赎回时确认为债务重组收益,并计入当期应纳税所得额;被投资企业应将赎价与投资成本之间的差额,在赎回当期确认为债务重组损失,并准予在税前扣除。②当实际赎价低于投资成本时,投资企业应将赎价与投资成本之间的差额,在赎回当期按规定确认为债务重组损失,并准予在税前扣除;被投资企业应将赎价与投资成本之间的差额,在赎回当期确认为债务重组收益,并计入当期应纳税所得额。因混合性投资赎回时按照债务重组的规定进行处理,因此在赎价低于投资成本时,投资企业确认为债务重组损失,而根据《企业资产损失所得税税前扣除管理办法》(国家税务总局公告2011年第25号)的规定,债务重组损失应进行专项申报,无需取得发票。

(四)现有税收立法的局限性

我国是成文法国家,"实质课税"原则在税收征管中的运用应建立在经济实质确定清晰的基础之上,应受到限制,否则可能会造成税务机关自由裁量权的滥用,侵害纳税人合法权益。

同时,对于国家税务总局公告2013年第41号公告,其设置的五个条件相对严苛,不符合条件的混合性投资只能作为权益性投资来处理。目前混合性投资应用最多的是房地产信托领域,2014年度,资金信托投向房地产领域的规模为1.31万亿元,占比为10.04%,可见房地产在信托投资领域的重要地位。

部分地区税务机关针对这一广泛存在的情形出台了地方规定,如2012年5月,青岛市地方税务局发布《关于进一步加强房地产开发经营业务企业所得税管理有关问题的通知》(青地税发[2012]48号),第六条对房地产信托融资的扣除问题做了规定:房地产信托融资,即房地产企业与房地产信托基金签订投资合同,约定房地产信托基金进入和退出房地产企业的时间以及房地产企业在房地产信托基金按约定退出时的股权收购价格,其实质为一种有期限的股权投资，房地产信托基金进入时的成本与退出时的销售价格之间的差额即其投资收益，同时也是房地产企业使用房地产信托资金所付出的代价。因此房地产企业以利息等名义支付给房地产信托基金的代价不能在税前扣除，只能作为支付股息在税后分配处理。此处将房地产信托融资作为权益性投资进行了处理。

在房地产企业信托融资模式中，投资人，即信托主体虽然名义上是股东，但实际是债权人，因此，这类信托计划都有一个明确的投资期限。信托主体的退出无外乎两种方式：第一种是由房地产企业进行减资，实现信托主体的退出；第二种方式是由原房地产企业的大股东从信托主体回购股权的方式实现信托主体的退出。从目前的实践来看，第二种退出模式更为普遍。但是，41号公告所规范的混合性投资业务要求在投资期满或者满足特定投资条件后，被投资企业需要赎回投资或偿还本金，也就是说，只有第一种退出方式才能适用41号公告。因此，在对房地产企业进行信托模式的设计时，应正确规划好退出方式，以免造成不必要的税收负担。

结语：根据当前的税法规定，混合型投资的税务处理取决于对该项投资的债权或股权属性的认定。一般而言，公司发行债权型工具的总体税负要低于权益型金融工具，使得公司往往更倾向于选择债权型融资。因此，投资者与被投资者，在交易前应该通过协商，通过合同条款的拟定以及会计处理，确定交易的性质，从而争取适用较为有利的税收政策。

第二节 关 键 问 题

PPP模式自从作为一种项目融资模式引入到我国以来，已经有不少项目的实践经验，但是，此次财政部力推的PPP模式，并非以前的项目融资而是一种管理模式，融资只是PPP项目过程中一个环节。在管理模式下，成功使用PPP模式应当注意以下几个关键问题：

一、正确理解PPP

要想成功采用PPP模式，首先要正确认识PPP的内涵和特点。如果不能正确认识PPP，很难能够达到采用PPP的目标要求。

1.PPP是一个管理模式而非融资模式

任何一个PPP项目的实施，都会有一个SPV（特殊目的载体）的执行机构，一般来说，SPV是由政府公共部门和若干家企业共同组成。一个PPP项目的资金来源全部由SPV来筹集，一方面是SPV的自有资金，另一方面是以SPV为主体的融资。因此，在PPP项目中，融资是企业的事情而非政府。PPP作为一种管理模式，是指政府公共部门与社会资本方合作过程中，让非公共部门所掌握的资源参与提供公共产品和服务，从而实现政府公共部门的职能并同时也为社会资本方带来利益。其管理模式包含与此相符的诸多具体形式。通过这种合作和管理过程，可以在不排除、并适当满足社会资本方的投资营利目标的同时，为社会更有效率地提供公共产品和服务，使有限的资源发挥更大的作用。融资只是PPP的一部分内容，而非PPP全部。英国在最早采用PPP时，除了缺少资金外，一个重要原因是当时政府项目超预算和超工期都是一种普遍现象，为了解决这些问题，政府才决定采用PPP模式。

2.PPP具有多样性

早期人们习惯于将PPP与BOT、PFI、TOT、BOOT等形式并列看为项目融资形式，而这处看法的错误是显而易见的,他们都是利用和社会资本方合作来完成公共部门的任务,因此说,PPP是他们诸多形式的总称。说PPP具有多样还不止这些,目前世界各国以及多边金融国际机构对PPP的分类都不尽相同。如英国将PPP分为两大类别,一类是由政府付费也就是他们所说的纳税人付费的项目称为PFI;另一类是由使用者付费的项目,称为特许经营。世界银行将PPP分为五类,而亚洲发展银行分类更多。事实上,采用什么样的PPP形式是根据不同政策需求决定的,不同的政策需要不同的PPP形式。例如:对于新建的基础设施一般采用BOT的形式,而已经建设成的基础设施更多采用TOT的形式。因此说,不同的政策要求可以选择适合政策目标的PPP形式。

3. PPP具有复杂性

一个PPP项目涉及多方利益,首先是政府公共部门,它代表公众追求的是公平;其次是社会资本方,它追求的高效率和高收益;再次是公众希望得到更多物美价廉的公共产品和服务。如何将三者的利益协调一致是一个非常困难的事情。除此之外,还要涉及一个未来二、三十年的运营过程,在这个长期的过程中,会发生什么情况谁也说不清楚,例如物价、汇率、经济周期、各种调控等都会对项目产生直接或间接影响。一个PPP合同有上万页之多,可见一个PPP项目所涉及的问题之多了。在一个项目采用PPP模式之前,做相当认真的准备工作,这个工作可能是漫长的过程,有时需要较长时间,如果不能做好充分的准备工作而急于上马的话,后面就会导致一系列的问题。

4. PPP具有长期性

一个PPP项目一般需要二、三十年或更长时间,如果仅仅有三、五年的话可能实现不了采用PPP所要达到的目标。我们近几年所采用的BT就是这个情况,一般仅有三到五年时间让政府回购,对政府而言,没有实现当初采用PPP所要达到的结果,相反会更加加剧财政负担,是导致政府债务的一个主要原因。试想如果将BT项目延长到二、三十年,并将管理维护也由社会资本方负责,社会资本方一定会将项目质量建设的非常好,因为这将影响到后面几十年的维护成本,而每年政府在该项目的支出也会大幅度降低,从而减少财政支出压力。当然这种由财政完全支付的项目应当受到本地财政收支预算的约束,不能一味采用这种方式上项目,一旦规模过大,超过财政承受的能力,会给地方政府带来更大的风险。

二、准确把握风险分配原则

PPP的风险分配原则是让最有能力承担风险的一方承担风险。PPP为什么选择这样的分配原则而不是一般的分配原则,因为PPP是政府与社会资本方的合作而不是竞争。经济学最伟大的经济学家之一马歇尔在他的《经济学原理》中曾说:竞争可以是建设性的,也可以破坏性的,即便是建设的时候,也没有合作有利。经济学中博弈论囚徒困境的模型也告诉我们,合作有利于竞争,如何都选择自己的利益最大化,最终结果是对双方不利的,而只有考虑对方的利益的时候才能实现双方利益最大化。虽然说分配原则上是让最有能力承担风险的一方来承担,如何来实现这个分配目标呢?唯一的办法是通过合同来约束,如果没有合同的约束,没有任何一方愿意承担更多的风险。政府可能对部分风险有较强的承担能力,而对另外的风险社会资本方承担能力会更强些。例如市场风险或运营风险一般由社会资本方来承担会更好些,社会资本方对市场的敏感性要比政府高得多,社会资本方会根据市场微小的变化来调整运营的策略,而政府在这方面就会弱很多,主要是政府对市场的敏感度不够。相反政府对政策所导致的风险承担能力会大大高于社会资本方。例如某个领域收费项目年限的调整政策的变化，如果让社会资本方承担就不尽合理，而政府承担就会有更多的应对办法。总之，风险分配是一个PPP项目成功的关键因素之一，如果不能合理分担风险，PPP项目会遇到诸多问题甚至导致失败。

三、合理确定利益调整机制

盈利而不暴利是PPP项目的收益的一个基本原则。为什么是这样的原则呢？企业盈利是正常的，企业经理人是为股东服务，为股东获得利益最大化，而PPP项目是一个长期而稳定的收益的项目，为了让PPP项目正常运营，政府不可能让PPP项目处于亏损状态，众所周知，你不可能让一个亏损的企业为公众提供优质的公共产品和服务。在确保企业不亏损的同时，也不会让企业获得超额利润，因为这是公共产品或服务，他涉及公众利益，如果是超额利润，必然让公众承担了更多的成本。事实上，这也是在国外PPP饱受质疑的一个重要原因。过去我们研究PPP时，经常说的是利益分享，而现在提出了利益调节机制而不再是分享。因为，基于前面的原因，政府不应当分享项目的利润，而应当调节项目的利润。如何实现这个原则呢？一般也通过合同约束，在合同中规定，当利润低的时候政府给予适当的补贴，如果收益高的时候政府会通过价格或其它方式降低经营的收益，让经营者总在一个适度的范围内获得长期而稳定的收益。这样既不让经营者因亏损运营不下去，也不会因产生超额的利润而让公众承担更高的成本。例如北京四号线，通过对铁轨的租用，来调整PPP公司利润空间。

四、监督管理

监督管理是成功实施PPP的基础，如果一个PPP项目没有很好的监督就很难达到采用PPP所想达到的结果。而实现有效监督最好的办法是公开透明，可以说公开透明是监管的基础。监督可分这三个方面：一是过程监督；三是质量监督；三是成本监督。为什么说要公开透明呢？因为公共投资项目本来是政府职能，由预算资金来实现，而采用PPP模式是让社会资本方来建设并运营，而社会资本方是不会向社会公开的，所以公众难以了解自己所享受到的公共产品或服务的成本是多少，这也是PPP项目在国外饱受质疑的另一原因。因此，为了加强监督，有必要让经营者公开运营成本，特别经营者提出需要提高价格时，更应该让其公开经营成本后再讨论是否提高其产品价格。监督的另一重要方式是公开招标，特别要实行真正意义上招标。对于收费年限和投资回报率等问题都可以通过招标的方式达到最有效的结果，而不是通过谈判达到所要的结果。

第三节 热点问题

一、PPP项目中政商关系存在的主要问题

（1）政府不断放宽社会资本定义，给潜在投资者带来困惑。政府在推广PPP模式中，将PPP译为政府和社会资本合作，对第二个P（社会资本）的界定，财政部2014年底发布的《PPP模式操作指南》中明确，"社会资本"是指已建立现代企业制度的境内外企业法人，但不包括本级政府所属融资平台公司及其他控股国有企业。这意味着，非本级政府控制的央企和其他地方的国有企业也被归为社会资本。今年5月22日国务院办公厅转发财政部、发改委、央行《关于在公共服务领域推广政府和社会资本合作模式的指导意见》（国办42号文）规定，对已经建立现代企业制度、实现市场化运营的，在其承担的地方政府债务已纳入

政府财政预算、得到妥善处置并明确公告今后不再承担地方政府举债融资职能的前提下,本级政府下属的融资平台公司也可以作为社会资本方参与PPP项目。这样,所有非财政预算资金投入均可作为社会资本。这种宽泛的社会资本定义尽管名义上保证了各类投资主体的公平进入地位,但事实上在基础设施和公共服务领域,一些国有资本利用天然的与政府及国有金融机构间的关系争取收益性PPP项目,从而挤出民间资本,带来了新一轮的"所有制歧视"。

(2)法律制度不完善,导致地方政府官员观望不前。目前的PPP模式热潮一定程度上是政府在地方债置换、基础设施建设存在资金缺口的情况下不断推动的,《财政部关于推广运用政府和社会资本合作模式有关问题的通知》《国务院关于创新重点领域投融资机制鼓励社会投资的指导意见》《国家发展和改革委关于开展政府和社会资本合作的指导意见》《关于政府和社会资本合作示范项目实施有关问题的通知》《政府和社会资本合作模式操作指南(试行)》《PPP项目合同指南》等规范性文件陆续出台,为PPP项目落地提供了初步的制度保障。但这些政策文件偏引导性、指引性,法律效力较弱。与此同时,由于规定过于原则,操作性不强,也导致了政府官员缺乏推广PPP模式动力。如目前政府购买公共服务正处于试点阶段,缺乏经验数据,对于定价高低没有参照,一旦定价过高或运营后利用预算资金补贴项目会有向社会资本方输送利益之嫌。

(3)政策风险高,使得企业担心项目全周期内利益可能受损。作为政府发包的工程,尽管设计规划时可能投资回报有保证,但随着项目推进,会面临政府换届、政策变化、行政命令干预项目运营等政策风险,企业会担心政府优先考虑公众利益而损害投资者的商业利益。PPP项目的政策性特征决定了在所有风险因素中,政府信用风险高居榜首,在项目后期不履行或者拒绝履行合同约定的责任和义务,从而给项目带来直接或者间接伤害。例如,政府该给补贴不给,价格限制随意更改等等。除此之外,推广PPP模式涉及政府部门众多,政出多门、缺乏协调也是造成PPP模式高风险的重要因素。特别是缺乏专门的专业型管理监督机构来履行项目采购、评估、第三方监管、招投标管理、争议协调等监管职责,使得有意向的社会资本在与政府部门交往中沟通不畅。当前,不论是中央政府还是地方政府推广PPP模式非常积极,但一些地方同时也存在着"甩包袱""变相融资"的倾向,表现在不愿拿出现金流预期明朗的好项目,与社会资本的合作缺乏诚意。

(4)项目地位不对称,难以实现政商平等伙伴关系。理论上,在PPP项目中不论是政府还是社会资本方均是以平等民事主体身份参与项目,地位平等也是构建互信伙伴关系的基础。政府部门作为公权力代表,有可能出于政治原因、经济因素、社会压力等考虑,撕毁原来签订的合同,或运用各种行政手段阻碍项目正常运作,使得PPP项目中政商双方难以建立平等伙伴关系。

二、PPP合同面临的主要问题

PPP合同管理对于运用PPP模式需要特别注意的问题包括以下6大方面:

1. 主体稳定性问题

PPP项目的合作主体是政府与社会资本方,由于项目周期与监管问题、市场风险与不可抗力因素等可能导致履约主体的能力变更或者主体退出,势必影响PPP合同的稳定性和执行力,国家发展改革委《关于开展政府和社会资本合作的指导意见》对此已有规定:"依托各类产权、股权交易市场,为社会资本提供多元化、规范化、市场化的退出渠道。"

在 PPP 合同内容与合同管理方面，必须对主体稳定性及相关问题作出明确约定。

2. 政府债务问题

PPP 项目通常包含政府对社会资本的长期付费承诺或因分担项目风险而产生的显性或隐性担保责任，尽管政府财政预算机制与政府资产负债管控措施日渐建立并开展，但并未有效建立，且存在政治风险无法避免的情况，PPP 项目仍然可能突破财政承受能力而导致政府债务风险。在 PPP 合同中应当对实际履约能力作出明确的可执行的操作模式。

3. 项目选择问题

PPP 项目通常由政府发起，其对于 PPP 融资功能的依赖容易导致对项目前景过于乐观的估测，在风险分担的项目中社会资本方无足够动力对项目进行严谨的分析，从而导致项目选择的错误。此外，PPP 项目的规划和筛选有可能受到腐败或政治利益考虑的影响。

4. 有效竞争问题

公共资产和公共服务的提供通常具有排他性，在一些行业或领域存在垄断属性，导致 PPP 项目的竞争压力通常来自于社会资本准入阶段，但由于 PPP 类项目的多样性、复杂性和长期性特点，不同社会资本提供的价值、承担的风险和要求的回报难以在选择阶段进行有效的直接比较，政府无法通过现有的政府采购程序有效甄选出最具竞争力的社会资本方。

5. 履约管理问题

当签署 PPP 项目协议后，政府和社会资本方即进入项目履约阶段。一方面，由于履约阶段缺少竞争压力，政府在缺少相称资源和技能的情况下很难对社会资本方的履约能力和履约情况进行有效监管；另一方面，由于缺乏有限的争议解决机制，在政府履约情况不佳时，社会资本也难以采取实际有效措施保护自身权益。

6. 定纷止争机制问题

PPP 模式不仅是一种项目融资方式，更是一种提高政府对整个社会资源管理效率的方式，具有投资额巨大、投资周期长、价格受监管、投资回报期长等特点，其合同内容的可执行性、项目实施的可控性、财物核算与纠纷解决机制非常重要，决定了项目运作的价值和成败。

三、"PPP 模式"中的热点税务问题

（一）公共基础设施项目企业所得税"三免三减半"

根据《中华人民共和国企业所得税法》第二十七条第二款、第三款、《中华人民共和国企业所得税法实施条例》第八十七条、《财政部国家税务总局关于执行公共基础设施项目企业所得税优惠目录有关问题的通知》（财税〔2008〕46号）、《国家税务总局关于实施国家重点扶持的公共基础设施项目企业所得税优惠问题的通知》（国税发〔2009〕80号）和《财政部国家税务总局关于公共基础设施项目和环境保护节能节水项目企业所得税优惠政策问题的通知》（财税〔2012〕10号）的规定，投资企业从事《公共基础设施项目企业所得税优惠目录》规定的港口码头、机场、铁路、公路、城市公共交通、电力、水利等项目，从事公共污水处理、公共垃圾处理、沼气综合开发利用、节能减排技术改造、海水淡化等符合条件的环境保护、节能节水项目的所得，自项目取得第一笔生产经营收入所属纳税年度起，第一年至第三年免征企业所得税，第四年至第六年减半征收企业所得税。

根据《财政部国家税务总局关于公共基础设施项目享受企业所得税优惠政策问题的补充通知》（财税〔2014〕55号）的规定：企业投资经营符合《公共基础设施项目企业所得税优惠目录》规定条件和标准的公共基础设施项目，采用一次核准、分批次（如码头、泊位、航

站楼、跑道、路段、发电机组等）建设的，凡同时符合以下条件的，可按每一批次为单位计算所得，并享受企业所得税"三免三减半"优惠：（1）不同批次在空间上相互独立；（2）每一批次自身具备取得收入的功能；（3）以每一批次为单位进行会计核算，单独计算所得，并合理分摊期间费用。

（二）行业性、区域性税收优惠

1. 区域性税收优惠方面

如根据《国家税务总局关于深入实施西部大开发战略有关企业所得税问题的公告》（2012年第12号），自2011年1月1日至2020年12月31日，对设在西部地区以《西部地区鼓励类产业目录》中规定的产业项目为主营业务，且当年度主营业务收入占企业收入总额70%以上的企业，经企业申请，主管税务机关审核确认后，可减按15%税率缴纳企业所得税。再比如，根据《西藏自治区人民政府关于印发西藏自治区企业所得税政策实施办法的通知》（藏政发〔2014〕51号），西藏自治区在统一执行西部大开发15%企业所得税优惠的基础之上，对地方分享部分予以减免。再如，对设在横琴新区、平潭综合试验区和前海深港现代服务业合作区的符合条件的鼓励类产业企业减按15%的税率征收企业所得税。

2. 行业性税收优惠方面

根据税法规定，对国家需要重点扶持的高新技术企业，减按15%的税率征收企业所得税。对于符合条件的软件企业、集成电路企业可以享受"两免三减半"的企业所得税优惠，财政部、国家税务总局、科技部联合发布的《关于完善研究开发费用税前加计扣除政策的通知》（财税〔2015〕119号），科技企业研发费用加计扣除的范围，除了以下7中行业：①烟草制造业；②住宿和餐饮业；③批发和零售业；④房地产业；⑤租赁和商务服务业；⑥娱乐业；⑦财政部和国家税务总局规定的其他行业。均可以申请研发费用加计扣除优惠，也即对于企业开发新技术、新产品、新工艺发生的研究开发费用，未形成无形资产计入当期损益的，在按照规定据实扣除的基础上，按照研究开发费用的50%加计扣除；形成无形资产的，按照无形资产成本的15%摊销。

（三）地方政府补贴、奖励

除上述优惠政策外，企业还可以通过税收返还、财政性资金等方式获得税收减免。但是，由于地区性税收返还或财政补贴政策通常仅停留在政策导向层面，对于具体的适用条件以及确切的税收返还、财政资金发放、税收减免金额等的规定比较模糊。因此，企业在申请相应的税收返还、财政资金发放或税收减免时，需要结合自身具体情况与当地有关部门进行充分的沟通，并争取获得相关书面协议。必要时，应寻求专业机构的合作。

（四）PPP模式中"名义持股"问题

在PPP模式中，由于融资、担保、信誉等现实因素，一方通过"名义持股"的方式进入项目公司的情形经常发生。在这种情况下，名义持股方不参与公司的运营决策，本质上不属于股东的范畴。但是在目前税收立法以及实践中，待相关条件达成，名义持股方退出公司时，可能面临缴纳税款的风险。因此，PPP模式中，如果需要通过"名义持股"的方式实现特定目的，需要在相关合同中确定交易的实质，同时在定价、退出等方面条款约定中充分考虑税务风险。

总之，国家针对PPP模式出台了为数众多的税收等优惠政策，其目的在于推动公共基础设施建设，提高公共品供给的经济效率。其中，配套的税收政策的设计对于PPP模式的推进有着特别重要的意义。随着政府简政放权的不断推进，公共物品的提供越来越突出社会资本的投入，PPP模式的进一步发展，需要税收优惠政策与长期税制改革相配合。对于社会资本而言，重视 PPP 模式中税收优惠政策的适用，将有助于降低成本，促进资本流动。

四、PPP 项目法律制度及运营移交阶段存在的法律问题

（一）PPP 项目与现有法律制度的冲突

PPP 项目与现有中国法律制度的多方面冲突问题，仍未得到有效的解决，社会投资方在项目的运作中处境尴尬。

1. 与土地制度的冲突

依照现行土地政策，土地使用权的获得包括无偿划拨、有偿出让等方式。有偿出让方式又可细分为招标、拍卖、挂牌和协议出让，而针对工业、商业、旅游、娱乐和商品住宅等经营性用地，法律硬性规定采用招拍挂公开出让土地使用权方式。

针对含经营性的 PPP 项目，若依照中国目前的土地制度，极有可能出现政府一方面通过招标、竞争性谈判、直接授予等方式选择 PPP 项目社会投资方，另一方面又不得不通过"招、拍、挂"公开方式出让 PPP 项目的经营性用地，从而造成社会投资方虽中标 PPP 项目却无法获得所需的土地使用权。这种冲突在轨道交通和沿线土地综合一体开发的 PPP 项目中表现尤为明显。

2. 与税收制度的冲突

地方政府在一些 PPP 项目招标文件或与社会投资方签订的投资协议中承诺某些税收优惠政策，但由于税务主管部门实行中央、省、市、县的垂直领导且税收优惠承诺缺乏税收制度法律层面的支持，在实践中税收优惠政策常常不被税务主管部门接受。如某一体育场馆 PPP 项目中，就出现了地方税务部门拒绝接受政府关于项目免征土地增值税的承诺，而要求社会投资方缴税的情况。

这个冲突造成政府承诺的税收优惠条件成了"纸上画饼"。这不仅大大打击社会投资方的投资热情和对当地投资环境的信心，而且严重影响了政府的诚信。

3. 与价格制度的冲突

社会投资方投资的 BOT 项目中运营环节的收益为社会投资方的核心收入来源，项目运营价格的制定和调整方式直接影响社会投资方的投资回报。但对于直接关系到社会公共利益的 BOT 项目，比如轨道交通、高速公路等道路基础设施和污水处理等项目，其定价和调整必须经地方政府和物价部门召开听证会后，根据听证会的结论批准确定，社会投资方在决定收费标准时自主权非常小，处于弱势地位，难以根据运营成本或市场供求变化自行及时调整，并且由于收费标准调整的期限较长，一旦确定便在一个固定时期内无法进行调整，将在一定程度上影响社会投资方的营运收入。

较为典型的案例是北京地铁四号线。其项目合同约定运营票价实行政府定价管理，采用计程票制。在特许期内，北京市政府根据相关法律法规、本着同网同价的原则，制定并颁布四号线运营票价政策，并根据社会经济发展状况适时调整票价。而实际情况是，四号线开通五年多以后，运营票价方才由单一票价调整为阶梯票价，告别 2 元随便坐的时代。

4. 与国有股权转让制度的冲突

BT 投融资模式下的回购分为资产回购和股权回购两种。在全部项目投资均由投资人负责的 BT 项目中，通常以资产回购的方式进行（或回购 100% 的股权），但在投资人投资只占

其中一部分的项目中,回购则只能以股权回购的方式体现,但此种情况,应未改变BT投融资的本质特征。

根据《企业国有产权转让管理暂行办法》的规定,国有资产和国有股权的性质一样,都为国有产权。按规定,两者的转让都应通过产权交易所挂牌转让。如果说实践中从监管部门到业内,大家都认可了BT项目在以资产方式进行回购中可以突破现有规定不通过挂牌转让的话,应该也可以接受在以股权方式进行回购时无须进场挂牌转让。事实上,在直接按双方约定进行转让的过程中,并不存在国有资产流失和国有产权转让暗箱操作的问题。而挂牌方式无法真实反映投资人股权投资的全部回报,因为在BT项目中,股权投资回报的绝大部分,是通过施工利润的方式来实现的。

因此,BT项目中的股权回购与通常意义上单纯的股权回购存在很大差异。以股权转让价款的支付为例,实践中BT项目的股权回购款通常在工程交工验收后的3到5年内付清;有些项目甚至在股权回购前的建设期即开始偿还利息部分。凡此种种,都与《企业国有产权转让管理暂行办法》所要求的一年内付清全部股权转让价款大相径庭。如果硬套进场挂牌的要求,势必削足适履,采用阴阳合同委曲求全,实际上也违反了现有规定,还给项目实施带来极大不便。

除上述四种冲突外,在立项、预算制度、政府采购制度、招投标制度、担保制度等亦存在冲突,需要相关立法部门将来制定法律效力层级更高的PPP规定,并能够综合考虑PPP项目的特点,有效将其与现有法律制度进行衔接,避免各方在实施过程中面对诸多冲突而无所适从。

(二)PPP运营和移交阶段存在法律问题

1. 运营期内的项目产权归属

这是一个社会资本普遍担心的问题,因为项目全生命周期内项目资产的产权归属,对项目公司的融资能力和话语权影响甚大。然而这方面中国的法律法规及实践仍处于混沌不清的状态。比如,作为项目主要资产之一的土地使用权的取得,根据《土地管理法》第五十四条,城市基础设施用地和公益事业用地、国家重点扶持的能源、交通、水利等基础设施用地可以以划拨方式取得;国土资源部2001年《划拨用地目录》中却同时规定了以营利为目的的、非国家重点扶持的能源、交通、水利等基础设施用地项目,应当以有偿方式提供土地使用权;还有以租赁方式用地的实践中也不少。那么,兼具公益性和营利性特点的PPP项目,究竟应按划拨方式还是有偿出让方式用地?各地对此的认识和操作不一,各种做法都有。

还有项目建造的基础设施等其他资产,运营期内能否归项目公司所有?尽管此前法律规定不一,如根据国家计委、电力工业部、交通部1995年《关于试办外商投资特许权项目审批管理有关问题的通知》,特许期内,项目公司拥有特许权项目设施的所有权;根据财政部2008年《关于印发企业会计准则解释第2号的通知》,BOT业务所建造基础设施不应作为项目公司的固定资产;但是此次最新发布的《基础设施和公用事业特许经营管理办法》,明确规定了基础设施和公用事业特许经营可以采取"在一定期限内,政府授予特许经营者投资新建或改扩建、拥有并运营基础设施和公用事业,期限届满移交政府"的方式,认可项目公司可以拥有项目基础设施的所有权。

2. 运营期社会资本退出项目问题

运营期满前,社会资本方可能希望通过转让其所持有的项目公司股权来实现退出。但是，由于在项目合作方选择阶段，通常政府是在对社会资本方的融资能力、技术能力、管理能力等资格条件进行系统评审后，才最终选定社会资本合作方。因此，如果在项目实施阶段，社会资本方将股权转让给不符合有关资格条件的主体，将有可能导致项目无法按照既定目的或标准实施。因此，通常PPP合同会对社会资本方的股权转让加以限制。比如，设置一定的锁定期，要求社会资本方在项目公司进入成熟运转前或缺陷责任期届满前不得转让项目公司股权、约定受让方的资质条件、甚至在锁定期后转让仍需政府事先同意等等。

3. 政府违约社会资本的法律保护

这是社会资本方考虑PPP项目时最担心也最为关注的问题。政府违约，在过往PPP项目的实施过程中不是小概率事件。出现政府违约情况时，社会资本方需要依靠签订的PPP合同，所以合同至关重要，社会资本方应尽可能通过合同严密设置防控包括政府违约在内的种种风险以及相应的争议解决机制。如此，即便发生政府违约的情形，也有合同依据寻求法律上的保护。比如，财政部给出的《PPP项目合同指南》中指出，PPP项目合同可以选择仲裁或民事诉讼作为最终的争议解决方式。《基础设施和公用事业特许经营管理办法》还规定了，对政府的具体行政行为，可以提起行政复议或行政诉讼。

第四节 难点问题

一、PPP立法难

面临过往实践中法律现状、政府信用、能力建设、多头监管等现实障碍，PPP项目实施仍然欠缺程序上的可操作性。

（一）权责争论

据悉，受全国人大法工委委托，国家发改委法规司已于2015年2月正式启动了PPP立法的起草工作。经多轮调研、研讨和修改，于同年12月公布了《政府和社会资本合作法（征求意件稿）》，但仍然面临两大难题：一是和现有法律法规的冲突问题；二是相关部委间的行政权力划分问题。

比如PPP项目投资人的选定程序问题，到底是适用招标投标法还是政府采购法，国家发改委和财政部意见分歧很大。

（1）"国内做PPP项目的基本都是工程公司，对招投标法比较熟悉，对政府采购法不熟。政府采购法涉及到动用国家的钱，监管特别严，地方政府也不愿意用。"国家发改委和地方政府更愿意采用招标投标法。

（2）财政部更倾向于采用政府采购法，理由是大多数PPP项目需要中央财政和地方财政补贴，政府向社会力量购买公共服务，理应纳入政府采购范围。

PPP立法和现行的《土地管理法》等法律法规也存在矛盾之处。中国现行法律规定，经营性土地使用权必须通过招、拍、挂牌方式获取。而政府在授予特许经营权时，无法确保特许经营权人一定能够获得项目所需的土地使用权。

财政部是落实"允许社会资本通过特许经营等方式参与城市基础设施投资和运营"的第一责任人；但由于历史沿革，国家发改委是特许经营改革的第一责任人。并且，交通运输、水利、市政工程等领域PPP项目的审批，还涉及到行业主管部委。

"最难的就是责权利的划分问题，即所谓的条块分割。"财政部曾向国务院法制办申请也作为PPP立法的主体之一。财政部还专就PPP立法工作召开过研讨会。

(二) 推广之艰

财政部发布了《关于推广运用政府和社会资本合作模式有关问题的通知》(76号文),对PPP项目的风险分配、项目的评估论证、合作伙伴的选择、财政支持、项目的绩效评价等PPP立法要点均作了明确规定。

财政部又依据国发43号文印发了《地方政府存量债务纳入预算管理清理甄别办法》,明确鼓励社会资本通过特许经营等方式,参与城市基础设施等有一定收益的公益性事业投资和运营,并明确在建项目确实没有其他建设资金来源的,应主要通过PPP模式和地方政府债券解决后续融资。

财政部下发了《关于报送适宜开展PPP模式项目的通知》,要求各省财政厅在地方融资平台存量项目中选出适宜开展PPP的项目,主要为本身具有一定收益或者有收益但现金流无法全面覆盖项目成本的项目。

分析PPP模式的削债能力,对于用户完全或部分付费的项目,采用PPP模式是可以减少一些政府债务的,但"不能期望通过PPP解决地方政府债务问题"。

地方政府融资平台存量项目中,未开工的项目和已经完工的项目比较容易转成PPP项目,但是量小。在建项目因为责任难以划分,转成PPP项目比较难。

地方债纳入预算管理后,主要的融资渠道应该来自于地方债自发自还,PPP模式可以作为一种辅助的融资方式,具体还有很多的不确定性,不太可能成为融资的主要手段。

财政部发布的76号文也有其明显局限。一是效力等级较低,对PPP项目实施的法律保障作用有限;二是对于关系PPP项目实施的投资回报方式、政府承诺、有限追索、终止补偿等重大事项均未涉及,对于PPP项目立项审批、部门协调等各个流程和具体做法也未作规定,仍然欠缺程序上的可操作性。

二、社会资本参与难

(一) 社会资本参与PPP项目受尽欺负

1. 地方政府"大权独揽"企业占股受限沦为"二等公民"

在多数PPP项目合作中,社会资本由于占股少,处于绝对弱势地位。一些地方将社会资本视为"附属",在公司架构上"大权独揽",在决策上"独断专行",令社会资本沦为"二等公民"。且一旦项目出现重大问题,地方政府难免动用行政手段进行干预,导致社会资本"泥牛入海,受尽欺负"。

"每次都是卡在控股权上"股权之争成为PPP模式推广的"拦路虎"。对于PPP项目合作,不少地方政府部门明确表示,企业可以入股,但绝对不能控股,政府一定要保证51%的控股权。这令很多社会资本方望而却步。

某集团是香港主板上市的北京控股有限公司所属旗舰企业,2010年,其与西南某省合作建设一些县区的污水处理项目,方案是当地政府融资平台投入8亿元,集团投入10亿元。这一方案几经调整,始终无法获得地方政府批准。

PPP模式不仅是引入社会资本,也是引入更多的市场意识和现代管理理念。社会资本方如果不能控股,项目就不能形成合理的公司架构,效率低下,无法有效运作。一旦项目出现重大问题时,地方政府即使控股少,也会动用行政手段进行干预,结果是社会资本"泥牛入海,受尽欺负"。

在多数PPP项目合作中，社会资本方由于占股少，处于绝对弱势地位。社会资本方缺少决策话语权，参与PPP的积极性越来越低。

2."调价机制不明，不敢投入巨资"

（1）价格调整机制，在运营中存在的问题

在人力成本、材料成本迅速增长的形势下，如果调价机制不明确，几乎没有民营企业敢在PPP项目上投入巨资。如果最后只是国企动、民企不动，这样的PPP仍然是在体制内转悠。

北京地铁4号线、杭州湾跨海大桥等PPP项目，运营过程中或多或少存在定价机制、收益分配不尽合理的问题。

一些地方政府出于吸引资金目的，往往给社会资本方过高承诺。如北方某城市水厂BOT项目，政府特许经营20年按高水价购水，但企业5年就收回全部投资，政府兜底了运营风险，而社会资本方获得无风险高额回报。

在PPP项目中，由于招标时缺乏合理的成本预算作为标底，此时的服务价格并非依据行业平均成本确定，加上政府与企业存在信息不对称，政府很难掌握项目公司的全部信息。并且由于缺乏人工、材料、机械消耗等统一的成本标准，使得服务价格往往因企业虚报成本而抬高。

另一种情境相左的现象是，在服务费价水平不到位的时候，地方政府却未能承担起补贴责任方。地方政府的支付意愿并不高。"现在很多地方政府的财政状况都很紧张，在分配具体资金使用的时候，通常会把污水处理、自来水调价一类的排在最后。"

在采用PPP模式的过程中，设计出各方满意的定价和支付机制，达到激励相容的安排并不容易。

关于城市基础设施公共产品或服务的定价，存在一个客观的矛盾，即公众总是期望质优价廉的公共产品或服务，社会资本方期望获得更多的利润，而政府则夹在中间左右为难，定价水平难以平衡社会公众和投资者的利益。

"定价是有一个标准和原则，就是价格的调整机制，几十年不变不科学，变得太频繁也不科学，最理想的状态是让社会资本盈利但不暴利。"这一点在实际操作中并不容易，要具体了解是基于一个什么样的调节机制，与物价指数如何挂钩，要了解到有些地方长期不调价，经营者负担的成本就会上升。

（2）很多地方还是"政府吃肉、企业喝汤"

一些地方政府"共赢"意识匮乏，在合作中一再强调自身优势地位，视自身为社会资本方的监督方甚至对立方，缺乏考虑合作伙伴的合理权益，导致社会资本方在屡遭挫折后"伤心""失望"。由于各方面信息不能互通，不少地方政府以"单打一"心态，抱着"我"字不放，想的是"我肥你瘦"、"政府吃肉、企业喝汤"的思维，能源、通讯等高收益项目仍垄断在政府和国企手里，一些根本不赚钱的项目像卸包袱一样扔出来给民企做。这种情况不变，大面积PPP合作在现阶段就不可能成功。当前大多数地方政府都缺乏基于成本涨跌的调价机制理念，"回报意识"不强。在PPP项目合作中，往往立项、评估、决策完全由政府说了算，企业参与积极性不高，即使形成合作意向，也无法形成现代公司治理模式。

此外，一些地方在引入社会资本后，还不断对企业提出不合理要求，让企业承担本来不应承担的责任。社会资本方在一些地方投资后，政府拖欠款项时有发生，企业进来了，又不得不维持运营，就去向银行贷款，大大加重企业财务成本。

西南某水务集团公司 2009 年在南方一个地级市投 1.3 亿元建设污水处理厂，工程开工一段时间后企业发现配套管网迟迟没有建设，当地政府则要求所有管网均应由该公司筹建，公司不断解释情况，但至今都没有得到正式回复，给企业生产造成极大负担。

3. 专家建议弹性定价风险分担

成功实施 PPP 项目的关键在于实现双赢和合理地分担风险。政府既希望民间资本参与，又希望民间资本赚取较低的利润率，而站在企业角度，则希望取得更高的投资回报。因此，科学的绩效评价所形成的激励—约束机制、收益分配和风险分担等因素，成为 PPP 项目成功实施不可忽视的重要条件。

风险分担是 PPP 具有的三大特征之一。通过这一原则和方式，把原来由政府完全承担风险变成政府和企业各自承担。这是 PPP 伙伴关系的一个重要基础，如果没有风险分担，就不可能形成健康而可持续的伙伴关系，无论是市场经济还是计划经济、无论是私人部门还是公共部门、无论是个人还是企业，没有谁会喜欢风险，而是会为了利益千方百计地避免风险。

譬如，技术风险就应当由企业承担，你建了污水处理厂就要保证把污水处理干净；而土地风险、价格风险等，像供水价格是由政府定价的，这个风险就要由政府承担，在企业持续亏损情况下考虑予以补贴。

在 PPP 项目中，公共部门与社会资本方合理分担风险的这一特征，是其区别于公共部门与社会资本方其他交易形式的显著标志。诸如政府采购过程，之所以不能称为公私合作伙伴关系，是因为双方在此过程中都让自己尽可能小地承担风险，而在公私伙伴关系中，公共部门却是尽可能大地承担自己有优势方面的伴生风险，而让对方承担的风险尽可能小。

一个明显的例子是，在隧道、桥梁、干道建设项目的运营中，如果因一般时间内车流量不够而导致社会资本方达不到基本的预期收益，公共部门可以对其提供现金流量补贴，这种做法可以在"分担"框架下，有效控制社会资本方因车流量不足而引起的经营风险。与此同时，社会资本方会按其相对优势承担较多的、甚至全部的具体管理职责，而这个领域，却正是政府管理层"官僚主义低效风险"的易发领域。由此，风险得以规避。

与风险分担密切相关的是，在 PPP 项目运营过程中，目前尚存在定价机制、收益分配机制等不尽合理的问题。应该采取"弹性定价"，尽快形成科学的收益分配模型。建立一种动态调整的定价，或者政府补贴机制，形成长期稳定的投资回报，同时，还要有绩效评价机制，根据企业的经营状况调整投资回报率，从而对社会资本产生吸引力。

三、项目融资难

在经济下行压力下，企业普遍面临着融资难的问题。作为一种公私合作建设基础设施、提供公共服务的新机制，由于 PPP 在我国尚处于探索阶段，相关政策制度尚不健全，所以金融机构对 PPP 项目融资热情不高，暂持观望态度。其中既有源于 PPP 模式的内部原因，也有制约融资的外部因素。下面从内外两个角度对 PPP 项目的融资难题进行分析，明晰 PPP 项目融资难在何处。

（一）内部原因

作为一种有助于提升公共事业生产效率的长效合作机制，PPP 具有自身的一些特性，掣肘其从金融机构融通资金。

1. 期限长

PPP 项目的存续期一般为 20~30 年，甚至有 99 年的，相较于一般项目，持续周期较长，项目施行过程中存在的不确定性增加。一方面，流动性不足会增加 PPP 项目的融资成本；另一方面，金融机构也会考虑到融通资金的安全性，出于审慎性原则，对资金投放的审核机制更为严格，要对项目做尽职调查和评审，复核项目的可行性。

2. 风险大

PPP 模式的创新之处在于政府和社会资本合作，组成项目公司（SPV），共同参与基础设施和公共服务建设，双方风险分担、收益共享。对于资金方而言，与原有的政府直接提供服务相比，政府信用转变为项目公司信用，由于参与项目的社会资本方资质良莠不齐，导致 PPP 模式的信用风险加剧。金融机构会对项目执行中的现金流、资产处置等加以限制和监控，以减少融资风险。

3. 收益低

结合公开招标和现已落地的 PPP 项目，不难看出，目前中国 PPP 项目的收益率不会太高。确实，现有的 PPP 项目多为长期微利项目，收益率基本上在 6%~8% 左右，有的甚至还未探索出成熟的盈利模式，市场上缺乏优质项目的抱怨不绝于耳。在这样的背景下，项目方难以获得超额收益，能够承担的资金成本相对有限，自然难以吸引金融机构为项目融通资金。

诚然，PPP 这一属性决定了项目期限长、风险大、收益低，投资 PPP 项目难以获得房地产那样的暴利，抑制了金融机构的放贷意愿。期限、风险和收益问题是所有金融机构为 PPP 项目融资不可忽视的问题，但是事情都是相对的，PPP 项目的投资标的较为明确，未来现金流稳定，与养老金、保险资金的投资需求完美匹配，在全球低利率、资产配置荒的环境下，为资金提供了一个不错的投资方向。

（二）外部原因

PPP 项目遭遇融资困境除了自身存在一定的原因外，还有一些外部因素作用。

1. 融资方式单一

现存的 PPP 项目多以债权融资为主，股权融资相对不足。传统的商业贷款是债权融资的主要模式，国际 PPP 项目常用的项目贷款未能得到充分运用。原因是多方面的：

（1）中国目前尚未建立项目融资的金融服务体系，难以实现以项目未来收入和资产为质押的银行贷款。虽然银监会发布了《项目融资业务指引》，但实践中，以项目未来收益和资产为担保的项目融资方式并不多见。

（2）金融机构不愿承担风险，还是习惯于躺着挣利差，创新动力不足，加之股权结构设计、股权退出等难题未解，导致股权融资在融资过程中运用甚少。如此单一的融资方式导致融通的资金量极为有限，相对于 PPP 项目的巨量投资，可谓是杯水车薪。同时，以商业信贷为主导的间接融资，利率过高、周期较短，难以适应大多数 PPP 项目收益低、周期长的特点。

2. 抵押增信不足

近年来，金融机构也积极响应号召，积极关注并学习 PPP，但是在收效甚微。商业银行因其近年来的银行不良贷款余额飙升、不良贷款率激增，导致其在信贷投放过程中更为谨慎，至今商业银行对 PPP 项目的放贷流程、评审标准和担保要求与传统放贷无异，较为严格，这主要是源于 PPP 项目抵押增信不足。

（1）项目资产的权属不清，一般约定只有经营权，没有所有权。

（2）项目公司对项目土地只有使用权，需经政府同意，才可对使用权进行抵押。

（3）PPP 项目多为在建项目，存量资产短缺，很难满足商业银行的抵押要求，令原本艰难的融资之路更为曲折。目前，农业银行积极创新，率先印发《关于做好政府和社会资本合作项目（PPP）信用业务的意见》，考虑到 PPP 项目大多涉及公益性资产不能用于抵押，应创新担保方式，以特许经营权、购买服务协议预期收益等设定质押。但是该方案仍处于探索阶段，特许经营权质押才刚刚开始，适用性较低。

3. 法律争议未解

当前，由于 PPP 上位法缺失，PPP 模式存在着许多不明晰的地方，各方各执一词，争议较大。主要表现在以下两个方面：①资产所有权问题，财政部印发的《企业会计准则解释第 2 号》明确规定 "BOT 业务不应作为项目公司的固定资产"，即项目公司的收入应确认为金融资产或者无形资产，项目设施不能固定资产化，但 PPP 模式下其他形式下资产权属问题尚无定论，现在通行的做法是在存续期内项目公司没有资产所有权，只有经营权，加剧了抵押难题；②政府和社会资本对债务的承担责任范围，政府和社会资本认为 PPP 项目融资一般是基于项目载体，也就是项目公司（SPV）是融资主体，是一种无追索权或有限追索权的项目融资，也就是说，万一项目出现还款危机，金融机构只能追索到项目公司，不能向组成项目公司的政府和社会资本方主张权利。但是金融机构却不以为然，为了降低融资风险，通常会以项目公司缺乏存量资产、需要追溯到上一级为由，要求社会资本方（尤其当社会资本方是民营企业时）作为风险承担主体，对 PPP 融资承担无限追索责任。

4. PPP 认识不全

现在，PPP 模式在我国仍处于摸索探讨阶段，作为一种新机制，各方对 PPP 模式的认识相对不足。在地方财政压力剧增、融资渠道萎缩的背景下，很多地方政府将 PPP 模式仅视作一种新的融资模式，大力推广 PPP 模式的目的在于替代原有的地方融资平台，并试图将债务杠杆强加给社会资本方。"收益共享、风险分担"理念并未得到正确的阐释，地方政府存在转移风险、推卸提供公共产品责任等心理，在资金筹集过程中，地方政府置身事外，将资金难题转嫁给社会资本方，导致社会资本成为主要的出资方，但其自身资金流并不充足，使原本困难的 PPP 融资难上加难。

5. 缺乏政策支持

我国关于 PPP 模式的相关政策密集出台，但是相应的 PPP 融资支持政策尚属空白。

（1）我国尚未出台鼓励金融机构创新融资管理方式和融资产品的相关政策，致使金融机构缺乏创新的动力，未能及时探索匹配 PPP 项目需求的金融机制。

（2）PPP 项目投融资交流机制尚未建立，借贷双方的交流渠道并不畅通，争议解决方案尚未形成。

（3）中央级 PPP 项目支持基金仍在筹备过程中，引导示范效应尚未显现。上述融资支持政策的缺失，加剧了 PPP 项目融资的不确定性，结果导致金融机构面对 PPP 项目融资是选择暂时观望规避，投资热情不高，PPP 项目的融资难问题进一步凸显。

由于 PPP 项目具有期限长、风险大和收益低等自然特性，再加上融资方式单一、抵押增信不足、法律争议未解、PPP 认识不全和缺乏政策支持等外部原因致使 PPP 项目遭遇了融资难题，延缓了项目进程。未来我国的 PPP 融资任重道远，需要各方积极探索，全力配合，共同破解，保障 PPP 项目顺利推进。

四、风险防范难

（一）政府融资平台曲线抢滩 PPP 变相融资或滋生新风险

1. 假 PPP 苗头隐现或滋生新风险

地方政府融资平台大限渐近、前途依旧模糊，然而可以明确的是，平台融资渠道将进一步收紧。在此背景下，政府融资平台纷纷采取多种方式"曲线"抢滩 PPP 模式，希望借力实现转型或者暂时保留融资造血功能。这些平台主要是通过与其他社会资本方进行不同形式的合作，从而完成自身身份的转换，进而参与 PPP 项目。有些合作方式借 PPP 之名，成为地方平台变相融资的工具，并有可能滋生新的风险。

2. "曲线"参与方式多种多样

财政部发布的《政府和社会资本合作模式操作指南（试行）》，"社会资本是指已建立现代企业制度的境内外企业法人，但不包括本级政府所属融资平台公司及其他控股国有企业。"换句话说，本级政府所属融资平台公司及其他地方国企想作为社会资本一方直接参与 PPP 项目，已经不被政策所允许。

不过，这并不意味着地方融资平台做 PPP 的路就被堵死。

目前平台公司可从以下三个方面切入 PPP：其一，作为第一个 P 代表政府参与本地 PPP 项目；其二，作为第二个 P 参与异地 PPP 项目；其三，平台公司虽不能作为第二个 P 参与本地 PPP 项目，但是可以在其他社会资本中标本地 PPP 项目之后，与其开展下游的合作。"比如一个地铁项目，社会资本方中标之后，可以再将其中的建设部分分包给一个本级建设经验丰富的平台公司。"

政策不允许本级平台参与本级 PPP 项目，但其上下级的平台是没有被排除在外的，比如某地市的 PPP 项目是允许省级平台和县级平台作为社会资本方参与的。"有地市级的 PPP 项目就由其上下级政府的平台作为社会资本出面参与，但实际上资金、人员、具体项目操作都是地市本级的平台在做。"

而另外一种更为常见的情况是，有的平台成立一家子公司，该子公司和社会资本合作成立一家新的公司，由此该平台实际上可通过新公司来参与 PPP 项目。

3. 平台欲借假 PPP 项目变相融资

在地方融资平台"曲线救国"的同时，一些假 PPP 项目的出现，更值得警惕。

什么是假的 PPP？如一个地方要修建一条高速公路，按以前的做法，就是地方平台或者其下属的高速公路公司直接自己融资自己建设，但是 43 号文出台之后，地方平台类公司融资渠道收窄，相反 PPP 方式是国家所鼓励的。因此，就出现了以下做法：该地方高速公路公司可以寻找一家社会资本方，比如与一家大的央企合作，双方各出资一部分成立一家项目公司，由该项目公司作为 PPP 的主体建设高速公路项目。表面上看，这是一个非常正规的 PPP 项目，但实际上，地方的高速公路公司会私下和这家央企签订一个回购股份的协议，承诺在未来项目建成后以一定价格回购其全部股份。"在极端的情况下，这家央企甚至可以全部持股这家项目公司，而地方的高速公路公司则承诺未来全部回购股份。"若"抽掉"这份私下签订的回购协议，表面上看这就是一个引入了社会资本方的好的 PPP 项目，没有增加政府债务。但实际上，这背后仍然是过去政府融资的逻辑，换汤不换药。

这实际上是以债务的方式在引入社会资本，在平台公司和社会资本方签订的合作协议中，平台公司会承诺一定期限的一定收益，而社会资本方会参与这个项目，也不会考虑这个项目真正的投资收益和风险，而是考虑这个平台公司未来有无还债能力。

对融资平台全面收紧，不少平台都面临着资金紧绷的困局，而运用这种方式，地方平台或下属国企能进行变相融资。

实际上，虽然现在假PPP的风险只是体现在某个地方平台或国企身上，但是保不准未来这种风险会进一步传导至地方政府。

4. 相关政策仍有待完善

本级平台直接受本级政府的管理，和本级政府之间是存在隶属关系，因此，若本级平台作为社会资本参与PPP，实际上从机制上来说，无法真正实现政府和社会资本方的合作。

PPP的初衷是引入社会资本方参与基础设施投资，除了解决政府债务和财政新增投资的压力外，长期来看，能够有效优化基础设施的投资决策机制，将社会资本方对项目的风险和收益的市场化评估作为政府项目决策的重要依据。但是本级平台投资本级政府的PPP项目，虽然也一定程度上增强了平台公司基础设施投资业务的可持续性，但是在降低政府投资压力、项目决策和风险分担方面仍然无法达到PPP的目标要求。实际上本级政府发起一个项目自己来做，和社会资本方参与投资方对项目的风险评估、交易结构和收益保障的要求是不一样的。本级平台无法作为一个社会资本方对项目的价值、风险进行相对独立的判断。这种PPP项目没有经过市场的检验，比真正PPP项目的风险更大。"

（二）伪项目登堂入室疏于监管滥用PPP恐酿风险

随着我国城镇化进程不断加速，公共设施建设需求大幅增加，地方政府债务负担与日俱增。为了缓解政府债务压力，推进公共服务领域改革市场化，加速我国经济转型，PPP模式已成为必然选择。风险分担机制、利益分配机制和法律制度的设计修缮，将是影响PPP推广成败的重要因素。

PPP大潮扑面而来，一些基层政府部门对PPP模式认识不清、准备不足。

对于一些尚不具备PPP思维的地方政府而言，仓促上马项目可能会出现"形似神不似"现象，此类名为PPP的项目不仅不能帮助政府卸包袱，还将加重财政负担。

1. 大潮来袭　万亿PPP项目浮出水面

为加快发挥PPP投融资模式的积极作用，财政部从制度、机构、项目和能力建设等多方面着手推广PPP模式。2014年5月，财政部成立PPP工作领导小组，金融、经建、预算、条法、国库、国合等为成员，办公室设在金融司，统筹推进PPP工作，实现对外"一个声音、一个方向、一个平台"。

同时，地方政府也积极推介PPP项目。2014年8月，重庆市召开PPP合作项目签约发布会，集中签约10个项目涉及资产总额超过1000亿元。2014年9月，福建省推出49项1658亿元的基础设施项目，鼓励采用PPP模式。2014年12月，财政部正式推出首批30个PPP示范项目清单，总投资规模约1800亿元，这些项目集中在污水处理、轨道交通等领域，其中，江苏省以9个入围项目居首，安徽4个项目排第二，河北、吉林、浙江、山东等省份也有项目纷纷入围。

2015年1月，河南省公布了87个PPP项目，涉及资金达1410亿元。而包括四川、湖南等在内的7省份已公布了469个PPP试点项目，共计8223亿元的总投资额。就此，这8

个省份的PPP项目规模近万亿元。

审计署统计显示,截至2013年6月底,我国地方政府负有偿还责任债务10.8万亿元,有的地区债务率已超100%。我国基础设施建设需要大量资金投入,地方政府普遍通过举债弥补资金缺口。

2. 上头热下头冷　地方官员"没兴趣没能力"

一些基层政府部门对PPP模式认识不清、准备不足、热情不高,甚至疑虑重重,部分地区PPP模式探索遭遇"上头热、下头冷"、"贫困地区欢迎,发达地区冷淡"等情况。

福建近期在基础设施和公用事业等领域推出了总额2248亿元的122个项目中,列出总投资1478.6亿元的28个项目开展PPP试点。从这28个项目的分布看,山区、老区、财政困难地区上报的项目多而散,沿海地区的积极性明显较低。一些地方政府上报PPP项目有两方面考虑,一是目前政府的融资渠道尚能满足需要;二是当地对PPP模式还缺乏准备,不敢仓促上项目。

西部地区一些部门则对PPP模式"不了解",认识仅停留在概念阶段。目前对PPP只是"略懂皮毛"。市县政府部门工作人员对PPP更不关心。

目前一些地方政府之所以对推进PPP缺乏动力,一是怕碰到一些敏感地带和政策盲区,不做没风险,做了就有风险;二是对项目回报率有压力,如果一个项目回报好,地方政府宁愿自己背债来做,也不想让社会资本参与进来。

部分地区在省级层面上对推进PPP模式做出了较宏观的指导意见;一些地方财政、发改委等部门组织开展学习培训。但省级层面和市县之间、发达地区和贫困地区之间对PPP的认识和准备却各有不同,对发展PPP项目"没兴趣、没能力"的态度普遍存在。

3. 名为PPP　实则让政府背上高息债务

西南地区一个城市1998年用BOT方式建设了一座长江大桥,企业与政府约定20年税后年收益率16%的固定回报,而同期银行贷款年利率才5%,相当于企业坐收20年的高利息,政府却背上沉重债务负担。

名为PPP,实则让政府背上高息债务;名义上是帮政府卸包袱,实际上由政府'兜底',投资者不承担风险。这些都不是真正的PPP模式。

地方在PPP项目推进过程中应厘清前提和边界,进一步转变和完善政府职能,谨防公共利益受损以及灰色交易等问题出现。

地方政府部门负责人认为,类似垃圾处理、污水处理、自来水处理、道路交通等公共服务设施,有些社会投资者可能会为了逐利,利用自然垄断属性,乱收费、高收费,导致社会不良影响,对于这种情况,政府不能被企业"牵着鼻子走",而要制定相应的约束机制,确保公共利益优先。

需要注意的是,PPP项目大多集中在工程建设领域,资金量大,如果只是进行内部操作甚至听命于"长官意志",极有可能产生灰色交易和利益输送。除此,PPP价格可以在一对一谈判中产生,也可以通过招投标产生,但一般不会像普通商品那样明码标价、公开议价。因此PPP项目需要利用国家PPP综合服务平台,加强全方位、全流程的监管,谨防滋生腐败土壤。

4. 疏于监管　PPP滥用或酿财政风险

PPP模式在带来一定变革的同时,监管环节滞后导致的问题和隐患也逐渐凸显。一些地方在PPP改革中存在政府监管理念不清、重建轻管、角色错位等情况，影响到PPP的推广成效。

PPP是政企合作，期限很长，现在很多地区出现了很不好的苗头，有的投资人靠私人关系搞PPP，有的PPP项目被投资人当作概念利用后成了烂摊子，有的政府找几家下属国有控股企业搞PPP。推进PPP模式需要建立国家PPP综合服务平台，营造公开、透明、竞争、规范的监管环境。

PPP模式中社会公益项目的比重很大，而社会资本存在天然的逐利性，因此政府作为公共利益的代表能否履行好监管职能尤为重要。政府部门对项目准入、运营阶段的监管最重要，处理不当将造成财政风险和公众利益受损。

作为政府监管的第一环节，在初始阶段建立科学有效的合作对象准入过滤机制，对顺利运行PPP模式十分关键。在PPP模式中，对社会资本的招标不能"唯钱论"，应选择既具备融资能力，又兼具技术水平、运营能力且信誉好的投资者。财政部门有必要对PPP项目进行长期支付能力监督，防止PPP滥用造成财政风险。

同时，须加强项目运营阶段监管。PPP项目合同期一般为20到30年，其中九成以上时间属于运营期且管理过程复杂，对政府部门进行产品和服务质量、服务价格等方面监管提出了很高要求。目前，国内PPP项目在漫长的运营期间疏于持续监管的现象较为普遍，问题多发，这与国外大量人员从事运营，建设和运营并重形成反差。

（三）若PPP成第二个"四万亿"或引发更重债务风险

将物有所值（VFM）评价和财政承受能力论证作为PPP项目的一个前置条件是此轮PPP推广的一个亮点，即只有通过物有所值评价和财政承受能力论证的项目，方可进入下一阶段的工作。

理论上，VFM是决定PPP方式取舍的一个非常好的工具，但是在国内推出为时尚早。按照财政部的文件，物有所值评价通过定性和定量两方面展开。其中定量评价"主要通过对政府和社会资本合作项目全生命周期内政府支出成本现值与公共部门比较值进行比较，计算项目的物有所值量值，判断政府和社会资本合作模式是否会降低项目全生命周期成本"。公共部门比较值则是指在全生命周期内，政府采用传统采购模式提供公共产品和服务的全部成本的现值，主要包括建设运营净成本、可转移风险承担成本、自留风险承担成本和竞争性中立调整成本等。

这里涉及到了成本和风险，从广义上讲，传统模式下和PPP模式下，政府支出成本包括直接成本和间接成本。直接成本包括项目的建设和运营成本，间接成本包括政府相关部门对项目的支持和协调成本、前期运作成本、监管成本等。

相比PPP模式，在传统模式下，政府相关部门对项目的支持和协调力度更大，会为企业提供很多优惠或便利，但是由于不需要编制实施方案、招标文件，不需要履行相关程序选择投资人，不需要签署相关合同，前期操作成本比较小，同时在项目执行阶段对项目监管力度弱，成本也比较小。

如果说直接成本还可以参照相关项目的历史数据，对上述这些间接成本量化难度则比较大。

在PPP模式下，社会资本会分担相当一部分风险，如建设成本超支风险、进度延误风险、运营不达标风险，在传统模式下，这些风险最终都需要由政府来兜底。风险如何量化、如何用风险来对政府支出成本进行调整又是一个难题。

当然，如果一味地强调VFM评估，很可能的就是陷入了结果导向，即通过拼凑数据得到希望的结果。

确实，如果仅仅从财务因素出发，不考虑PPP模式下可能带来的投资和运营效率的提高，也不考虑风险分担因素，由于社会资本要求的回报率一般会高于政府资金回报率，PPP模式下政府支出的成本更高。人为操纵VFM评估的结果并非难事。

与VFM同时推出的还有财政承受能力论证。PPP模式有平滑现金流的作用，如果处理不当，很可能导致新的政府债务风险。考虑到地方政府只管任期事，存在将债务和支付责任延展到任期之外的急功近利思想，因此，提出将财政承受能力论证作为项目实施的前置条件之一，非常及时和有必要。

在财政承受能力论证之前，还需要完成一件事，就是在城市规划阶段，除了常规的空间规划，还需要对全部的投资项目进行资金的统筹规划，这些项目包括土地一级开发、基础设施和公共服务设施，要厘清它们各自的投资额是多少，如何排定建设时序才能最大化提升城市价值。

除财政资金外，还要考虑有多少资金缺口，如何根据项目的特点合理地进行结构化融资；财政资金、市政债、银行贷款、基础设施投资基金、PPP模式如何匹配使用；政府和社会资本各自的投资边界是什么；这些项目在未来会产生怎样的现金流收支，财政是否具有足够的支付能力。

城市是一个复杂的系统工程，城市综合开发和单体项目建设属于整体和局部的关系。PPP热潮之下，如果仅仅着眼于局部，忽略了城市综合开发这个整体，一窝蜂地上PPP项目，可能引发更为严重的债务风险。

如果因为PPP动用的是全社会的资金，涉及的是与众多社会资本的合同，谁能保证不出现更大的风险和政府信用危机？

五、项目落地难

（一）PPP项目开启落地困难模式的六大原因

我国目前PPP项目落地存在种种困难，具体表现在：

1. 观念认识转变难。部分地方认识不够全面，把思想局限在缓解债务压力上，将推广PPP当做又一次"甩包袱"，没有放到营造良好的政策环境上，把注意力转向加强监管上。面对这一创新理念，部分地方甚至在推广PPP中存在畏难情绪。

2. 规范推广运用难。在当前财政收支矛盾较为突出的情况下，一些地方将PPP模式简单理解成新的融资渠道，通过保底承诺、回购安排、明股实债等方式进行变相融资，将部分非PPP项目包装成PPP模式。

3. 工作协调推进难。相关部门在PPP项目立项、规划等方面，形成了固化的行业运作思路和习惯，PPP作为一项体制机制创新，实施时难度和阻力很大。

4. PPP项目融资渠道通畅难。目前，PPP项目融资主要依靠银行贷款，银行对项目资本金比例要求较高并需提供担保，难以实现无追索或有追索的项目融资，融资成本较高。

5. 社会资本寻求难。社会资本特别是民营企业，参与PPP项目的积极性不高，主要是个别地方政府契约意识薄弱影响了社会资本积极性，且国内PPP项目相关成功案例鲜有，同时，地铁、轨道交通等部分领域市场化程度不高，有实力、具备对外投资运营实力的社会资本十分有限。

6. 观念认识转变难。部分地方认识不够全面，把思想局限在缓解债务压力上，将推广PPP模式当做又一次"甩包袱"，没有放到营造良好的政策环境上，把注意力转向加强监管上。面对这一创新理念，部分地方甚至在推广PPP模式中存在畏难情绪。

7. 操作实施过程难。地方政府和项目实施机构对PPP模式了解不够，又缺乏PPP项目运作经验，操作能力相对不足，在PPP项目谈判的过程中，甚至难以与社会资本（特别是境外资本）"在一个平台上对话"。

（二）缺乏投资人及成熟管理者PPP落地难

目前开展PPP的主要问题是缺少项目供给和成熟的管理者，以及财务投资者和管理者之间缺乏信任。

要解决这些问题，政府应提供标准的项目合同文本，促进主权财富基金、养老金等机构投资者与成熟管理者更好地结合。此外，各国政府还要有决心克服各种障碍和压力，包括对PPP项目做出财政承诺或推行使用者付费制度，大力推进PPP项目的开展。

2015年以来，在国务院、各部委以及各省市一系列政策文件的推动之下，PPP成为当下最热门的词汇。

2014年3月5日，国务院总理李克强在政府工作报告中指出，将制定非国有资本参与中央企业投资项目的办法，在金融、石油、电力、铁路、电信、资源开发、公用事业等领域，向非国有资本推出一批投资项目。制定非公有制企业进入特许经营领域的具体办法。目前中国城镇化率为53.6%，预计2020年将达到60%，由此带来的投资需求或将达42万亿元人民币。

2014年5月26日，财政部成立PPP工作领导小组，2014年12月成立PPP中心，于2014年11月确定了30个PPP示范项目。国家发改委则于2014年5月在基础设施等领域首批推出80个鼓励社会资本参与建设营运的示范项目，并制定了《基础设施和公用事业特许经营管理办法》（征求意见稿），已面向社会公开征求意见。此外，两部委相继出台了关于推广PPP模式的通知/指导意见、操作指南/合同指南以及示范项目实施等的政策文件。

政府大力推PPP模式是从多方面考虑，一方面，三中全会提出要发挥市场的决定作用，PPP模式可以让社会资本更多地参与到公共设施投资中来，可以更多发挥市场作用；另一方面，通过PPP模式可减轻政府的财政压力，增加了地方融资渠道，有利于缓解地方债风险。

PPP不是也不可能成为包治百病的良药，不是所有的项目都适用于PPP，国际上失败的PPP项目也有不少。作为公共产品和服务供给方式的其中一种，PPP只是传统由政府主导的供给模式的补充而非替代。即使在PPP应用最为成熟的英国，采用PPP模式的项目投资最多时也才达到公共产品和服务支出的22%。

政府对PPP模式也在强调风险控制。审慎控制新建PPP项目规模，防止因项目实施加剧财政收支矛盾。

政府对PPP模式强调风险控制，是一些地方的实施中存在不足，并没有达到预期效果。如果各地都一窝蜂上马项目，不仅不会减轻财政压力，甚至有可能加剧财政风险，因此政府对其适当降温也在情理之中。未来PPP项目应该控制规模，同时明确政府、社会资本的权利与义务，完善各项合同、标准，建立长效回报机制。

六、其他问题

（一）假 PPP 项目问题

两年间，政府和社会资本合作（PPP）项目在中国呈现爆炸式增长。财政部 PPP 中心近日通过全国 PPP 综合信息平台项目库，以大数据分析揭露了 PPP 的一些秘密。

1. 地方推出 9283 个 PPP 项目，假 PPP 项目高达 2286 个

财政部 PPP 中心数据显示，各地上报的 9283 个 PPP 项目中，经过审核后，只有 6997 个项目纳入财政部 PPP 综合信息平台项目库，2286 个 PPP 项目没过审核，占所有 PPP 项目数量比例为 24.6%。这些项目被业内称作假 PPP 项目。

财政部要求地方政府严禁通过保底承诺、回购安排、明股实债等方式进行变相融资，将项目包装成 PPP 项目。

PPP 项目已经有了不少红线。比如，在 PPP 项目实施主体上，国有企业和融资平台公司作为政府方签署 PPP 项目合同是不合规范要求。未按国办发 42 号文要求剥离政府性债务，并承诺不再承担融资平台职能的本地融资平台公司作为社会资本方，也不符合规范。

2. 合规 PPP 项目总投资 8.13 万亿元

纳入财政部 PPP 综合信息平台项目库的项目数量为 6997 个，总投资规模 81322 亿元。

2014 年底和 2015 年 9 月，财政部分别推出第一批和第二批 PPP 示范项目，数量分别为 30 个和 206 个，总投资分别为 1800 亿元和 6589 亿元。之后，3 个财政部第一批 PPP 示范项目因不合规被剔除示范名单。

根据财政部 PPP 中心数据，截至今年 1 月，已进入执行阶段的财政部示范项目 66 个，约占财政部示范项目总数的 30%，处于采购阶段的财政部示范项目 38 个，约占财政部示范项目总数的 16%。

据此可以估算，落地的财政部 PPP 示范项目占 PPP 示范项目总量的 46%，高于去年 12 月国家发改委 PPP 示范项目 31.5% 的签约率。

3. 贵州项目数量和投资需求全国最高

截至 2016 年 1 月 31 日，33 个省、自治区、直辖市和计划单列市的 6997 个 PPP 项目纳入项目库。

按项目数量排序，贵州第一，推出 1492 个 PPP 项目。按投资需求排序，贵州仍排第一，PPP 项目计划总投资 9162 亿元。除了贵州，山东、四川、河南、新疆推出 PPP 项目数量也全国居前，云南、河南、江苏、辽宁则在总投资需求上靠前。

从 33 个地区来看，东部沿海区域 PPP 项目少，但单个项目投资量大，而中西部一些欠发达地区推出 PPP 项目数量和总投资总额较大，不过单体项目投资额相对较小。

4. 市政环保交通项目为主

在 6997 个 PPP 项目中，市政工程、生态建设和环境保护、交通运输领域 PPP 项目数量占比超过 50%，交通运输、市政工程项目投资需求总额占所有项目投资需求比例超过 50%。

具体来看，1828 个市政工程 PPP 项目总投资需求 2.1 万亿元，978 个生态建设和环境保护项目总投资需求 5264 亿元，761 个交通运输项目总投资需求 2.2 万亿元。

5. 使用者付费成主流

从 PPP 项目回报机制来看，在所有 PPP 项目中，使用者付费 PPP 项目数量和投资需求占比接近 50%。使用者付费是 PPP 项目的主要应用领域，长期稳定的需求和资金流入是

PPP可持续运作的基础。

根据财政部PPP中心数据,在6697个PPP项目中,使用者付费项目3338个,投资需求3.4万亿元,分别占总项目数和总投资需求的47.7%和42.3%;政府付费项目2000个,投资需求1.8万亿元,分别占28.6%和21.9%;可行性缺口补助项目1659个,投资需求2.9万亿元,分别占23.7%和35.8%。

(二) PPP模式中政府角色应当如何定位

政府与社会资本合作提供公共服务并不是政府公共服务供给责任的卸载,而是政府公共服务供给角色发生了变化,即政府从公共服务的生产者、监督者和提供者三者合一的主体转变为了公共服务的提供者和监督者两位一体。

1. 公共服务生产和经营的监督者

公共服务的市场化并不是一劳永逸的事情,不是只要通过PPP模式这种市场化的途径来提供公共服务,公共服务的供给成效就一定优于政府的直接生产,要想使公众在PPP模式中享受到性价比最高的公共服务,政府还必须承担起对生产和经营的监督责任。

对公共服务的生产过程是否符合合同要求进行监督。政府一旦采用PPP模式来提供公共服务,就意味着将由社会资本来承担公共服务的生产任务,那么,社会资本在生产公共服务的过程中是否遵循了合同约定,包括使用的生产资料和技术是否能够满足公共服务的质量要求等,政府是要进行监管的,以保证最终产品符合政府的采购意图,因为并不是所有承担政府服务外包的社会资本都能够自觉地严格按照合同标准办事。

对公共服务的结果是否符合合同标准进行评鉴。政府在购买公共服务的供给模式中,虽然对服务生产者的经营活动无权进行直接的干涉,比如对它们的人事任免行为,对它们的日常管理行为,对它们具体的经营方式等,政府都无权进行干涉。但政府对生产者生产出的公共产品是否符合合同标准要进行鉴定和评估,以判断该公共产品是否符合合同约定的质量和数量标准。当然这种鉴定和评估可以由政府相关部门承担,也可以由政府委托更为独立的第三方承担。

对公共服务的经营是否符合合同规定进行监督。在PPP模式中,政府通常会赋予社会资本生产某种公共服务之后的特许经营权,以使该社会资本能够收回成本并最终实现利润。但社会资本对公共服务的经营不可能完全按照利润最大化的市场原则来进行,还必须兼顾一定的公益目的。因此,社会力量的运营是否符合合同规定的运营规则,政府也必须进行相应的监管,对那些违背公共服务公益精神的经营行为、对于那些违背政府制定的管制价格的行为等,政府也要根据合同约定以及国家的相关法律给予相应的惩罚。

当然,政府在对社会资本的生产及经营进行监督的同时,自身也要信守合同约定。政府应该承担的风险以及支付和补贴责任也要承担起来,如按我国财政部113号文的规定,政府应该承担的风险就包括法律、政策、最低需求等。政府不能利用公权力的强制性任性妄为,于政府有利的就执行,于政府不利的就不执行。因为在PPP模式中,相对于社会资本而言,政府毕竟处于强势地位,社会资本在遭遇政府违约的情形下往往敢怒不敢言,即便寻求法律的保护,法律提供的保护也往往因政府的强势而很难执行到位。在我国刚刚开始的PPP模式实践中就已经出现了地方政府撕毁原来签订的合同,甚至以或明或暗的手段阻碍项目正常运行的个别案例。这些案例会极大地挫伤本来观望情绪就很浓厚的社会资本参与PPP模式的热情。

2. 公共服务的提供者

坚持以政府为主导的公共服务供给，并不意味着公共服务必须以政府的直接生产为主。其实"公共服务的提供"和"公共服务的生产"本来就是两个完全不同的概念。所谓"公共服务的提供"是指一系列集体选择行为的总称，它包括是否提供某种公共服务、谁来提供、什么时候提供以及怎样提供等的一系列决策。而"公共服务的生产"则是指将各种有形（如资金和设备等）与无形（制度和政策）的资源转化为产品和服务的技术过程。只是由于之前公共服务的提供和生产主要都是由政府这一个主体担当起来的，因此很多人便忽视了这两个概念的区别，有的甚至将其视为同一个意思。同时，由于公共服务的生产过程可以将各种有形和无形的资源转化为具体的产品和服务，这种显现的效果更容易引起人们的关注，因此，政府更为重要的提供责任就被忽视了。

在这种认知背景下，政府总是大包大揽地担当公共服务的直接生产责任，但实践已经证明这种模式既无可能也无必要，因为政府垄断生产公共服务的效率已广受诟病，其他社会力量在一定的制度安排下，不仅同样可以成为公共服务的生产主体，而且由于存在的竞争，其生产效率还优于政府。正如著名新公共管理专家奥斯本所言："直接生产服务并非政府的义务，政府的义务是保证服务提供得以实现。"著名PPP模式专家萨瓦斯也认为："'政府'这个词的词根来自希腊文，意思是'操舵'。政府的职责是掌舵而不是划桨。直接生产服务就是划桨，可政府并不擅长划桨。"而PPP模式恰好可以将公共服务的提供和公共服务的生产这两个完全不同的环节剥离开来，并分别由政府和社会资本这两个不同的主体来承担，因此政府在PPP模式中的主要角色将是公共服务的提供者，而不是直接的生产者。

决定某种公共服务是否需要提供。公共服务有很多层次，不同发展阶段政府所能支撑的公共服务也是不一样的，因此哪些公共服务是某一阶段要提供的，是符合这一时期大多数公众的公共服务需求的，同时，也是这一时期社会发展水平可以支撑的；哪些公共服务是现阶段还无法满足，需要其他发展阶段重点提供的；哪些公共服务需要政府财政支撑，哪些公共服务可以通过与社会资本合作的方式来提供等等，政府要在获取民意的基础上进行基本的判断。

确定提供什么数量和质量标准的公共服务。对于那些政府决定要提供的公共服务，政府还要确定其服务标准，包括质量和数量。公共服务标准的确定要和国家的经济社会发展程度、公众的需求状况以及财政能力相匹配，既不能太高也不能太低。太高了，社会无力承担，根本无法实现；太低了，满足不了公众的基本公共服务需求，可能导致公众的不满，或者失去公共服务的意义。因此，同样一种公共服务，在不同的国家或者同一个国家的不同发展阶段上，标准都是不一样的。比如基础设施的布局和质量在不同的发展阶段公众就会有不同的要求，政府就必须顺应民意给予相应的回应、规划和设计。

确定公共服务的生产方式。一旦政府决定要提供某种标准的公共服务，那么政府就要作出这种公共服务是自己直接生产还是通过与社会资本合作的方式来提供的决定。如果政府作出的是要通过与社会资本方合作即PPP模式来提供公共服务的决定，那么政府还必须通过一个公开、公正的程序确定与哪个社会资本方合作，即确定该公共服务最终的生产者。

确定公共服务的运营模式。当某种公共服务生产出来之后，现有的平台公司未来逐步被改造成为专业的资产运营类公司，承担传统的项目运营的职能，社会资本与金融资本深度参与其中，作为项目公司的公司股东通过公司分红或平台公司回购股权等方式实现退出；而

SPV项目公司作为混合所有制企业对外独立承担债务偿还责任,实现了与政府信用的脱钩。

(三)PPP项目会计核算存在的问题

1. PPP项目范围界定

随着社会经济的不断发展,PPP项目涉及到的范围、领域也在不断扩大,从地区基础教育设施建设到城市交通轨道项目建设都能够看到PPP项目的身影。而随着项目范围的不断扩大,PPP项目的结构和形式也因项目的不同而呈现出差异化。同时随着PPP项目的发展,PPP项目的种类将会不断增多,因此为了提升PPP项目执行效率,就需要从其本质上进行限定。

2. 政府主体的会计核算问题

当前,政府主体针对PPP项目的会计审核缺少专门的监督机构或者是专门的监督委员会来进行监督,这就带来了一系列的会计核算问题。同时由于PPP项目涉及到的范围以及子项目众多,公共基础设施项目配套的辅助设施建设并没有被列入政府的账单之上,而这些项目都需要在会计审核报表中予以体现。PPP项目多为政府主导的公共基础设施,因此评估项目的基础设施资产总额,占有、使用和收益的权利的分配等内容对于PPP项目来说具有重要的意义。

3. PPP项目公司主体的会计核算问题

对于很多PPP项目来说,政府都是通过转让部分基础设施的使用权以及收益权来获得社会资本方的资金和技术支持,因此自从PPP项目设立之初,PPP项目公司主体就需要认真分析项目公司成立阶段、项目建设阶段、项目运营阶段与项目移交阶段的会计核算,只有这样才能够保证项目执行的高效性。

(四)PPP模式推广中的问题

1. 绩效考核评价体系尚不健全

目前,我国的PPP模式多是以融资作为主要目标,政府对于项目建设和运营缺乏明确的绩效评估体系,因此在基础设施建设和后期运营过程中,容易出现投入产出不高、项目实施进度滞后、财务风险控制不严等问题,影响基础设施建设和运营的效果。

2. 风险分担机制未得到充分保证

我国当前实施的PPP项目中,有相当比例带有财政补贴的色彩,尽管名义上采用PPP模式,但在一定数量的PPP项目中,政府承诺对涉及风险予以"兜底",并没有与社会资本方合理分担,在一定程度上加剧了财政风险。

3. 社会资本方融资还存在障碍

相对于其他投资主体而言,社会资本方在融资上表现出渠道窄、成本高、规模小等制度性缺陷,使其在参与基础设施建设中处于不利地位,社会资本方的融资困难,严重影响社会资本投资基础设施和公共事业的积极性。

4. 缺乏专门的管理协调机构

参考国外PPP项目的成功经验,多数国家都设有PPP管理机构,负责指导PPP项目确定,清晰划分公私部门在PPP项目中的角色和责任,制定规范文本和合同指南,对项目开展实行监管。而在我国所开展的PPP项目,多由各项目的管理部门自行负责,缺乏一个综合性部门对PPP项目实施规范管理,在实际工作中,多头管理,工作中互相推诿、专业人员较少、资金运作不规范、项目操作不合规等问题时有发生。

5. PPP 法律环境不完善

PPP 项目实际是在一系列政策法规文件和合约的约束下运行的，现阶段我国尚没有成文的 PPP 法律法规，尽管地方政府及部门相继出台一些制度政策，但权威性不强，部分文件之间甚至相互矛盾，难以支持 PPP 项目的长远和可持续的发展。

（五）PPP 项目选择社会资本的程序的法律问题分析

与传统政府采购不同的是，PPP 项目的采购属于公共采购。即政府部门、事业单位、公共组织以及非营利的国有企业，用法定的形式和程序购买货物、工程和服务的行为，它包括买断、承包、租赁、许可权的转让等。对于 PPP 项目的采购与传统模式的采购区别，具体内容如下：

（1）PPP 项目的采购需求非常复杂，难以一次性地在采购文件中完整、明确、合规地描述，往往需要合作者提供设计方案和解决方案，由项目实施机构根据项目需求设计提出采购需求，并通过谈判不断地修改采购需求，直至合作者提供的设计方案和解决方案完全满足采购需求为止。

（2）不是所有的 PPP 项目都能提出最低产出单价。有些项目如收费高速公路，可能要求报出最短收费年限，导致项目在采购环节无法实施价格竞争；还有些回报率低的公益性项目，政府还将延长特许经营权限。

（3）PPP 项目采购金额大，交易风险和采购成本远高于传统采购项目，竞争程度较传统采购项目低，出现采购活动失败情形的几率也较传统采购高。

（4）PPP 项目的采购合同比传统的采购合同更为复杂，可能是一个合同体系，对采购双方履行合同的法律要求非常高，后续的争议解决也较传统采购更为复杂。

（5）许多 PPP 项目属于面向社会公众提供公共服务，采购结果的效益需要通过服务受益对象的切身感受来体现，无法像传统采购那样根据采购合同规定的每一项技术、服务指标进行履约验收，而是结合预算绩效评价、社会公众评价、第三方评价等其他方式完成履约验收。

"在 PPP 模式下，政府不再是公共产品（服务）的投资者和生产者，而是向私营企业采购大宗产品（服务）的机构。传统的政府采购一般是'付现'，即付出现金、即刻提货，而 PPP 政府采购的重要特征是：政府'描述产出要求'，与私营企业签订 20~30 年的长期采购合同，私营企业按合同生产本该由政府生产、提供的产品（服务），企业主要承担财务与市场风险，而政府则将短期投资变成长期向企业购买服务。"[①] 涉及工程建设内容的 PPP 项目的性质 PPP 项目选择社会资本被纳入政府采购规范管理体系，即 PPP 项目选择社会资本的实质是 PPP 项目采购，PPP 项目采购是指政府为达成权利义务平衡、物有所值的 PPP 项目合同，遵循公开、公平、公正和诚实信用原则，按照相关法规要求完成 PPP 项目识别和准备等前期工作后，依法选择社会资本合作者的过程。

根据《政府和社会资本合作项目政府采购管理办法》第四条："PPP 项目采购方式包括公开招标、邀请招标、竞争性谈判、竞争性磋商和单一来源采购。项目实施机构应当根据 PPP 项目的采购需求特点，依法选择适当的采购方式。公开招标主要适用于采购需求中核心边界条件和技术经济参数明确、完整、符合国家法律法规及政府采购政策，且采购过程中

---

① 《PPP 认识误区与公共服务改革》，住房和城乡建设部定额研究所 李明哲，《技术经济》2012 年 06 期。

不作更改的项目。"

因此PPP项目选择社会资本的方式包括公开招标、邀请招标、竞争性谈判、竞争性磋商和单一来源采购等方式，但不同的采购方式适用的条件存在不同，而选择采购方式的首要条件是确认PPP项目的性质，理由是《政府采购法》将政府采购项目划分为三类，根据《政府采购法》第二条第二款规定："本法所称政府采购，是指各级国家机关、事业单位和团体组织，使用财政性资金采购依法制定的集中采购目录以内的或者采购限额标准以上的货物、工程和服务的行为。"因此政府采购的内容包括政府采购工程、货物和服务，PPP项目，特别是涉及工程建设内容的PPP项目是属于政府采购工程还是服务，直接影响项目实施机构选择具体采购方式的认定。

政府采购的工程是指建设工程，包括建筑物和构筑物的新建、改建、扩建、装修、拆除、修缮等。而政府采购服务是指除货物和工程以外的其他政府采购对象。实践中，新建或改扩建的PPP项目涉及工程建设的内容。

一种观点认为，PPP项目的主要目的是建设可运营的基础设施，同时项目建设占据项目总投资的主要部分，项目运营只占项目总投资很小的一部分，因此PPP项目应认定为政府采购工程。另一种观点认为，PPP项目是政府利用PPP模式与社会资本构建的一种长期合作关系，由社会资本提供公共产品或服务。项目涉及的建设内容只是实现社会资本提供公共产品或服务的重要组成部分，而且项目建设周期只占项目运营期的一小部分，政府和社会资本签订的PPP项目协议的内容主要是约定项目的运营、移交等内容，因此PPP项目应认定为政府服务。

若将涉及工程建设等内容PPP项目认定为工程项目，根据《政府采购法》第四条："政府采购工程进行招标投标的，适用招标投标法。"即项目实施机构选择PPP项目社会资本的，若决定使用招标方式，应适用《招标投标法》的规定，若项目实施机构选择非招标方式采购的，根据《政府采购法实施条例》第七条："政府采购工程以及与工程建设有关的货物、服务，采用招标方式采购的，适用《中华人民共和国招标投标法》及其实施条例；采用其他方式采购的，适用政府采购法及本条例。"则应适用《政府采购法》及其实施条例规定的非招标采购方式，具体的采购方式以《政府采购法》第二十六条规定的采购方式为准。

因此若认定PPP项目属于政府采购的工程类项目，可以选择非招标采购的方式选择社会资本。实践中PPP项目选择社会资本常用的采购方式为竞争性谈判和竞争性磋商。

竞争性谈判采购方式，根据《政府采购非招标采购方式管理办法》第三条："采购人、采购代理机构采购以下货物、工程和服务之一的，可以采用竞争性谈判、单一来源采购方式采购；采购货物的，还可以采用询价采购方式：（一）依法制定的集中采购目录以内，且未达到公开招标数额标准的货物、服务；（二）依法制定的集中采购目录以外、采购限额标准以上，且未达到公开招标数额标准的货物、服务；（三）达到公开招标数额标准、经批准采用非公开招标方式的货物、服务；（四）按照招标投标法及其实施条例必须进行招标的工程建设项目以外的政府采购工程。"

因此政府采购工程项目，若选择适用非招标采购方式，项目必须属于《招标投标法》及其实施条例规定的必须招标的工程建设项目以外的政府采购工程，而《招标投标法》第三条规定了工程建设项目招标范围，且必须招标的投资规模范围根据《工程建设项目招标范围和规模标准规定》的规定确定，由于PPP项目属于《招标投标法》第三条规定的"大型基础设施、公用事业等关系社会公共利益、公众安全的项目",且PPP项目投资规模较大,一般远超过《工程建设项目招标范围和规模标准规定》的标准,因此若定PPP项目为政府采购工程项目,适用竞争性谈判采购方式存在障碍,仅在满足《政府采购非招标采购方式管理办法》第二十七的规定的条件下,可以适用竞争性谈判方式,即招标后没有供应商投标或者没有合格标的,或者重新招标未能成立的,可以采用竞争性谈判方式选择社会资本方。

竞争性磋商采购方式适用的主要依据是财政部制定的《政府采购竞争性磋商采购方式管理暂行办法》,该规范的制定依据是依据《政府采购法》第二十六条第一款第六项规定。根据《政府采购竞争性磋商采购方式管理暂行办法》第三条:"符合下列情形的项目,可以采用竞争性磋商方式开展采购:(一)政府购买服务项目;(二)技术复杂或者性质特殊,不能确定详细规格或者具体要求的;(三)因艺术品采购、专利、专有技术或者服务的时间、数量事先不能确定等原因不能事先计算出价格总额的;(四)市场竞争不充分的科研项目,以及需要扶持的科技成果转化项目;(五)按照招标投标法及其实施条例必须进行招标的工程建设项目以外的工程建设项目。"因此若认定PPP项目属于政府采购工程项目,则PPP项目采用竞争性磋商采购方式必须满足项目属于《招标投标法》及其实施条例必须进行招标的工程建设项目以外的工程建设项目。若认定PPP项目属于政府采购工程项目,则直接适用竞争性谈判采购方式或竞争性磋商采购方式存在法律障碍,应首先使用招标方式进行采购。

若将PPP项目认定为政府购买服务项目,项目实施机构在选择社会资本的采购方式仍以招标方式为主,但适用竞争性谈判和竞争性磋商采购方式的,若PPP项目达到公开招标数额的,若采用非公开招标采购方式的,项目实施机构在PPP项目选择社会资本开始前,报上级主管部门同意即可。

因此关于PPP项目性质的观点,将PPP项目认定为政府购买服务的观点,虽然涉及工程建设内容的PPP项目的工程建设占据项目总投资的绝大部分,但PPP项目的最终目的是通过合作机制由社会资本提供公共产品或服务,因此PPP项目的交易机构的主要内容是政府和社会资本的合作关系,而且PPP项目的运营周期长,PPP项目协议的主要目的是建立政府和社会资本的合作关系,因此PPP项目,无论是否涉及工程建设的内容,均应认定为政府购买服务项目。

但由于目前PPP模式的规范体系不完善,与《政府采购法》、《招标投标法》等法律法规的衔接也存在适用上的不确定性,在实践中应根据项目实施机构对具体项目的认定合理确定PPP项目的性质,依据相关规定选择合适的采购方式。

项目实施机构一般通过招标等竞争性方式选择社会资本,PPP项目若涉及项目建设的,对PPP项目的施工,若达到《招标投标法》第三条规定的条件,应根据《招标投标法》的规定按照招标程序选择项目施工主体,但《招标投标法实施条例》第九条规定:"除《招标投标法》第六十六条规定的可以不进行招标的特殊情况外,有下列情形之一的,可以不进行招标;其中,(三)为已通过招标方式选定的特许经营项目投资人依法能够自行建设、生产或者提供。"

即在特许经营项目中,如果已经通过招标方式选定了社会资本,该社会资本依法能够自行建设、生产或者提供的,该工程的承包商、生产商或者提供商可以不进行招标选择,而由项目实施机构选定的社会资本自行承担,即俗称"两招"变"一招"。

根据《招标投标法实施条例》第二条第二款"前款所称工程，是指建设工程，包括建筑物和构筑物的新建、改建、扩建及其相关的装修、拆除、修缮等；所称与工程建设有关的货物，是指构成工程不可分割的组成部分，且为实现工程基本功能所必需的设备、材料等；所称与工程建设有关的服务，是指为完成工程所需的勘察、设计、监理等服务。"

因此《招标投标法实施条例》第九条规定的"建设"就是指施工，包括新建、改建、扩建及相关的装修、拆除、修缮等；"生产"是指生产货物，包括生产设备、材料等；而"服务"是指提供勘察、设计、监理等服务。

项目招标的范围和标准，《招标投标法》第三条规定："在中华人民共和国境内进行下列工程建设项目包括项目的勘察、设计、施工、监理以及与工程建设有关的重要设备、材料等的采购，必须进行招标：（一）大型基础设施、公用事业等关系社会公共利益、公众安全的项目；（二）全部或者部分使用国有资金投资或者国家融资的项目；（三）使用国际组织或者外国政府贷款、援助资金的项目。"也就是在这三种情况下，不论是建设工程，还是生产货物，或是提供服务，都需要进行招标。

此外《工程建设项目招标范围和规模标准》对项目招标数额标准有规定，达到以下标准的项目必须进行招标："（一）施工单项合同估算价在200万元人民币以上的；（二）重要设备、材料等货物的采购，单项合同估算价在100万元人民币以上的；（三）勘察、设计、监理等服务的采购，单项合同估算价在50万元人民币以上的；（四）单项合同估算价低于第（一）、（二）、（三）项规定的标准，但项目总投资额在3000万元人民币以上的。"

即在特许经营项目中，项目实施机构通过招标方式选择社会资本，对项目的建设的实施，必须判断其是否属于《招标投标法》规定的必须招标的项目，若满足必须招标的条件，则特许经营项目的建设部分必须招标，但《招标投标法实施条例》第九条第三款规定，选定的特许经营项目投资人可以自行建设、生产或提供的，可以不进行招标，即如果建设单位有了施工资质就可以不对相对应的新建、改建、扩建及相关的装修、拆除、修缮进行招标，如果有了生产货物的资质，就可以生产相应的设备、材料；如果有了设计、勘察、监理的资质，就可以提供相应的服务。

《招标投标法》第九条第三款规定的"自行"的具体含义，至少包括三种情况，一是非联合体投标的，中标的社会资本具有相应的能力；二是两个以上企业法人组成的联合体参与投标的，联合体成员之一或全部成员拥有相应的能力；三是中标的社会资本的分公司或者分支机构具有相应的能力。其中第一种情形是《招标投标法实施条例》第九条第三款规定的一般情形，分公司不具备独立法人资格，而分公司的责任和义务由母公司承担，因此可以认定为"自行"适用的主体，但子公司由于具备独立的法人资格，因此不属于"自行"的承担主体范围。

对于联合体参与招标的，《政府采购法》第二十四条规定"两个以上的自然人、法人或者其他组织可以组成一个联合体，以一个供应商的身份共同参加政府采购"。但值得注意的是，《政府采购货物和服务招标投标管理办法》第三十四条"两个以上供应商可以组成一个投标联合体，以一个投标人的身份投标。采购人根据采购项目的特殊要求规定投标人特定条件的，联合体各方中至少应当有一方符合采购人规定的特定条件。"

《招标投标法》第三十一条"两个以上法人或者其他组织可以组成一个联合体，以一个投标人的身份共同投标。联合体各方均应当具备承担招标项目的相应能力；国家有关规定或者招标文件对投标人资格条件有规定的，联合体各方均应当具备规定的相应资格条件。由同一专业的单位组成的联合体，按照资质等级较低的单位确定资质等级。"因此确定联合体成员是否符合《招标投标法实施条例》第九条第三款规定的"自行"的条件，必须结合《招标投标法》、《政府采购法》等相关法律规范对联合体成员资质要求的规定进行认定。

《招标投标法实施条例》第九条第三款规定的是"已通过招标方式选定"的特许经营项目投资人，在适用竞争性谈判、竞争性磋商或单一来源采购等非招标采购方式选择社会资本的，是否可以适用《招标投标法实施条例》第九条第三款的规定，各种选择社会资本程序的性质及内容，招标以外的方式，如竞争性谈判与竞争性磋商其实在前期的步骤与招标相同，也是发出邀请，只是最后在谈判或者磋商的对象不是不特定的人，在从不特定人中的投标文件里先评选出特定的人，再对合同内容进行谈判。

招标与非招标方式的适用对象不同，招标注重选择的公正公开透明原则，在一般的项目下是比较理想的方式。但是有些项目技术复杂，很难在前期确定核心条款，必须经过谈判和磋商才能把核心条款固定下来。

通过以上分析可知，联合体对项目造成的影响，并不因选择社会资本的方式不同而变化。所以，经过竞争性谈判及磋商选出的社会资本，如果自行具有建设，生产或提供的能力，也可不进行二次招标。

竞争性磋商采购方式与其他采购方式的衔接问题。财政部制定的《政府采购竞争性磋商采购方式管理暂行办法》（财库［2014］214号）创设了一种新的政府采购方式，竞争性磋商采购方式在政府采购规范体系中属于非公开招标的采购方式，但财政部制定的《政府采购非招标采购方式管理办法》第二条第二款："本办法所称非招标采购方式，是指竞争性谈判、单一来源采购和询价采购方式。"

可见竞争性磋商采购方式不属于政府采购非招标采购方式，生效时间上，《政府采购竞争性磋商采购方式管理暂行办法》的生效时间较《政府采购非招标采购方式管理办法》晚，因此解释上可以认定财政部制定的新的规范对以往的规范进行修正，但规范效力上，《政府采购非招标采购方式管理办法》属于部门规章，而《政府采购竞争性磋商采购方式管理暂行办法》属于部门规范性文件，显然前者的效力高于后者，经上述分析可知，《政府采购竞争性磋商采购方式管理暂行办法》在制定实施时，与《政府采购非招标采购方式管理办法》的规定未做好衔接工作，导致适用过程中发生争议。

在不同的采购方式之间，特别是在招标采购方式与竞争性磋商采购方式之间，《政府采购竞争性磋商采购方式管理暂行办法》未做好规范的衔接工作。一般而言，招标采购方式是政府采购中最常用的一种采购方式，大部分政府采购均适用招标采购方式，但实践中，招标因为没有供应商投标或者没有合格标的，或者重新招标未能成立的而导致招标失败的，如何完成采购工作是政府部门必须考虑的问题，根据《政府采购非招标采购方式管理办法》第二十七条："符合下列情形之一的采购项目，可以采用竞争性谈判方式采购：（一）招标后没有供应商投标或者没有合格标的，或者重新招标未能成立的；（二）技术复杂或者性质特殊，不能确定详细规格或者具体要求的；（三）非采购人所能预见的原因或者非采购人拖延造成采用招标所需时间不能满足用户紧急需要的；（四）因艺术品采购、专利、专有技术或者服务的时间、数量事先不能确定等原因不能事先计算出价格总额的。"根据该条规定，当政府适用招标方式采购未能实现采购目的的，政府可以通过竞争性谈判方式继续采购。

《政府采购竞争性磋商采购方式管理暂行办法》中缺乏类似的招标采购方式与竞争性磋商采购方式的衔接。实践中,若项目实施机构通过招标方式选择社会资本招标失败的,能否适用竞争磋商采购方式继续采购在实践中无明确规定。

当然《政府采购竞争性磋商采购方式管理暂行办法》第四条规定:"达到公开招标数额标准的货物、服务采购项目,拟采用竞争性磋商采购方式的,采购人应当在采购活动开始前,报经主管预算单位同意后,依法向设区的市、自治州以上人民政府财政部门申请批准。"

本条规定的主要目的是规范未开始采购程序的货物或服务项目,若达到公开招标数额,经主管预算单位同意后,经政府批准的可以采用竞争性磋商采购方式,因此可以将政府招标失败的项目纳入规范适用的范围,即在政府采用招标方式采购招标失败后,政府决定采用竞争性磋商的方式,因为项目已达到公开招标数额,需要预算单位同意和政府的批准。

此外根据《政府采购法》第三十七条的规定:"废标后,除采购任务取消情形外,应当重新组织招标;需要采取其他方式采购的,应当在采购活动开始前获得设区的市、自治州以上人民政府采购监督管理部门或者政府有关部门批准。"若项目实施机构在招标失败后,决定采用竞争性磋商采购方式的,应按照《政府采购法》第三十七条的规定履行审批手续。

PPP模式正在广泛应用于城市基础设施项目中的路桥管网、污水处理,水务,棚户区改造、保障房、安置房项目,交通,固废处理等行业,并且逐渐扩展至医疗、卫生、教育、生态环境建设、信息基础设施等行业,未来将会应用到更多行业。

(六)对PPP模式公共项目进行政府审计的法律困境

对PPP模式公共项目进行政府审计是审计全覆盖的客观要求,但在实践中存在缺少法律授权、评价依据适用法律矛盾的问题。

1. 缺少审计法定授权

审计法及其实施条例规定"审计机关对政府投资和以政府投资为主的建设项目的预算执行情况和决算,进行审计监督。"上述规定从投资主体和资金性质的角度确定了投资审计范围。PPP模式公共项目从投资主体和资金性质的角度看,不属于审计的法定范围。2015年6月1日起施行的《基础设施和公用事业特许经营管理办法》规定"县级以上审计机关应当依法对特许经营活动进行审计。"该办法属于部门规章性质,不属于行政法规,不能作为审计的法定授权。

从审计实践看,对于PPP模式项目能不能审,各地做法不一。福建省某高速公路采用BOT的模式建设,业主单位曾致函福建省审计厅,询问是否对项目进行政府竣工决算审计,福建省审计厅以不在法定审计范围为由,未对该项目进行竣工决算审计。而江苏省句容市政府2014年5月8日下发《句容市PPP融资建设模式管理办法》,明确规定"市审计局是PPP项目审计工作监督的主管机关,对项目进行全过程审计监督。"

2. 审计评价依据的适用矛盾

择优选择社会资本,是PPP模式的关键环节,也是审计关注的重点。《基础设施和公用事业特许经营管理办法》规定"政府通过招标、竞争性谈判等竞争方式选择特许经营者。"该规定与上位法存在矛盾,且未解决《政府采购法》与《招投标法》的适用问题,使审计缺乏评价依据。

(1)该部门规章与行政许可法存在矛盾,特许经营许可属于行政许可事项,行政许可法规定"行政机关应当通过招标、拍卖等公平竞争的方式作出决定。"竞争性谈判显然不符合行政许可法的规定。其解决方法是尽快制定 PPP 领域的专门行政法规或者法律，对特许经营权的出让做出单独规定。

(2) 对于政府采购法与招投标法的适用问题，财政部与国家发改委在发文中各执一词，国务院办公厅转发的财政部、发改委的联合发文中，对使用财政性资金作为社会资本提供公共服务对价的项目，明确适用政府采购法，对于特许经营和股权合作提供对价的项目，仍未明确适用法规。

第五节 PPP 项目公司解散（破产）风险解析

PPP 模式是一种合作文化，政府、社会资本、金融机构等共同参与其中。

PPP 实务中，会成立项目公司对项目进行运作和管理，同时项目公司也是除 PPP 项目合同之外，与项目有关的其他合同的签约主体和实施主体。在国家财政部《PPP 项目合同指南（试行）》（财金 [2014] 156 号）中明确指出，项目公司是依法设立的自主运营、自负盈亏的具有独立法人资格的经营实体。项目公司可以由社会资本（可以是一家企业，也可以是多家企业组成的联合体）出资设立，也可以由政府和社会资本共同出资设立。但政府在项目公司中的持股比例应当低于 50%、且不具有经营管理权。由于 PPP 项目的期限通常较长，在项目的运营维护过程中存在较大的管理风险，PPP 项目能否成功实施，与项目能否平稳运营并获得稳定社会效益有直接关系，因此项目公司的良好运作至关重要。

依《公司法》设立的 PPP 项目公司与其他公司有很大不同。PPP 项目公司兼具行政和民事两种显著特点。这在我国公司法律现象中属于特例。同时，因 PPP 项目公司肩负着实现公共利益最大化的使命，所以对其在《公司法》意义上的解散和破产就具有了特殊的现实要求。

依据《中华人民共和国公司法》的相关规定，公司解散的原因有：公司章程规定的营业期限届满或者公司章程规定的其他解散事由出现；股东会或者股东大会决议解散；因公司合并或者分立需要解散；依法被吊销营业执照、责令关闭或者被撤销。依照《企业破产法》的相关规定，公司破产的原因有：企业法人（债务人）不能清偿到期债务，并且资产不足以清偿全部债务或者明显缺乏清偿能力的，债务人可以向人民法院提出重整、和解或者破产清算申请。债务人不能清偿到期债务，债权人可以向人民法院提出对债务人进行重整或者破产清算的申请。企业法人已解散但未清算或者未清算完毕，资产不足以清偿债务的，依法负有清算责任的人应当向人民法院申请破产清算。

结合 PPP 项目公司的特点，PPP 项目公司是否适用于以上法律法规所规范的关于解散和破产的相关规定呢？同时，PPP 项目公司出现依法解散或破产的可能性有哪些呢？

一、PPP 项目公司依法解散

PPP 项目公司存在全生命周期的问题，所以，项目合同到期，项目公司将项目资产移交政府方，项目公司使命终结，进而可能出现依法解散。同时，项目在运营过程中如果出现一些特殊事由，导致项目公司无法正常运营，公司目的无法实现，进而导致项目合同目的无法实现，这也可以导致解散项目公司的事件发生。关于可能出现的 PPP 项目公司依法解散的情形具体分析如下：

(一) 政府方介入导致项目公司解散

PPP 项目公司的经营范围针对的是 PPP 项目的建设、运营及维护，且该内容涉及地方基础设施建设、公共服务领域，属于公共利益范畴。为保证公共利益的实现，在 PPP 项目合同中会约定政府方对于项目公司的强制介入、接管的权力，从而保证 PPP 项目所涉及的公共服务质量不受损害。所以，政府方的强制介入权是 PPP 公司的重要特征之一。

1. 项目公司未违约情形下的介入

(1) 政府方可以介入的情形。为了保证项目公司履行合同不会受到不必要的干预，只有在特定的情形下，政府方才拥有介入的权利。常见的情形包括：①存在危及人身健康或安全、财产安全或环境安全的风险；②介入项目以解除或行使政府的法定责任；③发生紧急情况，且政府合理认为该紧急情况将会导致人员伤亡、严重财产损失或造成环境污染，并且会影响项目的正常实施。如果发生上述情形，政府方可以选择介入项目的实施，但政府方在介入项目之前必须按 PPP 项目合同中约定的通知程序提前通知项目公司，并且应当遵守合同中关于行使介入权的要求。

(2) 政府方介入的法律后果

在项目公司未违约的情形下，发生了上述政府方可以介入的情形，政府方如果选择介入项目，需要按照合同约定提前通知项目公司其介入的计划以及介入的程度。在政府方介入项目后，仍无法改善上述情形的，则有权终止项目合同，终止项目，进而解散项目公司。

2. 项目公司违约情形下的介入

如果政府方在行使监督权时发现项目公司违约，政府方认为有可能需要介入的，通常应在介入前按照 PPP 项目合同的约定书面通知项目公司并给予其一定期限自行补救；如果项目公司在约定的期限内仍无法补救，政府方才有权行使其介入权。

政府方在项目公司违约情形下介入的，如果仍然无法补救项目公司的违约，政府方仍有权终止项目合同，终止项目，进而解散项目公司。

(二) 社会资本方解散项目公司

PPP 项目公司因 PPP 合同而成立。社会资本方作为合同一方主体，基于合同法的权利义务均等原则之规定，也具有依据《公司法》解散公司的权利。比如：如果出现如下情形，社会资本方可以股东名义提出解散项目公司：

(1) 未按合同约定向项目公司付费或提供补助达到一定期限或金额的；

(2) 违反合同约定转让 PPP 项目合同项下义务；

(3) 发生政府方可控的对项目设施或项目公司股份的征收或征用的（是指因政府方导致的或在政府方控制下的征收或征用，如非因政府方原因且不在政府方控制下的征收征用，则可以视为政治不可抗力）；

(4) 发生政府方可控的法律变更导致 PPP 项目合同无法继续履行的；

(5) 其他违反 PPP 项目合同项下义务，并导致项目公司无法履行合同的情形。（例：政府方代表股东与社会资本方股东意见相左，导致项目公司无法产生运营决策，进而影响项目公司的而正常运营。)

发生政府方违约事件，政府方在一定期限内未能补救的，项目公司中的社会资本方可以行使管理权和控股权。通过公司章程规定的权利，要求终止项目合同，进而解散项目公司。

二、项目公司可能面临破产风险

根据破产法的规定，项目公司的破产主要是因为资不抵债。PPP公司是否会出现资不抵债的法律后果，这是一个核心问题。现阶段，PPP项目公司的分类主要基于项目类型分为三类，即：因公益项目、经营性项目和准经营性项目组建的PPP公司。一般来说，PPP公司的对外债务主要来源于如下几方面：①融资贷款；②相关合同（建筑工程、原料采购、委托运营等）。而项目公司的收益来源主要是：①使用者付费；②政府付费；③可行性缺口补助。其中，公益类项目基本属于政府购买，经营性项目和准经营性项目，除非经营性收入可以持平投入成本和合理回报，否则如果出现不足仍需要财政补足。如果财政补贴（以后会变更为以奖代补）不能及时到位，就有可能会出现项目公司的资不抵债现象的发生，进而导致破产的法律后果的发生。

同时，当项目公司以项目收益设立担保时，采用证券、基金等形式从第三方进行融资时，如果出现项目公司解散清算，很可能导致项目公司资产无法清偿融资所带来的债务，进而导致项目公司破产。

PPP项目公司的公益性决定了解散和破产的最大受害者是公共利益，正如PPP项目公司成立之初是为了实现公共利益最大化，这个利益原则应始终贯穿PPP项目公司全生命周期的始终。如果出现危及社会公共利益，损害社会公共利益的情况发生时，为了阻止该后果的发生，PPP项目公司的解散和破产也不失为理性的选择之一。

第十三章 PPP 模式风险防范

PPP 项目从立项到完工、运营、移交，是一个科学的系统工程，各个阶段相辅相成。上一个阶段的风险因素如果没能得到很好的防范将直接对下个阶段产生影响。并且在各个阶段各种风险因素之间也有着内在的关联。PPP 项目公司需建立针对项目全生命的动态化管理理念，即在项目的整个生命周期内，考虑时间变化的因素，综合考虑各个风险因素，采取合理科学的风险管理措施，将各个风险管理单元统一起来进行多元化、多层次、多角度的管理，统筹全局看风险。

风险通常与不确定性、高危险性等事物相关。一些容易发生危险和受到损失的事物被称为处于风险之中。任何项目，都存在风险和不确定性。

风险防范是有目的、有意识地通过计划、组织、控制和检察等活动来阻止风险损失的发生，消弱损失发生的影响程度，以获取最大利益。政府与社会资本合作（PPP）模式的风险防范通常可以从制度、检察和自律管理等方面着手，以达到消除或减缓风险发生的目的。

PPP 项目的风险，贯穿于 PPP 项目的从设计、融资、建造、营运、维护至移交的全生命周期，广泛存在于项目识别、项目准备、项目采购、项目执行、项目移交的完整周期和过程之中。

第一节　风险管理与分类

一、风险管理

风险管理各个环节紧密联系并随项目发展而呈现不断向前滚动的趋势，使得风险管理覆盖项目全生命周期各个时间段，并充分考虑前后风险因素的关联。风险管理是一个正式有序的过程，包括系统地识别、分析和应对风险，以期在项目的全生命期内取得最优的风险消除、转移和控制效果。

风险管理致力于在风险发生前，通过采取措施减少风险发生的可能性或风险发生后造成的损失，以保护项目资产和利润不受损失；当风险发生时，能够及时采取最有效的措施削减损失至可以接受的水平，使得项目仍然能够保持合理的运转而不失去财务稳定性。风险管理是项目成功的关键，也是项目各参与方谈判的核心，并将达至一致意见落实到项目有关合同协议具体条款中。

由于一个企业或项目所面对的风险是多种多样的，且随企业、项目、地点等的不同而不同。虽然有一些类型的风险是可以管理的，但是也有一些类型的风险无法用管理手段来解决，这就迫切需要采取系统的风险管理步骤，特别是尽早地识别和确认每种风险，以便贯彻执行能够最大限度阻止风险发生或者转移风险以减少损失的管理策略。

（一）风险管理的一般过程

风险的合理分配与管理是项目成功的关键，也是项目各参与方谈判的核心。对于一般的 PPP 项目，风险管理的一般过程包括风险识别、风险分析（评估）和风险应对。如图 13-1

所示。

1. 风险识别

识别、确认并分类风险及其来源。风险分析和应对是否有效，取决于项目风险识别的准确程度。常用的风险识别方法有：自上而下法（分解分析法）、头脑风暴法（集思广益法/专家研讨法）、问卷/访谈调查法、德尔菲法（专家调查法）、核对表法、现场调查法、因果分析法、流程图分析法、财务报表法（损失分析法）、情景分析法等。

图 13-1　PPP 项目的风险管理动态全过程

2. 风险分析（评估）

分析、评估风险发生的可能性和风险发生后造成的损失（对项目局部或整体、长期或短期的影响）。对项目的风险不仅需要有定性的分析判断，必要时还需要做出系统的定量分析，将各种风险因素对项目的影响数量化。

（1）定性分析时，常应用专家打分法和层次分析法，对已识别的风险发生的可能性及其影响大小进行定性分析和评估，进而对风险进行优先级排序，这种优先级别通常可以用风险度（重要程度）或风险大小（发生可能性及影响大小）来定性表示，把风险分成若干个等级，例如：不严重、轻微严重、有些严重、严重、很严重、非常严重、异常严重七个等级。根据风险的不同等级，就可以按照相应的优先顺序采取应对措施。

（2）定量分析则主要是对定性风险分析结果中风险度较大的即对项目存在潜在重大影响排序靠前的风险进行的分析，对这些风险的影响确定具体的数值，许多财务指标（如收益率、负债率等）常常是决策的依据，则常用的方法有决策树分析、敏感性分析、期望值分析和蒙特卡罗分析等方法。

3. 风险应对

风险的应对和管理策略及具体措施的选择还取决于决策者对风险的态度或心理承受力，一般而言，决策者有风险厌恶型或风险偏好型两大类，应根据决策者的态度对风险进行权衡分析，运用定性和定量的方法来评估风险后采取相应策略和措施。

风险管理的核心是风险的应对策略，常见的风险应对策略有回避、转移、分担、减低、承担风险等。每个策略都有各自的用途，一般是综合运用。例如，在一个项目中，有些风险需要采用回避的策略，如不参与项目；有些风险需要采用转移的策略，通过买保险的方式转移给保险公司；有些风险可与对方共同分担；有些风险需要采用减轻的；有些风险则需要自己承担，但辅以预防风险的措施。不能让社会资本方承担其无法承担的风险，一旦风险发生时又缺乏控制能力，必然会降低提供公共设施或服务的效率和增加控制风险的总成本（包括政府的成本）。

（二）PPP 项目风险管理的特点

PPP 项目的风险管理的两个主要特点：

（1）政府和社会资本共同分担风险。在 PPP 项目的风险管理中政府与社会资本都不同程度发挥着作用。政府在 PPP 项目中应该承担风险，政府应该积极和重视项目的风险管理。

（2）风险管理是动态的全过程的管理。PPP 项目的风险管理应该是一个动态的、循环往复的过程。随着项目的进行，已分担的风险很有可能发生协议各方意料之外的变化或者出现未曾识别的风险。

（三）项目风险管理原则

项目风险管理应遵循下列三项原则：

（1）由对风险最有控制力（包括控制成本最低）的一方承担相应的风险；

（2）承担的风险程度与所得到的回报大小相匹配；

（3）社会资本方承担的风险要有上限。

二、PPP项目风险分类

PPP模式项目具有周期长、投资规模大、资金需求大等特征，并且在每个环节存在较多不确定因素，相对应存在各种风险，PPP模式项目的分类方法有很多种。

（一）按PPP项目风险范畴分类

PPP模式按风险范畴分为宏观风险和微观风险2类，下面以PPP操作流程的项目识别与项目准备阶段为例，按风险范畴的分类方法，分析其中存在的各种风险。

1. PPP项目的宏观风险

各种宏观风险均可能导致处于识别或准备阶段的PPP项目失败。从宏观层面可能导致PPP项目失败的风险包括：政治风险、法律风险、市场风险以及不可抗力风险；以上四种宏观风险存在于PPP项目的全操作流程与全生命周期。一般来说，政治风险和法律风险通常更多存在于项目识别阶段，市场风险则更多出现在项目准备阶段，不可抗力风险则无处不在。PPP项目宏观风险体系如图13-2所示。

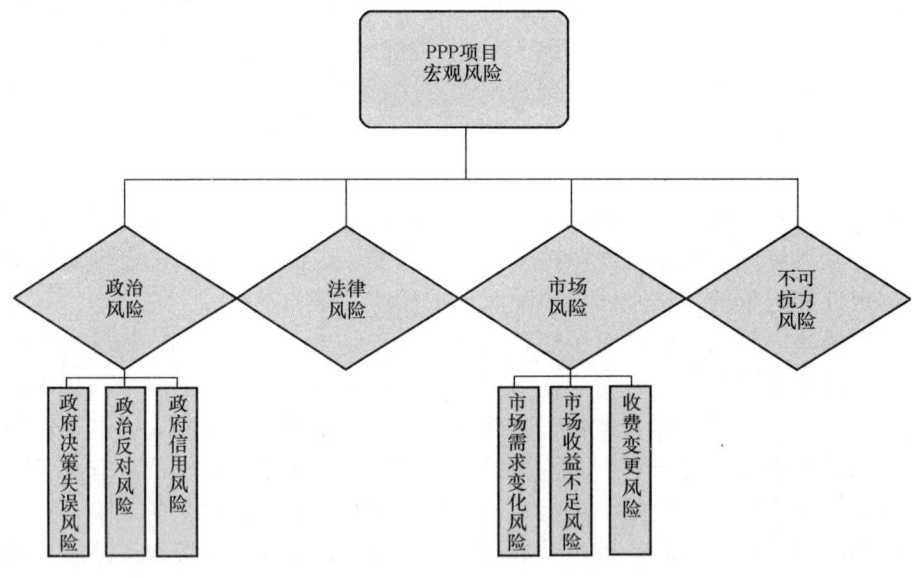

图13-2 PPP项目宏观风险体系

2. PPP项目的微观风险

下面以项目识别和项目准备阶段为例，从微观层面（具体操作流程）来分析PPP项目具体存在的风险。

（1）项目识别阶段的风险

在PPP项目识别阶段，主要对基础设施与公用事业领域的新建项目、改建项目以及存量公共资产项目进行识别与筛选，并通过物有所值论证和财政承受能力论证来判断项目是否适合采用 PPP 模式。在项目识别阶段主要存在的风险包括项目范围的风险、项目主体的风险、两个论证的风险以及可能存在的违约风险。PPP 项目识别阶段的风险如图 13-3 所示。

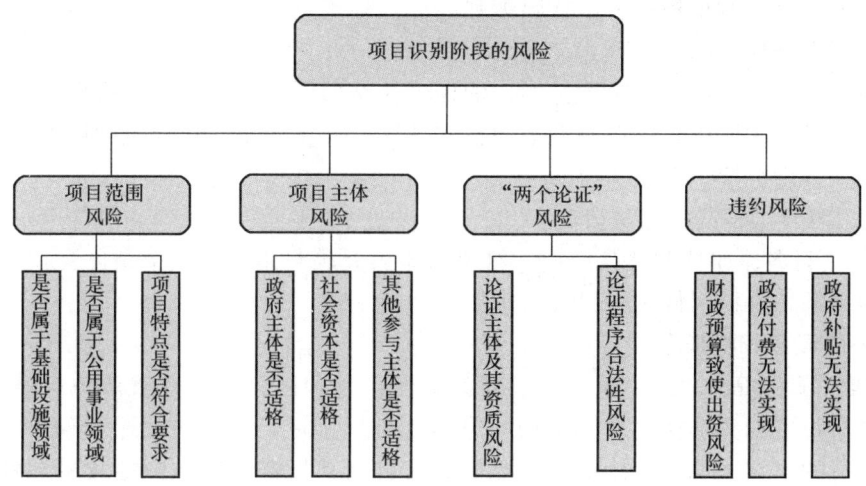

图 13-3 项目识别阶段的风险

（2）项目准备阶段的风险

项目准备阶段的风险主要存在于项目实施机构、项目合同、采购方式、项目运作方式以及交易结构等方面。项目准备阶段的风险如图 13-4 所示。

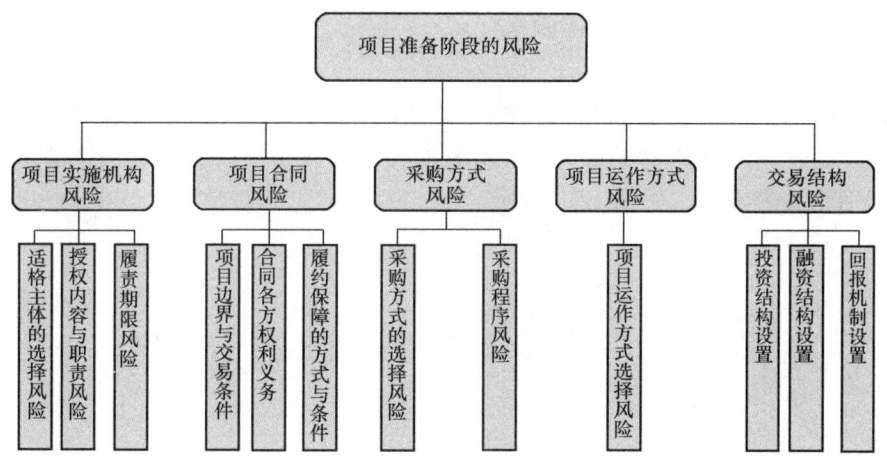

图 13-4 项目准备阶段的风险

① 项目实施机构的潜在风险主要存在如何选择适格主体、相应的授权内容与职责以及期限等方面。

② 项目合同的潜在风险主要存在于项目边界、交易条件、权利义务以及履约保证等环节。

③ 项目采购的潜在风险主要存在于如何依法选择采购方式以及采购程序等方面。

④ 项目运作方式的潜在风险主要存在于如何选择符合项目的运作方式。

⑤ 交易结构的潜在风险在于如何设置投融资结构以及项目回报机制。

(3) 项目全生命周期的风险

PPP模式强调政府与社会资本在具体PPP项目中，项目设计、建造、财务和营运维护等商业风险由社会资本承担；法律、政策和最低需求等风险由政府承担，不可抗力等风险由政府和社会资本合理分担。

从项目立项或者项目识别阶段开始，清晰项目结构设计，厘清项目边界条件、明确交易结构、运作方式等主要内容，将有助于项目"落地"并实现全流程规范性操作，真正实现收益共享、风险合理分担。

(二) 按PPP项目阶段划分分类

在PPP项目各个阶段都要从政府、社会资本方及项目本身这三个角度去识别风险因素，以弄清风险来源，有针对性进行风险管理。

1. 准备阶段和招标阶段

由于PPP项目资金需求量大，项目准备阶段政府和社会资本方通常会对融资来源有初步的构想，对投资方的选择也较其他项目有所提前，因此，投资方尽早接触PPP项目的前期工作是可行的。在这期间，投资方主要是对项目及其投资主体，包括政府和社会资本方，作出初步的评估，为投资前风险管理打下基础，更有效地减少日后的风险损失。

2. 融资阶段

融资阶段是银行参与PPP项目的重要阶段，该阶段的目标即完成投资方与政府、投资方与项目公司之间的各项协议。这是投资者进行全面评估和详细分析的过程，也是对各类风险通过协议进行合理规避的重要过程。若在此阶段风险管理出现漏洞，那么对效益的影响将是长期的，所造成的损失也是难以预料的。

3. 建设阶段和营运维护阶段

从建设到营运维护是PPP项目持续时间最长的两个阶段，是成本大量投入到投资逐步收回的阶段，是还款风险的主要发生期（阴影部分代表还贷风险的主要发生期），也是各种风险因素识别较难的阶段。如图13-5所示。

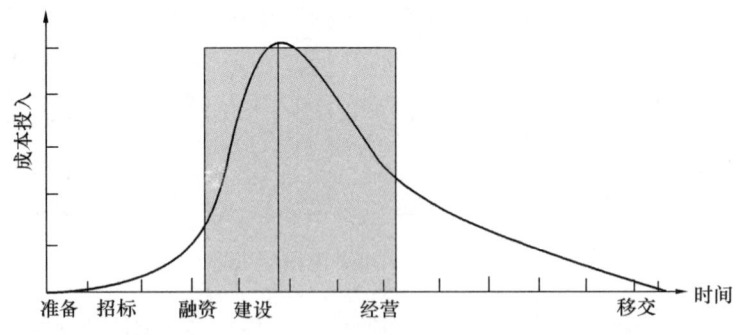

图13-5 项目回款风险主要发生期

(1) 建设阶段需识别影响成本投入的各种风险因素。从项目角度来看，包括项目周期长而导致资金的流动性风险和导致项目成本超支的（如利率增加、通货膨胀等）市场风险；项目公司角度主要考虑社会资本方技术、劳资纠纷等引起成本超支、技术落后引发工程延期、资金使用不当等引起的不能按时还款的信用风险；PPP项目受政策影响大，因而投资方需关注政府政策变动的风险和项目公司的公私双方投资者违反协议的法律风险。

(2) 在营运维护阶段，主要识别影响贷款收回的各种风险因素，在项目角度，各种市场因素将直接影响项目的盈利能力，因而投资方需谨慎做好该阶段的市场风险管理。在项目公司角度，主要是社会资本的经营管理能力和政府的政策变动等信用风险及违约风险，以及项目公司的公私双方投资者违反协议的法律风险。

4. 移交阶段

通常 PPP 项目在移交之前项目已经收回成本，但是直到此时投资人仍然不能忽视项目参与方的某一方违背协议的风险。项目各阶段主要风险类型见表 13-1。

表 13-1 项目各阶段主要风险类型

项目阶段	风险来源	主要风险因素	风险类型
准备阶段	全面	忽视投资论证管理的风险，缺乏相关经验	操作风险
招标阶段			
融资阶段	项目	项目合规性风险 对项目重要指标评价及预测不充分的风险	法律风险 信用风险
	项目公司（公私双方）	借款主体还款能力不足风险 担保物流于形式风险 债权虚置风险 法人实体不明风险	
	项目公司（社会资本）	社会资本方管理能力、技术水平、还款能力不足的风险	信用风险
	银行	贷款决策失误风险	战略风险
		贷款负责人经营不足风险 管理不当风险 审批条件不落实	操作风险
	全面	协议签订不当	法律风险
建设阶段	项目	市场因素造成成本超支	市场风险
		建设周期长，贷款回收缓慢	流动性风险
	项目公司（社会资本）	技术、劳资纠纷等引起的成本超支 技术落后引发完工风险 资金用途风险 不可抗力造成工程停建	信用风险
	项目公司（政府）	政策变动风险	信用风险
	项目公司（公私双方）	协议不能执行或有变动	法律风险
	银行内部	贷后疏于管理风险 信息不对称造成难于管理	操作风险
营运维护阶段	项目	产品价格调整	市场风险
		项目低收益，贷款回收缓慢	流动性风险

（三）按 PPP 项目参与方风险分类

按项目参与方风险分类主要分为社会资本方风险、政府方风险、承建商风险等 3 类 48

种。见表 13-2。

表 13-2 PPP 项目主要参与方的风险

序号	各参与方的风险因素		
	社会资本方（14 种）	政府（12 种）	承建商（12 种）
1	法律、政策变更	法律、政策变更	基础设施完备程度
2	利率风险	利率风险	土地拆迁与补偿
3	外汇风险	外汇风险	商业完工风险
4	通货膨胀风险	通货膨胀风险	重大事故
5	市场价格风险	市场价格风险	成本超支
6	市场需求风险	市场需求风险	质量风险
7	市场竞争风险	市场竞争风险	沟通协调风险
8	能源与原材料供应	能源与原材料供应	环境破坏
9	营运不可抗力	营运不可抗力	社会资本方违约
10	环境破坏	社会资本方违约	政府违约
11	政府违约	承建商违约	原材料供应
12	承建商违约	不可抗力风险	不可抗力风险
13	商业完工风险	—	—
14	不可抗力风险	—	—

（四）按 PPP 项目风险的可控程度分类

按 PPP 项目风险的可控程度分类可分为可控制风险和不可控制风险等 2 类 14 种 24 项。如图 13-6 所示。

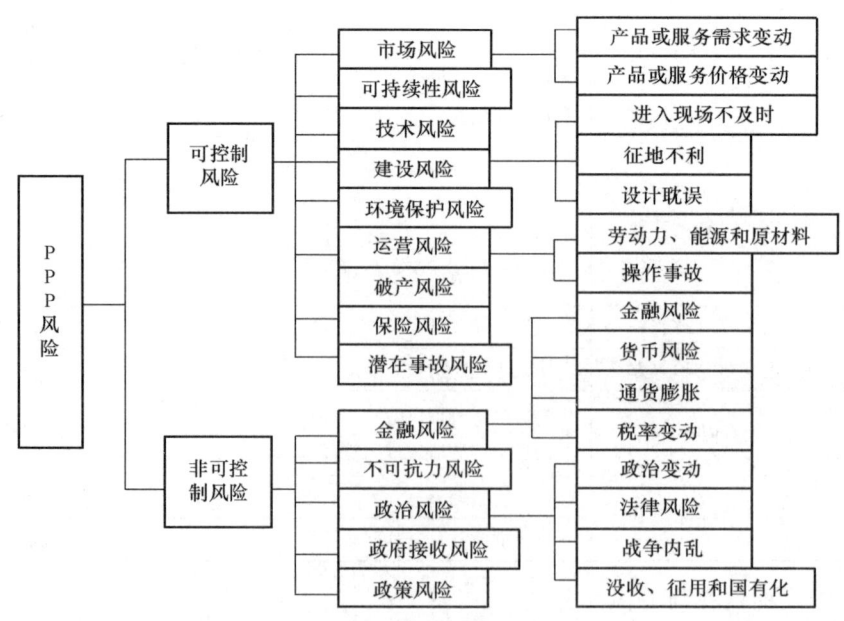

图 13-6 PPP 项目风险的控制性分类图

(五) 按PPP项目的管理范围分类

按PPP项目的管理范围分类,PPP项目的风险可分为7类29种表现形式。见表13-3。

表13-3 按PPP项目的管理范围风险表现形式表

风险类别	表现形式	风险类别	表现形式
宏观环境	法律、政策变更	营运风险	能源与原材料供应
	利率风险		项目公司违约
	外汇风险		环境破坏
	通货膨胀风险		营运不可抗力
建造风险	基础设施完备程度		营运商管理能力
	土地拆迁与补偿		政府违约
	商业完工风险		技术风险
	重大事故	市场风险	市场价格风险
	成本超支		市场需求风险
	质量风险		市场竞争风险
	沟通协调风险	环境风险	环境污染罚款
	环境破坏		环境评价费用
	社会资本方违约		改正措施所需投入
	承包商违约	不可抗力风险	不可抗力风险
技术风险	技术先进性		—

(六) 按风险类别划分的PPP项目主要风险

按风险类别划分的PPP项目主要风险可分为3类21种表现形式。见表13-4。

表13-4 按风险类别划分的PPP项目主要风险表

风险类别	风 险
政治风险 (7种)	国有化、取消、扣押、没收
	项目唯一性(无竞争项目)法律变更
	项目审批延误
	政府无所作为或负面作为当地合作伙伴的可靠性
	现有设施状况及相关规定税率提高(通用、特别)
	政治不可抗力政府中止合同
	政府不支付费用
建造风险 (7种)	土地拆迁与补偿
	设备或材料进口限制成本超支
	融资成本增加
	工期或质量风险承包商违约
	项目公司违约
	工程变更所引起的工期、成本变化,环境破坏(潜在的、现行的、持续的)考古和历史文物的保护
	施工不可抗力

续表

风险类别	风 险
运营风险（7种）	政府违约（项目公司违约）
	运营商能力缺陷
	项目公司中止合同
	环境破坏（潜在的、现行的、持续的）运营不可抗力
	劳资争端技术风险
	停机时间过长
	设备状况（维护）

（七）按风险层级分类

按照风险层级分类法 PPP 项目的风险分为"国家""市场"和"项目"3 个层级，37 种风险因素的层级分析。其中包括 14 种国家层级风险、7 种市场层级风险和 16 种项目层级风险。如图 13-7 所示。

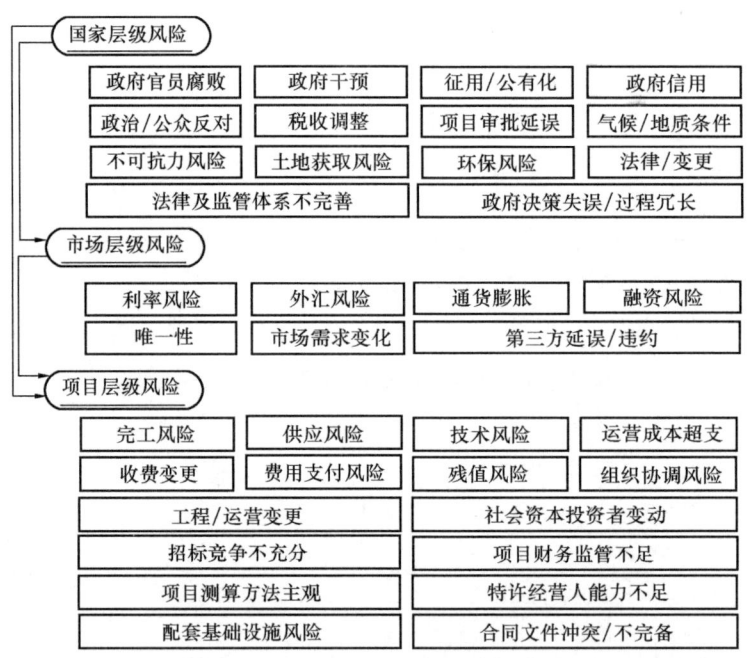

图 13-7　风险因素的层级分析（箭头表示各种风险之间的影响）

（1）国家层级的风险：主要是指政治和宏观经济的稳定性，具体来说，即国家对私有或外国财产的保护、国内外货币流通交换和贸易限制，市场规则改变，以及对股息、红利的分配限制规定等。宏观经济稳定性与国家的财政金融政策有一定的关系，也与国家应对经济危机的能力有关。

（2）市场层级的风险：市场的风险包括公司在当地市场的技术优势和劣势，市场资源的**稀缺性**，市场规则的复杂性，以及政府对行业产业的政策态度等。

（3）项目层次的风险：项目的风险专指针对项目现场而言，包括后勤补给的限制，不合理的工程设计，现场施工安全，运营维护方法等不恰当的质量控制手段和环境保护等。

（八）按项目类别划分的 PPP 项目风险

按项目类别划分的 PPP 项目风险可分为 8 类分别对应不同的风险。见表 13-5。

表 13-5 按项目类别划分的 PPP 项目风险

项目风险	与项目类别有关的风险
所有项目	・不可抗力风险 ・政治风险（法律或政策变更、国有化、取消合同） ・财经风险（通货膨胀、利率、外汇兑换率或可兑换性） ・竞争风险（失标、压价、类似项目） ・环境保护风险（公众环保意识和要求的提高） ・土地拆迁补偿风险 ・施工风险（成本超支、工期延误、质量不合格） ・运营风险（运营商能力、产品数量和质量、生产规范化） ・设施或设备状况风险 ・原材料供应风险（数量，质量） ・销售风险（数量、及时支付）
电厂	・债务偿还能力 ・设备和原材料进口限制 ・发电量变化 ・电费收取困难 ・非法偷、用电 ・电力传送故障 ・竞争压低电价 ・技术未达标而所在国电力机构拒绝购销所发电力 ・电厂位置不适当（交通不便） ・环保争端 ・燃油、燃煤价格和供应变化 ・施工延误 ・过长停运时间 ・电力购销合同违约赔偿金（发电数量或质量未达标） ・政府对利润（收益率）和电价的控制
道路	・交通流量不足（预测不准或误差大） ・竞争路线（特别是免费或低价路线） ・过路收费及调整受限制 ・成本超支（由于项目规模，特别是项目处于崇山峻岭区） ・工期延误（拆迁、额外技术困难） ・所有权争议（如考古发现） ・为减少对公共交通影响而采取的必要措施 ・与本路相连的其他项目延误 ・收入为本地货币（外汇兑换率和可兑换性）

续表

项目风险	与项目类别有关的风险
隧道、桥梁	· 地质条件 · 市区施工安全和对地面交通的影响·健康问题（隧道要用压缩空气） · 海床、河床的稳定性 · 隧道运营期的交通意外和火灾 · 航运或航空对桥梁运营的限制 · 航运工人、渔民的抗议或反对 · 恶劣天气 · 来自轮渡和空运的竞争
铁路、地铁	· 较长的土地拆迁期 · 现有复杂设施的转移 · 不同部门或地区的不合作 · 运营收费的限制 · 设计获批过程的复杂和困难 · 来自路运的竞争 · 环保争端 · 税收问题 · 换轨或转轨控制系统昂贵
机场、港口	· 来自其他机场港口的竞争 · 区域、国际贸易情况 · 旅游市场情况 · 政治稳定性和居民开支情况 · 与其他交通设施的连接 · 缺少适当的扩建土地 · 航运能力极受设备状况、劳资争端和天气影响 · 经济发展情况 · 收费制度和高低的变化 · 政治风险
处理厂（水、气）	· 或取或付合同 · 管道泄漏 · 不付费或盗窃行为 · 收费价格受控制 · 环保标准变化快，特别是水处理项目
通信	· 最具竞争的项目类别 · 高科研投入 · 现有运营商对新运营商使用现有通信网络的限制 · 与现有网络相连的额外成本和问题（如技术不兼容） · 颁发执照过程中的官僚主义

第十三章　PPP模式风险防范

（九）按风险起源和影响（归责）对象分类

由于PPP项目本身的合同结构复杂、项目时间长、风险大等众多特点，很多PPP项目风险并不能充分地界定导致该风险产生的过错影响（归责）对象，或者政府和社会资本方都没有过错。很多风险特别是国家层级风险的影响（归责）对象都是中央政府或者地方政府，根据影响（归责）原则，可以初步预见到在PPP项目合同谈判中，政府及其相关部门应该主动承担所选取的风险因素。风险起源及其影响（归责）对象分析见表13-6。

表13-6　风险起源及其影响（归责）对象分析表

序号	风险因素	含义解释	风险起源	影响对象	归责对象
1	政府官员腐败	政府官员的腐败行为将直接增加项目公司在关系维持方面的成本，同时也加大了政府在将来的违约风险	政府决策流程的不透明，一定程度上加强了官员个人在决策时的重要性，也加强了与相关官员的关系在项目运作中的作用，提高了官员腐败的可能性	社会资本	地方政府
2	政府干预	政府官员直接干预项目建设/运营，影响社会资本的自主决策权力	特别是当政府入股的情况下，政府官员往往特别看重所谓的国有资产控制权/所有权，期望做大股东，拥有决策权	社会资本	地方政府
3	征用/公有化	中央或地方政府强行没收项目	当遭遇宏观调控时，项目的部分具体合约条款违反中央政策/方向，中央政府予以征用，强制社会资本方退出	社会资本	无
4	政府信用	政府不履行或拒绝履行合同约定的责任和义务而给项目带来直接或间接的危害	政府官员/班子换届后，新任政府官员拒绝履行上任政府官员的承诺，或者政府无法承担过高的履行成本而拒绝履行义务	社会资本	地方政府
5	第三方延误/违约	除政府和社会资本方，其他项目参与者拒绝履行合同约定的责任和义务，或者履行时间延误	由于合作第三方的各种原因导致的延误或者违约	社会资本	第三方
6	政治/公众反对	由于各种原因导致公众利益得不到保护或受损，从而引起政治甚至公众反对项目建设所造成的风险	项目预期收费过高或者项目的环评/可研不合理，导致社会公众/其他政府对项目的反对	社会资本	无
7	法律及监管体系不善	由于现有PPP立法层次较低、效力较差、相互之间存在某些冲突和可操作性差等原因造成的危害	现有PPP相关法律条款缺失或不完善或效力等级太低，导致项目运作受到限制	社会资本	中央政府

369

续表

序号	风险因素	含义解释	风险起源	影响对象	归责对象
8	法律变更	由于法律、法规及其他政府宏观经济政策的变化而引起项目成本增加、收益降低等后果	由于相关法律条款的变更,导致现有项目的合同条款设置与其有一定程度的冲突	社会资本/地方政府	中央政府
9	利率风险	指市场利率变动的不确定性给PPP项目造成的损失	中央政府对利率的宏观调控导致金融市场的利率化	社会资本	中央政府
10	外汇风险	包括外汇汇率变化风险和外汇能否兑换风险	中央政府对外汇汇率或者兑换条件的宏观调控	社会资本	中央政府
11	通货膨胀	指整体物价水平上升,货币的购买力下降,导致项目成本增加等其他后果	经济环境	社会资本	无
12	政府决策失误/过程冗长	程序不规范、官僚作风、缺乏PPP的运作经验和能力、前期准备不足、信息不对称等造成项目决策失误和过程冗长	地方政府的决策流程不规范、能力/前期准备不足或信息不对称导致政府的错误决策,官僚作风等内在问题导致政府的决策过程冗长	社会资本	地方政府
13	土地获取风险	土地所有权获取困难、土地取得成本和时间超过预期,使得项目成本增加或项目延期	由于城市规划或者其他历史原因导致的土地性质冲突、拆迁困难等	社会资本	地方政府
14	项目审批延误	项目需经过复杂的审批程序,花费时间长且成本高,批准之后,对项目的性质和规模进行必要商业调整非常困难	政府审批流程设计复杂,需交涉部门过多,办事人员效率低下	社会资本	政府
15	合同文件冲突/不完备	合同文件出现错误、模糊不清、设计缺乏弹性、出现冲突,包括风险分担不合理、责任与义务范围不清等风险	合同文件设计不完善	社会资本/地方政府	社会资本/地方/政府
16	融资风险	包括融资结构不合理、金融市场不健全、融资的可及性等因素引起的风险,其中最主要的表现形式是资金筹集困难	金融市场不健全、融资的不可及	社会资本/地方政府	无
17	工程/运营变更	由于前期设计的可建造性差、设计错误或含糊、规范标准变化、合同变更、业主变更等原因引发的工程/运营变更	业主对现有设计提出调整要求,或者设计方对现有设计进行修正补充	社会资本	地方政府/设计方
18	完工风险	表现为工期拖延、成本超支、项目投产后达不到设计时预定的目标,从而导致现金流不足,不能按时偿还债务等	施工方效率低下等主观原因或者其他外部环境引起的客观原因	社会资本	施工单位

第十三章 PPP模式风险防范

续表

序号	风险因素	含义解释	风险起源	影响对象	归责对象
19	供应风险	指原材料、资源、机具设备或能源的供应不及时给项目带来损失	供应商供应不及时或者供应物品质量不过关	社会资本	供应商
20	技术风险	指所采用技术不成熟，难以满足既定的标准和要求，或者适用性差，迫使社会资本方追加投资进行技术改进	投资者采用的技术不过关	社会资本	社会资本
21	气候/地质条件	由于项目所在地客观存在的恶劣自然条件，如气候条件、特殊的地理环境和恶劣的现场条件等	当地先天自然环境	社会资本	无
22	运营成本超支	政府强制提高产品/服务标准、利率/汇率/不可抗力等非运营商因素及运营管理差等	政府强制提高服务标准、运营商运营能力低下、其他市场环境因素	社会资本	特定
23	唯一性	政府或其他投资人新建或改建其他相似项目，导致对该项目形成实质性的商业竞争	政府自建或者批准其他投资者在附近区域新建了一个竞争项目	社会资本	地方政府
24	市场需求变化	由于宏观经济、社会环境、人口变化、法律法规调整等其他因素导致的市场需求变化	市场环境的变化	社会资本/地方政府	无
25	收费变更	包括由于PPP产品/服务收费价格过高、过低或者收费调整不弹性/不自由导致项目公司的运营收入不如预期	政府统一调整城市基础设施收费的机制	社会资本	地方政府
26	费用支付风险	由于基础设施项目的经营状况或服务提供过程中受其他因素影响，导致用户（或政府）费用不能按期按量的支付	政府或终端使用客户拒绝支付费用	社会资本	地方政府/用户
27	配套基础设施风险	指项目相关的基础设施不到位引发的风险	项目的配套基础设施不到位	社会资本	地方政府
28	残值风险	投资者过度使用设备等资源，造成特许期期满移交时，项目设备材料折旧严重或所剩不多，影响项目的继续运营	项目运营阶段维护不周	社会资本	社会资本

续表

序号	风险因素	含义解释	风险起源	影响对象	归责对象
29	招标竞争不充分	包括招投标程序不公正、不公平、不透明，招标项目信息不充分或不够真实，缺少足够的竞标者，市场主体恶性竞争、故意压低价格竞标等风险	招标程序不透明、不公正，缺少足够竞争者，或者故意串通压低中标价格	地方政府/公众	待定
30	特许经营人能力不足	由于特许经营人能力不足等原因导致建设、运营效率低下	招标过程不合理、投资者资质造假等	地方政府/公众	社会资本/地方政府
31	不可抗力风险	合同一方无法控制，在签订合同前无法合理防范，情况发生时，又无法回避或克服的事件或情况	非双方能够预期或者抵抗的因素	社会资本/地方政府	无
32	组织协调风险	由于项目公司的组织协调能力不足，导致项目参与各方的沟通成本增加、互相矛盾冲突产生等变故	投资者经验不足或者组织协调能力不足	社会资本	社会资本
33	税收调整	包括中央或者地方政府的税收政策变更	中央或地方政府的税收政策变更	社会资本/地方政府	政府
34	环保风险	由于政府或社会团体对项目的环保要求提高，导致项目的成本增加、工期延误或其他损失	环保要求的提高	社会资本	政府/公众
35	社会资本方投资者变动	由于各项目股东之间发生冲突或其他原因导致投资者发生变动，如中途退出等，而影响项目的正常运营	项目股东各自参与项目的目的不同或者之间的沟通协调出问题	社会资本	社会资本
36	项目测算方法主观	特许期、服务价格的设置与调整、政府补贴等项目参数的测算过于主观，使得项目没有达到理想的效果	对项目参数的测算过于主观和乐观	社会资本	社会资本/地方政府
37	项目财务监管不足	放贷方和政府对项目公司的资金运用和项目的现金流监管不足，导致项目资金链断裂等变故	放贷方和政府对项目财务状况缺乏监管	地方政府/放贷	地方政府/放贷方

第二节　PPP项目风险分类解析

一、政治风险

政治风险指在PPP项目中因政府决策及相关政治因素所导致的风险，主要包括政治决策失误风险、政治反对风险、政府信用风险及项目唯一性风险等。

1. 政治决策失误风险

政治决策失误风险是指"政府的决策程序不规范、官僚作风、缺乏PPP的运作经验和能力、前期准备不足和信息不对称等造成项目决策失误和过程冗长"等风险。例如青岛威立雅污水处理项目，由于当地政府对PPP的理解和认识有限，政府对项目态度的频繁转变导致项目合同谈判时间很长。而且，污水处理价格是在政府对市场价格和相关结构不了解的情况下签订，价格较高，政府了解以后又重新要求谈判降低价格。项目公司利用政府知识缺陷和错误决策签订不平等协议，从而引起后续谈判拖延，面临政府决策冗长的困境。在上海（宝山）大场水厂、北京第十水厂和广东省廉江（市）中法供水厂项目中也存在同样的情况。

2. 政治反对风险

政治反对风险是指由于各种原因导致公众利益得不到保护、受损，或者公众主观认为自身利益受损，从而引起政治甚至公众反对项目建设所造成的风险。例如上海（宝山）大场水厂和北京第十水厂的水价问题，由于关系到公众利益，而遭到来自公众的阻力，政府为了维护社会安定和公众利益也反对涨价。

3. 政府信用风险

政府信用风险是指"政府不履行或拒绝履行合同约定的责任和义务，而给项目带来直接或间接危害"所产生的信用受损的风险，以及项目相关的基础设备、配套设备不到位引发的风险。例如长春汇津污水处理厂项目，汇津公司与长春市排水公司于2000年3月签署《合作企业合同》，设立长春汇津污水处理有限公司，同年长春市政府制定《长春汇津污水处理专营管理办法》。2000年底，项目投产后合作运行正常。然而，从2002年，排水公司开始拖欠合作公司污水处理费，长春市政府于2003年2月28日废止了《管理办法》，2003年3月起，排水公司开始停止向合作企业支付污水处理费。经过近两年的法律纠纷，2005年8月最终以长春市政府回购而结束。再比如在廉江中法供水厂项目中，双方签订的《合作经营廉江中法供水有限公司合同》，履行合同期为30年。合同有几个关键的不合理问题：问题一，水量问题。合同约定廉江自来水公司在水厂投产的第一年每日购水量不得少于6万立方米，且不断递增。而当年廉江市的消耗量约为2万立方米，巨大的量差使得合同履行失去了现实的可能性；问题二，水价问题。合同规定起始水价为1.25元人民币，水价随物价指数、银行汇率的提高而递增。而廉江市每立方米水均价为1.20元，此价格自1999年5月1日起执行至今未变。脱离实际的合同使得廉江市政府和自来水公司不可能履行合同义务，该水厂被迫闲置多年。除此之外，遇到政府信用风险的还有江苏某污水处理厂、长春汇津污水处理和湖南某电厂等项目。

4. 项目唯一性风险

项目唯一性风险是指政府或投资人新建或改建其他项目，导致对该项目形成实质性的商业竞争而产生的风险。项目唯一性风险出现后往往会带来市场需求变化风险、市场收益风险、信用风险等一系列的后续风险，对项目的影响是非常大的。如杭州湾跨海大桥项目开工未满两年，在相隔仅50公里左右的绍兴杭州湾大桥已在加紧准备当中，其中一个原因可能是因为当地政府对杭州湾跨海大桥的高资金回报率不满，致使项目面临唯一性风险和收益不足风险。鑫远闽江四桥也有类似的遭遇，福州市政府曾承诺，保证在9年之内从南面进出福州市的车辆全部通过收费站，如果因特殊情况不能保证收费，政府出资偿还外商的投资，同时保证每年18%的补偿。但是2004年5月16日，福州市二环路三期正式通车，大批车辆绕过闽江四桥收费站，公司收入急剧下降，投资收回无望，而政府又不予兑现回购经营权的承诺，只得走上仲裁庭。该项目中，投资者遭遇了项目唯一性风险及其后续的市场收益不足风险和政府信用风险。福建泉州刺桐大桥项目和京通高速公路的情况也与此类似，都出现了项目唯一性风险，并导致了市场收益不足。

二、政策风险

政策风险是在项目实施过程中由于政府政策的变化而影响项目的盈利能力。为使政策风险最小化，就要求法律法规环境以及特许权合同的鉴定与执行过程应该是透明、公开、公正的，不应该出现官僚主义现象，人为的干扰应是最少的，否则，合作各方均会受到损失。PPP项目失败原因主要归结于法律法规与合同环境的不够公开透明，政府政策的不连续性，变化过于频繁，政策风险使社会资本方难以预料与防范。因此当政策缺乏一定稳定性时，社会资本方必然要求更高的投资回报率作为承担更高政策风险的一种补偿。政策风险主要表现形式有如下几种：①政策调整而导致的信用风险；②政府利益调整导致的信用风险；③特许经营模式本身的不确定性风险；④基于法律法规的不健全导致的风险。

三、法律风险

法律风险是指由于采纳、颁布、修订、重新诠释法律或规定而导致项目的合法性、市场需求、产品/服务收费、合同协议的有效性等元素发生变化，从而对项目的正常建设和营运带来损害，甚至直接导致项目的中止和失败的风险。

目前PPP模式的法律法规体系并不健全，多以规范性文件与政策为主，不同级别政府部门颁布的规范性文件与政策存在冲突、矛盾或者不一致的情形下，将产生法律风险。基于法律体系不完善或法律法规变更所带来的风险，主要包括如下几种。

1. 法律及监管体系不完善

PPP项目涉及的法律法规比较多，我国PPP项目还在起步阶段，相应的法律法规层次较低、效力较差、相互之间存在某些冲突、可操作性差、部门利益之争等原因造成的风险。

2. 法律变更风险

法律变更风险主要是指由于采纳、颁布、修订、重新诠释法律或规定而导致项目的合法性、市场需求、产品/服务收费、合同协议的有效性等元素发生变化，从而对项目的正常建设和营运带来损害，甚至直接导致项目的中止和失败的风险。例如江苏某污水处理厂采用BOT融资模式，原先计划于2002年开工，但由于2002年9月《国务院办公厅关于妥善处理现有保证外方投资固定回报项目有关问题的通知》的颁布，项目公司被迫与政府重新就投资回报率进行谈判。上海大场水厂和延安东路隧道也遇到了同样的问题，均被政府回购。

3. 民事、行政、刑事责任风险

在项目中的一些不法行为所导致的法律风险，比如环境污染、滥用职权、安全事故等。

四、市场风险

市场风险是指通过投融资、建设等工作所实施的PPP项目（主要以经营性项目为主）产生市场需求变化、收益不足或者收费变更等风险。

1. 市场收益不足风险

市场收益不足风险是指项目营运后的收益不能满足收回投资或达到预定的收益的风险。例如天津双港垃圾焚烧发电厂项目中，天津市政府提供了许多激励措施，如果由于部分规定原因导致项目收益不足，天津市政府承诺提供补贴。但是政府所承诺补贴数量没有明确定义，项目公司就承担了市场收益不足的风险。另外京通高速公路建成之初，由于相邻的辅路不收费，致使较长一段时间京通高速车流量不足，也出现了项目收益不足的风险。在南京长江三桥、杭州湾跨海大桥和福建泉州刺桐大桥的项目中也有类似问题。

2. 市场需求变化风险

市场需求变化风险是指由于宏观经济、社会环境、人口变化、法律法规调整等其他因素使市场需求变化，导致市场预测与实际需求之间出现差异而产生的风险。例如山东中华发电项目，项目公司于1997年成立，计划于2004年最终建成。建成后营运较为成功，然而山东电力市场的变化，国内电力体制改革对营运购电协议产生了重大影响。第一是电价问题，1998年根据原国家计委曾签署的谅解备忘录，中华发电在已建成的石横一期、二期电厂获准了0.41元/度这一较高的上网电价；而在2002年10月，菏泽电厂新机组投入营运时，山东省物价局批复的价格是0.32元/度。这一电价不能满足项目的正常营运；第二是合同中规定的"最低购电量"也受到威胁，2003年开始，山东省计委将以往中华发电与山东电力集团间的最低购电量5500小时减为5100小时。由于合同约束，山东电力集团仍须以"计划内电价"购买5500小时的电量，价差由山东电力集团自己掏钱填补，这无疑打击了山东电力集团公司购电的积极性。在杭州湾跨海大桥、闽江四桥，刺桐大桥和京通高速等项目中也存在这一风险。

3. 收费变更风险

收费变更风险是指由于PPP产品或服务收费价格过高、过低或者收费调整不弹性、不自由导致项目公司的营运收入不如预期而产生的风险。例如，由于电力体制改革和市场需求变化，山东中华发电项目的电价收费从项目之初的0.41元/度变更到了0.32元/度，使项目公司的收益受到严重威胁。

五、金融风险

金融风险是指因汇率、利率变化，通货膨胀等因素导致的成本增加或利润减少的可能性。公用项目生产营运时期主要金融风险包括：利率、汇率的变化使得营运成本增加；通货膨胀使得回收资金的贬值等。

六、技术风险

技术风险是指在设计和建设过程中因技术方面的误差而引起项目延迟完工或达不到标准的可能性。技术风险主要来源于设计和建设施工风险。

（1）设计风险来自于设计误差的可能性，如可行性研究的过大误差而造成后期变更较多，设计单位责任的不明确引起的设计进度滞后、工程概算缺漏过多、浪费设计等。

（2）建设施工风险来自于建设施工误差的可能性，如建设过程中因技术不合格而造成的停工或返工，由于技术水平或经验不足，或偷工减料，施工单位不按要求施工而引起的延时等。

技术风险直接与项目规划设计、实际建设与营运相联系，技术风险应由社会资本方承担。社会资本方在基础设施建成后需营运与维护一定时期，因此社会资本方最为关注营运成本的降低，营运成本的提高将减少社会资本方的投资回报，这将促使社会资本方高质量完成基础设施的建设，以减少日后的营运成本。

七、财务风险

财务风险是指项目由于不同的资本结构而对项目投资者的收益产生的不确定影响，是指基础设施经营的现金收入不足以支付债务和利息,从而可能造成债权人求诸法律的手段逼迫项目公司破产,造成 PPP 模式应用的失败。

财务风险来源于项目资金利润率和接入资金利息率差额上的不确定因素以及借入资金与自有资金的比例的大小。借入资金比例越大,风险程度越大;反之则越小。财务风险大小与债务偿付能力直接相关。

八、融资风险

融资风险是指由于融资结构不合理、金融市场不健全、融资的可及性等因素引起的风险,其中最主要的表现形式是资金筹措困难。PPP 项目的一个特点就是在招标阶段选定中标者之后,政府与中标者先草签特许权协议,中标者要凭草签的特许权协议在规定的融资期限内完成融资,特许权协议才可正式生效。如果在给定的融资期内中标者未能完成融资,将会被取消资格并没收投标保证金。在湖南某电厂的项目中,中标者就因没能完成融资而被没收了投标保函。

九、实施风险

1. 开发风险

开发风险指参与 PPP 项目初始阶段所面临的风险。如初期调研、可行性研究、各类咨询、投标等。PPP 项目一般都需要政府的特许权协议,但是政府的审批程序十分复杂,若不能按期施工,这也是一部分潜在的风险。

2. 立项风险

首先项目发起人应核查项目所在地对特许经营的立法,然后审核项目所在地对项目立项、环境评估的推进力度,再是评估项目所在地就该项目对外公开招标程序的合法性。项目发起人或项目公司需要完成对项目的可行性研究报告、使用技术的审核评估、环境评估等报告。

发起人需要成立项目联合体,项目联合体属于项目所在地的公司法人,该公司法人联合体与项目所在地政府签订特许经营协议。项目发起人在这一阶段,投资风险比较大,一旦项目发起人与项目所在地政府签订了特许经营协议后,项目公司的股东(发起人)亦可以通过项目转让或股权转让的方式获取项目利润。但大部分情况下,项目许可人与项目发起人会在特许经营协议中有相应的约定,在一定的期限内限制项目发起人对股权的出让,防止项目在实施过程中夭折。

3. 信用风险

PPP 是一个由多方参与、周期长的项目,信用风险贯穿于项目的各个阶段。项目的获益能力及项目参与方的信用是影响项目成败的主要因素。

4. 工期风险

项目施工的工期不仅与总承包人有关,而且与项目融资人是否能按期回收其投入、项目发起人是否能按预计的时间开始回收投入及项目所在地政府向社会承诺可以使用该公共设施有很大关系。工期违约会使项目公司与原料供货方以及与下游产品购买方之间的存在合同违约风险。

5. 招投标风险

PPP 项目招投标阶段的法律风险包括招标阶段的法律风险、投标阶段的法律风险、开标评标阶段的法律风险以及合同签订阶段的法律风险。如图 13-8 所示。

第十三章 PPP 模式风险防范

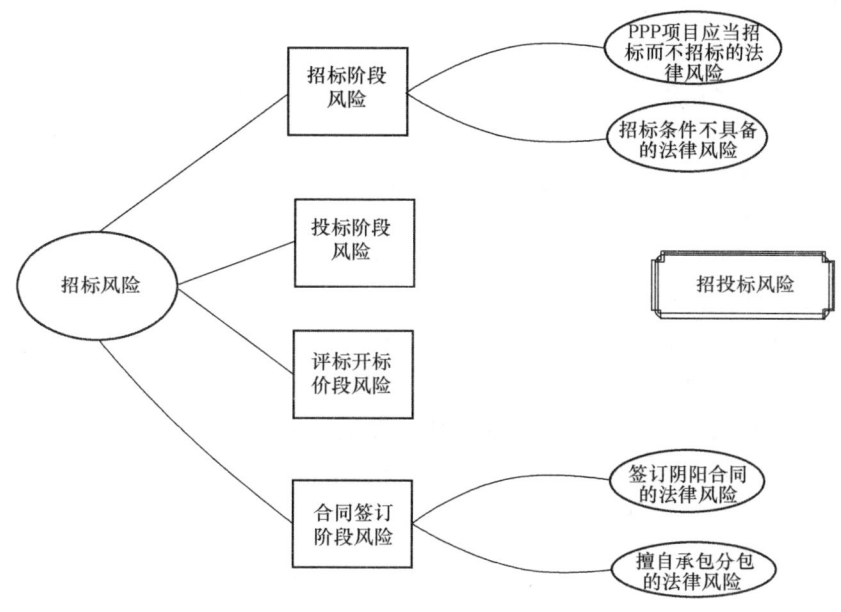

图 13-8　PPP 项目招投标阶段的法律风险

6. 建设风险

项目在建设过程中的风险注意以下几项。

（1）详细设计风险：设计是否详尽，不但关系到工程进度，而且也关系到是否能有效控制成本。

（2）技术标准与规范风险：遵循何种技术规范与标准，直接影响到项目的质量和项目的造价，因此必须在项目投标时就清楚技术与标准要求。

（3）地质条件的不可预见性风险：在项目招标中，业主会对项目选址提供基本的地质资料，当然业主同时会强调，对所提供的地质资料的完整性、全面性、准确性不承担责任，要求总承包商对项目选址的地质条件进行勘察，并承担其相应的责任。因此，承包商需要对一般性的地质条件差异承担责任，若在施工过程中，确实发现了有经验的施工方不可以预见和勘测到的地质条件，则承包商需要与项目发包人协商达成一致的处理意见。

（4）在施工过程中的自然环境变化带来的风险：自然环境的变化是多种多样的，关键是所发生的自然环境变化是否给履行合同带来巨大的实质性的影响。

（5）项目所在地劳务许可，国内外材料采购、进出口许可、税收变化风险。

（6）为项目提供的水、电、道路条件的变化风险。

（7）实施项目成本失控的风险：项目公司和融资机构非常普遍地要求项目建设需要采用总承包方式，这样把项目的成功与失败的责任完全转移给总承包商，这样可以大大降低项目建设质量和进度的风险。

（8）政治风险与不可抗力的风险：PPP 项目的建设期一般比较长，因此发生政治变故的几率也高，项目投保政治风险保险就显得非常必要。

7. 完工风险

完工风险主要表现为：工期拖延、成本超支、项目投产后达不到设计时预定的目标、不能按期投产或达不到生产指标，从而导致生产必需的现金流不足以及不能按时偿还债务等。在 PPP 项目中，一般都是通过招标的形式选择承包商，为了避免完工风险，认真比较优选承包商很关键，在资格预审时要综合考察各投标单位的综合实力。

8. 管理风险

管理风险是指建设过程和生产营运过程中管理不善而引起的进度延误或资金浪费，引起的成本增加或利润减少。主要有以下几个方面：建设过程中缺乏风险管理体系而不能及时应对风险；建设单位项目法人意识淡薄，内控机制不健全，具体工作不落实；未按合同严格执行；监理队伍素质差，工作深度与广度不够，对施工成本、质量、安全和进度控制不到位，控制体系不健全和管理不善等。

十、配套设备服务提供风险

配套设备服务提供风险是指项目相关的基础设施不到位引发的风险。如 2001 年凯迪公司以 BOT 方式承建武汉市汤逊湖污水处理厂项目，建设期两年，经营期 20 年，经营期满后无偿移交给武汉高科（代表市国资委持有国有资产的产权）。但一期工程建成后，配套管网建设、排污费收取等问题迟迟未能解决，导致工厂一直闲置，最终该厂整体移交武汉市水务集团。

十一、营运风险

营运风险主要是指在投产营运阶段存在的各类风险，如技术风险、营运管理风险以及市场风险等。技术风险主要指技术不可靠或由于施工和设备质量不过关而引起的生产故障。营运管理风险主要指营运过程中的各项管理工作可能出现的风险。市场风险主要指产品的价格和供应量随着市场需求变化而产生的变动。

在实际营运过程中，由于基础设施项目的经营状况或服务提供过程中受各种因素的影响，项目盈利能力往往达不到社会资本方的预期水平而造成较大的营运风险。社会资本方可以通过基础设施营运或服务提供过程中创新等手段提高效率增加营运收入或减少营运成本降低营运风险。社会资本方是营运风险的主要承担者，可以通过一些合理的方法将 PPP 项目中的营运风险控制在一定的范围内或转嫁。

政府能够帮助社会资本方化解某些营运风险。以公私合营融资建设、营运道路为例，因正确估计交通流量以及机动车类型是非常主观也是非常困难的，政府可以承诺最低的交通流量，从而降低社会资本方的营运风险，提高项目对社会资本的吸引力。另外，在项目的营运收入大大低于预期水平时，政府可以给予社会资本方一定的补贴，政府也应委任独立机构对社会资本方实施监督，以确保社会资本方的营运效果，避免社会资本方的道德风险。

十二、不可抗力风险

不可抗力风险是指项目建设和营运过程中不可预见、无法克服和避免且给项目造成的损坏或毁灭的风险。指合同一方无法控制，在签订合同前无法合理防范，情况发生时又无法回避或克服的事件或情况，其中包括自然因素和社会因素。如自然灾害或事故、战争、禁运等。

（1）自然风险主要有地震、风暴、泥石流、反常的恶劣天气，恶劣的现场条件，周边存在对项目的干扰源，工程建设可能造成对自然环境的破坏，不良的运输条件可能造成的供应中断等。

（2）社会风险主要有宗教信仰冲突，社会治安的稳定性，劳动者的文化素质和社会风气等。

例如湖南某电厂于 20 世纪 90 年代中期由原国家计委批准立项，西方某跨国能源投资公司为中标人，项目所在地省政府与该公司签订了特许权协议，项目前期进展良好。但此时某些西方大国（包括中标公司所在国）轰炸我驻南斯拉夫大使馆，对中国主权形成了严重的实质上的侵犯。国际政治形势的突变，使得投标人在国际上或中国的融资都变得不可能。项目公司因此最终没能在延长的融资期限内完成融资任务，省政府按照特许权协议规定收回了项目并没收了中标人的投标保函，之后也没有再重新招标，从而导致了外商在本项目的彻底失败。在江苏某污水处理厂项目关于投资回报率的重新谈判中，也因遇到非典中断了项目公司和政府的谈判。

十三、PPP 项目税收风险

每个 PPP 项目中都会涉及到的涉税问题，而每个具体项目会涉及很多项经济活动，具体的经济活动都会涉及相应的税收政策，需要精确的把握，以免增加预算外的项目成本。

（1）纳税主体的确认。在 PPP 项目中会涉及多个纳税主体，包括项目发起人、政府、项目公司、承包商、营运商、承购商、供应商、放贷方、担保方、保险商及其他方。在项目中的各纳税主体，在特许经营项目的不同阶段，可能会涉及国家开征的各种税种，需要针对具体业务确定纳税主体及相应纳税义务，涉及境外交易还需要确定扣缴义务。

（2）项目启动阶段政府投入资产。在很多 PPP 项目中，政府虽然不出资入股参与企业经营，但是会提供一些为企业生产相关的基础设施，如划拨土地、修建公路等，由于项目公司在经营期结束后会无偿移交给政府，因此在项目初始阶段，政府对企业的相关支持也是不需要支付对价的。这其中就涉及项目接收土地是否计入企业资产？如果计入资产计税依据如何确认？企业因为本次土地划拨是否产生收益？产生的收益是否计入应税所得？土地产权是否过户？如果过户是否需缴纳相关税收？

（3）关联交易。在 PPP 项目实施过程中会存在大量的关联交易，如项目公司与股东或其控股公司之间的借款合同、设计合同、建造合同、购销合同、营运合同等。

关联交易应当符合独立交易原则，如果不符合独立交易原则且造成国家税款整体减少的，税务机关有权对关联交易进行调整。

（4）非居民税收。在 PPP 项目实施过程中各个环节都有可能涉及到与非居民企业之间的交易，境外非居民企业要在国内缴纳预提所得税等相关税收。

（5）经营过程中的政府补助，有一些项目在签订协议时会约定政府为公共产品的采购方，并对采购数量有相关的约定，如果达不到约定数量，政府应以财政补助的方式对项目公司进行收入补偿。这部分政府补助是否需要确认为销售收入？如果确定为不征税收入是否符合税收相关规定？

（6）项目移交过程中产权转移。一般 PPP 项目在特许经营期结束后都会无偿移交给政府，而政府会委派当地国资投资公司负责接收，固定资产移交过程涉及产权过户的是否需要缴纳相关税收？有形资产移交是否需要开具发票及缴纳流转环节税？如果是无偿移交，接收方的计税基础如何确定？项目公司的清算所得如何确定？项目发起人的初始投资（项目公司的注册资本）是否确认为投资损失？

（7）股息、红利的支付。在项目公司营运阶段会产生经营所得，项目公司通过对股息、红利的分配实现项目发起人的收益，如果最终营运项目通过无偿的方式进行移交，那么分配的股息、红利是否包含了投资成本、经营性股息、转让所得？如果包含了以上三部分内容，发起人为境内居民企业的，是否可以全部适用免税政策？发起人为境外非居民企业的，是否可以对投资成本对应的部分不缴纳预提所得税？

（8）税收优惠的享受。我国对污水处理，公共垃圾处理，港口码头，机场，铁路，公路，城市公共交通，电力，水利等项目，可以享受企业所得税三免三减半的税收优惠。在项目营运阶段应准确理解相关税收政策的规定，不允许以非合理目的，通过关联交易与收入或成本确认方式的情形，享受税收优惠。如为了享受企业所得税三免三减半提前确认收入的情形。

（9）税法的变化。PPP项目实施营运周期很长，不能排除项目所在地税收法律的调整。因此在特许经营协议中需明确约定税收条件和税法变化后的救济措施。在多数情况下，项目所在地政府会在特许经营协议中约定调整税收的条件和税收变化的比例，这样可以使双方共同承担因税法变化而带来的PPP项目增加的成本和费用。

每个PPP项目中都会涉及到的涉税问题，而每个具体项目会涉及很多项经济活动，具体的经济活动都会涉及相应的税收政策，需要精确的把握，以免增加预算外的项目成本。

十四、其他风险

1. 内乱、战争

战争、内乱风险是指项目所在地由于政权颠覆、政府违约、法律变化等导致的风险。

2. 合法授权风险

在政治风险中，首先需要考虑谁能代表政府签订特许经营协议；其次是特许经营是否有立法；再次是政府机构改组、政府人员变动以及不同党派的执政，对项目的影响。

3. 国有化

在政治风险中，当地政府没收PPP项目，也是重要的一项风险。从国际法角度来看，项目所在地政府有权没收或国有化PPP项下的基础设施。但对于发起人和项目融资人来说，必须在特许经营协议中明确约定类似担保和风险防范措施。

4. 主权豁免问题风险

主权豁免是指每个主权国家在本国和外国司法下具有一定的豁免权。根据国际法准则，主权国家在本国和外国司法管辖和司法执行中具有豁免权。

5. 审批延误风险

审批延误风险主要是指由于项目的审批程序过于复杂，花费时间过长和成本过高，且批准之后，对项目的性质和规模进行必要商业调整非常困难，给项目正常运作带来威胁。比如某些行业里一直存在成本价格倒挂现象，当市场化之后引入外资或社会资本后，都需要通过提价来实现预期收益。根据我国《价格法》和《政府价格决策听证办法》规定，公用事业价格等政府指导价、政府定价，应当建立听证会制度，征求消费者、经营者和有关方面的意见，论证其必要性、可行性，这一复杂的过程很容易造成审批延误的问题。以城市水业为例，水价低于成本的状况表明水价上涨势在必行，但是各地的水价改革均遭到不同程度的公众阻力和审批延误问题。例如：2003年的南京水价上涨方案在听证会上未获通过；上海人大代表也提出反对水价上涨的提案，造成上海水价改革措施迟迟无法落实实施。因此出现了外国水务公司从中国市场撤出的现象，比较引人注目的是，泰晤士水务出售了其上海大场水厂的股份，Anglian从北京第十水厂项目中撤出。

6. 政府官员腐败风险

政府官员腐败风险是指政府或官员或其代表利用其职权影响力要求或索取不合法的财物，直接增加项目公司在关系维持方面的成本，并加大了政府在将来的违约风险。

例如：由香港汇津公司投资兴建的沈阳第九水厂（BOT）项目，约定的投资回报率为：第2～4年，18.50%；第5～14年，21%；第15～20年，11%。如此高的回报率使得沈阳自来水总公司支付给第九水厂的水价是2.50元/吨，而沈阳市1996年的平均供水价格是1.40元/吨。到2000年，沈阳市自来水总公司亏损高达2亿多元。这个亏损额本来应由政府财政填平，但沈阳市已经多年不向自来水公司给予财政补贴了，因此沈阳市自来水总公司要求更改合同。经过数轮艰苦的谈判，2000年底，双方将合同变动如下：由沈阳市自来水总公司买回汇津公司在第九水厂所占股权的50%，投资回报率也降至14%，这样变动后沈阳自来水厂将来可以少付两个多亿。实际操作中，对外商承诺的高回报率很多时候与地方官员的腐败联系在一起，在业内，由外商在沈阳投资建设的八个水厂被称为"沈阳水务黑幕"。

第三节 风险分配与风险分担

PPP模式中政府和社会资本平等合作关系的核心在于风险的识别、转移和定价这一整体的风险分配过程，风险转移程度对政府财政产生直接影响，风险分配方案的差别会直接导致PPP项目全生命周期成本和营运效率的差异。

一、PPP项目的风险分配

PPP项目的风险分配是否合理是影响PPP项目成功的关键因素之一。风险分配作为风险管理的一个重要环节，应当贯穿项目合同期的全过程，政府和社会资本应该采用有效的措施管理各自分担的风险并尽可能帮助对方管理风险，从而保证项目的正常进行。

（一）影响PPP项目风险分配的因素

影响PPP项目风险分配的因素是多方面的，总的来说，可以归纳为4个方面：

1. PPP项目本身的特点

由于PPP项目投资大、时间长、合同关系复杂等，使社会资本方和政府对风险均持非常谨慎的态度。

2. 双方对PPP项目融资模式的理解

政府采用PPP模式的主要动机是利用社会资金、管理和技术的优势解决政府财政预算不足、基础设施短缺问题，通过社会资本的介入提高项目的效率并为社会带来其他经济效益，但政府往往错误地认为：采用PPP模式就是把项目中存在的所有风险都转移给社会资本；而社会资本也往往错误地认为：PPP项目较长的合同期（特许期）蕴含着巨大的风险，因此，社会资本更乐意为获得施工合同或销售设备合同而不愿意经营基础设施。这些错误的理解导致双方在分配项目风险时不能持有合理和公平的心态，从而影响谈判的进程。

项目所采用的具体PPP方式不同，政府和社会资本参与项目的程度和所承担的风险也不同，如图13-9所示。

3. 双方承担风险的意愿

政府和社会资本方双方承担风险意愿的有关主要因素将直接影响风险的分配：①对风险的一般态度，即对风险的态度是厌恶还是偏好，这取决于决策者的主观意识和性格等；②对

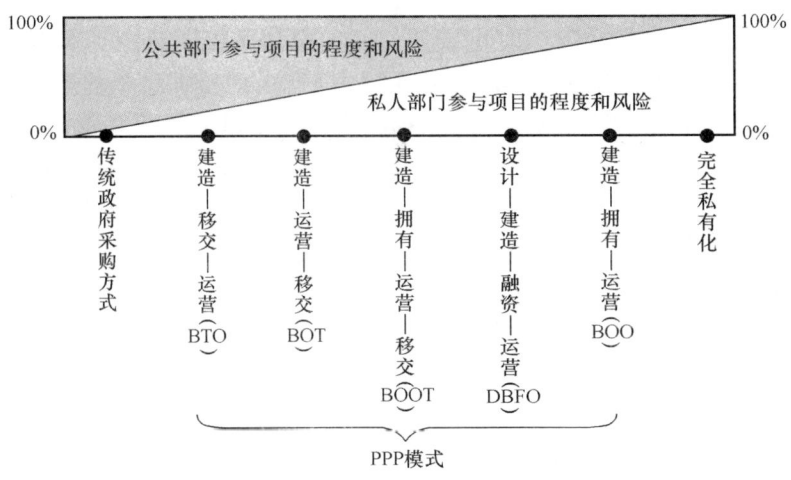

图 13-9　PPP 模式的具体方式与风险分担

项目风险的认识深度,如果一方对风险的诱因、发生概率、发生后的后果以及可采取的措施有足够的认识,则可能乐意承担较多的风险;③风险发生时承担后果的能力,这主要取决于各方的经济实力等;④管理风险的能力,这取决于各方管理风险的经验、技术、人才和资源等。

4. 缺乏标准的程序和合同文件

由于各地 PPP 模式应用的不成熟或不平衡,尚没有一套能够为各方都接受的程序和合同文件,双方在谈判时无章可循,一切只能按照各自对项目的理解进行谈判,大大延长了谈判的时间。

(二)PPP 模式的风险分配原则

PPP 模式的风险分配一般需遵守以下原则。

(1)由对风险最有控制力的一方承担相应的风险

一方对某一风险最有控制力意味着他处在最有利的位置,能减少风险发生的概率和风险发生时的损失,从而保证了控制风险的一方用于控制风险所花费的成本是最小的,同时由于风险在某一方的控制力之内,使其有动力为管理风险而努力。

(2)承担的风险程度与所得回报相匹配

PPP 项目中存在一些双方都不具有控制力的风险,如不可抗力风险,对于双方都不具有控制力的风险,分配时则应综合考虑风险发生的可能性和政府自留风险时的成本,政府减少风险发生后所导致的损失和社会资本承担风险的意愿。如果社会资本要求的补偿超过了政府自己承担风险时支付的成本,那么政府是不会接受的。因此,承担的风险程度与所得回报应相匹配。

(3)承担的风险要有上限

在实际项目中还存在常常易被忽略的情况:在合同的实施阶段,项目的某些风险可能会出现双方意料之外的变化或风险带来的损害比之前估计的要大的多。出现这种情况时,不能让某一方单独承担这些接近于无限大的风险,否则必将影响这些大风险的承担者管理项目的积极性,因此,应该遵从承担的风险要有上限的原则。

（三）PPP 项目的风险分配管理框架

风险分配作为风险管理的核心贯穿项目的整个合同期，项目风险分配管理框架如图 13-10 所示。

（四）风险分配安排

具体 PPP 项目的风险分配需要根据项目实际情况，以及各方的风险承受能力，在谈判过程中确定，在实践中不同 PPP 项目合同中的风险分配安排可能完全不同。

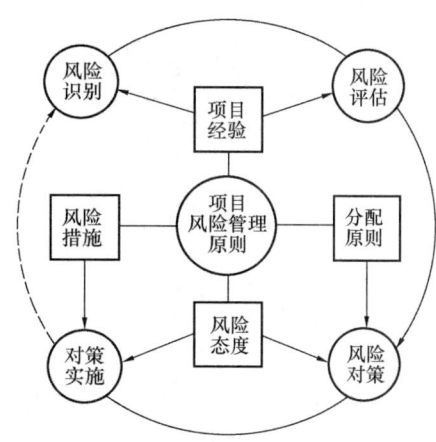

图 13-10 项目风险分配管理框架

1. 通常由政府方承担的风险

（1）土地获取风险。在特定情形下也可能由项目公司承担，即如果项目公司完全有权、有能力根据我国法律规定自行取得土地使用权的，则可以考虑由项目公司自行取得土地使用权，但政府方应提供必要的协助。在土地获取的风险方面，政府有较大的承受能力。

（2）项目审批风险。根据项目具体情形不同，可能由政府方承担，也可能由项目公司承担，通常应由对履行相关审批程序最有控制力且最有效率的一方负责，例如：如果项目公司可以自行且快捷地获得相关审批，则该义务可由项目公司承担；如果无政府协助项目公司无法获得相关审批，则政府方有义务协助项目公司获得审批；如果相关审批属于政府方的审批权限，则应由政府方负责获得。

（3）政治不可抗力。包括非因政府方原因，且不在政府方控制下的征收征用和法律变更、未获审批等政府行为引起的不可抗力事件。在 PPP 实践中，考虑到政府方作为 PPP 项目合同的签约主体，对于上述不可抗力实践具有一定的影响能力，因此一些 PPP 项目合同中，将此类政治不可抗力事件归为政府方应承担的风险，并约定如下的法律后果：发生政治不可抗力事件，项目公司有权要求延长工期、获得额外补偿或延长项目合作期限；如因政治不可抗力事件导致项目提前终止，项目公司还可获得比其他不可抗力事件更多的回购补偿，甚至可能包括利润损失。

2. 通常由项目公司承担的风险

（1）如期完成项目融资的风险。

（2）项目设计、建设和运营维护相关风险，例如完工风险、供应风险、技术风险、运营风险以及移交资产不达标的风险等。

（3）项目审批风险根据项目具体情形不同，可能由政府方承担，也可能由项目公司承担。

二、PPP 项目的风险分担

在基础设施建设领域中，PPP 模式的应用可以有效减小公共财政负担、优化财政支出配置、引进先进的技术和管理经验、提高效率。合理公平的风险分担是 PPP 项目成功的关键因素之一。

（一）风险分担的时点

基础设施 PPP 项目投资大、风险高、合同结构复杂，一般包括准备阶段、招投标阶段、

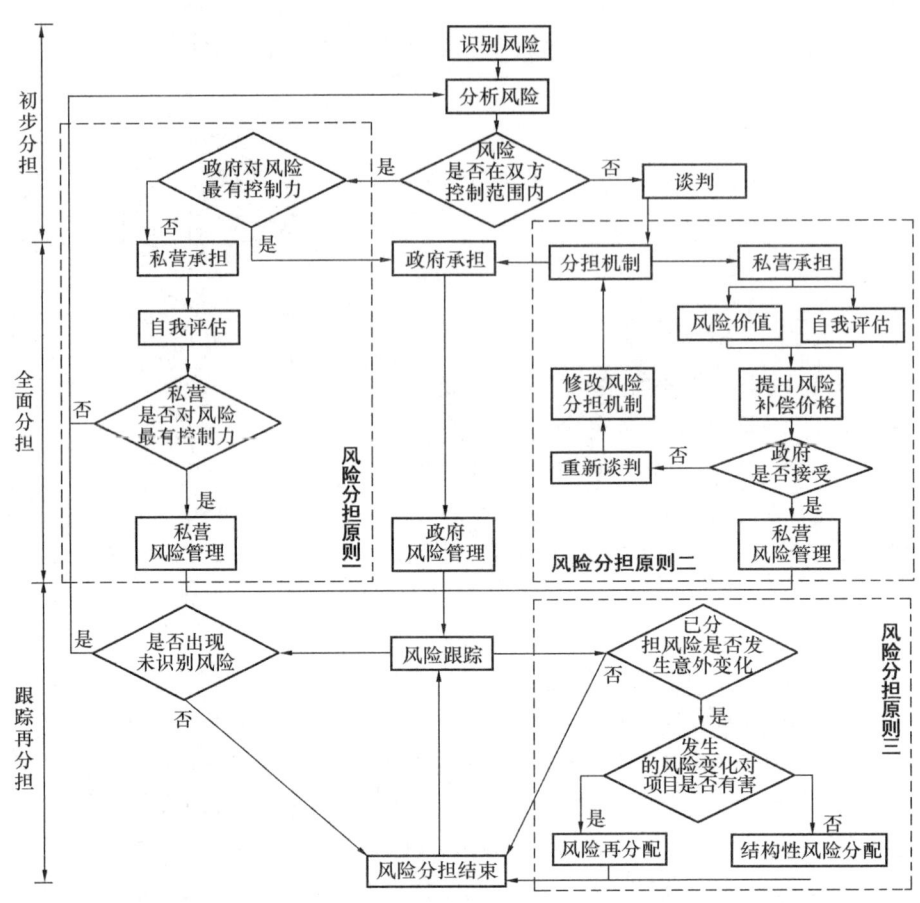

图 13-11　PPP 项目的风险分担框架和流程图

合同组织阶段、融资阶段、建造阶段、经营和移交阶段。其中，准备阶段的里程碑事件包括可行性报告的制定和招标文件的拟定；招投标阶段的里程碑事件是中标人确定；而合同组织阶段则是特许权协议的签订，如图 13-12 所示。

在项目准备阶段，政府需要在详细调查项目需求的基础上，通过对以往类似案例的学习或者咨询行业专家等方法，识别出项目潜在的风险因素并进行评估（不是所有风险都能在计划阶段识别出来，各方在风险管理计划中都应该做好应对新风险的准备），从而制定项目的可行性研究报告。

在招投标阶段，社会资本方首先就招标文件的初步风险分担结果进行自我评估，主要评估其拥有的资源（包括经验、技术、人才等），判断对政府转移的风险是否具有控制力。如果认为对该风险具有控制力，则对其进行风险报价，并反映于投标报价中；如果认为对该风险不具有控制力，则可以选择转移给第三方，并初步估计转移成本，同时也反映于投标报价中。政府根据自己在准备阶段的风险价值计算，比较各投标人的投标报价以及投标人的经验、能力等其他非价格因素，最后确定一个最合适的中标人。

采用 PPP 模式并不意味着政府可以将所有风险都转移给社会资本方，很多实际项目都表明政府也需要主动承担一定的风险，才能达到风险的合理分担，并可降低风险管理成本。

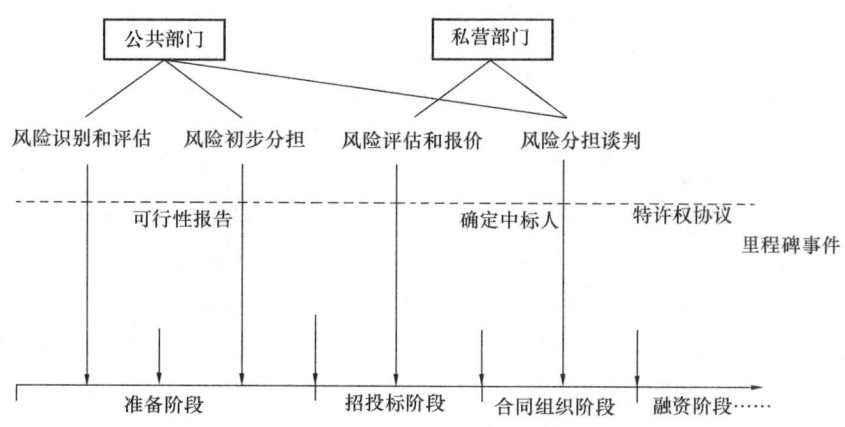

图 13-12　PPP 项目风险分担的时点

而政府承担风险主要通过权利义务的界定和付款机制的确定来实现，风险分担是通过合同条款来定义的。在合同组织阶段，政府和项目公司首先就特许权协议进行合同谈判，确定双方的权利和义务，以及服务定价和调整机制。在签订特许权协议之后，项目公司再与其他专业分包商/放贷方/保险方等进行合同谈判，将自己掌控不了的风险转移给对该风险更有控制力的第三方。

（二）PPP 项目风险分担原则

1. 风险分担原则必须具备的功能

合理分担风险直接关系到协议各方的经济利益，是 PPP 项目成功的又一个重要因素。风险分担的不合理必然会增加协议一方的成本，从而影响合作方的积极性并可能导致项目失败。因此合理的风险分担原则必须具备两个功能：①减少风险发生的可能性、风险发生后造成的损失和风险管理的成本，使 PPP 项目对各方都具有吸引力；②培养各方的理性和谨慎的行为，即各方要有能力控制分担给己方的风险，并为项目的成功而有效努力。

2. 风险分担的指导原则

风险分担原则的基本思路是要使不同的项目参与者能达到互惠互利、共赢的目标。风险分担的指导原则可以归纳如下。

（1）公平原则

风险分担是由合同条款来定义的。公平原则是合同法基本原则，贯穿于合同法的全部内容之中，以保证合同内容本身以及因合同而产生的法律后果全面公正。PPP 项目的风险分担也应该体现公平原则，主要体现在：既强调合同条款中本身对于风险的权利义务的均衡，也强调合同所派生的风险权利义务的均衡；既关注合同主体的由于风险事件引起的收益，也同时关注合同主体面临的风险损失。

（2）影响（归责）原则

由于 PPP 合同兼具"合同性"和"行政性"，可以将其一分为二，综合运用行政法与民事法律加以调整。民事合同违约责任是以合同约定的义务为前提，行政合同的违约责任则是以行政合同中存在约束行政主体和相对人的义务为前提，在确定 PPP 风险分担时的责任影响（归责）时，应依风险类型而定，分别适用于民事影响（归责）原则和行政影响（归责）

原则。由于 PPP 项目的合同及其风险因素的复杂性，可针对不同类型的风险因素而确立不同的影响（归责）原则，建立一个包括行政影响（归责）原则和民事影响（归责）原则在内的统一的影响（归责）框架，形成具有内在的逻辑联系的包括过错原则、过错推定原则、违法原则、严格责任原则在内的多元化影响（归责）原则体系。

（3）风险收益对等原则

风险收益对等原则是指如果一方是管理某项风险所获得的经济利益的最大受益者，则该风险应由该方承担。也就是说，当一个主体在有义务承担风险损失的同时，也应该有权利享有风险变化所带来的收益，并且该主体承担的风险程度与所得回报相匹配。如果风险接受的成本大于风险收益，风险转移不可能在自愿的情况下发生，若风险强加给一方，且该方恰当处理了该风险，应存在回报该方的机会。只有参与各方从风险分担中都能得到好处，风险分担才有意义，这需要双方的风险信息也要对称，否则风险分担不能达到优化。在实际中，风险分担很难达到完全对称状态。

（4）有效控制原则

有效控制原则是指风险应分摊给处于最有利控制该风险地位并以较小代价控制风险的一方，风险的分担应与参与各方的控制能力相对称。将风险分配至能够最佳管理风险和减少该风险的一方，这意味着项目参与各方要有能力控制分配给自己的风险。当一方对某一风险能更好地预见并且最有控制力时，意味着他处在最有利的位置，能减少风险发生的概率和风险发生时的损失，从而保证控制风险的一方用于控制风险所花费的成本是最小的。同时由于风险在某一方的控制力之内，使其有动力为管理风险而努力。但是该原则在运用时并不容易实现，因为该原则仅限于容易判断出哪一方更有控制力的风险，而 PPP 项目中还存在一些双方都不具有控制力的风险，如不可抗力风险等。对于双方都不具有控制力的风险，则应综合考虑风险发生的可能性、自留风险的成本，减少风险发生后所导致的损失和公私部门承担风险的意愿进行合理分担。

（5）风险成本最低原则

风险成本最低原则是指风险分担应使参与各方承担风险的总成本最小。风险分担对项目总体成本的影响可以归结为生产成本效应、交易成本效应、风险承担成本效应三个效应。这三个效应可以比较全面的总结了风险分担对项目的影响作用，为分析风险分担和特许定价之间的关系提供了明确的方向。

（6）风险上限原则

在实际项目中，某些风险可能会出现双方意料之外的变化或风险带来的损害比之前估计的要大得多。出现这种情况时，不能让某一方单独承担这些接近于无限大的风险，否则必将影响这些风险的承担者管理项目的积极性，因此，应该遵从承担的风险要有上限的原则。如果让社会资本承担其无法承担的风险，一旦风险发生时又缺乏控制能力，必然会降低提供公共设施或服务的效率和增加控制风险的总成本。项目参与方所能承担风险上限与其承担该风险的财务能力、承担项目的技术能力、管理能力等因素相关。

（7）直接损失承担原则

直接损失承担原则是指如果某风险发生后，一方为直接受害者，则该风险应划分给该方承担。这是因为当人们的自身利益可能受到损害时，更能主动地采取措施去避免这种风险。直接受害者防范、控制此类风险的内在动力和积极性，可以提高风险管理的效率，从而提高风险管理效率。

(8) 风险分担的动态原则

风险分担的动态原则是指随着项目的发展，当内外部条件发生变化时，需要重新确定风险分担格局，这主要是因为 PPP 项目的生命周期较长，而各方的目标相互冲突所导致。风险分担应该是一个动态的过程，能够随着外部条件和合同各方情况的变化而改变，各方要主动制定应对风险的措施，协同解决风险，实现项目双赢的目的，并且动态风险管理只有在项目利益相关者认为风险得到合理分担的情况下才能实现。风险分担的动态性也反映了 PPP 协议具有不完全合同的性质，正因为在合同谈判时，当事人不可能穷尽所有的风险，而在合同中设计了重新谈判条款来实现风险分担的调整。这样就使风险分担更加灵活，但是如果设计不当，可能会使重新谈判的成本增加。

(9) 风险偏好原则

风险偏好原则是指风险应由对该风险偏好系数最大的项目参与方承担，达到项目整体满意度最大。如果项目参与方对某种风险的偏好系数最大，意味着该项目参与方最适合承担该风险。

(三) PPP 项目的风险分担阶段划分

PPP 项目的风险分担划分为风险初步分担、全面分担和跟踪再分担三个阶段，风险分担框架和流程如图 13-10 所示。

(1) 风险的初步分担阶段（可行性研究阶段）

政府初步判断哪些风险是政府和社会资本方可以控制的，对于双方控制力之外的风险，留待下一阶段分担。政府最有控制力的风险（如税收、汇率、法规变化等）是政府应当承担的，其他风险（如设计、建设等技术风险和通胀、利率等商业风险）则转移给社会资本方。

(2) 风险的全面分担阶段（投标与谈判阶段）

社会资本方就第一阶段的风险初步分担结果进行自我评估，主要评估其拥有的资源和能力（包括经验、技术、人才等），据此判断其对第一阶段分担的风险是否具有控制力。对于双方控制力之外的风险（如自然灾害等），则经过谈判确定风险分担机制，之后社会资本计算风险价值并进行自我评估，提出风险补偿价格。风险分担达成一致意见后，双方再签订合同。

(3) 风险的跟踪和再分担阶段（建设和运营阶段）

跟踪已分担的风险是否发生协议各方意料之外的变化或者出现未曾识别的风险，再根据风险分担原则进行谈判，进行风险的再分担。

(四) PPP 项目风险承担机制

合理的风险承担机制需要遵循一定的原则，即必须具备两个功能：①承担的结果可以减少风险发生的概率、风险发生后造成的损失及风险管理成本，使项目对各方都具有吸引力，任何一方都不需要为另一方没解决好应该承担的风险而付出代价；②在项目周期内，承担的结果可以培养各方的理性和谨慎的行为，这意味着各方要有能力控制自己承担的风险，并为项目的成功而有效地工作。

1. 约束机制

约束机制是指谁对某风险因素最具有控制力谁就承担相应的风险。一方对某一风险因素最有控制力意味着他处在最有利的位置，能减少风险发生的概率和风险发生时的损失，从而保证控制风险的一方用于控制风险所花费的成本是最小的，同时由于风险在某一方的控制力之内，使其有动力为管理风险而努力。

2. 激励机制

激励机制是指参与方承担的风险程度与其所得回报要相匹配。也就是收益要随承担的风险增大而递增。由于某一具体风险因素的承担多少是不易量化的，对于公私部门均不具有控制力的风险因素的承担，只有靠合理的激励机制解决。而这种激励是创新性的，要依据具体项目环境而言的。以莫桑比克共和国的马普托港PPP项目为例：莫桑比克国家铁路港口营运商（CFM）和一个跨国投资联合体投资组建了马普托港发展公司（MPDC），特许经营期为15年。联合体为了降低自身的投资风险，和CFM协商对MPDC的资本结构进行调整。联合体成员将一部分权益资本投入转换成为股东贷款。这些贷款在债权中居于最低的地位，必须在其他所有贷款都得到偿还之后才能得到偿还，因此相当于准权益资本。因为这些现金仍然是由联合体成员提供的，所以这种股权结构的改变不会影响项目的本贷比。但这将减少联合体成员在MPDC中的股份，进而减少它们可能得到的分红。当项目的投资回报率高于股东贷款的利率时，联合体成员的收益将减少。但是另一方面，如果项目经营不善，联合体成员至少可以在CFM得到分红之前获得这笔股东贷款的利息。联合体的成员减少了所承担的风险，同时也放弃了一部分可能的收益。

3. 协商机制

在协商过程中政府要面对多个想参与该PPP项目的社会资本方，进行一对多的协商。一般可以通过两种方法实现：第一种方法是顺序协商，即政府逐一与社会资本方进行协商；第二种方法是并行协商，即政府同时与多个社会资本方进行协商。对于顺序协商来说，政府要在一个协商线程结束后，才启动另一个新的协商线程，因此协商时间过长但易于实现。而并行协商是同时进行，可以方便比较对方提议的优劣，有利于获得对自己更好的协商结果，但控制机制实现较困难。

第四节 风险防范

一、PPP项目风险警示

投资者判断PPP模式下的投资风险，有必要从政府财力、社会资本实力、项目收益等多个角度去判断。具体来说，应该遵循以下原则进行投资风险甄别和决策：

（1）省级及省级以上的、有良好市场前景的PPP项目最具投资价值，其次为具有良好市场前景的地市级和区县级PPP项目。

（2）在区县级以上PPP项目中，政府和外国资本合作建设的项目优先，其次为政府与实力雄厚国有资本合作的项目，再次为政府和实力雄厚的私人资本合作建设和营运的项目，最次为政府与一般私人资本合作的项目。同时发达地区的项目优先于落后地区。

（3）没有现代企业运作机制而由政府官员主导的地级和县级PPP机构慎投，乡镇级PPP项目最好不投，除非其市场前景和管理机制特别优秀。

（4）项目收益远远不能覆盖其建设营运成本，且又无其他可靠项目收益或政府购买作为付费来源的PPP项目，建议不投。

二、PPP 项目风险缓解的类型

风险缓解主要有两大类：担保形式和资金形式。

1. 部分信用担保

部分信用担保经常被用于通过分担贷款人及担保的提供者之间的信用风险，提高借款人在长期信贷市场中的参与。DFIs[①]可提供这些担保，尤其可用于支付到期的长期项目融资贷款的"尾款"。这将鼓励私人银行放贷给 PPP 项目，即使他们不希望自己的贷款在项目全生命中显得特别突出。

2. 全额信用或"换行"担保

最全面的信用风险形式可能会涉及整个项目的债务被另一个实体担保，假设该项目的风险贷款人不承担债务时，可能会采取有效步骤取代贷款人。在这种情况下，贷款人主要对担保人的信用风险感兴趣，并不再是项目本身。迄今为止，提供这类担保的机构一直是大型保险公司如债券保险商。然而，2008~2009 年间国际金融市场中断后，债券保险商很少参与项目融资。信用担保机构可以通过没有传统项目风险的资源（特别是养老金）协助长期资金。在这种情况下，该贷款工具通常是投资者可以持有或出售给对方的债券，而不是直接向项目提供的银行贷款。即使在国际金融市场陷入低潮之前，这种形式的担保已经很少被用在新兴经济体中，只有少数几个例子，如智利的公路部门。

3. 出口信用机构

新兴经济体信用风险保障的一个更常见的形式是通过出口信用机构提供。最初建立出口信用机构的目的只包括担保政治风险，之后其越来越多地为政治和商业风险提供掩护。这些机构通常是政府实体，热衷通过为资助购买其出口的长期贷款提供这样的风险掩护，促进其国家的出口。因此，有关保障通常但并非总是为项目或参与贷款人提供"捆绑"在出口货物上的价值和国籍。根据国家的不同，这样的保障可能是高达 100% 的与被资助的基础成本相关的政治和商业风险。除了风险保障，这些实体也可以利益长期竞争利率的形式提供优势。

4. 债务支柱

债务支柱是指筹集长期私人债务融资有时是由政府本身保障偿还项目债务的一部分来实现的。这种方法只能用于政府的长期信誉对贷款人是可以接受的情况。通常被看作计划的一部分，以刺激私人资金长期发展，在同一时间如果项目陷入困难，有保证的部分是不会受到影响的。在这种方法中，采购权力本身保证了一部分债务，债务无担保的部分足以确保贷款人将有足够的自有资金应对与项目表现有关系的风险。要确保他们对项目表现的管理进行妥善的调查，这是 PPP 项目的一项基本原则。这需要平衡市场现状和战略目标，用潜在的不利因素鼓励市场发展，这种情况下支撑的债务可能创造有效的风险转移。

5. 政治风险担保和担保基金

政治风险担保或保险保障债权人和投资者应免受因政治事件带来的损失，如伙伴不能自由兑换或转移风险、征地或战争，而不是项目本身的项目风险。政治风险保障的提供者可以是多边或双边机构或私人保险公司。这些办法已经覆盖了政府作为或不作为、或违约（通常在仲裁裁决之后）的风险。

---

① Dfis：发展类金融机构；金融发展组织；开发性金融机构等。

6. 其他形式的担保

担保可通过政府覆盖特定的项目风险,利润对最低水平的保证。以圣保罗地铁4号线为例,从最低收入保障和收益共享门槛中得到的特许经营权获益保护它免受低于预期的收入影响,但如果地铁使用率比预计的高,则提供政府收益共享的待遇。使用这种担保需要进行评估,并有非常精心的设计,因为将这种风险(和由此产生的费用)转移到政府会产生严重的财政问题的例子不胜枚举,而且这样的例子经常被质疑是将项目刻意构建成PPP的样子。资助者之间激烈竞争以及确保获得良好的财务意见是很重要的,以确保政府不会发现自己收回了已支付转移的项目风险,从而破环了PPP的激励机制,创造不可持续的财政义务。

三、风险防范措施与对策

(一)风险防范措施

在PPP项目中,政府及社会资本方可采取以下措施来应对风险:

(1)政府与社会资本方都要进行充分的市场调查,做好市场预测工作。社会资本方不要将政府的承诺作为市场的实际需求,如果政府承诺偏离实际市场需求将会产生守信风险。政府也要独立的进行市场的调查工作,不要盲目接受社会资本方的市场预测,应掌握准确的决策信息。

(2)政府应加强对PPP知识的学习,做好有关PPP项目的法律法规与政策制定、宣贯与推动工作,创造良好的投融资环境和稳定的政治环境;建立完善科学的决策机制,必要时聘请专业的咨询机构提供决策支持,弥补对专业知识的欠缺。政府可采用建立收费调价机制、退出接管机制或持股等手段来保证公共服务的质量和特殊情况下对基础设施的控制权;对于与公众利益密切相关的问题应进行公示,使公众享有知情权和参与决策的权力;在合同签订中应特别注意不能提供固定投资回报率之类的承诺或担保。

(3)社会资本方不要抱有投机心理,试图利用政府缺乏专业知识的弱点签订不平等的合同,显失公平的合同在以后的执行过程中很容易造成政府出现信用风险。更不可利用极少数官员的腐败,采用贿赂手段牟取暴利,当这些领导换届或受到法律制裁后,项目也会面临失败的风险。社会资本方应维持与政府的良好关系,保持项目与企业的良好形象,获得公众的认可,或者采用与政府公司合作、寻求担保或投保政治险等方法来应对政治风险。

(4)在风险的分担方面,应建立公平合理的风险分担机制。对于政治风险、法律变更和配套设施服务方面的风险,政府的控制力强于社会资本方,应由政府提供担保。融资风险、市场风险等,项目公司更有控制力,且与其收益相关,应由项目公司承担。不可抗力风险由于各方均没有控制能力,所以应由各利益相关方通过设计有关机制(如调价、可变特许期、缓冲基金等)共同承担。

(二)风险应对策略

常见的风险对策有风险回避、风险分担、转移风险、风险自留等方法。

1. 应对政策风险的对策

PPP项目公司在国家各项经济政策和产业政策的指导下,汇聚各方信息,提炼最佳方案,统一指挥调度,合理确定公司发展目标和战略;加强内部管理,提高服务管理水平,降低营运成本,努力提高经营效率,形成公司的独特优势,增强抵御政策风险的能力。

2. 应对市场风险的对策

（1）规范内部管理，固化运作流程，实现对经营流程各环节的优化和控制，提高企业管控水平，降低经营风险。

（2）搭建统一的业务应用平台，实现采购、销售、仓储、配送、技术开发、质量、计量集成管理和数据共享，帮助企业科学制定销售、采购、加工、收费计划，提高整个供应链系统的能观性和能控性。

（3）财务数据从业务数据自动形成，财务业务一体化，提高财务核算、财务分析和资金周转效率。

（4）建立科学、实时、准确的成本核算系统和统计分析系统，满足经营分析、绩效考核和管理决策需要。

（5）实现全过程的付费客户关系管理，密切付费客户联系，科学进行付费客户需求和行为分析，提高顾客满意度和忠诚度。

（6）实现流程、数据集成，及时掌握投资盈亏动态。

（7）实现业务与工作流整合，流程推动业务，提高办事效率。

（8）发展网上管理和信息共享，提高办事的透明度。

（9）优化人力资源管理，提升组织能力，确保战略实施。

（10）全面收集、整理、分析和展现数据，支持管理决策。

3. 应对财务风险的对策

（1）实行严格的资金借贷和运用审批制度，根据公司发展情况和资金市场成本变化，调整资本结构。

（2）使投资项目尽快产生效益，提高资产盈利能力，降低投资风险。

加强对业务收入、业务支出、日常现金等的管理，在保持较高的流动性的基础上，减少资金占用，为公司扩大投资提供现金流。

（3）加大资本营运的力度，构筑和拓宽畅通的融资渠道，为企业的资金供应建立稳固的渠道，为公司的发展不断输入资金，同时完善公司自身的"造血"机制。

（4）加强对资金运行情况的监控，最大限度地提高资金使用效率；实施财务预决算制度。

（5）建立相应的风险预警机制，加强内部管理，严格规章制度，把可能发生的损失降低到最低程度。

（6）为避免企业在发生意外及其他各种不可抗拒因素给企业造成损失，在财务预算中拨出专款，购买各种保险以规避可能遇到的风险。

4. 应对管理风险的对策

（1）吸收具有丰富投资管理、营运管理方面经验的专业人才进入公司管理层。

（2）规范公司治理，制定完善各项管理制度，保障股东和投资者的合法权益。

（3）加强对管理人员组织结构、管理制度、管理方法等方面的内部培训、外部培训，提高其整体素质和经营管理水平。

（4）推行目标成本全面管理，加强成本控制。

（5）倡导组织创新、思想创新，以适应不断变化的外部环境。

第五节　加强 PPP 风险的研究

一、在不同阶段优化风险分配以提高物有所值

在项目前期可研、政府和社会资本方谈判磋商、项目合同签署及项目实施等四个阶段，均应注重优化项目风险分配，以提高项目的 VFM（物有所值）值。

（1）在项目前期可研阶段。政府应初步识别项目各项风险，并根据自身优势，初步确定保留和转移给社会资本方的风险，以此为基础定性评价项目是否物有所值，以决定是否采用 PPP 模式。在这一阶段，政府应初步明确将哪些风险转移给社会资本方，以及政府采购的预期成本，以此为基础进行市场测试，并根据市场的反应调整风险分配方案和政府预期成本，确保项目初步可行。

（2）在政府与社会资本方谈判磋商阶段。为了适应推广 PPP 采购模式的需要、倡导物有所值的价值目标，政府在谈判过程中，充分激励社会资本方发挥主观能动性，不断完善项目的全生命周期建设营运和管理方案，并结合社会资本方自身的优势，对于非核心条款中的风险分配方案进行优化。政府应综合比较不同社会资本方的风险分配方案，鼓励向社会资本方让渡其具有控制优势的风险，以降低项目的社会总成本、提高项目的总体效率，从而提高 VFM 值。

（3）在项目合同签署阶段。在双方合作合同中，应对双方的风险分配方案进行明确，包括已识别风险的转移和定价方案，并明确外部环境变换对风险转移和定价的不同影响，比较典型的包括价格调整机制等。

（4）在项目实施阶段。应根据合作合同中的相关约定，根据外部环境变化对风险的转移和定价机制进行调整，如 PPP 项目服务收费标准的调整，其目的在于保证项目对于社会资本方而言有比较稳定的盈利预期，确保项目的持续稳定运行。同时，加强对项目的绩效评价，评估社会资本方对所承接风险的管控是否符合预期，因社会资本方未能有效管控风险而导致的成本增加或利润减少，相应由社会资本方自行承担损失，以避免 VFM 值的不合理提高。

二、妥善应对 PPP 项目风险分配的不合理现象

随着国务院及相关职能部门推进 PPP 的力度不断加大，国内出现借 PPP 之名的变相融资方式，以及 PPP 方案中风险分配和调整不合理的现象，导致政府和社会资本间未能有效分配项目风险，物有所值未能充分实现，各级政府要在实践中予以充分重视，以全面发挥 PPP 的体制和机制优势。

（1）政府将 PPP 作为单纯的融资工具，为了促成项目，而给予社会资本方远超过风险对价的优厚回报。在目前无法进行 VFM 定量评价的前提下，这也是我国目前推进 PPP 模式最主要的问题，缺乏对采用 PPP 模式建设项目的约束，VFM 定性评价也易流于形式，从而导致社会资源的浪费。这也体现在目前大量涌现出的部分城镇化、环保产业等 PPP 基金中，地方政府为了规避平台公司融资和建设职能的萎缩，变相通过基金形式推进项目建设，但在吸引社会资金投资于该类基金过程中，政府通过优先劣后等安排，保留了过多的风险，但未相应提高资金使用效率。

（2）在政府与社会资本方的谈判过程中，政府能力不足导致的风险分配方案不够完善。

政府由于相关基础数据缺乏、信息不对称和自身能力不足等方面原因,谈判中处于劣势地位,对于项目风险未能充分识别,转移风险的定价也不尽合理,如对于最低使用量等测算不够精确,导致合同执行过程中可行性缺口补贴过高,从而增加了财政负担,未能优化VFM值。

(3) 对于项目前期和谈判过程中未能识别的风险,在合同中未明确调整和分配机制,不利于项目的长期稳定运作。PPP项目普遍生命周期长,有的可超过三十年的特许经营期,在如此长的周期内,很可能由于政治、技术等因素变动而导致不可预见的风险发生,这既包括不利于项目实现的负面因素带来的各项成本增加,也可能包括有利于项目的积极因素而带来的成本减少或利润增加。需要在政府和社会资本方的合作合同中,对于这类未能识别风险调整和分配做出原则性明确,尤其应避免负面因素发生导致的根本环境变化,使得项目无法继续实施。特别是关系国计民生的公益性PPP项目,政府必须保证项目的存续和正常经营,因此需在合同中对不可预见风险发生时的分配和调整机制做出原则性明确,以避免风险发生时再进行谈判所带来的不确定性,以及社会总成本的大幅上升。

三、PPP模式中政府与社会资本方的风险防范

(一) PPP模式中政府职能及信用风险防范

1. PPP模式中政府职能

PPP模式中政府是最重要法律主体。在PPP模式中政府和社会资本方形成的是彼此平等的合作伙伴关系,政府为提供公共服务中的监督者、指导者以及合作者角色。政府应承担的职能包括:项目选择和开发主体确定、项目保证、项目监督、直接投资和贷款、提供信用担保和承担项目风险等。PPP模式下政府发挥以上职能的作用主要为以下几方面:

(1) 降低政治社会风险。政治风险至少可包括三类:其一是国家风险,如政治体制的崩溃,对项目实行国有化等;其二是国家政治、经济政策的稳定性风险,如税收制度的变更;其三是社会治安及公众利益和公众参与尤其是环境保护意识增强所产生的风险。

(2) 提供政策法律保障。政府制定一套完善、完备的相关法律法规建设是PPP模式顺利有效运行的基础和前提。PPP法律的基本框架主要包括:关于PPP模式的适用范围、设立程序、招投标和评标程序、特许权协议、风险分担、权利与义务、监督与管理以及争议解决方式和适用法律等方面。PPP作为一种合同式的投资方式,涉及担保、税收、外汇、合同、特许权等诸多方面,政府需要制定一套完善、完备的相关法规与政策,并尽可能预见未来可能的变化而留有调整的余地,比如税负方面的调整和修改、环保标准和要求的变化、法律的修改、劳资关系的调整、土地租让政策的变化以及其他政府宏观经济政策的变化等,保障PPP项目在合同期限内的政策稳定性,使PPP项目得以顺利而有效运行。

(3) 提供一定外在条件支持。政府应在物质方面保障项目所需的原材料供应、提供可使用的劳动力等辅助性设施保障;提供一定的税收、外汇、土地使用等优惠政策;通过简化审批手续和过程,提高政府效率,成立协调小组等来规范服务及提高行政效率;防止在一定区域的同类项目竞争,为知识产权和其他秘密信息提供保护。

(4) 依法进行合作与监督。特殊目标公司依据特许合同约定负责筹资、建设及经营,政府遵循合作与信任、平等互惠原则对具体项目的具体实施过程中遇到的问题和障碍提供必要的支持和参与问题的解决,只要特殊目标公司按照特许权合同和有关法律从事投资建设经营活动,政府就应充分给予建设经营的自主权。政府依法监督使特殊目标公司依据合同约定和

法律规定满足公共产品或服务需求仍然是必要的,政府监管主要分为事前准入监管、事中过程监管和事后绩效监管并贯穿于整个过程。

(5) 政府提供必要金融支持。PPP 模式一般投资大、回报周期长,政府需要提供必要的金融资金支持。政府通常与提供贷款的金融机构达成一个直接协议,这个协议不是对项目进行担保,而是向借贷机构承诺将按与特殊目标公司签订的合同支付有关费用,由此使特殊目标公司能比较顺利地获得金融机构的贷款。

(6) 设计合理的收益与风险承担机制。政府根据项目的财务特点确立合理的所谓交易结构是社会资本的进入的必要条件,风险分担机制则是 PPP 项目的核心。一般通过对项目现金流进行预测和测算分析判断项目自身的收入能否覆盖所有的支出并实现基本的回报要求,再按照"最优风险分配原则"对项目风险在各相关主体间进行分配,由此使社会投资人获得与风险水平相匹配的收益。

(7) 提供审慎的承诺。PPP 模式周期比较长,在具体项目承诺上政府应谨慎。政府的承诺要合理合法,并建立在对未来环境变化和风险因素客观评估的基础上,尤其是对回报率、收费标准、终止合同条件、汇率和利率变化等事项的承诺方面,预留调整空间并设计合理合法的调整机制,由此既可保证项目生产或营运的可持续性,使社会投资人的投资成本及运营成本得以补偿并获得合理回报,又避免政府失信违约或对 PPP 项目监管的被动局面。

2. 信用风险防范

信用风险包括政府信用和社会资本投资人的信用,指 PPP 模式中政府与社会资本双方履约的意愿与能力及其信用保证结构的效用。信用风险是所有风险中最首要的。政府信用风险占主要地位,主要源于某些地方政府官员为了提升政绩,在短期利益的驱使下,通过过高的固定投资回报率,过高的收费标准,过长的特许经营期以吸引社会资本,但最终又因公共机构缺乏承受能力,产生信用风险。投资人信用指所选择的投资人在诚信、实力、资质、经验等方面存在问题,事后违约的风险也会渐渐膨胀起来。

(1) 政府本身应防止失信

① 政府应首先增强自身的法治和契约意识,依法行政;

② 要认真做好项目前期论证工作,除传统的项目评估论证外,还要积极借鉴物有所值评价理念和方法;

③ 选择的项目力求有稳定的收益作保证,并与当地财力和经济发展承担能力相匹配;

④ 要充分考虑未来长期的变化因素作出相关审慎的承诺,避免失信违约。

(2) 社会资本方应做好对政府的调研

① 首先要重视良好投资环境考察,当地人文素质、法律环境、政府效率、政府对社会资本支持政策、财政经济实力、人民生活富裕程度及购买力、城市现有的基础设施水平等,均属于评估投资环境风险的重要内容;

② 要重视项目营运及商业模式的可行性,切勿追求高额回报或将项目成功过分依赖与某个领导个人关系及其缺乏客观依据的承诺上;

③ 要重视依靠双方签订的合同来防控风险,PPP 项目法律关系比较复杂,没有完备的合同法律文件导致各方责任约定不够明晰,难以防范政府信用风险。

(3) 政府要全面评估社会资本方

① 政府应把握各类参与 PPP 项目的社会资本投资人(国有企业、外资企业以及民营企

业等）的优势与劣势特点，参照项目性质来选择社会资本投资人；

② 应客观评估社会资本投资人的融资能力和资金来源；

③ 对比投标方案选择其中最符合项目要求且投资金额最小的单位作为私营合作伙伴；

④ 应遵循公开、公平、公正和公共利益优先的原则选择社会资本投资人，在政府招标过程中应重视发挥中介机构（包括行业协会、开户银行、咨询公司、会计师和律师）作用，避免腐败因素导致的企业信用风险。

（二）PPP 模式中社会资本方法律风险防范

1. 项目立项有关法律风险

PPP 项目大多为基础设施或公共服务设施项目，需要在招募社会资本之前完成项目立项。立项申请涉及发改委、国土、环保、规划等相关部门。项目立项管理分核准和备案两种，企业投资建设政府核准的投资项目目录内的固定资产投资项目，须按照规定报送有关项目核准机关核准；若投资建设核准目录外的项目，实行备案管理。

社会资本方在投资决策之前应查明项目投资立项有关法律政策，确保项目能够依法立项并准确预估立项工作量及投入，以便在项目投资以及与政府权利义务分配上作出相应安排。

2. PPP 项目识别及退出有关法律风险

PPP 项目识别确认由政府主导完成，现实中出现了不少假伪 PPP 项目，最终使项目陷入 PPP 项目合规性困境，进而影响政府采购及相关优惠支持政策的落实。因此，社会资本方需要核查拟投资的 PPP 项目识别确认结果。

根据现行 PPP 政策规定，政府应将项目列入本级政府 PPP 备选项目年度开发计划，由本级财政部门会同行业主管部门共同筛选确认，开展物有所值评价工作和财政承受能力论证，通"两个论证"后，由本级政府出具 PPP 项目立项批复。社会资本方应及早核查 PPP 项目上述识别确认文件及其有效性。

在 PPP 项目"能进能出"制度下，对于确已通过 PPP 项目识别的项目，社会资本方应在项目实施过程中，尽可能使项目持续满足 PPP 项目各项必备特征，以免被主管部门清出 PPP 项目。

3. 采购价款纳入预算有关法律风险

在政府收入支出实施全口径预算管理制度下，各级政府、各部门、各单位的支出必须以经批准的预算为依据，未列入预算的不得支出；本级人大有权撤销本级政府和下一级人民代表大会及其常务委员会关于预算、决算的不适当的决定和命令。为确保社会资本方获得投资回报，对涉及政府付费或可行性缺口补助的，需要按《预算法》等有关规定，由财政部门制作预算方案报本级政府和人大审批，通过审批后再报上级政府备案，并且保证因本项目采购不会导致本级政府负担的 PPP 项目财政预算支出总额超过本级政府一般公共预算支出的 10%。

根据财金〔2015〕109 号文规定，政府应将 PPP 项目物有所值评价报告、财政承受能力论证报告、采购文件、合同文本等重要资料和数据录入财政部政府和社会资本综合信息平台。实务中，社会资本方无法直接查询本级政府参与的其他 PPP 项目及有关财政预算支出负担情况，无法确认因所拟投项目的增加是否触碰了本级政府一般公共预算支出 10% 的红线，故应要求政府方进行全面准确的信息披露并在协议中设置有关风险防范条款。

4. 项目采购方式有关法律风险

项目采购风险包括项目采购方式选择的法律风险和项目采购程序法律风险。现行PPP项目采购规则规定了PPP项目可采取的公开招标、邀请招标、竞争性谈判、竞争性磋商和单一来源采购等5种采购方式及其适用条件，项目实施机构应依法选择符合条件的采购方式并按采购程序实施采购。若错误选择采购方式或采购程序不当，可能导致社会资本方中标或成交结果无效。社会资本方尤其应注意以下几点：

（1）若属于依法必须招标范围的项目，应通过招标选择社会资本方，否则PPP合同法律效力无法保证；

（2）采购程序应严格规范操作，否则采购程序可能因其他（潜在）投标人投诉而受阻；

（3）在将投融资、设计、建设和营运维护一体打包采购的PPP项目中，若社会资本方由投资方和EPC总包方组成联合体投标，应确保项目采购按将社会资本招标和项目EPC总包招标"两标合一标"的模式操作，而非简单的"联合体投标"模式。根据《招标投标法》规定，在普通联合体招标中，要求联合体各方均应当具备承担招标项目的相应能力，均应当具备规定的相应资格条件，而若真正投资方没有EPC总包资质，则会陷入被动。

（4）根据《招标投标法实施条例》规定，招资人若能够自行建设、生产或者提供服务，可不再通过招标选择施工、物资供应商。但该情形仅限于针对"已通过招标选择的特许经营项目投资人"，若非经招标程序选择的社会资本方或虽经招标程序但属于非特许经营项目的，相应社会资本方即便本身具有施工承包或物资供应资质条件，但能否直接作为项目施工承包方或物资供应方而不进行招标，法律尚未明确作出规定，存在合法性风险。

5. 项目实施机构资格有关法律风险

PPP项目实施机构须按PPP政策规定由项目所属县级以上政府明确授权，未经授权，所签PPP合同效力即存在不确定性。

实务中，有某开发区管委会或其所属管理办公室或地方政府融资平台公司担任PPP项目实施机构的情况，社会资本方核查开发区管委会或其所属管理办公室相关职责权限或授权文件。对地方政府平台公司可以作为政府出资人代表，但若作为PPP项目实施机构尚不符合财政部有关规定。

6. 采购价款结算有关法律风险

PPP项目采购价款一般由工程造价及营运维护成本、投融资财务成本和投资收益几部分组成。

对于项目工程造价应在PPP合同中明确约定造价结算标准以及价格调整方式，同时设置传导条款以将项目承包方合理造价款诉求全部顺利导入采购价款。对于基础设施和公共服务项目一般需要进行政府审计，但根据相关司法解释，政府审计结果并不当然作为双方结算的依据，若政府与社会资本方没有约定项目工程结算最终以政府审计为准的，可以由第三方造价咨询机构按合同约定的计价计量标准出具的造价结论为准进行结算。

即便是社会资本方无法接受工程造价以政府审计为准，应在合同中明确约定政府审计应遵循的标准，同时应注意约定在政府审计以外但应计入采购价款的款项的计价计量标准。

7. 项目公司股权融资有关法律风险

社会资本方可能需要通过项目公司股权融资，相关融资方案可能导致项目公司股权转让、甚至控制权转移。而政府方一般希望社会资本在合作期限内能够做到稳定持续的投资，因此，对项目公司股权转让，尤其是控股权转移甚为敏感。这就需要在PPP合同中提前预留股权融资运作的空间，否则会使股权融资受阻。

8. 地方政府支持政策有关法律风险

社会资本方应注意核查政府就PPP项目所给出的相关支持政策是否涉及以下法律风险：

（1）政府担保承诺无效。

（2）未经国务院批准，各级政府不得自行制定税收优惠或财政优惠政策。对违法违规制定与企业及其投资者（或管理者）缴纳税收或非税收入挂钩的财政支出优惠政策，应坚决予以取消。

（3）土地出让收入和支出实行严格的收支两条线，任何地区、部门和单位都不得以"招商引资"等各种名义减免土地出让收入，或者以土地换项目、先征后返、补贴等形式变相减免土地出让收入。

（4）政府不得承诺固定投资回报，严禁通过保底承诺、回购安排、明股实债等方式进行变相融资，将项目包装成PPP项目。

9. 项目补贴及资源补偿有关法律风险

政府为大力推广PPP模式、提高公共产品和公共服务供给能力与效率，多次出台政策，要在财税、价格、土地、金融等方面加大支持力度，保证社会资本和公众共同受益，通过资本市场和开发性、政策性金融等多元融资渠道，吸引社会资本参与公共产品和公共服务项目的投资、营运管理。社会资本应充分了解拟投资项目的补贴补偿、政策性贷款及其他支持政策，尽可能在协议中作出安排，以充分享有相关优待。对于公益性项目，政府财力有限的，尽可能争取资源补偿并在协议中明确约定，如特许经营权、冠名权、广告经营权、资源开发权、物业和招商服务的机会。

10. 项目公司管理及分配有关法律风险

根据现行政策，对于政府与社会资本方合资成立项目公司的PPP项目，社会资本方应在项目公司占有控股地位。为保障项目公司决策统一和效率，社会资本一般要求政府出资人代表放弃对项目公司的决策权、选择管理人的权利和分红权利。若项目总承包方也参股项目公司，也可参照处理。实务中，也有政府出资人代表在合作期限内对项目公司一直未实缴出资的情况，此情形下，更应作如此安排。

11. 政府项目采购价款来源有关法律风险

社会资本方应争取政府提前就PPP项目采购资金来源及筹措作出计划或安排，涉及税收地方留成部分、地方行政事业性收费和土地出让收入以及政府债券的，应核查政府方相应权限及政策限制。

实务有政府承诺将配套土地同步上市，以出让收入用于支付项目未来采购价款的。需要依法根据土地管理规定、规划法、土地储备管理规定和土地出让收支管理规定等，核查政府权限及相应安排的合法性和可行性。

12. 配套（关联）项目规划（建设）对接关法律风险

PPP项目中，社会资本应作为项目营运商，对项目整体进行筹划设计，以确保项目开发进度和投资收益。但在实务中，会涉及以下情形需要事先在协议中作出安排：

（1）项目建设配套要包括项目建设必需的项目用地、施工用地、水电供应、施工道路等配套设施，应由政府承诺在项目开工前到位，满足施工条件。

（2）PPP项目工程包之外但在设计之内的关联工程，如水电网管网、绿化工程、跨铁路桥梁公路段等，往往由地方平台公司或电力及铁路行业指定公司垄断承包，应由政府出面协调，并就相关权利义务及责任作出稳妥设计。

（3）与PPP项目工程相邻或嵌套的不在社会资本方投资范围内的工程项目，应提前设置有关权利义务及责任条款，使之对PPP项目的规划设计和建设施工的不利影响降到最低。

13. 项目考核有关法律风险

在PPP项目中，政府按项目的可用性、使用量或绩效来确认采购对价。因此，对项目的可用性、使用量或绩效考核关系到社会资本投资回报预期的实现程度。为了使考核更透明、可操作及可预期，有必要事先全面明确相关考核标准、方法和程序，甚至应当在专项协议文件中明确。

14. 项目清算移交有关法律风险

对于政府与社会资本合资成立项目公司的PPP项目，在项目清算移交时常会面临项目资产移交或股权转让的方式选择，资产移交即由项目公司将项目资产移交政府，再由社会资本将项目公司清算解散；股权转让即由社会资本方将其所持项目公司股权全部转让给政府方出资人，社会资本全面退出项目公司。社会资本方需要结合项目具体情况和财务税收等因素提前作好设计。

综上所述，以上每一个大的类型下面，我们又有不同的项目实现形式。PPP模式的分类广泛决定了其在应用过程中的特点各异，社会资本承担的风险依次递增。

四、PPP项目营运中如何规避风险

（一）寻找风险分担的合理边界

PPP项目营运中面临的风险因素极其复杂，合理分担风险是保障PPP模式顺利营运的前提。

由于风险复杂，识别和度量PPP项目风险比较困难，用好PPP这把利器，需遵循大型项目建设的一般规律，将项目风险在参与方之间进行合理、公平地分担。公私合营要写好合同，对风险分担要有详细的准备，签订PPP合同时需尽量处理好每个细节。

在风险分担方面需遵循以下原则：

1. 发挥禀赋优势

由于PPP项目的参与者掌握的资源不同，应对各种风险的能力明显不同。风险应由最适宜的一方来承担，参与方对哪种风险控制力最强，就应发挥其优势控制哪种风险。

2. 风险和收益要匹配

高风险高收益，低风险低收益，要体现公平。唯有公平，才能将各个项目参与者持续地拴在一起，构成紧密利益共同体。

3. 量力而行

承担的风险要和参与方的能力相适应，要有上限。如果承担了无法承担的风险，就会缺乏控制能力。

以上是原则性要求，在PPP项目具体营运中，还要因地制宜，在实践中不断总结经验。国家级风险和最低需求风险应尽量由政府来承担；市场级风险可由政府和社会资本共同承担，但要分配好比例；项目设计、建设、财务、营运维护等商业风险原则上由社会资本来承担。

在PPP项目准备阶段，政府需尽力降低前期风险，做好尽职调查，识别出各种风险因素并进行评估，将风险分解为哪些是自留的，哪些是需要移交给社会资本的，制定招标文件并公布。这项工作尽量由独立的专业机构来承担。

在招投标和合同组织阶段，政府和项目公司通过谈判，确定各自的风险分担比例。

融资方面，国内项目除自有资金外，要选择大银行组建的银团贷款等渠道，简化资金结构，增强抗风险能力；国外项目要内外结合，通过设立SPV，鼓励利用国际债券市场发行人民币债券，吸引国际金融机构、项目东道国金融机构参与，降低融资成本，分散汇率等风险。

投资人主要承担建设、经营等风险，对于超出投资人控制范围的风险，比如地震等不可抗力风险，宜转移给第三方，如政府成立专门机构或保险公司来承担。

要综合考虑政府风险转移意向、支付方式和市场风险管理能力等要素，减少政府不必要的财政负担。

省级财政部门要建立统一的项目名录管理制度，和财政补贴支出统计监测制度，按照政府性债务管理要求，指导下级财政部门合理确定补贴金额，依法严格控制政府或有债务，重点做好融资平台公司项目向政府和社会资本合作项目转型的风险控制工作，切实防范和控制财政风险。

（二）财政风险如何防范

从地方政府的角度来说，为了防范盲目上马PPP项目带来的风险，应该努力完善监管体制，防范财政风险。

1. 完善项目审批机制

并不是所有项目都适用PPP模式。国际社会一般用物有所值方法来定量和定性地判断，一个项目是否适宜采用PPP模式。

2. 建立专门的PPP管理协调机构

发达国家的经验表明，专门的PPP管理机构对于规范政府行为，减少多头管理，提升PPP项目运行效率等有着非常重要的作用。

从我国的国情出发，在中央层面建立专门的PPP管理机构，成员涵盖财政、发改、住建、交通等部门，以加强其统筹协调的作用。在省级层面设立相应的PPP管理协调机构，也应积极探索。

PPP管理机构要致力于提高PPP项目的透明度，积极向公众宣传，争取社会公众了解和支持，努力减少项目建设和管理中的权钱交易、利益输送等行为。

3. 健全绩效考核机制

在现行政府绩效评估机构基础上，逐步建立PPP项目评价体系。

（1）政府绩效评估。财政部门作为资金拨付机构必须成为政府绩效评估的主体，这是事前评价的核心。履行事前、事中、事后全过程审计监督。

（2）专家与中介评价。要让专家和民众广泛参与评议，保障公众的知情权，切实实现政务公开，提高公民评议的水平和效率。专家主要负责解决一些技术上的难题，协同政府部门确定指标、标准，对各部门的支出绩效进行评价。

（3）审计部门评估。以审计部门作为评价组织体系中事后监督评估的主体，以保证评价结果的客观公正，同时又体现了绩效预算的决策民主化功能。

（4）强化PPP项目绩效评价管理。PPP项目绩效评价管理主要分为项目管理、完成时间、完成质量三个方面，考核的重点在于项目质量和管理效率。当然，在具体执行中，要看绩效目标是否明确、细化、量化、按流程管理批复等方面。

（5）在政绩考核体系中，是否可以尝试把吸引多少社会资本作为重要的考核指标，以推动地方政府积极推广和应用PPP模式。

（三）PPP推广要遵循法治和契约精神

PPP项目的成功实施离不开法治和契约精神。我国当前PPP相关规定散见于各部委和地方政府法规，缺乏系统的PPP法律框架。

政府部门应该努力创造适宜的政策法律环境，健全利益共享和风险分担等相关机制，加强项目运作的规范性，并减少推行PPP模式的制度摩擦，降低社会资方的参与风险。

从具体国情看，我国宜采取专门立法为主、单项立法为辅的模式来规范PPP模式。总体上来讲，应建立以宪法为首，以公用事业特许经营法的专门立法为主，以大中型项目单项立法作为补充，以地方法规、行业法、公司法、招投标法等法律法规相配套，以其他文件作指导的完善的法律体系。

PPP专门法律应该具有较高级别，以便更好地规范以下内容：PPP范围的界定；明确政府部门和社会资本各自的权利和义务；PPP项目的采购程序；PPP合同的修改、退出机制以及纠纷处理机制。同时，在PPP专门法律的指引下，相关部门应该借鉴国际经验，积极引进和确定PPP示范文本和标准合同，以推动PPP项目的规范实施。

为解决社会资本参与PPP项目的后顾之忧，还需在财政预算、土地使用、融资机制等方面做出相应变革。

（四）PPP推广要变革相应机制

1. PPP模式独有的长期付费机制

如政府付费或补贴的项目，需要配套的长期财政预算安排的支持，这些应该列入财政中长期规划。目前，我国施行的年度预算，使得PPP长期付费项目的款项支付很难保证。

为此，必须建立中长期预算安排，并将PPP项目中涉及政府支出责任的部分予以明确列示，以确保项目能够得到及时支付。

2. 改革PPP项目的土地使用制度

目前，我国的PPP项目多是先选定投资人，项目涉及地块即使挂牌，也必须是定向协议出让形式，以确保投资人设立的项目公司能拿到地块，但这不符合土地招拍挂制度的要求。因此，针对PPP项目，应该修改相关法律，明确其土地定向协议出让的合法性，避免法律瑕疵。

3. 完善PPP项目融资机制

目前，PPP项目中的涉及收费权时，一般参考应收账款相关规定申请质押融资，但银行方面的认可度不高。同时，以项目本身产生的现金流归还贷款的项目融资方式，在我国目前国情下推行较难。银行比较认可的方式仍被简单界定为信用贷款，这就无法发挥PPP项目风险隔离的优势，不利于吸引社会资本参与。

为此，应该在国家层面，引导银行等机构认可收费权质押、认可项目融资等PPP项目独有的融资方式，积极吸引金融机构向PPP项目提供资金支持，以推动PPP项目顺利发展。

第十四章 PPP 模式经验借鉴与推行建议

中国要发展 PPP 模式，应借鉴国际案例，从中吸取经验，让 PPP 模式在中国得到较高的提升与发展。

自 20 世纪 90 年代，PPP 模式取得了很大进展，广泛适用于世界各地的公共管理领域。在欧洲尤其是英国，PPP 适用的领域涉及交通运输、公共服务、燃料和能源、公共秩序、环境和卫生、娱乐和文化、教育和国防等。在大多数国家，PPP 模式主要适用基础设施建设领域，包括收费公路、铁路、桥梁、地铁、轻轨系统、机场设施、隧道、电厂、电信设施、学校建筑、医院、监狱、污水和垃圾处理等。从区域看，欧洲的 PPP 市场最为发达。从国别看，英、澳、美、西班牙、德、法等发达国家 PPP 项目的规模和管理水平较高。

1992 年英国最早应用 PPP 模式。英国 75% 的政府管理者认为 PPP 模式下的工程达到和超过价格与质量关系的要求，可节省 17% 的资金。80% 的工程项目按规定工期完成（常规招标项目按期完成的只有 30%）；20% 未按期完成的、拖延时间最长没有超过 4 个月。同时，80% 的工程耗资均在预算之内（一般传统招标方式只能达到 25%）；20% 超过预算的是因为政府提出调整工程方案。按照英国的经验，适于 PPP 模式的工程包括：交通（公路、铁路、机场、港口）、卫生（医院）、公共安全（监狱）、国防、教育（学校）、公共不动产管理。

智利是在国家为平衡基础设施投资和公用事业急需改善的背景下于 1994 年引进 PPP 模式的。结果是提高了基础设施现代化程度，并获得充足资金投资到社会发展计划。已完成 36 个项目，投资额 60 亿美元。其中，24 个交通领域工程、9 个机场、2 个监狱、1 个水库。年投资规模由模式实施以前的 3 亿美元增加到 17 亿美元。

葡萄牙自 1997 年启动 PPP 模式，首先应用在公路网的建设上。至 2006 年的 10 年期间，公路里程比原来增加一倍。除公路以外，正在实施的工程还包括医院的建设和运营、修建铁路和城市地铁。

巴西于 2004 年 12 月通过"公私合营（PPP）模式"法案，该法对国家管理部门执行 PPP 模式下的工程招投标和签订工程合同做出具体的规定。据巴西计划部称，列入 2004 年～2007 年四年发展规划中的 23 项公路、铁路、港口和灌溉工程将作为 PPP 模式的招标项目，总投资 130.67 亿雷亚尔。

第一节 国外经验借鉴

一、PPP 的全球现状与国别经验

PPP 的雏形在历史上早已有之。早在 18、19 世纪的英国，就有大商人联合设立类似信托的公司，向私人借钱维修公路，并设卡收费，作为还款来源。现代意义上的 PPP 则出现于 20 世纪 90 年代初的英国、加拿大等国家。

1. 全球发展概况

根据布鲁金斯与洛克菲勒基金会在2011年发布的报告,如果按照1985年至2011年期间的名义总投资来计算,则PPP的全球前五大市场分别为欧洲(3533亿美元)、亚洲与澳大利亚(1872亿美元)、拉美与加勒比(885亿美元)、美国(684亿美元)与加拿大(452亿美元)。2012年,Partnerships Bulletin和德勤对70多家国际领先的PPP企业进行调查,评选出了全球五大最活跃的PPP市场,依次为加拿大、美国、法国、比荷卢经济联盟和英国。

世界银行和PPIAF的PPI项目数据库统计了中低收入国家的基础设施行业私人参与状况(Private Participation in Infrastructure,简称PPI)。PPI这一概念是由世界银行提出的,与PPP可以互换,只不过前者多用于开发性融资领域。如图14-1所示,如果以投资额来衡量的话,中低收入国家的PPP起步于20世纪90年代,在1998年达到峰值,之后从2004年起再次上升,在2012年再次达到峰值。但2012年的峰值仅为1998年峰值的一半左右。

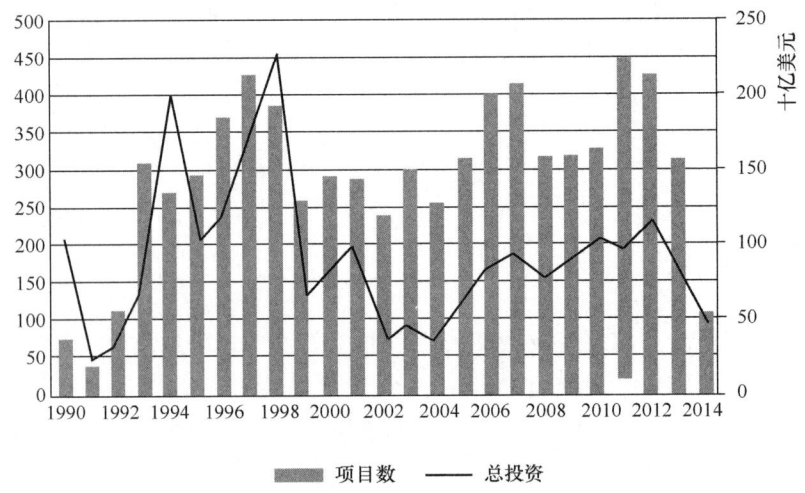

图14-1 中低收入国家的基础设施行业私人参与状况

根据PWF的数据,1985~2011年,全球基础设施PPP名义价值为7751亿美元,其中,欧洲处于领先地位,大约占全球PPP名义价值的45.6%,接下来是亚洲和澳大利亚,所占份额为24.2%,墨西哥、拉丁美洲和加勒比海地区三者合计占11.4%。美国和加拿大所占的份额分别是8.8%、5.8%,非洲和中东地区PPP名义价值为315亿美元,占全球份额的4.1%。

德勤在2007年提出了PPP的市场成熟度理论,在对各国影响PPP发展的9个要素进行评估的基础上,将各国的PPP发展划分为由低到高的三个阶段:发展中的PPP市场、活跃的PPP市场以及运行良好的成熟PPP市场。在此基础上,他们对不同国家和地区的发展情况进行了评估,如图14-2所示。目前英国和加拿大在PPP领域相对领先,处于成熟阶段。

2. 英国

英国是全球范围内最早实施PPP的国家之一,英国PPP的主要形式是私人融资计划(Private Finance Initiative,简称PFI)。1992年11月,保守党政府的财政部长拉蒙特在秋季预算报告中宣布,将允许社会资本在公共建设中发挥更大作用,此即PFI的开端。目前

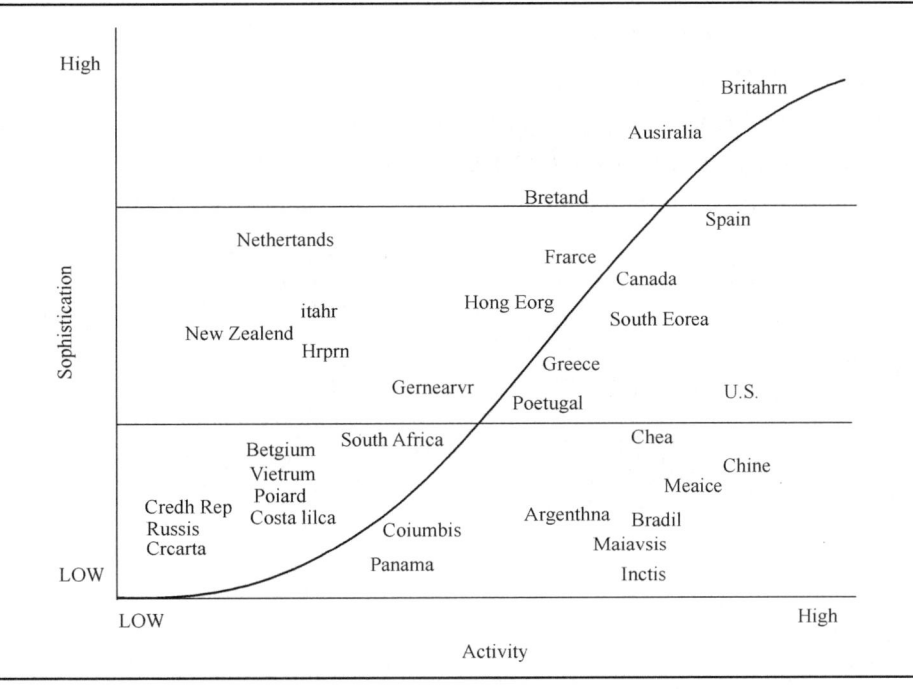

注：在最初的版本以及多数国外文献引用的图中，中国和印度是处在靠近原点的位置，即处于活跃程度和复杂程度都比较低的阶段。但是近年来中国和印度的发展，Matti Siemiatycki 论文中的版本

图 14-2　世界各地 PPP 的市场成熟度曲线

英国主管 PPP 的机构是财政部下属的英国基础设施局（Infrastructure UK，IUK）。

根据英国财政部 2014 年 12 月发布的报告，截至 2014 年 3 月，英国一共有 728 个 PFI 项目，资本总额达 566 亿英镑。预计 2014 至 2015 财年，社会资本的投资支出将达到 20 亿英镑，到 2015 至 2016 财年则将增长到 29 亿英镑；在这两个财年中，政府支付的"单一费用"（unitary ge payment）预计分别为 103 亿英镑和 105 亿英镑。英国多数政府部门都有过与社会资本合作的经验。在截至 2012 年的 717 个项目资金已到位项目中，教育部、卫生部、交通部、国防部分别占了 166、118、62 和 46 个项目。从应用领域来看，项目最多的是学校、医院、市政建设、司法公共安全、交通、垃圾和污水处理。除了以上领域，PFI 还广泛用于国防等领域，比如空中加油机的采购、海岸防务项目、空中交通管制等。

支持者认为，PFI 通过将社会资本引入公共服务的提供过程中，缓解了公共财政压力，发挥了社会资本的创造性，引入了债权人监督机制，提高了公共服务质量。在 PFI 模式下，政府由公共服务的提供者转变为购买者，社会资本负责公共设施的建设、维护，并从政府那里获得长期稳定的费用支付（通常为 20～30 年），公众得以享受高效优质的公共服务，最终实现三赢。但是，也不无反对声音，2008 年北爱尔兰公共事务联盟（NIPSA）发布了一份报告，指出了北爱尔兰境内 PPP/PFI 项目存在的诸多问题（比如加重财政负担等），该报告建议对政府的公共投资政策进行独立评估，并在评估完成之前暂停 PPP。

从 1995 年到本轮全球金融危机前，PFI 整体呈上升趋势，到 2006 年达到高峰。从 2006 年到现在，无论项目数还是资本总额都呈现出下滑态势。金融危机造成的融资条件恶化与政府财政紧缩只是一个导火索,事实上,PFI 在经过 20 年发展后已经问题重重。由于与私有化存在千丝万缕的联系,PFI 从一开始就为左派所诟病。近年来连保守党都认为它作为一种项目融资方式的效率极端低下。

有鉴于此,英国政府对 PFI 进行了系统的评估和改革,并于 2012 年 12 月推出了 PF2(Private Finance2),以增强公众和私人投资者信心,推动 PFI 持续发展。表 14-1 中列举了 PF1 的主要问题以及相应的改革措施。

表 14-1 英国 PF1 的主要问题与 PF2 相应的改革措施

PFI 的主要问题	PF2 的改革措施
股权投资者获利过高	政府作为少数股东出资参与所有 PF2 项目; 在股份募集中,拿出一定比例,引入竞争机制
招标耗时长,成本高	整合管理机构职能,强化 IUK 的作用; 规定招标过程不超过 18 个月; 招标过程标准化、流程化; 加强招标前准备和审核
灵活性不足	卫生餐饮等"软"服务不再纳入合同; 在服务内容增减等方面,给公共部门以更大裁量权; 引入盈余分享机制; 对服务的提供进行定期评估
透明度不够	对 PF2 项目引起的表外事项进行上限管理; 强化信息公开,包括私人部门股权回报、政府参股项目等详细信息
风险转移不当	公共部门更多参与到风险管理中
其他	优化债务融资结构,提高长期债务资金的可得性; 制定新的评估指引,替代现有的物有所值(VfM)评估指引

资料来源:根据英国财政部 A New Approach To Public Private Portnerships 整理。

3. 加拿大

近年来 PPP 在加拿大稳步发展,无论从市场活跃度还是发展模式看,都堪称世界一流。尤其是自本轮全球金融危机以来,该国的 PPP 市场持续活跃,与世界其他地方(比如英国)的低迷形成了鲜明的对比。加拿大 PPP 委员会(CCPPP)发表的白皮书就毫不讳言地指出,加拿大是全球 PPP 最佳实践的主要来源。穆迪也认为加拿大的 PPP 模式最为成熟,就连英国财政部都对加拿大模式表示了浓厚兴趣。

PPP 最初在加拿大的发展主要是以不列颠哥伦比亚、亚伯达、安大略和魁北克为代表的省一级政府在推动,经过多年的摸索和经验积累,形成了独具特色的加拿大模式。由于教育、交通、医疗主要是省一级政府在分管,因此最初的 PPP 也主要是这些领域在采用。

在意识到 PPP 的优势之后,联邦政府也加大了对 PPP 的支持力度。与英国为缓解财政约束而引入私人资金不同,加拿大政府似乎一开始就看到了 PPP 对促进经济增长和创造就业的巨大作用,因此政府从一开始就出资参与项目。2007 年,政府设立"PPP 基金"和加拿大 PPP 局(PPP Canada),由 PPP 局负责协调基金的使用。通过五轮项目征集,该局将全部 12.5 亿加元的基金投资于 20 个项目,并撬动 60 多亿加元的私人资金,使 PPP 在全国

6个省区、13个市得到了推广。这也部分解释了为何金融危机以来该国的PPP市场仍然相当活跃。

2013年，联邦政府设立新的"建设加拿大基金"，计划在未来10年调动140亿加元用于支持各级政府的基础设施建设，以促进经济增长、创造就业和提高生产率。此举进一步提振了地方政府参与PPP项目的热情，保证了不断有新的参与者加入到PPP市场中，也加大了对社会资本的吸引力。

截至2013年，加拿大一共有220个PPP项目，按照累积项目金额排序，前五大PPP行业分别为：交通（314亿加元）、医疗健康（224亿加元）、司法/劳改（55亿加元）、能源（45亿加元）与教育（17亿加元）。

在融资方面，加拿大比较有特色的是养老基金投资PPP的模式。据统计，加拿大养老金在基础设施的投资占总资产比例平均为5%，远高于国际的1%。这些资金雄厚的机构投资者的参与，给PPP项目提供了大量的低成本资金，同时他们自身也获得了长期稳定的投资收益。

2014年3月，CCPPP发布了一份报告，对2003年至2012年这10年期间加拿大PPP项目的经济绩效进行了评估，结论是PPP的实施极大地促进了加拿大的经济发展（累计增加经济产出921亿美元）、就业创造（累计增加就业岗位52万人）与居民福利（累积增加居民收入322亿美元）。此外，这十年间，PPP项目还帮助公共部门节约了99亿美元，并为联邦和地方政府创造了75亿美元税收。

在2015年发布的白皮书中，CCPPP将PPP在加拿大的成功归结为四个关键因素：①稳定的项目储备；②高效的招标流程；③多元的融资来源；④有利的政治环境。

二、全球PPP发展经验对中国政府的启示

在中国老龄化和城镇化加快、财政收入增速放缓、政府职能转变的背景下，推动社会资本参与基础设施建设具有重大意义。全球的实践经验表明，成熟的PPP模式有助于加快基础设施建设、促进经济增长、提高公共服务水平，与此同时，社会资本参与社会建设，分享经济发展成果，与国家发展共命运，有利于提高公众社会意识、增强社会黏性。然而，如果PPP实施不当，也可能加重政府负担、降低公共品供给效率、引发社会不满。

参考对国际经验的梳理总结，可以为中国推广PPP模式提供如下启示：

1. 要准确理解PPP的内涵和作用

既不能夸大PPP在解决地方债务问题中的作用，也不应忽视其对整个经济的拉动作用和对社会治理的促进作用。要看到PPP的优势，更要看到它的局限，并不是所有领域都适合采用PPP模式，应该合理权衡成本收益。

2. 要注意借鉴国外PPP发展的经验教训

既要关注英国、加拿大等国的成功经验，也要关注暴露出来的问题及解决办法。既要学习发达国家的成功经验，也要加强与新兴市场的交流合作。

3. 应加快法治建设，完善PPP机构框架

成功的PPP有赖于清晰的法治环境和强有力的政府支持，以增强经营环境的可预测性，确保项目风险可控，收入稳定。应尽快完善相关立法，明确不同部门在PPP发展中的职责，向社会资本展示政府的决心，避免多头监管造成混乱。

4. 要加快建立多层次的资本市场

PPP 发展至为重要的一点是有深度的资本市场，尤其是债券市场。PPP 的一个基本要素就是引入私人资金，这就需要发达的资本市场来牵线搭桥。PPP 项目周期长，资金需求大，多元完善、充分竞争的资本市场不仅能为 PPP 项目提供长期稳定、有竞争力的资金，还能提供有效的市场约束，提高 PPP 实施的效率。在危机出现的环境中加拿大的 PPP 项目融资成本未出现大幅波动，成为其逆势增长的重要原因，其养老基金投资基础设施模式尤其值得研究学习。

5. 要重视地方政府的作用

地方政府主动积极的参与，有助于增加市场的需求、维持足够的项目储备、推动市场的持续发展、吸引足够的参与者，以及确保充分的竞争，从而提高项目实施效率。

6. 做好舆论宣传，争取公众支持

在中国这样一个社会主义市场经济国家发展 PPP，要尤其注意加强宣传引导，争取公众的支持。政府应发挥监督管理作用以保护公共利益，划清 PPP 与私有化的界限。

三、对中国开展 PPP 模式的启示

（1）合理的风险分担机制。对任何一个 PPP 融资项目来讲，风险存在于项目设计、建设、运营管理的全过程。政府部门和社会资本都需要充分了解项目风险，在项目伊始便应最大可能的预测未来风险并提出应对方案。对于不可预知的风险需要设定相应的调节机制。

（2）公平的利益分配机制。PPP 模式比较复杂，涉及到多方利益，协调利益分配是实施 PPP 项目的关键。公私双方不仅需要充分协商，就特许经营合同中的利益分配问题达成共识，以规避合作过程中因利益分配不均而产生的风险；而且还要能够提出让彼此均认可的利益分配方案，这是促进 PPP 项目双方积极合作的源动力。如果收益分配结构不当，就会损伤合作双方的积极性，从而导致项目合作破裂。

（3）立法保障。利益分配机制设计好后，需要政府和社会资本签订完善的协议来约束双方行为。同时，法律层面还需要制定完善的法律、法规保障社会资本利益。PPP 项目通常前期投资额高，回报周期长，影响项目的因素多，收益不确定性大。如果没有相应法律、法规保障社会资本利益，PPP 模式难以有效推广。通过立法等形式，对社会资本利益予以保障，才能吸引更多社会资本进入。

（4）契约精神。政府重合同、守信用的契约精神是 PPP 成功的关键，是消除社会资本顾虑的首要条件。

所谓契约精神，是指商品经济所派生的契约关系及其内在原则，是一种平等、尚法、守信的品格，其主要特征除了表现为选择缔约方的自由，还隐含着契约各方的地位平等。PPP 项目需要政府与企业长达十几年甚至数十年的合作，政府要树立契约精神，严格按契约规则办事。国外很重视 PPP 合同范本的制定，监管有效与否的关键在于合同规定的明确程度，在特许权协议中详尽规定应承担的责任与义务、风险应对及违约处理事项，强化涉及公私方的利益条款，一旦出现问题可依章办事。

中国地方政府部门在以往的 PPP 项目执行过程中暴露出的执行力弱、缺乏契约精神是头等问题。"合同是张纸，签完随时改"，政策随意性风险非常大。这种政策不确定性风险是 PPP 模式的毒瘤。PPP 模式若要成功推进，中国政府必须改变以往缺乏契约精神的状况，必须有一个透明公开、可预期的政策制度安排，重合同、守信用、契约精神是 PPP 模式的

最佳环境。

（5）政府监管。政府监管也是政府和社会资本合作关系中的重要内容。伦敦地铁项目失败原因之一便是政府监管不力。由于社会资本在运营方面有先天的信息优势，在项目需要进行重大调整（如改变融资结构）时，政府部门往往面临信息不对称的尴尬境地。因此要求政府必须在项目全生命周期对其进行监管，以掌握项目运营信息。此外，由于 PPP 项目提供的是公众产品和公众服务，而资本的天性是逐利，这也要求政府通过监管来督促社会资本提高服务水平。

监管方式可以是直接进行监管（包括聘请第三方专业机构进行监管）；也可以通过绩效考核的方式进行监管，如根据社会资本提供的服务水平来决定补贴金额等。监管需要政府对项目的实际运营具有一定参与，了解项目运营情况、遇到的困难，从而对政府的管理和专业水平提出了更高的要求。中国政府需要加快政府职能转变，从以往与社会资本合作中的主导地位退出，减少对微观事务的干预，腾出更多的精力放到规划和监管上。

（6）确保社会资本盈利但不暴利。确保社会资本的利益是吸引投资者的关键，政府部门一方面要保持项目回报率的吸引力，另一方面要考虑到整体回报率不能过高。在纯公益性项目或准公益性项目中，由于没有收入或收入不能弥补投入成本，政府应该给予社会资本以补贴；在项目之初，政府部门和社会资本会对收益有预期，当实际运营中收益不达预期时（如法西高铁项目），政府部门应按承诺给予补贴。政府部门应通过相应机制设计约束社会资本的过高收益。社会资本过高收益体现在运营中获得超额收益：如果是由于补贴标准过高，应适当调低补贴金额；如果是由于运营商提高生产效率，可以允许其享受 3~5 年的超额收益以作为提高生产力的奖励。过高收益还体现在存量项目的溢价转让，导致使用者付费价格面临上调压力从而侵害公众利益。政府部门应制定相关约束条件限制存量项目的溢价转让。

（7）为融资的 PPP 项目提供资金支持，在项目条件改善后择机退出。亚行已经资助印度、印尼、菲律宾等国家成立 PPP 基金和项目开发基金，积极分享成立与运营 PPP 基金和项目开发基金的国际经验。PPP 基金的主要作用是通过股权投资，解决项目初期遇到的资金难题，同时起到撬动社会资本的作用。PPP 基金的另一重要作用是寻找适合的 PPP 项目。因为在多数情况下，一个国家的社会资本量是非常充裕的，资金并不是难题，难题在于缺乏可行的 PPP 项目。在条件和时间成熟时，还可以考虑设立地方 PPP 基金。

第二节　PPP 模式推行建议

一、制度完善建议

（一）政府付费和可行性缺口补助 PPP 项目须执行政府采购法律体系

政府付费和可行性缺口补助 PPP 项目，因其使用财政性资金，即使在前期投入阶段是由社会资本投资或者向第三方融资，但还款资金为财政性资金的 PPP 项目，或者属于政府付费和可行性缺口补助 PPP 项目，因其同时符合政府采购法律适用的四个条件：一是有政府方；二是使用财政性资金；三是 PPP 项目金额远超采购限额标准（即使 PPP 项目没有包含在集中采购目录之内）；四是 PPP 项目属于工程、货物或服务的综合项目或至少包含一项标的的项目之内，所以须执行政府采购法律体系的规定。

(二) 政府向社会公众提供公共服务的 PPP 项目须遵循的条件

根据《财政部关于推进完善服务项目政府采购问题的通知》(财库〔2014〕37号)的规定:"根据现行政府采购品目分类,按照服务受益对象将服务项目分为三类:第一类为保障政府部门自身正常运转需要向社会购买的服务。如公文印刷、物业管理、公车租赁、系统维护等。第二类为政府部门为履行宏观调控、市场监管等职能需要向社会购买的服务。如法规政策、发展规划、标准制定的前期研究和后期宣传、法律咨询等。第三类为增加国民福利、受益对象特定,政府向社会公众提供的公共服务。包括:以物为对象的公共服务,如公共设施管理服务、环境服务、专业技术服务等;以人为对象的公共服务,如教育、医疗卫生和社会服务等。

要按照"方式灵活、程序简便、竞争有序、结果评价"的原则,针对服务项目的不同特点,探索与之相适应的采购方式、评审制度与合同类型,建立健全适应服务项目政府采购工作特点的新机制。"

政府向社会公众提供的公共服务,如果采取 PPP 的模式实施,须遵循更严格的规定,主要有以下两点:

(1) 政府方应当就确定采购需求征求社会公众的意见。法律依据为《政府采购法实施条例》第十五条规定:"采购人、采购代理机构应当根据政府采购政策、采购预算、采购需求编制采购文件。采购需求应当符合法律法规以及政府采购政策规定的技术、服务、安全等要求。政府向社会公众提供的公共服务项目,应当就确定采购需求征求社会公众的意见"。因此,对于政府向社会公众提供公共服务类的 PPP 项目,在确定采购需求时,须征求社会公众的意见。

(2) 政府在验收时应当邀请作为社会公众的服务对象参与并出具意见,验收结果应当向社会公告。法律依据为《政府采购法实施条例》第四十五条的规定:"采购人或者采购代理机构应当按照政府采购合同规定的技术、服务、安全标准组织对供应商履约情况进行验收,并出具验收书。验收书应当包括每一项技术、服务、安全标准的履约情况。政府向社会公众提供的公共服务项目,验收时应当邀请服务对象参与并出具意见,验收结果应当向社会公告。"因此,对于政府向社会公众提供公共服务类的 PPP 项目,在制定采购文件时,除在确定采购需求时,须征求社会公众的意见外,还需要在采购文件中明确作为社会公众的服务对象参与验收并出具意见,且验收结果将向社会公告。

(三) PPP 项目并不能任意选择政府采购方式予以实施

在我国,明确的政府采购方式达到六种。对于此六种方式,PPP 项目并不能任意选用,须遵循相应的条件。

(1) 询价,PPP 项目绝对不能采用。根据《政府采购法》第三十二条的规定:"采购的货物规格、标准统一、现货货源充足且价格变化幅度小的政府采购项目,可以依照本法采用询价方式采购。"询价只适合于货物采购,且采购的货物规格、标准统一、现货货源充足且价格变化幅度小。PPP 项目,与单纯的货物采购项目,完全不是一回事情。因此,PPP 项目绝对不能采用询价的方式采购。

(2) 单一来源采购,PPP 项目须严格考量其自身条件。根据《政府采购法》第三十一条的规定:"符合下列情形之一的货物或者服务,可以依照本法采用单一来源方式采购:(一) 只能从唯一供应商处采购的;(二) 发生了不可预见的紧急情况不能从其他供应商处采购的；(三) 必须保证原有采购项目一致性或者服务配套的要求，需要继续从原供应商处添购，且添购资金总额不超过原合同采购金额百分之十的。"对于何谓"只能从唯一供应商处采购的"？《政府采购法实施条例》第二十七条予以了细化规定："政府采购法第三十一条第一项规定的情形，是指因货物或者服务使用不可替代的专利、专有技术，或者公共服务项目具有特殊要求，导致只能从某一特定供应商处采购。"因此，对于拟采用单一来源采购的PPP项目，在实施采购方式之前，须进行充分的市场调研，确定市场上是否只有一家社会资本能够提供相应的服务。

(3) 公开（邀请）招标，并不适用于所有的PPP项目。虽然《政府采购法》第二十六条明确规定公开（邀请）招标应作为政府采购的主要采购方式，虽然公开招标的公开、公平、公正性相对于其他政府采购方式来说，最强也最透明，但因PPP项目的特殊性，并不是所有的PPP项目均适用公开招标方式。对此，《财政部关于印发政府和社会资本合作模式操作指南（试行）的通知》（财金〔2014〕113号）第十一条已经予以了明确的规定。（七）采购方式选择。项目采购应根据《中华人民共和国政府采购法》及相关规章制度执行，采购方式包括公开招标、竞争性谈判、邀请招标、竞争性磋商和单一来源采购。项目实施机构应根据项目采购需求特点，依法选择适当采购方式。公开（邀请）招标主要适用于核心边界条件和技术经济参数明确、完整、符合国家法律法规和政府采购政策，且采购中不作更改的项目。"

(4) 竞争性谈判，PPP项目须慎重使用。根据《政府采购法》第三十八条的规定："采用竞争性谈判方式采购的，应当遵循下列程序。"（五）确定成交供应商。谈判结束后，谈判小组应当要求所有参加谈判的供应商在规定时间内进行最后报价，采购人从谈判小组提出的成交候选人中根据符合采购需求、质量和服务相等且报价最低的原则确定成交供应商，并将结果通知所有参加谈判的未成交的供应商。"所以，由于PPP项目的超级复杂性，单纯以"符合采购需求、质量和服务相等且报价最低的原则"的报价导向评审，并不一定适用于所有的PPP项目。

(5) 竞争性磋商，PPP项目大有可为。竞争性磋商与竞争性谈判的最大区别，是一改竞争性谈判的价格最低导向原则为综合评分最高导向为原则，这比较契合复杂的PPP项目的特点。同时，《政府采购竞争性磋商采购方式管理暂行办法》的出台目的之一，就是为了推广政府和社会资本合作（PPP）模式的工作需要。另外，根据《政府采购竞争性磋商采购方式管理暂行办法》第三条的规定："符合下列情形的项目，可以采用竞争性磋商方式开展采购：（一）政府购买服务项目；（二）技术复杂或者性质特殊，不能确定详细规格或者具体要求的；（三）因艺术品采购、专利、专有技术或者服务的时间、数量事先不能确定等原因不能事先计算出价格总额的；（四）市场竞争不充分的科研项目，以及需要扶持的科技成果转化项目；（五）按照招标投标法及其实施条例必须进行招标的工程建设项目以外的工程建设项目。"竞争性磋商的适用范围广泛。

二、制度改革建议

(一) 特许经营法和PPP法的适用性

(1) 特许经营法和PPP法是吸引社会资本投资公共基础设施建设的两种思路。虽然有些国家同时制定了特许权法和PPP法，但往往是因为在初期只有特许权法，后来由于特许权法不能涵盖PPP的所有情形，因而另行制定PPP法。

(2) 由于 PPP 法适用面更广、形式更灵活、原则性和倡导性更强，更适合现代社会复杂多变的形势和大众创新的时代要求，更利于对政府和社会资本起到好的引导作用，因此，应作为促进社会资本投资公共基础设施的主导法律。

(3) 由于特许经营涉及政府将其公共事务经营管理职能转移给社会资本，理应制定一部特许经营法，对此种行为通过人大或人大常委会予以认可，否则政府行为有违宪、违反政府组织法的嫌疑。但鉴于 PPP 法将对政府和社会资本如何从事公共基础设施投资、建设和运营提出更具体和更细致的要求，特许经营法应限定在解决法律层面。政府此种行为的合宪性上，避免和 PPP 规定造成重复和冲突。例如巴西后来制定的《PPP 法》即规定所有 PPP 项目都适用该法律，但如果项目同时属于特许权，也应符合《特许权法》的规定。

(4) 由于 PPP 法囊括范围很广，包括一些建立在管理合同、服务合同基础上的项目也可能纳入到 PPP 范畴，在不限制政府和社会资本采用形式多样的合作模式建设公共设施的前提下，应有针对性、方向性的提供优惠政策和财政支持政策，以确保真正做到政府职能、风险和责任的转移，促使 PPP 在良性的轨道上健康发展。因此，在规定 PPP 项目所能享受的政府优惠和扶持政策时，不能一概而论，而需要考量 PPP 项目的具体情况，做出选择性的安排。在这一方面，特许经营类的 PPP 由于实现了政府职能、风险和责任的根本转移，应是 PPP 项目的优选之一。

(二) 建立双轨制 PPP 制度体系

我国应建立双轨制 PPP 制度体系。应强调加强统筹协调和进行政策制度顶层设计，尽快完成适合中国国情的 PPP 制度体系建设。

中国引入国际通行的"公共部门和社会资本合作"（PPP）项目运作理念，结合中国国有经济占主体地位的实际情况，进行本土化创新，提出具有中国特色的"政府和社会资本合作"新理念，强调既要发挥市场配置资源的决定性作用，又要更好地发挥政府作用，是推动中国基础设施和社会事业投资建设领域治理体系和治理能力现代化的重要手段。因此，更应强调加强统筹协调和进行政策制度顶层设计，尽快完成适合中国国情的 PPP 制度体系建设。

1. 建立适合我国特点的 PPP 推广应用双重制度体系

使用者付费类特许经营 PPP 模式和政府购买服务类 PPP 模式，是 PPP 模式的两种基本类型。对于使用者付费类 PPP 模式，要求采用特许经营的方式，向项目产品和服务的使用者收取费用，用以回收项目建设和运营成本。对于政府购买服务类 PPP 项目，则通过政府向项目提供的公共服务支付购买费用，使得社会资本能够回收项目前期建设投资及运营费用。

中国财政部门所倡导的政府采购 PPP 模式，本质上是借鉴英国政府付费型 PFI 模式的理念。中国投资、建设等主管部门过去 20 多年所推动的特许经营类 PPP 模式，更多地借鉴法国有关特许经营的经验。法国对于使用者付费类特许经营模式应用已经非常成熟。20 世纪 90 年代以来，由于英国政府付费类 PPP（即 PFI 模式）在英国取得明显成效，法国转而倡导建立双轨制的 PPP 制度体系，将特许经营和政府购买服务都纳入法国的 PPP 制度框架。中国由于发展阶段不同，经济类基础设施项目建设任务十分繁重，因此仍然需要大力发展特许经营类 PPP 项目。如果中国主要借鉴英国经验，仅将 PPP 模式狭义地理解为政府购买服务类 PPP 模式，不利于中国特许经营类 PPP 模式健康发展。

根据中国的经济发展阶段特征、基础设施领域投融资体制机制情况，中国应主要借鉴法国的经验,既要强调推广应用政府采购类PPP模式,也要强调发展特许经营类PPP模式,并由国家投资主管部门主导制定特许经营类PPP制度体系,由财政主管部门主导制定政府采购类PPP制度体系,厘清基本概念,加强协调配合,共同推进中国PPP制度的建立和完善。

对于特许经营类PPP模式,应加快推进特许经营立法工作。对于政府购买服务类PPP模式,与特许经营类PPP模式的合同结构、风险控制、模式选择等存在重大区别。对其进行制度设计,应将更多精力放在如何推动政府采购领域的深化改革,研究制定出台采购主体资格确认,采购交易价格形成,采购程序规范,采购服务标准制定以及跟踪、监测、绩效评价等内容。

2. 明确部门职能分工及协调配合

目前中国在推广应用PPP模式过程中,存在政出多门、政府各职能部门之间缺乏协调的现象,使得地方政府及PPP项目实施机构无所适从,损害了政府部门的权威性,严重影响了PPP模式在中国的健康发展。突出问题在于财政部门强调无论是特许经营类PPP项目,还是政府采购类PPP项目,本质上都是政府购买服务类PPP项目,都应纳入政府采购框架流程。按照中国政府职能配置,财政主管部门负责政府采购职能。这样,财政主管部门通过推广运用PPP模式,就可以建立一套全新的涵盖基础设施、社会事业和公共服务的项目评价、申报和管理操作流程。这种操作流程与国家发展改革部门所理解的基础设施和社会事业特许经营运作模式以及项目建设所遵循的基本建设程序存在较大差别。

纵观世界各国,政府组织机构设置各不相同,各部门职能分工不同,但均强调各部门之间要加强协调,各司其职,共同完成PPP项目治理的相关职能。法国中央政府分别设立负责经济发展工作的经济部和负责财政采购管理的财政部,经济部负责PPP(包括特许经营和政府采购类CP)项目的产业政策、行业规划制定,对PPP项目进行费用效益分析及经济可行性评估;对于涉及政府购买服务的CP项目以及需要财政补贴的特许经营项目,财政部门需要从财政资金支付管理的角度进行监管。

在项目审查方面,明确所有PPP项目都应纳入公共投资基本建设程序进行管理,强调由投资主管部门从发展战略、产业政策、行业准入等角度进行审查。对于特许经营类PPP项目,国家价格主管部门还应强化进行使用者付费机制的审查;对于政府购买服务类PPP项目以及需要财政补贴的特许经营类PPP项目,财政主管部门应强化对财政资金投入的专项审查,形成强有力的制衡机制,加强协调配合,共同推进中国PPP制度的建立和完善。

3. 完善中国PPP项目专业评估论证制度

目前中国PPP项目可行性论证中的最大问题,就是由于强调所有PPP项目本质上均属于政府采购,对其专业评估论证仅需做好财政承受能力论证和物有所值评价。从项目可行性研究角度看,财政承受能力应进行总体评价,对单个项目进行财政承受能力评价的实际意义不大。

对于物有所值评价,即VFM分析,本质上是政府采购方案的比选论证。对比传统采购模式下的政府付出代价(即公共部门比较值PSC)和采用PFI模式的政府付出代价,据以判断采用PFI模式政府节省的费用。对于特许经营类PPP模式,在逻辑上不需要进行政府采购付费的比较评价。

中国当前过分强调从财政资金投入(事实上,一些特许经营PPP项目根本没有财政资金投入）的环节对 PPP 项目进行监管，就会削弱从国家经济发展战略、行业发展规划、产业准入标准、法律法规政策等层面对 PPP 项目进行监管，就会脱离我国现行的工程项目基本建设管理程序，造成中国工程项目管理体系及思路的混乱，不利于 PPP 模式在中国的长期健康发展，其危害性将逐步显现，必须尽快予以纠正。

4. 选择部分城市开展 PPP 体制机制深化改革综合试点

鉴于推广应用 PPP 模式对于深化基础设施和公共事业领域体制机制改革的意义重大，目前全国各地 PPP 项目落地十分困难。要在全国选择若干个有代表性的城市，从 4 个方面开展 PPP 体制机制改革综合试点：

（1）制度落地。对中央各部门出台的众多 PPP 政策文件，进行系统梳理，结合各地特点研究如何落地。对于不符合地方实际情况及不利于我国 PPP 模式健康发展的相关政策文件，通过试点示范总结，提出修改完善意见建议。

（2）当地 PPP 项目融资能力建设。动员各大金融机构及投资企业，研究当地制约 PPP 项目可融资性的瓶颈因素，研究提升当地 PPP 项目融资能力的具体方案。

（3）专业咨询能力建设。通过培训和专业化的智力服务，提升地方针对 PPP 方案的策划能力，提升 PPP 项目方案的可操作性。

（4）保险体系建设。联合保险机构，设计特定保险产品，对试点城市开展地方政府履约信用保险，鼓励社会资本在自愿的前提下进行购买保险产品。地方政府一旦失约，由保险公司负责赔偿，以增强社会资本的投资信心。通过上述试点示范，总结可复制、易推广的经验，在全国范围内推广应用，以促进 PPP 模式在全国各地务实推进，加快推进适合中国国情的 PPP 制度体系建设。

5. 完善政府购买服务类 PPP 制度体系

政府购买服务类型 PPP 模式，对于存量项目可以采用服务外包、运营维护合同、管理合同、租赁合同等形式。对于新建项目，可采用政府付费类 PPP 模式。

政府付费类 PPP 模式，源于英国的 PFI，往往难以锁定具体受益对象，难以向使用者收费，只能采用政府购买服务的方式，其运作应纳入政府采购流程。根据政府采购相关法律规定，一项活动是否构成政府采购，必须具备两个基本要素，即必须有财政资金投入，必须纳入政府预算管理。我国当前出台的国家层面的大量 PPP 相关政策，片面学习借鉴英国 PFI 的理念，因 PFI 本质上属于政府采购，因此认为所有 PPP 项目都属于政府采购，要求将所有 PPP 项目全面纳入政府购买服务的范畴。甚至对于特许经营类 PPP 项目，认为提供公共服务的社会资本，其向使用者收费所获得的收费权本质上属于政府采购公共服务一种对价，因此也属于政府购买服务。在市场经济条件下，企业向其提供公共产品和服务的使用者收费，是企业经营自主权的基本体现。

6. 加快推动特许经营立法

特许经营已经被国际公认属于 PPP 的重要模式。目前，关于特许经营与 PPP 之争，一种观点认为，特许经营合同属于行政合同。特许经营权的授予，体现了政府部门依靠行政权力对特定项目经营许可的授权，不属于民法意义上的平等主体合作伙伴关系。而 PPP 强调平等伙伴关系的建立，因此我国应抓紧推动 PPP 立法，而不是通过特许经营立法来规范 PPP 的法律关系。同时，也有观点认为，我国的特许经营，是借鉴国际经验，结合中国国情所形成的基础设施和公用事业项目运作模式，可涵盖到 PPP 的所有领域，特许经营立法就是 PPP 立法。这些观点均有偏颇。实际上，特许经营属于 PPP 的范畴，是 PPP 的主要实现形式，但并不是 PPP 的全部。对于新建项目，PPP 除特许经营之外，还包括政府购买服务和股权合作等方式；对于存量项目，PPP 模式除特许经营合同之外，还包括非特许经营的各种政府购买服务合同形式。

1）特许经营合同成立的主要因素

特许经营类型 PPP 模式，本质上是使用者付费类 PPP 模式。判断政府和社会资本签署的合作合同是否属于特许经营合同，主要考虑两个因素：

（1）社会资本所获得的收入来源必须是经营该设施；

（2）由社会资本承担该设施的经营风险。如果政府通过保证社会投资获得固定回报，则社会资本不承担该项目的经营风险，该合同不属于特许经营合同。如果服务提供费用实质上由政府承担，社会资本并不从直接使用该设施的用户付费中收取报酬，该合同也不是特许经营合同。政府在赋予社会资本特许经营合同的同时，通过可行性缺口补贴的方式对公共服务及运营成本进行补贴，这种情况不改变合同的特许经营性质。

2）PPP 合同性质的认定

PPP 强调合作主体之间建立平等伙伴关系，因此特许经营协议双方建立的是平等合作关系。使用者付费类 PPP 合同因涉及提供公共产品，需要政府授予特许经营。对于合同的性质，应分两个层次认定：

（1）行政机构和本地公营机构之间的特许经营协议，属于行政协议范畴。

（2）公营机构经政府授权，与社会资本之间签署的特许经营协议，属于民事协议范畴，强调平等民事主体之间的合同关系，但受到政府对公共部门行政授权的制约，也可认定为行政合同，但这并不影响其平等协议特征，就如政府采购协议属于政府和服务商达成的协议，但仍属于平等协议的性质同理。

我国应抓紧研究制定特许经营法，明确特许经营的各种特征，以及政府和社会资本参与特许经营所形成的各种权力义务关系。如：特许经营项目范围；经营主体的确定；经营方式、收入来源及风险承担方式；协议的订立、履行、变更和终止；公共利益的维护；政府财政补贴的规范管理；争议解决及法律责任。

三、工作推行建议

（一）解决"人"的问题

（1）地方政府领导，要对 PPP 持"正面、积极"的态度并在工作中"亲自抓"；

（2）市、县财政等有关部门 PPP 工作人员：首先要"懂"PPP，主要不靠被动培训而靠主动自学；其次要对 PPP 工作要"上心、有责任感"；第三要做事、做成事。

（二）PPP 顶层设计简单化

地方政府及有关部门在项目实施过程中，在规范的、不缺步骤的前提下把个别复杂问题简单化（不是"假"化）。财政部门主导的 PPP 项目与其他非 PPP 项目的最大不同，就是增加了物有所值评价和财政承受能力论证环节。PPP 项目要规范是应该的，财政承受能力论证是必须的，PSC 值与 PPP 值的比较本身就难免其"预测、估算、参考"等带有相当主观性的、局限性的因素，如果设计得越复杂，就越容易使人产生畏惧感，越增加项目难度。如果不把看起来比较复杂、比较"洋化"的 PPP 尽量"简化"（不是假化、形式化）、"土化"，将来势必存在被诟病的可能性。正确的应该是"推动共性问题处理方式标准化"，尽快形成一批可复制、可推广的、标准化的"示范项目"。

（三）公开项目库信息

只要无关国家机密和商业秘密，有什么不可公开的呢？加密项目信息无益社会资本获得和市场充分竞争、公平竞争，只会浪费时间、浪费全社会成本，降低办事效率、降低项目成功率。国办发〔2015〕42号《关于在公共服务领域推广政府和社会资本合作模式的指导意见》第25条要求："地方各级人民政府要及时向社会公开项目实施情况等相关信息，确保项目实施公开透明、有序推进"。

（四）完善政府推动措施

PPP模式的运用属于创新事务，从政策的制定、项目执行以及后续的监管都应有完整的规划。目前，我国在促进社会资本参与基础设施和公共服务方面的相关法律还不完备。因此，政府应在考虑我国国情的基础上，参照国外先进国家的做法，研究制定相关推动措施，促进社会资本以PPP模式参与基础设施建设和公共服务。

（1）成立具体的管理和推动部门。在英国，政府商务办公室为国家PPP的政策单位，负责制定整体PPP项目实施政策和策略、研究制定PPP项目实施及合同管理作业程序、提供地方政府PPP模式的实施策略等。我国并没有设置推动PPP项目实施政策的部门，建议在国家发改委或建设部设立专门负责PPP项目的部门，以推动我国PPP项目的实施。

（2）制定相应的政策和建立各级政府机关联合互动的促进体系。各级主管部门应通过评估确立PPP模式适宜的范围和原则。政府可以考虑成立跨部门的协调推动小组，由发改委、财政部、交通部、建设部的涉及城市基础设施项目和公共服务项目审批与执行部门联合参与。省各级部门成立相应的推动小组，负责辖区内的政策制定、项目及前期研究和监管。

（3）研究制定通用的PPP项目实施规范。由于基础设施和公共服务性质不同，与之相应的PPP项目的实施也有所不同。如国家体育馆鸟巢BOT项目，由于实施规范的缺乏，产生了很多问题，在签订合同后，市政府要求减少体育场中的商业设施，取消活动屋顶等，限制了项目公司对体育馆的商业化运行，损害了项目公司的经济利益。因此主管部门和行业协会应加紧研究制定行业通用的PPP项目实施规范和专用标准。一方面利于政府部门参与协调和监督，另一方面也有利于吸引社会资本的积极参与。

（4）提供激励措施。由于目前我国相关法律法规的不完善，未能有效的推动PPP在我国的应用，因此政府在实际操作PPP项目时，可根据项目的特点采取投资赞助、协助融资、政府担保、税收优惠等具体的激励措施吸引社会资本参与基础设施和公用服务PPP项目的投资。如汉阳黄金口污水处理厂BOT项目，盐城城南污水处理厂BOT项目等项目中，政府均保证项目公司在整个特许经营期内无偿使用污水处理厂内的土地，并且协助项目公司获得与履行项目协议相关的税收优惠等。

（5）风险的合理分担。PPP项目能否顺利实施，需要双方对项目中的风险进行合理的分担。采取合理的风险分担的方式，从项目整体风险管理的角度，遵循合理分担的原则，共同应对风险。因此，项目参与方应根据项目实施过程中诸多的风险问题，采取合理的风险分担方式，积极的应对措施，最大限度地化解了项目的风险。按照风险分配的原则，对比分析政府及社会资本的风险分担偏好和实际风险分担。

四、项目运营建议

（一）项目选择建议

PPP 项目选择一般按项目的信息筛选范围进行选择。

1. 项目的行业与区域及规模信息

信息收集单位优先选择，有收益的基础设施和公用事业项目，项目靠自身收益能够平衡，或者通过一定的财政补贴能够平衡。无收益的项目，政府能够匹配一定的资源，或者与有收益的项目捆绑，或者通过财政补贴平衡。一般收集项目的行业与区域及规模信息如下：

（1）行业

① 城市供水、污水处理项目：城市存量供水、污水处理项目改制招商，以及新建供水、污水项目，县级及以上供水、污水处理项目整体打包招商；含水库、水源、引水、管网工程。

② 园区（大型企业）供水、污水处理项目：开发区、新区、工业园区的供水、污水处理项目，以及单个或多个大型企业的污水处理项目。

③ 地下管廊：城市（特别是新区）地下综合管廊项目。

④ 城市轨道交通：主城区、新区、开发区、园区、旅游景区的现代有轨电车、单轨项目。

⑤ 收费公路、桥梁：具有收费权的高速公路、桥梁、隧道项目。

⑥ 水运、码头：海、河、湖等水域码头、作业区。

⑦ 智能交通项目：城市停车场、停车库。

（2）区域

① 地级市及以上城市、计划单列市、省会城市。

② 全国百强县。

③ 省级及国家级经济技术开发区、高新技术开发区、国家级新区。

（3）项目规模

项目总投资规模不宜太低，建议在 1~50 亿元之间。

2. 需收集的项目信息内容

获得项目信息后，由信息收集单位协助进一步调研如下内容：

（1）项目基本情况：项目建设内容、投资规模、时间进度要求。

（2）项目前期工作情况及进度：处于前期工作哪个阶段，项目前期成果文件，包括项目建议书、可行性研究报告及批复、初步设计（概算）及批复、施工图（预算）及批复等。

（3）项目业主基本情况：政府的分管领导，具体负责的政府部门或者平台公司，在项目中的定位和决策权；业主方关键人员，包括负责投融资的人员。

（4）PPP 项目入库情况：是否进入市、省、国家 PPP 项目库。

（5）政策扶持：项目所在地进入国家、省与项目相关的试点城市名单及相应的扶持政策，如综合管理试点城市、海绵城市、智慧城市等；地方政府对 PPP 项目专门的扶持政策，如财政补助、贷款贴息、税费减免等。

（6）项目 PPP 模式设想：业主是否形成了 PPP 实施方案，对项目 PPP 模式（如 BOT、BOOT 等）、项目投融资（如纳入 PPP 的投资规模、自有资本金要求、引入基金、贷款贴息等）、社会资本要求、项目平衡方式（如财政补贴、捆绑资源等）的具体设想。

（7）其他投资人跟进情况：业主是否与已接触过其他投资人，沟通的深度及达成的意向；

（8）项目取得的方式：业主对项目采购方式的设想，采取招标、竞争性磋商、竞争性谈判或其他方式。

（9）咨询机构：业主是否委托了专门的咨询机构，咨询机构的名称及委托关系，承揽的任务及业务水平。

3. 筛选标准

项目投资进行初步分析时，一般以下条件作为筛选标准之一：

（1）项目所在地政府一般公共预算收入不低于1个亿；

（2）且PPP项目付费能纳入财政预算中。

（二）伙伴选择建议

（1）规范选择PPP项目合作伙伴，明确建立独立、透明、可问责、专业化的PPP项目监管体系，使用标准合同范本是PPP项目成功的关键。

（2）充分调动社会投资积极性，切实发挥好投资对经济增长的关键作用，进一步打破行业垄断和市场壁垒，降低准入门槛，建立公平开放透明的市场规则，营造权利平等、机会平等、规则平等的投资环境。

（三）合同订立建议

规范合作关系，保障各方利益。政府有关部门要制定管理办法，合同范本要规范，对PPP项目的业主选择要公开、价格管理要适中、回报方式要灵活、服务标准要清晰、信息披露要及时、违约处罚要严明、政府接管要客观以及评估论证要准确等进行详细规定，规范合作关系。

（四）合同履行建议

健全风险防范和监督机制。政府和投资者应对PPP项目可能产生的政策风险、商业风险、环境风险、法律风险等进行充分论证，完善合同设计和执行中的缺陷，健全纠纷解决和风险防范机制。建立独立、透明、可问责、专业化的PPP项目监管体系，形成由政府监管部门、投资者、社会公众、专家、媒体等共同参与的监督机制。

（五）健全退出机制

政府要与投资者明确PPP项目的退出路径，保障项目持续稳定运行。项目合作结束后，政府应组织做好接管工作，妥善处理投资回收、资产处理等事宜。

五、PPP项目整体实施一般路径参考建议

（一）项目发起

1. 明确需求

拟建项目相应级别的行业主管部门，如市级项目由交通局、环卫局、教育局等根据行业需求分析报政府及发改委申请投资立项。需求应量化，尤其对于拟用PPP模式开发的项目，量化的需求是在支付环节提供绩效标准的重要依据，比如，每年需新增垃圾处理多少吨。需求分析是确定投资规模、投资方式的前提。

可由相关专业国有企业、政府投融资平台公司会同行业主管部门提出上述需求，并报政府立项。

2. 评估方案

在需求分析基础上，进一步对备选方案进行评估，主要是开发方式的选择。由于PPP

开发模式前期工作较长、过程复杂、专业性强、总投资大，因此不是所有的项目都适用 PPP 模式。有些可能更适合传统采购方式，如 BT 或代建。对于确需进行 PPP 模式开发的，要为项目确立一个参考标准，即如果按照传统政府采购模式（PSC）开发，需要的总投资和产生的效益，以便为引入 PPP 模式提供充分的依据。

3. 可行性研究

项目可行性研究应由以上相关部门组织专家独立进行，或通过权威中介机构提供分析报告。

在可行性研究中，商业预测较为关键，它可以使政府在大量花费资源开发项目之前就能够对合作伙伴关系的适用性有所认识，且对于分析招商过程中社会资本方是否胜任、确定合理标底有意义。

PPP 项目涉及社会资本的引入。项目可行性研究对于量化项目风险和成本，确定净利润，形成有吸引力的商业预测，从而降低招商难度有帮助。同时也是政府选择开发模式的参考依据。

国际上一些失败的 PPP 案例大多源于对市场风险预测不足，导致收支难以平衡，最后破产，由政府接管提供公共服务，无形中也增加了公共资源的浪费。

4. 征询意见

就拟建 PPP 项目征询监管方、专家、终端用户等的意见有助于发现潜在问题，并在完善后发布切实可行的招商文件。

5. 确定决策文件

在项目发起的最后阶段，通过分析需求及初步的可行性研究之后，应形成相关确定性文件，比如绩效标准，风险管理方式，项目公司运营模式，招商程序，融资安排以及监管方案等。

这是开展项目招商工作的前提，也是政府在 PPP 项目中需要做的基础工作。

（二）项目招商

1. 成立招商小组

招商主体一般由项目所在行业专业主管部门及政府投融资平台公司组成。招商主体可以进一步委托专业的资产管理公司或资产运营公司为招商代理，并与其组成招商工作小组。

为完成招商工作，招商工作小组应聘请相应的财务顾问、法律顾问和技术顾问等。在成功招商后，顾问团队可以进入项目公司继续提供咨询服务，顾问费用由项目公司支付。

2. 发布招商文件

招商前期准备工作包括与潜在对象初步接触，向政府有关部门和融资机构进行咨询等，并在此基础上确定招商边界条件。如，合同结构，特许经营协议，费用结算方式，项目公司的组织形式，招商的范围等。这些内容构成完整的招商方案。在获得政府批准后，由招商工作小组正式发布招商文件。

3. 确定短名单

招商文件发布后，招商工作小组负责接待意向投资者，在提供必要的文件和信息后，与意向投资者进行充分的沟通，并接收投资建议书。

招商工作小组应从大量的投标方筛选优质的对象确定短名单进入谈判环节。过低的门槛虽然可以使得竞标过程比较激烈，但也容易增加谈判工作难度。由于 PPP 项目的特殊性和长期性，单一的指标（如利润率、成本收益等）无法确定最合适的合作伙伴。

以往一些PPP案例中不乏为中标而故意压低条件，但最后却无法维持，转而由政府接手的现象。

4. 谈判及评审

专家和顾问团队应根据项目的特点，从成本效益、技术创新、管理经验等各方面予以分析比对，尽量以推荐而非打分的方式出具意见。当前PPP项目的行业经验不足以用过于精细的方式进行评选。

评审工作应充分考虑PPP项目的全生命周期这个特点。对投资者的经验、技术、实力以及创新能力应予以重视，这些比价格更为重要。

5. 签约

最后由招商主体的行业相关主管部门与胜出的投资者或联合体进行签约，授予PPP项目一定年限的特许经营权，并签订合同，由其负责投资、设计、建设、运营和维护；如有外资参与，还需要由拟参股项目的国有企业或政府投融资平台公司与其签订合资协议等其他合同。

成功的招商工作是PPP项目达成预期的前提，必须审慎、周全（一般历时约半年至一年）。

（三）组建项目公司

1. 股东构成

由取得特许经营权的投资者或联合体出资组建特殊目的项目公司（SPV）。一般代表政府公共利益的国有企业或政府投融资平台公司应进入项目公司，参与董事会及日常经营管理。

2. 融资来源

项目公司的资金来源包括股本和债务。股本由股东出资，债务资金则由银行或非银行金融机构提供。为丰富融资结构，满足融资要求，也可以吸收一些次级债和优先股。

国际上项目公司的股本在资金来源中占比较小，一般不足20%。国内一些PPP案例中，这一比例稍高，但一般不超过1/3，大部分开发资金应通过项目本身的融资能力实现。

3. 管理层

由股东方、融资方组成的管理团队负责日常经营工作，通过董事会、总经理办公会等处理项目公司在开发建设和运营中的问题，并在统一招标、谈判、公开信息方面提供保障和服务。

4. 协调委员会

由股东方、政府代表、专家顾问等组成协调委员会，对于项目公司内外部利益冲突，进行协调解决，也可以致力于与政府相关部门的协调沟通。

对于冲突的解决，一般先由协调委员会进行协调，然后是协调委员会下设的专家委员会进行专业性评判，最后才是选择仲裁诉讼等，这有利于保障合作伙伴关系及各方利益。

（四）风险管控

1. 风险分配

PPP项目的风险类型主要有技术风险、建设风险、运营风险、收入风险、财务风险、法规/政治风险、环境风险、不可抗力风险等及以上各种风险组合所导致的项目失败风险。

各类风险分配遵循"最优承担"原则，即由最有能力处理的一方来承担。这能降低风险的边际成本，达到PPP项目资金的最佳使用价值。

技术风险、建设风险、运营风险、收入风险、财务风险等由项目公司承担,但其中也有属于政府责任部分,比如土地权属、服务及产品规格定义错误、政府要求变化、支付违约等,需在合同及特许经营协议中明确。

法规政治风险、不可抗力风险等应根据双方的权责进行分担,一般政府公共部门承担较多此类风险。

及时引入商业保险,用于转移不确定性大、损失额度大的风险,如某些不可抗力事件导致的项目重大损失。

风险分配在签约性谈判阶段已经完成,并体现在合同及特许经营协议中。

在建设经营阶段,主要是充分发挥经营管理层和协调委员会的作用,及时识别、转移、化解相应风险。

2. 多级监管

项目公司应设置多级监管体系,以保障项目进度、服务质量及公共利益。

常见的监督体系分三级。①政府行业主管部门不定期检查;②协调委员会根据需要可以定期也可以随机抽查;③项目公司内部审计监察团队需定期对项目的建设、服务等进行常规检查。

3. 风险分担

PPP项目是全生命周期合作。在较长的特许经营期内,全寿命周期的特点是双方无法在一开始就预见所有可能的情况。这就需要公私双方本着合作伙伴的精神,对项目未来可能出现的风险和收益预留足够的协商空间。

如果项目实际收益过高,意味着项目中公共利益被低估,在到达预设阈值后,双方应启动谈判,就合理分配超额收益进行协商。在实际操作中,可以通过缩短特许期或者降低支付标准实现。反之,如果项目自投入运营后,因非主观原因长期陷入亏损,经营困难,在达到预设阈值后,同样应启动谈判机制。可以通过延长特许经营期或给予补贴等方式予以调整。如著名PPP项目英法海底隧道因市场原因,客流受影响,经营恶化,政府遂将特许经营期延长至99年,但因财务状况恶化,最终破产。

(五)项目移交

1. 完整移交

特许经营期到期后,项目公司应根据合同和特许经营协议将相应资产和服务无偿完整移交给政府指定部门或公司。

完整移交指的是项目资产在移交后完整可用。为保障完整性,项目公司应缴纳一定的维修保障资金或者签署附加协议,在一定周期内,比如一年,资产运作和服务提供基本不受移交带来的负面影响。

2. 后续管理

政府部门作为PPP项目的最终接收方,在特许经营协议到期后,一般有三种后续管理思路。

(1)与原资产经营团队续约,根据实际情况,签订新的特许经营协议。

(2)由政府行业主管部门或其指定国有企业接管,提供公共服务。

(3)对该项目重新进行招投标,聘请更为优秀的经营管理团队。

三种方式各有利弊,应根据资金价值最大化、维护共用利益的原则进行选择。

（六）PPP项目会计核算建议

1. 完善PPP项目范围界定

依据项目类型可以分为建设型PPP融资模式、发展型PPP融资模式和服务型PPP融资模式。在界定PPP项目范围时，应该紧紧围绕着项目建设的本质，从项目的内在特征入手，实现对项目的有效控制。政府部门应该明确PPP项目的建设目的，要求PPP项目必须提供什么样的服务，向谁提供服务。在特许前后，政府或其指定的授权者能够对基础设施的任何重大剩余利益进行控制。在特许期执行期间，PPP项目公司能够在协议期间内拥有持续使用基础设施的权利，对于产生的利益能够进行支配；在协议终止之后，政府及其授权者应该回收重大剩余利益，无论PPP项目重大剩余利益为多少，都属于PPP项目的适用范围。

2. 对政府主体的PPP项目会计核算的建议

完善政府主体的行政工作制度，加强政府部门对于PPP项目各个部门会计信息的审计工作。行政主管部门对于PPP项目主体传递的会计信息要及时予以核实、确认，建立健全相应的规划预算以及监督管理机制，从而保证PPP项目主体能够及时准确地将会计信息予以披露。主管部门以及监督机构要定期对于PPP项目会计进行核算。同时，将PPP项目会计主体会计信息披露过程以及审计的结果公之于众，保证整个过程的独立性，以提高审计工作的开放性和透明度。对PPP项目会计各项商业活动进行审计，通过行政监督、投资控制、财务管理等方面过程中的审计，及时发现问题，解剖问题的原因，以促进项目的有序进行，促进商业银行全面发展。

3. 对PPP项目公司主体会计核算的建议

会计集中核算向纵深发展是PPP项目集约化管理的要求，也是提升财务管理质量与管理效率的重要措施。在财务管理中，应加强财务原始凭据的管理，强化会计审计工作管理，夯实会计基础工作，改变传统人工报表数据输入方式，不断推进财务管理的电子化、信息化，确保城市建设项目能够顺利展开。积极应用最新的会计审核系统，积极开拓系统报表的应用范围，不断优化主要业务的集成、整合和优化等工作，将各级单位的原始会计信息的监督审查作为财务管理工作的重点。转变财务报表方式，将报表由定期汇审转变为日常审核，实现财务报表的现代化运作管理。实现会计审核工作由数据反映向数据分析方向转变，建立健全财务指标核算体系，对各单位财务情况进行测评诊断，着力提升财务分析能力，积极拓展经营分析的广度和深度。

（七）金融机构参与PPP项目的风险管控对策建议

1. 发挥金融机构优势，从传统的资金提供者转变为资金组织者与牵头方。

主动搭建投资者、政府、开发运营商的SPV平台，以"综合服务商"身份牵头PPP项目。一方面关注政策导向，了解各地城镇化建设规划与项目的筛选进展情况，对于优质项目和具有发展前景的项目主动跟进；另一方面结合项目需求，设计开发综合性、创新性的金融产品，包括项目融资、贸易融资、银团贷款、出口信贷、资金管理等，可在项目管理、抵押担保措施、业务经营管理、融资租赁与多元化的银行咨询服务等领域进行探索。

2. 加快金融体系改革，破解金融机构审批PPP项目贷款难题。

监管部门出台相关政策文件，对PPP项目贷款审批作出明确定义和要求，解决金融机构审批PPP项目中存在的障碍和难题，引导金融机构建立快速通道，加快PPP项目等贷款审批。同时，金融机构也要进行相应改革，给予PPP项目差异化信贷政策，如加强信贷规模的统筹调配，优先保障PPP项目的融资需求；对符合条件的PPP项目，贷款期限最长可达30年，贷款利率可适当优惠；建立绿色通道，加快PPP项目贷款审批。

3. 积极引导鼓励各金融机构参与项目不同阶段的投资与管理，降低项目风险。

（1）证券公司可以开展债券发行、设计资产证券化产品以及PPP项目并购财务顾问等业务；

（2）信托公司可以通过过桥性融资，以夹层融资、名股实债等方式对风险较高的PPP建设期提供资金支持，或者发起并管理信托计划，成为项目基金的优先级投资人；

（3）保险公司可以从资产端与负债端双向对接PPP项目。①在资产端，可以通过股权投资、债权投资计划等与政府合作，缓释资产负债错配问题。②在负债端，保险公司可为某些政府付费项目的履约风险承保，或者为项目建筑工程险、财产险等承保，从而提高项目结构设计的灵活性，促进风险的合理分担与转移。

4. 发挥好开发性金融、政策性金融的作用。政府推进PPP项目，应灵活运用基金投资、银行贷款、发行债券等各类金融工具，建立期限匹配、成本适当以及多元可持续的资金保障机制。尤其要加强与开发性、政策性金融机构合作。同时，开发性银行应充分发挥中长期融资优势，积极提供融资顾问及"投资、贷款、债券、租赁"等综合金融服务，并在合理范围内，给予PPP项目差异化信贷政策。地方政府还可与金融机构搭建合作框架协议，针对性地发展PPP产业发展基金，在提高国有资金运用效率的同时，支持具有发展前景的公共项目。

5. 构建多层次的资金供给市场，形成合理的融资结构。各类金融机构应通过业务转型与创新，积极参与PPP项目。立足我国国情，PPP的融资之路应以银行为核心，整合证券、保险和信托业，并积极尝试吸引保险公司、私募基金、社保基金等长期机构投资者参与项目的开发投资。以充分发挥各机构的比较优势，着力构建多渠道资源，进而实现融资能力扩张与效率增进的有机融合过程。

（八）加快推广和应用PPP的建议

1. 探索建立科学的绩效评价考核体系，加强对PPP项目的监管

（1）建立科学、合理的绩效指标考核体系，对PPP项目的目标实现、建设运营、资金运用、工程质量、公众满意度等内容开展绩效评价，并通过完善法人治理结构，建立健全激励约束机制。

（2）采取公开竞争的方式聘请咨询机构、专家、法律顾问参与到项目之中，在为项目评估、合作伙伴筛选、方案设计等方面提供专业服务的同时，协助政府部门确定绩效评价的指标、标准及权重。

（3）积极推进政务信息公开，让社会公众直接参与到项目评议过程之中，保障社会公众知情权。

（4）加强财政审计监督，重点对绩效目标实现、运营维护成本、运营定价及调整、责任风险分担、投融资方案、中长期财政补贴等内容开展财政审计监督，确保PPP项目平稳、有序地实施。

2. 公开、公正、规范选择合作伙伴，严格项目合同管理

（1）财政部门要加强PPP项目合作伙伴的政府采购管理，利用政府采购信息平台发布项目清单、招选合作伙伴的信息，做到公开信息发布。

（2）积极利用政府采购平台，尽快建立由经验丰富的专业人员组成的PPP项目评审专家库，按照政府采购程序，进行招标评议，规范操作，综合评估项目合作伙伴的专业资质、技术能力、管理经验和财务实力等因素，公开择优选定诚实守信、安全可靠的PPP项目合作伙伴。

（3）在订立具体合同过程中，财政部门要会同行业主管部门，因地制宜地细化和完善相关合同内容，重点做实项目绩效要求、资金支付、运营定价调整、争议解决程序、退出安排等合同关键条款，确保合同内容全面、规范、有效，最大限度地规避风险。

3. 厘清政府和市场的边界，加快转变政府公共服务职能

（1）转变以往政府投资"包揽一切"的模式，逐步加大基础设施建设和公共事业领域对社会资本的开放空间，并建立权、责、利均等的合作伙伴关系。

（2）结合城市发展的中长期规划，研究制定PPP项目的总体计划和实施步骤，稳定社会资本方的投资预期。

（3）对社会资本参与的PPP项目，实施与国有经济一视同仁的金融、外汇、用地等相关政策。此外，在综合考虑建设周期和投资回报水平的基础上，还可以适当给予准入、审批、运营、融资等方面的优惠政策，以调动社会资本方的积极性。

4. 加快建立PPP管理机构，积极推进规范化、专业化的管理

针对政府部门多头管理、工作中衔接不紧密、项目操作程序不规范等突出问题，各级政府尽快建立起PPP项目协调管理体制，组建由政府部门牵头、财政、发展改革、规划等相关部门组成的领导小组，统筹负责PPP项目的重大事项决策和协调。同时，积极培养精通法律、预算编制、项目管理等专业的复合型人才，努力实现系统化、规范化、专业化的管理。

5. 建立健全法规制度体系，营造良好的法制环境

健全的法规制度环境是PPP模式赖以生存的基础，也是增强投资者信心、降低项目风险的有效措施。作为项目运作的监督者和指导者，政府应从保护和促进公共利益的立场出发，对现行法规政策进行梳理，消除有冲突的制度障碍，进一步明确PPP项目操作规则，特别是对市场准入、政府采购、预算管理、风险分担、流程管理、绩效评价和争议解决等要素提供必要的法规制度支持，进而营造有利于PPP市场规范、透明、健康发展的法制环境。

6. 完善风险分担机制

政府部门对政治风险、法律变更的承受能力强，而融资、经营等风险，与企业经营活动直接相关，根据项目具体情况在政府和社会资本之间分配风险，建立合理公平的风险分担机制。

第三节 PPP模式运用的关键事项与重要工作

一、PPP模式在我国的应用中几个关键事项

我国基础设施一直以来都是由政府财政支持投资建设，由国有企业垄断经营。这种基础设施建设管理的模型不仅越来越不能满足日益发展的社会经济的需要，而且政府投资在基础设施建设中存在的浪费严重、效率低下、风险巨大等诸多弊病，暴露得也越来越明显，成为我国市场经济向纵深发展的一个制约因素。因此，基础设施领域投融资体制要尽快向市场化

方向改革，政府在基础领域的地位和职能迫切需要转变，政府在基础设施领域作为直接投资者、直接经营者、直接监管者的职能要分离，政府在基础设施领域中的角色迫切需要改变。

在我国基础设施建设中引进和应用PPP模式，积极吸引民间资本参与基础设施的建设，并将其按市场化模式运作，既能有效的减轻政府财政支出的压力，以提高基础设施投资与运营的效率，同时又不会产生公共产权问题。PPP模式在我国的应用中，应注意以下几点：

1. PPP项目的选择

当一个项目满足以下条件时，政府可以考虑采用PPP模式，吸引社会资本参与；对社会资本的加入不存在法规管制；服务对象欢迎社会资本的加入；潜在社会资本之间存在着竞争，通过竞争可以达到低成本高效率的目的；服务的产出可以被简单的度量和定价；通过对客户的收费可以很快收回成本；可以提供创新机会；有利于促进国家或地区的经济发展。

2. 政府的角色转换

按照完善社会主义市场经济体制的要求，在国家宏观调控下更大程度地发挥市场配置资源的基础性作用，最终建立市场引导投资、企业自主决策、银行独立审贷、融资方式多样、中介服务规范、宏观调控有效的新型投资体制。在这种新思路下，政府应由过去在公共基础设施建设中的主导角色，变为与社会资本合作提供公共服务中的监督、指导以及合作者的角色。在这个过程中，政府应对公共基础设施建设的投融资体制进行改革，对管理制度进行创新，以便更好地发挥其监督、指导以及合作者的角色。政府通过制定有效政策及具体措施，促进国内外社会资本参与本国基础设施业的投资，形成风险分担、利益共享的政府和商业性资本的合作模式。政府改变为扮演组织者和促进者的角色，不再是全部资金的供应者和经营管理者，不再承担巨大的投资风险和商业风险。

3. 设计合理的风险分担结构

PPP项目融资是否能够成功最主要的因素是项目的风险分担是否合理。政府部门在设计风险分担结构时要考虑项目方案的吸引力，一个合理的风险分担结构是一个项目方案是否具有吸引力的关键。通常可根据各方获利多少的原则考虑相应承担的风险，使项目参与的各方包括政府部门、社会资本、贷款银行及其他投资人等都能够接受。只有项目方案具有强烈的吸引力，才能使项目具有可操作性。

4. 建立健全相关法律法规

在PPP模式下的项目融资中，参与的社会资本一般都是国内外大型的企业和财团。政府在与他们的谈判与合作中，所遵循的不仅有国内的法律和法规，同时也要遵循国际惯例。政府应在立法制度上有所突破，迅速完善我国的投资法律法规，使其适应这一形势的发展。

5. 形成有效的监管构架

良好的监管框架的形成和监管能力的执行，是一个项目得以顺利完成以及未来的运营顺畅的重要环节。政府监管必须确定一种承诺机制，以保证企业资产的安全性，降低企业融资成本，并给企业提供投资的激励。同时，政府监管必须能够保证企业生产或运营的可持续性，让接受监管的企业得到合理的利润收入。通常一个基础设施的投资需要较长的时间才能收回，所以政府必须建立一个适合项目长期发展的程序，并有一个相应的监管规则。项目具有可持续性的前提是项目公司必须保持良好的财务状况，同时利益相关方一定要进入监管过程。政府监管不利将会带来各种各样的风险，监管效率应成为政府监管的最重要目标。

6. 加强人才培养

PPP模式操作复杂，需要懂经济、法律、财务、合同管理和专业技术等各方面的人才。我国在工程建设领域拥有大量的技术人才，但是缺少按照国际惯例进行工程项目管理的人才。在我国PPP模式尚属新生事物，并具有国际融资项目的性质，我们在这方面经验不足。因此要着重加强。培养复合型、开拓型人才，增强民营企业或外商的投资信心，确保项目立项、签约、实施能够高效率地完成。

二、推动国内 PPP 制度完善的几项重要工作

中国经济已经进入创新驱动发展、经济转型升级、增速放缓的新常态，需要通过PPP模式作为推进新供给改革的重要举措，提高基础设施和公用事业设施的建设运营质量，提高公共服务的供给质量。未来推进PPP的实践中，需要考虑国内幅员辽阔、区域发展不平衡的现状，对如何推进PPP不能搞一刀切。可从以下几个方面推动国内PPP制度进一步完善。

1. PPP制度完善的基本思路

PPP制度完善需围绕使市场在资源配置中起决定性作用和更好发挥政府作用，聚焦新供给改革领域，在更大范围、更高水平上推进政府和社会资本合作。

（1）要切实改变目前PPP工作重融资和招商，轻事中事后监管和服务；重项目建设，轻运营服务质量；重行政管理，轻协议合同履约的做法。

（2）更加注重发挥PPP在降本增效、改善服务绩效、满足多样化需求等万面的综合作用。

（3）更加注重引入多元主体竞争、鼓励吸引社会资本参与城市基础设施建设运营。

（4）更加注重法治化营商环境建设，在政府与企业之间建立平等契约和长期稳定的合作伙伴关系。

（5）更加注重建立权责清晰、成本费用与价格收费及财政补贴有效联动、能促进企业持续改善绩效的激励机制。

（6）更加注重发挥专业中介的咨询服务作用，进一步提高PPP项目运作的质量，做到PPP项目的方案规范、程序规范、合同规范等。

（7）进一步完善PPP政策法规，进一步细化PPP实施细则和项目操作指南。

2. 做好PPP发展的专题规划

为稳定社会资本的投资预期，引导各类资本规范有序参与基础设施与公用事业的投资、建设和运营，地方政府应结合"十三五"投资专项规划、政府购买服务规划等，将PPP作为规划的重要内容或专门编制PPP发展规划，对PPP管理体制、发展需求、发展趋势、项目清单等做出提前安排。项目清单的主要内容为：项目建设内容、投资规模及相关经济技术指标、社会资本方应具备的条件等。

3. 加快比较成熟项目的PPP示范

针对PPP项目"雷声大、雨点小、落地难"的现象，要聚集重点领域，立足现有工作基础，选择一批示范项目，抓紧启动实施PPP项目招商，尝试新机制、引入新主体，以点带面，在总结提炼的基础上拓展PPP工作的广度和深度。选择示范项目的主要标准为：需求长期稳定、前期工作基础较好、价格调整机制相对灵活或财政补贴机制落实、市场化程度相对较高等。

4. 加强PPP项目的事中事后监管

对PPP项目的事中事后监管包括价格监管、行业监管、运营绩效考核监管、社会监督等。

(1) 深入推进成本规制工作，对所有涉及到垄断的PPP项目行业，政府部门应加快推进成本规制工作。①明确界定企业成本费用开支内容、标准、范围，理顺成本规制的工作机制和评价程序。②完善成本监审制度，对于没有替代服务的PPP项目，政府应结合简政放权、加强事中事后监管，优化定调价监审制度与程序。③推动PPP项目的成本信息公开，主动接受同行业和社会监督。

(2) 加强行业监管，建议行业主管部门抓紧完善各行业服务质量标准体系，对标国际标准找差距，提出本领域改善运营绩效的具体标准，定期对PPP项目进行评估，建立科学的绩效考核机制，将绩效与收益回报紧密挂钩。如在供水行业，要完善饮用水质、产销差率等指标。

(3) 加强综合监管和社会监督，鉴于许多PPP项目涉及多个部门，要加强政府部门之间共享监管信息，联动奖惩，形成监管合力。积极引入第三方力量，比如同行业经营者、消费者协会、咨询机构、专业人士组成的特定机构等，提高PPP项目的专业化监督水平。

5. PPP的体制机制

(1) PPP工作涉及政府部门较多。①政府相关部门应明确工作职责，强化跨部门的工作机制和流程，使相关部门和单位协同配合，高效运作，无缝对接。②实施机构要提出PPP项目实施方案，负责对外签约履责，并承担行业监管职能，各相关部门按职能共同参与监管。政府的综合部门要承担协调平衡职责，会同相关部门对实施方案进行论证和会审，以提高效率。建立PPP项目履约保障机制及收益共享机制。

(2) 目前社会资本在承担政府指定任务或外部政策性变化时，难以通过价格收费调整、财政补贴等方式来弥补。①建立PPP项目履约保障基金，在政府无法及时启动调价机制或财政补贴难以到位时，由该基金来弥补投资者的运营亏损。②要建立PPP项目高收益的政府共享机制，通过成本规制和监审、会计审计，当投资者的投资收益高于某一设定值时，高于的部分由政府和社会资本共同分享，以体现PPP的风险分担、收益共享的原则。

6. 进一步完善PPP融资市场

(1) 丰富PPP融资市场体系。完整的PPP融资市场包括股权投资市场、信贷市场、担保市场、保险市场等。PPP的融资之路可以银行为核心，整合证券、保险和信托业等，并积极尝试吸引保险公司、社保基金等长期机构投资者参与项目的投资，构建多层次的融资市场。

(2) 拓展社会资本的退出渠道。在现有退出渠道的基础上，加快PPP融资二级交易市场建设，制定标准，将各类资金参与PPP形成的股权标的物化，并将其纳入公共资源交易平台进行，以降低PPP基金投资的退出成本。

(3) 转变信贷观念。银行等金融机构可以结合项目需求，设计开发综合性、创新性的金融产品，包括项目融资、银团贷款、资金管理等，可在项目管理、抵押担保措施、业务经营管理、融资租赁与多元化的银行咨询服务等领域进行探索。

7. 发挥中介机构的专业作用

要发挥中介机构的专业作用，做到PPP项目要规范化、程序化实施，提高社会资本参与的效率。

8. 完善制度，加快立法进程

加快PPP（特许经营）立法进程，完善项目的信息披露制度。新法规应在风险分担、投资回报标准、绩效考核、信息披露等方面作出明确规定，约束地方政府能及时、主动地公开财政、税收、土地收入、政府负债、人口流动、产业发展、市场监管等PPP项目投资的关键信息，让社会资本能获得项目的全面信息。建立地方政府信用评级制度，支持相关中介机构开展地方政府信用评级业务，为社会资本参与PPP项目投资打下良好的基础。

第四节　PPP制度框架设想

在国家相关部委的推动下，政府和社会资本合作（PPP）项目已经成为2015年以来最热的词汇之一，各地对PPP的应用项目也相继落地。但目前我国对PPP项目的立法建设和管理主体缺失，严重制约着政府与社会资本合作（PPP）模式的工作的顺利推进。

一、机构

制度框架中的机构问题涉及PPP运作流程中各相关部门的职责分工和协作关系，进而影响到领导力、业务流程和政策效果。

主要问题有二，一是各相关机构在PPP管理中的职责分工，二是是否需要像其他国家那样设立一个新的PPP统筹管理机构。

1. 职责分工

在中国，与PPP相关的政府部委有发改、财政、国资和行业部门。另外根据中央、地方政府事权划分，地方政府在自己管辖范围内的基础设施和公共服务PPP项目上拥有重要的责任、利益和决策权力。

我国的财政部门和发改部门与PPP均有密切关系，且都有推动和统筹管理PPP的积极性。财政部门对使用财政资金的PPP有财政预算管理和政府债务管控的当然责任，但对不使用财政资金的PPP缺乏切入点和抓手。发改部门对综合改革负有责任，虽然在持续放松和减少对固定资产投资项目的微观管理，但其仍有中长期规划、统筹平衡和项目审批的管理职责。现有公共资产的增效盘活，则属于国有资产管理部门的管理职责范畴。行业部委局包括住建（市政公用、保障性住房）、交通运输（公路、港口、机场、铁路）、能源局（火电、水电、新能源、能源运输和储存）、环保（水、固废等环境保护、环境治理、环境修复）、水利（水资源及水利工程），以及教育卫生体育文化民政等社会事业部门，对所管辖行业及其项目有行业规划和行业监管的职责。

除了交通中的铁路和能源中的大型发电企业，大量的城市级基础设施和公共服务的事权财权归地方政府。当然，在教育、卫生、养老领域，未来可能出现某种程度的中央政府收权和共同担责的局面。

综上，在各部委现有职责不做大幅调整前提下，财政和发改部门是最适合牵头的两个部委。国资部门可以在国有资产的盘活及优化利用，推进混合所有制改革上，配合PPP项目的发起、准备和履约管理。行业部门则可以重点放在PPP项目识别、规划和履约管理上。

2. PPP管理中心

根据PPP改革性质和部委职责分工情况，新设跨部委的PPP管理机构固然是最理想的，但不符合我国机构编制改革的方向。退而求其次，可以选择在调整优化现有某个部委的职能时将 PPP 管理机构设置其中。前述分析指出，可以从财政部门和发改委部门择一而定。

PPP 管理中心的设置有两个维度方面的考虑。一是牵头部委与其他政府部门（如发改、国资及行业部委，即所谓"条"之间）的分工关系和设置宽度。二是上下各级政府之间的 PPP 管理中心的分工关系和设置深度。应当考虑，除了在牵头部委设立的国家 PPP 管理中心发挥枢纽、统筹作用外，可在与 PPP 相关的行业部委局设立 PPP 协调小组，承担相应的项目初筛推荐，行业公共部门绩效基准指标（PSC）的统计分析发布，以及 PPP 项目实施主体的职能。应当考虑，地方政府的 PPP 管理中心应要求设置到省级（含直辖市、计划单列市），地级市政府允许设协调小组，原则上县级政府层面不设。这其中主要原因是越往基层政府不仅 PPP 项目数量越少，而且其 PPP 项目规模过小，导致交易成本占比高就很难实现 VFM。此外越往基层政府，政府部门理解和操作 PPP 的专业能力越难得到保证。

PPP 管理中心的职能设计是另外一个重要议题。根据世界银行的一项专门研究，PPP 管理中心的职能主要有四方面：一是 PPP 的流程管理；二是促进政府内部对 PPP 的认知；三是协助政府机构实施 PPP 项目；四是作为民营部门和金融机构的信息渠道。总体上看，政策研究、标准制订、项目筛选、专家支持、项目评估、融资支持、统计分析等是 PPP 管理中心的常见职能。

我国中央级政府 PPP 管理中心的职能设置应该是最全面的，即政策研究、标准制订、项目筛选、专家支持、项目评估、融资支持、统计分析等。行业部委及省市级地方政府的"条"、"块"PPP 管理中心则应侧重项目筛选评估、专家支持、统计分析、融资支持等职能。

二、法律法规

1. PPP 专门法

PPP 专门立法将赋予政府与社会资本方签定特殊合同的权力，并着力于协调和解决 PPP 运作与现行法律之间的冲突，为社会资本方进入和参与基础设施和公共服务提供建立有激励效果的法律基础和制度预期。

按照英联邦秘书处的研究，专门的 PPP 法律通常包含以下几方面内容：政府实施主体和管理机构及其权利义务、PPP 项目生命期流程、与其他法律的协调和例外处理、争议解决机制等。此法名称上应能够反映国际潮流和共识，譬如"基础设施和公共服务公私合作法"、"社会资本参与基础设施和公共服务促进法"。但是仍不主张将此法定名为目前有关部委取名的"特许经营法"，因为直译的特许经营（concession）只是 PPP 模式的其中一种，这已有业内公论。

2. 与其他法律的关系

由于 PPP 自身是一套突破传统政府公共品提供机制的制度创新，因此必然牵涉 PPP 制度和其他部门法之间的冲突、创新和衔接问题。经初步筛选共有以下几项部门法需要 PPP 专门法与之衔接：预算法、政府采购法、招标投标法、土地管理法、城乡规划法、国有资产管理法、担保法、价格法、公路法、铁路法、电力法和环境保护法等。

一般而言，PPP 在项目所处行业中遇到两种可能的行业监管情形。一种是行业已有比较完善的关于市场准入、价格和服务标准等监管规则，这种情形被称作"依法律监管"。此时，PPP 项目合同及 PPP 专门法律对行业监管规则的改动余地和必要性都不大。另一种是行业缺乏监管规则，或者原有的市场准入、价格和服务标准等监管规则主要适用于以前的国有企业，PPP在这些行业的顺利实施，需要签定详细的项目合同来约定价格和服务标准等事项。当然，也有国家和行业是两种监管情形的需要都同时并存，即所谓"混合式监管"，可以称作第三种。中国未来PPP项目面对的行业监管法律环境，更像第三种。但是，可以肯定的是，当PPP专门立法颁布施行及其他行业部门监管法律衔接修订后，PPP项目合同条款将有可能变得更加精要而不是冗长。

三、政策指引

PPP政策能反映现任政府的政策目标和实施PPP项目的具体措施。分为各种规划、指引和政令等规范性文件。

1. 国家PPP五年规划

英国卡梅伦联合政府上台后，制订了全英基础设施投资的中期规划，称作"国家基础设施规划"（National Infrastructure Plan，NIP）。该规划是英国财政部基础设施局（IUK）会同有关政府机关对全国基础设施（交通、能源、电信、环境等）投资需求的预测，其中对采用什么方式投资和筹集资金，以及项目和计划的优先顺序，该规划都提出了设想和规划。

中国现有国家和地方政府级别的各种行业专项规划，其中已包含大量相关基础设施投资建设和更新改造计划。所以，某种意义上讲，中国已有各行业的中长期基础设施规划。但是需要补足的，一是对基础设施形成的公共服务需求规划，二是专项规划的基础设施投资需求与提供机制、财政可承受力、用户可负担性之间的权衡。

政府管理部门可以按照国民经济和社会发展目标的优先顺序、PPP项目的适应性、财政可承受性等原则进行筛选，编制全国的"PPP五年发展规划"。

2. PPP操作指引

PPP项目操作指引或者称PPP手册等，是PPP专门法之下的一个指导规范PPP项目运作的重要政策工具。具体而言，PPP手册将明确PPP适用的范围，详细定义各种PPP模式以及描述PPP项目全生命期的流程运作要求。制订和发布带有一定强制性的项目操作指引，有利于规范PPP项目运作的各个流程环节，让实施单位掌握PPP运作的基本方法和程序，提高项目运作质量。

3. 其他指引

除了规范PPP全生命期运作流程的《PPP手册/指引》之外，其他几份特殊的关乎重点步骤的操作指引还包括：PPP采购流程指引、PPP示范合同指引、企业自提型PPP开发流程指引、中期评估操作指引、社会公众参与程序指引。

"PPP采购流程指引"描述公共部门为PPP项目选择社会资本合作伙伴的采购程序和方法，尤其是中国法律下PPP项目采购相对于传统的政府采购工程、货物、服务时，在适用范围、采购流程规定、评审方法和谈判等方面都存在特殊性和区别。

"PPP示范合同指引"描述PPP项目的主要合同结构类型和主协议合同要素，用于规范PPP项目中核心协议要素。考虑到PPP投融资模式（BOT、TOT、ROT、DBFO）的不同和行业差异，加之律师对特定项目的法律文件结构设计有不同的专业判断和选择，使得PPP示范合同文本实际上非常多样化。一个可行的办法是国家PPP管理中心制定一系列按不同投融资模式区分的PPP主协议示范文本，在示范文本的使用指南中介绍基于行业特点的主要特殊条款和差异化处理。与此同时，PPP项目除主协议以外的其他附属和配套协议，与非PPP项目差异并不大，没有必要为此专门制定相应的示范合同文本。

"企业自提型 PPP 开发流程指引"描述如何将社会资本主动提出的 PPP 项目建议（即所谓企业自提型 Unsolicited Proposal PPP,）通过初步评估以及后续竞争性采购程序，将其纳入到政府发起的 PPP 项目开发后续流程中。

"中期评估操作指引"描述 PPP 履约阶段，政府监管主体如何通过每 3～5 年的定期评估，对比 PPP 绩效履约达成情况，识别重大风险隐患，以便采取对应措施。

"社会公众参与程序指引"描述社会公众在 PPP 项目的选择、准备和履约阶段，需要引入利益受到项目影响的公众参与重大决策，收集公众意愿，争取最大程序的社会共识的一套程序和方法。

四、标准和工具

在 PPP 制度框架的底层，还应有各种标准和工具，用以解决技术性的操作规范统一问题。譬如：

（1）VFM 分析法应用准则及 PSC 参数
（2）商业方案（Business Case）模板
（3）风险分析矩阵（Risk Matrix）或风险清单（Risk Checklist)
（4）直接介入协议（Direct Agreement）模板
（5）再融资收益分享机制
（6）PPP 项目财政可承受力评价准则
（7）PPP 项目政府债务确认及会计处理准则
（8）PPP 项目绩效监测准则
（9）PPP 项目审计准则

五、公众参与机制

利用信息公开，发动利益相关者通过合适方式参与到公共决策的咨询和意见表达中来，是公众参与机制的组成部分。

（1）信息公开：PPP 项目储备库、项目采购公告、中标公告、各种统计资料、研究报告、可公开的项目合同等应该在 PPP 管理机关的专门网站上公开。
（2）组建全国 PPP 协会
（3）组织全国高校的 PPP 论文竞赛和社区活动
（4）组织全国 PPP 行业年度评选
（5）开发或鼓励开发用于提高 PPP 认知度、促进 PPP 知识传播的各种现代社交媒体（APP、微信公众号、微博号、Linkedin 机构帐号等）

六、制度建设的时序

可以预见，各项制度要素不会在同一天齐齐地出现和建立起来。从实际操作的角度看，PPP 的制度建设将类似改造装修旧房子的过程——不可能将旧房全拆了，然后建新房，而是在确保房间不倒塌前提下，逐步更换梁柱、设施和内饰，直到新房间的功能满足新的要求。因此，制度建设的先后顺序成为影响改革能否成功的重要变量。

总之，PPP 制度框架的顶层设计须着眼长远，提前谋划和设计制度框架的基本组成部分，通过试点项目带动，逐步完善整个 PPP 制度体系。

第五节　我国PPP项目三级管理机构的主要职能

政府的管理职能分为三个层级，即决策层、管理层和执行层。相应的政府管理机构可以设置为四个层级，包括决策层的中央管理机构、管理层的地方省（或直辖市）管理中心、执行层的PPP项目市（包括地级市）筹备委员会和PPP项目执行中心（市或以下行政区域）。

一、决策层的中央管理机构职能

PPP项目的中央管理层级主要从国家整体的发展战略、财政规划、法律框架结构和技术管理标准的角度对PPP模式的开展进行监管。

其主要的职能有以下几个重点方面：

（1）负责制定PPP基础设施建设的国内外发展战略。
（2）负责基础设施建设法律框架体系的制定和完善。
（3）负责PPP基础设施建设项目的国际业务拓展和技术管理输出。
（4）负责地方区域政府间或国家战略性PPP基础设施建设项目的筛选与审批。
（5）负责对地方PPP项目立法和基础设施建设对中央财政影响的审核与监管。
（6）负责制定和调整PPP模式推广的整体规划。
（7）负责指导和培训下级PPP项目管理机构。

二、管理层的省级（或直辖市）管理机构职能

PPP项目的省级管理层职能主要由财政和发展规划部门完成，负责监管本省（或直辖市）PPP项目的管理工作。

其主要职能有以下几个重点方面：

（1）负责本省（或直辖市）基础设施建设发展战略的制定。
（2）负责本省（或直辖市）与PPP基础设施建设相关法律法规提案的递交和委托修订。
（3）负责本省（或直辖市）基础设施建设项目财政预算管理。
（4）负责本省（或直辖市）基础设施建设项目筛选与审批。
（5）负责将本省（或直辖市）中涉及国家级发展战略的PPP项目报送到相关中央管理机构进行审批。
（6）负责跨区域的PPP项目的相关沟通和协调工作；项目主要负责的地方机构要负责报送该项目到相关中央管理机构进行审批。
（7）负责对涉及本省（或直辖市）发展战略的项目进行审批。
（8）负责监督和管理本省（或直辖市）范围内的PPP执行机构。
（9）负责培训和指导本省（或直辖市）范围内的PPP执行机构。
（10）负责沉淀PPP项目相关知识和实践工作经验，并进行总结和推广。
（11）负责对本省（或直辖市）所辖范围内的PPP模式推广工作进行总结，并向中央层级管理机构报告。
（12）负责向中央级PPP项目管理机构进行工作成果汇报。

三、执行层的市级（或以下行政区域）执行机构职能

根据PPP项目的特征与实践经验，PPP项目执行机构可以分为两个层级，包括PPP项目筹备委员会和PPP项目执行中心。PPP项目筹备委员会主要由地方主要行政领导和有关产业部门的领导共同组成。

其管理职能主要包括：

(1) 负责组织、领导和管理地方 PPP 项目执行中心的工作。

(2) 与不同政府相关部门进行沟通和协调地方 PPP 项目开展实施的必要行政授权。

(3) 负责对 PPP 项目的重大问题进行决策，并承担最终责任。

(4) 负责向省级 PPP 项目管理机构报送涉及国家级、省级或跨区域 PPP 项目，并按照审批程序办理相关审批手续。

(5) 负责总结和汇报地方 PPP 项目执行情况。

(6) 负责根据当地政府发展战略，审批地方权限范围内的 PPP 项目。

四、PPP 项目执行中心

PPP 项目执行中心主要由中心主管和工作人员构成，主要负责执行和管理具体的 PPP 项目实施工作。

主要职责包括以下几个方面：

(1) 负责本行政区域内 PPP 项目的识别、开发和筛选。

(2) 负责本行政区域内 PPP 项目的可行性研究。

(3) 负责项目的具体招标工作。

(4) 负责与项目合作伙伴的合同谈判、签署和执行。

(5) 负责项目合同管理。

(6) 负责项目后期服务的质量监管。

(7) 负责项目实施过程中突发事件的应急处理。

第十五章 PPP模式法律文本要点与范本索引

采用政府与社会资本合作（PPP）模式项目在不同阶段应使用不同类型的法律文本，PPP项目在项目识别、项目准备、项目采购、项目执行阶段的主要文本为实施方案、物有所值评估、财政承受能力论证、资格预审文件、采购文件、响应文件、评（审）标文件、谈判文本及项目合同等文本。这些文件构成了采用政府与社会资本合作（PPP）模式项目运作实施的法律文件体系。在正确把握各个文件的概念、要点、内容和格式的基础上，能科学合理地编制并运用相关文件，对于确保项目的规范运作及成功实施具有重要意义。

第一节 实 施 方 案

一、实施方案的概念

实施方案也可以叫执行方案，是指正式开始为完成某项目而进行的活动或努力工作过程的方案制定，是项目能否顺利和成功实施的重要保障和依据。

项目实施方案是将已经确定要进行投资的项目所要实现的目标效果、项目前中后期的流程安排和各项参数制定成详细的、具体的、科学的、有效地实施计划，为项目提供保障性的措施，指导项目的顺利进行。

二、实施方案的内容

一份项目实施方案包含了经济学、营销学、金融学、投资学、管理学等专业性知识，为项目实施提供科学的保障。项目实施方案的成败在一定程度上决定了项目实施的成败。

项目实施方案主要包括以下内容：

（1）项目名称。

（2）项目实施机构。

（3）项目建设规模、投资总额、实施进度（说明本项目的指导思想、任务目标和年度阶段目标）。

（4）项目详细工作内容，说明项目的工作范围、具体内容和技术要求，提供公共产品或公共服务的标准等基本经济技术指标。

（5）投资回报、价格及其测算，可行性分析；在项目实施方案创建过程中，这一部分内容能量化的指标尽可能量化。

（6）预期效果，说明项目完成时所达到的有形或无形的效果；特许经营协议框架草案及特许经营期限。

（7）项目工作进度安排，详细说明各阶段工作安排的时间和项目工作内容完成的时间，这需要项目实施方案的负责人对项目有全方位的掌控和评估能力，尽力让项目实施的时间进度与方案所计划的时间吻合。

（8）实施组织形式，详细说明承担单位、协作单位和各自分工的主要内容；特许经营者应当具备的条件及选择方式，项目实施所采取的方法手段。

(9) 项目实施预算表,这是项目实施方案中很重要的一项,能够评估项目的价值和项目所能为企业带来的利润。

(10) 政府承诺和保障。

(11) 特许经营期限届满后资产处置方式。

(12) 应当明确的其他事项。

三、范本索引

PPP 项目实施方案范本索引见表 15-1。

表 15-1 PPP 项目实施方案范本索引

章序号	章标题	节序号	节标题
第一章	项目的意义和必要性	第一节	国内外发展现状
		第二节	拟解决的关键问题
		第三节	拟达到的技术水平
		第四节	市场前景
第二章	项目承担单位的基本情况		
第三章	项目主要内容及预期目标	第一节	重点环节项目内容
		第二节	项目拟采用的工艺路线与技术特点
		第三节	设备选型及主要技术经济指标
		第四节	预期目标
第四章	项目实施条件	第一节	环境保护
		第二节	资源综合利用情况
		第三节	节能措施
		第四节	原料供应及外部配套条件落实情况
		第五节	项目技术基础
第五章	项目投资概算与资金筹措	第一节	项目总投资及测算依据
		第二节	资金筹措方案
		第三节	投资使用方案和年度投资计划
第六章	项目效益分析		
第七章	项目实施及考核指标	第一节	项目组织实施方式
		第二节	年度考核指标
第八章	项目产学研用情况	第一节	项目承担单位与科研机构的合作机制
		第二节	合作内容
第九章	项目有关附件		

第二节 物有所值评价报告

一、物有所值评价的内容

1. 物有所值评价需要提交的资料

进行物有所值评价,需要提交的资料主要包括:(初步)实施方案、项目产出说明、风险识别和分配情况、存量公共资产的历史资料、新建或改扩建的（预）可行性研究报告、设计文件等。

2.PPP项目物有所值评价报告的内容

PPP项目物有所值评价报告的内容包括：项目基础信息、评价方法、评价结论和附件。

二、范本索引

物有所值评价报告范本索引见表15-2。

表15-2 物有所值评价报告范本索引

章序号	章标题	节序号	节标题	条序号	条标题
一	项目基础信息	1.1	项目概况	1.1.1	项目位置
				1.1.2	建设意义
				1.1.3	建设进程
				1.1.4	项目工程方案与建设规模
				1.1.5	投资估算及资金筹措
		1.2	项目产出说明	1.2.1	项目需求
				1.2.2	项目作用
				1.2.3	工艺选择
				1.2.4	技术标准
				1.2.5	主要技术经济指标
		1.3	项目运作模式	1.3.1	运作方式
				1.3.2	回报机制
				1.3.3	全生命周期成本
				1.3.4	调价机制
		1.4	风险分配	1.4.1	项目风险因素识别与分析
				1.4.2	风险分配原则
				1.4.3	风险分配基本框架
二	物有所值定性分析	2.1	政策依据		
		2.2	分析内容	2.2.1	增加公共供给
				2.2.2	优化风险分配
				2.2.3	提高效率
				2.2.4	促进创新
				2.2.5	政府PPP能力
				2.2.6	政府采购政策落实潜力
				2.2.7	融资可行
		2.3	分析方法		
		2.4	分析意见		

续表

章序号	章标题	节序号	节标题	条序号	条标题
三	物有所值定量分析	3.1	定量分析步骤		
		3.2	PSC 值计算	3.2.1	设定参照项目
				3.2.3	计算初始 PSC 值
				3.2.4	竞争性中立调整值
				3.2.5	折现率
		3.3	PPPs 值计算		
		3.4	计算结果		
		3.5	物有所值评价结论		
附件一	项目运营成本测算分析表				
附件二	项目 PSC 值测算分析表				
附件三	项目 PPPs 值测算分析表				
附件四	项目财政支付能力测算表				
附件五	运营补贴支出测算分析表				
附件六	项目财务现金流量分析表				
附件七	项目经营利润测算分析表				
附件八	项目分析主要参数取值依据				
附件九	项目财务分析方案筛选说明				
附件十	项目运营成本测算分析说明				
附件十一	物有所值定性分析专家意见表				
附件十二	项目咨询机构基本信息证照				

第三节 财政承受能力论证报告

一、财政承受能力论证的概念

根据《关于印发〈政府和社会资本合作项目财政承受能力论证指引〉的通知》，财政承受能力论证是指识别、测算政府和社会资本项目的各项财政支出责任，科学评估项目实施对当前及今后年度财政支出的影响，为 PPP 项目财政管理提供依据。

二、财政承受能力论证的内容

财政承受能力论证包括责任识别（股权投资、运营补贴、承担风险、配套投入）、支出测算（依据实施方案中的项目资本金要求及项目公司股权结构，测算股权投资支出责任，依据建设成本、运营成本和利润水平，测算运营补贴支出责任，依据比例法、情景分析法及概率分析法，测算承担风险支出责任，依据政府拟提供的其他投入总成本和社会资本方为此支付的费用，测算配套投入支出责任）、能力评估（财政支出评估、行业和领域均衡性评估）、信息披露（项目名录、项目信息、财政支出责任情况）。

三、范本索引

财政承受能力论证报告范本索引见表 15-3。

表 15-3　财政承受能力论证报告范本索引

章序号	章标题	节序号	节标题	条序号	条标题
一	项目基础信息	1.1	项目概况	1.1.1	项目位置
				1.1.2	建设意义
				1.1.3	建设进程
				1.1.4	项目工程方案与建设规模
				1.1.5	投资估算及资金筹措
		1.2	项目产出说明	1.2.1	项目需求
				1.2.2	项目作用
				1.2.3	工艺选择
				1.2.4	技术标准
				1.2.5	主要技术经济指标
		1.3	项目运作模式	1.3.1	运作方式
				1.3.2	回报机制
				1.3.3	全生命周期成本
				1.3.4	调价机制
		1.4	风险分配	1.4.1	项目风险因素识别与分析
				1.4.2	风险分配原则
				1.4.3	风险分配基本框架
二	财政承受能力论证	2.1	责任识别	2.1.1	股权投资支出
				2.1.2	政府承担运营补贴支出
				2.1.3	风险承担支出
				2.1.4	配套投入支出
		2.2	支出测算	2.2.1	股权投资支出
				2.2.2	风险承担支出
				2.2.3	测算结果
		2.3	财政支出基数		
		2.4	补贴支出比例		
		2.5	行业和领域均衡性分析评估		
		2.6	论证结论		
附件	项目咨询机构基本信息证照				

第四节 资格审查法律文本要点

一、资格审查文件的概念

资格审查文件是指招标人根据招标项目的要求,在招标公告或者投标邀请书中要求潜在投标人提供的,能够证明其具备参加投标竞争资格条件的文件。

二、资格审查文件的内容和格式

从实务操作的角度来看,政府与社会资本合作(PPP)模式项目资格审查文件的核心内容包括项目概况、资格审查申请文件、资格审查申请文件格式、资格审查的原则和程序、资格审查标准等方面。以下列举资格审查文件的一般性参考内容。在实际操作中应根据项目的具体特点及资格审查方式予以灵活运用。

1. 项目概况

项目概况主要向潜在投标人介绍项目的情况,包括但不限于项目名称、招标人、项目规模、招标内容等。

2. 资格审查申请人需要提交的申请文件

资格审查申请人需要提交的申请文件主要包括公司章程及法律地位证明、项目经验和业绩资料证明、技术能力及管理能力证明、财务能力及实力证明、公司履约记录等。

3. 联合体需要提交的资格审查申请文件

对以联合体形式参与投标竞争的潜在投标人,除要求每一联合体成员均需提交资格审查申请人需要提交的申请文件,还要明确联合体的牵头人条件及相应的其他要求。

4. 资格审查原则和程序

告知潜在投标人资格审查的原则和程序。

5. 资格审查申请文件的特定格式

告知潜在投标人资格审查申请文件的格式要求。

6. 资格审查标准

资格审查标准主要包括经验和业绩记录的资格评审标准、技术能力和管理能力的资格评审标准、财务能力的资格评审标准、法律要求的资格评审标准等。

三、范本索引

资格审查文件范本索引见表 15-4。

表 15-4 资格审查文件范本索引

章编号	章标题	节序号	节标题	条序号	条标题
第一章	资格预审公告				
第二章	申请人须知	1	总则	申请人须知前附表	
				1.1	法律依据
				1.2	项目概况
				1.3	合格的申请人
				1.4	语言文字
				1.5	时间单位
				1.6	费用承担

续表

章编号	章标题	节序号	节标题	条序号	条标题
第一章	资格预审公告				
第二章	申请人须知	2	资格预审文件	2.1	资格预审文件的组成
				2.2	资格预审文件的询问
				2.3	资格预审文件的澄清
				2.4	资格预审文件的修改
				2.5	延长提交资格预审文件的截止时间
		3	资格预审申请文件的编制	3.1	资格预审申请文件的组成
				3.2	资格预审申请文件的编制要求
		4	资格预审申请	4.1	资格预审申请文件的密封和标识
				4.2	资格预审申请文件的提交
		5	资格预审申请文件的审查	5.1	评审小组
				5.2	资格审查
		6	确认和通知	6.1	通知
				6.2	解释
				6.3	确认
		7	申请人的资格改变		
		8	纪律与监督	8.1	严禁贿赂
				8.2	不得干扰资格审查工作
				8.3	保密
				8.4	质疑
				8.5	投诉
		9	需要补充的其他内容		
第三章	资格审查办法（合格制）		资格审查办法前附表		
		1	审查方法		
		2	审查标准	2.1	初步审查标准
				2.2	详细审查标准
		3	审查程序	3.1	初步审查
				3.2	详细审查
				3.3	资格预审申请文件的澄清
		4	审查结果	4.1	提交审查报告
				4.2	重新进行资格预审或调整采购方式
第三章	资格审查办法（有限数量制）		资格审查办法前附表		
		1	审查方法		
		2	审查标准	2.1	初步审查标准
				2.2	详细审查标准
				2.3	评分标准
		3	审查程序	3.1	初步审查
				3.2	详细审查
				3.3	资格预审申请文件的澄清
		4	审查结果	4.1	提交审查报告
				4.2	重新进行资格预审或调整采购方式

第十五章　PPP模式法律文本要点与范本索引

续表

章编号	章标题	节序号	节标题	条序号	条标题
第四章	资格预审申请文件格式	1	资格预审申请函		
		2	法定代表人身份证明		
		3	授权委托书		
		4	联合体协议书		
		5	申请人基本情况		
		6	其他材料		

第五节　招标法律文本要点

一、招标文件的概念

招标文件是指招标人向潜在投标人发出的，旨在向其提供编写投标文件所需的资料并向其通报招标投标将依据的规则和程序等内容的书面文件。招标文件是招标投标过程中最重要的文件之一。

二、招标文件的组成和内容

实质性要求和条件必须列为招标文件的重要内容。按照《招标投标法》规定，招标文件中必须包括项目的技术要求、技术标准、对投标人资格审查的标准、投标报价要求、评（审）标标准、标段、拟签订合同的主要条款等实质性要求和条件。也就是说，招标人根据项目特点和招标项目的具体要求，还应将其他许多重要内容作为实质性条款列入招标文件。根据国务院有关部门已经制定发布的工程施工、货物、服务以及机电产品国际招标投标等管理办法的规定，除了《招标投标法》规定之外，招标文件中的实质性要求和条件还应当包括：明确规定投标保证金的数额、方式和缴纳方法；明确规定投标有效期和出现特殊情况的处理办法；明确规定基础设施交付期限和提供服务的时间；明确规定是否允许价格调整及调整方法；明确规定是否要求提交备选方案及备选方案的评审办法；明确规定是否允许联合体投标及相应要求；对采用工程量清单招标的，应当明确规定提供工程量清单及相应要求；明确规定对投标文件的签署及密封要求等。

1. 招标文件的一般构成

招标文件的一般构成一般包括招标公告、投标邀请书、投标人须知、拟签订合同和技术条款等。

（1）招标公告。是公开媒体上发布的，邀请非特定多数投资人参加项目投标的正式文件，适用于公开招标。

（2）投标邀请书。是非公开的、邀请特定多数投标人参加项目投标的正式文件。适用于邀请招标，或者公开招标经过资格审查后符合资格条件的情况。

投标人知悉招标公告或者收到投标邀请书后，可购买招标文件。

招标文件由以下几份文件组成：①投标人须知；②拟签订合同（包括合同主要条款和合同样式）；③技术条款（包括拟招标项目的技术标准、规格、使用要求以及图纸等）；④附件；⑤其他要求招标人提供的材料。

（3）投标人须知。包括招标项目概况、对投标文件内容的要求、对投标文件格式的要求、参与招投标的原则和程序、对投标报价的要求、评价标准和评价方法、附件和其他要求投标人提供的材料。

（4）拟签订的合同。包括合同的主要条款和合同格式，是招标人事先草拟好的。主要体现了招标人的意志，合同的实质性条款和内容要求投标人必须响应。本着与资本市场需求匹配并提高招标成功率的原则，合同一般都会按照风险分配原则，在内容中合理分配双方的责、权、利。

（5）技术条款。包括拟招标项目的技术标准、规格、使用要求以及图纸等。这部分内容可以使投标人更加详尽地了解拟投标项目的基本情况，为其是否参与项目投标以及投标报价决策提供参考。

各类招标文件都包括前述几项基本内容。针对不同类型项目，有关部委又结合行业特点，对招标文件的内容构成做了一些特殊规定。比如，对工程施工招标文件，《工程建设项目施工招标投标办法》增加了"对采用工程量清单招标的，必须提供工程量清单"；对勘察设计招标文件，《工程建设项目勘察设计招标投标办法》增加了"勘察设计范围"和"对勘察设计进度、阶段与深度要求，勘察设计费用支付方式，对未中标人是否给予补偿及补偿标准"等规定。

2. 实质性要求和条件必须列为招标文件的重要内容

按照《招标投标法》规定，招标文件中必须包括项目的技术要求、技术标准、对投标人资格审查的标准、投标报价要求、评（审）标标准、标段和拟签订合同的主要条款等实质性要求和条件。

招标文件中的实质性要求和条件还应当包括：明确规定投标保证金的数额、方式和缴纳方法；明确规定投标有效期和出现特殊情况的处理办法；明确规定基础设施交付期限和提供服务的时间；明确规定是否允许价格调整及调整方法；明确规定是否要求提交备选方案及备选方案的评审办法；明确规定是否允许联合体投标及相应要求；对采用工程量清单招标的，应当明确规定提供工程量清单及相应要求；明确规定对投标文件的签署及密封要求等。

三、范本索引

招标文件范本索引见表15-5。

表15-5　招标文件范本索引

章序号	章标题	节(册)序号	节(册)标题	节(章)序号	节(章)标题
第一章	招标公告	一	项目概况及招标范围		
		二	投标人资格要求		
		三	招标文件的获取		
		四	投标保证金		
		五	投标文件的递交		
		六	发布公告的媒介		
		七	联系方式		

第十五章 PPP模式法律文本要点与范本索引

续表

章序号	章标题	节(册)序号	节(册)标题	节(章)序号	节(章)标题
第二章	投标须知			投标须知前附表	
		一	总则	1	采购依据
				2	项目情况
				3	合格的投标人
				4	费用承担
				5	保密原则
				6	语言文字
				7	计量单位
				8	时间单位
				9	现场考察
				10	招标前答疑
				11	偏离
		二	招标文件	1	招标文件的组成
				2	招标文件的询问
				3	招标文件的澄清
				4	招标文件的修改
				5	延长提交投标文件的截止事件
		三	PPP投资合作人招标投资合作协议	1	投资协议模板格式
				2	投资人履约模板格式
				3	相关建议
		四	特许权协议	1	特许权协议格式
				2	资金管理协议格式
				3	建设期履约银行保函格式
				4	营运期履约银行保函格式
		五	投标	1	投标文件的密封和标识
				2	投标文件的提交
				3	投标文件的补充、修改和撤回
		六	开标	1	开标时间和地点
				2	开标程序
				3	开标异议
		七	评审	1	评审小组
				2	评审原则
				3	评审办法
		八	合同授予	1	谈判确认
				2	预中标公示
				3	中标结果公告
				4	履约保证金
				5	签订合同
		九	争议处理	1	质疑
				2	投诉
		十	采购代理服务费		
		十一	其他需要补充的内容		

续表

章序号	章标题	节(册)序号	节(册)标题	节(章)序号	节(章)标题
第三章	投标文件的构成	第一册	商务标	一	投标承诺书
				二	法定代表人身份证明
				三	授权委托书
				四	投标函
				五	投标保证金相关凭证
				六	投标报价书格式空表
		第二册	技术标	一	项目概况
				二	项目公司组建方案
				三	项目建设、工程管理措施及方案
				四	项目融资方案
				五	项目财务管理方案
				六	法律方案
				附	备选方案
		第三册	资格审查资料（企业信誉标）	一	投标人基本情况表
				二	项目管理机构组成表
				三	项目负责人简历及资格证
				四	近3年财务状况表
				五	近5年完成的类似项目情况表
				六	投资人融资能力证明
				七	联合体投标协议
				八	投标人资格证明材料
第四章	采购需求	一	项目说明		
		二	技术要求		
		三	服务要求		
		四	相关建议		
第五章	评审办法（最低价评（审）标法）	评审办法前附表			
		一	评审方法		
		二	评审标准	1	资格审查标准
				2	符合性审查标准
		三	评审程序	1	资格性、符合性审查
				2	投标问价的澄清
				3	推荐中标候选人
		四	评审结果	1	提交评审报告
				2	重新进行采购或调整采购方式
第六章	评审办法（综合评分法）	评审办法前附表			
		一	评审方法		
		二	评审标准		

第六节　投标法律文本要点

一、投标文件的概念

投标文件是投标人在通过了招标项目的资格预审（如采用预审方式）以后，按照招标文件的要求而制定的响应文件。该文件应对投标人完成拟投标项目的能力、报价，以及在拟投标项目中准备投入人力、物力、财力等方面的情况进行描述。

二、投标文件的组成

投标文件通常由投标人致函、授权委托书、投标人资格文件、共同投标协议（适用于联合体）、技术和管理方案、财务方案、法律方案、投标人报价文件、投标保函及其他等部分组成。

三、投标文件的格式

投标文件按招标文件给出的参考格式及对应内容，根据项目特点及招标文件的具体要求在实际操作中灵活运用。

1. 投标人致函

潜在投标人书面对招标文件中的实质性要求作出承诺，包括但不限于：①响应招标文件中拟签订的实质性合同条款；②一旦被选为中标人履行中标人义务；③承诺投标文件真实、准确、完整、有效。

2. 授权委托书（或联合体授权委托书）

潜在投标人的法定代表人授权为投标之目的委托代理人，承诺委托代理人在投标活动过程中签署、协商、递交文件和处理与投标活动相关的一切事务具有法律效力。

3. 投标人资格文件

按招标文件的规定递交如下材料（包括但不限于）：①公司章程及法律地位证明；项目经验和业绩资料证明；②技术能力及管理能力证明；③财务能力及实力证明。

4. 共同投标协议（仅适用于联合体投标）

按照招标文件要求提供联合体投标协议，约定联合体各方的权利和义务。

5. 技术和管理方案

按招标文件的规定递交如下文件：①为实施项目提出的建设、运营、维护的更先进的技术建议和改造的合理化建议；②为实施项目拟组建合理完整的项目管理机构，包含项目管理机构的部门机构设置、各专业人员配置、人员业绩经验等内容；③招标文件规定的技术及管理方面的其他方案。

6. 财务方案

按招标文件的规定递交如下文件（包括但不限于）：①项目的融资计划，包括详述资金来源和使用计划、资金成本、项目风险分配分析、资本结构、预计融资交割时间及其他重大事件进度表；②资金到位的有效措施，紧急状态下的资金应对方案；③项目的财务分析。

7. 法律方案

按招标文件的规定递交如下材料（包括但不限于）：①对拟签订合同的实质性条款的逐条响应；②在招标文件规定的范围内提出《项目合同偏差意见表》。

8. 投资人报价文件

按照招标文件的规定对招标标的提出报价。

9. 投标保函/投标保证金

按照招标文件规定的格式和金额提交的相应的投标保函或保证金。

四、投标文件的编制与递交

1. 投标文件的编制

政府与社会资本合作（PPP）模式项目实践中，招标文件通常会对投标文件的编制提出具体要求，不同项目类型的招标文件要求也有所区别。投标文件应当对招标文件提出的实质性要求和条件做出响应，如任何一项实质性要求不能满足，投标文件将会被拒绝。实质性要求和条件是指招标文件中有关招标项目的价格、计划、技术规范、合同主要条款等。因此，响应招标文件的要求是投标文件编制的基本前提。投标人应认真研究、正确理解招标文件的全部内容，并按要求编制投标文件。

2. 投标文件的递交

对于投标文件的送达，应注意以下几个问题：

（1）投标文件的提交截止时间。招标文件中通常会明确规定投标文件提交的时间，投标文件必须在招标文件规定的投标截止时间之前送达。

（2）投标文件的送达方式。投标文件可以直接送达，即投标人派授权代表直接将投标文件按照规定的时间和地点送达，也可以通过邮寄方式送达。邮寄方式送达应以招标人实际收到时间为准，而不是以"邮戳为准"。

（3）投标文件的送达地点。投标人应严格按照招标文件规定的地址送达，特别是采用邮寄送达方式的，更需详细核实地址。投标人因递交地点发生错误而逾期送达投标文件的，将被招标人拒绝接收。

五、范本索引

投标文件范本索引见表15-6。

表15-6 投标文件范本索引

册编号	册标题	章序号	章标题
第一册	商务标	一	投标承诺书
		二	法定代表人身份证明
		三	授权委托书
		四	投标函
		五	投标保证金相关凭证
		六	投标报价书
第二册	技术标	一	项目概况
		二	项目公司组建方案
		三	项目建设、工程管理措施及方案
		四	项目融资方案
		五	项目财务管理方案
		六	法律方案
第三册	资格审查资料（企业信誉标）	一	投标人基本情况表
		二	项目管理机构组成表

续表

册编号	册标题	章序号	章标题
第三册	资格审查资料（企业信誉标）	三	项目负责人简历及资格证
		四	近3年财务状况表
		五	近5年完成的类似项目情况表
		六	投资人融资能力证明
		七	联合体投标协议
		八	投标人资格证明材料

第七节 评审文件法律文本要点

一、评审文件的概念

评（审）标文件是指招标人为了使得评（审）标工作按照法律及相关规定顺利实施而编制的指导文件，包括评（审）标工作纪律、评（审）标工作概述、评（审）标工作程序、评（审）标细则标准等部分。

二、评（审）标文件的内容

评（审）标文件主要包括评（审）标工作纪律、评（审）标工作概述、评（审）标工作程序、评（审）标细则标准等部分。在实际操作中可根据项目特点及招标文件的具体要求灵活运用，以下给出评（审）标文件的一般性参考格式及对应内容。

1. 评（审）标工作纪律

根据国家法律及其他规定制定评（审）标纪律。

2. 评（审）标工作概述

（1）评（审）标工作时间安排。详细列明评（审）标工作开始及结束的时间安排。

（2）评（审）标办法。根据项目的具体特点制定科学合理的评（审）标办法，招标文件已约定评（审）标办法的通常不得随意改变。

（3）评（审）标委员会。根据法律规定的要求成立评（审）标委员会，确定评（审）标专家的数量及各专业专家的人选。

（4）评（审）标委员会秘书组和会务组。评（审）标委员会下设秘书组和会务组全面支持评（审）标专家的工作并做好后勤保障。

3. 评（审）标工作程序

（1）投标文件的符合性审查：根据招标文件的要求列明投标文件符合性审查的标准。

（2）全面阅读招标文件和投标文件：熟悉投标文件及投标文件的结构和主要内容，为综合评估做准备。

（3）要求投标人进行澄清（如有）：为协助审查、比较和评估投标文件，向投标人发出书面澄清通知（如有必要），要求投标人对其投标文件进行澄清。

（4）分析投标文件并汇总评（审）标专家意见：列明据招标文件规定的评（审）标原则和方法及评（审）标文件规定的评（审）标细则进行分析、打分及排序的具体安排。

（5）起草评（审）标报告草案：列明起草评（审）标报告草案的具体安排。

（6）形成评（审）标报告：列明形成正式评（审）标报告的具体安排。

（7）招标人公布评（审）标结果：列明招标人公布的方式及公布之后的谈判工作安排。

4. 评（审）标工作具体安排

在评（审）标工作起始时间范围内，详细安排具体评（审）标工作的先后顺序。

5. 评（审）标细则

对应招标文件的要求，评（审）标细则包括：

（1）技术及管理方案评（审）标细则；

（2）财务方案评（审）标细则；

（3）法律方案评（审）标细则。

招标人应按照评（审）标文件的要求组织评（审）标，根据评（审）标委员会推荐的中标候选人的先后顺序进行澄清谈判，并最终确定招标结果。

三、范本索引

评（审）标文件范本索引见表 15-7。

表 15-7 评（审）标文件范本索引

章序号	章标题	节序号	节标题	条序号	条标题
第一章	评（审）标工作纪律				
第二章	评（审）标工作概述	一	时间安排		详细安排具体评（审）标工作的先后顺序
		二	评（审）标委员会		
		三	后勤保障	1	秘书组
				2	会务组
第一章	评审办法（最低价评（审）标法）	\multicolumn{4}{c} 评审办法前附表	
		一	评审方法		
		二	评审标准	1	资格审查标准
				2	符合性审查标准
		三	评审细则	1	技术及管理方案评（审）标细则
				2	财务方案评（审）标细则
				3	法律方案评（审）标细则
		四	评审程序	1	资格性、符合性审查
				2	投标问价的澄清
				3	推荐中标候选人
		五	评审结果	1	提交评审报告
				2	公布评（审）标结果
				3	重新进行采购或调整采购方式
第二章	评审办法（综合评分法）		评审办法前附表		
		一	评审方法		
		二	评审标准		

第八节　谈判法律文本要点

一、谈判文件的概念

谈判，这里是指评（审）标结束后中标候选人应邀与招标人按照招标文件要求进行的合同澄清及进行合同细节谈判。

二、谈判文件的内容

谈判文件中至少应当明确谈判程序、谈判内容及评定标准等事项。在PPP项目的实际操作中，谈判的核心内容是投标人在投标文件法律方案中所提交的《项目合同偏差意见表》中对招标文件非实质性合同条款的修改建议。谈判双方须针对中标候选人所提出的非实质性合同条款修改建议的合法性、合理性及可行性进行洽谈。

三、谈判文件的准备

在谈判之前，招标人通常会起草一份谈判文件，作为谈判双方澄清、确定最终意见的蓝本。谈判文件中至少应当明确谈判程序、谈判内容及评定标准等事项。

在政府与社会资本合作（PPP）模式项目实际操作中，谈判的核心内容是投标人在投标文件法律方案中，所提交的《项目合同偏差意见表》对招标文件非实质性合同条款的修改建议。谈判双方须针对中标候选人所提出的非实质性合同条款修改建议的合法性、合理性及可行性进行磋商。

四、谈判文件的签署和管理

通常来讲，政府与社会资本合作（PPP）模式项目的投资金额较大，社会影响较为深远，相应的合同条款也较为复杂。在实际操作中，若招标人未能与排名第一的中标候选人达成一致，则会转向与排名位居其次的候选人谈判，依此类推。

谈判如需进行多轮，则须以谈判文件为基础，以谈判备忘录的形式及时确认每一轮的谈判成果，直至双方对所有问题均达成一致。双方的授权代表人应在每轮谈判成果文件上签字确认，并各执一份留档保存。经双方签字确认的谈判文件结合招标文件中的合同文本将作为双方最终订立项目合同的法律依据。

五、范本索引

谈判文件范本索引见表15-8。

表15-8　谈判文件范本索引

章序号	章标题	节序号	节标题	条序号	条标题
第一章	竞争性谈判公告	一	项目名称		
		二	竞标内容		
		三	竞标人资格		
		四	竞争性谈判文件购买	1	时间
				2	地点
				3	费用
				4	方法

续表

章序号	章标题	节序号	节标题	条序号	条标题
第一章	竞争性谈判公告	五	竞标文件递交	1	开始时间
				2	结束时间
				3	要求
		六	谈判时间地点要求	1	开始时间
				2	结束时间
				3	要求
		七	招标谈判单位银行账户		
		八	联系方式	1	招标谈判单位全称
				2	地址
				3	电话
				4	邮箱
				5	联系人
		九	公告媒体查询	1	网站
				2	报纸
				3	其他媒体
第二章	竞标人须知前附表	一	总则		
		二	竞争性谈判响应文件的编制		
		三	谈判报价要求		
		四	相应文件的份数、封装和递交		
		五	谈判步骤		
		六	确定成交社会资本合作方法		
		七	签订合同		
		八	适用法律		
第三章	项目需求	一	项目编号		
		二	项目类别		
		三	项目需求一览表		
		四	基本要求		
		五	其他要求		
第四章	谈判书格式	一	法定代表人授权委托书		
		二	谈判书		
		三	报价汇总表		
		四	分项报价清单		
		五	材料设备、服务内容清单		
		六	技术响应、偏离情况说明		
		七	其他文件		
第五章	合同主要条款				
第六章	评分标准				

第九节　项目合同法律文本要点

一、项目合同的基本概念

项目合同是指作为采购人的政府方与通过采购程序选择的中标人（社会投资人）或项目公司依法订立的约定了双方权利义务及风险分配的协议。

二、项目合同的组成

PPP协议的主要组成内容有：总则、术语定义、特许经营权、项目建设（BOT、BOO形式适用）、项目的运营与维护、项目设施的移交（BOT、TOT形式适用）、双方的一般权利和义务、违约赔偿、终止、变更和转让、解释和争议的解决等等。

政府与社会资本合作（PPP）模式项目的合同根据特许经营的模式可以分为投资型特许权经营协议和经营性特许权经营协议，以下分别介绍其各自的重要组成部分。

1. 投资型特许经营模式的特许权协议内容
(1) 特许经营权的具体内容和范围（如产品或服务种类、地域范围等）；
(2) 有关资本性投资的规定；
(3) 产品或服务价格；
(4) 产品或服务质量；
(5) 产品或服务销售数量；
(6) 销售收入结算；
(7) 重要生产要素采购；
(8) 关于保证持续提供公用产品或服务的规定；
(9) 运营和资产管理办法；
(10) 特许权取得人的信息报告义务；
(11) 混业经营限制；
(12) 一般补偿；
(13) 资产移交；
(14) 争议解决；
(15) 特许权的更改或终止；
(16) 特许权协议终止的补偿；
(17) 其他。

2. 经营型特许经营模式的特许权协议内容
(1) 委托或租赁经营资产的范围；
(2) 提供产品、服务的数量和质量；
(3) 对管理费、租金或经营收入定价；
(4) 激励机制（对特许权取得人超额完成协议目标的奖励或惩罚的规定）；
(5) 委托资产的维护和保养义务；
(6) 关于资本性支出的规定；
(7) 协议生效后和协议终止时对资产移交的规定；
(8) 特许权取得人的报告义务；

(9) 合同履约担保;
(10) 争议解决;
(11) 合同变更和终止;
(12) 其他。

三、项目合同的订立

(一) 订立合同的原则

1. 平等原则

合同当事人的法律地位平等,即享有民事权利和承担民事义务的资格是平等的,一方不得将自己的意志强加给另一方。市场经济中交易双方的关系实质上是一种平等的契约关系,因此,在订立合同中一方当事人的意思表示必须是完全自愿的,不能是在强迫和压力下所做出的非自愿的意思表示。因为合同是平等主体之间的法律行为,只有订立合同的当事人平等协商,才有可能订立意思表示一致的协议。

2. 自愿原则

合同当事人依法享有自愿订立合同的权利,不受任何单位和个人的非法干预。合同法中的自愿原则,是合同自由的具体体现。民事主体在民事活动中享有自主决策权,其合同的民事权利可以抗御非正当行使的国家权力,也不受其他民事主体的非法干预。

合同法中的自愿原则有以下含义:

(1) 同当事人有订立或者不订立合同的自由。

(2) 当事人有选择合同相对人、合同内容和合同形式的自由,即有权决定与谁订立合同、有权拟定或者接受合同条款、有权以书面或者口头形式订立合同。

3. 公平原则

合同当事人应当遵循公平原则确定各方的权利和义务。在合同的订立和履行中,合同当事人应当正当行使合同权利和履行合同义务,兼顾他人利益,使当事人的利益能够均衡。在双方合同中,一方当事人在享有权利的同时,也要承担相应义务,取得的利益要与付出的代价相适应。

4. 诚实信用原则

合同当事人在订立合同、行使权力、履行义务中,都应当遵循诚实信用原则。这是市场经济活动中形成的道德规则,它要求人们在交易活动(订立和履行合同)中讲究信用,恪守诺言,诚实不欺。在行使权力时应当充分尊重他人和社会的利益,对约定的义务要忠实履行。

5. 合法性原则

合同当事人在订立及履行合同时,合同形式和内容各构成要件必须符合法律要求,尤其是符合国家强行性法律的要求,不违背社会公共利益,不扰乱社会经济秩序。

(二) 订立合同的要求

招标人与中标人签订合同,除必须按照《合同法》基本要求签订外,还必须遵循《招标投标法》的有关特殊规定。

1. 订立合同的形式要求

按照《招标投标法》的规定,招标人和中标人应当自中标通知书发出之日起 30 日内,按照招标文件和中标人的投标文件订立书面合同。即:法律要求中标通知书发出后双方应当订立书面合同。

2. 订立合同的内容要求

应当按照招标文件和中标人的投标文件确定合同内容。招标文件与投标文件应当包括合同的全部内容。所有的合同内容都应当在招标文件中有体现：

（1）合同内容是确定的，不容投标人变更的，如技术要求等，否则就构成重大偏差。

（2）要求投标人明确的，如报价。投标文件只能按照招标文件要求编制，如果出现合同应当具备的内容在招标文件中没有明确，也没有要求投标文件明确的情况时，则责任应当由招标人承担。

（3）订立合同的时间要求。中标通知书发出后，应当尽快订立合同。这是招标人提高采购效率、投标人降低成本的基本要求。如果订立合同的时间拖得太长，市场情况发生变化，也会使投标报价时的竞争失去意义。因此，《招标投标法》第46条规定"投标人和中标人应当自中标通知书发出之日起30日内，按照招标文件和中标人的投标文件订立书面合同。"《评（审）标委员会和评（审）标方法暂行规定》第49条规定："中标人确定后，招标人应向中标人发出中标通知书，同时通知未中标人，并与中标人在30个工作日之内签订合同"。

（4）订立合同接受监督的要求。在合同订立过程中，投标招标监督部门仍然要进行监督。《招标投标法》第47条规定："依法必须进行招标的项目，招标人应当自确定中标人之日起15日内，向有关行政监督部门提交招标投标情况报告"。

（5）按照招标文件范本订立合同的要求。招标人与中标人签订合同一般符合城市供水、管道燃气、城市生活垃圾处理等特许经营协议示范文本的合同条款及格式的规定。

四、范本索引

目前，我国有关PPP项目通用合同指南有国家发改委和国家财政部两个文件，内容大同小异。可根据项目具体情况选择使用。

（一）国家发改委PPP项目通用合同指南（2014版）

国家发改委PPP项目通用合同指南（2014版）索引见表15-9。

表15-9 国家发改委PPP项目通用合同指南（2014版）索引

章序号	章标题	条序号	条标题
第一章	总则	第1条	术语定义和解释
		第2条	合同背景和目的
		第3条	声明和保证
		第4条	合同生效条件
		第5条	合同构成及优先次序
第二章	合同主体	第6条	政府主体
		第7条	社会资本主体
第三章	合作关系	第8条	合作内容
		第9条	合作期限
		第10条	排他性约定
		第11条	合作履约担保

续表

章序号	章标题	条序号	条标题
第四章	投资计划及融资方案	第12条	项目总投资
		第13条	投资控制责任
		第14条	融资方案
		第15条	政府提供的其他投融资支持
		第16条	投融资监管
		第17条	投融资违约及其处理
第五章	项目前期工作	第18条	前期工作内容及要求
		第19条	前期工作任务分担
		第20条	前期工作经费
		第21条	政府提供的前期工作支持
		第22条	前期工作监管
		第23条	前期工作违约及处理
第六章	工程建设	第24条	政府提供的建设条件
		第25条	进度、质量、安全及管理要求
		第26条	建设期的审查和审批事项
		第27条	工程变更管理
		第28条	实际投资认定
		第29条	征地、拆迁和安置
		第30条	项目验收
		第31条	工程建设保险
		第32条	工程保修
		第33条	建设期监管
		第34条	建设期违约和处理
第七章	政府移交资产	第35条	移交前准备
		第36条	资产移交
		第37条	移交违约及处理
第八章	运营和服务	第38条	政府提供的外部条件
		第39条	试运营和正式运营
		第40条	运营服务标准
		第41条	运营服务要求变更
		第42条	运营维护与修理
		第43条	更新改造和追加投资
		第44条	主副产品的权属
		第45条	项目运营服务计量
		第46条	运营期的特别补偿
		第47条	运营期保险
		第48条	运营期政府监管
		第49条	运营支出
		第50条	运营期违约事项和处理

第十五章 PPP模式法律文本要点与范本索引

续表

章序号	章标题	条序号	条标题
第九章	社会资本主体移交项目	第51条	项目移交前过渡期
		第52条	项目移交
		第53条	移交质量保证
		第54条	项目移交违约及处理
第十章	收入和回报	第55条	项目运营收入
		第56条	服务价格及调整
		第57条	特殊项目收入
		第58条	财务监管
		第59条	违约事项及其处理
第十一章	不可抗力和法律变更	第60条	不可抗力事件
		第61条	不可抗力事件的认定和评估
		第62条	不可抗力事件发生期间各方权利和义务
		第63条	不可抗力事件的处理
		第64条	法律变更
第十二章	合同解除	第65条	合同解除的事由
		第66条	合同解除程序
		第67条	合同解除的财务安排
		第68条	合同解除后的项目移交
		第69条	合同解除的其他约定
第十三章	违约处理	第70条	违约行为认定
		第71条	违约责任承担方式
		第72条	违约行为处理
第十四章	争议解决	第73条	争议解决方式
		第74条	争议期间的合同履行
第十五章	其他约定	第75条	合同变更与修订
		第76条	合同的转让
		第77条	保密
		第78条	信息披露
		第79条	廉政和反腐
		第80条	不弃权
		第81条	通知
		第82条	合同适用法律
		第83条	适用语言
		第84条	适用货币
		第85条	合同份数
		第86条	合同附件

(二)国家财政部 PPP 项目通用合同指南(2014 版)

国家财政部 PPP 项目通用合同指南(2014 版)索引见表 15-10。

表 15-10 国家财政部 PPP 项目通用合同指南(2014 版)索引

章序号	章标题	节序号	节标题	条序号	条标题
第一章	总则	第一节	PPP 项目主要参与方	一	政府
				二	社会资本方
				三	融资方
				四	承包商和分包商
				五	专业运营商(部分项目适用)
				六	原料供应商(部分项目适用)
				七	产品或服务购买方(部分项目适用)
				八	保险公司
				九	其他参与方
		第二节	PPP 项目合同体系	一	PPP 项目合同
				二	股东协议
				三	履约合同
				四	融资合同
				五	保险合同
				六	其他合同
第二章	PPP 项目合同的主要内容	第一节	PPP 项目合同概述	一	合同主体
				二	合同主要内容和条款
				三	风险分配
				四	法律适用
		第二节	引言、定义和解释	一	引言
				二	定义
				三	解释
		第三节	项目的范围和期限	一	项目的范围
				二	项目合作期限
		第四节	前提条件	一	前提条件
				二	前提条件豁免
				三	未满足前提条件的后果
		第五节	项目的融资	一	项目公司的融资权利和义务
				二	融资方的权利
				三	再融资
		第六节	项目用地	一	土地权利的取得
				二	取得土地使用权或其他相关权利的费用
				三	土地使用的权利及限制

第十五章　PPP模式法律文本要点与范本索引

续表

章序号	章标题	节序号	节标题	条序号	条标题
第二章	PPP项目合同的主要内容	第七节	项目的建设	一	项目的设计
				二	项目的建设
		第八节	项目的运营	一	开始运营
				二	运营期间的权利与义务
				三	政府方对项目运营的监督和介入
				四	公众监督
		第九节	项目的维护	一	项目维护义务和责任
				二	政府方对项目维护的监督和介入
		第十节	股权变更限制	一	限制股权变更的考虑因素
				二	股权变更的含义与范围
				三	股权变更的限制
		第十一节	付费机制	一	付费机制的分类
				二	设置付费机制的基本原则和主要因素
		第十二节	履约担保	一	概述
				二	常见的履约担保方式：保函
		第十三节	政府承诺	一	付费或补助
				二	负责或协助获取项目相关土地权利
				三	提供相关连接设施
				四	办理有关政府审批手续
				五	防止不必要的竞争性项目
				六	其他承诺
		第十四节	保险	一	一般保险义务
				二	常见的保险种类
		第十五节	守法义务及法律变更	一	法律的含义（通常会规定在合同的定义中）
				二	守法义务
				三	"法律变更"的定义（通常会规定在合同的定义中）
				四	法律变更的后果
		第十六节	不可抗力	一	不可抗力的定义和种类
				二	不可抗力的法律后果
		第十七节	政府方的监督和介入	一	政府方的监督权
				二	政府方的介入权
		第十八节	违约、提前终止及终止后处理机制	一	违约事件
				二	提前终止的事由
				三	终止后的处理机制

续表

章序号	章标题	节序号	节标题	条序号	条标题
第二章	PPP项目合同的主要内容	第十九节	项目的移交	一	移交范围
				二	移交的条件和标准
				三	移交程序
				四	转让
				五	风险转移
		第二十节	适用法律及争议解决	一	适用法律
				二	争议解决
		第二十一节	合同附件	一	常见的合同附件
				二	各行业合同附件例举
第三章	不同付费机制下的核心要素	第一节	政府付费	一	可用性付费
				二	使用量付费
				三	绩效付费
				四	政府付费的调价机制
		第二节	使用者付费	一	使用者付费机制的适用条件
				二	使用者付费的定价机制
				三	唯一性条款和超额利润限制机制
		第三节	可行性缺口补助	一	投资补助
				二	价格补贴
第四章	不同行业下的特定条款	第一节	公共交通项目	一	项目的范围和期限
				二	付费和调价机制
		第二节	公用设施项目	一	付费和调价机制
				二	连接设施建设
				三	原料供应
				四	环境保护责任
		第三节	社会公共服务项目	一	付费和调价机制
				二	绩效监控机制

（三）国家发改委与国家财政部PPP项目通用合同指南（2014版）的异同

国家财政部和国家发展和改革委员会分别发布了各自的版本，只不过名称不完全一致，财政部将其命名为：《PPP项目合同指南（试行）》，国家发展和改革委员会将其命名为：《政府和社会资本合作项目通用合同指南（2014年版）》，它们之间的区别和联系如下：见表15-11。

表15-11 发改委与财政部PPP项目通用合同指南（2014版）的异同

序号	相同点		不同点	
一	国家财政部《PPP项目合同指南（试行）》	国家发展和改革委员《政府和社会资本合作项目通用合同指南（2014年版）》	国家财政部《PPP项目合同指南（试行）》	国家发展和改革委员《政府和社会资本合作项目通用合同指南（2014年版）》

第十五章　PPP模式法律文本要点与范本索引

续表

序号	相同点		不同点	
一	公布时间基本相同。均在2014年年底作为相关文件的附件公布		篇幅内容不尽相同	
	在财政部于2014年12月30日公布的《财政部关于规范政府和社会资本合作合同管理工作的通知》（财金〔2014〕156号）中作为附件公布	在国家发展和改革委员会于2014年12月2日公布的《国家发改委关于开展政府和社会资本合作的指导意见》（发改投资〔2014〕2724号）作为附件公布	全文61000余字	全文12000余字。《PPP项目合同指南（试行）》的篇幅是《政府和社会资本合作项目通用合同指南（2014年版）》的5倍多。篇幅多了，内容就相应会更多
二	均作为指导性的文件供参考性使用		可操作性的强度不尽相同	
	在其【编制说明】中明确指出："编制本指南，以帮助PPP项目各参与方全面系统地认识PPP项目合同，指导合同的订立和履行。"	在其【使用说明】中明确指出："在项目招标或招商之前，政府应参考《合同指南》组织编制合同文本，并将其作为招标或招商文件的组成部分。"以及"各行业管理部门可参考《合同指南》，分别研究制定相应行业的标准合同范本。"此两份合同指南与国家发展和改革委员会会同有关部门制定的施工类合同不同，该类施工合同是属于强制性使用的，比如国家发展和改革委员会、财政部等九部局共同制定并公布的《中华人民共和国标准施工招标文件》（2007年版）中的施工合同。因《中华人民共和国招标投标法实施条例》第十五条第四款明确规定："编制依法必须进行招标的项目的资格预审文件和招标文件，应当使用国务院发展改革部门会同有关行政监督部门制定的标准文本。"	财政部则是对各项要点内容进行进一步细化和补充，从战略层面进一步细化到战术层面，操作性更强一些	国家发展和改革委员会是大纲式地提出PPP项目合同所需具备的要点内容

续表

序号	相同点		不同点	
三	均强调政府与社会资本方的民事平等主体地位		结构体系不尽相同	
	在其【编制说明】中明确指出："PPP从行为性质上属于政府向社会资本采购公共服务的民事法律行为，构成民事主体之间的民事法律关系。"且在其第二十节【适用法律及争议解决】中将"仲裁"列为争议解决的方式之一，而众所周知的是，只有特定的民商事合同可以采用仲裁的争议解决方式，行政纠纷只能通过行政复议、行政诉讼解决	在其【使用说明】中明确指出："强调合同各方的平等主体地位。合同各方均是平等主体，以市场机制为基础建立互惠合作关系，通过合同条款约定并保障权利义务。"	除了对"PPP项目合同的主要内容"进行专章、21节予以规定外，还分三章分别对"PPP项目主要参与方"、"PPP项目合同体系"、"不同付费机制下的核心要素"、"不同行业下的特定条款"予以规定	仅对PPP项目合同的主要内容予以大纲性的规定。《PPP项目合同指南（试行）》还图文并茂，用了两张图，分别清晰的显示出PPP的项目合同体系和分层级的使用量付费机制，在读图的时代，更能让人理解其内容
四	均有完整严密的合同体系架构		对项目参与方的规定不尽相同	
	共4章、29节，全面系统介绍PPP项目合同体系，说明各主要参与方在PPP项目中的角色及订立相关合同的目的，阐述PPP项目合同的主要内容和核心条款，具体分析合同条款中的风险分配原则、基本内容和权利义务安排	由合同正文和合同附件组成，主要反映合同的一般要求，采用模块化的编写框架，共设置15个模块、86项条款，适用于不同模式合作项目的投融资、建设、运营和服务、移交等阶段，具有较强的通用性	除了对政府方和社会资本方予以规定外，还对PPP项目的其他参与方如融资方、承包商和分包商、原料供应商、专业运营商、保险公司以及专业机构等予以规定。并特别指出"在PPP项目中，除项目合同外，项目公司的股东之间，项目公司与项目的融资方、承包商、专业运营商、原料供应商、产品或服务购买方、保险公司等其他参与方之间，还会围绕PPP项目合作订立一系列合同来确立和调整彼此之间的权利义务关系，共同构成PPP项目的合同体系。PPP项目合同是整个合同体系的基础和核心	在其第二章【合同主体】中仅规定政府方和社会资本方

续表

序号	相同点	不同点
	均为原则性的指南而非合同	对通用性与特殊性的兼顾不尽相同
五	它们均是指南，而不是合同。与我们通常看到的《中华人民共和国标准施工招标文件》（2007年版）中的施工合同文本、《中华人民共和国标准设计施工总承包招标文件》（2012年版）中的合同文本、《商品房买卖合同示范文本》、《建设工程设计合同示范文本（专业建设工程）》（GF-2015-0210）、《城镇供热特许经营协议示范文本》（GF-2006-2503）、《建设项目工程总承包合同示范文本（试行）》（GF-2011-0216）等均有重大区别，后面的这些示范合同文本或合同，是标准的合同条款与格式，是可以直接拿来使用的。但是，《PPP项目合同指南（试行）》和《政府和社会资本合作项目通用合同指南（2014年版）》，它们不是合同，仅仅只是制定或拟订PPP项目合同的指引、参考，PPP项目合同需要由政府和社会资本方共同制定或商讨。PPP项目合同，在我国，迄今为止，没有示范合同文本，也没有标准文本。当然，后期国家是否要出台示范合同或标准合同文本，需要密切关注	除了在其第二章【PPP项目合同的主要内容】对PPP项目合同的通用性作了规定外，还分两章，即第三章【不同付费机制下的核心要素】和第四章【不同行业下的特定条款】从政府付费、使用者付费和可行性缺口补贴补助三种付费机制及公共交通项目、公用设施项目、社会公共服务项目三类行业领域两个方面，详细剖析不同类型PPP项目的核心要素和特定条款，同时兼顾通用性与特殊性	在兼顾特殊性上，稍弱一些，且强调"原则上，所有模式项目合同的正文都应包含10个通用模块：总则、合同主体、合作关系、项目前期工作、收入和回报、不可抗力和法律变更、合同解除、违约处理、争议解决，以及其他约定。"

以上是对《PPP项目合同指南（试行）》和《政府和社会资本合作项目通用合同指南（2014年版）》初步对比分析，此两份合同指南，还有其他很多相同点和不同点。但总体来说，两份合同指南，效力相当，互为指引、相互补充，我们均需认真研究、学习、适用。

附录一 PPP专业词汇中英文对照表

序号	英文	中文
1	Accrual basis accounting	权责发生制
2	Advance payment guarantee	预付款担保
3	Affermage contracts	租赁合同
4	Annual social rate of return	年社会回报率
5	Annuity scheme	年付计划
6	Availability-based PPPs	政府付费PPP项目
7	Available payment	政府按结果定期付费
8	Bankability	融资可行性
9	Best practice	最佳实践方案
10	Borrower	借款人
11	Capital-asset pricing model	资本资产定价模型
12	Cash basis accounting	收付实现制
13	Clarification sessions	澄清会
14	Competetive tension	竞争压力
15	Competitive dialogue	竞争性对话
16	Concession contract	特许经营合同
17	Concession monitoring unit	特许经营监督中心
18	Consortium	承包联合体
19	Contingent liability	或有负债
20	Contracting agencies	政府签约部门
21	Contractor	承包商
22	Cost-benefit analysis	成本效益分析
23	Currency mismatch	货币错配
24	Current and capital expenditure	经常性支出和资本支出
25	Debt underpinning	债务融资增信
26	Delivery of infrastructure projects	基础设施项目交付
27	Delivery of outputs	产出交付
28	Delivery of public products and services	公共产品和服务交付
29	Development finance institution	开发性金融机构
30	Discount rate	贴现率
31	Environmental adviser	环境顾问
32	Equator principles	赤道原则

附录一　PPP专业词汇中英文对照表

续表

序号	英文	中文
33	Equity investment	股权投资
34	European Investment Bank	欧洲投资银行
35	Export credit agencies	出口信贷机构
36	Expression of interest	意向书
37	Express-of-interest invitation	意向书邀请函
38	Final business case	最终商业方案
39	Financial case/assessment	商业方案/评估
40	Financial close	融资方案完成
41	Financial covenant	财务约定事项
42	First in last out	最先进入，最后退出
43	Foreclose	止赎权
44	Foreign corrency debt	外币债务
45	Full-credit guarantee	全额信用担保
46	Gateway approval	网关审批
47	Gateway process	网关流程
48	Global Partnership on Output-based Aid	产出导向型援助全球合作机制
49	Greenfield projects	绿地项目
50	Independent regulator	独立监管机构
51	Insurance cover	保险范围
52	Interface risk	界面风险
53	International Accounting Standards Board	国际会计准则理事会
54	International Accounting Standards Commission	国际会计准则委员会
55	International Finance Corporation	国际金融公司
56	International Financial Reporting Interpretations Committee	国际财务报告准则解释委员会
57	International Financial Reporting Standards	国际财务报告准则
58	International Monetary Fund	国际货币基金组织
59	International Public Sector Accounting Standards Board	国际公共部门会计准则理事会
60	Least-present-value-of-revenue	最小收益净现值
61	Lender	贷款人
62	Line ministries	相关部门
63	Management contract	管理合同
64	Market assessment	市场评估
65	Market sounding	市场试探
66	Market testing	市场测试
67	Model contract	合同模板
68	Modified cash based accounting	改良收付实现制

续表

序号	英文	中文
69	Momoline Insurer	单一险种保险公司
70	Most economically advantageous tender	最经济有利投标
71	Optimum funding route	最优融资渠道
72	Ordinary liabilities	一般债务
73	Output-based aid	产出导向型援助
74	Output-based payment	政府按单位结果付费
75	Paid-up capital	实收资本
76	Partial credit guarantee	部分信用担保
77	Partnership	合作伙伴关系
78	Pathfinder projects	探索性项目
79	Perceived benefit	感知利益
80	Perception of projects	项目认知
81	Performance bond	履约保证
82	Physical risk	自然风险
83	PPP reference model	PPP 参考模型
84	PPP Unit	PPP 中心
85	Preferred bidder	优先谈判对象
86	Prequalification	资格预审
87	Prequalification questionnaire	资格预审问卷
88	Private Finance Initiative	私人融资倡议
89	Private participation in infrastructure project database	社会资本投资基础设施项目数据库
90	Private sector	社会资本方
91	Pro forma contract	格式合同
92	Probity Auditor	廉洁审计人员
93	Project launch	项目启动
94	Project owner	项目业主
95	Project preparation	项目准备
96	Project sponsor	项目发起人
97	Public authority	政府部门
98	Public Sector Comparator	政府部门比较值
99	Public—Private Infrastructure Advisory Facility	政府和社会资本基础设施咨询基金
100	Public-Private Partnerships	政府和社会资本合作
101	Quoted blue-chip company	上市蓝筹股公司
102	Recognition and measurement	确认与计量
102	Rehabilitate	翻新
104	Repatriation of profits	利润带回本国

附录一　PPP 专业词汇中英文对照表

续表

序号	英　文	中　文
105	Request for proposal	征求建议书
106	Request for qualification	资格预选申请
107	Risk exposure	风险敞口
108	Risk matrix	风险矩阵
109	Risk mitigation	风险化解
110	Shadow toll	影子收费
111	Short list of bidders	投标人短名单
112	Social infrastructure	社会基础设施
113	Soft market testing	软市场测试
114	Specific, measurable, achievable, realistic, and timely	具体、可测量、可实现、切合实际和及时的
115	Stand-by loan	备用贷款
116	State Owned Enterprise	国有企业
117	Strategic business case	战略商业方案
118	Structured dialogue	深度对话
119	Subordinated loan	附属性贷款
120	Syndication	银团
121	Take-or-pay contract	照付不议合同
122	Technical evaluation	技术评估/评价
123	Traditionally public financed projects	传统政府投资项目
124	Unsolicited proposals	非应标建议书
125	User-fee PPPs	使用者付费 PPP 项目
126	Value for Money	物有所值
127	Variant bid	备选标书
128	Viability Gap Fund	可行性缺口基金
129	Whole-of-life cycle	全生命周期
130	Wish list	意愿清单
131	Withholding tax	代扣所得税

附件二 省（区、市）PPP 示范项目申报表

省（区、市）PPP 示范项目申报表

填表单位（章）： 填表日期：

项目基本信息	项目名称		项目类型	□存量 □新建	行业	
	项目所在地		项目总投资（万元）			
	项目合作内容					
	项目实施机构		第三方中介机构（如有）			
	项目联系人		联系电话		手机	
项目识别	项目发起方式					
	项目合作期限					
	项目运作方式					
	是否开展物有所值评价及评价过程和结果					
	是否开展财政承受能力论证及论证过程和结果					
项目准备	风险分配框架					
	项目融资结构					
	收益回报机制					
	政府配套安排					
	实施方案批准情况					
项目采购	是否已选择社会资本合作方及采购方式和结果					
	是否已签订项目合同及签订时间					
项目执行	项目公司组建情况					
	项目融资进展情况					
	项目建设进度					
	运营绩效表现					

附录三　企业融资模式 174 种

企业融资模式 174 种

融资类型		模式编号 （174 种模式）	模式名称	备注
融资分类（6 类）	融资形式（13 种）			
一、银行融资 （6 类 67 种）	1. 银行流动资金融资（14 种）	模式 1	流动资金贷款	
		模式 2	流动资金循环贷款	
		模式 3	短期流动资金贷款	
		模式 4	中期流动资金贷款	
		模式 5	营运资金贷款	
		模式 6	周转限额贷款	
		模式 7	临时贷款	
		模式 8	法人账户透支	
		模式 9	搭桥贷款	
		模式 10	备用贷款	
		模式 11	银团贷款	
		模式 12	行内银团贷款	
		模式 13	存贷通	
		模式 14	综合授信	
	2. 国内贸易融资（15 种）	模式 15	国内信用证	
		模式 16	信用证项下打包贷款	
		模式 17	信用证项下卖方贷款	
		模式 18	信用证项下买方贷款	
		模式 19	出口发票融资	
		模式 20	保理业务	
		模式 21	反向保理	
		模式 22	应收租赁款保理	
		模式 23	回购型保理	
		模式 24	国内发票融资	
		模式 25	商品融资	
		模式 26	订单融资	
		模式 27	未来货权项下商品融资	
		模式 28	退税应收款融资	
		模式 29	商业信用融资	
		模式 30	进口信用证	

续表

融资类型		模式编号	模式名称	备注
融资分类（6类）	融资形式（13种）	（174种模式）		
一、银行融资（6类67种）	3. 国际贸易融资（23种）	模式31	进口代付	
		模式32	进口押汇	
		模式33	假远期信用证	
		模式34	提货担保	
		模式35	进口T/T融资	
		模式36	进口保理	
		模式37	打包贷款	
		模式38	出口信用证项下押汇与贴现	
		模式39	出口跟单托收项下押汇与贴现	
		模式40	福费廷	
		模式41	出口双保理	
		模式42	非买断型出口保理	
		模式43	出口发票融资	
		模式44	进口预付款融资	
		模式45	出口订单融资	
		模式46	信用证保兑	
		模式47	信用证代付	
		模式48	外汇转贷款	
		模式49	出口买方信贷	
		模式50	出口押汇与出口贴现	
		模式51	出口退税账户托管贷款	
		模式52	外方股东担保项下贷款	
		模式53	固定资产贷款	
	4. 项目贷款（7种）	模式54	固定资产支持融资	
		模式55	项目搭桥贷款	
		模式56	项目前期贷款	
		模式57	项目运营期贷款	
		模式58	并购贷款	
		模式59	项目搭桥贷款	
		模式60	房地产开发贷款	
	5. 房产贷款（3种）	模式61	土地储备贷款	
		模式62	法人商用房贷款	
		模式63	银行承兑汇票	
	6. 票据业务（5种）	模式64	商业承兑汇票贴现	
		模式65	协议付息票据贴现	
		模式66	电子商业汇票	
		模式67	集合票据	
		模式68	证券承销	

附录三　企业融资模式 174 种

续表

融资类型		模式编号 （174 种模式）	模式名称	备注
融资分类（6 类）	融资形式（13 种）			
二、投资银行融资 （1 类 6 种）	投资银行 （6 种）	模式 69	证券交易	
		模式 70	兼并收购	
		模式 71	发行证券	
		模式 72	资产证券化	
		模式 73	资产支持证券	
		模式 74	公司债	
三、资本市场融资（2 类 19 种）	1. 债券融资 （3 种）	模式 75	企业债券	
		模式 76	区域集优债券	
		模式 77	主板上市	
	2. 公开募集股权资金（16 种）	模式 78	IPO 上市	
		模式 79	香港上市	
		模式 80	美国上市	
		模式 81	新加坡上市	
		模式 82	直接上市	
		模式 83	间接上市（借壳上市）	
		模式 84	股票增发配售	
		模式 85	公开发行股票	
		模式 86	信托计划	
		模式 87	集合债	
		模式 88	私募股权融资	
		模式 89	新三板上市	
		模式 90	四板交易	
		模式 91	企业私募债	
		模式 92	非公开发行（定向发行）	
		模式 93	优先股	
四、基金融资 （1 类 20 种）	投资基金 （20 种）	模式 94	公募基金	
		模式 95	私募基金	
		模式 96	对冲基金	
		模式 97	QDII 基金	
		模式 98	交易型开放式指数基金	
		模式 99	认股权证基金	
		模式 100	契约型基金	
		模式 101	平衡型基金	
		模式 102	公司型基金	
		模式 103	保险基金	

续表

融资类型		模式编号	模式名称	备注
融资分类（6类）	融资形式（13种）	（174种模式）		
四、基金融资 （1类20种）	投资基金 （20种）	模式104	信托基金	
		模式105	投资基金	
		模式106	股票基金	
		模式107	开放式基金	
		模式108	货币基金	
		模式109	债券基金	
		模式110	房地产基金	
		模式111	期货基金	
		模式112	黄金基金	
		模式113	产业基金	
五、融资租赁 （1类20种）	融资租赁 （20种）	模式114	直接融资租赁	
		模式115	出售回租业务	
		模式116	经营性租赁	
		模式117	融资性租赁	
		模式118	新购设备融资租赁	
		模式119	新购设备经营租赁	
		模式120	融资型售后回租	
		模式121	优化型售后回租	
		模式122	结构型税务租赁	
		模式123	厂商租赁	
		模式124	设备出口租赁	
		模式125	国际合成租赁	
		模式126	国内联合租赁	
		模式127	信托租赁及证券	
		模式128	杠杆租赁	
		模式129	委托租赁	
		模式130	转租赁	
		模式131	风险租赁	
		模式132	捆绑式融资租赁	
		模式133	结构式参与融资租赁	
六、创新融资 （2类41种）	1.民家融资 （7种）	模式134	小额贷款融资	
		模式135	产权交易融资	
		模式136	互联网融资	
		模式137	B2B贷款交易平台	
		模式138	P2P贷款	

468

附录三 企业融资模式174种

续表

融资类型		模式编号 (174种模式)	模式名称	备注
融资分类（6类）	融资形式（13种）			
六、创新融资 （2类41种）	1. 民家融资 （7种）	模式139	众筹	
		模式140	小额贷款融资	
		模式141	单位定期存单质押贷款	
	2. 创新型融资产品 （34种）	模式142	国债质押贷款	
		模式143	外汇担保项下人民币贷款	
		模式144	担保融资	
		模式145	内保外贷	
		模式146	信贷资产证券化	
		模式147	信贷证明	
		模式148	有条件项目贷款意向书与承诺函	
		模式149	委托贷款	
		模式150	风险投资	
		模式151	转融通业务	
		模式152	香港募集人民币投资境内证券市场业务	
		模式153	产业链融资	
		模式154	对赌协议融资	
		模式155	股票期权融资	
		模式156	股转PE融资	
		模式157	"债贷组合"企业债券	
		模式158	产业集群小微企业动产质押贷款融资	
		模式159	"订单＋期货＋信贷"融资	
		模式160	"三表"融资	
		模式161	国开行"统贷统还"融资	
		模式162	"租金＋工资＋股份"（RWS）融资	
		模式163	软件企业"资金池"融资	
		模式164	小企业"统贷统还"融资	
		模式165	"整体授信"融资	
		模式166	"紧急拆借"融资	
		模式167	"互联互保"（社区金融）融资	
		模式168	"会员制"担保融资	
		模式169	中小企业"信贷工厂"融资	
		模式170	自贸区跨境人民币境外借款	
		模式171	存货融资	
		模式172	贷款收购融资	
		模式173	增量贷款融资	
		模式174	"贷贷平安"商务卡	

附录四 政府融资模式50种

政府融资模式50种

序号	模式编号	模式名称
1	模式1	财政资金
2	模式2	外国政府贷款
3	模式3	国际金融机构贷款
4	模式4	地方政府债券
5	模式5	可转换债券
6	模式6	信托计划
7	模式7	商业银行贷款
8	模式8	PPP融资
9	模式9	PFI融资
10	模式10	TOT融资
11	模式11	BOST融资
12	模式12	国有产权交易融资
13	模式13	ABS融资
14	模式14	金融租赁融资
15	模式15	国企整合融资
16	模式16	利润留存融资
17	模式17	城市经营融资
18	模式18	项目产品支付融资
19	模式19	产业投资基金
20	模式20	企业上市融资
21	模式21	公开直接投资
22	模式22	银团贷款
23	模式23	土地出让融资
24	模式24	社会公众集资
25	模式25	社会捐赠融资
26	模式26	申请专项资金
27	模式27	政策性贷款
28	模式28	委托贷款
29	模式29	民间资本融资
30	模式30	增资扩股融资
31	模式31	风险投资基金

续表

序号	模式编号	模式名称
32	模式 32	REIT 融资
33	模式 33	资产支持票据
34	模式 34	项目包装融资
35	模式 35	集合信托产品
36	模式 36	无形资源融资
37	模式 37	整合资源融资
38	模式 38	平台贷
39	模式 39	联合贷款
40	模式 40	上市公司重大资产重组融资
41	模式 41	杠杆收购融资
42	模式 42	商业承兑汇票贴现
43	模式 43	使用者付费融资
44	模式 44	项目搭桥融资
45	模式 45	订单融资
46	模式 46	固定资产支持融资
47	模式 47	社会保障基金
48	模式 48	国有资本与混合所有制融资
49	模式 49	定向降准融资
50	模式 50	资产证券化融资

参考文献与资源

一、参考文献

[1] 吕秋红,王晓东. 论PPP模式在菲律宾基础设施建设中的应用与启示[J]. 东南亚研究,2011.4.

[2] 巴希尔·玛祖兹. 公私合作伙伴关系管理面临的议题、挑战与风险[J]. 国家行政学院报,2010.6.

[3] 赖丹馨,费方域. 公司合作制(PPP)的效率:一个综述[J]. 经济学家,2010.7.

[4] 达霖·格里姆赛,莫文·K·刘易斯. 中国人民大学出版社:北京.2008.

[5] 刘新平,王守清. 试论PPP项目的框架[J]. 建筑经济,2006.2.

[6] 宋彪. 我国公私合作(PPP)的制度框架分析[J]. 成人高教学刊,2010.22.

[7] 柯永健,王守清,陈炳泉. 英法海底隧道的失败对PPP项目风险分担的启示[J]. 土木工程学报,2008.12.

[8] 陈玲. 公私部门合作中风险分配. 理想、现实与启示[J]. 公共行政评论,2010.5.

[9] Wang S Q. Lessons learnt from the PPP practices in China (keynote speech)[C]. Asian Infrastructure Congress 2006. Organized by Terrapinn and sponsored by IAPF, Hong Kong, Nov 29-30, 2006.

[10] 中华环保频道. 长春汇津污水处理有限公司诉长春市人民政府案一审结案[EB]. http://www.cctvep.com/news/news1721.htm,2008-8-20.

[11] 亚洲开发银行. 中国城市水业市场化(PPP)推进过程中遇到的一些重要问题及相关建议[R]. 亚洲开发银行技术援助项目-4095:中华人民共和国/政策调整.2005,1.

[12] 沈际勇,王守清,强茂山. 中国BOT/PPP项目的政治风险和主权风险:案例分析[J]. 华商·投资与融资,2005,1:1-7.

[13] 浙商网. 谁动了杭州湾跨海大桥的奶酪?[EB]. http://www.zjol.com.cn/gb/node2/node138665/node257861/node257865/node257874/userobject15ai3951216.html,2005-3-2.

[14] 中金在线. 投资商数亿投资血本无归[EB]. http://news.stock888.net/040804/101,1317,1009454,00.shtml,2004-8-4.

[15] 新华网. 盲目承诺出恶果:港商索赔9亿元[EB]. http://news.xinhuanet.com/comments/2004-08/04/content_1708128.htm,2004-8-4.

[16] 赵燕凌. 中华发电命系电力改革,竞价上网危及当年BOT承诺[EB]. 搜狐,转自:财经时报,http://it.sohu.com/34/12/article209271234.shtml,2003-5-15.

[17] 中国水网. 中法水务廉江触礁[EB]. http://news.h2o-china.com/finance/information/114651029478620_1.shtml,2002-8-16.

[18] 新华电信宽频网. 广东廉江引资 1669 万美元建成水厂后空置 8 年 [EB]. http：//xnews. xintv. com/html/NEWS/JIUZHOUQUANLIAOWANG/2007/06/19/430016. html, 2007-6-19.

[19] 陈庆元. 运用 BOT 方式投资建设刺桐大桥的认识与实践 [J]. 中国投资, 2001, 6：19-21.

[20] 黄全权, 吴亮. 泉州刺桐大桥连不上高速路 [N]. 中国青年报, 2002 年 9 月 26 日.

[21] 世界新能源网. 武汉汤逊湖污水处理厂 BOT 项目夭折 [EB]. http：//www. 86ne. com/Jnhb/200409/Jnhb_38197. html, 2004-9-29.

[22] 张维然, 林慧军, 王绥娟. 延安东路隧道复线 BOT 模式之评价 [J]. 中国市政工程, 1996, 9：48-53.

[23] 王亦丁. BOT 陷阱 [J]. 环球企业家. 2002, 2.

[24] 王守清, 柯永建. 特许经营项目融资 [M]. 清华大学出版社, 2008：98-99.

[25] Wang S Q, M F Dulaimi and M Y Aguria [J]. Risk management framework for construction projects in developing countries. Construction Management and Economics. March 2004 22：237-252.

[26] 柯永建, 王守清, 陈炳泉, 李湛湛. 中国 PPP 项目政治风险的变化 [A]. 第六届全国土木工程研究生学术论坛论文集. 清华大学出版社. 2008：279-284.

[27] Clifford Chance Limited Liability Partnership, the Local Government (Contracts) Act 1997：Paving the Way for Public Private Partnerships with Local Authorities.

[28] Ramina Samii, Luk N. Van Wassennhove and Shantanu Bhattacharya, INSEAD, Fontainebleau, France, An Innovative Public – Private Partnership：New Approach to Development, World Development Vol. 30, No. 6, pp. 991 – 1008, 2002.

[29] House of Commons, The Private Finance Initiative (PFI), 21 OCTOBER 2003, research paper 03/79.

[30] 严晓健. 公私合作伙伴关系 PPP 的应用及审计重点探讨 [J]. 审计研究, 2014, (5)：45-51.

[31] 赵银科. PPP 模式在中国运用中的法律风险 [J]. 审计与理财, 2015, (2)：32-35.

[32] 李以所. 公私合作伙伴关系 PPP 的经济性研究-基于德国经验的分析 [J]. 兰州学刊, 2012, (6)：146-154.

[33] 包建华, 方世建. 城市公共工程公私合作项目绩效审计创新模式研究 [J]. 城市发展研究 19 卷, 2012, (10)：31-36.

[34] 何寿奎, 傅鸿源. 公共项目公私伙伴关系监管体系与监管途径 [J]. 建筑经济, 2008, (12)：75-78.

[35] 邓敏贞. 公用事业公私合作合同的法律属性与规制路径-基于经济法视野的考察 [J]. 现代法学, 2012, (3)：71-78.

[36] 邓敏贞. 公用事业特征与公私合作的法理分析-以公共产品理论为视角 [J]. 法政探索, 2013, (4)：104-107.

［37］陈坤龙．我国地方政府PPP项目指南框架构建研究［D］．重庆：重庆大学硕士论文，2013．

［38］叶晓甦，张永艳，李小朋．我国PPP项目政府监管机制设计［J］．建筑经济，2010，(4)：93-96．

［39］姚驰．英国PFI_PPP法律制度研究及借鉴［D］．北京：中国政法大学硕士论文，2011．

［40］沙骥．PPP模式在我国基础设施建设中的应用研究［D］．南京：东南大学，2004．

［41］陈敬武，袁志学，黄耕，李雅．PPP项目风险的模糊综合评价方法研究［J］．河北工业大学学报，2006，35(5)：46～50．

［42］蔡自兴．神经控制器的典型结构［J］．控制理论与应用，1998，15(1)：21～24．

［43］曹丽．基于人工神经网络的工程项目风险管理研究［D］．西安：西安理工大学，2006．

［44］王卓甫．工程项目管理风险及其应对［M］．北京：中国水利水电出版社，2005．

［45］王全新，PPP模式在我国基础设施建设中的应用研究［D］．武汉：武汉理工大学，2005．

［46］彭桃花，赖国锦．PPP模式的风险分析与对策［J］．中国工程咨询，2004，(47)：11～13

［47］袁曾任．人工神经元网络及其应用［M］．北京：清华大学出版社，1999．

［48］刘新平，王守清．试论PPP项目的风险分配原则和框架［J］．建筑经济，2006，(280)：59～63．

［49］马海顺，王超，马静雪，丁仁芳．建设工程造价实操快速入门：基础知识［M］．上海：同济大学出版社，2014．

［50］马海顺，王超，马海军，丁仁芳．建设工程造价实操快速入门：建筑工程［M］．上海：同济大学出版社，2014．

［51］马海顺，王超，马静雪，丁仁芳．建设工程造价实操快速入门：安装工程［M］．上海：同济大学出版社，2014．

［52］马海顺，王超，马静雪，丁仁芳．建设工程造价实操快速入门：装饰工程［M］．上海：同济大学出版社，2014．

［53］马海顺，栾蜜珍，马爱鹏，丁仁芳．建设工程造价实操快速入门：市政工程［M］．上海：同济大学出版社，2014．

［54］马海顺，罗卫国，赵新民，丁仁芳．建设工程造价实操快速入门：园林工程［M］．上海：同济大学出版社，2014．

［55］马海顺．房地产工程项目开发建设与控制管理［J］．《青海房地产业》2014年，总第14/15期，行业论坛．

［56］Wang SQ and Tiong RLK. Case Study of Government Initiatives for PRC's BOT Power Plant Projects［J］. International Journal of Project Management，2000，18(1)：69-78.

［57］Lemos T, Eaton D, Betts M, and Almeida LT. Risk management in the Lusoponte concession-a case study of the two bridges in Lisbon, Portugal [J]. International Journal of Project Management, 2004, 22 (1): 63 – 73.

[58] 杨卫华, 戴大双. BOT 项目风险分担理论研究与进展评述 [EB/OL]. 中国科技论文在线, http://www.paper.edu.cn.

[59] Zhang WR, Wang WQ, Tiong RLK, Ting SK and Ashley D. Risk management of Shanghai's privately financed Yan'an Donglu tunnels [J]. Engineering Construction and Architectural Management, 1998, 5 (4): 399-409.

[60] Zhang XQ and Kumaraswamy MM. Hong Kong experience in managing BOT projects [J]. Journal of Construction Engineering and Management, 2001, 127 (2): 154-162.

[61] Moles P and Williams G. Privately funded infrastructure in the UK: participants' risk in the Skye Bridge project [J]. Transport Policy, 1995, 2 (2): 129-134.

[62] Frederick A. Entrepreneurial Risk Allocation in Public-Private Infrastructure Provision in South Africa [J]. South African Journal of Business Management, 2002, 33 (4): 29-40.

[63] 邓小鹏, 李启明, 汪文雄, 李枚. PPP 模式风险分担原则综述及运用 [J]. 建筑经济, 2008, 9: 32-35.

[64] Vega AO. Risk allocation in infrastructure financing [J]. Journal of Project Finance, 1997, 3 (2): 38-42.

[65] Hurst C and Reeves E. An economic analysis of Ireland's first public private partnership [J]. The International Journal of Public Sector Management, 2004, 17 (5): 379-388.

[66] 杨秋波, 侯晓文. PPP 模式风险分担框架的改进研究. 项目管理技术, 2008, 8: 13-17.

[67] Tiong RLK and Alum J. Final negotiation in competitive BOT tender [J]. Journal of Construction Engineering and Management, 1997, 123 (1): 6-10.

[68] Rahman MM and Kumaraswamy MM. Risk management trends in the constructionindustry: moving towards joint risk management [J]. Engineering Construction andArchitectural Management, 2002, 9 (2): 131 – 151.

[69] 刘新平, 王守清. 试论 PPP 项目的风险分配原则和框架 [J]. 建筑经济, 2006, 2: 59-63.

[70] Milner M. Eurotunnel car traffic declines [N]. The Guardian, 21 March, 2004: 14.

[71] Lam KC, Wang D, Lee PTK and Tsang YT. Modeling risk allocation decision inconstruction contracts [J]. International Journal of Project Management, 2007, 25: 485-493.

[72] Oudot JM. Risk-allocation: theoretical and empirical evidences, application to public-private partnerships in the defense sector [C]. The 9th annual conference of the institutions of market exchange, Barcelona, Spain, 2005, June 23-25.

[73] 罗春晖. 基础设施私营投资项目中的风险分担研究 [J]. 现代管理科学, 2001,

2: 28-29.

[74] 张水波, 何伯森. 工程项目合同双方风险分担问题的探讨 [J]. 天津大学学报 (社会科学版), 2003, 5 (3): 257-261.

[75] Loosemore M, Raftery J, Reilly C and Higgon D. Risk management in projects [M]. London: Taylor & Francis; 2006.

[76] Ng A and Loosemore M. Risk allocation in the private provision of public infrastructure [J]. International Journal of Project Management, 2007, 25 (1): 66-76.

[77] Li B, Akintoye A, Edwards PJ and Hardcastle C. The allocation of risk in PPP/PFI construction projects in the UK [J]. International Journal of Project Management, 2005, 23 (1): 25-35.

[78] Arndt RH. Risk Allocation in the Melbourne City Link Project [J]. Journal of Project Finance, 1998, 4 (3): 11-25.

[79] 王守清. 项目融资的一种方式——BOT: 项目风险管理 [J]. 项目管理技术, 2003, 5: 46-48.

[80] National Treasury of South Africa. Module 4: PPP Feasibility Study. Public-Private Partnership Manual [M], 2004: 63-66.

[81] Victorian Department of Treasury and Finance, Australia. Partnerships Victoria: Risk Allocation and Contractual Issues [M], June, 2001: 178-191.

[82] 柯永建、王守清、陈炳泉, 基础设施 PPP 项目的风险分担, 《建筑经济》, 2008 年第 4 期 (总第 306 期), 第 31-35 页.

[83] 杨金林、陈传、王守清, 顶级国际承包商的业务特征和发展模式, 《建筑经济》, 2008 年 6 月增刊, 第 41-44 页.

[84] 赵新博、王盈盈、柯永建、王守清, 民营企业发展基础设施项目投资措施, 《建筑经济》, 2008 年第 7 期 (总第 309 期), 第 58-61 页.

[85] 王守清、柯永建, 《特许经营项目融资》, 北京: 清华大学出版社, 2008 年 7 月.

[86] Zou, Patrick X. W., Wang S. Q. and Fang D. P., A Life-cycle Risk Management Framework for PPP Infrastructure Projects, Journal of Financial Management of Property and Construction, Vol. 13, Issue 2, pp. 123-142, 2008.

[87] Ke Yongjian, Liu Xinping and Wang ShouQing, An Equitable Financial Evaluation Method Incorporating Risk Analysis for Public-Private Partnership Projects in China, accepted for publication in the Tsinghua Science and Technology journal, 2008.

[88] 柯永建、王守清、陈炳泉, 英法海峡隧道的失败对 PPP 项目风险分担的启示, 《土木工程学报》2008 年 12 月发表.

[89] 柯永建, 王守清, 陈炳泉. 基础设施 PPP 项目的风险分担 [J]. 建筑经济, 2008, 4: 31-35.

[90] Milner M. Eurotunnel car traffic declines [N]. The Guardian, 21 March, 2004: 14.

[91] Ronsen OS. Requirements of successful public private partnership projects- risk allocation between the private and public sectors [C]. Public private partnerships (PPP) -

global experience and challenges in Russia, Moscow, 2005, Feb 10.

二、主要网站资源

[1] 非洲开发银行集团（AFDB）www.afdb.org

[2] 亚洲开发银行——私营部门发展科 www.adb.org/PrivateSector/default.asp 产出导向型援助全球合作基金 www.gpoba.org/

[3] 美洲开发银行（IADB）www.iadb.org/en/inter-amerlcan-development-bank，2837.html

[4] 经济合作与发展组织（经合组织）www.oecd.org

[5] 公共/私营部门基础设施咨询机制（PPIAF）www.ppiaf.org/

[6] 美国国际开发署（USAID）经济增长与发展部 www.usaid.gov/what-we-do/economic_growth_and—trade

[7] PPP 论文、网站和案例研究 http://documents.shibang.org/curated/zh/home·工具包 http://rru.worldbank.org/Toolkits/

[8] 私有化数据库 http://rru.worldbank.org/Privatization

[9] 加拿大 PPP 中心 http://www.p3canada.ca/（该中心是一个国有公司，专门负责协助政府推广和宣传 PPP 模式，参与具体 PPP 项目开发和实施）

[10] C.R.E.A.M. 欧洲 PPP 联盟 http://www.cream-europe.eu/en/ 欧洲 PPP 技术中心 http://www.eib.org/epec/

[11] PPP 公报 http://www.p3bulletin.com/（提供 PPP 模式发展现状及项目信息的网站、杂志）

[12] PARTNERSHIP EVENTS http://www.partnershipsevents.corn/（提供 PPP 研讨会等活动组织、信息发布）

[13] 世界银行基础设施合同、法律中心 http://pppirc.worldbank.org/public-private-partnership/

[14] 波兰公私合作伙伴关系研究院 http://pppinstitute.com/

[15] 国际金融中心 PPP 项目咨询业务 http://www.ifc.org/wps/wcm/connect/AS—EXT—

[16] CONTENT/What＋We＋do/IFC＋and＋PPPs♯

[17] 新加坡财政部 PPP 中心 http://app.mof.gov.sg/ppp.aspx

[18] 澳大利亚基础设施 PPP 中心 http://www.infrastructureaustralia.gov.au/public_pri-vate/

[19] 菲律宾 PPP 中心 http://ppp.gov.ph/

[20] 印度 PPP 中心 http://www.pppinindia.com/

[21] 日本内阁府 www.cao.go.jp/index-e.html

[22] 加拿大 PPP 项目委员会 www.pppcouncil.ca

[23] 澳大利亚基础设施合作伙伴关系 www.infrastructure.org.au

[24] 爱尔兰 PPP 中心 www.ppp.gov.ie

[25] 泰国财政部 www2.mof.go.th

[26] 美国 PPP 全国委员会 www.ncppp.org

［27］澳大利亚 Partnership Victoria www. partnerships. vic. gov. au

［28］南非国家财政 PPP 单位 www. ppp. gov. za

［29］加拿大 PPP 中心 http：//www. p3 canada. ca/

［30］美国交通运输部联邦公路管理局 www. fhwa. dot. gov/ppp/dbb. htm

［31］世界银行

（1）基础设施建设 PPP 项目 http：//ppi. worldbank. org/

（2）基础设施合同、法律中心 http：//pppirc. worldbank. org/public - private - partner- ship/

［32］中华人民共和国发展与改革委员会 http：//www. sdpc. gov. cn/

［33］中华人民共和国财政部 http：//www. mof. gov. cn/index. htm